中国社会科学院国际法研究所
国际人权公约评注译丛

《消除一切形式种族歧视国际公约》
评注

THE INTERNATIONAL CONVENTION ON THE ELIMINATION OF ALL FORMS OF RACIAL DISCRIMINATION
A Commentary

帕特里克·索恩伯里 / 著

Patrick Thornberry

孙世彦 / 译

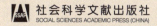
社会科学文献出版社
SOCIAL SCIENCES ACADEMIC PRESS (CHINA)

著者 —————————————————

帕特里克·索恩伯里（Patrick Thornberry）

英国基尔大学国际法教授

联合国消除种族歧视委员会前委员

译者 —————————————————

孙世彦

中国社会科学院国际法研究所研究员

中国社会科学院人权研究中心副主任

中国社会科学院大学法学院教授

中译本序言

我非常荣幸地得知中国社会科学院国际法研究所将拙著《〈消除一切形式种族歧视国际公约〉评注》（简称《评注》）作为"国际人权公约评注译丛"中的一本，并由该译丛项目的主要负责人孙世彦教授译成中文。因此，我非常高兴给《评注》的中文版撰写这篇简短序言。

2016 年出版的《评注》追溯了《消除一切形式种族歧视国际公约》（简称《公约》）的历史渊源，包括"种族"和"族裔"概念的出现，追踪了《公约》文本经过一系列起草阶段的形成过程。《公约》是在 20 世纪 60 年代，在针对西方殖民制度和种族隔离的国际行动浪潮中起草的。反犹太主义祸害的爆发进一步推动了解决种族问题的国际文书的制定。虽然《公约》的起草受到反殖民主义范式的强烈影响，但其在实践中的应用已经超越了这一范式，而走向对种族歧视的普遍理解，并有可能将所有国家都纳入其范围。

《评注》将《公约》的守护者消除种族歧视委员会（简称"委员会"）的工作作为主要参考点。设立这一由 18 名独立专家组成的"条约机构"来监督缔约国执行《公约》的情况，对于提高反对种族歧视标准的国际可见度至关重要。在委员会的各项"机制"中，审查缔约国提交的定期报告仍然最为重要，占用了委员会在例会期间的大部分时间和精力。报告程序经过了调整，以便在预警和紧急行动的范畴内处理特别严重的情况。此外，《公约》第 14 条规定了一项任择性程序，委员会据其接受并审查个人或个人联名提出的、声称缔约国侵犯《公约》所载权利的来文；第 15 条规定了一项程序，处理有关托管和非自治领土以及联合国大会第 1514 号决议对其适用的所有其他领土上居民所受的种族歧视的申诉和报告。第 14 条规定的程序取得了一定的成功，第 15 条规定的程序则与其他一些国际程序有重叠并更多停留在形式上。

《公约》在第 11～13 条规定了当一缔约国"认为另一缔约国未实施"《公约》之规定时的国家间来文程序；该程序在 2016 年处于休眠状态，但此后被完全激活：委员会认为，它对卡塔尔针对阿联酋和沙特阿拉伯提出的国家间来文拥有管辖权（CERD/C/99/3、CERD/C/99/5），并宣布受理这两份来文（CERD/C/99/4、CERD/C/99/6）；委员会还决定，它对巴勒斯坦国诉以色列案（CERD/C/100/5）具有管辖权，受理了该案（CERD/C/103/R.6），并为此成立了专设和解委员会。除了委员会主持下的复杂机制外，《公约》第 22 条还设想国际法院在"关于《公约》之解释或适用"的国际争端中发挥作用。虽然第 22 条的作用仍然受制于大量的保留，但在《评注》详细讨论的格鲁吉亚诉俄罗斯联邦案之后，又有若干案件——乌克兰诉俄罗斯联邦案、卡塔尔诉阿联酋案、亚美尼亚诉阿塞拜疆案和阿塞拜疆诉亚美尼亚案，提交国际法院。委员会还通过一般性建议来指导缔约国实现《公约》的目标，并建立了一些"后续"机制来促进其闭会期间的工作更具连续性。

《公约》的标题表明其旨在消除"一切形式"的种族歧视，令人乐观且鼓舞人心。序言将《公约》置于其产生的国际法律背景中，这有助于我们理解其目的及宗旨。第 1 条第 1 款定义了"种族歧视"，与这一关于《公约》范围的基本规定相匹配的，是关于非公民和国籍的具有一定限制性的第 1 条第 2 款和第 3 款。《公约》规定的歧视不限于故意歧视，而且可能涵盖具有歧视"意图或效果"或"直接和间接"的歧视形式——委员会使用后一对术语，尽管《公约》中没有具体规定。委员会还提到了结构性歧视，并阐述了歧视的"交叉性"的概念。第 1 条对歧视的说明由第 1 条第 4 款完成，该款与第 2 条第 2 款一道，规定了缔约国应采取旨在弥补某些群体的严重劣势的特别措施；委员会在第 32 号一般性建议中详细阐述了如何理解特别措施的概念和影响。

委员会在其有限的任务范围内，力求向世界各地的弱势群体兑现《公约》的持久承诺。对于在实践中根据第 1 条的广泛规定受《公约》保护的群体和个人，委员会的实践强调了一系列特别脆弱的群体，涵盖了罗姆人、少数民族、土著人民、包括非洲人和亚洲人后裔在内的世系群体以及非公民。

《公约》第2条包括缔约国为推行消除种族歧视政策和促进所有种族之间的谅解而承担的一系列复杂义务和承诺。第3条提及种族分隔和种族隔离，补充了《公约》序言中的类似提法。实际上，种族分隔目前比种族隔离（基本上是历史性的）更受委员会关注，出现的问题主要但不完全有关罗姆人的待遇。

从《评注》中可以看出，委员会多年来对《公约》第4条禁止的种族仇恨言论给予了极大关注。委员会认为，取缔和遏制这一现象是其最具挑战性和最重要的任务之一。仇恨言论，特别是来自政治人物和其他公众人物的仇恨言论，仍然是委员会评论的主题，对此第35号一般性建议是主要参考点，尽管以前的有关意见（第7号和第15号一般性建议）仍然被引用。在缔约国对言论关切作出答复的情况下，委员会仍可以对答复的充分性持批评态度。

《公约》第5条列出了一份未完成的免受歧视的权利清单，《评注》用四章讨论了第5条的复杂性。这一权利清单的逻辑表明，这些权利无论是根据国际法还是根据国内法都得到保证，其行使都不得受到种族歧视。《公约》第6条规定，缔约国"应保证在其管辖范围内，人人均能获得有效保护与救济"，并有权就因种族歧视而遭受的损害寻求充分的赔偿和补偿。委员会的工作记录中充满对种族歧视采取有效救济的呼吁，特别是在根据第14条提出的来文中。这表明，许多缔约国虽然在纸面上颁布了法律和政策，但可能没有为权利受到侵犯的受害者提供有效救济。与委员会的各种意见和建议中其他条款的情况相比，关于讲授、教育、文化及新闻的第7条似乎没有那么突出。不过，采取措施抵制国家和种族或族裔群体之间的偏见，促进相互谅解和容恕，对于实现《公约》规定的消除一切形式种族歧视的目标无疑至关重要。

《评注》也解释了《公约》第三部分的一些方面，特别是第20条关于保留的规定，以及第22条中的"争端"条款。各缔约国可以退出《公约》（第21条），也可以修改《公约》（第23条），但《评注》基本未有涉及。

委员会根据第9条向缔约国提出的结论性意见和建议是根据缔约国报告

中体现的它们的人口状况而量身定制的，通常也得到其他来源的资料的补充。《公约》的定义和其他条款相对简单不应掩盖这样一个事实，即很难就其条款的含义达成共识，而且解释的过程一直持续。对《公约》的解释并没有与国际法和国际关系中的更广泛潮流隔绝。正如《评注》中所提出的，《公约》范围以外的法律和政治变化对委员会的实践有影响。人类移徙现象已经并将继续给委员会和其他人权条约机构提出一系列具有挑战性的问题。将某些问题定性为种族歧视是另一个有争议的领域，关于"极端主义"、"仇外心理"甚至"恐怖主义"是否必然具有种族成分的争议就是明证。当代话语中各种"主义"、各种"恐惧症"的泛滥并没有澄清问题：在社会调色板上概念的泛滥可能会稀释对更具种族核心性的问题的关注。总体来说，委员会将其对种族主义等"主义"的理解与《公约》的规定联系起来——第 35 号一般性建议的内容就是一个很好的例证。

委员会和类似的条约机构在国际人权体系的架构中占有重要地位。它们的权威部分源于其工作与国家实践之间的联系，部分源于其职权的性质，即它们是有关条约指定发挥特定作用的机构。关于条约机构的权威性，国际法院在迪亚洛案（几内亚共和国诉刚果民主共和国）和关于在被占领巴勒斯坦领土上修建隔离墙的法律后果的咨询意见中，都提到了在某些情况下要"重视"人权条约机构的意见，虽然在卡塔尔诉阿联酋案中，国际法院表示不同意委员会对《公约》第 1 条中"原属国"和"国籍"的解释。委员会和其他人权条约机构促进和确保法律和政策变革的有限能力反映了整个国际人权法的弱点，尤其是在"民粹主义"在许多国家中抬头、关于"多数权"的蓬勃学术讨论与之相伴的情况下。

继续沿着符合《公约》目标和目的的、坚持原则的合理道路前进，最有利于落实《公约》以及形成切实可行的决策和建议。基于《公约》的目标和目的开展工作，或从广义上讲，将《公约》视为一项活的文书，是委员会解释活动的主要特点。这并不意味着偏离《维也纳条约法公约》第 31 条规定的条款的通常含义，而是承认这些含义会随着时间的推移而变化，而且《公约》的起草者也期望如此，以便不必将该文书固定在 20 世纪 60 年代的狭隘模式中。《公约》诞生于一个对迅速结束殖民主义（这基本上已经实现）和迅速消除种族歧视（这尚未实现）持乐观态度的时期。从另一方面看，明确种族歧视的性质、澄清种族歧视的发生情况在全球和区域两级都取得了进展，这有助于形成将其视为违反国际习惯法甚至强行法的认识。可以清楚地预见，《公约》以及委员会的工作，对确保绝不让任何一个人因为其种族、肤色、世系、民族或族裔本源而——按照《2030 年可持续发展议程》的话说——"掉队"的国际努力，将继续至关重要。

我希望，《评注》中文版能帮助中国的研究者和实践者更好地理解和适用中国早在 1981 年就批准的《公约》，并为《公约》的目标和宗旨在国内和国际的实现作出更大的贡献。

帕特里克·索恩伯里

2022 年 4 月

致　谢

作者感谢家人、朋友和同事多年来对本书的支持和鼓励。特别是，作者从 2001~2014 年在消除种族歧视委员会的工作中获得的灵感对于完成该项目至关重要，尤其是消除种族歧视委员会委员阿列克谢·阿夫托诺莫夫（Alexey Avtonomov）、弗朗西斯科·卡利·察伊（Francisco Calí Tzay）、阿纳斯塔西娅·克里克莱（Anastasia Crickley）、雷吉斯·德古特（Régis de Gouttes）、扬·迪亚科努（Ion Diaconu）、克里斯·马伊纳·彼得（Chris Maina Peter）、利诺斯·亚历山大·西西利亚诺斯（Linos Alexander Sicilianos）和卡洛斯·巴斯克斯（Carlos Vázquez）对相关问题和草稿的评论。委员会一直得到一个得力的秘书处的协助，包括消除种族歧视委员会秘书马克·达罗（Mac Darrow）、纳塔莉·普罗韦兹（Nathalie Prouvez）、托尔斯滕·沙克尔（Torsten Schackel）和加布里埃拉·哈布托姆（Gabriella Habtom），我们热情感谢他们。作者还从与朋友和同事的"正式"或非正式讨论中获益匪浅，尤其是玛格丽特·贝德古德（Margaret Bedggood）、米勒纳·比道特（Mylène Bidault）、纳吉拉·加尼亚（Nazila Ghanea）、戴维·基恩（David Keane）、莫妮卡·穆克吉（Monica Mookherjee）、安德鲁·沙克诺夫（Andrew Shacknove）、弗朗切斯卡·索恩伯里（Francesca Thornberry）、安娜普娜·沃格拉（Annapurna Waughra）、亚历山大·赞扎基（Alexandra Xanthaki），以及其他数不胜数但我始终感激的人。与基尔大学和牛津大学的学生就国际人权法开展的讨论对发展理念和澄清概念有很大帮助。消除种族歧视委员会前委员兼主席迈克尔·班顿（Michael Banton）赠送的关于《公约》的一套文件对完成这项工作至关重要。作者还希望感谢牛津大学出版社的编辑

1

们的慷慨鼓励和耐心，特别是约翰·劳斯（John Louth）、梅雷尔·阿尔斯坦（Merel Alstein）以及近期的艾玛·恩登（Emma Endean）和克莱尔·琼斯（Clare Jones）。

译者说明

本中译本所用《消除一切形式种族歧视国际公约》（简称《公约》）的（作准）中文本及附录所载中英文本来自联合国秘书长 2004 年 10 月制作的经核证无误的副本，该副本与《联合国条约汇编》（*United Nations Treaty Series*）第 660 卷（1969 年）第 196 页、第 212 页所载《公约》的中英文本完全相同。《公约》经核证无误的副本与《联合国条约汇编》所载中文本为繁体字，本中译本改为简体字。

目前有些联合国人权出版物所载《公约》中文本与本中译本所用《公约》作准中文本稍有差异。本中译本采用《公约》之作准中文本，而不论联合国人权出版物所载来源不明、无法律效力的中本文的约文如何。

本中译本所涉国际公约（尤其是《经济社会文化权利国际公约》和《公民及政治权利国际公约》），凡有作准中文本者，皆用各该作准中文本之标题和约文（纳入更正情况）。本书所涉联合国大会文件（如联合国大会决议）之行文，中译本皆用联合国发布之中文本；其他国际文件，包括可能有中文本者（如消除种族歧视委员会的一般性建议和结论性意见），则由译者参考可能存在的中文本从英文本翻译而成。

原书按国际惯例，在目录之后正文之前有案例列表和立法列表，中译本将其挪至正文之后的索引中，作为案例索引和文书索引。中译本亦将原书目录之后正文之前的缩略语列表挪至附录中。中译本附录中增加了消除种族歧视委员会一般性建议列表。中译本删除了原书的姓名索引（Index of Names）。各索引中所示页码为原书页码，即本中译本的页边码。

原书中有一些笔误和错漏，经与作者核对，中译本对其作了更正。多数

1

更正之处，均在脚注中以＊号或"译者注"的方式标明；少数更正之处如更正年份或文件号错误，不赘说明。其他译者认为有必要说明之处，亦在脚注中以＊号或"译者注"的方式标明。对参考文献和索引中的细微疏漏，也予以补正。中译本对原书的脚注略有删节。

目　录

第一章　导论

联合国大会（本书中简称"联大"）1965 年 12 月 21 日通过《消除一切形式种族歧视国际公约》（本书中简称《消除种族歧视公约》或《公约》）代表了国际法律和关系中的一个重要时刻。[1] 《公约》建立在两年前的《联合国消除一切形式种族歧视宣言》（本书中简称《消除种族歧视宣言》或《宣言》）的基础上，[2] 阐明了《联合国宪章》和《世界人权宣言》中的主要原则声明。《公约》的文本经由一系列的联合国机构精心制作，由标题、序言和 25 条构成，其中大部分专门用于规定程序和技术事项，并包括设立消除种族歧视委员会及详细说明其职能的条款。有 7 条致力于种族歧视的实质性方面，从对种族歧视的定义开始。作为联大第 2106 A（XX）号决议附件的《公约》以 106 票赞成、0 票反对、1 票弃权（后来改为赞成票）的表决结果获得通过。[3] 其出生并不特别困难，其孕育期也不长：从联合国的标准来看，《公约》从起草到诞生的过程相当迅速，受到了非凡的政治势头的推动。

《公约》并不是在一片空白中出现的，而是带有在经验中形成的政治、意识和体制方面的信念的分量。在联大，对其通过的反应的声调和实质各异。在其通过时发表的各种讲话中，对《公约》内容和意义的总结反映了不同的关注点："所有缔约方均同意种族歧视是一种邪恶，但它们对这种邪恶

1　《公约》于 1969 年 1 月 4 日生效。

2　联大 1963 年 11 月 20 日第 1904（XVII）号决议通过。

3　21 December 1965, GAOR, twentieth session, 1406th plenary meeting, A/PV. 1406, para. 60. 墨西哥弃权，但很快改变了立场，支持《公约》：GAOR, twentieth session, 1408th plenary meeting, A/PV. 1408, para. 2。

的本质的看法源自不同的经验和信仰。"[4] 对于许多代表来说，殖民主义是种族方面的大恶，而种族隔离是它的孪生兄弟。苏联代表莫罗佐夫（Morozov）用响亮的声音毫不含混地指出："种族主义和种族歧视是帝国主义和殖民主义的可耻和可憎的产物，所有民族和所有良善之人都坚决要求其终结。"[5] 联大经由一项与《公约》同时通过的决议，[6] 强调了种族歧视与殖民制度之间的联系——该决议忆及《关于准许殖民地国家及民族独立之宣言》（本书中简称《殖民地独立宣言》）和联合国非殖民化特别委员会，[7] 确认了该特别委员会与消除种族歧视委员会的紧密合作将有助于实现《公约》和《殖民地独立宣言》的宗旨。[8]

许多西方或与西方结盟的国家，包括殖民国家，更喜欢研究和强调诸如反犹太主义的歧视形式和纳粹的意识形态导致的世界和平的破灭。在殖民/反殖民两极之内和之外的国家将《联合国宪章》和《世界人权宣言》看作会超越和消除种族歧视的人权卓越秩序的标杆。意大利代表博斯科（Bosco）将《公约》判断为联合国历史上的一座"里程碑"，并采取了一种远景视角：

> 《公约》首先是对所有民族的意志的一次庄严肯定……，该意志即一劳永逸地消除那些在许多世纪中、直到今天一直是痛苦和……苦难之根源的所有可憎教义和做法。没有人能做到不记得种族仇恨和反犹太主义在我们这一代所制造的数百万受害者。没有人能做到不被今天仍然盛行的……种族隔离政策折磨良心和心生憎恶……。《世界人权宣言》为我们指明了道路。[9]

美国代表威利斯（Willis）支持《公约》的整体，因为其"构建性的人道目标"超越了只是"理想的崇高声明"。[10] 哥伦比亚代表奥斯皮纳（Ospina）

4　M. Banton, *International Action against Racial Discrimination* (Clarendon Press, 1996), p. 70.

5　A/PV. 1406, para. 113. 他补充说，对于苏联人民，"与消除种族主义和其他歧视形式相关联的问题都是过去的事情——它们已经是历史": *Ibid.*, para. 121。

6　第 2106 B（XX）号决议。

7　联大 1960 年 12 月 14 日第 1514（XV）号决议通过；关于准许殖民地国家及民族独立宣言之实施情形特设委员会，由联大 1961 年 11 月 27 日第 1654（XVI）号决议设立。

8　序言第 6 段。

9　A/PV. 1406, paras 109–110.

10　*Ibid.*, para. 98.

称《公约》是"一场巨大的胜利"。[11] 这些情绪与许多代表的观点并非不一致，即在他们的"家里"并没有实行种族歧视，这也不是一个可以适用于"他们的"少数群体或土著民族的概念（如果有任何这种群体或民族得到承认的话）。

自从《公约》于 1965 年正式通过的那一重大日子起，世界上发生了翻天覆地的地缘政治、法律和社会变化。当时，国际人权的地盘上人烟稀少，主要是那些"普遍"性质的文书：作为《公约》实践之背景的主要一般性文书包括《世界人权宣言》，1948 年《防止及惩治灭绝种族罪公约》*，国际劳工组织 1958 年《关于就业和职业歧视的公约》（第 111 号公约），联合国教育、科学和文化组织 1960 年《取缔教育歧视公约》和《消除种族歧视宣言》；在区域层次上则有 1950 年《欧洲人权公约》和 1948 年《美洲人的权利和义务宣言》。《经济社会文化权利国际公约》《公民及政治权利国际公约》即通常所说的"联合国人权两公约"和其他"核心"联合国人权公约还有待通过，进一步的区域性人权公约也颇为遥远。某些规范性的"区分"在那些将影响《公约》全过程的领域中发展起来：关于妇女的政治权利[12]、难民和无国籍者[13]以及奴隶制[14]。就土著民族而言，国际劳工组织 1957 年《关于土著和部落人口的公约》（第 107 号公约）对于那些其命运被该公约当作不确定的社群的权利而言，是一种不完善的体现；[15] 而族裔少数人的权利——其称谓被《联合国宪章》、《世界人权宣言》以及《消除种族歧视公

3

11　*Ibid.*, para. 78. 与这一评估一道，还有一项对第 4 条（子）项包括"传播以种族优越……为根据之思想"的批评性判断（*ibid.*, paras 67-73），这一批评有关一项阿根廷、哥伦比亚、厄瓜多尔、巴拿马和秘鲁提出但被拒绝的、删除传播罪行的提议（A/L.480）。

*　该公约在通过时的中文标题为《防止及惩治危害种族罪公约》，经联合国认证的作准中文本之标题为《防止及惩治残害人群罪公约》，本中译本所采用的是目前在联合国通行的该公约的中文标题。

12　1953 年《妇女参政权公约》。

13　1951 年《关于难民地位的公约》、1954 年《关于无国籍人地位的公约》、1961 年《减少无国籍状态公约》。

14　1926 年《禁奴公约》、1956 年《废止奴隶制、奴隶贩卖及类似奴隶制之制度与习俗补充公约》。

15　该公约涉及"尚未融入国民社群"的"人口"，而非自决的"民族"（peoples）。

约》所忽略——则让很多人担忧，恐怕威胁经历殖民统治后独立的国家的民族团结统一。当时的时代精神支持殖民创伤之后的建国事业（nation-building）。《公约》起草期间以及其通过之后的许多发言明显地体现出，其适用范围被广泛地认定为剩余的殖民领土和南非；民族（nations）平等、民族团结统一和免受种族歧视被理解为相互构建的。《公约》是以普遍化的语言写就的，没有按称谓单独挑选出受威胁的群体；《公约》按照《世界人权宣言》的方式，也是"个人化的"，虽然从其主题——种族和族裔——中出现的"群体"的微妙色彩也使其并非个人权利的完美拟像。

自 1965 年起，"普遍"人权得到进一步阐明，适用于所有区域和大陆，而某些类型的人和群体的"有区分的"权利也在扩散，受到女性主义和市民社会中类似运动的智识热情和活跃情况以及如土著民族等自我界定的群体的持续活跃情况的激励。个人权利的框架得到维持、丰富，并受到集体权利之增长的挑战，融混（integration）* 的进程又与同化（assimilation）的进程相区别。作为《公约》之基石的自决以各种形式持续且丰茂。"正式的"种族隔离制度已经瓦解。强大的西方殖民制度已经被减少到几乎荡然无存的地步，虽然国际等级还没有消失，并在变化了的地缘政治环境中时有体现。不断迁徙的人代表了一种令人咋舌的、促成了文化和民族多样性的新的构造形态的全球现象。公司和其他私人行为者影响了广大民众的生活，因此随着政府从正式的歧视现象中退出，歧视越来越多地具有"私人"表现。这些变化为消除种族歧视委员会的持续工作提供了背景——该委员会与其姊妹人权机构一道，致力于实施《公约》，在对日益"文化化的"（culturalized）和多样化的人权的理解及其范围内，将之作为对不断变化的条件中的共同利益作出贡献的一种重要方式。[16]

虽然《公约》的起草者可能设想的是不歧视规范的直接适用，但是正如

---

* 在《公约》的相关语境中，"integration"的大意为"融合""融入"，但因为在第 2 条第 1 款（辰）项的中文本中，与其英文本中的"integrationist"对应的用词为"混合主义"，所以本中译本将"integration"译为"融混"。

16　F. Lenzerini, *The Culturalization of Human Rights Law* (Oxford University Press, 2014).

马可南遗憾地指出的那样,[17] 简单性并非当前实践的特点。自 20 世纪 60 年
代以来所流逝的时间凸显出一系列的问题,这些问题在《公约》起草之时,
并没有呈现出来、没有被清晰地察觉或者处于休眠状态:因此准则是,《公
约》应该被解读为一份"活的文书"(living instrument)。目前的工作努力在
错综复杂的解释实践中找到一条路径,主要关注对消除种族歧视委员会的工
作的批判性评估。有关《公约》起草的部分将系统地呈现,以说明在约文中
出现的概念,而且只是次要地,对比所提出的解释,同时铭记准备工作的实
际用处已经随着时间的推移而减弱。散布在各章中的说明性材料有一定的意
义和启发性,但肯定不是详尽无遗的。笔者基于自身作为消除种族歧视委员
会委员 13 年的经历作出的未引用资料的评论为数极少,以免给本评注打上
只不过是"经篡改之回忆的私人作品"的印记。[18] 考察《公约》的历程的终
点,有可能决定《公约》是不是一座"里程碑"、一场"巨大的胜利"、一
份"理想的崇高声明"——是所有这些还是一个,以及它现在或未来是否
"适合目的"。

17　T. Makkonen, *Equal in Fact*, *Unequal in Law*: *Racial and Ethnic Discrimination and the Legal Response Thereto in Europe* (Martinus Nijhoff, 2012), p. 258:"即使该领域中的专家也被有关资料无法逾越的数量弄得精疲力竭"。另外,就消除种族歧视委员会的一般性建议,他指出,"这些文件往往以技术性和开放性的语言表达,这意味着这些解释性文本本身需要得到解释"(p. 257)。就后一点,见 K. Popper, *The Open Society and its Enemies*, vol. 2 (5th edn, London: Routledge, 1966), pp. 10, 11, 16, 21。

18　Thomas Kinsella, *Baggot Street Deserta* (Dolmen Press, 1958)。

第二章　《公约》之源起与背景

5　　　虽然《消除种族歧视公约》对种族歧视的定义超出了"种族"的范围，还包括基于肤色、世系、民族或族裔本源*的歧视，但"种族"意识是《公约》起草者的主要出发点，值得解释，即使这种意识的智识性力量特别是它的"科学"变体已经由于一个世纪的批判理论而消失。虽然反殖民情绪并没有全面影响一份包含如此广泛定义的文本的每一个要素，但它从标题和序言

---

　　*　"民族或族裔本源"在原文中为"national or ethnic origin"。在《公约》英文本中，"national or ethnic origin"出现了两次（第 1 条第 1 款和第 5 条帽段），中文本中与之对应的用词为"原属国或民族本源"。此外，英文本中"national origin"单独出现了一次（序言），"ethnic origin"单独出现了三次（序言、第 4 条帽段和［子］项），中文本中与之对应的用词分别为"原属国"和"民族本源"。无论是在《公约》的特定语境还是国际法的一般语境中，对于"national origin"和"ethnic origin"各自的概念及其关系并无确切的、公认的定义（参见本书第六章、第七章的相关论述）。实际上，"national"和"ethnic"均有"民族（的）"之义。大体而言，"ethnic"主要与语言和文化有关，而"national"更多与国家有关。"national"作为形容词还具有"国内的""国家的"的含义：在《公约》第 2 条第 1 款（子）（寅）项和第 4 条（寅）项的中文本中，与其对应的用词为"全国性"；在第 6 条的中文本中，与其对应的用词为"国内"；在第 14 条的中文本中，与其对应的用词为"本国"。作为名词的含义则是"国民"：在第 8 条和第 12 条的中英文本中，相对应的用词就是"国民"和"national"。由"national"而来的"nationality"则可能既意味着"国籍"也意味着"民族（情况）"（见本书第七章的有关分析）。因此，对于"national origin"中的"national"，最合适的理解是"国族（的）"，"national origin"则意味着"国族本源"。"national origin" / "国族本源"的重点在于"origin" / "本源"，而《公约》中文本中与"national origin"对应的用词"原属国"的重点则在于"国"，因此"原属国"可能无法全面涵盖"national origin"可能具有的各种含义（尽管对其含义并无明确共识）。鉴于许多国际人权条约和文书（特别是晚近的条约和文书）的作准中文本或官方中文本在涉及人群特征的语境中以"民族（的）"和"族裔（的）"为"national"和"ethnic"的对应用词（例如见联合国人权两公约、《儿童权利公约》、《保护所有移徙工人及其家庭成员权利国际公约》、《残疾人权利公约》、《国际刑事法院规约》以及《在民族或族裔、宗教和语言上属于少数群体的人的权利宣言》、《联合国土著人民权利宣言》），本中译本也将如此使用：将"national or ethnic origin"译为"民族或族裔本源"，除非是在引用《公约》约文之时或其他国际文书的中文本另有用词之处（必要之处附上英文）。另外，本中译本视情况将"nation"译为"国家"、"国族"或"民族"，将"people"视情况译为"人民"或"民族"（后一用法采自联合国人权两公约），并在必要之处附上英文。

6

开始，就给《公约》留下了一个重要印记，并加强了锁定该文书之地位的政治意愿。在《公约》通过时，海地代表弗雷特（Verret）对种族理论及其残忍影响作了粗略叙述，这些影响包括但超出了殖民范式：

> 感谢老天，现在我们已经拿出了一份文件，最起码可以说它让人合理地放心。我们为它喝彩，并……加入汇聚在一起的各国权威声音的合唱……庄严地吟唱着种族和解的赞歌，这种和解往往被荒诞的理论所分裂，这些理论吹嘘一些民族优越于被视为低人一等，因此被鄙视、被奴役，甚至注定要被完全毁灭的另一些民族。这是戈比诺和他的弟子们、他关于人类种族不平等之理论……以及一系列追随他们的巫师学徒的判断……我们与世界上大多数人一样，对一切形式的种族歧视感到厌恶，不管他们被称为什么：反犹太主义、殖民主义、纳粹主义、种族隔离等。这些形式都像构想它们的人一样卑鄙。[1]

本章跟从弗雷特的视角，首先简要回顾种族理论与殖民主义的相互关系，同时认识到，在国际法律和关系中，理论得到了基于类似但不完全相同理由的、有差别和等级的主张的补充。本章还讨论了通过概念修订和法律标准来使种族理论名声扫地的情况，尽管这些标准在其对抗种族理论的努力中继续"回收"使用种族词汇。本章最后一节回顾了导致《公约》产生的里程碑式的规范和体制发展。随后各章论述了种族理论在《公约》文本中的命运，以及目前关于将"种族"作为对歧视之法律规范的组成部分的优点何在的争论。

一 种族：巫师和学徒

对种族的分析性叙述往往侧重于 19 世纪和 20 世纪种族理论的极端情况，同时指出，基于可观察到的差异而区分人群，在所有已知的文明时期都得到过承认。伯克希尔和其他人在评论古代社会时，反思了柏拉图关于某些人是由本质上劣等的物质构成的推测，以及亚里士多德有关本质、自然种类

6

---

1 A/PV. 1406, paras 79–87.

和自然奴隶的理论，这些理论虽然没有导致种族的发明，但暗示了这种观念的来源"可能比当代共识看来假定得更深远、更不易追踪"。[2] 种族理论只代表了解释人类差异的众多隐喻中的一个，而且根据班顿的说法，它代表了一个定义他者的欧洲习语。[3] 许多最初的词语都与伊比利亚语言有关，[4] 即使斯威特认为，在 15 世纪的伊比利亚半岛，并无对于一种充分发展的种族意识的表达。[5] "发现"美洲后导致的欧洲视野的扩大，在学者中造成了对《圣经》中没有记载的民族的困惑和分类热情。除其他外，对宗教信仰很重要的《圣经》中的一元说[6]受到了关于人类多样性的惊人的、出乎意料的证据的挑战。[7] 法律神学家从中世纪经院哲学、基督中心论假设、自然法和教皇权威[8]的基础出发阐述了各项原则，并将其应用于西班牙人和"印第安人"之间的关系。他们的论点涉及作为集体的民族（peoples）和国族（nations）的生存能力，以及个人的地位和价值。对欧洲人在美洲的存在和行为的评估与他们对欧洲统治下民族的"素质"的看法密切相关。尽管如此，西班牙的话语方

---

2   B. Boxill, 'Introduction', in B. Boxill (ed.), *Race and Racism* (Oxford University Press, 2001), pp. 14-15 [henceforth *Race and Racism*].

3   M. Banton, *International Action against Racial Discrimination* (Clarendon Press, 1996), pp. 76-82 [henceforth *International Action*].

4   关键词语"梅斯蒂索西班牙和美洲土著混血（Mestizo）、穆拉托黑白混血（Mulatto）、黑人、印第安人和种姓起源于伊比利亚半岛，并从那里传播到国外，这很可能与'种族'一词本身一样"：L. Poliakov, *The Aryan Myth: A History of Racist and Nationalist Ideas in Europe*, cited in D. Keane, *Caste-Based Discrimination in International Human Rights Law* (Ashgate, 2007), p. 72 [henceforth *Caste-Based Discrimination*]。

5   J. Sweet, 'The Iberian Roots of American Racist Thought', *William and Mary Quarterly* 54/1 (1977), 143-166：特别提到了奴隶制的发展，主张伊比利亚的种族主义是这种发展的"一个必要先决条件"。

6   在《圣经·创世记》中，人类始祖就是亚当和夏娃这一对。后来的大洪水的故事导致了诺亚的子孙成为不同种族和含（Ham）的子孙受到诅咒的故事：D. Keane, *Caste-Based Discrimination*, pp. 75-77。

7   M. Banton, *Racial Theories* (Cambridge University Press, 1987), p. 7 [henceforth *Racial Theories*]，回顾了蒙田（1533—1592）运用新世界的发现，对欧洲生活的真正美德提出了问题，认定在欧洲人和巴西人之间并没有文明和野蛮之间的等级区分。

8   具有代表性的是教皇亚历山大六世于 1493 年颁布的《析产教谕》（Bulls of Donation），将海外领土分配给西班牙和葡萄牙，导致了 1494 年《托尔德西拉斯条约》（Treaty of Tordesillas）中的划分；1493 年 5 月 4 日的《特别教谕》（Bull *Inter Caetera*）表示了教皇的愿望，即"野蛮民族"要服从和信奉基督教，其文本见<https://www.nativeweb.org/pages/legal/indig-inter-caetera.html>。最近的思考见消除种族歧视委员会对罗马天主教廷的结论性意见，CERD/C/VAT/CO/16-23, paras 16-17。

式——显示出宗教和政治言论的冲动结合，表明自己与后来的对人类的种族和族源分类在主题上是相同的，[9] 并产生了类似的去权（disempowering）效果。

在随后几个世纪的包含了一种可辨识的种族框架的话语发展中，有许多人加入了弗雷特引人注目地命名的巫师学徒团伙。[10] 布鲁门巴赫（1752—1840）将人类分成五个变种，即高加索人种、蒙古人种、马来亚人种、尼格罗人种和阿美利加人种，这引发了一个长期持续的分类计划。布鲁门巴赫坚持"退化论"，即最初的一对人——亚当和夏娃是高加索人种，不同民族之间的差异是由环境因素造成的；然而，他并不认为非洲人比其他人差。[11] 班顿强调了居维叶（Cuvier，1769-1832）的重要性，后者尽管相信只有一个人种（human species），但通过使用"类型"（type）模糊了物种和（同一物种的）变种之间的区别。这代表了一种强化群体区分的重要智力活动："类型"长期持续，能够"比……语言、历史、宗教、习俗和回忆存在时间更长"。[12] 与他的区分人的分类学上灵活的理论相联系，居维叶识别出一种智力上和文化上的层级，这种层级把白人置于上面，而把黑人放在底层。

戈比诺是"巫师"中的一名明星演员，这个戈比诺指的是亚瑟·德·戈比诺（Arthur de Gobineau，1816-1882）伯爵，一名"贵族、文学家和外交家"，[13] 他所著的《人类种族不平等论》（*Essai sur L'Inégalité des Races Humaines*）于1853年出版。[14] 戈比诺提倡人类特征由种族决定的观点，并进一步发展了永

7

9　J. Comas, *Racial Myths* (UNESCO, 1951), p. 7.

10　Keane, *Caste-Based Discrimination*, Chapter 2，列出了其中的许多人。

11　J. F. Blumenbach, *De Generis Humani Varietate Nativa* (Vandenhoek and Ruprecht, 1795). 德梅尔认为，布鲁门巴赫的著述中的"退化"指的是适应环境而不是"退化"：R. Kowner and W. Demel (eds), *Race and Racism in Modern East Asia: Western and Eastern Constructions* (Brill, 2012), p. 68。

12　Banton, *Racial Theories*, p. 41, citing J. C. Nott and G. R. Gliddon, *Types of Mankind, or Ethnological Researches* (1854)；班顿评论说，"在一种强调当代人口多样性的纯粹或永久类型的意义上使用"的种族，"依然具有重要性"（*ibid.*, p. 43）。

13　T. J. Le Melle, 'Race in International Relations', *International Studies Perspectives* 10/1 (2009), 77-83, at 79.

14　Tome Premier, Paris, Librairie de Firmin Didot Frères, 1853, dedicated to George V, King of Hanover and Duke of Cumberland. 作者被列为法国驻瑞士大使馆一秘（Premier Secretaire de la Légation de France en Suisse）和巴黎亚洲协会会员（Membre de la Société Asiatique de Paris）。

久性种族类型的观念——黑种人、黄种人、白种人的概念，认为黑色和黄色种族不是文明的创造者，只有欧洲人才有优越的属性。他阐述了雅利安人种的理论，该术语最初是语系上的印欧人的同义词，但后来变成了戈比诺的术语中代表一切积极事物的"日耳曼人种"（*la race germanique*）。[15] 戈比诺不确定这些种族的共同起源，但觉得科学和《圣经》迫使他抑制他的怀疑；无论如何，不管是有共同起源还是有多个起源，人类都被分成了不同的组成部分，而种族混合打破了自然的屏障并产生了退化。[16]

大力提倡多祖论——人类有多种起源的理论——与阿加西（Agassiz, 1807-1873）有关。他认为只有一个人种，但种族是单独创造的结果，有关亚当和夏娃的叙事基本上指的是"白人"种族。动物世界的自然区隔揭示了具有不同属性的人类种族的类似"特殊区隔"，而他认为，多祖论并没有破坏所有人类的精神共性。[17] 另一方面，达尔文在《人类的由来》中，[18] 反对阿加西的"科学种族主义"和多祖论，而主张人类具有共同的祖先，种族差异是表面的，没有存在价值。此外，达尔文进化论对因进化而改变的看法与长期存在的静态种族观念并不一致，尽管这并没有妨碍斯宾塞（Spencer）和其他人暂时利用进化的隐喻。

"科学种族理论"在戈比诺等人的著述的基础上，将种族当作理解人类差异的关键——其中种族表现为独特的身体特征和文化属性，[19] 并按价值和能力将种族排出了层次。这些种族是永久和持续的，是理解群体间关系的关键。在理论发展的过程中，当民族特性通过种族隐喻和文化隐喻来表达时，种族特性与民族特性的区别是不全面的，特性是"基于一种直觉性的血缘

15　"他争辩说，雅利安人不再是纯洁的，但是他们的一些混血后代仍然携带着足够的雅利安血统来主张统治权。这些后裔是白人民族的贵族……社会优越性是以肤色有多白决定的。" Le Melle, 'Race in International Relations', 79.

16　Keane, *Caste-Based Discrimination*, pp. 92-95.

17　E. Lurie, 'Louis Agassiz and the Races of Man', *Isis* 45/3（1954），227-242.

18　Charles Darwin, *The Descent of Man, and Selection in Relation to Sex*（Princeton University Press, 1871, reprinted 1981），Chapter 7 'On the Races of Man', pp. 214-250.

19　精简解释见 L. Outlaw, 'Towards a Critical Theory of Race', in Boxill, *Raceand Racism*, pp. 58-82。

感"的。[20] 这样定义的民族特性促成了国际关系的种族化。[21]

对随后的种族理论的叙述将（迂回曲折地）贯穿"社会达尔文主义",[22]
这种理论的部分灵感来自赫伯特·斯宾塞（Herbert Spencer, 1820-1903）对
"适者生存"的使用,[23] 试图将进化论的变体应用于种族群体之间的竞争。
佩里和他的同事们评论说,"将达尔文的生物学概念松散地应用于它们并不
适用的社会世界……支持了帝国主义、种族主义、民族主义和军国主义……
社会达尔文主义者坚持认为,国家和种族都在为生存而斗争,其中只有适者
生存,才有资格生存……战争是自然消除不适者的方式"。[24] 不适的因素在不
同程度上附着于非白人种族和那些遭受精神残疾或身体虚弱者。

弗朗西斯·高尔顿（Francis Galton）的优生学——"有针对性地干预人
类进化"及其改善的理论[25]—— 也开始关注种族和种族卫生。[26] 1905 年, 德
国医生阿尔弗雷德·普洛茨（Alfred Ploetz）创立了以理想的"北欧种族"

9

20　W. Connor, 'A Nation is a Nation, is a State, is an Ethnic Group…', in J. Hutchinson and A. D.
Smith (eds), *Nationalism* (Oxford University Press, 1994), pp. 36-46, p. 37; 该书补充说: "'民族'
(nation) 一词来自拉丁语, 并且……显然传达了一种共同血缘的观念。它来源于动词 nasci 的过去分
词, 意思是出生。……因此拉丁语名词 nationem 意味着'品种'或'种族'。"(*ibid.*, p. 38)

21　在联大第三委员会起草《公约》的过程中, 毛里塔尼亚代表指出: "种族主义者不满足于
宣称白人的优越性和指责混血, 甚至走到了即使在白人种族中也确立等级的地步。纳粹主义者和法
西斯主义者发明了雅利安主义, 这还形成了条顿主义、盎格鲁-撒克逊主义和凯尔特主义等次级形
式。然而, 所有这些种族主义意识形态最终都必然遭遇同样的命运。"A/C. 3/SR. 1165, para. 23.

22　G. Claeys, '"The Survival of the Fittest" and the Origins of Social Darwinism', *Journal of the History of Ideas* 61/2 (2000), 223-240.

23　达尔文与"社会达尔文主义"之间的联系微弱缥缈, 尤其是因为斯宾塞发表其有关社会的
革命性观点是在达尔文发表其观点之前: 斯宾塞的《进步: 规律和起因》(*Progress: Its Laws and Causes*) 1857 年 4 月在《威斯敏斯特评论》(*Westminster Review*) 上发表, 而达尔文的《物种起源》1859
年才出版: C. Darwin, *On the Origin of Species* (John Murray, 1859)。

24　M. Perry, M. Chase, J. Jacob, M. Jacob, and T. Von Laue, *Western Civilization: Ideas, Politics, and Society*, vol. 2 (10th edn, Wadsworth Cengage, 2013), pp. 569-570.

25　见文集, A. Bashford and P. Levine (eds), *The Oxford Handbook of the History of Eugenics*
(Oxford University Press, 2010)。

26　S. Kühl (transl. L. Schofer), *For the Betterment of the Race: The Rise and Fall of the International Movement for Eugenics and Racial Hygiene* (Palgrave Macmillan, 2013), p. 12 [henceforth *For the Betterment of the Race*]; M. Turda, 'Race, Science, and Eugenics in the Twentieth Century', in Bashford and Levine (eds), *Oxford Handbook of the History of Eugenics*, pp. 62-79.

概念为中心的种族卫生学会；1907 年，国际种族卫生学会成立。[27] 优生学是注入纳粹实践和理论的刺鼻大杂烩的许多思想之一，包括休斯顿·斯图尔特·张伯伦（Houston Stewart Chamberlain）的反犹太主义著述，他高抬雅利安人种，而条顿诸民族是其领袖。[28] 张伯伦的著述影响了纳粹种族政策的主要理论家阿尔弗雷德·罗森博格。[29] 转换成立法和实践[30]的纳粹理论强调种族纯洁，同时针对威胁造成德意志民族"退化"的"种族"和其他人制定了安乐死、绝育和灭绝种族的净化、改良人种的规划。[31] 罗森博格认为，种族保护、繁殖和卫生是新时代不可避免的要求，并列出优生计划的参数，抨击"所有种族和宗教平等和具有平等权利的疯狂原则"。[32]

二　种族和殖民主义

许多代表在起草和通过《公约》时极力主张殖民主义和种族歧视之间的联系，这受到班顿的质疑，他认为种族歧视"不是殖民扩张的原动力，而是一个其作用因地而异的结果"。[33] 另一方面，安吉主张，种族和文化是殖民主义和一般而言的国际法的核心，他认为，从一开始，文化差异和如何管理文

27　Kühl, *For the Betterment of the Race*, pp. 14-15.

28　*Die Grundlagen des neunzehnten Jahrhunderts*: *Foundations of the Nineteenth Century*, translation from German by J. Lees (John Lane, The Bodley Head, 1912).

29　A. Rosenberg, *Der Mythus des zwanzigsten Jahrhunderts*, published in Munich 1930, translated as *The Myth of the Twentieth Century*, a volume following on from Stewart Chamberlain's *Foundations of the Nineteenth Century*.

30　尤其是 1935 年的各项纽伦堡种族法——《帝国公民资格法》《保护德国血统和德国荣誉法》，其英语译文载 < https://www.ushmm.org/wlc/en/article.php? ModuleId = 10007903 >；J. Scales-Trent, 'Racial Purity Laws in the United States and Nazi Germany: The Targeting Process', *Human Rights Quarterly* 23/2 (2001), 260-307.

31　Kühl, *For the Betterment of the Race*, Chapter 5；R. N. Proctor, *Racial Hygiene*: *Medicine under the Nazis* (Harvard University Press, 1988)；J. Connelly, 'Nazis and Slavs: From Race Theory to Racist Practice', *Central European History* 32/1 (1999), 1-33.

32　Cited by Keane, *Caste-Based Discrimination*, p. 103.

33　Banton, *International Action*, p. 70.

化差异的观念就塑造了国际法。[34] 种族理论对殖民事业的法律辩解的贡献可以从对不同民族予以区分和排列等级的更广泛话语的现实背景来理解，这些话语虽然不一定使用"种族"，但在"科学种族主义"于法律实证主义的"科学"中得到呼应的情况下，它们倾向于此。奥勃雷翁概述了几个世纪以来国际等级话语和实践的发展情况：

10

> 从 16 世纪到 19 世纪初，将各民族或国家分类和分层的文明/不文明的概念（以及诸如进步/落后、文明/野蛮、现代/原始、白人/黑人的其他成对概念），是非正式欧洲帝国主义语言的关键。19 世纪末，有关文明的语言在国际法的支持下过渡到正式的帝国主义。[35]

安吉强调了维托利亚（Vitoria，1483-1546）[36] 为文化差异在国际法中的运作设定早期参数的工作。维托利亚反思了西班牙征服新世界的合法性，其方式使人想起其他关于获取殖民地的辩论。新大陆的印第安人是异教徒这一事实并没有剥夺他们的统治权（*dominium*）：他们也可以拥有合法的统治者。维托利亚并没有认定土著人和西班牙人在万民法（*ius gentium*）下的权利完全平等：他的法律结论是不对称的，在其天平上，后者重于前者。[37] 维托利亚在阐述自然法如何适用于印第安人的情况时，提出他们是"某种自然之

34　根据 19 世纪的国际法，"为了定义、确定和定位那些非文明者，必须设计特别的原则和规范"：A. Anghie, *Imperialism, Sovereignty and the Making of International Law* (Cambridge University Press, 2004), p. 36。

35　L. Obregón, 'The Civilized and the Uncivilized', in B. Fassbender and A. Peters (eds), *The Oxford Handbook of the History of International Law* (Oxford University Press, 2012), pp. 917–939, p. 937 [henceforth *Oxford Handbook of the History of International Law*].

36　对维托利亚的简要叙述，见 A. Brett, 'Francisco de Vitoria (1483-1546) and Francisco Suárez (1548-1617)', *Oxford Handbook of the History of International Law*, pp. 1086–1091。

37　除其他外，承认印第安人的统治权并没有不适当地侵犯西班牙人的权利；他们除其他外，还享有万民法上的贸易权和旅行权，"基督徒有权在野蛮的土地上传教和宣讲福音……。如果西班牙人有权在印第安人中间旅行和贸易，他们就可以将真理传授给那些愿意倾听的人，特别是关于拯救和幸福的事情"：F. de Vitoria, *De Indis et de Jure Belli Relectiones* (E. Nys [ed.], transl. J. Bate, The Carnegie Institute of Washington, 1917), p. 160。另见 T. Todorov, *The Conquest of America: The Question of the Other* (Harper and Row, 1992), p. 150："我们习惯于将维托利亚视为印第安人的捍卫者，但如果我们质疑的不是主体的意图，而是他话语的影响，那么很明显，他的角色是完全不同的：在基于对等的国际法的外衣之下，他实际上为殖民战争提供了法律依据。"

子，是一种真正理性状态的继承者"，[38] 因此引入了一个主旨——把土著人口当作儿童，这一主旨回荡在后来几个世纪的征服和压迫中，[39] 将其风格和形状赋予了等级式的国际制度，如20世纪国际联盟的委任统治制度。

塞普尔维达（1489—1573）在他题为"Democrates Secundus"的简短讨论中，对新"发现的"的美洲人作了一种特别贬低的描述，[40] 对他来说，"印第安人"是"天生粗鲁和卑下的人"，理解力有限，适合被归类为亚里士多德所说的本性是奴隶（servi a natura）。[41] 在印度群岛议会前，多明我会修士巴托洛梅·德·拉斯·卡萨斯（Bartolomé de las Casas，1484-1566）与塞普尔维达发生了戏剧性的对峙：[42] 他反对塞普尔维达，否认自然奴隶的学说，并主张印第安人是理性的生物，能够理解适合于所有人的基督教。[43] 帕格登声称，塞普尔维达的讨论构成了"对于美洲印第安人如何卑下的有史以来写就的最恶毒和强硬的论点"，[44] 而拉斯·卡萨斯则被称为现代人权教导的先驱。[45] 塞普尔维达的立场一直受到更多的负面评价，但通过他的作品在其

38　A. Pagden，'Dispossessing the Barbarian：The Language of Spanish Thomism and the Debate over the Property Rights of the American Indians'，in A. Pagden（ed.），*The Languages of Political Theory in Early Modern Europe*（Cambridge University Press，1990），p. 86.

39　由此引入的法律制度被称为监护原则。在此处的情况中，该原则要求"西班牙对印第安人的治理必须基于为他们的福利而不仅仅是西班牙的福利行事的原则"：J. B. Scott，*The Spanish Origin of International Law*（Clarendon Press，1934），p. 78。

40　Juan Ginés de Sepúlveda，*Democrates secundus sive de justis causis belli apud Indios*；A. Losada（ed.），*Democrates segundo，o de las justas causas de la guerra contra los indios*（2nd edn，Consejo Superior de Investigaciones Cientificas，Instituto Francisco de Vitoria，1984）.（"Democrates Secundus"的大致含义是"次级民主性"。在塞普尔维达的讨论中，民主性是希腊人的特征之一。——译者注）

41　对塞普尔维达的广泛讨论，载 L. Hanke，*Aristotle and the American Indians：A Study of Race Prejudice in the Modern World*（Hollis and Carter，1959）。

42　对这一辩论的生动叙述，见 Hanke，*Aristotle and the American Indians*。

43　作为"印第安人的保护者"（Protector de Indios），拉斯·卡萨斯赢得了土著人权利捍卫者的持久名声，汉克（Hanke）的著作对这种非常积极的评价作出了贡献。但也有一种更具批评性的观点，将拉斯·卡萨斯描绘为主要是受到一种通过"教会帝国主义"的形式使印第安人皈依基督教的考虑的驱动。见 D. Castro，*Another Face of Empire：Bartolomé DeLas Casas，Indigenous Rights and Ecclesiastical Imperialism*（Duke University Press，2007）。

44　A. Pagden，*The Fall of Natural Man：The American Indian and the Origins of Comparative Ethnology*（Cambridge University Press，1982），p. 109.

45　E. O'Gorman，'Lewis Hanke on the Spanish Struggle for Justice in the Conquest of America'，*Hispanic American Historical Review* 29/4（1949），563-571.

语境中被仔细阅读，也得到了一些更积极的评价。[46]

发展中的种族词语，与相联系的"文明"等标志一道，证明了这是欧洲列强向非洲和亚洲进一步扩张之举措的一种刺激性伴随物。[47] 与在内部有争论的西班牙在美洲取得领土的情况相比，新的角度以更彻底的方式将文明民族与不文明民族区分开来。非欧洲国家被认为不适合成为国际大家庭的成员，国际法越来越多地被呈现为一种欧洲的产物、一种"殖民主义意识形态之一部分"的观念。[48] 将殖民地从国际法体系成员资格中排除的理由以及取得殖民地，同样被一种"受人类学影响之实证主义"的知识建构促进，[49] 充满了被种族和文明的双重等级所支撑的语词。因此，韦斯特莱克称：

> 在有土地可以耕种、有矿石可以开采、有商业可以发展、有运动可以享受、有好奇心可以满足之处，白种人的流入是无法阻止的……。国际法必须把原住民视为不文明的。为了文明国家的共同利益，国际法规范它们对主权的主张……并将如何对待原住民留给被授予主权的国家的良知。[50]

韦斯特莱克支持违背非欧洲国家居民的意愿夺取其领土，不赞成原住统治者的割让条约，因为他们"没有聪明到足以理解这些条约的主题"。[51] 洛里默表示同意，他的方式在权利上增加了义务，即对"野蛮人和蒙昧者的"殖民"是道德上和法律上不可避免的义务"。[52] 对韦斯特莱克来说，国际法

12

46　B. Tierney, *The Idea of Natural Rights*: *Studies on Natural Rights*, *Natural Law*, *and Church Law*, *1150-1625* (Eerdmans, 2001), Chapters XI and XII.

47　C. H. Alexandrowicz, *The European-African Confrontation* (Sijthoff, 1973)；见该书第 6 页概括历史发展的评论。

48　A. Orakhelashvili, 'The Idea of European International Law', *European Journal of International Law* 17/2 (2006), 315-347, 325 [henceforth *European International Law*]；该作者还提出：欧洲国际法的概念"是一种欧洲人相对于非欧洲人具有种族优越性的观念，后者被认为是不够文明的，无法理解国际法……。国际法只能由那些种族上优越者创制和执行，那些种族上低劣的人无法参与其发展"(*ibid.*, 327)。

49　M. Craven, 'Colonialism and Domination', *Oxford Handbook of the History of International Law*, pp. 862-889, p. 887.

50　J. Westlake, *Chapters on the Principles of International Law* (Cambridge University Press, 1894), pp. 142-143 [henceforth *Chapters*].

51　Orakhelashvili, *European International Law*, 326.

52　J. Lorimer, *The Institutes of the Law of Nations*, *A Treatise of the Jural Relations of Separate Political Communities*, vol. 2 (Blackwood and Sons, 1883), p. 28.

是"'欧洲血统的民族'确定其利益优越于其所殖民之领土上的居民的利益的工具"。[53] 林德利广泛地讨论了殖民地取得权,发现法学家在"取得对落后民族之领土的主权"的问题上存在分歧:那些承认主权的人,那些在原始民族拥有太多土地的情况下参照文明国家的需要来确定主权的人,以及韦斯特莱克和其他具有像他那样的观点的人。[54]

考虑到模棱两可的做法和不断变化的术语,讨论这些问题的语言在其有关居住在这些领土上的民族的等级性的、削弱性的假设上引人注目。在实践中,领土是通过各种模式的混合获得的;有人居住的领土被视为相当于空地的程度是有争议的。[55] 布尔声称,"很明显,欧洲人没有提出任何非洲土地是无主地(territorium nullius)的一般主张……而是选择承认具有政治独立和所有权的当地社群的存在,至少在他们强大到足以推翻这些社群之前是如此"。[56] 1884 年至 1885 年的柏林非洲问题会议试图制定获取非洲领土的基本规则,但并没有建立关于当地同意的明确规则;[57] 不过,《柏林会议关于非洲的总议定书》第 6 条进一步体现了监护或信托的居高临下的原则,规定欧洲列强有义务照看原住部落的存续,关注改善其精神和物质福利条件。欧洲列强还承诺帮助压制奴隶制,并基于奴隶贸易在促进奴隶制方面的作用,压制

53　Westlake, *Chapters*, p. 320.

54　M. F. Lindley, *The Acquisition and Government of Backward Territory in International Law* (Negro Universities Press, reprinted from 1926), pp. 11–18.

55　有关讨论见 Fitzmaurice, 'Discovery, Conquest, and Occupation of Territory', *Oxford Handbook of the History of International Law*, pp. 840–861, pp. 856–860, 区分了完全没有主权的土地(*territorium nullius*)和完全没有人或由"完全不算数"的人在其上居住的土地(*terra nullius*)。就澳大利亚的情况,见 E. Scott, 'Taking Possession of Australia—The Doctrine of Terra Nullius (No-Man's Land)', 26/1 *Journal and Proceedings*, *Royal Australian Historical Society* (1940), 1–19。对澳大利亚适用"无主地"的问题是澳大利亚 20 世纪的一项判决的核心问题,见 *Mabo and Others v Queensland* (No. 2), High Court of Australia, [1992] HCA 23; 175 CLR 1 (3 June 1992): 该原则被拒绝,原住民的权利得到了承认。就该案之后当代的激烈争论,见 Connor, *The Invention of Terra Nullius: Historical and Legal Fictions on the Foundation of Australia* (Macleay Press, 2005); 对其评论包括: A. Fitzmaurice, 'Evidence Tailored to Fit an Argument', <https://www. onlineopinion. com. au/view. asp? article = 4269&page = 3>。

56　H. Bull, 'European States and African Political Communities', in H. Bull and A. Watson (eds), *The Expansion of International Society* (Clarendon Press, 1984), p. 111.

57　Craven, 'Colonialism and Domination', *Oxford Handbook of the History of International Law*, pp. 80–81; A. Fitzmaurice, 'The Genealogy of Terra Nullius', *Australian Historical Studies* 129 (2007), 1–15.

奴隶贸易。[58]

三　种族和奴隶贸易

　　奴隶贸易本身的巨大增长与人类的等级分类有关。有人声称，欧洲人是在奴役非洲人之后才发明了"种族"来寻找正当理由的；[59] 对此，伯克希尔认为，种族主要是为了解释人类的多样性而发明的，"但它为欧洲人奴役非洲人的方式铺平了道路"，并且是使欧洲人能够将其行动合理化的背景假设之一。[60] 因此，"随着种族观念得到广泛接受，它在种族之间拉下了一面纱布，模糊了他们对彼此的理解，强化了他们之间的疏远……种族观念的发明可能使欧洲人更容易犯下奴役罪"。[61] 奴役现象，包括完全将奴隶作为财产（chattel slavery）等严重形式，是一种可以追溯到古代幽深处的制度。德雷舍尔和芬克尔曼解释说：

　　　　从普遍被接受过渡到……限于对某些宗教、种族或族群（ethnicities）的奴役……反映了从古代到现代世界的过渡……。随着欧洲成为基督教的，只有非欧洲人才能成为奴隶。向非洲和美洲的扩张允许完全基于种族的奴役——首先是非洲人和印第安人，到 18 世纪，就只有非洲人。[62]

　　奴隶制的正当理由随着种族理论的发展，从基于战争中的虏获，或奴隶的未开化者、野蛮人和异教徒地位，向更清晰的种族基础发展。杰斐逊在思考野蛮人和奴隶能否过上文明的生活时，提出了"只不过是一种怀疑，即黑人……在身体和精神天赋上都低劣于白人……。这种不幸的肤色差异，也许

58　M. Hurst（ed.），*Key Treaties of the Great Powers 1814-1914*，vol. 2（David and Charles，1972），pp. 885-886；所摘引的第 6 条中该款的标题是："维持和改善原住部落；奴隶和奴隶贸易"。

59　与这一观点相联系的是 E. Williams，*Capitalism and Slavery*（University of North Carolina Press，1944）。

60　Boxill，'Introduction'，*Race and Racism*，p. 5.

61　Boxill，*Race and Racism*，p. 23.

62　S. Drescher and P. Finkelman，'Slavery'，*Oxford Handbook of the History of International Law*，pp. 890-916，p. 893.

还有能力上的差异，是解放这些人的一个强大障碍"。[63] 直到 19 世纪，奴隶贸易一直被认为是国际法所允许的，杰出的国际法权威人物很少注意这一现象，这与给予海盗行为和海盗——作为人类公敌（hostes humanigeneris）——的注意形成了鲜明对比。[64] 英国、荷兰和法国法学家信奉的学说——奴隶"一到达他们国家的土地或呼吸到他们国家的空气，就自由了",[65] 或者奴隶贸易违反了自然法[66]——没有立即转化为逮捕奴隶主的国际法控制。

从打击奴隶贸易的跨大西洋版本开始，通过开明思想、处于反奴隶制运动前沿的国家自身的经济利益以及奴隶本身的激烈抵抗（其中许多从海地革命中获得灵感）对奴隶贸易的最终摧毁，对于千百万遭受这种苦难的人和他们的后代来说，来得太晚了。[67] 废除奴隶贸易将危害人类罪的概念遗赠给了国际法，承认这种罪行对广大（主要是非洲的）人类造成的巨大影响。[68] 海地革命提供了一种反抗殖民权力的模式，加上要永远废除奴隶制的主张以及一种词语的颠倒：欧洲人被贬低为"野蛮人"，而"黑人/黑色"则被骄傲

63　Notes on the State of Virginia, 1787, cited in I. Kramnick (ed.), *The Portable Enlightenment Reader* (Penguin Books, 1995), p. 668.

64　Drescher and Finkelman, *Oxford Handbook of the History of International Law*, pp. 897–899.

65　*Ibid.*, p. 895. See Somerset v Stewart (1772), 98 Eng. Rep. 499 (KB).

66　在美国一起案件中，首席法官马歇尔认为，尽管有违自然法、违反美国法律，但奴隶贸易符合万国法：The Antelope (1825), 23 US 66；参见 Le Louis (1817), 165 ER 1464。

67　有关评价，见 P. Manning, *Slavery and African Life: Occidental, Oriental, and African Slave Trades* (Cambridge University Press, 1990); H. Thomas, *The Slave Trade: The Story of the African Slave Trade 1440-1870* (Simon and Schuster, 1997)。一个非政府组织搜集的有关奴隶贸易的材料见 Anti-Slavery International: <https://www.antislavery.org/english/resources/transatlantic_en-slavement_resources.aspx>；有关 18 和 19 世纪的材料汇编见 <https://www.recoveredhistor-ies.org>。

68　J. S. Martinez, *The Slave Trade and the Origins of International Human Rights Law* (Oxford University Press, 2012), pp. 114 ff; Martinez, *ibid.*, p. 115, 将首次使用该术语归功于惠顿 1842 年的专著：Wheaton, *Enquiry into the Validity of the British Claim to a Right of Visitation and Search of American Vessels Suspected to be Engaged in the African Slave-Trade* (Lea and Blanchard, 1842)。1815 年维也纳和会宣布奴隶贸易"违背人性原则和普遍道德原则"；跟从 1822 年《废除奴隶贸易宣言》和 1841 年《制止非洲奴隶贸易条约》等文书的，是 1885 年《柏林会议关于非洲的总议定书》，其附有一项根据万国法原则禁止贸易的宣言；1890 年《布鲁塞尔会议关于非洲奴隶贸易的总议定书》巩固了废除奴隶贸易的进程：有关参考资料见 J. A. Fernandez, 'Hostes Humani Generis: Pirates, Slavers, and Other Criminals', *Oxford Handbook of the History of International Law*, pp. 120–144, pp. 131–133。

地宣扬。[69]

四　种族、委任统治、少数群体

20 世纪头几十年的主要发展，特别是与国际联盟有关的发展，促成了被接受为国际法"主体"的国家的范围、殖民地待遇以及有关个人和群体权利的国际法律话语的标志性变化。国际联盟所引入的改变，如委任统治、有关少数群体的条约和声明、劳工权利的发展以及奴隶贸易的废除，都与 19 世纪关于国家地位和种族的假设的延续和重新确认共存。

关于种族歧视的"世界意见"通过占主导地位的西方大国表现，生动地体现在对日本提出的在《国际联盟盟约》中列入种族平等条款的建议的反应中。[70] 第一次世界大战后的巴黎和会聚集了一大批大国圈外的表演者——这被一些人当作"新外交"的例证：用杜波依斯（W. E. B. Du Bois）的激动话语来说，"不仅是英国、意大利和列强在那里，而且所有小国也在那里……不仅是群体，而且是各种族"。[71] 日本的舆论——由于除其他外，对澳大利亚、加拿大和美国的移民政策中可察觉的对日本国民的轻视高度敏感——所寄希望的是，巴黎和会与伍德罗·威尔逊总统的领导力能够解决种族偏见问题，要求日本代表团"应坚持所有种族的平等国际待遇，……不仅是对日本，而且是对亚洲的所有国家"。[72] 种族歧视被理解为不仅本身就是贬低性的，而且是对世界和平的威胁；因此，出于所有这些原因，"排出高低优劣必须终结"。[73] 日本提交后又重新提交了[74]一项条款，以列入《国际联盟盟约》：

15

69　L. Obregón, 'The Civilized and the Uncivilized', *Oxford Handbook of the History of International Law*, pp. 917–939, at p. 923.

70　P. G. Lauren, 'Human Rights in History: Diplomacy and Racial Equality at the Paris Peace Conference', *Diplomatic History* 2 (3) (1978), 257–278 [henceforth '*Human Rights in History*'].

71　Lauren, 'Human Rights in History', 258.

72　Asahi, 11 December 1918, Lauren, *ibid.*, 260.

73　Lauren, *ibid.*, 260.

74　*Ibid.*, 265.

  各民族（nations）平等是国际联盟的一项基本原则，各缔约国同意尽快给予联盟成员国的所有外国国民在各方面平等和公正的待遇，不得因其种族或国籍，在法律上或事实上作任何区分。[75]

  跟随种族平等提议的，还有一项关于自由行使宗教的条款，其草案由威尔逊总统提供（后来修订）。[76] 与有关宗教的表述不同——其适用于"一般在国家管辖范围内的人"并代表"对国家主权领域的新涉猎",[77] 关于种族平等的提议仅限于国际联盟成员国的外国国民。[78] 尽管日本开展了紧张的外交活动，包括保证它不会把这一条款作为一个楔子，而把更多的移民塞入美国，但这项提议还是遭到了否决，关于宗教自由的提议也被否决。日本提出的将"各国（nations）平等和公正对待其国民的原则"列入序言的修正案也被否决，理由是各国平等原则已经隐含在国际联盟作为一个机构的性质中，因此不必在序言中加以说明；修正案抛弃了任何提及"种族"的说法。[79] 日本随后在国际联盟中的演讲中宣称，其外交本来旨在为未来的国际关系设定一项指导原则，而不是侵蚀各国内政。[80] 麦基恩就这一事件总结说：

  尽管威尔逊总统坚持，结果并不是拒绝各国（nations）和各民族（peoples）平等的原则，但令人遗憾的是，《国际联盟盟约》中没有包括关于这个问题或者宗教或种族平等的规定。对种族和宗教群体享有平等待遇的法律权利的积极承认，必须等到30年以后的《联合国宪章》和随后的文书。[81]

---

75 *Ibid.*, 264.

76 有关"宗教条款"的版本见 D. H. Miller, *The Drafting of the Covenant* vol. 2（G. B. Putnam's Sons, 1928），p. 105, and *ibid.*, p. 307。该书指出，日本的提议"起到的作用是，使任何有关宗教自由的条款都成为不可能"：W. A. McKean, *Equality and Discrimination under International Law*（Clarendon Press, 1983），pp. 15–17〔henceforth *Equality and Discrimination*〕。

77 McKean, *Equality and Discrimination*, 17.

78 麦基恩指出："日本的提议只寻求外国人与一国之本国国民的待遇平等，并不是特别激进，因为在一国对本国国民待遇低于最低标准的国家，外国人将……有权享受国际标准。"（*ibid.*, p. 17）

79 修订后的修正案在国际联盟委员会获得了 17 票中的 11 票赞成，但是主持会议的威尔逊总统坚持在修正案通过之前达成一致意见。日本的提议得到了巴西、法国、意大利、中国、希腊、塞尔维亚和捷克斯洛伐克的支持。概览见 E. J. Dillon, *The Inside Story of the Peace Conference*（Harper and Bros., 1920），Chapter XVI。

80 Lauren, 'Human Rights in History', 274.

81 McKean, *Equality and Discrimination*, pp. 19–20.

很明显，种族等级的概念对第一次世界大战后大国的政治家来说并非格格不入。同样值得注意的是，种族语言能帮助了解日本的提议及其提出所处的话语背景。看来这项提议提出的挑战与其说是对种族观念的挑战，不如说是对与其联系的高低优劣观念的挑战。

尽管对于自决，有威尔逊总统式言论的承诺，但国际联盟在其盟约中没有载入任何这类原则。许多声称自决的群体只能满足于国际联盟在少数群体权利领域提供的东西。殖民制度当时仍在自决的范畴之外，自决理论最终会在联合国时代将殖民制度清扫出去。一些脱离当时殖民制度的领土被置于委任统治制度之下，而不是享受完全解放。《国际联盟盟约》第 22 条首先勾画了委任统治制度的客体——殖民地和这样的领土：由于刚结束的战争的结果，已经不在曾经统治它们的国家的主权之下，"而且居住着在现代世界的艰苦条件下还不能自立的民族"，在那里应当适用"这些民族的福祉和发展构成文明的神圣受托任务"的原则；因此，"应当将对这些民族的监护交给先进国家"，并由它们作为国际联盟的委任统治者行使。相伴而来的附加条款是，委任统治必须根据有关民族的发展阶段而有所不同，包括地理位置、经济条件和类似情况。为了履行对国际联盟的承诺，领土得到了明显的等级划分，从而设立了甲级、乙级和丙级委任统治地。虽然这一制度可能因为通过注入一种国际层面的内容来缓和殖民主义的行使而受到欢迎，但批评者仍贬低它的价值，认为它实质上构成了对 19 世纪和早期分类和排名的修正设计，[82] 还有些人在排名安排中瞥见了德·戈比诺的影子。[83]

除了关于种族平等和宗教自由的一般性提议外，少数民族问题在第一次世界大战后的重建努力中显得尤为突出。自决原则的适用涉及减少土耳其统

82　A. Anghie, 'The Evolution of International Law: Colonial and Postcolonial Realities', *Third World Quarterly* 27.5 (2006), 739-753; See also A. Anghie, *Imperialism, Sovereignty and the Making of International Law* (Cambridge University Press, 2004), Chapter 3, 'Colonialism and the Birth of International Institutions: The Mandate System of the League of Nations', pp. 115-195.

83　T. J. Le Melle, 'Race in International Relations', *International Studies Perspectives* 10 (2009), 77-83, 80.

治的领土、肢解奥匈帝国、建立新的国家以及给其他国家增加大量领土。[84]
重新配置领土满足了一些民族的愿望，但使其他民族失望。与宗教容忍和自

17 决的问题一样，威尔逊总统对"种族和宗教少数群体"的国际保护问题也持
积极态度，这体现在他表达的这样一种观点中："我敢说，任何事情都不会
比可能……给予……少数群体的待遇更有可能扰乱世界和平。"[85] 威尔逊要在
《国际联盟盟约》中列入的条款，对于聚集在一起的政治家来说，过于强烈
地表明，各国有必要采取积极行动，在法律上和事实上实现少数群体的平等
待遇和安全，在法律上或事实上实现对宗教的不歧视。在这种情况下，通过
了一系列主要影响东欧的条约和宣言来保护少数群体，其中包括对"种族、
宗教或语言上的少数群体"的一般权利和特别保护——鉴于后来在说明"族
裔"少数人权利时的倾向，以及在《消除种族歧视公约》禁止的歧视理由
中列入"族裔本源"，在对受保护群体的描述中保留"种族"是值得注意
的；然而，得到赞同的当代民族话语并没有免受贬损性等级含义的沾染。[86]

常设国际法院的意见通过区分各种形式的平等和歧视，[87] 尤其是在区分
"事实"和"法律"上的平等/歧视方面，认定了更为遥远的《公约》的概
念组成部分。在"波兰的德国定居者案"中，该法院承认了"事实上的平
等以及……在法律的用词中不存在歧视意义的法律上的平等"的概念。[88] 在

84　*Protection of Minorities*（United Nations，1967）包括了一份主要文书的清单。总体评价见
P. Thornberry, *International Law and the Rights of Minorities*（Clarendon Press，1991），Chapter 3：'The
Protection of Minorities by the League of Nations'，pp. 38–52 ［hencefoth *Rights of Minorities*］，及其引用
的著述；参考人权领域的后来发展对国联制度的最近评估，见 J. Castellino, 'The Protection of Minorities
and Indigenous Peoples in International Law：A Comparative Temporal Analysis'，*International Journal of Mi-
nority and Group Rights* 17/3（2010），393–422；H. Hannum, 'The Concept and Definition of Minorities'，
in M. Weller（ed.），*Universal Minority Rights*（Oxford University Press，2007），pp. 56–73，esp. pp. 53–
56。

85　Thornberry, *Rights of Minorities*，41.

86　M. Shahabuddin, '"Ethnicity" in the International Law of Minority Protection：The Post Cold War
Context in Perspective'，*Leiden Journal of International Law* 25（2012），885–907，887–891.

87　McKean, *Equality and Discrimination*，pp. 27–33；Thornberry, *Rights of Minorities*，Chapter 3；
E. W. Vierdag, *The Concept of Discrimination in International Law—With Special Reference to Human Rights*
（Martinus Nijhoff，1973）；后一本书发现在第一次世界大战之前，"歧视"是一个只在英美法系中使
用的术语，从那以后才进入国际法和其他法律制度中。（*ibid.*，pp. 48–54）

88　*German Settlers in Poland*，PCIJ Ser. B，No. 6，24（1923）.

"但泽的波兰国民案"中，该法院声明，禁止歧视"为了有效，必须确保事实上和法律上没有歧视"。[89] 在"阿尔巴尼亚的少数民族学校案"中，[90] 该法院认为，为了实现国际联盟制度保护少数民族的目标，必须将属于少数民族的国民置于与其他国民"完全平等"的地位。该意见指出，法律上的平等排除了任何形式的歧视，而事实上的平等可能涉及差别待遇的必要性，以达到在不同情况之间建立平衡的结果。[91] 歧视和平等的微妙概念并不总是得到赞赏：在"阿尔巴尼亚的少数民族学校案"中，与多数法官采用的灵活概念相比，少数法官更倾向于采用一种严格的平等方法——"程度的平等"。[92]

五 评论

在人类历史的某一点上，诺克斯的感悟——"在人类事务中，种族是一切"——表达了他对艺术、科学、文学的许多现实的看法，[93] 即使在他看来，其影响并不一定有利于欧洲对统治地位的自我标榜。[94] 对种族理论的强烈交融的一种智识上的反应在整个 20 世纪稳步发展，即使是在纳粹的种族卫生实践达到其顶峰之时。除了种族分类的混乱尝试之外，博阿斯和本尼迪克特等文化人类学家[95]以及赫胥黎（Huxley）和霍格本（Hogben）等生物学家攻

18

89　*Polish Nationals in Danzig*，［1932］PCIJ，Ser. A/B，No. 44，28.

90　*Minority Schools in Albania*，［1935］PCIJ，Ser. A/B，No. 64.

91　*Minority Schools in Albania*，17-19.

92　Dissenting opinion of Judges Hurst，Rostorowsky，and Negulesco，*Minority Schools in Albania*，26.

93　R. Knox，*Races of Men：A Philosophical Enquiry into the Influence of Race over the Destinies of Nations*（2nd edn，Henry Renshaw，1862），Preface［henceforth *Races of Men*］.

94　关于殖民统治，诺克斯在《人之种族》（Knox，*Races of Men*）的序言中很悲观，认为自己的结论会令人不安："撒克逊人过分的自尊心会特别受到打击……，他也不会听取一个理论……，这一理论向他证明，他的种族不能在地球上作威作福……，除了他最初起源的部分之外，他的种族不能持久占有任何大陆的任何一部分。"（强调为原文所有。）

95　其全部作品，见 R. Benedict，*Race，Science and Politics*（Viking Press，1940）；F. Boas，*Race，Language and Culture*（University of Chicago Press，1940）；*Race and Democratic Society*（J. J. Augustin，1945）。

击了种族理论的基本原理。[96] 基因型（genotype）和表现型（phenotype）之间的区别也是摧毁这一理论的关键一步，表明"一种混乱的生物决定论把基因、相貌和文化融合在一起，打造了自己"。[97] 有影响力的思潮认为，人类群体间的遗传差异不会转化为"种族"，也不会决定文化、习俗、法律和其他方面，而对优越和低劣的断言永远不能恰当地归类为"科学的"。[98] "科学种族主义"的概念在很大程度上已经成为历史。

在体制方面，国际联盟的安排有效地维持了国际体系的非平等主义性质，尽管占主导地位的大国声明，这些条约和声明不是国际社会二等公民身份的徽章。[99] 德国发展了其种族实践和理论，没有受到对国际联盟的一般义务的束缚，[100] 在外部论坛上以少数群体权利倡导者的身份出现，直到纳粹党人掌权。[101] 受到有关保护少数民族制度制约的国家与不受其制约的国家之间的地位差别，不如在委任统治制度的等级正式化中那么明显。这两种制度之间的差异透露了另一种等级制度的延续，即"欧洲"与其他国家之间的等级制度，表现为一直持续到联合国时代的庞大帝国制度的延续。

96　E. Barkan, *The Retreat of Scientific Racism* (Cambridge University Press, 1992). 另见对批判性发展的出色简短总结，A. Rattansi, *Racism: A Very Short Introduction* (Oxford University Press, 2007), pp. 70–76 [henceforth *Racism*]。

97　Rattansi, *Racism*, p. 72.

98　第三章简短地讨论了联合国教育、科学和文化组织对解构种族的贡献。

99　Thornberry, *The Rights of Minorities*, 41.

100　根据《德国与波兰之间关于上西里西亚的条约》承担有关少数民族的义务的情况，见 *Rights of Minorities in Upper Silesia (Germany v Poland)*, (1928) PCIJ Ser. A, no. 15。

101　C. Fink, 'Defender of Minorities: Germany in the League of Nations, 1926–1933', *Central European History 5/4* (1972), 330–357; C. Raitz Von Frentz, *A Lesson Forgotten: Minority Protection under the League of Nations—The Case of the German Minority in Poland* 1920–1934 (LIT Verlag, 1999).

第三章 形成《公约》

一 标准的发展

国际社会对殖民主义、种族屠杀、种族理论和种族实践的时代的反应是复杂和革命性的，最终包括通过联合国组织开放国际社会的成员资格，通过采用自决原则以及引入人权和不歧视原则，逐渐摧毁了殖民主义和国家间的等级制度。为了平等地承认各民族、各国的平等以及国际人权标准的发展，对种族概念的进一步摧毁为《消除种族歧视公约》复杂的谱系提供了第三个也是至关重要的因素。

尽管人们认识到希特勒种族优越论的国际影响，但1941年《大西洋宪章》和1942年《联合国家宣言》都没有明确提出种族问题，尽管前者提到每一民族都有权选择自己的政府。不过，1945年波茨坦会议的第四项原则规定，"所有为希特勒政权提供依据或者基于种族、信仰或政治见解而确立歧视的纳粹法律均应废除"；[1] 与轴心国订立的和平条约也有类似规定。[2] 在关于未来世界组织的敦巴顿橡树园会议上，中国提议将"维护所有国家和所有

1　J. Morsink, *The Universal Declaration of Human Rights*：*Origins*，*Drafting and Intent*（University of Pennsylvania Press，1999），p. 102［henceforth *The Universal Declaration*］.

2　*Ibid.*

种族平等的原则"纳入该组织的基本原则之中。[3] 这一提议没有出现在《联合国宪章》草案中,草案只是泛泛提及了"深藏不露"的人权。[4] 旧金山会议则定下了不同的调子,人权和种族平等从一开始就让人强烈感受到它们的存在。印度、海地和乌拉圭在开幕式上发言,主张必须否定"种族分裂和种族歧视理论"。[5] 日本在凡尔赛会议上提出的种族平等建议的回响困扰着一些代表团,包括新西兰和澳大利亚代表团,后者担心这对其"白澳"政策的潜在威胁。[6]

20 "小国"支持人权和不歧视原则的集体呼声最终在《联合国宪章》文本中占了上风。禁止种族歧视得到了包括美洲国家在内的非欧洲国家和苏联的广泛支持,作为例外,也得到了欧洲国家法国的支持。《联合国宪章》关于国内管辖权的第2条第7项的保护性体现在某种程度上安抚了那些担心将人权列入《联合国宪章》的国家。在这种情况下,《联合国宪章》没有详细阐述人权和基本自由,而是在第1条第3款、第13条第1款、第55条(寅)项和第76条(寅)项中提到,"不分种族、性别、语言或宗教"尊重和实现权利等。有学者认为,这一"不歧视项目的简短清单是《联合国宪章》赋予人权理念内容的唯一明确方式"。[7] 尽管如此,不歧视因素还是促使智利代表圣克鲁斯(Santa Cruz)在联大第三委员会中宣称,"联合国的成立主要是为了反对世界上的歧视"。[8]

鉴于许多代表在起草《公约》时对殖民主义的严厉批评,《联合国宪章》显示的另一个关键因素是自决。《联合国宪章》第1条第2款和第55条提到了自决原则,而且建立了自决概念与享有人权之间的联系。虽然《联合国宪章》没有规定附属民族(dependent peoples)获得独立的权利,但对自

---

3   P. G. Lauren, 'First Principles of Racial Equality: History and Politics and Diplomacy of Human Rights Provisions in the United Nations Charter', *Human Rights Quarterly* 5 (1983), 1–26, at 10 [henceforth *First Principles*].

4   Lauren, *First Principles*, 12.

5   *Ibid.*, 15.

6   *Ibid.*, 14.

7   Morsink, *The Universal Declaration*, p. 92.

8   *Ibid.* 为精确起见,可以指出,《联合国宪章》提到的是"区分"(distinction)而非歧视,而《世界人权宣言》同时使用了这两个词。

决的明确提及与规定非自治领土（第 11 章）和托管领土（第 12 章）的各章的结合实际上"确保了自决的第一批果实通过作为独立国家出现，落在西方列强帝国的各殖民领土上"。[9] 将自决视为从殖民统治中解放出来的反殖民主义观点最终促成联大第 1514（XV）号决议即 1960 年的《殖民地独立宣言》，该宣言本身就体现为对《联合国宪章》的解释。《殖民地独立宣言》已被明确纳入《公约》序言和第 15 条。[10]

《联合国宪章》没有遵循国际联盟的方式，对少数群体作出明确规定：在旧金山会议上，没有国家提交赞同保护少数群体的修正案。对少数群体待遇的关切反映在战后和平条约、联合国防止歧视及保护少数小组委员会（下称"小组委员会"）的设立以及《防止及惩治灭绝种族罪公约》的起草中，与此同时，联大第 217C（III）号决议宣布，联合国不能对少数群体的命运"仍然漠不关心"。美国和拉丁美洲国家加强了支持不歧视模式的势头，它们急于不让国际联盟的少数民族制度普遍化，以防扰乱同化政策。与有关少数群体权利的文书所要求的具体承诺相比，不歧视原则在发展一种在具体细节上仍然含糊不清的普遍主义词汇方面具有吸引力。反歧视的语言也适用于正在成为国家（*in statu nascendi*）的民族：一种想法是，如果不承诺保护次国家集团的身份特性，统一的政治体制就更容易建立起来。[11] 在《公约》的起草过程中，对少数群体的特定权利的抵制仍在继续。[12]

21

二 《世界人权宣言》

《联合国宪章》和《世界人权宣言》激发了后来基于《公约》所列的理

9　P. Thornberry, 'The Democratic or Internal Aspect of Self-Determination with some Remarks on Federalism', in C. Tomuschat (ed.), *Modern Law of Self-Determination* (Martinus Nijhoff, 1993), pp. 101–138, p. 109.

10　见本书第五章、第十三章对自决的讨论。

11　P. Thornberry, *International Law and the Rights of Minorities* (Clarendon Press, 1991), Chapters 10, 11, and 12 [henceforth *Rights of Minorities*].

12　本书讨论了这一问题，特别是在第六章、第十三章和第二十章中。

由阐述不歧视原则的努力并为其提供了具体化的语境。《世界人权宣言》第2条将"肤色"列入了歧视的理由,尽管《联合国宪章》没有提及这一点。代表们的理由是,由于没有对种族的科学定义,因此应增加"肤色"作为预防措施,使文本倾向于一般的或"民间的"——与所谓"科学的"相对——种族概念。[13] 辩论中有关"民族本源"的问题,实际上在《公约》的起草过程中重现。小组委员会认为,对"民族本源"的解释不是在公民身份的意义上的,而是唤起"民族特征"。[14] 类似地,印度提出的将"种姓"纳入《世界人权宣言》所列之歧视理由的(未成功)提议预示了在《公约》的准备工作中对"种姓"和"世系"的讨论。[15] 关于"仇恨言论",《世界人权宣言》与《公约》一样,也提到了"煽动……歧视";[16] 然而,《世界人权宣言》只提到针对这种煽动提供保护,但这种煽动既不被禁止,也没有被宣布为犯罪。关于《公约》第4条的辩论要点出现在苏联代表的发言中:

> 新闻自由和言论自由不能成为传播毒害舆论的观点的借口。支持种族或民族排他性或优越性的宣传只不过是帝国主义侵略的意识形态面具。这正是德意志帝国主义者企图以种族考虑为其在欧洲和亚洲的破坏和掠夺计划辩护的做法。[17]

与《联合国宪章》一样,《世界人权宣言》没有处理保护少数群体的问题,这提出了不歧视原则的范围问题,以及它是否以及在多大程度上能够有效地将保护少数群体吸纳入其宽泛框架的问题。[18] 在联合国,包括秘书长和小组委员会在内的各个机构,为在知识上重构歧视和少数群体权利作出了贡献,对规范发展过程产生了重大影响。[19] 小组委员会将防止歧视解释为"防

13　Morsink, *The Universal Declaration*, pp. 102–103.

14　E/CN. 4/Sub. 2/SR. 21, p. 5.

15　Morsink, *The Universal Declaration*, p. 115.

16　《世界人权宣言》第7条规定:"人人在法律上悉属平等,且应一体享受法律之平等保护。人人有权享受平等保护,以防止违反本宣言之任何歧视及煽动此种歧视之任何行为。"

17　AC. 1/SR. 7, p. 9, cited Morsink, *The Universal Declaration*, p. 70, 关于"仇恨言论"的讨论(*ibid.*, pp. 69–72)。

18　Thornberry, *Rights of Minorities*, Chapters 29 ff.

19　*The Main Types and Causes of Discrimination* (*Memorandum Submitted by the Secretary-General*) (United Nations 1949), Sales No. 1949 XIV 3; *Definition and Classification of Minorities* (*Memorandum Submitted by the Secretary General*) (United Nations, 1950), Sales No. 1950 XIV 3.

止任何拒绝给予个人或群体他们可能希望的平等待遇的行为"，而对少数群
体的保护则是"对非占主导地位的群体的保护，这些群体在总体上希望与多
数人待遇平等的同时，希望受到一定程度的差别待遇，以保持他们所拥有
的、将他们与多数人口相区分的基本特征"。[20] 联合国秘书长备忘录中的表述
将防止歧视视为"制止或防止任何剥夺或限制个人平等权利的行为"。另一
方面，保护少数群体虽然受到平等原则的启迪，但需要采取积极行动，向少
数群体提供具体服务。[21] 在这两种情况下，对于保护少数群体都是以积极方
式界定的，并与维护少数群体的身份特征相联系。平等和不歧视原则产生积
极行动形式的全部可能性，需要时间才能在国际实践中证实。

三　种族祛魅

联合国在人权领域的工作还包括对种族概念的根本批判。联合国教育、
科学和文化组织（下称"联合国教科文组织"）就发表了关于种族问题的
四项声明：1950 年《关于种族的声明》、1951 年《关于种族性质和种族差异
的声明》、1964 年《关于种族的生物学方面的提议》、1967 年《关于种族和
种族偏见的声明》——这是联合国教科文组织 1978 年《关于种族和种族偏
见的宣言》的基础。[22] 联合国教科文组织的前三项声明在起草《公约》方面
发挥了作用，[23] 而所有四项声明都对消除种族歧视委员会的做法产生了影响。

联合国教科文组织的第一项声明以响亮的肯定开头，"科学家们已经达
成共识……人类是一个整体：所有人都属于同一个物种"，接下来不那么引
人瞩目地说，他们也"可能来自一个共同祖先"。[24] 不同的"人群"显示出

20　E/CN. 4/52, Section V（Sub-Commission, first session, 1947）, pp. 13－14.

21　*The Main Types and Causes of Discrimination*, paras 6 and 7.

22　这些声明由联合国教科文组织于 1969 年结集出版：*Four Statements on the Race Question*
［henceforth *Four Statements*］，其中还收录了两篇文章：J. Herniaux, *Biological Aspects of the Race Ques-
tion*; and M. Banton, *Social Aspects of the Race Question*。

23　Discussed in D. Keane, *Caste-Based Discrimination in International Human Rights Law*（Ashgate,
2007）, pp. 176－177［henceforth *Caste-Based Discrimination*］。

24　*First Statement on Race*, para. 1.

不同的基因频率，但与"所有人类共有的大量基因"相比，少之又少。[25] 因此，"种族"指的是一个群体，以随时间而波动的基因浓度或外表特征为特征。[26] 鉴于通俗说法中使用种族时的"严重错误"，"当谈到人类种族时，最好完全去掉'种族'一词，而讨论族裔群体"。[27] 该声明进一步断言，"从所有实际的社会目的来看，'种族'与其说是一种生物现象，不如说是一种社会神话"。[28]

23 　　在生物学家对第一项声明的批评声中，联合国教科文组织召集了另一个小组，起草了 1951 年《关于种族性质和种族差异的声明》。[29] 第二项声明维持了第一项声明的主要结论，但重点不同，在开篇即指出，"以一致意见得出的首要结论是，无论对于种族的纯洁性及其导致的低劣和优等种族的等级制度的种族主义之立场是什么，这种立场都没有科学依据"。[30] 然而，1951 年的声明并没有否认种族的存在，记录的共识是，不同种族群体之间在心理能力上没有差异，以及种族的混合并没有导致不利的结果。[31] 与 1950 年声明中建议去掉"种族"一词而代之以"族裔"一词相反，1951 年的声明没有就替代用词达成一致。该声明还阐明，"民族、宗教、地理、语言和文化群体不一定与种族群体相吻合……这些群体的文化特征与种族特征没有明显的联系"。[32] 1951 年的声明并没有摆脱其自身的等级分类，不是基于"各种族"的特性和能力，而是区分没有文化的（non-literate）和"文明"的民族。[33] 这一隐含的排序通过一种意见得到弥补，即遗传基因差异不是"造成不同民

25　　Para. 2.

26　　Para. 4.

27　　Para. 6.

28　　Para. 14.

29　　对第二项声明的解释性介绍——以报告员杜恩（L. C. Dunn）的名字命名——指出，对第一项声明，"主要是社会学家发表了他们的意见并予以构建的"，而没有得到体质人类学家和遗传学家的权威认可。

30　　1951 Statement, Rapporteur's Introduction.

31　　*Ibid.*, Rapporteur's Introduction："体质人类学家和普通人都知道种族的存在；前者是基于可从科学上识别和测量的特征的集合——他用这些特征来划分人的种类；后者是基于他看到一个非洲人、一个欧洲人、一个亚洲人和一个美洲印第安人在一起时，他所感受到的即时证据。"

32　　1951 Statement, para. 3.

33　　Para. 5.

族或群体的文化和文化成就之间的差异”的主要因素。[34]

1964 年《关于种族的生物学方面的提议》继续表明的观点是，人类的差异主要归因于历史和环境因素，文化成就与遗传禀赋的传递无关。此外，无论是“在有关……智力和文化发展能力的遗传潜力领域，还是在身体特征领域”，都没有理由提出“低劣”和“优等”种族的概念。[35] 1964 年声明的显著一点是，在其断言中引入了“种族主义”一词，即“生物学数据……公然驳斥种族主义的各项信条”。[36]

联合国教科文组织在《公约》通过后，继续关注种族问题。1967 年具有战斗性的《关于种族和种族偏见的声明》阐述了种族主义的主题：这一现象构成了“对承认所有人之平等尊严的一个特别明显的障碍，继续困扰着世界”，[37] 虽然它没有“任何科学依据”。[38] 就“种族”一词，这一声明比前几项声明更为缄默，指出该词的用法“部分是传统的，部分是武断的，并不意味着任何等级”，而且，种族划分只有有限的科学益处。[39] 1967 年的声明接着主张，种族关系问题的根源是社会性的，而不是生物性的，特别是种族主义“并非普遍现象”；并提到了奴隶制、殖民主义和反犹太主义是种族主义做法的例证。[40] 第四项声明与前几项声明不同，反思了种族偏见的原因和消除种族偏见的策略，包括通过法律和相关手段防止种族主义者依据其信仰行事，[41] 利用包括教育在内的“启蒙手段”。[42] “法律”和“教育”的相互作用通过起草过程而贯穿《公约》的文本。

24

34　Para. 6.

35　1964 Statement, para. 13.

36　Para. 13.

37　*Statement on Race and Racial Prejudice*, para. 1.

38　Para. 3.

39　Para. 3（b）.

40　Para. 7.

41　Paras 13 and 17.

42　Paras 14 and 16.

四　种族偏见、宗教不容忍

联大在 1960 年 12 月 12 日第 1510（XV）号决议中，满意地注意到联合国一贯谴责"世界上尚存之种族仇恨及国家仇恨以及宗教排除异己及种族偏见现象"，[43] 并宣布，"鉴于种族仇恨及国家仇恨倾向在世界许多地区尚未依照《联合国宪章》之精神教导青年人而加以充分取缔，深感震惊"，[44] 促请所有国家政府"采取一切必要措施，以防止一切种族、宗教及国家仇恨现象"。[45] 第 1510 号决议还表示了这样的原则，即联合国"有责任取缔此种现象，查明此种现象之事实与原因，并建议为消除此类现象可采取之坚决有效措施"。[46] 该决议是在 1959 年和 1960 年世界各地爆发了包括"纳粹万字符流行"[47] 在内的反犹事件——小组委员会[48]及其上级机构联合国人权委员会[49]都予以谴责的事件——之后通过的。

小组委员会第 3（XII）号决议首先表示其深为关切反犹太主义与其他类似形式的种族和民族仇恨以及宗教和种族偏见的现象，因为这些现象使人想起"纳粹在第二次世界大战之前和期间犯下的罪行和暴行"。[50] 该决议除其

[43]　Resolution 1510（XV），preambular para. 2.（这是联大决议中文本的表述。与其中的"国家仇恨"相对应的，在英文本中是"national hatred"，亦可理解为"民族仇恨"。——译者注）

[44]　*Ibid*., preambular para. 4.

[45]　*Ibid*., para. 2.

[46]　*Ibid*., preambular para. 5.

[47]　H. J. Ehrlich, 'The swastika epidemic of 1959-60: Anti-Semitism and community characteristics', *Social Problems*, 9/3（1962），264-272；O. Cohen, 'The swastikas on the wall: A survey of reactions', XIV. 1 *The Wiener Library Bulletin*（1960），209-213. 爱泼斯坦说："在西欧、美国和拉丁美洲都观察到了被称为'纳粹万字符疫病'的第一波浪潮。这始于两名德国年轻人于 1959 年 12 月 25 日在科隆亵渎一座犹太教堂，他们被迅速逮捕并受到严惩。德国记录在案的事件约 685 起，美国记录在案的事件超过 600 起。全世界 400 个地方共记录到近 2500 起事件。其中大部分发生在 1960 年 1 月或 2 月，方式是在犹太墓地和教堂进行亵渎和涂鸦。更严重的案件如袭击犹太人和纵火是罕见的，但也有一些。这股突然爆发的浪潮具有某种普遍性。" S. Epstein, 'Cyclical patterns in antisemitism: The dynamics of anti-Jewish violence in western countries since the 1950s', 2 *Acta*（SICSA, 1993）.

[48]　E/CN. 4/800, pp. 58-71.

[49]　Resolution 6（XVI）.

[50]　Resolution 3（XII）A, preambular para. 1.

他外，谴责这些现象违反了《联合国宪章》和《世界人权宣言》，并以一种群体导向的语言称，"侵犯了它们所针对的群体的人权"，[51] 敦促采取适当的惩罚行动，启动或加强"旨在消除这些现象所反映的种族主义观点和偏见的教育方案"，以及收集有关这些现象、对其采取的行动、关于其起因的观点等的数据和评论。[52] 在讨论草案期间，曾有人提议以"反犹太"（anti-Jewish）取代"反闪米特"（anti-Semitism），但该提议被撤回；[53] 一项特别提及纽伦堡国际法庭的提议也没有通过。[54] 在小组委员会于 1961 年进行数据评估时，有人建议，应鼓励联大着手拟订一项国际公约，规定禁止种族和民族仇恨现象的具体法律义务，[55] 这也许正如施韦布所说的那样，考虑的是制定一项"范围远远小于最终成为 1965 年《公约》的文书"的文书。[56]

1961 年，经济及社会理事会向联大提交了一份关于"种族偏见及民族和宗教不容忍现象"问题的决议草案，[57] 其中除其他外，提到了旨在消除种族偏见及民族和宗教不容忍现象的舆论教育。该决议促请各国政府"采取一切必要步骤，废除足以产生种族偏见与国家及宗教排除异己现象及足以使此种现象在任何地点继续存在之歧视性法律"，并通过立法禁止这种歧视，采取立法或其他适当措施打击这种偏见和不容忍。[58] 该决议没有提到关于种族和宗教歧视的国际宣言或公约的想法，也没有具体提到反犹太主义。

1962 年，第十七届联大在题为"种族偏见及民族和宗教不容忍现象"的议程项目下，进一步推动制定关于种族和宗教歧视的文书。在一般性辩论

---

51 Resolution 3（Ⅻ）B，para. 1.

52 E/CN. 4/800，para. 194.

53 *Ibid.*，para. 169（Krishnaswami）.（"anti-Semitism"中的"Semitism"来自"Semite"，译为"闪米特人"。尽管在人类学意义上，"闪米特人"包括阿拉伯人和犹太人，见本书第五章与注 21 相伴正文，但"anti-Semitism"一般指"反犹太主义"；本中译本也采用这一译法，只在与"anti-Jewish"区分时，才译为"反闪米特主义"。——译者注）

54 *Ibid.*，paras 168，171，179，186（Mironova）.

55 E/CN. 4/815，paras 176 and 185.

56 E. Schwelb, 'The International Convention on the Elimination of All Forms of Racial Discrimination', *International and Comparative Law Quarterly* 15（1966），996-1068，998〔henceforth *The International Convention*〕.

57 Resolution 826 B（ⅩⅩⅫ），27 July 1961.

58 *Ibid.*，para. 2.

中，以色列代表回顾了反犹太主义的新表现：在过去的一年里，"几乎没有一个星期没有关于犹太学校被投掷炸弹、犹太商业场所遭机枪扫射、犹太教堂被纵火、有组织的流氓团伙集会、建筑物被涂上纳粹万字符和肮脏口号、犹太公墓被亵渎的报道……有组织的纳粹群体最近在一些国家变得越来越大胆"。[59] 对此的干预包括在一个未具名的国家打击对犹太人的"文化歧视"，[60]这反过来又引起了一些代表的一系列干预，他们对以色列对待巴勒斯坦人的情况作出了负面评论。[61] 联大第三委员会积极欢迎毛里塔尼亚代表的开创性讲话，其中提出应通过一项关于消除种族歧视公约的决议。[62] 毛里塔尼亚代表先是评论了所有歧视"源于支配欲"的说法，[63] 然后阐述了四个"神话"：纯血统神话、肤色神话（群体"因其皮肤的色素沉积程度而被鄙视和排斥"）、"犹太神话"（"现代种族主义者与犹太种族的伪科学观念有关"）以及种族优越的神话。他敦促联合国本着公正和人道主义精神、采取切实可行的办法，来解决歧视问题。

在讨论过程中，一些代表团表示倾向于一项宣言而不是一项公约，[64] 他们认为后者可能为时过早。[65] 对于先制定一项关于种族歧视的宣言，一项公约再随后跟进，存在广泛支持。[66] 其他代表团支持以一项文书同时处理宗教

59　A/C. 3/SR. 1165, para. 11. 该代表特别提到了"洛克威尔"即美国纳粹党的创始人乔治·林肯·洛克威尔（George Lincoln Rockwell）以及科林·乔丹（Colin Jordan）。对此，英国回复说，"麻烦……来自英国公众对科林·乔丹领导的一小群新法西斯分子的传教和活动的强烈愤慨和愤怒，这群人在 5500 万的总人口中，不到 100 人"：*Ibid.*, para. 39。

60　*Ibid.*, para. 12.

61　虽然以色列代表对此抗议说，"他已经很小心避免提到以色列与其阿拉伯邻居之间不幸而可悲的冲突"*Ibid.*, para. 35；also A/C. 3/SR. 1168, para. 13。

62　A/C. 3/SR. 1165, paras 18-27.

63　*Ibid.*, para. 19. 联合国教科文组织的一名代表发言说，"真正的科学家驳斥了所谓科学种族主义的指控"，并提到联合国教科文组织最近的成果《现代科学中的种族问题》（*The Race Question in Modern Science*）和《现代思想中的种族问题》（*The Race Question in Modern Thought*），总结说，"科学的任何分支都无法为种族主义提供最起码的论据来作为其理论的基础"：A/C. 3/SR. 1168, para. 2。

64　A/C. 3/SR. 1171, para. 2（New Zealand）.

65　沙特阿拉伯的代表支持为一项消除种族歧视的宣言拟定原则（A/C. 3/SR. 1166, para. 9），而且主张："种族的概念与歧视没有什么关系，歧视实际上建立在偏见、传统和习俗的基础上。"（*ibid.*, para. 7）

66　刚果共和国代表的评论，A/C. 3/SR. 1167, paras 17 and 18；希腊代表的评论，*ibid.*, para. 35。

歧视和种族歧视，[67] 还有一些代表团则指出，打击种族歧视的教育措施与立法必须共存，[68] 并提醒其他代表，种族偏见"不会一夜之间消失"。[69] 因此，法国代表认为，虽然在某些情况下立法措施必不可少，

> 但是，仅仅采取立法步骤是不够的，因为种族偏见和不容忍是在人的心目中产生的，而法律并不总是能够改变人们的心态。有必要……就歧视和不容忍的根源施教，以便能够分析这些罪恶，并发展打击它们的方法……。狭义的教育是不够的……教育应当旨在灌输……公民感知、相互理解和个人责任感。它应该以民主为导向。[70]

捷克斯洛伐克代表在《公约》的内容确定之前提出了一项实质性建议，即一项关于种族歧视的公约， 27

> 应包括一种种族仇恨和歧视的定义，其中包括宣扬种族优越或煽动种族仇恨的一切形式；规定缔约国有义务在其领土内防止任何基于种族或肤色的仇恨现象；有义务……规定煽动或表现种族仇恨是一种刑事罪行；以及……有义务在规定的时限内采取为实施公约所需的一切立法、行政或其他措施。[71]

到头来，联大第三委员会对于种族歧视和宗教歧视分别通过了决议。[72] 施韦布将这种状况总结为：

> 将"宗教不容忍"问题与"种族歧视"问题分开的决定是由政治暗流引起的，而这些暗流与问题的实质几乎没有关系。反对涵盖种族以及宗教歧视来自一些阿拉伯国家的代表团，这是对阿以冲突的反映。此

67　利比里亚的提议，A/C. 3/L. 1012/Rev. 1。

68　尼泊尔代表评论道，"教育和立法是不可分割的"：A/C. 3/SR. 1169, para. 3。

69　智利代表，A/C. 3/SR. 1167, para. 24。

70　*Ibid.*, paras 3–6. 罗马尼亚代表作了类似发言（A/C. 3/SR. 1166, paras 17–21），还补充说："罗马尼亚永久消除了一切形式的歧视，无论是种族的、民族的，还是宗教的。"（*ibid.*, para. 19）另一方面，菲律宾建议，"各国政府应该进行诚实和仔细的自我检查，以确定哪些地方可能不尽如人意"（A/C. 3/SR. 1167, para. 15）。

71　A/C. 3/SR. 1165, para. 49.

72　有关编写关于消除一切形式种族歧视的一份宣言草案和一份公约草案的决议草案（A/C. 3/L. 1006/Rev. 6 and Add. 1）以协商一致获得通过（A/C. 3/SR. 1173, para. 17）。有关编写关于消除一切形式宗教不容忍的一份宣言草案和一份公约草案的决议草案（A/C. 3/L. 1016）经口头修正后，以协商一致获得通过（A/C. 3/SR. 1173, para. 19）。

外，许多代表团，特别是来自东欧国家的代表团，不认为宗教问题像种族问题一样重要和紧迫。就这两个问题分别起草两套文书的决定是一种折中的解决办法；一种理解是，有关种族歧视的文书将得到优先考虑。[73]

对于为什么应优先考虑关于种族歧视的文书，一些代表团还提出了"技术原因"[74]。阿拉伯联合共和国认为，种族歧视"是一个相对简单的问题，但是对宗教歧视却不能这样说"。[75] 从白俄罗斯苏维埃社会主义共和国代表的发言中，能够窥见一些关于在一项公约中处理宗教歧视所推定具有的技术复杂情况的想法：该代表提到了"在某些国家对无神论者的迫害"，还更为赞许地提到了有些国家采取措施，"反对在道德上或肉体上摧毁人民的不人道的宗教做法或邪教"。[76] 沙特阿拉伯代表就涉及以下情况的复杂性，对处理宗教歧视的困难作了进一步的简要说明：怀疑论者、无神论者、其他哲学和意识、宗教具有的多样形式、宗教的不同基础和结构、宗教的不同性质和仪式、宗教狂热造成的问题、宗教的饮食习惯等。并总结说，如果"决定编写一份关于消除宗教歧视的文件，它就不能局限于世界上五六个主要宗教，而必须考虑到所有现有宗教，这在技术上是不可能的"。[77] 伊拉克代表则将种族歧视和宗教歧视之间的差别放在具体语境中：

> 种族歧视尤其可憎，因为它否定了这样一个事实，即所有人由于属于人类而具有共同的人性，有权具有同样的需要、愿望、缺点和美德；这里存在这种形式的歧视与基于宗教的不容忍之间的根本区别。宗教歧视具有完全不同的性质，就像以下事实所体现的：宗教战争的目的是诱使人们接受某一宗教，而不论其肤色和种族如何。[78]

在辩论中，还有人提到了特别是小组委员会就宗教不容忍问题开展的工

73　Schwelb, *The International Convention*, 999.

74　委内瑞拉代表称，"起草一项所有国家都可接受的公约将有很大的技术困难"（A/C. 3/SR. 1173，para. 5）。阿根廷代表同样称："关于宗教不容忍问题的国际行动应限于一项宣言，因为这一主题不适合一项国际公约。"（*ibid.*，para. 4）

75　*Ibid.*，para. 11.

76　*Ibid.*，para. 27.

77　A/C. 3/SR. 1171, paras 13-17 in particular.

78　*Ibid.*，para. 19.

作，任何干预都将使小组委员会的工作"完全瘫痪"。[79] 联大的辩论表明，在对歧视性做法的愤怒断言和反驳方面，存在强烈的政治极化现象。中东冲突所造成的紧张也很明显，就如同新独立国家与其前殖民"主人"之间的互动所体现的紧张一样。一个代表团形容辩论气氛"令人紧张"，[80] 这是一种外交式的轻描淡写。

联大在第 1779（XVII）号决议中，详细阐述了"种族偏见的现象"，特别着重于公众教育和纠正法律状况。[81] 在同一次会议上，在第 1780（XVII）号决议中，[82] 联大请经济及社会理事会让人权委员会编写一份消除一切形式种族歧视的宣言草案和一份关于同一主题的公约草案。该决议序言部分除其他外指出，联大"基于世界各地仍有基于种族、肤色或宗教之歧视现象，深感不安"，[83] "认为此种现象违反《联合国宪章》与《世界人权宣言》，必须采取一切可能步骤促成其最后及全部消除"。[84] 一系列类似的明示动机促使联大期待在第 1781（XVII）号决议中编写一份有关宗教不容忍的宣言和公约。第 1780 号和第 1781 号决议设想在第十八届联大之前提交各自的宣言草案，在不迟于第二十届联大之前，提交公约草案。[85] 在第 1780 号和第 1781 号决议之后，联合国关于"种族"的起草工作与关于"宗教"的工作实际上分道扬镳，这一决定影响了后来消除种族歧视委员会的工作。

五　《消除种族歧视宣言》

在"种族"这一方面，人权委员会起草了一份宣言草案，[86] 由经济及社

79　沙特阿拉伯，*ibid.*，para. 17。

80　马里，*ibid.*，para. 23。

81　1962 年 12 月 7 日通过的决议。

82　同上注。

83　第 1780（XVII）号决议序言第 2 段。

84　第 1780（XVII）号决议序言第 3 段。

85　第 1781（XVII）号决议序言第 5 段称，"人权委员会正在编写有关宗教权利和做法事项中的自由和不歧视的原则草案"。

86　E/CN.4/846，para. 210，resolution 7（XV），Annex。

29

会理事会转交联大，[87] 并于 1963 年 11 月 20 日以《消除种族歧视宣言》发布。[88] 麦基恩将《消除种族歧视宣言》描述为对不歧视原则的一种"初步探查"，虽然它在一些方面明显不同于最终的《消除种族歧视公约》，但它引入了一些关键主题。[89] 本书的各章阐述了《消除种族歧视宣言》的个别规定。

《消除种族歧视宣言》的序言回顾了《联合国宪章》关于人类尊严和平等的原则及其承诺，即尊重所有人的人权和基本自由，不分种族、性别、语言或宗教；[90] 随后的段落回顾了《世界人权宣言》中不得据以歧视的理由，特别是"种族、肤色或族国*"的那些理由，以及其平等条款，包括"平等保护以防任何歧视及防煽动此种歧视之行为"。[91]《消除种族歧视宣言》在提到联合国谴责殖民主义以及 1960 年的《殖民地独立宣言》时，将消除歧视与反殖民运动联系起来。随后的声明驳斥了"任何种族差别或种族优越之学说"，因为它们"在科学上均属错误，在道德上应受谴责，在社会上实为不公，且有危险"，[92] 而且无论是在理论上还是在实践中，均不能成为种族歧视的辩解理由。《消除种族歧视宣言》中的表述与《消除种族歧视公约》中的相应表述之间存在细微差别，后者将"任何基于种族差别之种族优越学说"等描述为在科学上均属错误，[93] 更加强调拒绝种族"优越"的主张或学说——与种族"差别"相比，而《消除种族歧视宣言》同时坚拒两者。[94]

《消除种族歧视宣言》对种族歧视的无处不在犹豫不决，提到它"在世界若干地区内"的"现象"，其中一部分是若干政府通过立法、行政或其他措施，特别是种族隔离、分隔及分离等形式而造成的，以及通过鼓吹及传布

87　Economic and Social Council resolution 958E（XXXVI）.

88　联大第 1904（XVIII）号决议。

89　W. A. McKean, *Equality and Discrimination under International Law*（Clarendon Press, 1983）, p. 154［henceforth *Equality and Discrimination*］.

90　序言第 1 段。

*　"族国"为联大通过的《消除种族歧视宣言》中文本本身的用词，其对应英文用词为"national origin"，即"民族本源"。

91　《宣言》序言第 2、3 段。

92　《宣言》序言第 5 段。

93　《公约》序言第 6 段。

94　进一步的讨论见本书第五章，另见 D. Keane, *Caste-Based Discrimination*。

种族优越及扩张主义之学说而造成的。《宣言》指出，政府的歧视政策侵犯了人权，并有可能妨害各国人民间之友好关系、国家间之合作以及国际和平及安全。《宣言》没有定义歧视，而是在第 1 条中将序言中表达的各种观点综合起来：

> 人与人间基于种族、肤色或族源之歧视系对人类尊严之凌辱，应视为否定联合国宪章原则、侵害世界人权宣言所宣示之人权与基本自由、妨碍国际友好和平关系及足以扰乱人民间和平与安全之事实，加以谴责。[95]

30

联大在通过《消除种族歧视宣言》时，强调了迅速拟订和通过一项消除一切形式种族歧视的国际公约的重要性，并请经济及社会理事会授权人权委员会绝对优先重视拟定该公约。[96]

六　从《宣言》到《公约》

小组委员会在其 1964 年的第十六届会议上承担了拟定《公约》的任务（"它手头的最重要任务"[97]），为此共举行了 21 次全体会议。[98] 背景文件包括《消除种族歧视宣言》以及联合国秘书长的一份说明，其中概述了联合国审议该问题的历史。[99] 除了国际劳工组织和联合国教科文组织的各种文件外，[100]

95　从《消除种族歧视宣言》序言回顾《世界人权宣言》禁止基于"种族、肤色或民族本源"的歧视"转变"到提及基于"种族、肤色或族源"的歧视值得注意：《世界人权宣言》第 2 条并没有使用"族裔"（ethnic）一词。（在《世界人权宣言》中本文中，与"national origin"相对应的用词为"国籍"而非此处直译的"民族本源"。在《消除种族歧视宣言》英文本中，与"族源"相对应的用词为"ethnic origin"，即"族裔本源"。——译者注）

96　联大第 1906（XVIII）号决议。

97　Comment by the Chairman, Santa Cruz, E/CN. 4/Sub. 2/SR. 410, p. 6.

98　Report of the sixteenth session of the Sub-Commission, E/CN. 4/Sub. 2/241. 小组委员会的讨论载于 E/CN. 4/Sub. 2/SR. 406-418, 420, 422-425, and 427-429.

99　E/CN. 4/Sub. 2/234 and Add. 1.

100　国际劳工组织 1958 年第 111 号公约、联合国教科文组织 1960 年《取缔教育歧视公约》和 1962 年《设立一个和解及斡旋委员会负责对〈取缔教育歧视公约〉各缔约国间可能发生的任何争端寻求解决办法的议定书》等。

该说明还载有 6 个国家政府就一项公约提出的评论或提议。[101] 小组委员会手头还有一项国际人权联盟提交的声明。[102] 小组委员会委员提交了三份主要草案，[103] 在本书中称为阿布拉姆（Abram）草案、卡尔沃克雷西（Calvocoressi）草案和伊万诺夫/克钦斯基（Ivanov/Ketrzynski）草案。

小组委员会的报告概述了一种普遍感觉，即这项公约应清晰而准确地规定各国的义务，并提供有效的实施措施，[104] 还回顾了小组委员会委员的广泛共识，即公约草案应主要以《消除种族歧视宣言》为基础。[105] 但是，卡波托蒂（Capototti）指出，在这个问题上有相反的意见："一些委员像卡尔沃克雷西一样，认为该公约无法体现《宣言》的所有内容。另一些人则相反，认为该公约应更全面、更详细"，[106] 并能够得到尽可能多的国家的签署、批准和适用。[107] 萨里奥（Sarrio）强调，草案的范围也应是一般性的，"以便在尽可能长的时间内保持有效；因此，应注意不要提及仅限于某一特定区域或目前的现象"。[108] 克钦斯基主张，工作必须基于当前的局势，委员们不应自问，"20 年后种族隔离是否仍然会存在"。[109]

小组委员会第十六届会议通过的公约草案包括 1 个序言和 9 条实质性规定，以及一个第 10 条，其中的 3 款有关落实该公约的措施。[110] 小组委员会在第 2（XVI）号决议中还向人权委员会转交了一份"初步草案，以表达小组

---

[101]　捷克斯洛伐克、洪都拉斯、马达加斯加、尼日利亚、特立尼达和多巴哥、英国，载秘书长说明的附件Ⅳ。

[102]　E/CN. 4/Sub. 2/NGO/36.

[103]　The Abram draft, E/CN. 4/Sub. 2/L. 308, and *ibid.*, Add. 1/rev. 1; and Add. 1/rev. 1/Corr. 1; the Calvocoressi draft, E/CN. 4/Sub. 2/L. 309; the Ivanov and Ketrzynski draft, E/CN. 4/Sub. 2/ L. 314: see Annex Ⅰ of the Report of the sixteenth session of the Sub-Commission, E/CN. 4/873.

[104]　E/CN. 4/873, para. 27.

[105]　*Ibid.*, para. 28.

[106]　E/CN. 4/Sub. 2/SR. 408, p. 3.

[107]　*Ibid.*

[108]　*Ibid.*, p. 5. 他后来阐述说，"一项国际公约一经通过，即成为国际法之组成部分；因此，它应表现持久的价值"（*ibid.*, p. 7）。

[109]　*Ibid.*, p. 6.

[110]　公约草案作为附件载于小组委员会的第Ⅰ（XVI）号决议：E/CN. 4/873；E/CN. 4/Sub. 2/ 241, p. 44（the resolution），pp. 45-50（draft International Convention on the Elimination of All Forms of Racial Discrimination）。

委员会对有助于使该国际公约草案……更加有效的额外实施措施的一般意见"。[111] 应小组委员会的请求，联合国秘书长向人权委员会转交了载有小组委员会委员就该公约草案发表的意见的记录。此外，联合国秘书长向人权委员会提交了一份工作文件，提出了最后条款的备选格式，包括小组委员会委员提交的格式，并考虑到联合国及其专门机构拟定的各项公约的约文所载的规定。[112]

人权委员会将草案的编写列为优先事项，将其第 775 次至第 810 次会议专门用于该公约的编写工作，[113] 利用了小组委员会、联合国机构和专门机构、[114] 各国政府[115]提供的各种文件资料，以及非政府组织的书面声明[116]。人权委员会在其第二十届会议上通过了由序言和 7 条实质性规定组成的公约草案（删除了小组委员会案文的第 8 条和第 9 条），[117] 并因为时间不够而将对第 10 条的审议通过经济及社会理事会交给了联大。

经济及社会理事会第 1015B（XXXVII）号决议[118]将人权委员会起草的条款及未表决的若干文件转交联大，这些文件包括美国提交的关于增加反犹太主义条款的提议、苏联提交的次级修正和对这些提议的讨论，[119] 小组委员会草案第 10 条和小组委员会转交的关于实施措施的初稿，以及秘书长关于公约

32

111　E/CN. 4/873，para. 123.

112　E/CN. 4/L. 679.

113　E/CN. 4/SR. 775-810.

114　人权委员会手头还有国际劳工组织公约的案文。国际劳工组织第 111 号公约、联合国教科文组织《取缔教育歧视公约》，E/CN. 43/Sub. 2/234/ Annex I and Annex II。

115　来自缅甸、洪都拉斯、马达加斯加、尼日利亚、特立尼达和多巴哥、乌克兰苏维埃社会主义共和国、苏联和英国政府的提议和评论：E/CN. 4/ Sub. 2/234/Annex IV。捷克斯洛伐克政府提交给第十七届联大的一份工作文件也被交给人权委员会使用：E/CN. 4/234/Add. 1-3。

116　包括以下组织的声明：犹太人组织协调委员会（Co-ordinating Board of Jewish Organizations），E/CN. 4/NGO/115；国际人权联盟（International League for the Rights of Man），E/CN. 4/NGO/119；世界犹太人大会（World Jewish Congress），E/ CN. 4/NGO/121；基督教工会国际联合会（International Federation of Christian Trade Unions），E/CN. 4/NGO/122；以及国际法学家委员会（International Commission of Jurists），E/CN. 4/NGO/123。

117　在其第二十届会议上：ECOSOC official Records，thirty-seventh session，Supplement No. 8（E/3873），Chapter II，draft resolution I（XX）。

118　1964 年 7 月 30 日决议。

119　A/6181，paras 4-12.

草案最后条款的工作文件也被转交。[120] 联大第三委员会决定不提及任何具体形式的种族歧视。[121] 联大全体会议在通过整个公约之前，增加了一条关于保留的新规定即第 20 条。[122]

七　评论

尽管知识基础在不断削弱，但种族的概念被写进一系列国际文书，这表面上是基于要对抗这一现象就必须对其命名。还被认为有必要的是，在一项将智识监管和实践监管惊人地融合在一起的国际规范性文书中，打击这一概念的"科学"可信度。

在起草《公约》的许多代表看来，种族话语最生动的国际表达来源于它在殖民扩张和为奴隶制辩护方面的运用。[123] 虽然殖民事业的发动者多种多样，但种族区分与同源的等级观念一起，在促进殖民进程和使它们更贴合良心方面发挥了作用。把某些群体想象成接近于智力和道德价值较低的亚物种，显然能够促进帝国主义的设计。对殖民框架的超越为所有缔约国开辟了《公约》的运行领域。对许多人来说，特别是对那些在反殖民斗争中最突出的人来说，承认种族歧视无处不在是很痛苦的。

少数人（和非公民）在起草过程中没有得到慷慨对待。被删除的第 8 条——这在有关非公民的第七章中会进一步讨论——提议，《公约》中的任何内容均不得解释为暗示基于第 1 条所列理由以外的理由进行歧视的权利，也不"意味着给予一缔约国国民平等的政治权利，或者给予不同种族、族裔或民族群体同样的政治权利"，[124] 对于后一项内容，马特什（Matsch）建议加

120　E/CN. 4/L. 679.

121　希腊和洪都拉斯提交了一份决议草案（A/C. 3/L. 1244），提议《公约》不应提及种族歧视的具体形式，该提议以 82 票赞成、12 票反对、10 票弃权表决通过：A/6181，paras 7 and 9。该决定不影响已经通过的有关分隔和种族隔离的一条。

122　第 20 条由联大全会以 82 票赞成、4 票反对、21 票弃权表决通过：A/PV. 1406，para. 57。

123　曾在第二章讨论。

124　E/CN. 4/Sub. 2/L. 340.

上"在一缔约国未曾或没有给予这种特别权利的情况中"。[125] 文本的重新表 33
述产生了以下内容：[126] "本公约的任何规定不得解释为，默示承认或否认非国
民或者在缔约国内作为不同群体存在或可能存在的具有共同种族、肤色、族
裔或民族本源的群体的政治或其他权利。"[127] 人权委员会的讨论未能就实质达
成一致。因此，国民和非国民在《公约》下的地位应由第1条决定，而群体
的特别权利问题，包括自治或自决问题，则不是如此处理的。

　　然而，除了序言外，《公约》很少关注国际关系，而是压倒性地关注种
族歧视的"内在性"，其中反犹太主义、纳粹主义和种族隔离只表现为最令
人不安的例子。来自各国的多元文化现实的其他"内在性"将逐渐改变实施
方面的挑战。从将反殖民国家视为"一个民族，一个国家"（one people，
one nation）到将国家视为包括少数族裔、土著民族和其他人在内的亚群体，
在身份政治的轮廓中发生的变化注定会扩大对《公约》的理解。将种族歧视
与宗教歧视分开，使得《公约》更便于管理，但代价是在宗教与族裔的交叉
面上有参差不齐的地方，造成了基于种族和族裔评估对享受宗教自由的歧视
的困惑。种族与宗教的关系继续磨损着《公约》的边缘。

　　《公约》的家谱很复杂：它有许多祖先。起草约文的专家和代表以自己
的方式吸收了各种影响，处理了各种理论和实践，在所通过的文书上留下了
他们的反思痕迹。他们还建立了消除种族歧视委员会，授权委员会采用标准
来实现其既定目标：消除种族歧视。下一章就将讨论委员会及其职能，委员
会对人权标准的发展同样采取了接受的态度，并没有将其程序置于变化的潮
流之外。

---

[125]　E/CN. 4/Sub. 2/L. 341.

[126]　Drafts by Cuevas Cancino, E/CN. 4/Sub. 2/L. 347; and by Krishnaswami and Mudawi, E/CN. 4/
Sub. 2/L. 348.

[127]　E/CN. 4/874, para. 242.

第四章 《公约》与委员会

34

一 导言

《消除种族歧视公约》在标题和内容丰富的序言之后，分为三个部分：禁止种族歧视的实质性规范（第1~7条），对这些规范的分析构成了本书的主体；消除种族歧视委员会及其程序（第8~16条）；与签署、批准和加入、保留、退出、国际法院的作用、《公约》的修订等有关的最后条款（第17~25条）。本章侧重于消除种族歧视委员会的充分运作的程序，并简要提及尚未产生足够实践的其他"在册"程序：国家间程序，该程序没有运作可与国际法院在格鲁吉亚诉俄罗斯联邦一案中积极利用《公约》形成对比；[1] 第15条规定的程序，该程序运行的非殖民化背景已逐渐削弱。本章的讨论反映自消除种族歧视委员会开始运作以来的主要事态发展，同时保持了主要的分析重点。自《公约》通过以来所发生的法律和地缘政治变化，不仅给《公约》的实质性规范，也给其程序留下了明显的印记。[2]

---

[1] *Application of the International Convention on the Elimination of All Forms of Racial Discrimination* (*Georgia v Russian Federation*)，*Provisional Measures*，ICJ Reports 2008，p. 353；*Preliminary Objections*，Judgment，ICJ Reports 2011，p. 70. 本书第十九章进一步讨论第22条。（2018年3月，卡塔尔针对沙特阿拉伯和阿联酋提出了国家间来文；2018年4月，巴勒斯坦国针对以色列提出了国家间来文。这几件来文的进展情况可见 <https://www.ohchr.org/EN/HRBodies/CERD/Pages/InterstateCommunications.aspx>。以下有关国家间来文制度尚未启用的论述，均需考虑这些后来的发展。——译者注）

[2] 本章虽然不是逐条展开的，但大致遵循按照实质规范编排各章的模式，首先介绍有关消除种族歧视委员会及其程序的简短立法史，然后是对当前实践的阐述和总结性评论。

　　《公约》现在有 177 个缔约国,[3] 其中 57 个接受了第 14 条规定的任择性的个人来文程序。[4] 批准、加入或继承《公约》的缔约国分为几种模式:例如,对于苏联解体后形成的国家来说,表示同意受约束的主要方式是加入,而南斯拉夫解体后形成的国家通过继承而成为缔约国。在本书写作时,巴勒斯坦国是缔约国名单上的最新成员。[5] 消除种族歧视委员会现在只是联合国核心"条约机构"中的一个,这些机构本身处于补充各种标准的更广泛的"机制"框架内。[6] 在种族歧视领域中,在联合国层级上还有一系列进一步的机制,包括在德班反对种族主义世界会议后发展起来的一些机制。[7] 相关的非条约机制包括当代形式种族主义、种族歧视、仇外心理和有关不容忍行

35

3　安哥拉、不丹、瑙鲁、帕劳、圣多美和普林西比、新加坡签署了《公约》,但未批准。(截至 2024 年 10 月 1 日,《公约》共有 182 个缔约国。安哥拉、圣多美和普林西比、新加坡都已批准《公约》,多米尼克和马绍尔群岛加入了《公约》。——译者注)

4　《公约》第 17 条将其签署开放给"联合国会员国或其任何专门机关之会员国、国际法院规约当事国及经联合国大会邀请成为本公约缔约国之任何其他国家";第 18 条规定了第 17 条所述国家加入《公约》事宜。在起草时,波兰提议《公约》应开放给"所有国家"签署 (A/C.3/L.1272),但这一提议以 41 票反对、32 票赞成和 18 票弃权的表决结果被否决 (A/6181, para.177);有关讨论见 A/C.3/SR.1358 and A/C.3/SR.1366。美国代表反对这一提议,指出这将给联合国秘书长增加负担,其要决定哪些不是联合国成员的实体是国家,而且联合国的许多成员"将不愿意签署和批准《公约》,如果它们这样做就将不得不与它们不承认为国家的实体形成条约关系的话"(A/C.3/SR.1366, para.27)。《公约》中的公式被称为"维也纳公式",源自《维也纳条约法公约》第 81～83 条;简短讨论见 A. Aust, *Handbook of International Law* (2nd edn, Cambridge University Press, 2010), p.62。后来的公约,如《消除对妇女一切形式歧视公约》和《儿童权利公约》,使用的是"所有国家"公式。若干国家作出声明称,鉴于各国主权平等原则,第 17、18 条本身构成了一种歧视,即禁止"维也纳公式"以外的国家对《公约》作出有效贡献。

5　2014 年 4 月,巴勒斯坦国领导层签署了加入包括《公约》和其他联合国核心人权条约在内的一系列国际文书的信函;联合国秘书长的新闻简报提到了这一举动:<https://www.un.org/News/briefings/docs/2014/db140410.doc.htm>。

6　概览见 J. Connors and M. Schmidt, 'United Nations', in D. Moeckli, S. Shah, and S. Sivakumaran (eds), *International Human Rights Law* (2nd edn, Oxford University Press, 2014), pp.359-397, at 375-387 [henceforth *International Human Rights Law*]; also, *United Nations Reform: Measures and Proposals, Note by the Secretary-General*, A/66/860, 26 June 2012 [henceforth *United Nations Reform*]。

7　World Conference against Racism, Racial Discrimination, Xenophobia and Related Intolerance, 31 August to 8 September 2001, A/CONF.189/12. 另见消除种族歧视委员会关于反对种族主义世界会议后续行动的第 28 号一般性建议。(德班反对种族主义世界会议或"德班大会"的全称是"反对种族主义、种族歧视、仇外心理和相关的不容忍现象世界会议"。该会议分别通过了《德班宣言》和《德班行动纲领》,这两份文件有时合称《德班宣言和行动纲领》。——译者注)

为问题特别报告员[8]，有效实施德班宣言和行动纲领工作组[9]，非洲人后裔问题专家工作组[10]和独立名流专家组[11]。在人权机制内，条约机构占据一个独特的地位，因为有些程序在各种文书间复制，并根据有关文书的迫切需要而发展到不同程度。在区域一级，根据《美洲禁止种族主义、种族歧视和有相关形式的不容忍公约》（本书中简称《美洲禁止种族主义公约》）第 15 条，设立了美洲防止和消除种族主义、种族歧视与一切形式的歧视和不容忍委员会。[12]

联合国各人权条约机构的成员数量从 10 名到 23 名不等，而禁止酷刑小组委员会则有 25 名专家负责实施《禁止酷刑公约任择议定书》。条约机构的成员由缔约国提名和选举，但经济、社会和文化权利委员会除外，其成员由联合国经济及社会理事会选举且服从区域分配。[13] 条约机构的成员是独立的，不受政府控制；同样，他们也不是联合国雇用的国际公务员。

各条约机构制定了一套大致相似的程序，协助缔约国履行其义务：审查国家报告、处理国家间或个人来文、通过一般性意见或建议（就消除种族歧视委员会和消除对妇女歧视委员会而言是一般性建议）、调查程序以及对消除种族歧视委员会而言的"预警和紧急行动"程序——这一概念在《残疾人权利公约》和《保护所有人免遭强迫失踪国际公约》（本书中简称《免遭强迫失踪公约》）中得到了响应。[14] 已经发展出各种"后续"机制，以跟踪各委员会的结论性意见和建议的命运，[15] 以及对个人来文的意见的命运。联

36

---

[8] 由联合国人权委员会第 1993/20 号决议设立；另见 1994 年 2 月 9 日第 1994/64 号决议。

[9] 联合国人权委员会第 2002/68 号决议，经济及社会理事会 2002 年 6 月 25 日第 2002/270 号决议。

[10] 联合国人权委员会 2002 年 4 月 25 日第 2002/68 号决议、2003 年 4 月 25 日第 2003/30 号决议。

[11] 联大 2002 年 3 月 27 日第 56/266 号决议。

[12] 欧洲反对种族主义和不容忍委员会（European Commission against Racism and Intolerance, ECRI）尽管不是一个条约机构，但在反种族主义领域工作表现出色：<https://dghl/monitoring/ecri/default_en.asp>

[13] Connors and Schmidt in *International Human Rights Law*, p. 376.

[14] *Other Activities of the Human Rights Treaty Bodies*, etc, HRI/MC/2013/3, 22 April 2013, p. 5. See also United Nations, *Handbook for Human Rights Treaty Body Members*, HR/PUB/15/2 (2015).

[15] *Ibid.*, pp. 3-5.

合国八项核心人权条约《公民及政治权利国际公约》、《禁止酷刑和其他残忍、不人道或有辱人格的待遇或处罚公约》（本书中简称《禁止酷刑公约》）、《消除种族歧视公约》、《消除对妇女一切形式歧视公约》（本书中简称《消除对妇女歧视公约》）、《残疾人权利公约》、《儿童权利公约》、《免遭强迫失踪公约》和《经济社会文化权利国际公约》具有正在运行的个人来文程序。[16] 为《消除种族歧视公约》、《公民及政治权利国际公约》、《经济社会文化权利国际公约》、《禁止酷刑公约》、《免遭强迫失踪公约》、《保护所有移徙工人及其家庭成员权利国际公约》（本书中简称《移徙工人权利公约》）和《儿童权利公约》制定的国家间申诉程序的一个共同特点是，未经实践检验。

条约机构被命名为委员会，而不是法院，这一区别刺激了对其在组成条约的决策和解释方面所具有的"权威"的性质和程度，发展出一套评论。[17] 各条约机构的常规运作模式是以协商一致通过决定，因此异议很少见，尽管《公民及政治权利国际公约任择议定书》规定的程序在对个人来文的审议中产生了大量的异议意见。[18] 联合国秘书处为条约机构的业务提供服务，这在一定程度上促进了条约机构工作中共同点的增加。[19] 协调它们的努力得到鼓励，例如在报告程序中，发展一种制度，即各国可以编写一份"共同核心文件"，其中载有关于实施人权的国内框架的一般背景以及一份（理想情况下）详细回应有关条约要求的"具体条约文件"。[20] 本书会广泛提及"共同

16　《移徙工人权利公约》的申诉机制尚未生效，《儿童权利公约》的申诉机制于 2014 年生效。

17　例如见对有关条约机构决定的地位和权威的详细评估：H. Keller and G. Ulfstein（eds），*UN Human Rights Treaty Bodies*：*Law and Legitimacy*（Cambridge University Press，2012）[henceforth *UN Human Rights Treaty Bodies*]。

18　直到最近，仍可以正确地说，在《公约》第 14 条规定的个人来文程序中，并无异议意见的记录。第一份此等异议意见是委员会委员巴斯克斯（Vázquez）于 2013 年发表的：*TBB-Turkish Union in erlin/Brandenburg v Germany*，CERD/C/82/D/48/2010（2013）。一起案件的脚注记录了委员会委员彼得（Peter）没有参与委员会意见的通过：*Jama v Denmark*，CERD/C/75/D/41/2008（2009）。

19　*United Nations Reform*，pp. 16-17.

20　关于报告包括一份"共同核心文件"和一份"具体条约文件"的协调准则制度是在 2006 年确立的，HRI/MC/2006/3 and Corr. 1（该文件的标题为《包括共同核心文件和具体条约文件准则在内的根据国际人权条约提交报告的协调准则》，在本书中简称为《协调报告准则》——译者注）；对其背景的简明解释，见 *United Nations Reform*，p. 52.

核心"文件和"具体条约"文件的准则。对这一制度的改革目前呈现为"加强条约机构进程",已列入联合国议程数十年。[21]

37

二　准备工作

（一）消除种族歧视委员会

关于实施措施的主要起草工作由联大第三委员会承担，该委员会利用了小组委员会根据其成员英格尔斯（Ingles）提交的提议编写的材料。[22] 小组委员会审议了这些拟议措施的第 1 条，并将其作为第 10 条纳入公约草案：[23]

一、本公约缔约国承诺于（子）本公约对其本国开始生效后一年内，及（丑）其后每两年，并凡遇经济及社会理事会应人权委员会之建议并与缔约国磋商后请求时，就其所采用并实施本公约各项规定之立法或其他措施提出报告。

二、所有报告均应提交联合国秘书长，供经济及社会理事会审议，后者可将报告转交人权委员会或专门机构，以供资料、研究以及必要时一般性建议之用。

三、直接有关之缔约国，得将其对可能根据本条第 2 款所作之任何一般性建议的意见，提交经济及社会理事会。[24]

该条的草案没有提到专门针对《公约》的监督委员会。小组委员会第 2 （XVI）号决议附上了一份初步但内容广泛的"附加实施措施"草案，其核心内容是提议设立一个斡旋和调解委员会，"负责寻求缔约国之间有关公约……

21　对"改革/增强"的全面论述，见 S. Egan, 'Strengthening the United Nations Human Rights Treaty Body System', *Human Rights Law Review* 13.2 (2013), 209-243 [henceforth *Strengthening the Treaty Body System*]。

22　E/CN.4/Sub.2/L.321.

23　E/CN.4/873, para.117.

24　Resolution I (XVI), Draft International Convention on the Elimination of All Forms of Racial Discrimination, Annex, E/CN.4/Sub.2/241, pp.45-50.

解释、适用或履行之争端的友好解决"。[25] 这一拟议的由 11 名成员组成的委员会，由"道德高尚和公认公正之人"组成，将由联大选出，[26] 并可制定自己的"议事规则"，但须经各缔约国初步"审查"。[27] 设想是，该委员会将向经济及社会理事会提出建议，让该理事会请求国际法院就"与委员会处理的事项有关的任何法律问题"发表意见。[28]

人权委员会由于时间不够决定不审查该条，而是通过了第 1（XX）号决议，建议经济及社会理事会将第 10 条的案文连同该委员会的讨论记录一起提交联大。[29] 人权委员会的相关记录相当松散，主要包括——按一名代表的话来说——对于实施问题为使《公约》成为"一份真正有效文书"而具有重要性的评论。[30] 在《公约》中列入实施措施得到了广泛支持，以便将《公约》与《消除种族歧视宣言》区分开来。[31] 有些代表反对设立一个专家委员会，而赞成设立一个由缔约国代表组成的委员会。[32]

在联大第三委员会中，菲律宾的提案[33]纳入了小组委员会关于由 11 名成员组成的"斡旋和调解委员会"的建议。加纳、毛里塔尼亚和菲律宾提出了一个指定为第 8 条的案文，[34] 后来将其分化为《公约》第 8 条和第 8 条（之二）——后来的《公约》第 9 条。[35] 在这些草案的第一份中，[36] "斡旋和调解委员会"变成了仅仅一个"委员会"，由 18 名任期 4 年的"专家"组成，但对他们的专业能力没有具体要求。在共同提案国的修订草案中，[37] "委员

38

---

[25]　Annex to resolution 2（XVI），Article 1，E/CN.4/873，pp.51-57.

[26]　Annex to resolution 2（XVI），Article 2.

[27]　*Ibid.*，Article 9.

[28]　*Ibid.*，Article 11.

[29]　E/CN.4/874，paras 281-282；对委员会讨论的简要记录，见 *ibid.*，paras 284-288。

[30]　菲律宾代表，E/CN.4/SR.810，p.7。

[31]　E/CN.4/874，para.285.

[32]　*Ibid.*，para.286.

[33]　A/C.3/L.1221.

[34]　A/C.3/L.1291.

[35]　A/C.3/L.1293.

[36]　A/C.3/L.1291.

[37]　A/C.3/L.1293.

会"获得了法律人格，成为"消除种族歧视委员会"。[38] 有一些并未成功的修正案包括提议提高专业能力水平，即要求担任委员的条件是具备"在消除种族歧视和遵守人权问题方面的公认能力"。[39] 坦桑尼亚的一项并未成功的提议是，将委员会改名为"联合国消除种族歧视委员会"；[40] 该国关于将专家履行委员会职责的费用负担从成员国转移到"联合国经常预算"的提议也被否决。[41]

（二）《公约》的程序

加纳、毛里塔尼亚和菲律宾向联大第三委员会提出的第 8 条（之二）的案文[42]与最后商定的第 9 条案文相同，但第 2 款最后一项除外，该款在草案中提到"有关缔约国若有之任何意见"，而不是最终约文中简单的"缔约国若有之任何意见"*；在第 1351 次会议上，英国代表口头提议从拟议案文中删除"有关"。[43] 加纳、毛里塔尼亚和菲律宾先前的一项建议，即在向联大提出报告之前与缔约国事先协商，[44] 在以后的草案中没有出现。苏丹代表提议删除"建议"，[45] 反对委员会提出具体建议的可能。[46] 印度还警告说，"不

39

---

38 *Ibid.*, para. 1.

39 由乌拉圭提出（A/C. 3/L. 1296），以 13 票赞成、16 票反对和 62 票弃权被否决：A/6181, para. 110(a)(v)。

40 A/C. 3/L. 1295，以 22 票赞成、55 票反对和 17 票弃权被否决：A/6181, para. 110(a)(i)。

41 A/C. 3/L. 1295. 该修正案以 32 票赞成、39 票反对、22 票弃权被否决：A/6181, para. 110 (f)(i)。《公约》第 8 条第 6 款规定，各缔约国"应负责支付委员会委员履行委员会职务时之费用"。委员会经常向各缔约国提出要求，所依据的是各缔约国于 1992 年对《公约》所作的修正，这些修正要求联合国秘书长提供为有效履行委员会的职务所必要的便利，以及委员会委员应"根据大会决定的规则和条件从联合国资源领取酬劳"；这些修正将在三分之二的缔约国接受后生效。尽管联大在第 47/111 号决议后的数项决议中支持这些改变，但只有 45 个缔约国予以接受：<https://treaties. un. org/pages/ViewDetails. aspx? src = TREATY&mtdsg_no = IV-2&chapter = 4&lang = en>。

42 A/C. 3/L. 1293.

* 此处是对英文本（comments, if any, from States parties）的翻译。在《公约》作准中文本中，对应表述为"缔约国核具之意见"。

43 该修正案以 25 票赞成、18 票反对、44 票弃权获得通过：A/6181, para. 114(b)(iii)。

44 A/C. 3/L. 1291.

45 A/6181, para. 113；该修正案以 2 票赞成、68 票反对、19 票弃权的表决结果受挫：*Ibid.*, para. 114(b)(i)。

46 A/C. 3/SR. 1352, para. 7.

要因为实施《公约》方面的缺陷而将缔约国置于被告席上"。[47] 另一方面，坦桑尼亚的提议——删除"建议"[48] 之前的"一般性"——也没成功。该代表对限制委员会提出提议和"一般性"建议的权力发表了不赞同的评论，认为"委员会应能审查具体问题并提出精确建议"。[49]

后来，消除种族歧视委员会的进度报告《第一个 20 年》回顾了苏丹和坦桑尼亚修正案的重要性。[50] 该报告称，联大第三委员会"收到了两个相反的修正案……根据第一项提议，[51] 委员会将有权只提出'一般性建议'；根据第二项提议，[52] 它将有权提出'意见'（suggestions）和'建议'（recommendations），而不受对这两者的任何一般性或具体性的限制"。[53] 该报告接着指出，通过保留"意见"一词，"《公约》的制定者希望避免使用可能妨碍委员会采纳与特定情况有关的'意见'的措辞"，[54] 而通过保留"一般性"一词，"第三委员会的打算似乎是，[消除种族歧视] 委员会的'建议'职权仅在具有一般相关性的情况下才得行使"。[55] 这并没有回答什么构成需要提出建议的"一般相关性"的情况，或者"意见"可以采取什么样的形式。

关于国家间来文程序，加纳、毛里塔尼亚和菲律宾提出的第 10 条（如今的第 11 条）草案[56]仅在有限的方面与最后文本有所不同。草案第 1 款与最后文本中的"来文"不同，使用了"申诉"一词，而草案和最后文本都使用了"应提出"的说法。草案第 3 款没有将要用尽的补救办法限定为"国内的"，并省略了最后案文中提及的补救办法的适用被无理拖延的情况的原则。草案第 5 款与最后文本相同，只是增加了"应向有关缔约国发出关于审议该

---

47 *Ibid.*，para. 14.

48 以 4 票赞成、58 票反对、27 票弃权被否决。

49 A/C. 3/SR. 1351，para. 37.

50 *The First Twenty Years*，*Progress Report of the Committee on the Elimination of Racial Discrimination* (United Nations，1991) [henceforth *The First Twenty Years*].

51 苏丹。

52 坦桑尼亚。

53 *The First Twenty Years*，para. 118.

54 *Ibid.*，para. 119.

55 *Ibid.*

56 A/C. 3/L. 1291.

40　事项日期的充分通知"。对第 1 款的成功修正包括墨西哥将"申诉"改为
"来文"的修正提议。[57] 对于第 3 款，加拿大和意大利关于用"内国"（do-
mestic）来限定"补救办法"的提议也被接受。[58]

　　坦桑尼亚代表强烈批评在"补救办法"之前加上"内国"一词，理由
是它"代表了一种蓄意企图，即为一个违反《公约》的国家提供无限机会，
使其能够无限期地持续争辩说，所有国内补救办法尚未用尽，来阻挠该文书
的真正宗旨实现"。[59] 关于国内补救办法已经用尽的举证责任问题，引来了各
种建议，其中包括责任落在收文国身上，[60] 落在申诉国身上，[61] 只有国家本
身才能决定国内补救办法是否已经用尽，[62] 以及最终要由消除种族歧视委员
会决定——委员会将收到关于为实施《公约》各项规定而采取的措施的报
告。[63] 根据奥地利的提议，第 5 款中关于充分通知等的要求被否决。[64]

　　加纳、毛里塔尼亚和菲律宾提出的草案中，以国家间争端专设和解委员
会的选举、组成和会议为中心的第 11 条（如今的第 12 条）[65] 以大体相同的
形式在起草过程中保留下来，虽然其第 1 款主要反映了加拿大的一项提议。[66]
该条草案的第 2 款（现在的第 12 条第 2 款）是坦桑尼亚提出的，[67] 但坦桑尼
亚关于将专设和解委员会的费用转移给联合国经常预算的建议则被否决。坦
桑尼亚提出的另一款即提议委员会的建议应予公布，"但委员会私下收到的
证据则并不一定"公布也被否决。[68] 三国草案中关于专设委员会的调查结果
和建议的第 12 条（如今的第 13 条）分两个阶段处理；[69] 主要的改动是用目

57　A/6181，para. 120.

58　*Ibid.*，para. 124.（"domestic"亦可理解为"国内"，以示与"国际"的区别；中文法律用
语中，"内国"一般用来和"外国"相对应。——译者注）

59　A/C. 3/SR. 1353，para. 44.

60　以色列，*ibid.*，para. 32；坦桑尼亚，*ibid.*，para. 44。

61　塞内加尔，*ibid.*，para. 48。

62　特立尼达和多巴哥，*ibid.*，para. 38。

63　毛里塔尼亚，*ibid.*，para. 55。

64　该条作为整体以 83 票赞成、0 票反对、2 票弃权获得通过：A/6181，para. 127。

65　A/C. 3/L. 1291.

66　A/C. 3/L. 1298.

67　A/C. 3/L. 1299.

68　表决记录载于 A/6181，para. 137。

69　A/C. 3/L. 1291 and A/C. 3/L. 1301.

前的约文——"分送本公约其他缔约国"——取代这样一种提法，即将委员会的报告和有关缔约国的评论送交联合国秘书长。[70]

小组委员会第 2（Ⅺ）号决议所载的附加实施措施草案不包括关于个人申诉的规定。奥地利代表在人权委员会中评论说，"只有国家才有权向［消除种族歧视］委员会提交与《公约》有关的争端，这可能导致国家之间的冲突并有违《公约》"。[71] 因此，"最好是准予个人申诉权，但要遵从旨在防止滥用的非常严格的程序规则"。[72] 联大第三委员会的一些代表也赞同这一观点，其中之一的荷兰代表声称，"个人申诉权是实现一般人权特别是本公约的最有效手段"，[73] 并补充说：

> 实际上……一个国家针对另一个国家的申诉……并没有为保障人权提供充分的保障，各国很少倾向于关注不影响它们本国或其公民的个案……。换言之，各国倾向于仅出于政治原因提出申诉。此外，如果个人的来文权得不到承认，而留由各国采取必要的补救措施，受害公民可能会设法争取外国政府的援助，这可能造成紧张和冲突，并……损害人权和反歧视的事业。[74]

第二十届联大会议报告所载关于实施措施的文件包括菲律宾[75]、12 个拉丁美洲国家组成的联合集团[76]以及荷兰[77]编写的基本文件，每一份都纳入了与个人来文程序有关的建议。这三份文件都以略有不同的措辞提到了个人或个人联名 * 以及非政府组织提出来文的可能性，有些提到、有些没提到非政

---

70 A/6181, para. 142.

71 E/CN. 4/SR. 810, p. 9.

72 *Ibid.*, p. 10.

73 A/C. 3/SR. 1355, para. 45.

74 *Ibid.*, para. 46.

75 A/C. 3/L. 1221.

76 A/C. 3/L. 1268.

77 A/C. 3/L. 1270.

* 在《公约》英文本中，与"个人联名"对应的用词为"groups of individuals"，也可以理解为"个人（组成的）群体"或"一群个人"，下文有关某些群体或（非政府）组织能否根据第 14 条提出申诉的问题和论述，需要参考这种理解来认识。

府组织必须具有经济及社会理事会咨商地位的要求。[78] 荷兰的文件设想了非政府组织具有"受害者"地位的可能性。[79] 后来，经修订的文本没有偏离设想申诉程序适用于个人和个人联名的路线。[80]

在联大第三委员会中，第13条（如今的第14条）草案的第1款[81]规定了消除种族歧视委员会有权在缔约国发表具有如下效果的声明后，"接受并审查在其管辖下自称为该缔约国侵犯本公约所载任何权利行为受害者之个人或个人联名提出之来文"。三国（加纳、毛里塔尼亚、菲律宾）提案的一个主旨是建立国家委员会的制度，这些委员会"由独立于政府或其他国家机构的个人组成，应有权首先接收和审议个人或个人联名提出的申诉"。[82] 据设想，这样的机构有权在"适当情况下"向缔约国寻求补救，并将保留申诉登记册，经认证的副本将提交联合国秘书长，但"基于一项谅解，其内容不得公开披露"。[83] 该提案促使沙特阿拉伯撤回其提交的一份案文，即设立替代国际机制的国家委员会。[84] 随后又作了进一步的修改，在很大程度上有关国家委员会的作用。[85] 对这一国家机构的提法已被改为"在其国家法律制度内的一个机构"，增加了一项要求，即向这种机构申诉的人"已用尽其他可用的当地救济"。[86] 如果在6个月内未能从这种机构获得令人满意的解决，申诉人即有权将此事提交条约机构。[87] 黎巴嫩提出的一项获得成功的、有关谁可以申诉的修正，在"个人或个人联名"之前增加了"在其管辖下"的限定词。[88]

78　例如，在菲律宾的文件（A/C. 3/L. 1221）中，委员会将有权接受"声称是侵权行为受害者的任何个人或个人联名……或具有经济及社会理事会咨商地位的任何非政府组织"向秘书长提出的申诉。

79　"委员会可接受……声称是侵权行为受害者的任何个人、具有咨商地位的非政府组织……或个人联名的申诉"：A/C. 3/L. 1270。

80　A/C. 3/L. 1291/Add. 1；A/C. 3/L. 1303；A/C. 3/L. 1308；A/C. 3/L. 1315；and A/C. 3/L. 1308/Rev. 1.

81　A/C. 3/L. 1291/Add. 1.

82　A/C. 3/L. 1291/Add. 1，article XIII，para. 2.

83　*Ibid.*，para. 5.

84　A/C. 3/L. 1297.

85　第一份修订的文本（载于 A/C. 3/L. 1308）由一组 11 个国家于联大第三委员会第 1362 次会议上提交：A/6181，para. 148。

86　A/C. 3/L. 1308，article XIII，para. 2.

87　*Ibid.*，para. 4.

88　A/C. 3/L. 1315.

　　一份由 14 个国家提出的修正限制了先前关于用尽国内补救办法的可受理标准的提议，以排除"补救办法之实施拖延过久"这一要求。[89] 代表们简短地探讨了"申诉"和"来文"之间的可能区别。一位代表说，鉴于设想的程序——其中一个委员会"将只认定现存的问题，而不通过任何判决"，较温和的"来文"一词更可取，[90] 据称，这样一个委员会（和程序）"绝不能与欧洲人权委员会相媲美"，后者的职权甚至包括可以将案件提交欧洲人权法院。[91] 对非国民提出申诉或来文的可能性，有国家表示了强烈抵制，"申诉权只应给予有关国家的国民"；[92] 最后约文中没有出现这种限制。加拿大代表说，起草工作的结果是，"该条不可能更具任择性了"。[93] 然而，对"任择性"的强调可能促成了该程序保留在《公约》机体之内。在讨论"国家机构"的性质和作用方面花费的可以说是不成比例的时间，可以理解为围绕着一个新的、可能具有挑战性的国际程序的诞生而存在的怀疑、犹豫和期望气氛的间接产物。对于沙特阿拉伯的优先重视国内申诉制度的提议，施韦布评论说："通过一种政治妥协的方式，向国内当局申诉的任择权利和……向国际当局提交来文的权利都包括在《公约》中。"[94]

　　第 13 条（之二）（如今的第 15 条）的草案确立了《公约》与非殖民化进程之间的关系，涉及来自联大第 1514（XV）号决议所适用的领土的申诉和关于这些领土的报告。最初的文本提议，委员会可审查"非独立领土居民"有关管理当局为实施《公约》而采取之措施的申诉：审查申诉时，将与管理当局磋商，而且委员会将与联合国有关机构合作。[95] 联大第三委员会

43

89　A/C. 3/L. 1308/Rev. 1，现在的第 14 条第 7 款（子）项。

90　意大利代表的评论，A/C. 3/SR. 1357, para. 30。

91　*Ibid.*

92　*Ibid.*, para. 45，伊拉克代表。

93　*Ibid.*, para. 9；该代表补充说："由于它留由各国自行决定是否通过一项声明承认委员会有权接受其国民的申诉，它应使那些认为申诉权在现有国际关系中不适当的国家放心。"

94　E. Schwelb, 'The International Convention on the Elimination of All Forms of Racial Discrimination', *International and Comparatice Law Quarterly* 15（1966），996-1068, 1043〔henceforth *The International Convention*〕.

95　A/C. 3/L. 1307. 与管理当局磋商的内容在后来的草案中被取消：A/C. 3/L. 1307/Rev. 2 and Rev. 3。

中的代表提出了一些保留意见，质疑该条是否为实现《公约》的宗旨所必要，[96] 以及是否正在建立一种等级制度，将对殖民地负有责任的国家视为二等国家；[97] 有一些国家的代表——荷兰代表是其中之一——提到了《公约》可能适用于非缔约国的影响。[98] 此条的轮廓通过一系列修正而被改变。到头来，"联合国各机关"成为委员会与终端的非自治领土和托管领土居民之间的中间层，[99] 而不是两者直接发生关系。英国和葡萄牙对整条投了反对票，澳大利亚、比利时、加拿大、法国、美国和上沃尔特则投了弃权票。[100]

加纳、毛里塔尼亚和菲律宾提出的第 16 条案文声称，《公约》中"关于解决争端或控诉"之各项条款的适用，应"不妨碍与联合国有联系之机构的涉及解决歧视领域之争端或控诉的现行组织法或其他有约束力之规定，亦不应阻止……缔约国……诉诸其他程序以解决争端"。[101] 该提议与最后文本密切相关；根据新西兰的提议，"现行组织法或其他有约束力之规定"被替换为"可用于解决争端的其他程序"等表述；[102] 其中"可用"一词根据黎巴嫩的一项口头提议被删除。[103]

三 实践

（一）消除歧视委员会

根据第 8 条第 1 款，消除种族歧视委员会由"德高望重、公认公正之专家

96　尼日利亚代表，A/C.3/SR.1363，para.41。

97　英国代表，*ibid.*，para.37；澳大利亚代表，A/C.3/SR.1364，para.26；新西兰代表，*ibid.*，para.27。阿联酋等国的代表反对英国的评论，*ibid.*，para.35。

98　*Ibid.*，para.6.

99　所导致的安排得到黎巴嫩代表强有力的辩护。该代表提出，申诉制度已经由联合国确立，而"给予一个该组织之外的委员会所述权利"只会削弱联合国；最好的解决办法是，"给予根据《公约》建立的委员会专家机构的地位……及向不同的联合国机关表达其意见、提出其建议的可能性"：A/C.3/SR.1368，para.33。

100　A/6181，para.166（g）.（上沃尔特 1984 年改国名为布基纳法索。——译者注）

101　A/C.3/L.1291（Article XIII）.

102　A/C.3/L.1304.

103　第 1358 次会议上的口头提议。该条作为整体以 78 票赞成、0 票反对、1 票弃权获得通过：A/6181，para.171（c）。

十八人组成，由本公约缔约国自其国民中选举之，以个人资格任职"。[104] 每两
年举行一次缔约国特别会议，每次选举九名委员。委员会自 1986 年以来一直
在日内瓦举行会议。[105] 委员必须是"专家"，但不一定是"种族歧视问题专
家"，[106] 委员往往包括具有与外交政策之联系和其他"官方"联系的人。评论
者提出，早期认知即《公约》主要涉及对外而非国内事务，对委员会的组成产
生了影响；[107] 另一方面，外交官出现在一个条约机构中并不是消除种族歧视委
员会所独有的，该委员会在其由现任和退休外交官补充方面，处于中上范围内。[108]
历届委员会的组成都属于外交官、学者、非政府组织或活动者部门的前从业
者、国家人权机构成员等的混合。没有一个单一的职业、地域或文化群体占
主导地位：在委员会生命的不同时期，都曾有不同地区的代表人数过多或不
足的情况。[109]

消除种族歧视委员会第 9 号一般性建议强烈建议各国尊重委员会委员作

104　条约没有提到消除种族歧视委员会的广泛宗旨，不像例如儿童权利委员会那样——该委员
会根据《儿童权利公约》第 43 条负责"审查缔约国在履行根据本公约所承担的义务方面取得的进
展"。消除种族歧视委员会的宗旨大概归于整个《公约》的宗旨和目的。

105　M. Banton, *International Action against Racial Discrimination* (Clarendon Press, 1996), pp. 142-
144 [henceforth *International Action*].《公约》第 10 条第 4 款提到在联合国会所（总部）举行会议，
但在日内瓦设立联合国人权署和人权事务高级专员办事处之后，费用方面的困难妨碍了在其他地方
举行会议。委员会在其整个存续期间，除日内瓦外，还在纽约、巴黎和维也纳举行过会议。

106　例如，可以比较《公民及政治权利国际公约》第 28 条第 2 款，其规定人权事务委员会的委
员应在"人权问题方面声誉素著"。乌尔夫斯泰因注意到，《消除种族歧视公约》中没有列出专业要
求。Ulfstein, 'Individual Complaints', in Keller and Ulfstein, *UN Human Rights Treaty Bodies*, pp. 73-
115, p. 78. Banton, *International Action*, p. 309, 评论称，"一般而言，只有就他们在审查国家报告的
过程中积攒的知识而言，委员才能被认为是种族歧视方面的专家"。

107　范博文评论说，将《公约》视为对外政策造成的结果是，"许多缔约国……提名现职或退
休外交官、外交部官员、前大使和其他类似人员担任委员"；他质疑这样的委员是否"完全符合第 8
条的规定"：T. van Boven, 'Discrimination and Human Rights Law; Combating Racism', in S. Fredman
(ed.), *Discrimination and Human Rights*: The Case of Racism (Oxford University Press, 2001), pp. 112-
133, at p. 113 [henceforth *Discrimination and Human Rights*]。

108　*Background Information on Enhancing and Strengthening the Expertise and Independence of Treaty
Body Members*, HRI/MC/2012/2, 18 April 2012, pp. 2-6. 根据这一资料，消除种族歧视委员会 17%
的委员属于"外交官/政府官员"，17% 的委员属于第二类"退休外交官/政府官员"；所有可比较的
条约机构（包括消除种族歧视委员会）的总数为：现职外交官 18.1%，退休外交官 6%。移徙工人权
利委员会的总体数字最高：57% 的现职外交官/政府官员和 7% 的"退休"人员。

109　某一区域的代表性过高的事实本身并不违反《公约》：第 8 条的句法表述是，专家必须公正
等，同时"顾及"公约地域分配的要求。

为独立专家的地位，对于"国家、组织和团体的代表"对委员施加压力的趋势表示震惊，并建议各缔约国"毫无保留地尊重"委员的地位。委员在任职时作出郑重声明，他们将"诚实、忠实、公正和认真地"履行作为委员会委员的职责和行使权力。[110]《议事规则》没有正式要求委员在其本国与委员会对话时回避，[111] 尽管对于根据第 14 条提出的来文，如果某一委员"与案件有任何个人利害关系"，或"曾以任何身份参与对案件作出任何决定"，则该委员不应参加对该来文的审查。[112] 委员会对关于条约机构成员独立和公正的《亚的斯亚贝巴准则》仅作了简要答复，[113] 虽然重申支持成员履行职责时独立和公正的原则，但尚未明确采用该准则。[114] 在实践中，委员会不鼓励委员参加关于其本国的讨论；委员会在多大程度上贯彻回避政策与委员会主席的做法以及个别委员的态度有关。[115] 委员会委员以男性为主，与各条约机构作为整体相比，"性别不平衡"略为明显，[116] 尽管由于 2015 年的选举，委员会将有七名女性委员。委员会没有限制委员在委员会中任职次数的规则。[117]

---

[110] 《议事规则》第 14 条。委员会《议事规则》载于 HRI/GEN/3/Rev.3, p.57。

[111] 这种情况与类似联合国条约机构的情况形成了对比，这些机构在报告以及来文和其他方面，受到程序限制的规范，HRI/MC/2012/2, pp.6-12；人权事务委员会的情况见 A/53/40, Vol.1, Annex Ⅲ。

[112] 《议事规则》第 89 条。

[113] 全称为《关于人权条约机构成员独立和公正的亚的斯亚贝巴准则》 （Addis Ababa Guidelineson the Independence and Impartiality of Members of Human Rights Treaty Bodies），A/67/222 (2012)，第 24 届条约机构主席年会通过。

[114] 委员会注意到《亚的斯亚贝巴准则》，回顾了第 9 号一般性建议，宣布坚决支持《公约》规定的"其成员在其所有活动和实践中的独立性和公正性"，并表示相信《亚的斯亚贝巴准则》可能"酌情为进一步讨论提供基础"：A/68/18, Annex Ⅷ.B；'Internalization' of the Addis Ababa Guidelines and other measures is among the issues and recommendations in *United Nations Reform*。对这些问题的考察，见 I.Truscan, *The Independence of UN Human Rights Treaty Body Members* （Geneva Academy, 2012），其中第 3 页指出，消除种族歧视委员会是唯一就其成员的独立性问题提出过一般性建议的条约机构。在 2014 年 8 月的届会上，委员会决定设立一名处理报复问题的报告员，拟于 2015 年任命；另见《圣何塞防止恐吓或报复准则》（San José Guidelines against Intimidation or Reprisals），HRI/MC/2015/6。

[115] 根据本书作者 2001~2014 年作为委员会委员的经验，大多数委员在讨论"本国"问题时保持公开沉默。

[116] HRI/MC/2012/2, pp.2-6. 本书作者于 2001 年成为委员会委员，当时委员会有三名女性委员；从 2001 年开始，直到 2013 年选举产生四名女性委员，委员会没有两名以上的女性委员。

[117] *United Nations Reform*, pp.74-80.

（二） 第9条规定的报告程序

《公约》第9条第1款规定，每一缔约国有义务在《公约》对其本国生效后一年内，及"其后每两年，并凡遇委员会请求时"，就条约的实施情况提交年度报告。第9条规定了"定期"报告和"预警及紧急行动"程序。消除种族歧视委员会在其工作初期提出了一项一般性建议，其中包括一项声明，即各国有义务报告"其各自领土上是否存在种族歧视"，[118] 这表明并非所有缔约国都吸收了种族歧视可能普遍存在的观念。

消除种族歧视委员会审查国家报告[119]仍然是其工作的中心。最近的做法是每年在两届会议上审查定期报告，并同审查若干"审查国"（review coun-tries），即在没有报告的情况下审查（或讨论）。[120] 审查报告给委员会带来沉重负担，特别是鉴于没有任何筹备会议，委员会并不能以"分庭"方式工作来加快处理报告。为减轻缔约国的报告负担，委员会接受一份文件中包含多份报告[121]和其他节省时间的策略。[122]《公约》的两年报告周期是联合国核心人权条约中最短的报告周期。

消除种族歧视委员会任命国家报告员的做法始于1988年；该国家报告员的责任是"通过彻底研究和评价每一份国家报告，编写一份全面的问题清单，提交报告国代表，并引导委员会的讨论"。[123] 国家报告员制度是通过委员会一个工作组的提议产生的，并引发了热烈的辩论，[124] 一些委员怀疑拟议的

46

118　第2号一般性建议，A/8718，Chapter IX. A。

119　各条约机构关于包含一般资料的国家报告部分的准则被整合成一个单独的文本，现在见于缔约国就一项或多项国际人权文书提交的"共同核心文件"；这一文件得到具体条约准则的补充：见原书上文第36页。目前委员会的具体报告准则即《缔约国根据〈公约〉第九条第一款提交〈消除种族歧视公约〉具体文件的准则》于2007年通过：CERD/C/2007/1。（该文件在本书中简称为《具体报告准则》。——译者注）

120　委员会定于2015~2017年举行三届会议：联大第68/268号决议，2014年4月21日，第26~28段。

121　A/45/18，para. 29.

122　2001年，委员会通过了"博苏伊特修正"（Bossuyt amendment，以当时委员会的报告员命名），其作用是省去一轮报告：A/56/18，para. 477。

123　CERD/C/SR. 827，paras 40 and 52-75.

124　*Ibid.*，paras 52-79.

制度是否能带来预期的效率节省。有人担心，委员会委员之间的专门知识的多样性将使某名国家报告员难以覆盖报告提出内容的整个领域。尽管委员们最初犹豫不决，但这一程序已完全"正规化"；国家报告员的身份目前已公开。

直到最近，消除种族歧视委员会审查程序的一个特点是，在审查之前不向缔约国发送任何问题清单（list of issues）；据称这种做法的好处是，允许"对问题的自发、坦率和范围广泛的讨论"。[125] 委员会后来采用了提出问题清单的办法，将其改为"主题清单"（list of themes）。[126] 提出问题清单的方法产生了这样的情况：委员会被报告国在很晚的阶段提供的信息所淹没，几乎无法吸收这些信息。[127] 审查报告从报告国代表的介绍开始，随后是国家报告员的介绍和委员会其他委员的提问。[128] 提问结束后，报告国代表再次发言，并应邀与委员进一步对话；然后，国家报告员尽力总结讨论的要点。在 2014 年 8 月的届会上，根据联大的呼吁[129]和第二十六次条约机构主席会议的建议，[130] 委员会决定采用一种"简化的报告程序"，通过一个循序渐进的过程，优先处理逾期十年以上的报告。[131]

1992 年以前，即在消除种族歧视委员会开始采用集体性的"结论性意见"的做法之前，委员会委员表达个人意见，这些意见出现在简要记录中。委员会的结论性意见目前的结构是：先是一份"导言"，[132] 随后视情况是"妨

47

125　A/51/18，para. 596.

126　A/65/18，Chapter Ⅻ，para. 85.

127　委员会尚未充分考虑"报告前问题清单"的程序（LOIPR）——人权事务委员会、禁止酷刑委员会和移徙工人权利委员会采用了此程序，以确保对报告作重点和简明审查。

128　委员会最初对邀请国家代表团犹豫不决，一些委员会委员反对对代表进行"诘问"：Banton，*International Action*，p. 109. 托姆沙特注意到，在最初两年审查报告之后，委员会得出结论，"如果没有人倾听，这种努力基本上是徒劳的"，C. Tomuschat，*Human Rights：Between Idealism and Realism*（Oxford University Press，2008），p. 175。

129　A/RES/68/268，21 April 2014.

130　2014 年 6 月。

131　A/70/18，para. 56. 有关简化的报告程序的细节，见 *United Nations Reform*，pp. 48-52。

132　在 2012 年对以色列的结论性意见中，出现了一个特别冗长和批评性的"导言"，其中委员会回顾，尽管该区域存在安全与稳定问题，但《公约》的原则适用于"以色列本土"和被占领的巴勒斯坦领土；特别是，以色列在巴勒斯坦被占领土上的定居点被宣布为根据国际法非法，并构成全体民众享有人权的一个障碍：CERD/C/ISR/CO/14-16，paras 2-4. 关于被占领土的进一步情况，见本书关于第 2 条的第八章。

碍实施《公约》的因素和困难"（战争、自然灾害、贫穷等），[133] "积极方面"，以及合在一起的"关切和建议"。原则上，这些建议仅限于在委员会与缔约国对话中提出的事项，尽管在这方面有一些灵活性。[134] 关于具体问题的"惯常"建议以若干标准段落——"其他建议"——补充，这些段落涉及的事项包括批准有关条约、对《德班宣言和行动纲领》的后续行动、[135] 对结论性意见的后续行动、特别重要的款项、与民间社会的磋商以及提交下一次报告的时间表。委员会以些许不同的说法，鼓励"视情况以正式语文和常用语文"传播其意见，有时还提及少数民族语文或土著语文。[136] 结论性意见在委员会届会结束时公布。[137]

根据第9条第2款，"缔约国核具之意见"列入消除种族歧视委员会提交联人的年度报告中。实践中，只有少数国家选择提出这些意见，但这些意见可能涉及委员会与缔约国之间的根本分歧。要求随后的报告"述及结论性意见中提出的所有要点"的做法，促使各国作出反应，这些反应连同它们在后续行动中的反应，有助于扩大对委员会结论的评论范围，使它们面对更大的挑战。实践中，委员会在处理国家报告时以协商一致方式工作；在某些情况下，"协商一致"很薄弱，因为委员们对某些建议存在争议，但同意"不干扰协商一致"，并拒绝要求进行表决。[138]

48

联合国秘书长可向逾期未交报告的缔约国发出催复函。根据催复函，如果在规定时间内未收到报告，消除种族歧视委员会将在没有报告的情况下审

---

133 秘书处关于第26次主席会议的说明（HRI/MC/2014/2, 'concluding observations', para. 31）指出委员会取消了这一类别，但在适当情况下继续使用，最近对塞浦路斯的结论性意见（CERD/C/CYP/CO/17-22, para. 6）即可作为例证；另见对关于伊拉克局势的因素的广泛引述：CERD/C/IRQ/CO/15-21, para. 5。

134 2010年与法国的对话就是一个例了，其中，委员们对于在结论性意见中是否提及在对话后不久发生的对罗姆人的"集体遣返"的情况犹豫不决——最终还是提到了这一点：CERD/C/FRA/CO/17-19, para. 14。

135 对《德班宣言》有关段落的后续行动可能会引起那些并不完全迷恋德班"进程"的国家的抵制性评论。

136 本书第八章和第十七章对此作进一步讨论。

137 在2014年8月的会议上，委员会决定采用2014年6月第二十六次主席年会建议的结论性意见的框架；该模式基本上遵循目前的方案，但忽略了"因素和困难"的内容。

138 该观察来自本书作者作为委员会委员的经历。

查《公约》的实施情况。最初，审查程序是有限和谨慎的，并以"有关缔约国提交的最后报告和委员会对报告的审议为基础"。[139] 这种最初谨慎的原因是第 9 条第 2 款的规定，即委员会的"意见和一般建议"应"根据审查缔约国所送报告及情报之结果"，[140] 其中一个含义可能是要求在任何"审查"之前提交初次报告。1996 年，委员会采取了一项富有想象力的行动，决定"如果没有初次报告，委员会应视为初次报告审议的，是缔约国提交联合国其他机关的所有资料；如果没有此种材料，则为联合国各机关编写的报告和资料"。[141] 审查结果包括一套标准格式的结论性意见，甚至包括"临时结论性意见"。[142]

（三）结论性意见的后续行动

消除种族歧视委员会增加了一个检查其建议执行情况的"后续程序"，补充了其《议事规则》第 65 条：2004 年委员会第六十五届会议任命了一名协调员和一名候补协调员。委员会 2005 年提交联大的年度报告所载的职权范围扩充了《议事规则》中简陋的职责说明。[143] "后续行动协调员"的工作方式包括与有关国家报告员的合作。协调员负责监督委员会规定的收到资料的最后期限是否得到遵守，并向缔约国发出这方面的提醒。协调员与国家报告员一道，尽力分析从缔约国收到的资料，与缔约国讨论进一步资料的问题，并就收到或未收到资料的情况向委员会提出建议。这些条款设想由协调员向委员会提交一份进度报告，以及通过可能的正式建议。

消除种族歧视委员会提交联大的年度报告包括关于结论性意见后续行动的一章。结论性意见中的三四个具体段落构成了要求采取后续行动的常规基

---

139 A/46/18，para. 27.

140 强调为本书作者所加。

141 A/51/18，para. 608；see also L. Valencia Rodriguez, 'The International Convention on the Elimi-nation of All Forms of Racial Discrimination', in *Manual on Human Rights Reporting* (United Nations, 1997), p. 299.

142 A/59/18，paras 434-458.

143 A/60/18，Annex Ⅳ.《结论性意见和建议的后续工作准则》载于 A/61/18，Annex Ⅵ. 其中除其他外，设想由缔约国广泛传播委员会的结论性意见，与国家人权机构和非政府组织合作，并制定国家行动计划；建议考虑与缔约国举行会议的可能性。在实践中，该程序通过提交书面陈述和答复来运作。

础。在选择段落时，需要注意哪些段落足够具体，可以在一年后作出实质性
答复。这些段落通常包括要求以报告说明立法机构通过法律或设立国家人权
机构方面的进展情况，一般性或大规模的建议不适合于这一程序。缔约国的
大多数答复涉及事实问题，而且可能质疑委员会对有关局势的认识。不过，
缔约国根据这一程序提供的资料可能会促使委员会要求进一步的澄清性解
释。在一个缓慢的开始之后，各国越来越多地对后续程序作出反应，尽管缺
乏或拖延反应的情况并不少见。[144]

（四）预警和紧急行动

消除种族歧视委员会为了处理可能导致更大暴力[145]或滑向灭绝种族[146]的
压迫形式而发展出一种预警和紧急行动程序（EW/UA），于 1993 年通过了
一份关于预防性和反应性措施的工作文件。[147] 这一举动的进一步背景包括联
合国秘书长的报告《和平纲领》[148] 和 1992 年提交联大的报告[149]。如委员会随
后的年度报告所概述的，防止严重侵犯行为的努力将包括预警措施和紧急程
序。工作文件的一名发起人将工作文件中各种措施之间的区别解释为，"在
防止结构性问题升级为冲突的预警措施与需要委员会立即注意的紧急行动措
施之间的区别"。[150] 工作文件设想的表达关切和提出建议的对象，除有关缔约
国外，还包括当代形式种族主义问题特别报告员、处理这一问题的其他人权
机构和联合国秘书长，"同时加上提请安全理事会注意该事项的建议"。[151]

---

[144]　本书作者根据秘书处在作者担任委员会后续报告员期间提供的资料进行这些评价。除了后
续行动要求外，结论性意见还确定了一些"特别重要"的建议，期望下次定期报告将详细介绍所采
取的具体措施。

[145]　委员会第六十五届会议设立了预警和紧急行动程序工作组，A/59/18，Annex Ⅻ。

[146]　委员会在 2005 年第六十六届会议上就防止灭绝种族问题进行了专题讨论：CERD/C/
SR. 1683-1684。同一届会议通过了一份《防止灭绝种族罪行宣言》。委员会第六十七届会议通过了
该《防止灭绝种族罪行宣言》的后续行动——"关于系统和大规模种族歧视模式的指标"，以便除
其他外，"评估已知是导致冲突和灭绝种族局势的重要组成部分的因素的存在"：A/60/18，para. 20。

[147]　A/48/18，para. 18 and Annex Ⅲ.

[148]　*An Agenda for Peace*，A/47/277-S/24111，in particular paras 15，18，20，and 23.

[149]　A/47/1。另见委员会致联合国秘书长的信函，A/48/18，Annex Ⅵ。

[150]　De Gouttes，CERD/C/SR. 974/Add. 1，para. 5.

[151]　*Working Paper*，para. 10.

　　消除种族歧视委员会在 2007 年通过了新的《预警和紧急行动程序准则》。[152] 该准则回顾了联合国秘书长 2004 年关于防止灭绝种族的"斯德哥尔摩讲话",并提到了"在某些情况下具有灭绝种族维度"的持续的种族歧视模式。[153] 该准则涉及的大多数情况都达不到灭绝种族的程度,而且启动程序的"指标"包括一个重要的限定条件,即由于此类指标"可能出现在不需要立即注意防止和限制对《公约》之严重违反的局势下",因此委员会应根据局势的严重性和规模评估其重要性。[154] 以"严重性和规模"标准为条件的指标清单[155]与 1993 年的清单大致相似。对于侵犯"土著民族的传统土地或强迫他们离开其土地"和"反映种族歧视模式、对特定群体造成重大伤害的污染或危险活动",又提出了新的认识。2007 年案文扩大和改变了可能的被告知者名单,包括人权理事会、防止灭绝种族问题特别顾问、区域政府间组织和人权机制。[156] 根据该程序提出的大部分情况由委员会主席致函有关缔约国处理;其他表面上更严重的案件可能由委员会的"决定"或"声明"处理,并在提交联大的年度报告中全文公布。[157]

　　根据该程序处理的案件的模样已逐渐改变,[158] 最初在很大程度上集中关注南斯拉夫和中非冲突的影响,有关以色列的事件以及澳大利亚土著人权利的情况也曾经很突出。[159] 许多(大多数)当前案件涉及土著民族。根据"严重性和规模"标准,可以认为,可能不会干扰较大群体的威胁有可能对许多

152　A/62/18, Annex Ⅲ.

153　*Ibid.*, para. 7.

154　*Ibid.*, para. 12.

155　各项指标载于新《预警和紧急行动程序准则》第 12 段。

156　在 2010 年第七十七届会议上,委员会致函欧洲理事会和欧盟,对若干欧洲国家重新出现针对罗姆人的种族主义,包括大规模驱逐,深表关切:A/65/18, p. 10。

157　例如,委员会在 2011 年根据这一程序发布了一项决定和三项声明:关于科特迪瓦的第 1 (78) 号决定;关于利比亚局势、叙利亚局势和戴尔农场(英国)的声明。自该程序 20 世纪 90 年代成立到 2012 年,委员会根据该程序通过了约 40 项决定,覆盖面包括非洲、中东和南斯拉夫的主要冲突地区。委员会就布隆迪问题通过了一项"决议":A/51/18, p. 13。

158　整个程序的历史表明,委员会的关切广泛分布于各种不同的群体和情况。

159　I. Diaconu, *Racial Discrimination* (Eleven International Publishing, 2011), pp. 349 ff. [henceforth *Racial Discrimination*].关于委员会在澳大利亚土著人所有权方面的活动的叙述,见 P. Thornberry, *Indigenous Peoples and Human Rights* (Manchester University Press, 2002), pp. 218-223。

土著社群，特别是规模较小的土著社群，造成潜在的无法补救的文化和物质损失。[160] 消除种族歧视委员会还处理过有关罗姆人的问题、普遍的种族暴力以及对外国人和难民的暴力或歧视，委员会只要感觉到"种族"因素的存在就倾向于对冲突作出评论。关于利比亚暴力冲突的声明提到了对"非公民、移民人口、移徙工人、难民和属于其他少数群体的人"的影响，[161] 在委员会看来，这些情况共同构成了涉及《公约》的种族层面。

非政府组织和社群团体对这一程序的了解稳步增长。这一程序并不取决于国家提交一份报告，而通常由非政府组织/社群组织发起，尽管消除种族歧视委员会（或其某一委员）也可以自行动议启用这一程序。[162] 这一程序根据《公约》第9条第1款（丑）项的规定运行，因为该规定提到委员会有权随时请求提交报告。各国可能觉得这一程序委实难料，并质疑其适用和主张的实质内容，[163] 特别是在它们没有接受第14条规定的个人来文程序的情况下。与后者不同的是，预警并不采用如用尽国内补救办法等正式的可受理性标准。秘书处汇总的现有预警/紧急行动信息是由一个工作组处理的，其结论提交委员会全体会议讨论和批准。在许多情况下，委员会的关切或警告促进了与有关缔约国的对话。在有些情况下，这一程序与后续行动合并，或者

51

---

[160] 例如，2012~2013年度报告（A/68/18）第Ⅱ章中除了两个例外情况都提到了以下国家的土著民族——喀麦隆、哥斯达黎加、埃塞俄比亚、圭亚那、印度、尼泊尔、秘鲁、菲律宾、苏里南、坦桑尼亚和美国；两个"例外"是有关日本冲绳的军事基地和斯洛伐克的罗姆人的信函。有关土著民族的重要决定包括2005年关于新西兰《海岸和海床法》的第1（66）号意见，A/60/16，Chapter Ⅱ；以及有关美国西部肖肖尼人（Shoshone）的第1（68）号决定，A/61/18，Chapter Ⅱ。

[161] A/66/18，pp. 7-8.

[162] 2007年《预警和紧急行动程序准则》第13段提到了可用于启动程序的资料来源"包括联合国机构和人权机构、特别程序……区域性人权机制、国家人权机构和非政府组织"。该清单并非穷尽的，因为甚至没有提到消除种族歧视委员会委员的可能作用。除了作为委员会查询的答复者以外，缔约国明显不在资料提供者的名单上，虽然没有任何规定排除使用各国通过所列渠道间接提供的有关《公约》其他缔约国的资料。不过，鉴于第9条规定的程序与第11~13条中存在的国家间程序的关系，一国根据早期预警/紧急行动针对另一缔约国的行为直接接触委员会是不合适的。

[163] 以色列特别强烈反对有关以色列2003年7月修正《公民身份和进入以色列（暂行规定）》的第2（63）号决定，表示"对这一决定感到惊讶和震惊"，该决定提到了这一法律对家庭团聚和婚姻的负面影响，A/58/18，Chapter Ⅱ（CERD decision），*ibid.*，Annex Ⅶ（以色列的反应和委员会的回应）；除其他外，以色列声称，预警办法代表着一种先发制人的和破坏正常报告程序的企图，委员会否认了这一说法。

可能逐渐减少到要求在缔约国的下次定期报告中列入有关资料。

（五） 资料来源

与《儿童权利公约》[164]《移徙工人权利公约》[165] 不同，《消除种族歧视公约》没有明确设想非政府组织的作用，只提到将从缔约国收到的资料作为委员会审查缔约国报告的基础。消除种族歧视委员会在其早期运作中，在如何对待非政府组织提供的资料或媒体报道方面遇到了困难，"关于可予允许来源的辩论断断续续地持续了 20 年"。[166] 1991 年，问题到了非解决不可的地步：当时委员会决定，除国家报告提供的资料外，委员会委员"作为独立专家，必须能够利用所有其他可用的资料来源，包括政府的和非政府的"。[167] 使用各种来源的资料看起来完全符合《公约》的规定，因为第 9 条规定的"审查"报告强烈提示，应对照外部参照点检验国家报告所载资料，否则"审查"将失去意义。然而，虽然非政府组织向委员会提供不可或缺的服务，但原则上仍须由委员在类似于其他资料的基础上评估和评价其提交的资料。[168] 除了非政府组织向委员会提交书面材料（包括影子/替代报告）外，非政府组织向委员会委员作简报（例如通过非正式的午餐时间会议）已经成为常规运作模式的一部分。2011 年，消除种族歧视委员会又增加了一种做法，即在一周之初听取非政府组织关于该周要进行的国家报告审议的意见陈述。[169]

民间社会和国内及国际非政府组织的努力对消除种族歧视委员会的工作至关重要，因为委员会的研究能力有限，对报告国的实地访问并不是其常规

164　第 45 条 (a) 项。

165　第 74 条第 4 款。

166　Banton, *International Action*, p. 103. 勒纳在描述 1980 年存在的情况时，只是简单地指出，委员会"无法利用非政府组织提供的资料"，N. Lerner, *The U. N. Convention on the Elimination of All Forms of Racial Discrimination* (Sijthoff and Noordhoff, 1980), p. 119 ［henceforth *The U. N. Convention*］。就早期讨论，见 A/8718, paras 27–33, cited by Lerner, *ibid*。

167　Decision 1 (ⅩⅬ), A/46/18, Annex Ⅶ. B.

168　消除种族歧视委员会没有关于对非政府组织提交的资料保密的明确规则，对此，可以比较其他条约机构的做法 (HRI/MC/2006/4, para. 96)。但是，如果某一非政府组织对其提交给消除种族歧视委员会的材料要求保密，这种要求将得到满足。

169　A/65/18, Chapter Ⅻ, para. 87.

做法的一部分。[170] 非政府组织能够作出的最大贡献，是在其意见陈述是基于以可核查的方式进行的研究和运用的资料之时，以及当它们跟踪国家报告中的断言并将其意见合并到数量有限的文档中时。把文件倾倒给委员会可能导致有用的要点消失。最近的经验包括游说委员会的经验表明，国内和国际非政府组织越来越适应委员会的程序及任务，与委员会的对话可能成为具有重要国内意义的活动。秘书处维持网页提高了委员会（和其他条约机构）对民间社会的可见度，发展网络播放也有同样的功效。委员会认识到经认证的国家人权机构的贡献，建议缔约国设立这些机构，[171] 并制定了在报告和其他程序中为容纳这些机构提供便利的方式。[172]

向消除种族歧视委员会提交的资料目前包括来自各部分——联合国机构、特别程序和普遍定期审议程序——的报告。虽然重点放在联合国的材料上，但也可能出现来自区域机构的资料。特别报告员、联合国独立专家有时还亲自出面，补充书面报告；国际劳工组织和联合国难民署则定期与委员会接触。[173] 秘书处向国家报告员提供最广泛的"一揽子"材料，供他们进行国家审查；委员会所有委员都可以仔细阅读这些资料。

53

（六）一般性建议

到 2015 年 3 月，委员会通过了 35 项一般性建议，涉及缔约国根据《公约》具体条款或原则承担的义务[174]、歧视的方面和模式[175]、不歧视原则关切

170　在委员会若干委员的初步犹豫之后，秘书处编写的"国家情况介绍"可以包括非政府组织的材料。

171　第 17 号一般性建议，A/48/18，Chapter Ⅷ. B；A/62/18，Annex Ⅸ，Rule 40（2）。

172　"消除种族歧视委员会给国家人权机构……提供了在审议缔约国报告的第二天在全体会议上作口头陈述的机会。国家人权机构的代表与非政府组织的代表分开就座，并有一个明确标识。"HRI/MC/2006/4，para. 94。

173　年度报告的标准组织章节提到与国际劳工组织、联合国难民署、联合国教科文组织、人权理事会特别程序以及区域人权机制的合作；2014 年的版本载于 A/69/18，ch. Ⅰ. E。

174　例如见关于第 4 条的第 7 号和第 15 号一般性建议、关于第 1 条的第 8 号一般性建议（第 1 段和第 4 段）、关于第 8 条的第 9 号一般性建议（第 1 段）、关于第 1 条的第 4 号一般性建议、关于第 9 条的第 16 号一般性建议、关于第 3 条的第 19 号一般性建议、关于第 5 条的第 20 号一般性建议、关于第 5 条与难民和流离失所者的第 22 号一般性建议、关于第 1 条的第 24 号一般性建议、关于特别措施的第 32 号一般性建议。

175　关于种族歧视与性别有关的方面的第 25 号一般性建议。

的领域[176]、处理种族歧视问题的机构[177]、特定的人群或人的类别[178]，以及关于自决权[179]、德班世界大会的后续行动[180]和德班审查会议[181]的一般性建议。最初的一些建议是由各国不愿意承认其领土上存在种族歧视的情况促成的。[182] 促成其他建议的（部分）原因还有对《公约》的保留[183]、具体国家或国家集团中的情况、某些歧视模式的普遍性以及特定社群的脆弱状况。

消除种族歧视委员会的一般性建议在篇幅和风格上有很大不同，但靠后的建议的一个明显倾向是增加篇幅。一般性建议可以或多或少完全以《公约》的规定为基础，同时回顾序言和执行条款，[184] 也会参考准备工作。[185] 许多靠后的一般性建议回顾以前的建议，提供了方法上的连续性和一致性以增强权威；在类似的过程中也可以回顾结论性意见。[186] 关于特别措施的第 32 号一般性建议的背景是基于"委员会关于提到特别措施的广泛实践汇辑……实践包括对缔约国报告的结论性意见……根据第 14 条提交的来文和先前的一般性建议"，列举了关于第 1 条的第 8 号一般性建议、关于罗姆人的第 27 号一般性建议和关于基于世系的歧视的第 29 号一般性建议。[187] 一般性建议也可

---

[176]　关于刑事司法领域中的种族歧视的第 31 号一般性建议。

[177]　关于设立国家机构推动《公约》实施的第 17 号一般性建议和关于建立国际法庭起诉危害人类罪的第 18 号一般性建议。

[178]　关于土著民族权利的第 23 号一般性建议、关于对罗姆人的歧视的第 27 号一般性建议、关于第 1 条第 1 款（世系）的第 29 号一般性建议、关于对非公民的歧视的第 30 号一般性建议。

[179]　第 31 号一般性建议。

[180]　关于"反对种族主义、种族歧视、仇外心理和相关的不容忍现象世界会议的后续行动"的第 28 号一般性建议。

[181]　第 33 号一般性建议。

[182]　例如第 2 号和第 5 号一般性建议。

[183]　针对为保护表达自由而对第 4 条提出的保留，委员会坚决认为，"禁止传播以种族优越或仇恨为根据的一切思想与意见自由和表达自由的权利是相容的"，第 15 号一般性建议；另见第 35 号一般性建议第 23 段。

[184]　对序言的回顾，见第 3 号一般性建议、第 20 号一般性建议第 1 段、第 32 号一般性建议第 5 段。

[185]　第 32 号一般性建议第 20 段、第 35 号一般性建议第 10 段。

[186]　第 29 号一般性建议序言和第 23 号一般性建议第 1 段提到了委员会的一贯路径，第 27 号一般性建议序言提到了委员会的结论性意见。

[187]　第 2 段。另见第 35 号一般性建议第 3 段。

以提出对《公约》所使用概念的澄清。[188]

　　国际法其他方面的一般发展情况[189]以及人权方面的特别发展情况可能被一般性建议具体援用，这些发展在其他情况下也明显影响了一般性建议文本的起草；与种族冲突有关的背景条件[190]、有组织暴力的威胁或者威权主义意识形态的复苏也被援用作为通过一般性建议的理由。[191] 关于土著民族的第 23 号一般性建议呼应了（当时）联合国土著人民宣言草案和国际劳工组织《关于独立国家中土著和部落民族的公约》（第 169 号公约）使用的语言；[192] 关于罗姆人的第 27 号一般性建议曾一度受到在其他地方发生的辩论的影响，也有助于此类辩论，其同时前瞻性地成为进一步行动的催化剂；关于特别措施的第 32 号一般性建议受到了消除对妇女歧视委员会第 25 号一般性建议等情况的影响；[193] 关于种族主义仇恨言论的第 35 号一般性建议在部分程度上受到了人权事务委员会关于意见和表达自由的第 34 号一般性意见的推动。一些一般性建议明确阐述了消除种族歧视委员会解释《公约》的方法，使用了"指南"的比喻，例如第 32 号一般性建议将其目的描述为"根据委员会的经验，提供关于《公约》中特别措施含义的实用指南，以协助缔约国履行其对《公约》承担的义务……此类指南可视为巩固了委员会对缔约国提出的大量建议"。[194] 根据一种解读，委员会有权在履行其职能所需的范围内解释《公约》："这种解释本身对缔约国不具有约束力，但它影响缔约国的报告义务及对内和对外行为。"[195]

　　制定一项一般性建议在很大程度上是委员个人提出倡议并说服同事集体

188　第 30 号一般性建议序言。

189　关于非公民的第 11 号一般性建议第 3 段和第 30 号一般性建议第 2 段触及国际法原则，第 21 号一般性建议第 2 段和第 3 段提及自决，第 18 号一般性建议提到起诉危害人类罪的国际法庭。

190　关于第 5 条和难民的第 22 号一般性建议序言。

191　第 15 号一般性建议第 1 段。

192　P. Thornberry, 'Confronting Racial Discrimination: A CERD Perspective', *Human Rights Law Review* 5（2005），239-269，260-262.

193　除了使用《公约》作为来源，第 32 号一般性建议在第 3 段中重申，其起草还考虑到增进和保护人权小组委员会的工作以及消除对妇女歧视委员会关于暂行特别措施的第 25 号一般性建议。

194　第 4 段。

195　Valencia Rodriguez, in *Manual on Human Rights Reporting*（Geneva: United Nations, 1997），HR/PUB/91/1/Rev.1, p. 300（citing an unnamed author）；Banton, *International Action*, p. 104.

加以认可和完善的情况。关于罗姆人、世系/种姓、非公民、特别措施、对非洲人后裔的歧视和打击种族主义仇恨言论的一般性建议，是在公开的"专题讨论"之后提出的；[196] 消除种族歧视委员会并没有这样的惯例，即就建议草案征求公众意见。一般性建议力求详细阐述和澄清许多《公约》条款；某些被提出适合对其作出一般性建议的问题未得见天日。[197] 一般性建议的利用是间质性的（interstitial）：委员会将期望缔约国遵循建议中所列的模式，并将根据建议中积累的指导意见询问国家代表。自从一些委员满怀信心地说委员会没有解释《公约》的职权以来，委员会已经走过了一段路；[198] 然而，委员会对于声称具有这一方面的权力，一直保持沉默。[199]

（七）国家间争端程序：第 11~13 条

《公约》第 11 条至第 13 条规定的国家间争端程序与第 14 条规定的来文程序不同，不是任择性的，而且没有在实践中得到检验；相应地，《公约》的规定只在较小程度上由委员会的《议事规则》阐发。[200] 国家间争端程序涉及一缔约国根据第 11 条提出的另一缔约国"未实施本公约之规定"的申诉，以及如果该事项"未能……达成双方满意之解决"，可再次提交委员会，条件是"依照公认之国际法原则"适用用尽国内补救办法的规则。第 12 条设想由消除种族歧视委员会主席在争端各方一致同意的情况下，任命一个"由五人组成〔——〕此五人为委员会委员或非委员会委员均可"的专设和解

196　专题讨论使委员会可以听取联合国人权机构、非政府组织等的意见，一般性辩论则仅由委员会进行。

197　关于种族歧视与基于宗教的歧视的一项一般性建议看来很可能是 2007 年设想的一次专题讨论之后产生的，A/62/18, para.538；实际上没有进行这样的讨论。

198　Banton, *International Action*, pp.102-104, 126, and 158-160, 引用了联合国法律事务厅的意见，即"对《公约》作出权威性解释的权利……首先归于……本身作为负责监督《公约》遵守情况的机构即消除种族歧视委员会，并最终归于缔约国"：A/C.3/40/SR.46。然而，本书作者以委员会委员的身份，注意到各委员在起草第 32 号一般性建议时（2009 年）表达的意见，即应由各国而不是委员会来解释《公约》。

199　对一般性意见（建议）和条约机构的解释的富有启发的讨论见如下文集：H. Keller and G. Ulfstein, *UN Human Rights Treaty Bodies*。

200　《议事规则》第 69~79 条。

委员会，该委员会将有自己的主席和议事规则。[201] 第 13 条概述了程序的结束阶段：向消除种族歧视委员会主席提交一份报告，其中"列述其认为适当之和睦解决争端之建议"；然后，争端各方通知消除种族歧视委员会主席它们是否接受专设和解委员会的建议，这些建议在适当时也将分送《公约》的其他缔约国。

鉴于一般没有国家援用这一程序的现实情况，消除种族歧视委员会的年度报告没有专门一章讨论国家间争端制度，这与第 15 条规定的运作不足的程序不同。班顿提到过围绕叙利亚第六次定期报告的一阵忙乱讨论，有关是否收到了根据第 11 条作出的通知。[202] 有人提出，如果一个缔约国对另一个国家提出指控，即使没有具体援引该程序，委员会也可以将其视为根据第 11 条提出的来文；委员会主席否决了这一点，考虑的情况包括指控国明确否认了其援用第 11 条。尽管如此，班顿还是提到了一系列"伪装的国家间争端"，这些争端断续出现在委员会的工作中，涉及塞浦路斯、巴拿马和美国，以及一系列针对以色列的国家；[203] 当一个报告国的一部分领土被估计由另一国支持的势力控制时，可能会出现各种其他变相的争端。然而，关于第 9 条的第 16 号一般性建议提醒缔约国，第 11 条"是各国在认为其他一些国家没有实施《公约》规定时，提请委员会注意的唯一程序性手段"。[204]

（八）（任择性的）来文程序：第 14 条

这里，可以忆及各国代表在起草《公约》时，对当时第 14 条规定的程序的创新性质的犹豫态度。上沃尔特代表在起草《公约》时担心，如果包括一项来文程序，那么"拟议的委员会可能会被成千上万的、它无法有效处理的申诉所淹没"，[205] 这种担心没有得到证实。在根据第 14 条作出任择性声明

56

---

[201] 《议事规则》第 72 条设想就委员会的组成与争端缔约国进行协商。

[202] Banton, *International Action*, p. 128；A/33/18, paras 169-173.

[203] Banton, *International Action*, pp. 108-112.

[204] 人权事务委员会也同样鼓励各缔约国利用《公民及政治权利国际公约》第 41~43 条规定的（任择性的）国家间来文机制：人权事务委员会第 31 号一般性意见，《［公民及政治权利国际］公约》缔约国承担的一般法律义务的性质，HRI/GEN/1/Rev. 9（Vol. Ⅰ），pp. 243-247，第 2 段。

[205] A/C. 3/SR. 1363, para. 13.

的 57 个缔约国中，来文只来自其中不到四分之一的国家，而委员会在 2015年仅通过了对第 56 份来文的意见。[206] 通常情况下，委员会每年只处理少数案件。委员会敦促缔约国接受这一程序的建议效果有限。

来文实际上提交给人权事务高级专员办事处秘书处，并在申诉组登记。示范申诉表有助于申诉人申诉——他们需要提供身份方面的基本信息[207]、涉及的国家、据称被违反的《公约》条款、为用尽国内补救办法而采取的步骤——或者用示范申诉表的话来说，"在有关国家内获得补救"。[208] 如果所提供的信息不完整，则可能在申诉登记前被要求提供进一步的细节。[209] 在收到进一步信息之前，可作出案件登记的决定。[210] 除非经过适当核实的特殊情况，来文必须"在用尽一切可用国内补救办法，包括在适用情况下第 14 条第 2款所列补救办法后"，6 个月内提交。[211]

来文提交人需要说明来文是以其自己作为指控的歧视情况受害者的名义提交，还是以他人的名义提交。在后一种情况下，申诉人应出示有关人员的授权书，如果他/她未获授权，则需解释与据称受害者的关系的性质以及为什么提交人认为代表据称受害者提起案件是适当的。[212] 在提交人代表受害者的案件中，通常程序是提交人呈交受害者授权提交人代表他们行事的授权书；[213] 受害者如果被拘禁或失踪，则可以在没有这种授权的情况下被代表。

联合国秘书长可要求对来文作出澄清，说明"同一事项在多大程度上正

---

206 *V. S. v Slovakia*，CERD/C/88/D/56/2014（2015）.

207 《公约》第 14 条第 6 款（子）项和《议事规则》第 91 条（a）项规定委员会不得接受匿名来文。

208 处理申诉所需信息的一般性规定在《议事规则》第 84 条中。巴耶夫斯基（Bayefsky）指出，联合国"不向提交人提供法律援助或财政资助，消除种族歧视委员会也不要求缔约国在个人希望提交来文的情况下提供法律援助"，并建议提交人判断本国法律制度能否提供法律援助：<http://bayefsky. com/complain/28_ cerd. php>。

209 申诉组提出的问题可能会顺便帮助提交人澄清案件的法律依据，但尽可能清楚地陈述案件的责任在于提交人。

210 《议事规则》第 84 条第 4 款。

211 《议事规则》第 91 条（f）项。

212 《议事规则》第 91 条（b）项。

213 此类案件中的提交人不必是律师，而只须是一个获得代理授权的人。

由另一国际调查或解决程序审查";[214] 该规则涉及信息,没有被列入"来文可否受理的条件"。[215] 在宣布接受该程序的缔约国中,有一些在其声明中列入了一项保留,即"本程序仅适用于委员会确定同一事项并未正在或已经由另一国际调查或解决机构审查的情况"。[216] 偶尔,缔约国会因为一起类似案件已经提交给另一机构,而对其可否受理提出疑问。在科普托娃诉斯洛伐克案中,缔约国声称一起类似案件已经提交给欧洲人权法院,委员会对此答复指出,来文提交人不是向欧洲人权法院提起案件的申诉人,即便她是,"《公约》和《议事规则》均未阻止委员会审查另一国际机构也在审议的案件"。[217]

还应指出,关于诉诸《公约》以外的程序,第 16 条规定,《公约》关于解决争端或控诉的各项条款,"应不妨碍联合国及其专门机关组织法或所通过公约内关于解决歧视方面争端或控诉规定之其他程序,亦不阻止本公约缔约国依照彼此间现行一般或特殊国际协定,采用其他程序以解决争端"。如前所述,该条源于加纳、毛里塔尼亚和菲律宾的一项提案,而且基本未经讨论。虽然该条中有关在《公约》内"解决争端或控诉"的程序的措辞显然足以涵盖个人和国家间的申诉,但该句的第二部分仅提及"缔约国……采用"《公约》以外的程序,而对个人或群体如何诉诸沉默不语。勒纳遵循施韦布的观点,建议对该条作灵活解释,以便"如果缔约国希望诉诸它们之间生效的其他程序,《公约》将不会成为其障碍"。[218] 这一点同样适用于那些希

---

214 《议事规则》第 84 条。

215 《议事规则》第 91 条。比较《公民及政治权利国际公约任择议定书》第 5 条第 2 款(子)项,有关讨论见 S. Joseph and M. Castan, *The International Covenant on Civil and Political Rights: Cases, Materials and Commentary* (3rd edn, Oxford University Press, 2013), Chapter 5 'Consideration under Another International Procedure' [henceforth *The ICCPR*]。(该书已有中译本。〔澳〕萨拉·约瑟夫、梅莉莎·卡斯坦:《〈公民及政治权利国际公约〉案例、资料和评注》,孙世彦译,社会科学文献出版社,2023。——译者注)

216 安道尔的声明运用了这一公式,其他 17 个缔约国重复了这一公式,唯表述稍有不同。在某些情况下,所指的是其他案件正在被"审议"而不是"审查"。在挪威的声明中,这一公式被明确描述为"保留"。

217 *Koptova v Slovakia*, CERD/C/57/D/13/1998 (2000), para. 6.3.

218 Lerner, *The U. N. Convention*, p. 90. 本书参考的勒纳专著是其 1980 年版;若引用的是 2015 年由作者修订的再版,则会特别指出。

望寻求《公约》以外的补救办法的个人。[219]

58　　《议事规则》有关第 14 条的内容设想设立消除种族歧视委员会的届会前工作组。[220] 而实际上，委员会在全体会议上处理来文，并提供口译。审查来文的会议是非公开的，[221] 但对于和程序有关的一般性问题，如果委员会决定，可以向公众开放。[222] 委员会的任务是"尽快决定来文是否可受理"，[223] 并可以要求当事方提供补充的书面资料或澄清。[224] 如果因是否用尽国内补救办法而就来文可否受理存在争议，则缔约国需要详细说明"在本案特殊情况下，据称受害者可用的有效补救办法"；[225] 关于不可受理的决定可予复查。[226] 委员会可建议采取临时措施，"以避免对声称是所指控侵权行为受害者的人造成可能无法弥补的损害"。[227] 委员会的观点是以形成"意见"（opinion）表述的，[228] 第 14 条并没有使用这一术语，而只是提到"意见和建议"（suggestions and recommendations）。实践中，如果个别委员希望提出个别意见，该委员需要在没有秘书处协助的情况下起草其意见。

在德拉甘·杜米奇诉塞尔维亚和黑山案[229]中，出现了一个复杂的受理问题：根据塞尔维亚公共场所歧视罗姆人法律中心的一系列"测试"，罗姆血统的个人被拒绝进入迪斯科舞厅，而非罗姆人则被允许进入。关于提出申诉的时限，[230] 消

219　关于《欧洲人权公约》作为"其他程序"的一个例子，施韦布评论说："虽然第 16 条……没有明确规定，但联大和缔约国不可能打算影响……《欧洲人权公约》所产生的个人权利"：Schwelb, *The International Convention*, p. 1048.《议事规则》中有关国家间申诉的规则没有对第 16 条的情况作出规定。

220　《议事规则》第 86 条。

221　《议事规则》第 88 条。

222　同上注。

223　《议事规则》第 86 条第 1 款。

224　除了国内补救办法的条件外，《议事规则》第 91 条要求委员会查明"来文符合《公约》的规定"，以及"来文未滥用呈文权"。

225　《议事规则》第 92 条第 7 款。

226　《议事规则》第 93 条第 2 款。一项来文不可受理的决定可以被撤销：《议事规则》第 94 条第 6 款。

227　《议事规则》第 94 条第 3 款。

228　《议事规则》第 95 条。

229　*Dragan Durmic v Serbia and Montenegro*, CERD/C/68/D/29/2003（2006）.

230　《议事规则》第 91 条（f）项。

除种族歧视委员会回顾，除经适当核实的特殊情况外，必须在用尽所有可用国内补救办法后的 6 个月内，向委员会提交来文。委员会注意到，塞尔维亚和黑山法院尚未审议此事，因此，6 个月时限规则尚未开始适用。[231] 迪斯科舞厅事件发生在塞尔维亚和黑山根据第 14 条作出任择声明之前，这导致缔约国基于属时受理反对来文可予受理；对此，委员会指出，侵权行为仍在发生中，而且自事件发生之日起，在缔约国根据第 14 条作出声明之后，侵权行为一直在继续，因此，申诉可予受理。关于补救办法被不当拖延的问题，委员会注意到申诉人自 2000 年 2 月事件发生以来，寻求对缔约国违反《公约》的申诉作出裁决已经超过四年半，而缔约国本身也承认，不太可能早日审查。因此，补救办法被不当拖延，其"未用尽"并不妨碍申诉人申诉。[232]

补救办法必须潜在有效，以证明用尽补救办法的责任合理。[233] 一系列案件表明，在许多指控歧视的案件中，民事补救办法可能不适用于涉及刑事犯罪的案件，因为前者只导致补偿，而不导致刑事定罪；[234] 鉴于犯罪的社会性，自诉也可能不适当。[235]

另一方面，"仅仅怀疑"补救办法的有效性并不能免除申诉人寻求补救办法的责任。[236] 国内补救办法必须由申诉人"而不是其他组织或个人"用尽。[237]

59

---

[231] *Dragan Durmic*, para. 6. 1. 缔约国声称申诉人公开传播其申诉书的内容违反了《公约》第 14 条第 4 款。对此，委员会认为，在委员会审查前不得公布有关个人申诉的资料的义务只适用于联合国秘书长，特别是通过秘书处行事的秘书长，而不适用于申诉当事方——他们仍可以公布其所掌握的与申诉有关的任何资料：第 6. 2、6. 3 段。

[232] Also *B. M. S. v Australia*，CERD/C/54/D/8/1996（1999），para. 6. 2；*Z. U. B. S. v Australia*，CERD/C/55/D/6/1995（2000），para. 6. 4.

[233] *L. R. et al. v Slovakia*，CERD/C/66/D/31/2003（2005），para. 6. 1. 作为支持，消除种族歧视委员会引用了其自身的判例，*Lacko v Slovakia*，CERD/C/59/D/11/1998（2002），也引用了人权事务委员会审议的案例，*R. T. v France*，CPR/C/35/D/262/1987（1989），and *Kaaber v Iceland*，CCPR/C/58/D/674/1995（1996）；para. 6. 2，citing *Koptova v Slovakia*，paras 2. 9 and 6. 4。

[234] *Habassi v Denmark*，CERD/C/54/D/10/1997（2000），para. 6. 1；*Lacko v Slovakia*，para. 6. 3；*Sefic v Denmark*，CERD/C/66/D/32/2003（2005），para. 6. 2；*Gelle v Denmark*，CERD/C/68/D/34/2004（2006），para. 6. 6.

[235] *Gelle v Denmark*，para. 6. 5；*Adan v Denmark*，CERD/C/77/D/43/2008（2010），para. 6. 3.

[236] *D. S. v Sweden*，CERD/C/59/D/21/2001（2001），para. 6. 4. 进一步的讨论见本书有关第 6 条的第十六章。

[237] *POEM and FASM v Denmark*，CERD/C/62/D/22/2002（2003），para. 6. 3. 进一步的论述见对第 6 条的评注。

　　第14条第1款提到消除种族歧视委员会有权接受并审查在缔约国管辖下、自称为受害者的"个人或个人联名"提出的来文。这一规定在一些案件中将委员会锤炼了一番，特别是在"个人联名"的案件方面。[238] 在少数族裔保护组织（POEM）和穆斯林学生联合会（FASM）诉丹麦案中，涉及提出申诉的能力问题；申诉者辩称，第14条并不妨碍非政府组织提出申诉：POEM和FASM是代表一群人（a group of people）的非政府组织，因此能够根据第14条提出申诉。它们还争辩说，对第14条的解释应按照《欧洲人权公约》的路子来，该公约明确规定非政府组织有向欧洲人权法院申诉的权利。[239] 委员会没有发表评论，而仅指出，该案件在丹麦不是由这两个组织提出的，而是由一个"文件和研究中心"（DRC）提出的。因此，委员会说，"国内补救办法必须由申诉人自己而不是其他组织或个人用尽"，因此，来文被宣布为不可受理。[240]

　　在"关于种族歧视的文件和咨询中心"诉丹麦案[241]中，该中心根据第14条主张受害者地位。该案涉及为在拉脱维亚的一个建筑项目所做的"丹麦工头"广告；该中心对此表示反对，声称该广告具有民族或族裔本源的歧视性。来文由该中心提交，由其董事会主席代表。申诉人称，尽管她本人没有申请这项工作，但"她应该被视为这一歧视性广告的受害者，因为她申请这一职位将是徒劳的"。此外，应承认申诉者本身即该中心具有受害者地位，因为它代表了一大群因招聘广告而受到歧视的非丹麦血统的人。该中心为支持其受害者地位的请求，提到了其关于种族歧视的具体任务、其董事会的族裔组成以及其在保护受害者方面的记录，因此，"应将其视为受害者或代表人数不详的不明受害者"。[242] 消除种族歧视委员会的结论是，"它并不排除代表……某一种族或族裔群体利益的一组织提交个人来文的可能性，只要它能

60

---

[238]　罗马尼亚为其接受来文程序设置条件的理由是，第14条没有赋予委员会接受"援用集体权利的存在和被侵犯的人"的来文的权限。

[239]　Paras 5. 2 and 5. 3.

[240]　Para. 6. 3.

[241]　*Documentation and Advisory Centre on Racial Discrimination v Denmark*，CERD/C/63/D/28/2003（2003）.

[242]　Para. 5. 3.

够证明自己是被指控违反行为的受害者，……或其成员之一是受害者，如果它能够……为此提供适当授权"。[243]

来文表明，没有该中心董事会的成员申请这项工作，而申诉者没有辩称，董事会的任何成员或申诉者将被授权代表的另一个可确认的人对工作空缺有真正的兴趣或显示出必要的资格。[244] 这并不会自动导致没有受到歧视直接和个人影响的人可以声称自己是受害者："任何其他结论都将为针对缔约国相关立法的公益诉讼（*actio popularis*）打开大门。"[245]

在奥斯陆犹太人社团等诉挪威案中，[246] 三个组织和一些个人在一名亲纳粹发言人在因挪威刑法受到指控但被无罪释放后，向消除种族歧视委员会提出了申诉。提交人声称，他们是受害者，因为挪威法律一般无法保护他们不受反犹太主义和种族主义宣传的影响，而且他们是一个面临迫在眉睫的种族歧视危险的潜在受害者群体的成员。[247] 委员会同意提交人的意见，认为在这种情况下，他们已经证明自己属于一类潜在受害者。[248] 此外，委员会所持观点是：

> 它不认为三名提交人是组织这种情况对可否受理事项提出了任何问题……。第 14 条……具体提到了委员会有权接受"个人联名"提出的申诉……。将这一点解释为……要求群体中的每个人都是被指控的侵权行为的个人受害者，将使"个人联名"的提法失去意义……。考虑到这些组织活动的性质和所代表的人员类别，[249] 他们也满足了第 14 条中的"受害者"要求。[250]

在土耳其人联盟诉德国案中，消除种族歧视委员会接受了该组织的申诉，认定其受害者地位所考虑的是：（甲）该组织促进平等和不歧视的活动

---

[243] Para. 6. 4.

[244] Para. 6. 5.

[245] Para. 6. 6；also *A. S. v Russian Federation*，CERD/C/79/D/45/2009（2012），para. 7. 2.

[246] *Jewish Community of Oslo et al. v Norway*，CERD/C/67/D/30/2003（2005）.

[247] *Jewish Community*，para. 7. 3.

[248] *Ibid*.

[249] 这三个组织是奥斯陆犹太人社团、特隆海姆犹太人社团和挪威反种族主义中心。

[250] *Jewish Community*，para. 7. 4. 该案中有关"个人联名"（groups of individuals）的观点也被下案引用：*Zentralrat Deutscher Sinti und Roma et al. v Germany*，CERD/C/72/D/38/2006（2008），para. 7. 2。

和目标；（乙）该组织所代表的个人群体，"即柏林和勃兰登堡的土耳其人后裔"；（丙）它直接受到德国的批评土耳其人的言论即本案所质疑的言论的影响。因此，委员会认为，"申诉人是一个法律实体这一事实并不构成受理的障碍"。[251]

"潜在受害者"的问题也出现在科普托娃诉斯洛伐克案中，该案涉及地方当局禁止特定罗姆人家庭在一个地区定居的决议。消除种族歧视委员会认为，来文的提交人——一名罗姆人——可以被视为受害者，"因为她属于有关决议直接针对的人口群体"。[252] 委员会称，尽管市议会决议的措辞明确提到以前居住在有关市镇的罗姆人社群成员，"但通过这些决议的背景清楚地表明，其他罗姆人也同样被禁止定居"。[253] 自从这些针对罗姆人的决议通过以来一直没有进入该市的提交人说，这部分是因为她担心这些决议会对她实施。[254] 奥斯陆犹太人社团等诉挪威案中也讨论了潜在受害者的问题，在该案中，消除种族歧视委员会与人权事务委员会、欧洲人权法院的意见保持一致。[255]

从最早依据第 14 条作出的决定开始，[256] 消除种族歧视委员会就提出了"意见和建议"，即使在没有认定违反的情况下，也是如此。[257] 在 Z. U. B. S 诉澳大利亚案中，在认定《公约》没有被违反之后，委员会建议，"该缔约国

---

[251]　*TBB-Turkish Union*，para. 11. 3. 根据《公民及政治权利国际公约任择议定书》，虽然受害者必须是个人，但"委员会不反对声称同样受到影响的一群个人共同提出指控他们的权利被侵犯的申诉"：*Ominayak（On Behalf of Lubicon Lake Band）v Canada*，Communication CCPR/C/38/D/167/1984（1990），para. 32. 1；另见 *Diergaardt and Others v Namibia*，CCPR/C/69/D/760/1997（2000）；*Howard v Canada*，CCPR/C/84/D/879/1999（2005）。根据《欧洲人权公约》，公司和社团可以以自己的名义提出诉求，*Sunday Times v UK*，ECtHR App. No. 6538/74（1977），有关一个媒体组织的表达自由；*Refah Partisi（Welfare Party）and Others v Turkey*，App. Nos 41340-44/98（2003），有关解散一个政党。《公民及政治权利国际公约》并没有为申诉者提供这种便利；非政府组织没有提交申诉的资格，虽然它们可以帮助来文的提交人：*Hertzberg and Others v Finland*，CCPR/C/15/D/61/1979（1982），Joseph and Castan，*The ICCPR*，pp. 75-76。

[252]　*Koptova v Slovakia*，CERD/C/57/D/13/1998（2000），para. 6. 5.

[253]　*Ibid.*，para. 10. 1.

[254]　*Ibid.*，para. 3. 2.

[255]　*Jewish Community*，para. 7. 3. See also *Murat Er v Denmark*，CERD/C/71/D/D/40/2007（2007），paras 6. 2 and 6. 3.

[256]　*Yilmaz-Dogan v The Netherlands*，CERD/C/36/D/1/1984（1988），para. 10.

[257]　此外，即使在被认定不可受理的案件中，委员会仍试图通过对《公约》之解释的附带说明（*obiter dicta*）阐发其立场：*Kenneth Moylan v Australia*，CERD/C/83/D/47/2010（2013），para. 6. 2。

简化处理种族歧视申诉的程序，特别是那些有多种申诉措施可用的程序，并避免在审议这类申诉时出现任何拖延"。[258] 在哈甘诉澳大利亚案中——这又是一个没有认定违反的案件，委员会建议移除具有种族冒犯性的标牌，并将所采取的行动通知委员会。[259]

（九）来文的后续程序

62

对于按照《公约》第 14 条作出的意见制定明确的后续程序——这跟随的是人权事务委员会 1990 年确立的做法，消除种族歧视委员会是一个相对后来者。[260] 在 1993 年的 L. K. 诉荷兰案中，委员会适用《议事规则》第 95 条第 5 款，[261] 要求缔约国在下次定期报告中提供关于根据第 14 条作出的决定"后续行动"的资料。[262] 委员会在第六十六届会议上，请秘书处编写一份文件，说明对第 14 条规定的程序采取后续行动的方式。这项请求是在讨论 L. R. 诉斯洛伐克案[263]的背景中提出的，其中委员会认定存在违反《公约》若干条款的行为，表示希望在 90 天内收到斯洛伐克政府提供的资料，说明为落实委员会的意见采取的措施。2005 年，委员会在第六十七届会议上决定，"参照其他条约机构的积极经验"，[264] 在《议事规则》中增加新的两款。[265] 在随后的案件中，就使用了略有改动的 L. R. 诉斯洛伐克案中形成的公式。委员会于 2006 年 6 月任命了首名来文后续行动报告员，[266] 其第一次报告反映了委员会认定侵权行为或在没有侵权行为的情况下提出意见和建议的所有情

---

258 *Z. U. B. S v Australia*，para. 11.

259 *Hagan v Australia*，CERD/C/62/D/26/2002（2002），para. 8.

260 A/45/40，Vol. Ⅱ，Annex Ⅺ（1990）. 另见《议事规则》第 101、103 条。

261 "应请有关缔约国及时将它根据委员会的建议所采取的行动通知委员会。"

262 *L. K. v The Netherlands*，Communication No. 4/1991，decision of 16 March 1993，para. 7.

263 Communication No. 31/2003、A/60/18，Annex Ⅲ. A.

264 A/61/18，para. 485.

265 A/60/18，Annex Ⅳ. Ⅱ.《议事规则》第 95 条第 6 款："委员会可任命对委员会根据《公约》第 14 条第 7 款通过的意见采取后续行动的一名或几名特别报告员，任务是核查缔约国根据委员会的建议所采取的措施。"第 95 条第 7 款："特别报告员为适当履行后续行动的职责，可酌情建立各种联系并采取各种行动。特别报告员应视需要向委员会提出采取进一步行动的建议；将向委员会报告要求采取的后续行动，委员会的年度报告将把后续行动的情况列入其中。"

266 委员会委员西西利亚诺斯（Sicilianos）。

况，并列入委员会年度报告。[267] 所列表格——其最新版本载入随后的年度报告，说明后续答复令人满意，"因为这些答复显示了缔约国实施……建议的意愿"，或不令人满意，"因为它们根本没有处理……建议，或只涉及某些方面"。[268] 缔约国可能会质疑后续评估，有时甚至非常强烈。[269]

（十）来自托管及非自治领土居民的申诉：第 15 条

第 15 条的最终表述期望着殖民主义最终消失——其中提到在《殖民地独立宣言》的"目标获致实现前"，这也表明，第 15 条程序本身的重要性将随着时间的推移降低：事实证明发生的正是这种情况。[270] 与第 15 条的特别程序相比，在从所有具有附属领土的缔约国获取信息方面，第 9 条规定的报告程序要成功得多。所设想的程序的实质是，消除种族歧视委员会将收到非自治领土、托管领土及《殖民地独立宣言》适用的所有其他领土的居民向联合国有关机构提出的申诉的副本，以及关于管理国所采取措施的报告[271]（在这两种情况下，均涉及"与《公约》的原则和目标直接相关"的事项），并将对这些事项发表意见和提出建议。申诉和报告摘要以及委员会的意见和建议载于委员会的年度报告。[272] 该条并不限制其规定对《公约》缔约国的适用范围；另一方面，"向联合国各机构提供资料的当局……并不都承担具有法律约束力的义务，要采取《公约》所设想的或关于它们的报告中所设想的反歧视措施"。[273]

然而，报告中的有关章节已公式化。其中指出，由于联合国各机构的报

---

[267] A/61/18，Annex V.

[268] A/61/18，para. 488.

[269] 见对达瓦斯和肖瓦诉丹麦案的后续讨论：*Dawas and Shawva v Denmark*，CERD/C/80/D/46/2009（2012），in A/68/18，Annex IV，pp. 160–165。

[270] 一名权威人士说，第 15 条第 1 款"意在消除那些声称此条可被解释为同意殖民主义永久化的人的疑虑"：Lerner，*The U. N. Convention*，p. 87。

[271] 从第 15 条第 2 款（丑）项的句法中看不清楚设想的报告是来自联合国机构还是管理国。

[272] 委员会第一届会议发布了一项关于其对第 15 条的责任声明。其中除其他外指出，除通过第 15 条第 2 款所述机关外，委员会无权直接或以其他方式接受申诉；另一方面，一个提议是，严格按照其任务规定审查这项原则，同时防止剥夺申诉人或联合国主管机构的由适当国际机构审议申诉的机会。

[273] *The First Twenty Years*，p. 43.

告"只载有与《公约》的原则和目标有关的极少资料",因此消除种族歧视委员会难以全面履行根据该条承担的义务;尽管委员会第一届会议曾试图获取这种信息,但还是如此。在承认程序有困难之后,报告可能指出,有关领土上存在着明显的族裔多样性,因此需要密切关注反映种族歧视的事件和趋势,并加大努力提高对《公约》的认识。[274] 这种叙述最后提醒管理这些领土的缔约国,在其定期报告中列入在这些领土实施《公约》的详细情况,这一立场似乎证实了第15条的边缘化。迪亚科努提到,委员会一再要求联合国秘书长解释联合国机构不使用第15条程序的问题,但没有得到答复。[275]

消除种族歧视委员会的做法鼓励在根据《公约》第9条提交的报告中列入关于缔约国管辖的非自治领土和其他领土的资料,[276] 特别是鉴于第15条规定的特别程序实际上不起作用。

第9条提出了有关管理国附属领土的问题,促使消除种族歧视委员会要求缔约国提供资料,说明族裔组成、《公约》如何适用、反种族歧视立法的进展情况以及在适当顾及当地文化和习俗的情况下将尊重人权纳入宪法安排的情况。[277] 如果缔约国不提供适用《公约》的资料,委员会就可能谴责有关缔约国。[278]

64

四 评论

《公约》起草过程中,拟议的监督机制引起了激烈的争论,主要集中在联大第三委员会,在该委员会进行讨论之前,还有富有启发性的一般性意见交流。菲律宾和加纳的代表介绍并解释了缔约国报告、国家间来文、申诉的

---

[274] 委员会2012～2013年年度报告(A68/18,第八章)提到了秘书处为特别委员会和托管理事会编写的关于16块领土的工作文件(载CERD/C/81/3);这一数字近年来没有变化。

[275] Diaconu, *Racial Discrimination*, pp. 341 and 344.

[276] "请管理非自治领土或对一些领土行使管辖权的缔约国在依据第9条第1款应该提交的报告书中载列或继续载列有关资料,说明在他们管辖下的一切领土执行本公约的情况":A/53/18, para. 493(c)。

[277] 例证载于Diaconu, *Racial Discrimination*, pp. 341-344。

[278] 委员会对荷兰的结论性意见(CERD/C/NLD/CO/18, para. 15)要求提供有关"在该缔约国的全部领土上"落实《公约》的完整资料。

基本结构，以及为"第一个从联合国产生的重大国际人权协定，以及在这之前发表的第一个宣言"设想的争端解决机制。[279] 加纳解释说，如果没有实施条款，"公约草案可能只是一项宣言，对世界没有任何新的贡献";[280] 英国补充说，"就原则达成协议是不够的。根据《联合国宪章》序言和第55条和第56条，各国……有义务更进一步"。[281] 最终成为消除种族歧视委员会的委员会是从基本上反映其现状的提议中产生的，[282] 这一结果并非没有其他选项，因为有人倾向于"一个由缔约国组成的特别机构",[283] 或作用得到加强的国家委员会——它们"将向秘书长提交经认证的登记册副本"[284] 或在申诉提交一个国际委员会之前予以审查。[285] 在实施机制中，报告程序争议最小，[286] 也许是因为它似乎没有特别威胁国家的利益;用于讨论国家间程序的时长，鉴于委员会（迄今为止）没有启动这一程序，看来有些过分;[287] 申诉程序让一些代表警觉，[288] 但对其他代表来说是"有价值和有效的"。[289]

草案显示了"每个国家对其国家主权的重视",[290] 这阻碍了一些国家支

---

[279] 菲律宾代表的评论，A/C.3/SR.1344，para.30，一般性的介绍声明见第14~35段；加纳代表的评论，*ibid.*，paras 36-45。

[280] 加纳，*ibid.*，para.38。

[281] 英国，*ibid.*，para.53；意大利代表称，"旨在防止滥用和可能违反《公约》原则的特别国际保障至关重要"，*ibid.*，para.58。

[282] 例如见加纳提议的文本，A/C.3/L.1274/Rev.1，以及毛里塔尼亚和菲律宾提议的文本，A/C.3/L.1291。

[283] 苏联代表的评论，A/C.3/SR.1344，para.73。

[284] 沙特阿拉伯的提议，*ibid.*，para.76。

[285] A/C.3/L.1274/Rev.1，Article XII.

[286] 荷兰代表称，但这"只有有限的价值，因为各国提交的报告往往文过饰非"：A/C.3/SR.1344，para.63。

[287] 坦桑尼亚根据国家主权对拟议的国家间申诉机制提出了批评：A/C.3/SR.1345，paras 40-41；该国代表不明白有关人权的申诉如何通过调解解决。关于同一问题，印度的疑问是，一个非司法性的委员会能否行使司法职能，A/C.3/SR.1346，para.21。

[288] 伊拉克断言，接受实施措施的提议，特别是关于申诉权的提议，"将是一次非常危险的探索"。A/C.3/SR.1347，para.7。

[289] 荷兰提到了"个人、团体和非政府组织的申诉"，A/C.3/SR.1344，para.64。同样，加拿大主张，有必要让一个国家内的团体和个人"能够接触到国家以外的主管决策者……非国家当局应被赋予判断一个国家给其国民的待遇的权力"。

[290] 科特迪瓦，A/C.3/SR.1345，para.4。另一方面，对于法国，"批准行为本身就是行使主权"（*ibid.*，para.17）。

持（并非完全新颖的）一个有可能批评国家的国际机构的概念，即使该机构没有被指称为法院。[291] 加纳代表在介绍取代了加纳、毛里塔尼亚和菲律宾的个别草案的综合草案[292]时解释说，这些条款应以普遍接受的国际法原则为基础，不应侵犯国家主权。虽然加入任何条约都会导致主权和自然权利的部分损失，有时甚至超越国界，但申诉权"不应国际化，以至于损害国家主权"，"争端应本着相互谅解的精神解决"。[293]《公约》的起草者只能借鉴数量有限的监督制度，特别是国际劳工组织和联合国教科文组织的监督制度，[294] 这一特点突出了《公约》机制的开创性质。

《公约》通过半个世纪后，存在多重监督制度已成为国际人权格局的一个突出特点。在联合国和区域层级上的条约机构与相关机制是法律界标准的、公认的固定设置，即使它们的产出并不总是受到各国的衷心欢迎。虽然主权考虑的分量可能已经减弱，但联合国人权运作的更明显特点是积累有说服力的准司法程序和报告程序，而不是正式的法院程序，尽管偶尔会有设立一个世界人权法院的认真考虑。尽管如此，即便具体的决策程序不具备一种法律上"约束"的性质，复杂的机制对于发展一个有助于形成习惯法的广泛标准网络，也发挥了关键作用。除了具有可诉性程序的增长之外，报告机制也从倾听模式转变为积极监督，而"解释性的"一般性意见或建议的内容也不断增加。就条约机构而言，数十年来的反思集中关注通过协调和统一监督方法来提高其整体效率，[295] 甚至将各个委员会合并为一个"统一常设机构"；[296]

66

---

[291] 马来西亚认为："菲律宾和加纳的草案都载有允许一个缔约国干涉另一个缔约国事务的条款。在种族歧视领域，这类规定在道义上是错误的，有违……《联合国宪章》，除非一国在另一国领土上雇用间谍，以侦查所谓的侵犯行为，否则很难援引这些条款。"(*ibid.*, para. 38)

[292] A/C. 3/L. 21291，取代草案分别载于 A/C. 3/L. 1274/Rev. 1，A/C. 3/L. 1289，and A/C. 3/L. 1221。

[293] A/C. 3/SR. 1349, para. 29.

[294] 国际劳工组织的一名代表长篇列出了其监督制度：*Ibid.*, paras 14-27。

[295] 铭记"条约制度是实际上从未被设计为制度的事实制度"；条约机构"在性质、职能和权力方面的共同特点，以及对缔约国提出的不断增加、偶尔重叠、有时矛盾的要求，已经导致它们……在概念上成为一种制度，需要作为一个综合性的整体进行改革"：Egan, *Strengthening the Treaty Body System*, 211。

[296] *Concept Paper on the High Commissioner's Proposal for a Unified Standing Treaty Body*, HRI/MC/2006/1, 22 March 2006.

目前的联合国活动侧重于"加强"而不是合并数个单独条约的监督制度。[297]

鉴于前面提到的地缘政治变化，主权概念和国际化程序之间的紧张关系对消除种族歧视委员会工作的影响比以前更微弱。委员会最初对机制的解释采取了谨慎的做法。随着新的国家巩固了主权，以及冷战结束后的气氛使委员会更加大胆，委员会逐渐对《公约》实施采取了更为严厉的立场。《公约》中的"意见和一般性建议"已演变成关注重点、内容冗长的结论性意见，其批判性棱角日益尖锐。对缔约国实施情况的评论可能会比《公约》起草者理解的更为有力，即使在避免使用"违反"的措辞而更倾向于"建设性对话"的用语时，也是如此。[298]

不管缔约国和条约机构之间合作的行为准则如何，主权国家的批评性反应都不少见。第9条第2款为缔约国对消除种族歧视委员会的"意见和一般性建议"发表意见提供的便利得到了充分利用。这些意见的范围从有关细节问题的轻微分歧，到这样的提议：委员会对标准的过于大度的解释超出了其职权，侵犯了各国的主权特权。在某些情况下，有国家抱怨说，结论性意见没有如实地反映与委员会的对话。[299]委员会的表现还引起了对某些国家或国家集团存在"内在政治偏见"的指责。[300]委员会在一套公开发表的、旨在证实委员会对待"各国之客观性、平等性和公平性原则"的做法的评论中，激烈地反驳了这一"指控"。委员会的评论回顾说，委员会委员根据其特定背景和经验给委员会带来了专门知识，其结果是"一种动态的多元化"，其中

---

[297] *United Nations Reform*，包括人权事务高级专员关于加强人权条约机构实力的报告，以及对先前倡议的摘要（*ibid.*, p. 28）；另见Egan，*Strengthening the Treaty Body System*，210-214。委员会对该报告的回应载于<https://www2.ohchr.org/english/>，31 August 2012。

[298] 可能帮助条约机构发展了其职能的各种国际权利理论包括固有权力理论或依必要含义具有权力的理论，这一概念可追溯至国际法院1949年在赔偿案（*Reparations Case*）中的咨询意见。Keller and Ulfstein，*UN Human Rights Treaty Bodies*，pp. 127-128.

[299] 例如见拉脱维亚的评论，A/58/18，Annex Ⅶ。

[300] 伯根索尔在评价人权事务委员会的工作时提出，其威望提升的部分原因是人们对冷战时期的看法，即"消除种族歧视委员会以其对种族歧视的管辖权，为苏联及其盟国以及许多不结盟的第三世界国家提供了一个用来对付西方的宣传工具"：T. Buergenthal，'The UN Human Rights Committee'，*Max Planck Yearbook of the United Nations*，5（2001），341-398，342。

的"制衡"最大限度地减少了偏见的风险。[301] 从此处和本书叙述的其他事件
中可以明显看出，条约机构的公认的廉正性和客观性是其存在的主要条件和
理由。

审查程序是朝着改进遵守第 9 条规定的义务的方向迈出的一步，而预警
和紧急行动程序则富有想象力地利用第 9 条第 1 款（丑）项中的方便，要求
在两年期标准之外提交报告和进一步资料。虽然预警/紧急行动与根据第 14
条提交的来文之间有一定程度的重叠，但消除种族歧视委员会认为《公约》
允许这两种做法，并强调了它们的不同目标和方法。第 9 条第 1 款（丑）项
提到的"进一步之情报"可以解释为包括定期报告中的进一步资料——因此
包括后续程序以及与缔约国就初步预警/紧急行动接触后的进一步资料。
预警/紧急行动程序没有采用与第 14 条规定的相同的受理手段。这样一项
正式的要求将使委员会的个别委员提出问题的机制出现一种尴尬状况；实
践中，委员会依赖其工作组的判断力来筛选潜在的不符合标准的申诉。

预警/紧急行动程序充实了《公约》的保护性武器库，并阐述了其在广
泛背景下的集体层面：该程序与土著群体权利的交叉关联是当前做法的一个
显著特点。包括来自消除种族歧视委员会委员的批评声音指出，在形成对土
著民族的明显突出的关注时，这一程序偏离了其处理大规模威胁或侵犯权利
情况的最初目的；已有非正式建议提出，设立一个土著问题小组委员会或工
作组。然而，大多数委员都认为，这一程序是对委员会运作的各项机制的一
个宝贵补充，因为它是对所有群体（对其情况应根据 2007 年标准加以审议）
开放的机制。预警程序是对第 9 条规定的监督可能性的一种合理应用。

除了预警之外，消除种族歧视委员会还依据各种程序武器，包括第 9 条
规定的"标准"报告程序，继续处理侵犯人权的大规模威胁。报告程序反映
了整个缔约国的情况，涉及歧视的证据、主要行为者的范围、受害者的经

301　该评论还回顾称，"人权条约机构制度致力于由独立专家客观审查各国在人权领域履行义务
的情况"；此外，根据第 9 条提出的结论性意见"不应被理解为一种司法程序的结果，而应被理解为
委员会与缔约国之间持续对话的一个步骤"；委员会的回应，无论是在报告程序还是预警程序中，
"都必须适应其面对的情况"。委员会提到 1990 年第 9 号一般性建议，其中包括"尊重专家的独立性
对保证充分遵守人权和基本自由至关重要"的意见：*Comments of the Committee on a Report on the United
Nations Treaty System* （2001），A/56/18，Annex Ⅵ。

历、整个法律框架以及当局的反应（包括对歧视的法律和社会反应）以及行
动计划和反歧视战略。在它们的建议网络中，结论性意见概括了主要人口群
体的过去、现在和可能的未来，这些群体是种族歧视的领头羊。细微的、较
小规模的歧视案件一般根据第 14 条处理。

关于第 14 条程序，对于从提交来文之目的来看的"自称为……受害者
之……个人联名"的措辞的理解，是逐渐发展的。实际上，"个人联名"一
词主要出现在反种族主义组织提出申诉的背景中，这些组织通常是在其本国
提倡反歧视的组织。[302] 申诉者作为一个法律实体的地位不妨碍其来文被受
理。[303] 对一个组织的受害者要求可以根据其活动和目标以及所代表的个人群
体予以满足，即使该组织的单个成员不算受害者，该组织也可以在形式上被
视为受害者。[304] 就第 14 条的目的而言，消除种族歧视委员会没有明确区分对
某一组织作为组织本身的歧视和对该组织的种族或族裔"组成"的歧视，但
倾向于在对受害者地位的共同评价中，综合这两种情况。委员会倾向于重申
关于一个组织的活动、目标和性质的要点，作为对"代表性"问题的处理方
式，[305] 而这几点反过来又可能受到缔约国的质疑。[306] 增加"个人联名"并没
有使来文程序向群体关注的全部事项开放，而这种关注是第 9 条或者也许第
11~13 条规定的程序的特点；[307] 第 14 条的实践只略微扩大了《公约》的集
体层面，但考虑到在种族歧视的情况下，受害者个人可以作为一个种族/族
裔群体所有其他成员的象征性"代表"，不应低估这种做法的重要性。

302　在奥斯陆犹太人社团等诉挪威案中，申诉者主张（*Jewish Community*，para. 5.2），"个人联
名，……无论其外部限制是什么，都明确涵盖为某一特定、共同目的而将个人组织在一起的实体，
如会众和会员组织"。

303　*TBB-Turkish Union*, paras 11.2–11.4.

304　*Ibid.*, paras 11.3, 11.4.

305　在土耳其人联盟诉德国案中，提出申诉的组织自身声称，其由于"最明显和最用心地听到
的声音"，有权代表受害群体——柏林和勃兰登堡的土耳其裔（*ibid.*, para. 7.1.）。

306　应诉缔约国在土耳其人联盟诉德国案中的批评意见，*ibid.*, paras 4.3 and 6.1. 对于代表另
一人行事的情况，联合国示范申诉表要求获得具体授权，或解释与该另一人关系的性质以及为何认
为代表其行事是适当的。

307　对于消除种族歧视委员会审议的群体申诉的简洁讨论，见 G. Pentassuglia, *Minority Groups
and Judicial Discourse in International Law: A Comparative Perspective*（Martinus Nijhoff, 2009），pp. 157–
158. 对于人权事务委员会的判例，该书建议，在没有具体的社群授权的情况下，"可以根据提交人
在社群中的地位或其他因素推断出……一项授权"（p. 157）。

就第 14 条而言,"受害者"还包括来自受影响社群的潜在受害者,这一特点也与对个人的种族歧视间接针对群体的感觉产生共鸣。消除种族歧视委员会坚持了对第 14 条的"受害者"视角,而偏离了"公益诉讼",尽管偶尔会有如科普托娃诉斯洛伐克案中申诉人的律师所提出的请求。他主张,就禁止罗姆人进入某一市区的决议,委员会应有管辖权审议这样的申诉:"与一般利益或公共利益有关——即使在受害者条件没有得到满足的特殊情况下……,而颁布禁止整个少数民族在整个市镇居住或进入的决议并维持其效力,正是应符合'一般利益'规则的情况。"[308] 事关一般利益的问题是根据第 9 条进行的对话的常规内容的一部分。

消除种族歧视委员会一直在仔细研究,为什么来文程序没有吸引接受了第 14 条所规定程序的缔约国的更多注意,为什么只有(大约)三分之一的缔约国选择接受这一程序。部分原因可能在于认定存在种族歧视将令人不快,[309] 特别是对但不限于在反殖民主义和反种族隔离斗争中表现突出的国家——这些斗争余烬未灭。限制诉诸第 14 条的其他方面包括有替代性的国际程序可用、许多缔约国的民间社会薄弱以及对种族歧视的性质和范围的持续误解:一些缔约国仍然认为,对于造成本土的社会紧张局势,种族歧视是一个无关紧要的因素。[310] 可以主张说,与范围有限的裁判程序(如受程序限制的第 14 条)相比,与《公约》规定的其他程序相联系的全面的、对话的办法,将更好地有助于将种族歧视作为一种大规模的社会现象加以处理。另一方面,第 14 条实践能对具体受害者的困境作出反应,澄清解释性细节,并使

---

[308] *Koptova v Slovakia*,para. 5.4. 委员会没有评论这一意见,但对将提交人描述为受害者表示满意,因为她属于一个目标群体(para. 6.5),该群体的任何成员都将被禁止在那里居住(para. 10.1)。

[309] 凯坦区分了歧视的"非专业"含义和法律上的歧视——对非专业人员来说,"歧视意味着某种错误;在法律上,行为者可能并无过错":T. Khaitan, *A Theory of Discrimination Law*(Oxford University Press,2015),p. 2。这一区别在涉及适用国内民法的争端中可能有效(虽然难以在刑法方面有效),但它不容易转化为国际法,或许人们也不打算这样做。各国对委员会根据第 14 条和第 9 条(包括预警系统)作出的许多认定的反应表明,认定存在种族歧视被视为将责任归咎于缔约国,而不是"道德上"中立的。

[310] 在一项超出了《公约》范畴的陈述中,英国表示,它"仍确信,《公约》规定的个人申诉权对英国人民具有额外的实际价值。英国有关于种族歧视的有力和有效法律,根据这些法律,个人可以向法院或法庭寻求救济……相反,条约监督委员会不是法院……不能裁决损害赔偿或就法律的含义作出法律裁定":CERD/C/GBR/21-23,para. 272。

委员会的审议具有更加清晰的边缘。

目前消除种族歧视委员会的做法，是经常引用一般性建议。经济、社会和文化权利委员会将发表一般性意见的目的界定为：（甲）将迄今通过审查缔约国报告所取得的经验提供给所有缔约国使用，以帮助和促进它们进一步实施《经济社会文化权利国际公约》；（乙）提请缔约国注意大量报告揭示的欠缺；（丙）建议如何改进报告程序；（丁）鼓励缔约国、国际组织及有关专门机构通过开展活动逐渐地、有效地实现《公约》所确认之权利的充分享受。[31] 与其他人权条约机构的情况一样，消除种族歧视委员会的一般性建议已从澄清程序转向分析实质性规范以及权利和义务对各类人员和群体的适用。《消除种族歧视公约》的基本概念中，只有一些得到了分析。值得注意的缺失包括"种族"的概念本身、不歧视与少数人权利之间的关系、《消除种族歧视公约》的管辖范围和领土范围、反种族主义教育的观念——这在有限程度上由第 35 号一般性建议弥补——以及自由、事先和知情同意的原则对土著民族的适用。

尽管消除种族歧视委员会的一般性建议借鉴了姐妹人权条约机构的工作，但它并没有采取与另一条约机构共同起草建议的步骤，例如消除对妇女歧视委员会和儿童权利委员会就曾联合发表过一般性建议/意见。[32] 如控制域外公司活动和教育等领域似乎非常适合消除种族歧视委员会与经济、社会和文化权利委员会联合提出一般性建议/意见，或者就种族和性别的交叉情况与消除对妇女歧视委员会联合提出一般性建议。消除对妇女歧视委员会和儿童权利委员会的联合一般性建议/意见促进了对所涉两项公约中共同规范要素的思考进程，而鉴于《消除种族歧视公约》第 5 条对权利的单薄叙述，以及利用其他人权文书充实其内容的做法，这一进程似乎特别适合《消除种族歧视公约》。联合解释还可以改善向各国政府发出关于要采取的人权行动的信号的一致性。

如前所述，并非消除种族歧视委员会的所有程序都有进展。国家间程序

---

[31] E/2000/22，para. 51.

[32] 有关有害习俗的消除对妇女歧视委员会第 31 号一般性建议和儿童权利委员会第 18 号一般性意见（联合意见），CEDAW/C/GC/31/CRC/C/GC/18（2014）。

目前奄奄一息，但容易被激活。第 11~13 条的重点不同于第 22 条，因为前者规定的委员会的程序是针对缔约国没有实施《公约》的申诉，而后者表面上是针对更广泛的解释和适用的法律问题；从另一角度看，两者都是以争议和决定为中心的，因此争端者的选择可能取决于这样的区别：是诉诸一个司法机构即国际法院，还是诉诸一个专家委员会即消除种族歧视委员会。此外，第 15 条规定的程序的有限启用则源于 20 世纪 60 年代以来法律和政治框架的重大变化。委员会在处理保留方面也受到了限制。在这方面，主要的制约因素来自《公约》文本，其将决定保留是否与《公约》之目的及宗旨抵触的责任交给了缔约国大会——其规模随着加入《公约》的国家数目不断增加而扩大，而取得大会三分之二的多数几乎是不可能的。委员会在许多场合表示不赞成个别保留，这具有说服性而非决定性的效果。[313]

消除种族歧视委员会的资讯基础自其任务开始以来已大大改善。与有关种族、土著、难民和少数群体的一系列机制以及"特别程序"项下的性别问题的富有成效的共生合作关系，是委员会活动的一个特点。来自包括普遍定期审议的联合国来源、区域来源和民间社会的信息流有助于从多个角度加深对种族歧视的认识。对程序性基础设施和资讯基础的检验是看其在多大程度上促进了《公约》的目标和目的实现。规范性发展以及对《公约》目的和宗旨的思考和适应，在基于任务规定显然有理由采取的立场和行动的基础上，根据以正直、智慧和认真的人权承诺施行的程序，才能兴旺发达。委员会对其程序进行了创新，并试图在《公约》的范围内证明其创新的合理性。对于委员会在多大程度上有效地促进了《公约》各项目标的更充分考虑，最好推迟到其工作成果得到说明和评估之时——这将是随后各章的主要任务。

---

[313] 见本书第十八章。

第五章　标题和序言

消除一切形式种族歧视国际公约

本公约缔约国，

鉴于联合国宪章系以全体人类天赋尊严与平等之原则为基础，所有会员国均担允采取共同及个别行动与本组织合作，以达成联合国宗旨之一，即不分种族、性别、语言或宗教，增进并激励对于全体人类之人权及基本自由之普遍尊重与遵守，

鉴于世界人权宣言宣示人皆生而自由，在尊严及权利上均各平等，人人有权享受该宣言所载之一切权利与自由，无分轩轾，尤其不因种族、肤色、或原属国而分轩轾，

鉴于人人在法律上悉属平等并有权享受法律之平等保护，以防止任何歧视及任何煽动歧视之行为，

鉴于联合国已谴责殖民主义及与之并行之所有隔离及歧视习例，不论其所采形式或所在地区为何，又一九六〇年十二月十四日准许殖民地国家及民族独立宣言（大会决议案一五一四（十五））已确认并郑重宣示有迅速无条件终止此类习例之必要，

鉴于一九六三年十一月二十日联合国消除一切形式种族歧视宣言（大会决议案一九〇四（十八））郑重宣告迅速消除全世界一切种族歧视形式及现象及确保对人格尊严之了解与尊重，实属必要，

深信任何基于种族差别之种族优越学说，在科学上均属错误，在道德上应予谴责，在社会上均属失平而招险，无论何地，理论上或实践上之种族歧视均无可辩解，

重申人与人间基于种族、肤色、或民族本源之歧视，为对国际友好和平关系之障碍，足以扰乱民族间之和平与安全，甚至共处于同一国内之人与人间之和谐关系，

深信种族壁垒之存在为任何人类社会理想所嫉恶，

怵于世界若干地区仍有种族歧视之现象，并怵于基于种族优越或种族仇恨之政府政策，诸如阿柏特黑特（apartheid）*，隔离或分离政策，

决心采取一切必要措施迅速消除一切种族歧视形式及现象，防止并打击种族学说及习例，以期促进种族间之谅解，建立毫无任何形式之种族隔离与种族歧视之国际社会，

念及一九五八年国际劳工组织所通过关于就业及职业之歧视公约与一九六〇年联合国教育科学文化组织所通过取缔教育歧视公约，

亟欲实施联合国消除一切形式种族歧视宣言所载之原则并确保为此目的尽早采取实际措施，

爰议定条款如下：

一　导言

《消除种族歧视公约》序言部分共 12 段，比《世界人权宣言》、《经济社会文化权利国际公约》和《公民及政治权利国际公约》的序言要长得多，虽然比《消除对妇女歧视公约》这一《消除种族歧视公约》关于歧视的伙

---

* 鉴于目前联合国文件中文本一律使用"种族隔离"为"apartheid"的对应词，基本没有使用"阿柏特黑特"之处，因此本中译本也以"种族隔离"为"apartheid"的对应词，即使在引用《公约》约文时亦然。为避免混淆，对英文本中紧接着"apartheid"出现的"segregation"，则译为"分隔"，而不使用《公约》中文本中的"隔离"。另外，"（racial）separation"将译为"（种族）分离"。作为佐证，《消除种族歧视宣言》正式中文本中，与英文本中的"apartheid, segregation and separation"相对应的用词即为"种族隔离、分隔和分离"。

伴文书的序言要短。[1] 序言通常用于条约或宣言和其他"软法"的解释领域，但除少数例外情况外，不具有约束力。[2] 虽然 1969 年《维也纳条约法公约》中没有关于序言的单独规定，但该公约第 31 条所述的一般解释规则规定，条约应依其用语按其上下文并参照条约之目的及宗旨所具有之通常意义，善意解释之，而约文被界定为包括其序言和附件在内。在起草《消除种族歧视公约》期间，波兰在人权委员会的代表评论称：

> 如果大多数公约都有序言，那是因为序言是一个重要的甚至不可或缺的要素。在委员会面前的案文中，序言是《公约》的法律和实质基础。作为法律基础，序言提到对联合国各机构具有约束力的法律文件；作为实质基础，序言阐述了导致议定《公约》的历史情况。序言除了是它在其中居前的文书的一种立法理由外，也是解释该文书的一个重要因素。[3]

有学者认为，序言并没有规定权利或义务，而是"一种叙事，力图在一项立法的起源和目的方面确立正当性，概述导致立法的过程，并将这些基本理由更好地传达给文件的多重听众"。[4] 该学者对叙事、正当性、起源、目的和基本理由的提及与《公约》序言的实质和结构产生了共鸣。对于序言的叙事和过程要素，有关科学、道德和种族歧视基本情况的实质性理论主张构成了补充，并以关于歧视对国际事务影响的声明为辅助。对于主导《公约》起草工作的反殖民主义和反种族隔离的叙事，序言部分予以放大和补色，同时突出了一个没有种族歧视的国际社会的乐观可能性，一种由《公约》标题放大了的乐观。

作为一种解释工具，《公约》序言具有潜在的重要意义，特别是鉴于《公

---

[1]　《世界人权宣言》有 8 段实质性序言，人权两公约各有 5 段，《消除对妇女歧视公约》有 15 段。联合国核心人权条约之一《残疾人权利公约》的序言最长，有 25 段。如同加拿大代表在讨论《消除种族歧视公约》序言草案时所指出的，重要的是"其强度而非长度"：A/C. 3/SR. 1301, para. 9。

[2]　H. Pazarci, '1969 Vienna Convention, Preamble', in O. Korten and P. Klein (eds), *The Vienna Convention on the Law of Treaties: A Commentary* (Oxford University Press, 2011), p. 6, notes 29–31.

[3]　E/CN. 4/SR. 777, p. 9. 另见丹麦代表的评论，E/CN. 4/SR. 779, p. 4。

[4]　T. H. Malloy, 'Title and preamble', in M. Weller (ed.), *The Rights of Minorities in Europe* (Oxford University Press, 2005), pp. 49–72, at p. 56.

约》其他地方没有关于应予使用的解释来源的指导。《消除种族歧视公约》没有任何内容等同于《美洲人权公约》第 29 条[5]或《非洲人权和民族权宪章》第 60 条和第 61 条[6]。然而，消除种族歧视委员会特别提到序言很不寻常，尽管其内容可归入关于《公约》的"目的及宗旨"的建议，并在以本章对序言中的概念所作进一步评论为条件的情况下，可能通过委员会的经常性解释性实践下意识地发挥作用。

二　准备工作

（一）《公约》的标题

联大第 1780（XVII）号决议和《消除种族歧视宣言》预先提出的《消除一切形式种族歧视公约》的标题，通过宣布其目标为"消除一切形式的"种族歧视，表明了其雄心壮志。班顿认为，《公约》"建立在一个假象之上，即《消除种族歧视公约》所界定的种族歧视……是可以消除的。毫无疑问，它是可以减少的，而且如果以某种其他方式界定，也许可以消除"，但旨在消除第 1 条第 1 款界定的行为则是另一回事。[7] 这虽然是实情，但一项旨在减少种族歧视的公约很难产生与致力于消除种族歧视的公约同样的热情和投入。[8] 从立法史来看，并不十分清楚参与起草工作的专家和代表们——他们觉得有必要以一项持久的文书打击种族歧视——如何考虑标题和目标的难以捉摸情况之间的契合度。关于歧视与殖民地制度和具体"主义"有联系的断

74

5　《美洲人权公约》第 29 条规定，不得将该公约的任何规定解释为"排除为人性所固有或源自代议制民主之政府形式的其他权利或保障"，或者排除或限制《美洲人的权利和义务宣言》"以及其他同等性质之国际文书可能具有"的效力。

6　《非洲人权和民族权宪章》第 60 条规定，非洲人权和民族权委员会"应汲取有关人权和民族权之国际法的灵感"，随后提及《联合国宪章》、《世界人权宣言》、"有关人权和民族权之非洲文书"和其他文书；第 61 条是对《国际法院规约》第 38 条的改变，提到的方面包括"与有关人权和民族权之国际规范一致之非洲惯例"。对《消除种族歧视公约》之解释的评注，见本书第二十章。

7　M. Banton, *International Action against Racial Discrimination* (Clarendon Press, 1996), p. 50 [henceforth *International Action*].

8　强调为本书作者所加。

言，在部分程度上解释了标题的松散以及序言中对"世界若干地区"的歧视现象表示的警告。另一方面，除了"种族学说及习例"——种族隔离、殖民主义和种族主义之外，拒绝在序言中再指明任何"主义"[9] 表明了一种意识，即《公约》不会永远与具体的地点和现象捆绑在一起，就像科威特关于将《公约》指定为一项"普遍的"而非"国际的"文书的建议所表明的那样。[10]

关于歧视的"形式"，联大第三委员会决定不就整个《公约》进行一般性辩论。第三委员会第 1311 次会议决定通过希腊和匈牙利的提议，"不在国际公约草案中包括……对任何具体形式的种族歧视的提及"，这使简要记录变得复杂，[11] 因为早先的一项决定是在《公约》第 3 条提到分隔和种族隔离——这一矛盾困扰了一些代表。加纳对第 3 条提到一种具体形式的种族歧视给出的辩护理由是，南非政府声称种族隔离不是种族歧视，"因此有必要在《公约》中明确声明与此相反的一致意见"。[12] 尼日利亚断言，种族隔离不同于种族歧视的其他形式，"因为它是一个联合国会员国的官方政策"。[13] 简要记录中充斥着如何命名反犹太主义、纳粹主义、法西斯主义等的争论，造成了第三委员会随后的决定"否决"的一系列修正案。[14] 这些提议涉及序言部分以及第 3 条和第 4 条。为文本提出但最终未被采纳的"主义"或习例包括"纳粹主义习例"和"纳粹主义和其他类似习例"[15]、反犹太主义[16]、概

9　"这一类以'主义'为名为人所知的、未经检验的社会理论"：J. R. Lowell, *Political Essays* (Houghton, Mifflin, 1888, reprint Forgotten Books, 2013), pp. 138‑139；参见 R. Williams, *Keywords* (Fontana Press, 1988), pp. 173‑174；M. Quinion, *Ologies and Isms: A Dictionary of Word Beginnings and Endings* (Oxford University Press, 2005)。

10　A/C. 3/SR. 1301, para. 71.

11　A/C. 3/L. 1244；A/6181, para. 7. 该修正经唱名表决，以 82 票赞成、12 票反对、10 票弃权通过。澳大利亚、奥地利、比利时、玻利维亚、巴西、加拿大、以色列、卢森堡、荷兰、英国、美国和乌拉圭对该决议投了反对票；中国、哥斯达黎加、多米尼加共和国、芬兰、法国、海地、意大利、科特迪瓦、墨西哥和委内瑞拉弃权。

12　A/C. 3/SR. 1313, para. 10. 对反犹太主义的进一步讨论见本书有关第 3 条的第十章。

13　*Ibid.*, para. 18, 另见本书第十章对第 3 条的讨论。

14　A/6181, para. 10, 列出了以种族歧视形式命名但没有交付表决的各项修正。

15　波兰的修正，A/C. 3/L. 1210。

16　巴西和美国的提议是，"缔约国谴责反犹太主义，并应采取一切适当行动在受其管辖的领土上尽速根除之"：A/C. 3/L. 1211。

括式的"反犹太主义、犹太复国主义、纳粹主义、新纳粹主义以及殖民主义、民族与种族仇恨和排他性的政策和意识形态的所有其他形式"[17]，还有"种族、法西斯、纳粹或其他思想之散布"[18]。沙特阿拉伯代表总结了许多代表就这类清单遇到的困难，他在陈述对纳粹主义恐怖的认识时主张，"如果必须列举一种'主义'的话，就必须列举无数的'主义'"。[19] 因此，"尽管欧洲最近遭受的最大苦难是纳粹主义，但对世界其他地区来说，最大的苦难毫无疑问是殖民主义……此外，阿拉伯人遭受了某种'主义'的折磨，但没有代表团要求提及这一点"。[20] 他还询问了"反闪米特主义（anti-Semitism）的含义，因为要考虑到95%的闪米特血统的人是阿拉伯人"，如果这意在指犹太人，那么称其为宗教而非种族不容忍更合适。[21] 他主张，"将民族和宗教混为一谈只能导致混淆"。[22] 作为回应，以色列代表指出："犹太民族完全明白什么是反犹太主义，因为无论出于种族、宗教或其他原因，它长期以来都是受害者；对于那些遭受种族歧视的人来说，修饰用词并不重要。"[23]

那些支持在文本中提及他们不赞成的"主义"的人通常主张，有些祸害比其他祸害更为严重，[24] 成立联合国就是为了打击这种或那种邪恶做法，[25] 某些邪恶现象仍在发生。[26] 反对如此提及的人则指出，应打击一切形式的种

75

17　苏联对巴西和美国提出的文本的修正，A/C. 3/L. 1231 and Corr. 1。

18　捷克斯洛伐克，A/C. 3/L. 1220。另见约旦提出的清单："法西斯主义的、殖民主义的、部落的、锡安主义的和其他类似的习例"，A/C. 3/SR. 1301，para. 79。

19　A/C. 3/SR. 1300，para. 6.

20　*Ibid.*

21　*Ibid.*, paras 7 and 8 另见匈牙利代表有关反闪米特主义作为宗教不容忍的附议评论，A/C. 3/SR. 1301，para. 22。

22　A/C. 3/SR. 1300，para. 8.

23　A/C. 3/SR. 1301，para. 38.

24　对于纳粹主义，南斯拉夫代表表示"无法理解的是，为何对曾造成数百万人死亡、许多在委员会中有代表的国家曾英勇地与之战斗的恶行之提及，……应被删除。值得忆及……最近的经验，特别是因为这些做法在世界的各个地区持续存在……许多国家仍受到新纳粹主义的威胁"：A/C. 3/SR. 1300，para. 20。

25　捷克斯洛伐克有关纳粹主义的意见，A/C. 3/SR. 1301，para. 19。

26　以色列称，"纳粹主义不仅是过去的一个异类，而且是一个继续蹂躏世界的祸害"：A/C. 3/SR. 1301，para. 36。

族歧视，[27] 因此任何列举都必然是不完整的，[28]《公约》应面向未来，而不应完全由最近的历史所支配[29]——这是科威特代表所提出的论点中的一项。他认为，一项文书的"范围应是一般性的，并应针对子孙后代，不应受到时间和空间的限制，而提到一种偶发和有限的种族歧视形式必然会使它受到这样的限制"。[30] 马拉维代表认为，"并非不可能的是，在《公约》获得认可后，世界上可能出现另一种形式的歧视，甚至比过去的歧视更危险"。[31]

（二）序言

序言的各份草案在内容和篇幅上差别很大。作为《公约》的背景，阿布拉姆（Abram）草案提到了《消除种族歧视宣言》、《世界人权宣言》、国际劳工组织第 111 号公约和联合国教科文组织《取缔教育歧视公约》。[32] 卡尔沃克雷西（Calvocoressi）文本更简短，回顾了《联合国宪章》第 55 条以及缔约国是根据联大第 1904（XⅧ）号决议行事的。[33] 对于提到 1960 年的《殖民地独立宣言》，克钦斯基（Ketrzynski）解释说："在殖民主义现象……和种族歧视的持续存在之间存在一种因果联系。如今留给殖民主义的唯一武器是种族优越感。"[34] 另一方面，阿布拉姆认为，"并非所有形式的歧视都源于殖民主义"，[35] 这一立场得到了布坎（Bouquin）的支持，后者否认消除一切形式的种族歧视"可以归结为废除殖民主义"。[36] 卡尔沃克雷西和卡波托蒂（Capotorti）提交的文本吸收了初稿中提到的关键文本，包括提到《殖民地独立宣言》，并补充说，消除种族歧视是对国际和平与安全的重大贡献，国际

27　以下国家代表的评论：喀麦隆，A/C. 3/SR. 1300，para. 26；毛里塔尼亚，A/C. 3/SR. 1301，para. 23；阿富汗，*ibid.*，para. 25；印度，*ibid.*，para. 27；法国，*ibid.*，para. 40；塞内加尔，*ibid.*，para. 64。

28　黎巴嫩，A/C. 3/SR. 1301，para. 51。

29　匈牙利代表称，"反闪米特主义也许不是当前最可憎的习例"：*Ibid.*，para. 22。

30　*Ibid.*，para. 71.

31　*Ibid.*，para. 81.

32　E/CN. 4/Sub. 2/L. 308.

33　E/CN. 4/Sub. 2/L. 309.

34　E/CN. 4/Sub. 2/SR. 409，pp. 6-8，at p. 6.

35　E/CN. 4/Sub. 2/SR. 410，p. 7.

36　E/CN. 4/Sub. 2/SR. 409，p. 12.

和平与安全除其他外，受到"基于种族优越感或仇恨的政府政策，例如……种族隔离、分隔或分离"的威胁。[37]

小组委员会对种族差别和优越性问题作了实质性评论。伊万诺夫/克钦斯基（Ivanov/Ketrzynski）的案文设想《公约》是"从《消除种族歧视宣言》出发"的，特别强调其"宣布……任何种族差别或种族优越之学说在科学上均属错误，在道德上应受谴责，在社会上实为不公，且有危险，无论在理论上和实践上均不能为种族歧视辩解"。[38] 阿布拉姆主张：

> 坚持种族差别学说在科学上错误并不准确。相反，消除种族歧视的努力的整体目的，是保护对任何观察者都很明显的种族之间的差异；这些差异确实存在于人类的美丽和荣耀之中。[39]

阿布拉姆后来提议将小组委员会工作组序言草案的部分措辞改为，[40] "深信任何基于种族差别之优越学说在科学上均属错误"，[41] 并补充说，他认为，"种族优越学说是种族歧视的根本原因"。[42] 这一点遭到了克钦斯基的反对，他认为种族主义不仅基于优越学说，而且"经常在个人或群体之间的差别中找到其正当理由"；在克钦斯基看来，阿布拉姆的立场将"支持这样一种论点，即只要所有种族群体都享有'分离但平等'的待遇，就不存在歧视"。[43] 阿布拉姆得到了一些人的支持，[44] 尤其是来自布坎的支持，后者认为小组委员会应强调种族优越观念的虚假性和可恶性，因为难以否认种族差别的存在：

> 根据联合国教科文组织出版的《种族概念》，一组人类学家和遗传学家……得出的结论并不是种族之间没有差别，而是"基因差别在确定人之不同群体之间的社会和文化差别方面没有什么意义"……。联合国

37　E/CN. 4/Sub. 2/L. 313.

38　E/CN. 4/Sub. 2/L. 314，摘自《宣言》序言第五段。（注意：这段话的英文与《公约》序言英文本中的一段话相同，但在《宣言》和《公约》的各自中文本中，并不完全一样。——译者注）

39　E/CN. 4/Sub. 2/SR. 410，p. 11.

40　E/CN. 4/Sub. 2/L. 317.

41　E/CN. 4/Sub. 2/SR. 413，p. 5.

42　*Ibid.*

43　*Ibid.*

44　*Ibid.*，pp. 6-7，at p. 7.

教科文组织指出，该组专家通过的宣言强调了种族间差别的纯粹外表性质……，以及种族差别既不意味着优越，也不意味着卑下。正如基于性别的歧视一样，真正的问题不是存在差别，而是应确保绝对平等。[45]

阿布拉姆的提议因遭到反对最终被否决，[46] 特别是来自主席圣克鲁斯 (Santa Cruz) 的反对，后者回顾说，联合国教科文组织专家得出的结论是，"普遍持有的种族概念在科学上是错误的，种族或族裔群体之间在潜能、才干或能力上没有根本的差异"。[47] 他后来阐明：

> 原先文本的措辞直接基于联合国教科文组织的一个专家组的结论，表明虽然各个种族之间的生物差别存在，但这些差别不足以影响道德生活和人与人之间的关系，也不足以影响社会或政治组织的领域。根据这些结论，所有基于种族差别的学说，无论是宣称一个种族优于另一个种族的学说，如纳粹主义，还是仅仅基于差别观念的学说，如种族隔离，都同样有害。[48]

提交联合国人权委员会的冗长序言[49]如下：

> 鉴于
>
> （一）联合国宪章系以全体人类天赋尊严与平等之原则为基础，施予联合国所有会员国不分种族、性别、语言或宗教，确保、增进并激励对于人权及基本自由之普遍尊重与遵守的义务，
>
> （二）世界人权宣言……宣示人皆生而自由，在尊严及权利上均各平等，人人有权享受该宣言所载之一切权利与自由，无分轩轾，
>
> （三）［殖民地独立宣言］……谴责殖民主义以及与之相关之一切隔离和歧视做法，并宣示有迅速无条件终止殖民主义及一切形式之殖民主义之必要，

45　*Ibid.*, p.7. 布坎提醒小组委员会联合国教科文组织就种族问题正在开展的工作，提出种族问题"因此并不像小组委员会的某些成员想的那么简单"：E/CN.4/Sub.2/SR.414, p.4。

46　阿布拉姆修正先是获得通过，E/CN.4/Sub.2/SR.413, p.10，但在下一次会议上被否决，E/CN.4/Sub.2/SR.414, p.2。

47　E/CN.4/Sub.2/SR.413, p.6.

48　E/CN.4/Sub.2/SR.414, pp.3–4.

49　E/CN.4/874, Report on the twentieth session of the Commission on Human Rights, para.25.（译文遵循《公约》序言中文本，对其中所述之国际文书未加书名号。——译者注）

（四）消除种族歧视宣言……郑重宣告迅速消除全世界一切种族歧视形式及现象实属必要，

（五）深信任何基于种族差别或种族优越之学说，在科学上均属错误，在道德上应予谴责，在社会上均属失平而招险，无论何地，理论上或实践上之种族歧视均无可辩解，

78

（六）重申人与人间基于种族、肤色或民族本源之歧视，为对国际友好和平关系之障碍，为足以扰乱民族间之和平与安全之事实，如以往纳粹主义之邪恶种族学说与做法之所为，

（七）关切世界若干地区仍有种族歧视之现象，并关切基于种族优越或种族仇恨之政府政策，诸如种族隔离、分隔或分离政策，并因亟亟欲采取进一步措施以尽快消除一切种族歧视形式及现象，

（八）念及一九五八年国际劳工组织所通过关于就业及职业之歧视公约与一九六〇年联合国教育科学文化组织所通过取缔教育歧视公约，

（九）亟欲实施联合国消除一切形式种族歧视宣言之原则并确保各缔约国为此目的尽早采取实际措施，

爰议定条款如下……

小组委员会草案开头一段中关于《联合国宪章》施予联合国所有会员国人权义务的表述对人权委员会中的一些代表团来说过于强烈；[50] 黎巴嫩和菲律宾提出、印度加入的修正案旨在避免重复《联合国宪章》施加了人权方面义务的想法。[51] 赞成提及《联合国宪章》义务的代表倾向于保留小组委员会

50　序言第一段"对《联合国宪章》作出了错误解释。如果确保、增进并激励对于人权及基本自由之普遍尊重与遵守的义务对会员国已经存在，那么起草人权两公约就会是多余的"：英国代表的发言，E/CN.4/SR.775, p.11。菲律宾代表认为，"对于会员国根据《联合国宪章》承担的义务的范围，多种解释是可能的"：E/CN.4/SR.776, p.4。

51　黎巴嫩的修正（E/CN.4/L.682）转而提及"在增进并激励尊重"人权方面的"国际合作"，以及"联合和单独行动"与联合国合作；菲律宾的修正（E/CN.4/L.683）也提到"联合和单独行动"以及增进人权。黎巴嫩/菲律宾的联合修正（E/CN.4/L.686）再次提到"联合和单独行动"以及联合国"增进对人权之普遍尊重与遵守的宗旨"等。这在黎巴嫩/菲律宾/印度的联合修正（E/CN.4/L.686/Rev.1）中被修改为在"增进"之后加上"并激励"。

的案文以及关于"确保"普遍尊重人权及基本自由的义务的声明。[52] 第二段的草案根据黎巴嫩的提议,加上了"尤其不因种族、肤色、或原属国"而分轩轾,[53] 尽管有人反对说,"原属国"可以有不同的解释,因此这个问题最好留给第1条处理。[54] 对于小组委员会草案关于《殖民地独立宣言》的段落的讨论,部分围绕着殖民主义可能采取的"形式"展开。因此,美国的一项修正案受到了批评,因为它删除了小组委员会提到的"殖民主义之一切形式,无论其存在于何处",并仅回顾该宣言申明,"必须结束殖民主义及与之并行之所有隔离及歧视习例"。[55] 美国的修正案未付诸表决,[56] 人权委员会通过了菲律宾提交的一项经修改的修正案,其中回顾联合国谴责"殖民主义及与之并行之所有隔离及歧视习例,不论其所采形式或所在地区为何",[57] 以便保留各种形式殖民主义的概念。

小组委员会关于第五段的案文——谴责"任何基于种族差别或种族优越之学说"——发生了重大变化,接受了黎巴嫩提出的谴责"基于种族差别之种族优越"学说的公式。[58] 人权委员会受到联合国教科文组织的一名代表的发言的影响,[59] 他指出此处的西班牙文本与英文本和法文本相矛盾,因为前者谴责基于种族差别的优越概念,而后两者谴责种族优越或差别的概念在科学上是错误的,等等。这名代表更倾向于西班牙文本,并认为英法文本中使用"差别"一词很含混。如果它意味着种族差别在科学上是错误的,那就不

---

52   讨论摘要载于 E/CN. 4/874,paras 43-47。例如见苏联代表的评论,E/CN. 4/SR. 776,pp. 5-8,支持对《联合国宪章》的"强"解释,以及乌克兰苏维埃社会主义共和国效果类似的评论,E/CN. 4/SR. 777,p. 8;对于成员国来说,"采取确保尊重人权的措施就是实施《联合国宪章》,各国在国际层次上的行动无法与其在国内层次上的行动相分离"。黎巴嫩、菲律宾和印度的经修改的修正案以 16 票赞成、0 票反对、5 票弃权获得通过:E/CN. 4/874,para. 61。

53   以 17 票赞成、0 票反对、3 票弃权获得通过:*Ibid.*,para. 62。

54   英国的评论,E/CN. 4/SR. 781,p. 10。见本书有关第 1 条的第六章。

55   E/CN. 4/L. 684。苏联强烈批评这一修正:E/CN. 4/SR. 780,pp. 4-5。

56   E/CN. 4/874,para. 63.

57   E/CN. 4/L. 683/Rev. 1,以 19 票赞成、0 票反对、2 票弃权获得通过:E/CN. 4/874,para. 63。这一公式的赞成者包括印度代表,该代表主张,"论及一切形式的殖民主义等于暗中包括了种族主义,因为它是殖民主义的一种表现":E/CN. 4/SR. 779,p. 10。

58   E/CN. 4/L. 683,para. 3. 该修正以一致同意通过:E/CN. 4/874,para. 65。

59   黎巴嫩提出,这一改变提议"可直接归功于"联合国教科文组织的干预,E/CN. 4/SR. 777,p. 5;印度声明同意联合国教科文组织代表的意见,E/CN. 4/SR. 778,p. 4。

准确；如果它意味着"分离但平等"，"那绝不是科学问题"。[60]

对小组委员会草案第六段的讨论集中在法国代表的一项要求上，即就列入"纳粹主义"一词单独表决；[61] 和小组委员会一样，人权委员会对这一问题进行了较长时间的讨论。支持保留这一提法的人认为，纳粹主义是种族邪恶的最显著历史实例，导致了第二次世界大战，并在一些国家死灰复燃。[62] 作为回应，有人指出，在《消除种族歧视宣言》、《世界人权宣言》或《联合国宪章》中，纳粹主义并没有作为一种邪恶被单独挑选出来；于是，人权委员会删除了"纳粹主义"一词。[63] 意大利的一项实质性建议是期望建立一个没有歧视的世界社会；虽然《消除种族歧视宣言》使用了"世界社会"的说法，[64] 但形成的一致意见是支持在公约草案中使用"国际社会"的概念。[65] 修订后的段落之所以获得通过，是因为它还保留了"迅速消除"种族歧视这一重要概念。[66]

80

人权委员会向联大第三委员会提交了一份有 10 段的序言：

> 本公约缔约国，
>
> 鉴于联合国宪章系以全体人类天赋尊严与平等之原则为基础，所有会员国均担允采取共同及个别行动与本组织合作，以达成联合国宗旨之一，即不分种族、性别、语言或宗教，增进并激励对于全体人类之人权及基本自由之普遍尊重与遵守，

60　E/CN.4/SR.775, pp.8-9.

61　E/CN.4/874, paras 54-56.

62　*Ibid.*, para.56. 对纳粹主义的提及得到苏联、哥斯达黎加、智利和波兰等国的支持。法国回应称，"并没有这样的先例，即在正在讨论的这类文件中，具体提及纳粹主义……他希望纯粹基于形式原因而非实质原因删去这一提法"：E/CN.4/SR.782, p.6。厄瓜多尔在关于纳粹主义的投票中弃权，不是因为纳粹主义不令该国愤慨，"而是因为如果保留这一提法，那么这段就意味着纳粹主义的学说和做法是在过去扰乱民族间和平与安全的种族主义的唯一实例。这种说法在历史上是不正确的"：*Ibid.*, p.5。

63　以 8 票赞成、6 票反对、5 票弃权的微弱多数通过：E/CN.4/874, para.66。

64　《消除种族歧视宣言》序言第 11 段。

65　这一得到共同支持的段落（E/CN.4/874, para.42）规定："决心采取一切必要措施迅速消除一切种族歧视形式及现象，防止并打击种族学说及习例，以建立无任何形式之种族隔离与种族歧视之国际社会。"

66　*Ibid.*, paras 58 and 67；以 17 票赞成、0 票反对、4 票弃权获得通过。

鉴于世界人权宣言宣示人皆生而自由，在尊严及权利上均各平等，人人有权享受该宣言所载之一切权利与自由，无分轩轾，尤其不因种族、肤色、或原属国而分轩轾，

鉴于联合国已谴责殖民主义及与之并行之所有隔离及歧视习例，不论其所采形式或所在地区为何，又准许殖民地国家及民族独立宣言已确认并郑重宣示有迅速无条件终止此类习例之必要，

鉴于消除一切形式种族歧视宣言郑重宣告迅速消除全世界一切种族歧视形式及现象，实属必要，

深信任何基于种族差别之种族优越学说，在科学上均属错误，在道德上应予谴责，在社会上均属失平而招险，无论何地，理论上或实践上之种族歧视均无可辩解，

重申人与人间基于种族、肤色、或民族本源之歧视，为对国际友好和平关系之障碍，足以扰乱民族间之和平与安全，如邪恶种族学说与做法以往之所为，

关切世界若干地区仍有种族歧视之现象，并关切基于种族优越或种族仇恨之政府政策，诸如种族隔离，隔离或分离政策，

决心采取一切必要措施迅速消除一切种族歧视形式及现象，防止并打击种族学说及习例，以期建立毫无任何形式之种族隔离与种族歧视之国际社会，

念及国际劳工组织所通过关于就业及职业之歧视公约与联合国教育科学文化组织所通过取缔教育歧视公约，

亟欲实施联合国消除一切形式种族歧视宣言所载之原则并确保为此目的尽早采取实际措施，

爰议定条款如下……

81　　罗马尼亚[67]以及巴西、哥伦比亚和塞内加尔提出了新的段落。[68] 罗马尼亚的提案在第二段之后增加了一项需要考虑的内容，即"人人在法律上悉属

---

[67]　A/C. 3/L. 1219，按照英国的提议修改，A/C. 3/L. 1230。该修正以一致同意获得通过，A/6181，para. 27。

[68]　A/C. 3/L. 1217.

平等并有权享受法律之平等保护，以防止任何歧视及任何煽动歧视之行为"。该代表解释说，重要的是国家应保护每个人不受歧视，"因为消除种族歧视的任何努力都取决于各国……为保护其公民的平等权利而采取的措施"。[69] 巴西、哥伦比亚和塞内加尔提议在第六段后加上一句，"深信种族壁垒之存在为任何文明社会理想所嫉恶"，但鉴于有人反对使用"文明"，[70] 经口头修订，以"人类"替换"文明"。[71] 在回答对"种族壁垒"含义的质疑时，塞内加尔代表解释说，这种壁垒存在于"任何其社群根据种族标准彼此分离的地方，就如南非的情况……种族壁垒的概念与地理或习俗壁垒的概念一样具体"。[72] 奥地利反对这种提法："这可能被理解为一个国家内的民族和族裔群体之间的壁垒……。这一措辞……与民族和族裔少数群体的基本权利不一致，这些权利将受到整个《公约》的保护。"[73]

三　实践

序言头两段介绍了与《联合国宪章》和《世界人权宣言》有关的人权背景，并回顾了《联合国宪章》第 56 条关于实现第 55 条宗旨的承诺。第一段重申了《联合国宪章》的不歧视原则——"种族、性别、语言或宗教"，第二段则突出强调了《世界人权宣言》第 2 条禁止的歧视理由中的"种族、肤色……国籍*"。尊严和平等的基本概念摘自上述两项文书和《消除种族

69　A/C. 3/SR. 1300, para. 13. 她补充说，"只有国家通过行使其主权，才能真正终结种族歧视"。

70　例如，印度代表反对说，"这可以被解释为，在有关国家可能视之为非文明的社会中，种族歧视是可予允许的"：A/C. 3/SR. 1301, para. 28。

71　A/6181, paras 22-23. 种族壁垒的规定以 79 票赞成、0 票反对、1 票弃权获得通过：*Ibid.*, para. 27；这些国家对"种族壁垒"的第二次修正（经口头修改）在第 1302 次会议上撤回：*Ibid.*, para. 25。

72　A/C. 3/SR. 1301, para. 62. 这位代表理解的"文明社会"意指"任何以其基本原则载于《世界人权宣言》的伦理观为指导的规范性社会；其反面是野蛮社会，野蛮社会的主导思想是强权即公理（might is right）"：*Ibid.*, para. 63。

73　A/C. 3/SR. 1302, para. 5.

*　在《世界人权宣言》的英文本中，与其中文本中的"国籍"相对应的用词为"national origin"，即与《公约》中文本中"原属国"的对应英文用词"national origin"相同，应理解为"民族本源"。

82　　歧视宣言》。[74] 不过，《公约》执行条款没有提到尊严，这与《消除种族歧视宣言》不同，后者直截了当地将种族歧视描述为"对人类尊严之侵犯"。[75]《公约》序言回顾尊严及与之相当的平等都属于当代人权制度的根本基础，从而强调了尊严在禁止种族歧视的基本理论中的重要性，[76] 导致消除种族歧视委员会在关于特别措施的第 32 号一般性建议中声明，《公约》是以所有人的尊严和平等原则为"基础"的。[77]

　　在实践中，消除种族歧视委员会使用"尊严"的情况有限但多种多样。[78] 这一术语还出现在除第 32 号一般性建议以外的其他一般性建议中，包括但不限于针对具体群体的建议。例如，第 13 号一般性建议在与执法人员的职责相关的方面提到了尊严，要求"尊重和保护人的尊严"，[79] 而第 31 号一般性建议将尊严与刑事诉讼过程中对歧视受害者的敏感相联系。[80] 关于自

74　《消除对妇女歧视公约》序言三次提到尊严，《儿童权利公约》提到八次，《残疾人权利公约》提到九次；《公民及政治权利国际公约》在序言和有关被剥夺自由者待遇的第 10 条中提到了尊严；《经济社会文化权利国际公约》序言和有关教育的规定包括了尊严。《美洲人权公约》和《非洲人权和民族权宪章》全篇反复提到尊严，后一文书还将尊严与各民族的集体愿望以及"每一个人的固有尊严"受到尊重的个人权利（第 5 条）相联系。就少数群体和土著民族而言，联合国《在民族或族裔、宗教和语言上属于少数群体的人的权利宣言》在其序言中提到了尊严；《联合国土著人民权利宣言》的明文规定几乎不关注尊严，但其许多概念可被认为在内在价值和地位方面暗示了尊严：第 15 条提到了土著文化和传统等的"尊严和多样性"。进一步的参考资料见 C. McCrudden, 'Human Dignity and Judicial Interpretation of Human Rights', *European Journal of International Law* 19 (2008), 655-724 ［henceforth 'Human Dignity and Judicial Interpretation'］。

75　第 1 条。

76　"尊严"与平等权利一道出现在《联合国宪章》序言中——"人格尊严与价值"；《世界人权宣言》在其序言中重复了这一措辞，同时提到了"固有尊严"，而其第 1 条包含了著名的一句"人皆生而……在尊严及权利上均各平等"，另见其第 22、23 条。

77　第 6 段。

78　一般性阐述见 P. G. Carozza, 'Human Dignity', in D. Shelton (ed.), *The Oxford Handbook of International Human Rights Law* (Oxford University Press, 2013), pp. 345-359 ［henceforth *Human Dignity*］; and 'Human Dignity and Judicial Interpretation of Human Rights: A Reply', *European Journal of International Law* 19 (2008), 931-944 ［henceforth *Human Dignity and Judicial Interpretation of Human Rights*］; G. Kateb, *Human Dignity* (Harvard University Press, 2011); D. Kretzmer and E. Klein (eds) *The Concept of Human Dignity in Human Rights Discourse* (Brill/Nijhoff, 2002); C. McCrudden, 'Human Dignity and Judicial Interpretation'; M. Rosen, *Dignity: its History and Meaning* (Harvard University Press, 2012); 对于在歧视和平等领域中使用"尊严"的简洁评判，见 A. McColgan, *Discrimination, Equality and the Law* (Hart Publishing, 2014), esp. pp. 23-33 ［henceforth *Discrimination*］。

79　第 2 段。

80　第 19 段。

决的第 21 号一般性建议提到了属于族裔群体的人"有尊严地生活的权利";[81] 关于难民和流离失所者的第 22 号一般性建议回顾《联合国宪章》和《世界人权宣言》提到了尊严;关于土著民族的第 23 号一般性建议呼吁各缔约国确保土著民族的成员的自由以及在尊严和权利上一律平等。关于基于世系的歧视的第 29 号一般性建议提出了一个实质性的观点,有关采取措施,"以宣扬所有人固有尊严及其人权平等的信息"的形象取代对世系族群的刻板式或贬损式的形象。[82]

在根据第 14 条提交的案件中,对尊严之提及出现在申诉人的陈述中:[83] 提请注意的问题诸如对群体尊严的严重蔑视,[84] 因被拒绝进入公共场所而蒙受的羞辱和丧失尊严,[85] 以及国内法中对尊严的概念化。[86] 在某些情况下,这一问题表现得很简单:种族歧视是对人的尊严的侵犯。[87] 消除种族歧视委员会在根据第 14 条提出的意见中往往不提及尊严,而倾向于援用《公约》的执行条款。[88] 与来文程序相比,委员会在根据第 9 条提出建议时更加直率:除其他外,在强迫迁离的指控[89]、媒体种族主义[90]、流离失所者返回[91]、执法

81　第 5 段。

82　第（vv）段。

83　在 L. R. 诉斯洛伐克案（*L. R. v Slovakia*，CERD/C/66/D/31/2003，para. 5.5）中，申诉人引用了欧洲人权委员会在东非亚洲人案（*East African Asians*）中的意见，即"基于肤色和种族而拒绝移民准入……构成对人之尊严的冒犯"。

84　*Jewish Community of Oslo et al. v Norway*，CERD/C/67/D/30/2003（2005），paras 8.2 and 9.5.

85　*Durmic v Serbia and Montenegro*，CERD/C/68/D/29/2003（2006），para. 2.3.

86　在一起案件中，申诉人摘引了德国人权研究所的"法庭之友"简述，*TBB-Turkish Union in Berlin/Brandenburg v Germany*，CERD/C/82/D/48/2010（2013），paras 8.2，8.3，回顾了德国联邦宪法法院的判例，即人的尊严的概念"禁止让人只是成为国家的客体，或者使人受到在根本上质疑其作为人之性质的待遇。侵犯人的尊严包括……侮辱、污名化、社会排斥以及否定受影响者作为人受到尊重之权利的其他行为形式……。种族主义思想的特性是质疑人的个体性，并由此质疑人的尊严"。

87　*L. A. v Slovakia*，CERD/C/85/D/49/2011（2014），para. 2.5. 该来文涉及罗姆族裔的人被拒绝进入迪斯科舞厅。从有关就歧视予以钱财赔偿的斯洛伐克法律来看，必须证明对人格尊严的真实和严重贬低。申诉人声称情况就是如此（paras 2.5 and 3.3），而缔约国则否认（para. 4.4）。委员会没有评论"尊严"在所涉问题上的对立运用。

88　委员会声明的意见中对尊严之提及（*TBB-Turkish Union*，para. 12.2）只回顾了《德国刑法典》。

89　委员会的结论性意见：英国，CERD/C/GBR/CO/18-20，para. 28；塞尔维亚，CERD/C/SRB/CO/1，para. 14。

90　委员会的结论性意见：阿根廷，CERD/C/65/CO/1，para. 15。

91　委员会的结论性意见：俄罗斯联邦，CERD/C/62/CO/7，para. 18。

人员培训[92]以及一项处理无国籍人人权状况的综合方案[93]方面，都明确提到了尊严。

消除种族歧视委员会对尊严的大多数呼唤是指个人的尊严，但尊严的集体方面也很明显，可以通过与土著民族、文化等的联系，从特定的背景中推断出来。[94] 在一项罕见的解释性声明中，尊严和平等的个人和群体维度一起出现在关于打击种族主义仇恨言论的第 35 号一般性建议中，将这种言论定义为"一种指向他人的言论，它否认人的尊严和平等的核心人权原则，并力求降低个人和群体在社会评价中的地位"。[95] 从对将人贬低或形成刻板印象的零散提及中，可以看出集体尊严在实质上被援引——如果不是名义上的话，这表明缺乏尊重与对尊严的攻击联系在一起。[96] 除了第 35 号一般性建议中的突兀声明，委员会没有给出"尊严"的一般定义或概念。

序言的第三段几乎一字不差地从《世界人权宣言》第 7 条中移过来，并经《消除种族歧视宣言》的序言调整，回顾了法律面前人人平等和更广泛的法律平等保护的概念。与"尊严"不同的是，平等的概念以各种表述被吸收进《公约》文本中，尽管与"法律面前的平等"不同，"法律之平等保护"这种说法本身没有出现在执行文本中。消除种族歧视委员会对平等概念进行了广泛的研究，序言提到"法律之平等保护"这一更广泛的概念似乎影响了委员会的想法，例如，关于特别措施的第 32 号一般性建议称：

> 《公约》所加强的平等原则将法律面前的形式平等与法律的平等保

---

[92] 委员会的结论性意见：葡萄牙，CERD/C/65/CO/6，para. 10；西班牙，CERD/C/64/CO/6，para. 11。

[93] 委员会的结论性意见：科威特，CERD/C/KWT/CO/15-20，para. 17。

[94] 就尊严与文化和宗教的联系，见 *Christian Education South Africa v Minister of Education* (2000)，4 SA 757（CC）。

[95] 第 10 段。

[96] 委员会的结论性意见：秘鲁，CERD/C/PER/CO/14-17，para. 19，在秘鲁对土著民族和非洲裔秘鲁人社群的刻板化、贬低性描绘；危地马拉，CERD/C/GTM/CO/12-13，para. 17，在危地马拉对土著民族的刻板化、诋毁性描述；伊朗，CERD/C/IRN/CO/18-19，para. 10，在伊朗媒体上对阿塞拜疆"民族和社群"的刻板化、贬低性描绘。另见经济、社会和文化权利委员会第 21 号一般性意见：参加文化生活的权利，E/C. 12/GC/21，para. 40（2009）。

护结合在一起，将享有和行使人权方面的实质或事实平等作为忠实履行其原则所要实现的目标。[97]

《公约》序言与《世界人权宣言》一样，提到免受煽动歧视之保护是一项人权。《公约》第 4 条进一步发展了有关煽动的理论，其规定，应以宣布这种煽动为可依法惩处的罪行来提供保护。《公约》在序言中将煽动置于基本原则之中，符合第 4 条规定的严重性，也符合消除种族歧视委员会将该条作为打击种族歧视的一个关键因素对待的情况。

序言的第四段在打击歧视、殖民主义和分隔之间建立了联系。提到联大第 1514（XV）号决议即《殖民地独立宣言》明确地将《公约》与非殖民化进程联系起来，这如同起草过程中许多人所做的一样，表明种族歧视对殖民行为具有根本性，而殖民行为当时被视为一个范式意义上的西方项目。《殖民地独立宣言》致力于各国人民的自由权利，并以《联合国宪章》中一般化的人权和不歧视表述为基础：除其他外，声称将各国人民置于外国征服之下等情况是"一种对基本人权之剥夺"。[98]《公约》序言提到"殖民主义及与之并行之所有隔离及歧视习例"呼应了在联合国普遍的反殖民立场，而提到迅速无条件地终止殖民主义和此类习例则回应了《殖民地独立宣言》的序言。《公约》和《殖民地独立宣言》提及殖民主义的相互作用，以及默示提及种族隔离，主要体现在《公约》第 3 条中——涉及分隔和种族隔离，以及第 15 条中——这一审查来自联大第 1514（XV）号决议所适用领土的申诉的程序基本上已奄奄一息。[99]

尽管《殖民地独立宣言》与《公约》之间有密切的联系，但委员会1996 年关于自决权的第 21 号一般性建议没有提到《殖民地独立宣言》，而只提到了《联合国宪章》和联合国人权两公约，以及联合国《在民族或族裔、宗教和语言上属于少数群体的人的权利宣言》（本书中简称《联合国少数人权利宣言》）。该一般性建议还引述联大第 2625（XXV）号决议即《友

---

[97]　第 6 段。

[98]　《殖民地独立宣言》第 1 条。

[99]　在本书第四章讨论。

85　好关系宣言》，[100] 后者在提到独立以外的自决形式时——如"与某一独立国家自由结合"或"合并"以及"一个民族自由决定"的任何其他政治地位，相对于以独立为重点的《殖民地独立宣言》，在自决活动的结果方面更加灵活。第 21 号一般性建议区分了自决的两个"方面"：

> 民族自决权有一个对内方面，即所有民族在没有外来干涉的情况下自由追求其经济、社会和文化发展的权利。在这方面，存在一种与每个公民参与各级公共事务的权利的联系……。因此，政府应代表全体人民，而不分种族、肤色、世系或者民族或族裔本源。自决的对外方面意味着所有民族有权根据权利平等的原则，自由决定其政治地位和其在国际社会中的地位。体现这一方面的具体实例是人民摆脱殖民主义而获得解放……。[101]

关于领土完整，第 21 号一般性建议选择了《友好关系宣言》中的以下表述方式：

> 委员会的任何行动不得理解为同意或鼓励会完全或部分肢解或破坏独立主权国家的领土完整或政治团结的行动，只要这些国家按照权利平等和民族自决的原则管理国家事务并有一个代表领土上全体人民的政府，而不分种族、信仰或肤色。[102]

该段补充说，"国际法并未承认各民族单方面宣布脱离一个国家的一般权利"。[103]

《殖民地独立宣言》没有区分自决的两个"方面"，而是反映了对自决的认识和实践的进一步发展，这些认识和实践已扩大到包括后殖民时期的情况，还包括与自决纳入联合国人权两公约有关的人权阶段，补充了最初的非

100　对该宣言的广泛提及，见 C. Tomuschat（ed.），*Modern Law of Self-Determination*（1993）［henceforth *Modern Law*］。（该宣言的全称为《关于各国依联合国宪章建立友好关系及合作之国际法原则宣言》，中国学术界一般称之为《国际法原则宣言》。——译者注）

101　第 4 段。

102　第 6 段。委员会提交联大的年度报告（A/51/16）将第 20、21、22 号一般性建议的段落连续排列，因此第 21 号一般性建议第 1 段就成了第 6 段。本书脚注将这三项一般性建议的段落分别排列。

103　第 6 段，其中称，这一限制"并不排除有关各方有可能的经自由协议达成的安排"。

殖民化重点。[104] 该建议强调自决与享有人权之间的联系，并在这方面提请注意《联合国少数人权利宣言》。在委员会中，考虑到《公约》有 177 个独立缔约国，自决权的适用已转移到处理国家内部的群体问题，特别是土著民族的待遇问题。尽管对特定群体使用自决言语的情况仍然很少，[105] 但委员会支持了《联合国土著人民权利宣言》*，其第 3 条（采用人权两公约第 1 条的语言）仅声称土著民族"享有自决权"。根据这项权利，他们自由决定自己的政治地位，并自由谋求自己的经济、社会和文化发展；[106] 第 4 条补充说，土著民族在"行使其自决权时，在涉及其内部和地方事务的事项上，以及在如何筹集经费以行使自治职能的问题上，享有自主权或自治权"。

86

即便自决没有被明确列为《公约》保护的权利，但尊重自决仍然算作《公约》通过序言所表达的基本价值之一。由于《公约》的特点是关注国家内部群体的待遇，因此本身并不奇怪的是，当消除种族歧视委员会认为援引这项权利有益时，其活动关注于被称为对内自决的层面。第 21 号一般性建议对分离的解读是谨慎的，但并不违背随后的国际发展，[107] 尽管《友好关系

---

[104]　例如见以下著述：A. Cassese，*Self-Determination of Peoples*（Cambridge University Press，1995）；A. Cobban，*The Nation-State and National Self-Determination*（Fontana，1969）；K. Knop，*Diversity and Self-Determination in International Law*（Cambridge University Press，2002）；collection of essays in Tomuschat，*Modern Law*。

[105]　例如见芬兰的情况，其中提到了"《联合国土著人民权利宣言》所承认的萨米民族的自决权"，CERD/C/FIN/CO/20-22，para. 12，以及不那么清楚的越南的情况，CERD/C/VNM/CO/10-14，para. 12。

*　该宣言英文本中，与"土著人民"相对应的用词为"Indigenous Peoples"；本中译本中，该用词译为"土著民族"，除非是在提到该宣言之处。

[106]　对于这一宣言所规定的自决权的更全面分析，见 H. Quane，'The UN Declaration on the Rights of Indigenous Peoples. New Directions for Self-Determination and Participation Rights'，in S. Allen and A. Xanthaki（eds），*Reflections on the UN Declaration on the Rights of Indigenous Peoples*（Hart Publishing，2011），pp. 259-287。

[107]　见加拿大最高法院，*Quebec Secession reference*，［1998］2 S. C. R. 217，esp. paras 111-138。分离问题仍存在争议；联合国国际法院在科索沃案中，避免直面这一问题：*Advisory Opinion on Accordance with International Law of the Unilateral Declaration of Independence in Respect of Kosovo*，ICJ Advisory Opinion，22 July 2010，ICJ reports，paras 82-84。其中多数法官指出，除其他外，虽然"有关自决的国际法"赋予"一个现有国家的部分人口从该国分离的权利"，但这是一个"对其所表示观点差异极大"的问题；因此，法院不必解决这一问题。国际法院出具该咨询意见的缘由是科索沃发布了从塞尔维亚独立的宣言。一些国家承认科索沃，而包括塞尔维亚和俄罗斯联邦（原书此处作"苏联"，有误，予以更正——译者注）在内的另一些国家则主张，宣布独立违反国际法。非洲的情况，（转下页注）

宣言》意指的对领土完整的"保障"都带有模糊性。[108]

序言第五段和第十二段提到了《消除种族歧视宣言》，而《公约》第 7 条设想宣传其宗旨和原则。将《宣言》列入《公约》序言和执行约文的方式表明，《宣言》的意义不仅仅是历史性的；其原则被纳入了《公约》框架，并可在需要时用来解决后者的解释性疑问。另一方面，由于《公约》更为具体，加上消除种族歧视委员会的工作不断援引其规则和原则，使诉诸《宣言》已成为一种不太令人信服的解释策略；还有一个情况是，《公约》的起草者拒绝了《宣言》中的许多提法。《宣言》也许最好被理解为一个一般原则的宝库，强调联合国整体致力于消除种族歧视，并进一步固化基本的反歧视标准。

《公约》序言第六段与《消除种族歧视宣言》中的同等内容（其序言第五段）相比，有一个经深思熟虑的、微妙但重要的偏离。在《公约》中受到谴责和认识论意义上摧毁的是"任何基于种族差别之种族优越学说"，而不是《宣言》中的"任何种族差别或种族优越之学说"。[109] 如果种族理论提出"种族"可以彼此区别，因此某些种族比其他种族优越或者低劣，《公约》则把低劣/优越作为"罪魁祸首"来关注。基恩提出，"《公约》在序言中默示支持存在不同种族的概念"，[110] 而委员会应否定种族的概念。[111] 由于

（接上页注 107）见 *Gunme v Cameroon*，No. 266/2003 ACHPR Annual Activity Report（2008 – 2009），para. 190。其中非洲人权和民族权委员会称，它有义务维护各国的领土完整，而无法"设想、纵容或鼓励分离，自决可以通过在主权国家之内的自治实现"。该委员会还提出了所谓救济性自决的问题，即大规模侵犯人权的情况可成为质疑国家之领土完整的理由，这是一种可能来自《友好关系宣言》的某种（有争议）解读的立场。一般性评论，见 D. Shelton，'Self-Determination in Regional Human Rights Law: From Kosovo to Cameroon'，*American Journal of International Law* 105（2011），60 – 81；P. Thornberry，'The Democratic or Internal Aspect of Self-Determination with some Remarks on Federalism'，in Tomuschat，*Modern Law*，pp. 101 – 138［henceforth 'The Democratic or Internal Aspect of Self-Determination'］；R. Wilde，'Self-Determination, Secession and Dispute Settlement after the Kosovo Advisory Opinion'，*Leiden Journal of International Law* 24（2011），149 – 154。

108　Thornberry，'The Democratic or Internal Aspect of Self-Determination'，101 – 138. 基于《公约》之规定对自决形式的进一步思考见本书第十三章。

109　强调为本书作者所加。

110　D. Keane，*Caste-Based Discrimination in International Human Rights Law*（Ashgate，2007），p. 177［henceforth *Caste-Based Discrimination*］. 他补充说，这一"偏离《宣言》签署者所表达之立场的情况，类似于联合国教科文组织有关种族的第一次和第二次声明之间的差别，其中第二次声明拒绝与其前身一致，否认种族的存在，……而只是谴责种族优越的观念"（p. 176）。

111　Keane，*Caste-Based Discrimination*，p. 178.

《公约》的一些缔约国不愿意在其反歧视立法中保留"种族",这一问题反过来又让消除种族歧视委员会陷入了麻烦。[112] 这一段在国际人权条约中很不寻常,因其声称种族优越学说,除其他外,"在科学上均属错误",而且在道德上应予谴责、有失公平并招来危险;《宣言》就科学、道德和危险作出了同样的判断,同时通过将种族优越学说置于"偏见"的低级地位,从而进一步削弱了种族优越论。[113]《公约》序言从联合国教科文组织的工作中得到了启示,其中对这一工作作出贡献的专家们一致认为,种族纯洁和等级的概念没有科学依据,尽管 1950 年和 1951 年的声明之间关于"种族"的有用性的差别显而易见。

第七段是对《消除种族歧视宣言》序言第九段及其第 1 条的改编,将种族歧视纳入国际关系和同一国家人与人之间关系的范畴,强调种族歧视是和平友好关系与"和谐"的障碍。《公约》第 7 条关注国际关系这一主题,规定促进积极信息发展以增进各国之间的谅解与睦谊。种族歧视的潜在破坏力是《公约》第 11、12 和 13 条规定的国家间申诉程序的基本原因。承认种族歧视的国际因素并不明确地局限于殖民情势,这代表着进一步削弱人权作为"国内"事项的概念的一个重要步骤。在实践中,虽然在更广泛的国家间关系领域存在一些外联活动,但消除种族歧视委员会的重点仍然是监督国家内部个人和群体所受待遇,以及建议改善局势的措施。委员会关切的有限性在面临国际冲突局势时受到挑战,[114] 包括占领的情况以及政府和公司域外活动的证据。[115]

第八段所指的范式性的"种族壁垒"是指根据国家授权的分隔政策建立的种族壁垒,以及在公共服务、土地、地域等方面的物理或地理上的相应障碍。主要目标是南非,美国和其他地方的分隔政策代表了另一个着眼点。消

88

---

112 对这一问题的进一步讨论见本书第六章。

113 《宣言》序言第 9 段。

114 I. Diaconu, *Racial Discrimination* (Eleven International Publishing, 2011), pp. 191-194; D. Weissbrodt, 'The Approach of the Committee on the Elimination of Racial Discrimination to Interpreting and Applying International Humanitarian Law', *Minnesota Journal of International Law* 19 (2010), 327-362 [henceforth *The Approach of the Committee to Humanitarian Law*].

115 见本书第八章和第十章。

除种族歧视委员会一直提到"壁垒",就算不总是"种族壁垒",其中也包括行政和法律壁垒[116],实际就业壁垒[117],发展壁垒[118],要通过对话和融合项目消除的壁垒[119],获得基本服务的经济、社会和地理壁垒[120]以及语言壁垒[121]。除了第3条对分隔和种族隔离的明确限制外,这一比喻已被证明适用于解决结构性歧视,例如"在长期或永久非洲人后裔居民归化入籍方面可能存在的壁垒"。[122]

正如在起草工作的讨论中所指出的,奥地利担心,不可接受的"壁垒"概念可能会困扰奥地利的少数性的群体权利制度,或其他可能存在的制度,如20世纪60年代存在的制度。[123]《公约》的起草并没有表现出对少数群体权利的大量同情性的考虑。尽管《公民及政治权利国际公约》第27条将于《消除种族歧视公约》通过后次年开始实施,但非殖民化和国家建设的紧迫性仍在上升,而且还没有形成关于少数群体权利的重要文书。同样也是在1966年,田中(Tanaka)法官在国际法院发表异议意见时,将分隔和种族隔离与国际联盟少数群体条约所表达的少数群体权利相脱离:

> 就少数群体条约而言,不歧视准则作为法律面前人人平等概念的对应面,禁止一国排除少数群体成员参与多数群体可以享有的权利、利益和机会。另一方面,少数群体应得保障从事自己的宗教和教育活动。这项保障是赋予少数群体成员的,目的是保护他们的利益,而不是出于反歧视动机本身……因此,少数群体条约的精神不是消极性的和禁止性的,而是积极性的和允许性的……在这些情况下,某些方面的不同待遇有可能是由于宗教、语言、教育、习俗等方面的差异而不是由于种族或

---

[116] 委员会的结论性意见:挪威,CERD/C/NOR/CO/18, para. 11。

[117] 委员会的结论性意见:加拿大,CERD/C/CAN/CO/19-20, para. 19。

[118] 委员会的结论性意见:多米尼加共和国,CERD/C/DOM/CO/13-14, para. 9。

[119] 委员会的结论性意见:塞尔维亚,CERD/C/SRB/CO/1, para. 17。

[120] 委员会的结论性意见:哥斯达黎加,CERD/C/CRI/CO/18, para. 12。

[121] 委员会的结论性意见:毛里求斯,CERD/C/MUS/CO/15-19, para. 20;越南,CERD/C/VNM/CO/10-14, para. 9。

[122] 第34号一般性建议第47段。

[123] 概览见 *Protection of Minorities: Special Protective Measures of an International Character for Ethnic, Religious and Linguistic Groups* (United Nations, 1967), Sales No. 67. XIV. 3。

肤色而合理需要的。[124]

　　通过《公民及政治权利国际公约》第 27 条[125]、《联合国少数人权利宣
言》[126] 和许多其他文书"恢复"国际法中的少数群体权利，田中法官提出的
一般原则得到了遵循。[127] 少数群体权利不构成《消除种族歧视公约》中提到
的"种族壁垒"，而是阐明了不受歧视之保护的人权的内容，通过相互影响
的潮流与不歧视原则相交叉。

　　第九段表示了对种族歧视现象和特定性质的政府政策的担忧甚至惊怵；
该段还指出，反歧视的道德观与"分隔和分离"是截然相反的。[128] 提到"世
界若干地区"的歧视反映了在起草《公约》的有限权限过程中的主张以及
情况可能并非如此的判断。该段暗示的对《公约》关切的范围的任何限制，
应根据第五段加以确定，因为后者忆及《消除种族歧视宣言》所表达的
"在全世界"消除种族歧视的必要性。[129] 因此，第九段可被判断为对当代种
族歧视现象（其中不排除其他表现形式）的一种抗议以及对采取行动予以打
击的呼吁；对《宣言》也可以作类似的解释。提到"政府政策"是出于紧
急处理种族歧视现象的需要，不应被解读为只意味着政府造成种族歧视；[130]
《公约》的执行条款，特别是第 2 条，充分表明，各国必须解决私人当事方

---

[124]　Dissenting opinion, *South West Africa Cases*（*second phase*），1966，extracted in I. Brownlie，*Basic Documents on Human Rights*（3rd edn，Clarendon Press，1992），pp. 568–598，at pp. 590–591［henceforth *Basic Documents*］.

[125]　"凡有种族、宗教或语言少数团体之国家，属于此类少数团体之人，与团体中其他分子共同享受其固有文化、信奉躬行其固有宗教或使用其固有语言之权利，不得剥夺之。"（《公民及政治权利国际公约》第 27 条的英文本中，与其中文本中的"种族"对应的用词为"ethnic"，按本中译本的用法，应理解为"族裔［的］"。——译者注）

[126]　联大 1992 年 12 月 18 日第 47/135 号决议通过。

[127]　P. Thornberry，*International Law and the Rights of Minorities*（Clarendon Press，1991）概述了这一阶段；简洁的更新见 R. McCorquodale，'Group Rights'，in D. Moeckli，S. Shah，and S. Sivakumaran（eds），*International Human Rights Law*（2nd edn，Oxford University Press，2014），pp. 333–355。

[128]　《消除种族歧视宣言》序言中相应的第 8 段提到了"'种族隔离'（apartheid）、分隔及分离"，以及某些领域中的"种族优越及扩张主义之学说"；第 5 条要求毋得延迟地终止"政府方面及其他公共方面之种族分隔政策，尤其'种族隔离'（apartheid）政策，以及因此等政策而产生之所有各种形式之种族歧视及隔离"。

[129]　《消除种族歧视宣言》序言第 11.1 段。

[130]　见本书对第 1、2 条的评论。

造成的歧视问题。

关于种族隔离、分隔和分离这三种情况，《消除种族歧视宣言》（连同成对的"分隔和歧视"）也申明了这一联系，这一联系经历了随后的各个起草阶段，也保留在《公约》中。纳入"分离"一词呼应了西南非洲案件中的申诉，在这些案件中，申诉国声称存在不歧视或不分离的习惯规范。[131]《禁止并惩治种族隔离罪行国际公约》倾向于将"歧视和分隔"结合起来，而将种族隔离界定为包括旨在按种族界线划分民众的措施和"建立单独的保留区或居住区"。[132] 种族隔离和分隔的概念被纳入《消除种族歧视公约》第3条，但没有"分离"相伴。消除种族歧视委员会关于与南部非洲的种族主义政权关系的第3号一般性建议提到了种族隔离、分隔和歧视，但没有提到"分离"。不过，委员会一直涉足诸如家庭分离、罪犯与社区分离等问题，[133]并对住房和教育等领域中的"分离部门"和"社区分离"[134] 以及各种形式的分离提出主张。[135] 这些发展表明，更好地体现《公约》和更广泛的国际法的，是"反分隔"的规范而不是"不分离"的规范，后一公式的风险是，有可能分割教育领域和其他领域中与团体有关的既定权利。[136]

复杂的第十段与第五段相呼应，体现了"迅速"消除种族歧视的紧迫感，并补充了第四段——该段对殖民主义也适用同样的决心。这三个段落累积起来表明，由于歧视和种族隔离（以及殖民主义）的政治局限性，"速度"的比喻是恰当的。但是，限于种族主义现象的段落不应与序言中的暗示相对立，即《公约》所处理的种族表现是全球性的，而不是限于具体制度的，例如第五段称，"消除全世界一切种族歧视"，第六段称，"无论何地"的种族歧视均无可辩解，还有对如《世界人权宣言》等文书的回顾。该段提

131　田中法官的意见，载于 Brownlie, *Basic Documents*, pp. 574, 576。

132　联大 1973 年 11 月 30 日第 3068（XXVIII）号决议通过。

133　委员会的结论性意见：加拿大，CERD/C/CAN/CO/18, para. 18。

134　委员会的结论性意见：以色列，CERD/C/ISR/CO/13, para. 22；CERD/C/ISR/CO/14-16, paras 24 and 27, 以及以色列对后一份结论性意见的回应，A/68/18, Annex VII。对于这些问题的更广泛讨论，见 CERD/C/SR. 2131 and SR. 2132。

135　见本书有关第 3 条的评论。

136　除了本书大量参考的有关少数人和土著民族的文书，另见联合国教科文组织 1960 年《取缔教育歧视公约》第 2、5 条，UNTS, Vol. 429, p. 93。

出了一个通过消除种族歧视和种族化言论而改变的、建立在种族间谅解基础上的国际社会的愿景。《公约》用"国际社会"取代《宣言》中的"世界社会"的原因并不完全清楚，尽管前一个词语呈现了不那么单一的景象，符合世界上存在许多主权国家的现实。[137] "种族间之谅解"的措辞方式接续（接受？）了第六段中提到的"种族差别"以及《公约》中容易受到批评的其他内容，即《公约》倾向于将人类不同种族的存在自然化。[138] 委员会在其第3号一般性建议中援用了这一段，[139] 认为建设一个没有种族分隔和歧视的国际社会应在国际一级而不仅仅是在国家一级寻求。[140]

实践中进一步的"国际团结"要素包括：有关设立一个起诉危害人类罪的国际法庭的第18号一般性建议；对于与国际法庭合作的各种评论[141]以及一般性的委员会的预警和紧急行动程序；《防止灭绝种族罪行宣言》（提出"有必要促进地方和全球两级之间"横跨一系列人权和安全机构的"更为密切的联系和互动"）；[142] 批准相关国际人权文书的一系列建议；委员会与其他联合国和区域机构在执行其经常性工作任务时的实际联络。

第十段提到了"种族"学说及习例。[143] 考虑到历史上的种族叙事以及《公约》的起草，种族主义显然表明了接近种族理论信条的态度和做法，由此推论，说法或行动越接近种族的"硬"生物学概念，它们就越是"种族主义"的。另一方面，文化种族主义的概念已经相当流行，将种族歧视的概

91

137　D. Armstrong, 'Law, Justice and the Idea of a World Society', *International Affairs* 75, 3 (1999), 547-561; C. Brown (2001), 'World Society and the English School: An "International Society" Perspective on World Society', London: LSE Research online, available at: <http://eprints. lse. ac. uk/archive/000007 43>; B. Buzan, *From International to World Society? English School Theory and the Social Structure of Globalization* (Cambridge University Press, 2004).

138　见本书有关第 1 条的评论。

139　第 2 段。

140　各民族之间、各种族/族裔团体之间谅解的概念也延伸到《公约》第 7 条（在本书第十七章讨论）。

141　委员会的结论性意见：肯尼亚，CERD/C/KEN/CO/1-4, para. 15；塞尔维亚，CERD/C/SRB/CO/1, para. 22。

142　A/60/18, Chapter Ⅷ. 与国际刑事法庭的合作及相关事项，见 D. Weissbrodt, *The Approach of the Committee to Humanitarian Law*。

143　第 4 条（子）项提到了"种族主义者之活动"。

念解读为涵盖群体的习惯和做法、以文化为导向的或"差异"的种族主义。[144] 一些评论者认为，文化种族主义比生物种族主义要古老；[145] 可以忆及，安吉将国际法解读为从一开始就涉及文化差异。[146] 虽然《公约》中没有种族主义的定义，但将其种族歧视的定义转换成种族主义的词语表明，它极为关注种族主义的"文化"或"差异"变种，铭记"种族"只是种族歧视定义中的一个要素，同时考虑《公约》实践的许多方面的"文化化"。[147]《公约》的适用对理解文化/差异种族主义作出了重要贡献，这是第 1 条所采用的广泛定义几乎不可避免的结果。

对种族主义的一些当代解读回顾了《公约》的内容：例如，欧洲反对种族主义和不容忍委员会将种族主义定义为"一种信念，认为种族、肤色、语言、宗教、国籍、民族或族裔本源等理由足以构成蔑视一个人或一群人，或觉得一个人或一群人优越的理由"。[148] 这种对种族主义的解释强调信念，而不是基于这种信念的行动。虽然《美洲禁止种族主义公约》对种族主义的定义也以理论为导向，但它也涉及种族主义的潜在后果：

> 种族主义包括主张个人或群体的表型或基因特征与其智力、文化和人格特征之间存在因果关系的任何理论、学说、意识或一系列观念，包括错误的种族优越概念。种族主义导致种族不平等，导致群体间的歧视关系在道德和科学上均属正当的想法。

92

消除种族歧视委员会尚未提出关于种族主义的单独定义，尽管委员会经常在诸如犯罪中的种族主义动机、种族主义罪行、种族主义仇恨罪行、种族

144　马可南称，种族主义的这两个变形"都起到同一个更高层次的作用：它们本质上、主要是证明群体优越合理的方式"：T. Makkonen, *Equal in Law*, *Unequal in Fact*: *Racial and Ethnic Discrimination and the Legal Response Thereto in Europe* (Martinus Nijhoff Publishers, 2012), p. 59 [henceforth *Equal in Law Unequal in Fact*]. 有关种族主义作为一种普遍现象的极端观点，见 D. Petrova, 'Racial Discrimination and the Rights of Minority Cultures', in S. Fredman (ed.), *Discrimination and Human Rights*: *The Case of Racism* (Oxford University Press, 2001), pp. 45–76。

145　T. Modood, '"Difference" Cultural Racism and Anti-Racism', in B. Boxill (ed.), *Race and Racism* (Oxford University Press, 2001), pp. 238–256.

146　A. Anghie, *Imperialism*, *Sovereignty and the Making of International Law* (Cambridge University Press, 2004), discussed in Chapters 2 and 3.

147　F. Lenzerini, *The Culturalization of Human Rights Law* (Oxford University Press, 2014).

148　第 7 号一般性建议第 1 段。

主义和仇外心理等领域使用"种族主义"和"种族主义者"的用语。委员会结论性意见中赞同德班反对种族主义世界会议等情况的一系列段落必然会在委员会的词库中引入"种族主义",就像欧洲理事会《网络犯罪公约附加议定书》的赞同也必然会引入一样——该议定书除其他外,涉及通过计算机系统实施的"种族主义"行为。[149] 关于种族主义仇恨言论,委员会第35号一般性建议对使用"种族主义"持谨慎态度,将禁止"种族主义仇恨言论"与《公约》第4条不赞成或禁止的言论形式(煽动、传播种族或族裔优越的思想)联系起来,以避免出现这样的情况,即对"种族仇恨言论"的含糊不清的指控可能以《公约》为理由,用以扼杀言论自由。

序言第十一段和最后一段提到了在《消除种族歧视公约》通过时有效的两项条约:一项是国际劳工组织第111号公约,其中所载歧视定义的有些方面在《消除种族歧视公约》第1条中重现;另一项是联合国教科文组织的《取缔教育歧视公约》。[150]

消除种族歧视委员会经常提及这些条约,建议缔约国遵守这些条约,将其视为具有与可能遭受种族歧视的社群直接相关的条款的条约。[151] 序言指出,《公约》的起草"念及"这两项公约,这种说法表明,这两项公约的内容大体上与《消除种族歧视公约》的规定一致。委员会目前的实践中,通过在结论性意见中列入"标准段落",建议与《公约》的关切相呼应的姐妹条约的政策稳步向前推进。这些建议的范围牵涉一个广泛、无尽的条约和宣言的网络,被认为有助于促进《公约》目的及宗旨实现。即使这些条约和宣言的语言和概念的细节显示出与《公约》文本的微妙偏离,它们也往往被认为与《公约》兼容。

149　*Additional Protocol to the Convention on Cybercrime, concerning the criminalisation of acts of a racist and xenophobic nature committed through computer systems*, ETS No. 189 (2003).

150　本书对第1条的评论回顾了这些公约对种族歧视的定义。

151　有关联合国教科文组织公约的建议,见委员会的结论性意见:喀麦隆,CERD/C/CMR/CO/15‐18, para. 22;爱沙尼亚,CERD/C/EST/CO/8‐9, para. 211;日本,CERD/C/JPN/CO/3‐6, para. 22。有关国际劳工组织公约的建议,见委员会的结论性意见:日本,*ibid.*, para. 27;摩纳哥,CERD/C/MCO/CO/6, para. 12。

四 评论

　　《公约》序言是一个复杂的混合体，包含了历史回顾，对《公约》产生的法律背景的阐述，对种族歧视的不道德、不公正、讨人厌和"不科学"的性质的抗议，对一个不受种族歧视困扰的国际社会的展望，以及与标题一道，对如何实现这一愿景的一定程度的乐观态度。标题和序言反映了《公约》和更广泛的联合国在一种国际体系中的基本价值和愿望，这个国际体系当时正朝着后殖民阶段迈进，而殖民残余仍然存在，种族隔离似乎稳居于其中心地带。（西方）殖民主义和种族隔离后来成为历史的事实并没有使《公约》标题和序言失去指引和启发的力量。《公约》序言将其呈现为对联合国人权发展的一种合乎逻辑和必要的延伸。持续存在的因素补充了对需要迅速消除的罪恶的直接关注。解释实践一般不关注序言，不过仍可以假定它的指引作用，即使其很少被摘引，其利用不予明说、潜移默化。

　　与《公约》中的其他内容一样，序言的文本也不是未经过争斗就达成的。关于"种族"的持续存在的含混在序言中没有完全解决，对少数群体的讨论存在着某种程度的普遍性短视，混淆了种族歧视的可能受害者是谁的问题。而主导了起草、标题和序言的反殖民范式透露，反对歧视的斗争很可能是全球性的，而不是针对具体制度的。现实地拒绝给"主义"列名——反闪米特主义、纳粹主义、法西斯主义等，表明种族歧视会随着时间的推移而改变其形式，而且很可能如此；《美洲禁止种族主义公约》的序言将这一建议作为结论，明确承认"种族主义现象具有一种动态的更新能力，使它能够采取新的形式，在政治、社会、文化和语言上传播和表现自己"。[152]《公约》中保留对种族隔离的提法，似乎与这种看法相悖，但是，反对种族隔离的国际斗争当时正在全面展开，因此拒绝点名可能看起来是一种失职行为：种族隔离是一项积极的国家政策，明显是对联合国人权制度的蓄意挑战。点名种族隔

---

[152]　Makkonen, *Equal in Law, Unequal in Fact*, pp. 57–72.

离也与起草时的细微差别有关，当时种族歧视主要被理解为国家政策问题，而不是源于私人行为的情况。

在《公约》序言中，消除种族歧视与尊重人的尊严和平等的承诺有关;[153] 因此，《公约》在"尊严性的"国际人权文书的神圣准则中占有一席之地。这样一些观点，都在消除种族歧视委员会的工作记录中有体现：作为人类固有的尊严，作为许多群体所忍受的生活条件恶化的描述特征的尊严受辱,[154] 作为在共同人性基础上要求平等地位、尊重和关切的尊严或者与多样性和自主相联系的尊严。委员会运用尊严概念的各种情况并不意味着这一术语有某种固定的含义，尽管"受影响者的作用和观点"在具休说明适当的应用方面具有重要意义,[155] 文化、身份特性和尊严之间的联系也是如此。如前所述，委员会没有对使用尊严概念形成一般性的立场，也没有在司法实践和学术文献中更为明显地澄清其评价性的——与呼唤性的相对——使用。[156] 对国家范围内，特别是对德国和南非使用尊严概念的评价,[157] 提到了其运用中的"各种悖论",[158] 有关其绝对或有条件的性质、可裁判性、可谈判性、世界主义和/或文化嵌入性、个人和集体方面。委员会现在主要使用修辞方法和大量

94

---

[153]　罗马教廷在其定期报告中称："所有人在其尊严方面的自然平等意味着绝对拒绝歧视，歧视是对人之根本权利的侵犯。"CERD/C/VAT/116-123, para. 44.

[154]　关于土著民族，可以对比美洲人权法院审理的一个案件：*Yakye Axa v Paraguay*, IACtHR, Ser C No. 125, 17 June 2005。美洲人权法院在该案中认定，考虑到在承认所涉社群的领导层、法律地位和土地诉求中的拖延，巴拉圭有义务采取积极措施，使该群体过上一种有尊严的生活。

[155]　E. Grant, 'Dignity and Equality', *Human Rights Law Review* 7 (2007), 299-399, 318-319, cited in McColgan, *Discrimination*, p. 32.

[156]　D. Feldman, 'Human Dignity as a Legal Value: Parts Ⅰ and Ⅱ', *Public Law* 1999, 682-702, at 685, 提到了"尊严将若干指向吸引到一起的复杂能力"。

[157]　卡罗扎指出，"国际人权法中人的尊严观念的发展很大程度上归因于它在各种各样的宪法制度中作为宪法原则（这始自1937年《爱尔兰宪法》）的普遍和更为发达的地位"：Carozza, *Human Dignity*, p. 347, citing S. Moyn (2012), 'The Secret History of Constitutional Dignity', available at: <http://papers. ssrn. com/sol3/papers. cfm? abstract_ id = 2159248>.

[158]　H. Botha, 'Human Dignity: Constitutional Right, Absolute Ideal, or Contested value?', in M. Jovanovic and I. Krstic (eds), *Human Rights Today: 60 Years of the Universal Declaration* (Eleven International Publishing, 2010), pp. 195-210。《德国基本法》第1条规定，人的尊严不可侵犯，对此，该文章评论说，尊严"与民主、联邦制和社会国家一样，属于宪法价值和原则的不可改变的核心"(p. 198)。《南非宪法》第10条规定，"人人均有固有之尊严，有权得到对其尊严之尊重和保护"；第39条规定，尊严应指导对宪法权利的解释。

的对平等和歧视的文本性参照物，尚未被要求解决这些悖论。[159]

尽管如此，仍可以主张，当其他解释性规则从对歧视的分析中得出直觉上令人不快的结果时，能够将尊严用于评价模式。用一名著述者的话来说，基于尊严的平等"必须提高而不是降低个人的地位"，[160]"尊严应被视为多元平等概念的一个方面"。[161]无论是否有可能将尊严纳入平等，《公约》中对尊严的表述可以合理地以类似的方式使用，以对抗在以下过程中不适当地使用平等："平抑"对权利之享有的过程，以及对解释平等和反歧视规范赋予分量和扩展性的过程[162]——这包括在委员会实践中非常重要的集体层面。在国际人权机构的一般做法中，种族歧视和暴力在范式上被描述为对人的尊严的侵犯。[163]这种描述可以更广泛地扩展到种族诋毁和人之价值的等级理论，以及它们的历史影响，即某些种族/族裔群体在"文明阶梯"上的地位比其他群体低。在国际法的历史上，尊严的概念常常被彻底"种族化"。

如《公约》序言所述，歧视不仅涉及种族，而且涉及肤色、民族和族裔本源；提及"本源"很好地容纳了后来在第1条中增加"世系"的情况。种族歧视被视为扰乱国家间的和平，在范式上也扰乱国家内的和平。序言中提出的社会政策方法可以被广泛地称为"混合主义的"（integrationist）。虽

159　例如见人权事务委员会审议的瓦肯海姆诉法国案，该来文的提交人是法国所禁止的"抛掷侏儒"表演中的侏儒。人权事务委员会在认定《公民及政治权利国际公约》第26条没有被违反时，认可了一种与来文提交人不同的对尊严的观点：*Wackenheim v France*，CCPR/C/75/D/854/1999（2002）。另见南非宪法法院的一个案件，*President of the Republic of South Africa v Hugo*（CCT 11/96）[1997] ZACC 4，cited in S. Fredman，*Discrimination Law*（2nd edn，Oxford University Press，2011），p. 23 [henceforth *Discrimination Law*]。

160　Fredman，*Discrimination Law*，p. 21.

161　*Ibid.*，p. 25.

162　Carozza，*Human Dignity*.

163　*Cyprus v Turkey*，App. No. 25781/94，ECHR 2001-Ⅳ，para. 306，基于种族的歧视"在某些情况下可能构成对人之尊严的侵犯"；*Nachova v Bulgaria*，App. No. 43577/98；App. No. 43579/98，ECHR 2005-Ⅶ，para. 145，种族暴力是对"人之尊严的特别侵犯"。这些案件的措辞反映了欧洲人权委员会的影响，因为该委员会曾回顾说，"人所共知，应当特别重视基于种族的歧视……，基于种族将一个群体公开单独挑选出来……予以差别对待，在特殊情况下，可能构成对人类尊严的一种特殊形式的侮辱……并因此可能构成有辱人格的待遇"：*East African Asians v UK*，App. Nos 4403/70 *et al.*，Report of the European Commission on Human Rights，14 December 1973，para. 207。这类案件的临时性措辞表明，对情况的具体评估对于尊严是否受到损害的法律结论至关重要。《欧洲人权公约》对尊严的使用掩盖了这样一个事实，即国际文书没有提及尊严是一个罕见的例外。

然融混应与同化区别开来，但起草过程中与少数群体权利有关的消极性表明，同化在当时并不是一个令人不快的题目，特别是对新出现的国家而言。委员会的做法已逐渐摆脱同化主义的假设，对"分隔和分离"的解释已开始接受关于多元族裔以及国家复杂的、多元文化性质的思潮，而这些思潮对 20 世纪 60 年代的立法者几乎没有什么吸引力。[164] 尽管如此，《公约》序言提到"民族间之和平与安全"以及"共处于同一国内之人与人间之和谐关系"表明，《公约》的目标是解放，其目的及宗旨不会通过摧毁它们所体现或要代表的个人和集体的人格而实现。从这个意义上说，《消除种族歧视公约》与《防止及惩治灭绝种罪公约》以及所有坚持个人和社群有权对抗那些将要摧毁他们的人的公约和宣言并驾齐驱。

在消除种族歧视委员会几十年的实践中，《公约》序言所述的反殖民自决观所产生的影响已经减弱：委员会发展的对自决的解说大大超出了《殖民地独立宣言》的范围，虽然必须认为仍包括这些范围在内。[165] 委员会在 21 世纪的工作所牵涉的群体和情势的范围可能会使《公约》的起草者感到惊讶，即便其中有些人曾试图越过含义和实践的界线，认真审视没有被认识到的歧视"形式"。委员会意识到了变化，经常将《公约》描述为"一项活的文书"，[166] 就像其他人权机构所做的那样。[167] 建议是，人们必须了解"当代社会的情况"，[168] 这表示，解释是现在和永远都未竟的事业。[169]

164　见本书关于第 3 条的第十章。

165　见本书关于第 5 条（公民权利和政治权利）的第十四章。

166　*Hagan v Australia*，CERD/C/62/D/26/2002（2003），para. 7.3. 博约吉将创造"活的文书"这一用语归功于索伦森（Sørensen）1975 年的一份报告，这是在欧洲人权法院采用这一用语之前三年：E. Bjorge, *The Evolutionary Interpretation of Treaties*（Oxford University Press, 2014），p. 12。

167　例如见人权事务委员会的意见，*Judge v Canada*，CCPR/C/78/D/829/1998（2002），para. 10.3；美洲人权法院的判决，*The Mayagna（Sumo）Awas Tingni Community v Nicaragua*，IACtHR Ser C No. 79 [2001]，para. 146；在非洲人权和民族权委员会对一起案件的决定中，散布着"活的文书"的概念：*Centre for Minority Rights Development（Kenya）and Minority Rights Group International on Behalf of Endorois Welfare Council* Comm 276/2003（2009）。对后一案件的讨论，见 G. Pentassuglia, 'Towards a Jurisprudential Articulation of Indigenous Land Rights', *European Journal of International Law* 22（2011），165–202；另见 European Court of Human Rights, *Tyrer v UK*, App. No. 5856/72（1978）。

168　*Hagan v Australia*，para. 7.3.

169　进一步的讨论见本书第二十章。

96   虽然消除种族歧视委员会的实践主要围绕《公约》的执行条款展开，但鉴于序言可能为认识《公约》的目的及宗旨提供指导，原则上序言应以某种方式协助引导对有争议的规范的评估倾向，即便它不可能是完全确定性的。在解释工作中，确实或者能够从序言得到多少帮助的问题，最好通过考虑一段时间的实践来回答。历史和背景因素一直存在，就如以下情况一直存在一样：对种族歧视和种族主义学说的根本不可接受的、损害性的性质的评价，以及《公约》作为自《联合国宪章》以来发展的人权标准的一个法律尖端的概念。种族间和谐的理想继续鼓舞人心。《公约》序言对不歧视的普遍性描述，因适用于人的不同群体和类别的不同人权机构的增长而得到丰富而不是被耗尽，即便《公约》接纳这一规范性转变的可能性在其通过之时尚未充分发展。

第六章　种族歧视的定义

本章的评注重点是《消除种族歧视公约》第 1 条第 1 款中对种族歧视的定义。对于第 1 条第 2 款和第 3 款中对定义范围的限制紧接着在下一章中考虑，对第 1 条第 4 款与第 2 条第 2 款在关于特别措施的第九章中一并讨论。第 1 条第 1 款的约文如下：

> 本公约称"种族歧视"者，谓基于种族、肤色、世系或原属国或民族本源之任何区别、排斥、限制或优惠，其目的或效果为取消或损害政治、经济、社会、文化或公共生活任何其他方面人权及基本自由在平等地位上之承认、享受或行使。

一　导言

平等和不歧视是人权法体系的内在特征，因此《世界人权宣言》第 1 条宣布："人皆生而自由，在尊严及权利上均各平等。"在国际联盟关于少数群体的制度中，除了关于积极保护少数群体的具体条款外，还列入了平等以及不得基于"出生、国籍、语言、种族或宗教"进行区分的原则。[1] 在联合国时代，对普遍人权的关注最初导致了"积极"因素的显著萎缩，反映出将平等和不歧视当作促进简单的统一待遇的趋势。根据卡波托蒂的说法，"平等和不歧视的概念意味着对所有个人的统一待遇的一种正式保证——必须确保

---

[1]　1919 年《波兰少数民族条约》（Polish Minorities Treaty）第 2 条；另见关于法律上平等的第 7 条：P. Thornberry, *International Law and the Rights of Minorities* (Clarendon Press, 1991), Appendix 1。

他们享有相同权利、接受相同义务"。[2] 在卡波托蒂的声明前后，都出现了表现形式千变万化、有细微差别的平等和不歧视概念，[3] 如形式上和实质上的平等，法律面前（或法律之下）的平等和法律的平等保护，结果的平等，法律上和事实上的平等，以及这些概念在禁止歧视方面的类比物：直接和间接歧视、结构性歧视、积极行动、平权行动（affirmative action）等。[4]

98 　　《联合国宪章》和《世界人权宣言》纳入了基本的平等和不歧视原则。[5]《世界人权宣言》将《联合国宪章》中禁止区别的"根据"从"种族、性别、语言或宗教"扩大到"种族、肤色、性别、语言、宗教、政见或他种主张、国籍或门第、财产、出生或他种身分"，[6] 并规定人人在法律上一律平等，受法律的平等保护。[7] 几乎所有一般人权文书都遵循《联合国宪章》和《世界人权宣言》的模式，载有平等或不歧视条款，[8] 或者两者兼有。[9] 例如，《公民及政治权利国际公约》包括了禁止歧视[10]、一项关于男女平等权

2　　F. Capotorti, *Study on the Rights of Persons belonging to Ethnic, Religious and Linguistic Minorities* (United Nations publication, Sales No. E. 91. XIV. 2), para. 241.

3　　对于国际联盟的少数群体权利制度，见常设国际法院的咨询意见：*Questions Relating to Settlers of German Origin in Poland*, PCIJ Ser. B, No. 6（1923）；*Minority Schools in Albania*, ［1935］PCIJ, Ser. A/B, No. 64，第 2 章中对平等概念的评论。

4　　范登霍尔提供了一种总体观点：W. Vandenhole, *Non-Discrimination and Equality in the View of the UN Human Rights Treaty Bodies*（Intersentia, 2005）［henceforth *Non-Discrimination and Equality*］。（"affirmative action"亦可译为"肯定性行动"。——译者注）

5　　除了重申人权和基本自由领域中禁止歧视的理由，《联合国宪章》序言追求平等的主题，提到"男女与大小各国平等权利"，其执行条款则忆及"人民平等权利和自决原则"（第 1 条第 2 款）和联合国所有会员国的"主权平等原则"（第 2 条第 1 款）；因此，人们坚称，平等原则支配主权国家、人民和个人之间的关系。

6　　第 2 条。（《世界人权宣言》英文本中，与"国籍或门第"对应的用词为"national or social origin"，更宜理解为"民族本源或社会出身"。参见《公民及政治权利国际公约》第 2 条第 1 款的中文本，其中与英文本中的"national or social origin"对应的用词为"民族本源或社会阶级"。——译者注）

7　　第 7 条。

8　　简明列举见 D. Moeckli, S. Shah, and S. Sivakumaran, *International Human Rights Law*（2nd edn, Oxford University Press, 2014）, pp. 160-164［henceforth *International Human Rights Law*］。

9　　联合国制度中的例外包括《禁止酷刑公约》和《免遭强迫失踪公约》。在荷兰人权研究所（SIM）数据库中细查非洲联盟、欧洲理事会、美洲国家组织和联合国的人权文书，发现有 168 处提到"歧视"、71 处提到"平等"、108 处提到"平等的"（2013 年 11 月 6 日访问）。

10　　第 2 条第 1 款。

利的规定[11]，以及第 26 条中的一项基础广泛的平等规定，其要求"保证人人享受平等而有效之保护，以防因种族、肤色、性别、语言、宗教、政见或其他主张、民族本源或社会阶级、财产、出生或其他身分而生之歧视"；该公约第 2 条第 1 款关于歧视的规定仅限于该公约"确认"的权利，而第 26 条的保障则适用于一般人权。[12] 歧视的理由出现在"开放"和"封闭"的清单中，前者的特点是在一系列理由前加上"例如"，[13] 后者将歧视局限于单一因素，如《消除对妇女歧视公约》中的"性别"、《残疾人权利公约》中的"残疾"[14] 或《消除种族歧视公约》第 1 条所列的理由清单；这些清单也能通过包括禁止基于在指名理由之外的"其他身分"的歧视而扩展。[15]

纳入平等和不歧视条款也是区域人权文书的特点，包括《非洲人权和民族权宪章》[16]、《美洲人权公约》[17]、《阿拉伯人权宪章》[18]、《欧洲人权公约》[19] 及其第十二议定书[20]，在关于少数群体权利[21]和土著民族权利[22]等事项的专门文书中也能发现这样的条款。禁止歧视的"理由"或"条件"的最长清单

99

---

[11]　第 3 条。

[12]　*Broeks v The Netherlands*，CCPR/C/29/D/172/1984（1987）；人权事务委员会第 18 号一般性意见，HRI/GEN/1/Rev. 9，195，para. 12。对《公民及政治权利国际公约》并未作单独规定但人权事务委员会处理的权利的列举，见 S. Joseph，J. Schultz，and M. Castan，*The International Covenant on Civil and Political Rights*（2nd edn，Oxford University Press，2004），pp. 686–687。

[13]　该措辞见《公民及政治权利国际公约》第 2 条第 1 款和第 26 条。

[14]　另外，《残疾人权利公约》序言提到了基于"种族、肤色、性别、语言、宗教、政治或其他见解、民族本源、族裔、土著身份或社会出身、财产、出生、年龄或其他身份"的歧视的多重或加重形式。

[15]　包括《经济社会文化权利国际公约》第 2 条第 2 款、《公民及政治权利国际公约》第 2 条第 1 款。

[16]　第 2、3、18、28 条。

[17]　除了第 1 条中带有理由清单的、"标准的"非歧视条款，第 24 条还规定："一切个人在法律上平等。因此，他们有权不受歧视地受法律的平等保护。"

[18]　第 11 条和第 12 条。

[19]　第 14 条。

[20]　《欧洲人权公约》第 14 条只适用于涉及该公约所包含权利的情况，而《欧洲人权公约第十二议定书》则包括了一项并不如此受限、适用于"法律规定的任何权利"的非歧视保障规定。欧洲人权法院解释说，第 14 条不要求要先有对另一项权利的单独侵犯，才能启动非歧视条款，只要案件在另一项权利的"范围内"即足够：*Rasmussen v Denmark*，App. No. 8777/79（1984）。

[21]　《联合国少数人权利宣言》第 2、3、4 条。

[22]　国际劳工组织第 169 号公约序言，第 3、4、20 和 24 条；《联合国土著人民权利宣言》序言，第 2、8、9、14、15、16、17、21、22、24 和 46 条。

出现在《美洲禁止一切形式歧视和不容忍公约》[23] 中，其中列出了 22 项理由以及"其他条件"；[24] 该公约关于受保护权利的范围也很广泛，包括对"适用于缔约国的国际文书所载的一项或多项人权和基本自由"的歧视。[25]

在理由方面，歧视的定义比原则陈述要单薄一些。国际劳工组织 1958 年第 111 号公约[26]第 1 条第 1 款为该公约之目的将歧视定义为：

（a）基于种族、肤色、性别、宗教、政治见解、民族血统或社会出身等原因，具有取消或损害就业或职业机会均等或待遇平等效果的任何区别、排斥或优惠；

（b）有关成员国经与有代表性的雇主组织和工人组织……协商后可能确定的、具有取消或损害就业或职业机会均等或待遇平等效果的其他此种区别、排斥或优惠。[27]

理由的范围、就业和职业背景以及省略"目的"使这一定义有别于《消除种族歧视公约》中的定义，但这两项公约之间的广泛亲缘性是显而易见的，尤其是将"歧视"分为三个子术语："区别、排斥或优惠"，以及强调歧视的效果。[28] 这同样适用于联合国教科文组织的 1960 年《取缔教育歧视公约》，其第 1 条第 1 款（部分）规定，"'歧视'一词包括基于种族、肤色、性别、语言、宗教、政治或其他见解、民族本源或社会出身、经济状况或出生的任何区别、排斥、限制或优惠，其目的或效果为取消或损害教育中的待遇平等"。这一定义将"目的"的概念引入论证中，并通过添加"限制"将三个子项扩展到四个子项。后来的定义建立在上述规定和《消除种族

100

23　第 1 条第 1 款，OEA/Ser. P AG/RES. 2805（XⅢ-O/13）5 June 2013。

24　第 1 条第 1 款："歧视可能基于：国籍，年龄，性别，性取向，性别认同和表现，语言，宗教，文化特性，政治见解或任何类型的见解，社会出身，社会经济地位，教育程度，移民、难民、遣返、无国籍或国内流离失所者地位，残疾，遗传特征，心理或身体健康状况，包括传染病和衰弱的精神状态，或任何其他情况。"

25　第 1 条第 1 款。

26　362 UNTS 31.

27　另见第 1 条第 2 款："对一项特定职业基于其内在需要的任何区别、排斥或优惠不应视为歧视。"

28　强调为本书作者所加。可以比较梅隆对《公约》定义中的区别/效果的批评：T. Meron, 'The Meaning and Reach of the International Convention on the Elimination of All Forms of Racial Discrimination', *American Journal of International Law* 79（1985），283-318，at 291［henceforth *Meaning and Reach*］。

歧视公约》的例证的基础上。《消除对妇女歧视公约》按照《消除种族歧视公约》的思路界定了对妇女的歧视，但没有将"优惠"列为歧视的形式，也没有限于"公共生活"。[29]《残疾人权利公约》第2条同样界定了其适用范围内的歧视，但不限于"公共生活"，并引入"合理便利"的概念。[30]

即使在其组成文书中没有关于歧视的定义，平等和歧视的概念也在条约监督机构的工作中得到了阐述。人权事务委员会的第18号一般性意见[31]与经济、社会和文化权利委员会的第20号一般性意见[32]根据人权实践的一般发展情况，提出了一个复杂的概念矩阵。经济、社会和文化权利委员会的第20号一般性意见采用"区别、排斥、限制或优惠"和"意图或效果"的公式，同时区分"形式"、"实质"、"直接"和"间接"歧视；"系统性歧视"一词也被提及，据说歧视包括"煽动歧视和骚扰"；基于被禁止理由的差别待遇会被认为是歧视性的，除非为辩解区分所提出的理由合理、客观。[33]

在一般性文书所列的歧视理由中，"种族"是一项标准内容。[34] 除了《消除种族歧视公约》之外，族裔（ethnicity）或族裔本源（ethnic origin）并不常被列为歧视理由，[35] 尽管这一概念更为一致地出现在关于少数群体权利的文书或具体条款中，[36] 包括《公民及政治权利国际公约》第27条和

---

[29]　《消除对妇女歧视公约》第1条。有关《美洲禁止种族主义公约》等，见下文。

[30]　第2条。"合理便利"是指"根据具体需要，在不造成过度或不当负担的情况下，进行必要和适当的修改和调整，以确保残疾人在与其他人平等的基础上享有或行使一切人权和基本自由"。另见第5条。

[31]　HRI/GEN/1/Rev. 9（Vol. I），pp. 195–198，para. 7.

[32]　E/C. 12/GC/20（2009）.

[33]　*Ibid.*，para. 13. "合理、客观"又被拆分为正当、符合《经济社会文化权利国际公约》、在手段与目的之间比例相称的概念。

[34]　荷兰人权研究所数据库的记录是，联合国、非洲联盟、欧洲理事会和美洲国家组织的文书中，有38处提及"种族"。

[35]　《儿童权利公约》第2条提到了基于包括"民族、族裔或社会出身"在内的理由的歧视。

[36]　《世界人权宣言》和《公民及政治权利国际公约》有关歧视和平等的第2条和第26条都没有提到"族裔的"或"族裔"；《经济社会文化权利国际公约》第2条第2款中也没有这些用词。在区域性文书中，简明扼要的《美洲禁止一切形式歧视和不容忍公约》省略了"族裔"，不过，由此产生的任何空隙都可能通过提及"语言"和"文化特性"来弥补。《欧洲人权公约》（第14条）禁止基于"性别、种族、肤色、语言、宗教、政治或其他见解、民族本源或社会出身、与某一少数民族的联系、财产、出生或其他情况"等任何理由的歧视；同样，"族裔"也被多个术语所涵盖，包括"与某一少数民族的联系"。

101　《儿童权利公约》第 30 条，[37] 以及贯穿《联合国少数人权利宣言》。欧洲理事会《保护少数民族框架公约》除了禁止 "基于属于少数民族" 的歧视（第 4 条）外，还力求保护 "可能因其族裔、文化、语言或宗教身份特性而受到威胁或歧视、敌视或暴力行为的人"（第 5 条）。《联合国土著人民权利宣言》在序言中断言了基于 "种族或文化差异" 等的优越学说的虚假性，而其第 8 条则提到防止和纠正针对土著人民的 "旨在鼓动或煽动种族或族裔歧视的宣传" 的机制。

专就种族歧视的定义而言，《消除种族歧视宣言》没有包括具体的定义；尽管如此，麦基恩的结论是，其序言提到《联合国宪章》和《世界人权宣言》表明，歧视意味着 "剥夺在法律面前尊严和权利的平等"。[38]《美洲禁止种族主义公约》第 1 条第 1 款将种族歧视定义为 "任何公共或私人生活领域中的任何区别、排斥、限制或优惠，其目的或效果是取消或限制对适用于缔约国的国际文书所载的一项或多项人权和基本自由的平等承认、享有或行使"；[39] 另外，种族歧视 "可能基于种族、肤色、血统、民族或族裔本源"；平等问题由第 2 条单独处理，该条规定，每个人 "在法律上一律平等，有权在公共或私人生活的任何领域获得平等保护，免受种族主义、种族歧视和相关形式的不容忍"。该公约还解释了间接歧视、多重或加重歧视、种族主义、特别措施和不容忍现象。[40]

二　准备工作

阿布拉姆案文的第 1 条为《公约》的目的将种族歧视界定为包括 "基于种族、肤色或族裔本源的任何区别、排斥或优惠，对于由不同民族（nation-

---

37　以及有关教育的第 29 条。

38　W. A. McKean, *Equality and Discrimination under International Law* (Clarendon Press, 1983), p. 153 [henceforth *Equality and Discrimination*].

39　第 1 条第 1 款，OEA/Ser. P. AG/RES. 2805（XⅢ-O/13）5 June 2013。另见本书第十五章。

40　第 1 条第 2~6 款。

alities）或不同民族本源的人组成的国家，［还包括］基于这种差异的歧视"。[41] 卡尔沃克雷西为"区别、排斥"等词增加了"限制"。[42] 阿布拉姆提到的"由不同民族组成的国家"是克里什纳斯瓦米（Krishnaswami）提出的修正案的主题，[43] 但保留在小组委员会的最后草案中。伊万诺夫/克钦斯基草案将种族歧视定义为"基于种族、肤色、民族或族裔本源的任何区别对待、禁止接触、排斥、优惠或限制"，并提供了重要附加条件，即区别对待等情况的"目的或效果，是在政治、经济、社会、文化或任何其他公共生活领域中准予或行使人权和基本自由时，取消或损害平等"。[44] 种族歧视也被宣布为"侵犯人的尊严"，并且除其他外，否认国际法规则和《联合国宪章》原则。这一点在小组委员会最后文本中并未保留，不过歧视的"目的或效果"这一方面保留了下来。[45]

关于歧视的"理由"，卡波托蒂一贯反对将"民族"或"民族本源"包括在内；[46] 其他专家也对这些术语有异议。[47] 关于"民族本源"，圣克鲁斯解释说，《世界人权宣言》使用了这一概念，* 而且这"代表了一个新概念的提出，因为某些国家目前对不一定是族裔群体的民族群体实行歧视"。[48] 在一份关于族裔和相关形式歧视的范围广泛的评论中，阿布拉姆解释了在他的案文中提到"族裔本源"的重要性：

102

---

[41]　E/CN. 4/Sub. 2/L. 308.

[42]　E/CN. 4/Sub. 2/L. 309.

[43]　E/CN. 4/Sub. 2/L. 310, para. 4.

[44]　E/CN. 4/Sub. 2/L. 314.

[45]　"友好和平关系"的措辞出现在《公约》序言中。另见第 7 条。

[46]　E/CN. 4/SR. 411, pp. 5-6. 萨里奥相当乐观地称，"每个人都明白 'national origin' 的含义是什么"（Saario, *ibid.*）。

[47]　卡尔沃克雷西更愿意采用 "nationality" 而不是 "national origin"；库瓦斯-坎奇诺（Cuevas Cancino）和圣克鲁斯则更愿意采用 "national origin" 而不是 "nationality"：E/CN. 4/Sub. 2/SR. 411, pp. 9-10。

*　在《世界人权宣言》中文本中，与 "national…origin" 对应的用词为 "国籍"。鉴于本章的内容，本中译本将《世界人权宣言》英文本中的 "national origin" 译为 "民族本源"。

[48]　E/CN. 4/Sub. 2/SR. 410, p. 9. 对这一术语如何被引入《世界人权宣言》的说明，见 J. Morsink, *The Universal Declaration of Human Rights*: *Origins*, *Drafting and Intent*（University of Pennsylvania Press, 1999），pp. 103-105［henceforth *The Universal Declaration*］。

族裔歧视完全可以指向消除社会和文化差异，这些差异界定某一特定的族裔群体并赋予其生命和意义……。族裔差异能否存续完全取决于语言、学校、出版物和其他通常被视为一个民族之特征的文化制度。无论一个族裔群体的成员在其他方面受到多好的待遇，如果他与他的传统和文化的联系被切断，他都将成为歧视的受害者，他的群体的生存权也将受到损害。[49]

关于"种族"，萨里奥的观点是，尽管"正如联合国教科文组织所表明的那样，没有'种族'这种东西，但是，这个词必须在……公约中使用……，'种族'、'肤色'和'族裔本源'都意味着几乎相同的东西"。[50] 阿布拉姆认为，坚持种族差别学说在科学上是错误的并不准确。[51] 在这种情况下，工作组的一份草案将种族歧视定义为：

基于种族、肤色、民族或族裔本源的任何区别、排斥、限制或优惠（对于由不同民族组成的国家，基于这种差异的歧视），其目的或效果为取消或损害在政治、经济、社会、文化或《世界人权宣言》所载的任何其他公共生活领域中对人权和自由的承认、享受或行使。[52]

在英格尔斯（Ingles）促成的讨论中，[53] 克钦斯基建议并得到伊万诺夫支持的短语"在平等地位上"[54] 被接受，放在"行使"之前：伊万诺夫/克钦斯基案文中提到的取消或损害"在准予或行使人权时的平等"，[55] 在后来的案文中转变为"待遇或机会平等"，[56] 在工作组草案中被省略。[57] 以色列代表在发言中提议，为各民族和族裔群体和社群的集体权利提供额外保障，但该

49　E/CN. 4/Sub. 2/SR. 411，p. 5.

50　*Ibid.*，p. 6.

51　E/CN. 4/Sub. 2/SR. 410，p. 11.

52　E/CN. 4/Sub. 2/L. 319.

53　E/CN. 4/Sub. 2/SR. 414，p. 7. 在讨论中，卡波托蒂称，"所有专家都同意［在第 1 条中］提到权利平等的概念"：*Ibid.*，p. 9。并不是所有人都如此确信：对圣克鲁斯而言，额外提到平等看来是多余的，因为谴责歧视"必然包括"谴责不平等（Santa Cruz, *ibid.*）。

54　*Ibid.*，p. 8.

55　E/CN. 4/Sub. 2/L. 314.

56　Calvocoressi/Capotorti text，E/CN. 4/Sub. 2/L. 318.

57　E/CN. 4/Sub. 2/L. 319.

提议没有被小组委员会接受。[58]

在人权委员会中，厄瓜多尔很早就反对处理"少数民族问题"，这一问题"非常有争议……无疑会带来困难"。[59] 英国撤回了其对小组委员会案文第二部分的复杂修正，而赞成黎巴嫩的以"公共生活"结束该段的提议。[60] 英国反对——除其他外——在该款中加入含糊不清的内容，[61] 尽管一些代表为这种说法辩护，因为它会指向《世界人权宣言》之外范围更广的文书，包括国家宪法和法律。[62] 对《世界人权宣言》和"除其他外"的提及被删除；结果如施韦布所说，"通过的《公约》不限于《世界人权宣言》规定的权利"，[63] 而是扩展到其他未指明的权利。小组委员会案文中括号内的短语被删除，[64] 部分原因是，在一些代表看来，这一短语可能会产生模棱两可的解释，并给多民族国家或鼓励移民的国家带来问题。[65] 在人权委员会中，对于列入"民族或（national or）"可取这一点，有人质疑说，这一点虽然得到《世界人权宣言》承认，但在一项关于种族歧视的公约中会令人困惑；此外，这一点并未列入《消除种族歧视宣言》。[66] 第 1 款中的"民族或"的用词以 10 票赞成、9 票反对、1 票弃权的表决结果获得保留。

第三委员会审查了第 1 条第 1 款的如下案文：

> 本公约称"种族歧视"者，谓基于种族、肤色、［民族］或族裔本

58　E/CN.4/Sub.2/SR.416，p.8："某一具有特定族裔本源者之群体的精神遗产和文化价值本身有权得到法律保护。不得允许仅基于这些遗产和价值属于某一特定种族、肤色或族裔本源之人，歧视这些以及其他精神遗产和文化价值。"

59　E/CN.4/SR.783，p.10。

60　E/CN.4/L.689（英国的修正），载于人权委员会第二十届会议的报告，E/CN.4/874，paras 74 and 75。

61　E/CN.4/SR.784，p.7。

62　支持保留"除其他外"的声明，见以下国家的发言：苏联，*ibid.*，p.8；印度，*ibid.*；厄瓜多尔，*ibid.*，p.9；加拿大，*ibid.*，p.10。

63　E. Schwelb, 'The International Convention on the Elimination of All Forms of Racial Discrimination', *International and Comparatice Law Quarterly* 15 (1966), 996–1068, at 1004 [henceforth *The International Convention*]：见本书第十五章。

64　以 14 票赞成、2 票反对、1 票弃权通过：E/CN.4/874，para.94。

65　*Ibid.*，para.86. 例如见加拿大代表的评论，E/CN.4/SR.784，p.10；英国代表的评论，E/CN.4/SR.786，p.4。

66　E/CN.4/874，para.85。

源之任何区别、排斥、限制或优惠，其目的或效果为取消或损害政治、经济、社会、文化或公共生活任何其他方面人权及基本自由在平等地位上之承认、享受或行使。［在本款中，"民族本源"一词不包括任何人作为某一特定国家公民之地位。］

104 　　有一系列复杂的修正案提出，包括提议恢复小组委员会括号内有关不同民族（nationalities）的短语,[67] 以及"在《世界人权宣言》等中"的措辞。[68] 有人提出了一个新的第 2 款，明确"民族本源"并不意味着国籍或公民身份，因此《公约》将"不适用于基于国籍或公民身份差异的区别、排斥、限制或优惠"。[69] 这项提议被撤回，取而代之的是由九个国家提出的、成为最后文本第 1 条第 1、2 和 3 款的文本，其中在歧视理由中保留了民族本源，并添加了有关非公民的限制性条件。[70]

　　有若干解释"民族本源"的尝试。波兰代表为保留这一用语辩护，提到了一种情况，即一个政治上有组织的民族（nation）被纳入另一个国家，但"仍然作为一个社会和文化意义上的民族存在，尽管没有自己的政府"；因此，在一个国家内，这样一个民族的成员可能会受到歧视，"不是作为某一特定种族的成员或个人，而是作为一个以以前的政治形式存在的民族的成员"。[71] 简要记录包含了美国代表的以下解释：

　　　　民族本源不同于国籍（nationality），因为民族本源与过去有关，即个人或其祖先的先前国籍或地理区域，而国籍则与现在的地位有关。使用前一个词……将清楚地表明，无论个人或其祖先来自何方，他们都受到保护，不受歧视。民族本源不同于公民身份，因为它涉及非公民以及公民……她的国家有关种族歧视的法律同时适用于这两者。民族本源的范围比族裔本源窄；后者与种族和文化特征有关，包含对族裔本源之提

67　A/6181，Report of the Third Committee of the General Assembly，18 December 1965，paras 30-37.

68　巴西的提议，A/C. 3/L. 1209。另见类似的多国修正：A/C. 3/L. 1226 and Corr. 1，A/6181，para. 35。

69　法国和美国的修正，A/C. 3/L. 1212，这一修正后来被撤回：A/6181，para. 37。

70　A/C. 3/L. 1238. 支持国是加纳、印度、科威特、黎巴嫩、毛里求斯、摩洛哥、尼日利亚、波兰和塞内加尔。

71　A/C. 3/SR. 1304，para. 5.

及并不一定涵盖居住在不尊重其民族本源的外国的人的情况。[72]

塞内加尔代表支持保留"民族本源",解释了一些代表团将之包括在内的困难,即他们"担心使用该用语会赋予生活在一国的外国人在政治或其他领域的权利平等,而根据该国的法律,这些权利是专门留给国民的"。不过,该用语会"保护在外国出生、已成为其居住国国民的人……以及在一国之内可能遭受迫害的外国少数者"。[73] 对一些代表团来说,即使它们不将其反对体现为投反对票,"国族的(national)"一词也意指法律上的国籍或公民身份而不是族裔情况:按喀麦隆代表所认为的,"国籍"问题不同于种族歧视,就后者,一个人对于他遭受的情况"不负任何责任,因为他并不是自己选择了肤色、种族或出身……,而另一方面,国籍并不暗含使种族歧视特别可憎的没有责任的因素之义"。[74] 牙买加争辩说,国籍不同于种族,"本身可以成为一项宣言的主题"。[75] 尽管有批评的声音,但"民族本源"在《世界人权宣言》中被列为禁止的歧视理由鼓励了各代表团支持在《公约》中保留该用语。[76]

小组委员会和人权委员会都没有将"世系"(descent)列入歧视理由,[77]但印度向联大第三委员会提出了这一建议。[78] 这一添加没有经过太多辩论就获得同意——起草记录没有澄清相关的区别,尽管"世系"似乎意在掩盖有关"民族本源"的混乱。[79] 加纳代表提到了美国代表对"民族本源"所作的复杂解释,并声明,在他看来,该用语已经被印度的提案中的"世系"和

105

72　*Ibid.*，para. 23.

73　*Ibid.*，para. 16.

74　A/C. 3/SR. 1305，para. 9.

75　*Ibid.*，para. 26.

76　阿联酋代表的评论，*ibid.*，para. 44；黎巴嫩代表的评论，A/C. 3/SR. 1307，para. 1。

77　虽然《世界人权宣言》没有提到"世系"或"种姓",但印度提出以"种姓"取代第2条中的"出生"(不过没有坚持这一提议)：Morsink，*The Universal Declaration*，p. 115。《公约》提到"世系"在人权准则中并非独一无二：在本书讨论的文书中,国际劳工组织第169号公约第1条第1款(b)项中土著人地位的根据包括"在其所属国家或该国所属某一地区被征服或被殖民化时,……,即已居住在那里的人口之后裔(descent)"(强调为本书作者所加)。

78　A/C. 3/L. 1216. 印度的关键干涉是在联大第三委员会第1299和1306次会议上作出的。

79　按照印度代表的说法(A/C. 3/SR. 1299，para. 29),该修正"旨在应对许多代表团对'民族本源'的用词提出的反对"。

"原籍地"充分代表。[80]

"公共生活"问题并没有给《公约》起草者带来太大麻烦，尽管《公约》在其他方面的范围问题引起了一些西方国家政府的顾虑。例如，澳大利亚代表（在第 4 条草案的语境中）评论说，不能指望澳大利亚通过一项特别法律，规定每一个发表能够被解释为鼓吹种族歧视的言论的人犯有刑事罪行，因为"这样做很可能使这样的人成为烈士：他们的可予反对的意见本来会被有道理的论点或更可能被嘲笑所否定"。[81] 第 1 条全文以 89 票赞成、0 票反对、8 票弃权的表决结果获得通过。[82]

三 实践

（一）保留和准则

美国的保留提及第 1 条：

> 《美国宪法》和法律规定了广泛的反歧视保护措施，涉及非政府活动的大量领域。然而，个人隐私和私人行为不受政府干预的自由也被认为属于基本价值……。美国理解，通过在第 1 条中提及"公共生活"领域来确定受《公约》保护的权利，反映了在以下两方面之间的类似区分：习惯上属于政府监管对象的公共行为领域和不属于政府监管对象的私人行为领域。但是，如果《公约》要求对私人行为作出更广泛的监管，美国不接受这一公约规定的任何义务，即就私人行为……颁布立法或采取其他措施，但《美国宪法》和法律规定的除外。[83]

消除种族歧视委员会 2007 年《具体报告准则》[84] 中关于第 1 条的准则要

---

[80] A/C. 3/SR. 1306, para. 12.

[81] *Ibid.*, para. 5. 另见以下国家在联大第三委员会有关言论自由的评论：英国，SR. 1315, paras 1-3；荷兰，SR. 1316, paras 3-4；爱尔兰，SR. 1318, para. 56。

[82] A/6181, para. 41.

[83] <http://treaties. un. org/Pages/ViewDetails. aspx? src = TREATY&mtdsg _ no = IV - 2&chapter = 4&lang = en>.

[84] CERD/C/2007/1.

求缔约国提供基本资料，说明国内法的定义是否包括《公约》的所有理由、"是否包括直接和间接形式的歧视"，以及缔约国对"公共生活"的理解。该准则没有进一步阐述定义的内容。共同核心文件[85]和委员会的《具体报告准则》对于人口数据要求得更为详尽。前一份文件要求各国提供"关于该国及其人口的主要人口和族裔特征的准确信息"，同时考虑附录中列出的指标清单。[86]关于不歧视和平等的一节没有进一步提及族裔，而是要求各国提供关于"人口中特别弱势群体"以及属于"处境最不利"群体的人的资料。[87]

消除种族歧视委员会《具体报告准则》还解释说，"人口的族裔特征，包括源于文化混合的族裔特征，对《公约》特别重要"，[88]如果核心文件没有提供人口指标，则其应被列入提交委员会的文件。委员会的《具体报告准则》中包括以下建议：

> 许多国家认为，在进行人口普查时，它们不应注意种族等因素，以免扩大它们希望克服的划分或影响有关保护个人资料的规则。如果要监测在消除基于种族、肤色、世系、民族和族裔本源的歧视……方面的进展情况，就必须在消除种族歧视委员会具体文件中对可能因上述特征受到较不利待遇的人数有所说明。因此，请那些在人口普查中没有收集有关这些特征之资料的国家提供有关母语、通用语或表明族裔多样性的其他指标的资料，还请它们提供从社会调查中得出的种族、肤色、世系或民族或族裔本源方面的资料。如果缺乏数量方面的资料，则应对人口的族裔特征作质量方面的说明。建议各国拟订收集相关资料的适当方法。[89]

消除种族歧视委员会的《具体报告准则》还请缔约国提供资料，说明哪些群体被视为缔约国内的少数民族、少数族裔或土著民族，并建议查明基于

85　对报告文件的进一步解释，见本书第四章。

86　HRI/GEN/2/Rev.5，Chapter Ⅰ，Appendix 3，*ibid*.，p.23，要求报告国提供资料，除其他外，说明"按母语、宗教、族裔以及城乡"的人口分布情况。在附件中，则要求"按性别、年龄以及主要人口群体分门别类"的资料。

87　*Ibid*.，paras 50-58.

88　CERD/C/2007/1，para.10.

89　*Ibid*.，p.3，para.11.

世系的社群、非公民和国内流离失所者。[90]

107

（二） 数据

消除种族歧视委员会从第 2 号一般性建议开始，在一系列一般性建议中讨论了数据统计和相关问题。当一些缔约国用族裔等方面的同质性来描述其社会时，即使在这种主张是国家意识形态一部分的情况下，委员会仍然要求其提供相关数据。[91] 不那么激烈的主张承认某些群体的存在，但不承认其他群体的存在，或以可能掩盖其族裔特性的方式来描述这些群体，这些主张也受到了质疑。[92] 委员会同样对以下论点表示怀疑：尽管存在族裔多样性，但缔约国中不存在歧视的做法；[93] 声称个人隐私或各种法律障碍妨碍收集族裔数据并不妨碍委员会推进其观点。委员会注意到德国的解释——有关"防止本缔约国在人口普查中确定族裔群体"或者基于族裔或语言本源以其他方式对公民加以区别的法律规定，但接着就提供数据的必要性提出了通常的观点。[94] 委员会的许多评论都强调了数据收集方法的不足之处，以及国家报告中提供的数字与其他来源（通常是非政府组织）提供的数字之间的差异。最后一个问题时常出现在就罗姆人口提供的统计数据方面，[95] 尽管这并不局限于罗姆人口的情况。[96]

数据应按照通常包括族裔组成、族裔或民族本源或国籍、自然性别或社会性别和语言的类别"分门别类"。[97] 对于某些具体情况，也可要求按种姓、

90　*Ibid.*，p. 3，para. 12.

91　委员会的结论性意见：法国，CERD/C/FRA/CO/17-19，para. 12。

92　委员会的结论性意见：希腊，CERD/C/GRC/CO/16-19，para. 9；土耳其，CERD/C/TUR/CO/3，para. 12。

93　委员会的结论性意见：菲律宾，CERD/C/PHL/CO/20，para. 13。委员会拒绝了多米尼加共和国的类似主张，即不存在公共当局的歧视，理由是，"没有任何政府能够知道它的每一个公职人员是如何履行职责的"：CERD/C/DOM/CO/12，para. 8。

94　CERD/C/DEU/CO/18，para. 14.

95　例证包括委员会的结论性意见：捷克共和国，CERD/C/CZE/CO/7，para. 7；斯洛伐克，CERD/C/SVK/CO/6-8，para. 7。

96　委员会对萨尔瓦多的结论性意见（CERD/C/SLV/CO/14-15，para. 12）结合了有关民族统计中"明显差异"的说明和改善人口统计方法的建议。

97　有关按性别分类，见第 25 号一般性建议第 6 段。

宗教[98]、职业部门[99]、城市和农村地区[100]分门别类的数据。数据请求可以是一般性的，或者与《公约》的特定条款如仇恨言论、就业机会、政治参与等有关。

（三）承认

《公约》规定的歧视并非以少数或土著地位为依据，而是范围更广泛，以适合起草规划背后的"普遍主义"动机。尽管如此，自《公约》通过以来，少数群体和土著民族通过本评注提到的文书，已经获得了对其个人和集体人权的重要说明，而消除种族歧视委员会所要求的数据可以为种族复杂性提供佐证。在关于第 1 条的第 24 号一般性建议中，委员会对承认适用了基本的不歧视标准，批评了"自行酌情决定哪些群体构成族裔群体或土著民族"的国家。[101] 该建议坚持认为，某些标准"应统一适用于所有群体，特别是有关人员的数目，以及他们的种族、语言或文化不同于大多数或人口中的其他群体的情况"。[102] 尽管委员会的表述因使用"统一"而有一定程度的含混，但该建议并不表示要求待遇统一而不论情况如何，而是鉴于"存在一项关于属于这类群体的人的具体权利的国际标准"，以及关于平等权利和不歧视的更广泛标准，提出了在适用承认标准方面应保持一致的论点。[103] 铭记委员会目前广泛使用"少数人"一词，但可以指出，该词在起草过程中已经从有关第 1 条的第 24 号一般性建议中移除，没有出现在最终版本中，该版本侧重于民族或族裔群体和土著民族。[104] 第二次世界大战后被"不歧视"取代的对"少数人权利"的敏感可能已经表明了其在这种情况下的立场，即便该建议重复了对"少数人"的一般理解，而没有回顾这一称谓。

对于收到有关"个人被确定为某一或某些特定种族或族裔群体的成员的

---

[98]　委员会要求尼泊尔提供有关种姓和宗教的数据：CERD/C/304/Add.107, para.9。

[99]　委员会的结论性意见：乌兹别克斯坦，CERD/C/UZB/CO/5, para.10。

[100]　委员会的结论性意见：印度，CERD/C/IND/CO/19, para.9，要求数据按种姓、部落、性别、邦/地区以及城乡分门别类；老挝，CERD/C/LAO/CO/16-18, para.19。

[101]　第 3 段。

[102]　第 24 号一般性建议第 2 段。

[103]　第 24 号一般性建议第 3 段。

[104]　评论载于 CERD/C/SR.1363/Add.1, paras 14 and 15。在起草阶段，该一般性建议被称为"关于人口资料的一般性建议"，CERD/C/SR.1371, paras 18-22。

方式"的多样信息，消除种族歧视委员会第8号一般性建议选择了"如果没有相反的理由"即遵从自我认定的原则。[105] 与国际劳工组织第169号公约一样，该建议没有将自我认定作为一项绝对或最终的标准。对于土著民族，国际劳工组织第169号公约中规定的标准，包括历史连续性、领土联系以及独特的社会、经济、文化和政治制度，与自我认定都具有相关性，被视为"确定本公约之规定对其适用群体之基本标准"，尽管不是唯一的标准———一项回溯到国际联盟时代的资格标准还强调了"客观因素"。[106] 看待这些因素的标准路数源于国际文书和批评性文献对少数群体和土著民族所表达的理解。虽然在包括《联合国少数人权利宣言》在内的主要国际文书中都没有对少数群体的"官方"定义，[107] 但评论者提出的定义不胜枚举，需要各国作出实际判断。[108] 就土著民族而言，虽然《联合国土著人民权利宣言》回避作出界定以有利于对自决的广泛解读，但国际劳工组织第169号公约提供了一份该文书的"涵盖范围声明"，这一声明就算不是一种反推的或普遍适用的"定义"，也服务于这种定义的某些目的。[109]

109

105　A/45/18, Annex Ⅶ.1. 进一步的讨论见本书第九章。比较人权事务委员会审理的拉夫雷斯诉加拿大案，其中人权事务委员会就该案的事实称，在保留地上出生、长大并"和他们的社群保持着联系并希望维持这种联系的人，一般而言必须被认为属于这一少数群体"：*Sandra Lovelace v Canada*，CCPR/C/13/D/24/1977（1981），para. 14。

106　常设国际法院称，"某一个人是否属于某一种族、语言或宗教少数人的问题……是一个事实问题，而不只是一个意图问题"：*Rights of Minorities in Upper Silesia*（*Minority Schools*）［1927］PCIJ Ser. A No. 15, p. 32。

107　不过，见欧洲理事会议会大会第1201号建议关于制定一项《欧洲人权公约附加议定书》的提议。

108　最为人熟知的很可能是卡波托蒂所表达的，他将少数定义为"一个群体，在数量上少于一国的其他人口，处于非支配地位，其成员为该国国民，具有与其他人口不同的族裔、宗教或语言特征，并表现出（即使只是含蓄地）旨在保护他们的文化、传统、宗教或语言的团结感"：F. Capotorti, *Study on the Rights of Persons belonging to Ethnic, Religious and Linguistic Minorities*，E/CN. 4/Sub. 2/384/Rev. 1（1979），para. 568。对少数人定义的长篇论述，见 H. Hannum, 'The Concept and Definition of Minorities', in M. Weller（ed.），*Universal Minority Rights*（Oxford University Press, 2007），pp. 49-73；G. Pentassuglia, *Defining 'Minority' in International Law: A Critical Appraisal*（2nd edn, Juridica Lapponica, 2000）。另见联合国秘书长的照会中列出的研究成果，E/CN. 4/Sub. 2/1984/31。

109　见该公约第1条，相关讨论和资料来源载于 P. Thornberry, *Indigenous Peoples and Human Rights*（Manchester University Press, 2002），esp. pp. 33-60；J. J. Corntassel, 'Who is Indigenous? Peoplehood and Ethnonationalist Approaches to Rearticulating Indigenous Identity', in C. Erni（ed.），*The Concept of Indigenous Peoples in Asia*（IWGIA, 2008），pp. 51-74。

　　虽然消除种族歧视委员会有关自我认定原则的表述明确涉及个人，但委员会的建议也确认其可适用于群体。对于博茨瓦纳——该缔约国表示不愿意承认其领土上有土著民族，委员会请其"审查其有关土著民族的政策，并为此考虑有关群体认识和界定自身的方式"。[110] 对于乌克兰，就"属于乌克兰公民但认为自己是罗塞尼亚人（Ruthenians）"的社群，委员会建议"尊重个人和民族自我认定的权利"。[111] 委员会采用的承认和自我认定的概念延伸到"命名名称"（naming names），即基于群体有尊严地享有其名称而非其他名称——可能是贬义的、由该群体以外的人强加的——的权利的自我指称。[112] 因此，就有了要求缔约国提供资料，说明群体成员接受特定群体指称的情况的做法。

　　消除种族歧视委员会认为，在族裔证据充分呈现的情况下，各国应承认族裔群体。就爱尔兰的情况，委员会表示关切该缔约国有关"漂泊者"的立场——他们未被承认为族裔群体，并鼓励其为实现这一承认而开展具体工作，同时铭记这一承认在《公约》之下具有重要影响。[113] 就少数族裔或民族，委员会敦促意大利在与"历史上"的少数民族平等的基础上，承认罗姆人；[114] 委员会对厄瓜多尔也提出了类似的建议。[115] 对于罗塞尼亚少数群体尽管具有鲜明的少数群体特征但没有得到正式承认，委员会向乌克兰提出了意　110

---

[110]　CERD/C/BWA/CO/116，para. 9.

[111]　CERD/C/UKR/CO/19-21，para. 19.

[112]　第 27 号一般性建议第 3 段，建议各国"在罗姆人想要被如何命名方面，尊重他们的意愿"；委员会对外人的命名很小心。

[113]　CERD/C/IRL/CO/2，para. 20；see also CERD/C/IRL/CO/3-4，para. 12. 爱尔兰漂泊者在英格兰得到这种承认：*O'Leary v Punch Retail*，Westminster County Court（29 August 2000）；在北爱尔兰，爱尔兰漂泊者被包括在 1997 年《种族关系令（北爱尔兰）》的范围之内。（"漂泊者"是译者对"Travellers"的翻译。联合国发布的人权事务委员会和消除种族歧视委员会对爱尔兰的结论性意见中文本中，与"Traveller community"对应的用词为"旅行者群体"和"游民"。"漂泊者社群"是爱尔兰等国的一个少数族裔群体——爱尔兰政府于 2017 年承认该社群为族裔少数群体，其生活方式和特征是四处漂泊。——译者注）

[114]　CERD/C/ITA/CO/15，para. 12；CERD/C/ITA/CO/16-18，para. 3.

[115]　CERD/C/ECU/CO/19，para. 11，委员会认为保障罗姆人为和平目的自由结社是不够的，并敦促在法律上承认罗姆人是少数民族；另见，CERD/C/ECU/CO/20-22，para. 13。

见。[116] 对土著民族的承认从委员会支持的《联合国土著人民权利宣言》表达的自决原则中获得了更大的力量。委员会坚持认为，如果一个群体归属于如"土著民族"等特定指称，而且要求这样得到承认，他们就应得到如此承认。[117] 对老挝，委员会建议该缔约国"承认如国际法所述的属于少数群体和土著民族的人的权利，无论国内法中对这些群体的命名如何"。[118] 委员会在其向丹麦提出的关于承认格陵兰岛上"图勒（Thule）部落"的建议中，提出丹麦应采取具体措施"确保图勒部落的地位反映关于土著民族身份识别的既定国际准则"。[119] 委员会的做法延及支持各群体在国家宪法中得到承认的要求。[120] 在有缔约国即将作出符合国际标准的承认之时，委员会表示了祝贺。[121]

消除种族歧视委员会关于承认的意见主要是针对各国在评估人口数据时

---

[116] CERD/C/UKR/CO/18, para. 20；后来的一项建议在这样一个目标的背景中提出，即"承认所有据称在该缔约国存在的少数人"：CERD/C/UKR/CO/19-21, para. 19。

[117] 委员会的结论性意见：丹麦，CERD/C/DNK/CO/18-19, para. 17，"委员会重申，根据其1990年第8号一般性建议和其他联合国文书，敦促该缔约国特别注意，自我认同在确定和理解一个民族为土著民族时是一个关键因素"；另见对老挝的结论性意见，CERD/C/LAO/CO/15, para. 17。

[118] *Ibid.*

[119] CERD/C/DNK/CO/18-19, para. 17；CERD/C/DNK/CO/20-21, para. 21. 对于格陵兰岛的乌玛纳克（Uummannaq）或图勒部落的特别情况，国际标准并非单一明确：国际劳工组织三方委员会指出，该群体的成员具有与格陵兰岛上的其他人相同的情况——"这些情况并不使乌玛纳克社群的人与其他格陵兰人有别，但是格陵兰人作为一个群体与丹麦或法罗群岛的居民有别"：Governing Body, 280th session, March 2001, Representation under Article 24 of the ILO Constitution, Denmark, GB. 280/18/5, cited in *Indigenous and Tribal Peoples' Rights in Practice: A Guide to ILO Convention* 169 (International Labour Organization, 2009), p. 13。See also EctHR, *Hinqitaq 53 and Others v Denmark*, App. No. 18584/04 (2006), discussed in T. Koivurova, 'Jurisprudence of the European Court of Human Rights Regarding Indigenous Peoples: Retrospect and Prospect', *International Journal on Minority and Group Rights* 18 (2011), 1-37, 22-24.

[120] 明显的例证包括委员会的结论性意见：澳大利亚，CERD/C/AUS/CO/15-17, para. 15。智利，CERD/C/CHL/CO/18-19, para. 12 and CERD/C/CHL/CO/15-18, para. 16，其中委员会敦促该缔约国除其他外，优先"在宪法中承认土著民族的权利，将此作为实现以协商一致为基础解决其诉求的第一步"。埃塞俄比亚，CERD/C/ETH/CO/6-7, para. 9，其中委员会赞赏地注意到其宪法承认少数群体。

[121] 委员会的结论性意见：日本，CERD/C/JPN/CO/3-6, para. 5。在日本，札幌地方法院曾在一起案件中设置过这一场景：*Kayano et al. v Hokkaido Expropriation Committee*, 27 March 1997, *ILM* 38, 397，其中法院在承认阿伊努人少数群体地位的同时，呼吁依据国际标准加强对其作为土著民族的保护。就日本在2008年证实承认阿伊努人为土著人的情况，见<https://www.japan-times.co.jp/news/2008/06/07/national/diet-officiallydeclares-ainu-indigenous/#. VdH6mH2aKSp>。

所作的判断，委员会认为需要这些数据，以便将包括特别措施在内的反歧视方案具体化。[122]

对个人而言，自我认定不鼓励国家以一种会颠覆《公约》的目的及宗旨的确定方式将其归类。各群体对自我定义的范围表示了批评，令他们担忧的是，他们看到这一范围不适当地延伸到与所涉群体几乎或根本没有明显联系的个人。[123] 对于集体而言，自我认定挑战国家偏离既定权利之适用的特权。对消除种族歧视委员会立场的挑战正在到来。土耳其声称："它没有坚持根据其成员纯粹主观的看法或感受主张给予少数群体地位的'自我认定'方法。每个国家都有决定其认为哪些公民群体构成少数群体的主权权利。"[124] 委员会则重申了第 8 号一般性建议的相关性，并对采用限制性标准来确定少数群体的存在表示关切。[125]

111

（四）歧视

"歧视"一词可以在积极、中立或消极的意义上使用。拉丁语中的 *discriminare* 只意味着"在……中之间区别"，[126] 在提到"一个能区分的人"（a person of discrimination）时，则有一种积极的含义，即指一个在智力或现实问题上，显示出一种判断之精细或微妙的人。虽然国际文书使用"区别"（distinction）和"歧视"的情况各不相同，[127] 但《公约》将"区别"纳入了种族歧视的概念。《公约》和国际人权其他领域对歧视的定义基本上是消极

---

[122]　在本书第九章讨论。

[123]　见有关特别措施的本书第九章对芬兰萨米人的讨论。

[124]　CERD/C/SR.1915，para.5. 土耳其的观点引起了委员会委员的评论。迪亚科努认为（Diaconu，*ibid.*，para.32），"该缔约国没有义务正式承认该国不同的族裔群体（ethnic groups）为少数民族（national minorities）"，但是承认应依据客观标准进行；另见普洛斯珀的评论（Prosper，*ibid.*，para.43）。另见委员会的结论性意见：土耳其，CERD/C/TUR/CO/4-6，paras 13 and 14，其中委员会认为，土耳其并不被禁止承认 1923 年《洛桑条约》并未承认的少数群体。委员会对得到承认和未获承认的群体的区分提出了疑问，以揭示这些区分是否掩盖了歧视性做法。

[125]　CERD/C/TUR/CO/3，para.12.

[126]　*Concise Oxford English Dictionary*（11th edn，Oxford University Press 2004），p.410.

[127]　荷兰人权研究所数据库中的国际文书有 26 处提及"区分"，168 处提及"歧视"：<http://sim. law. uu. nl/SIM/Library/HRinstruments. nsf/%28organization%29/ $ Searchform? SearchViews>.

的：对一个人或一组/一类人的不公正或不公平的歧视。[128] 因此，第 32 号一般性建议将"积极歧视"视为一种矛盾措辞。[129] 与歧视有关的不公正或损害是根据"取消或损害"对人权"在平等地位上"的承认等来标定的。

为了认定第 1 条所规定的对个人或群体产生影响的歧视，需要确定的是，个人或群体受到"基于"种族、肤色等的区别对待。"基于"在表示行为的动机或理由时，与故意歧视很好地吻合，但与效果歧视或间接歧视则不那么吻合；在第 14 号一般性建议中，消除种族歧视委员会将"基于"重新表述为"基于……的理由"只是稍微缓和了一点不一。马可南辩称，委员会在 L. R. 诉斯洛伐克案中对间接歧视的承认意味着拒绝这样的做法，即歧视"必须与……单独挑选出……某一特定群体成员的行为相联系"。[130] 在其他情况下，当避免将归类作为间接歧视时，委员会坚持认为，群体应被"单独挑选出来"，以便与《公约》中的禁令相关联，[131] 这是一种对于"针对"群体的狭隘进路。第 32 号一般性建议概述了委员会对歧视的一般理解：

> 关于歧视的核心概念，委员会第 30 号一般性建议（2004 年）指出，"如果根据《公约》的目的及宗旨判断，差别对待的标准没有按照正当目标适用，而且与实现这一目标不成比例，则差别对待将构成歧视"（第 4 段）。作为这一原则的逻辑必然结果，第 14 号一般性建议（1993 年）指出，"如果根据《公约》的目的及宗旨判断，差别对待的标准是正当的，则不构成歧视"（第 2 段）。"不歧视"一词并不意味着，当一个人或一个群体与另一个人或群体之间的情况有重大差异时，或换句话说，如果有客观与合理的理由给予差别对待，也必须给予统一待遇。以同等方式对待客观上情况不同的个人或群体，实际上将构成歧

112

---

[128] "单单'歧视'一词现在常用于不公平、不合理、无道理或武断的区分这种贬义"：McKean, *Equality and Discrimination*, p. 10。

[129] 在第 32 号一般性建议第 12 段的意思上。见本书第九章的讨论。

[130] T. Makkonen, *Equal in Fact, Unequal in Law* (Martinus Nijhoff, 2012), p. 133 [henceforth *Equal in Fact, Unequal in Law*].

[131] 在一起以辱骂方式提及穆斯林的案件中，"没有任何特定的民族或族裔群体被针对"，而且与一般性地提及外国人一样，一般性地提及穆斯林"没有单独挑选出一个特定的人群，没有违反《公约》第 1 条"：*P. S. N. v Denmark*, CERD/C/71/D/36/2006 (2007), paras 6. 2 and 6. 4。

视，对客观上情况相同的个人的不同等对待也将构成歧视。委员会还指出，适用不歧视原则需要考虑到群体的特点。[132]

应当区分简单化的"差别对待"和（不公平的）歧视：防止歧视和平等权利不要求不考虑具体情况的同等待遇；[133] 这里已经提到了自国际联盟成立以来对平等的微妙理解。少数人和土著人权利以及国际法中其他类别的权利的大厦，取决于对平等的理解上的细微差别。[134] 差别对待的客观和合理的理由，可能出自对事实情况的评估或法律的实施，根据《公约》接受可以适用于特定群体或类别成员的权利，就是后者的一个例子。[135] 在塞菲克诉丹麦案中，消除种族歧视委员会决定，要求会说丹麦语才能购买汽车保险，从情况来看是合理的。委员会认为，有关公司提出的理由，"包括与客户沟通的能力、一家小公司缺乏雇用讲不同语言的人的资源以及该公司主要通过电话开展业务的事实"，构成了这一要求的合理、客观的根据。[136] 在 L. G. 诉韩国案中，关于对外国人——韩国族裔除外——进行的毒品和艾滋病毒/艾滋病的强制性检测，委员会指出，这项政策"似乎基于公共卫生或任何其他理由都不是正当合理的"。[137] 也可以通过具体条约或如欧盟等的法律制度的运作，

113

---

[132]　第 8 段。

[133]　"禁止歧视并不要求同等待遇，换言之，并非每一差别对待都等于被禁止的歧视"：K. Henrard, 'The Protection of Minorities through the Equality Provisions in the UN Human Rights Treaties: The UN Treaty Bodies', *International Journal on Minority and Group Rights* 14 (2007), 141-180, 149。

[134]　"但是，不歧视原则并不违背这样一种认识，即特别弱势的人员类别可能需要被单独挑选出来保护……而且已经发展出更具体的规范来补充一般准则……这些类别包括工人、难民、妇女、囚犯和其他被拘禁者、土著人、儿童、残疾人和移徙工人"：H. Hannum, 'The Concept and Definition of Minorities', in M. Weller (ed.), *Universal Minority Rights* (Oxford University Press, 2007), pp. 49-73, p. 50。关于苏里南的反对——土著人和非洲裔人的土地要求实际上是歧视性的，美洲人权法院回顾了"确立的国际法原则，即对处于不平等情况下的人的不平等待遇不一定等于不可允许的歧视"。对于土著和部落民族的情况，本法院已经声明，有必要采取特别措施以确保他们按照他们的传统和习俗生存"：*Saramaka People v Suriname*, IACtHR Ser. C No. 172 (2007), para. 103。

[135]　在关于刑事司法制度中的种族歧视的第 31 号一般性建议中，第 27 段建议，在审判前，缔约国可以"考虑违犯者的文化或习惯背景，尤其是对于属于土著民族的人"，优先考虑对犯罪行为采用非司法或准司法程序；第 36 段还建议，在这样的案件中，各国应参照国际劳工组织第 169 号公约，优先考虑替代监禁的其他办法。

[136]　*Sefic v Denmark*, CERD/C/66/D/32/2003 (2005), para. 7. 2。

[137]　*L. G. v Republic of Korea*, CERD/C/86/D/51/2012 (2015), para. 7. 4，在本书第七章进一步讨论。

使差别对待具有正当性。[138]

　　勒纳对《公约》准备工作的解读是，所列"区别、排斥、限制和优惠"这四类歧视性行为意在涵盖基于种族动机的所有类型的行为，[139] 这表明不应对它们作限制性解释。上文提到了少数民族和少数族裔之间的"区别"；社会、教育和其他形式的"排斥"引起了消除种族歧视委员会的评论，[140] 委员会还表示了对"包容"的支持。[141] 在档案中检索"限制"，会查找到政府对非政府组织的限制，但也有对劳动力市场上的非公民的限制[142]、对迁徙自由的限制[143]和种姓限制[144]。关于"优惠"，第 32 号一般性建议总结称，构成歧视的"不仅有并无道理的'区别、排斥或限制'，而且有并无道理的'优惠'，这使缔约国区分'特别措施'与被禁止的'优惠'尤为重要"。[145]

　　D. F. 诉澳大利亚案讨论了法律优惠的适用问题，该案涉及澳大利亚立法中的一些变化，这些变化除其他外，影响某些社会保障的获得资格。申诉人是一名居住在澳大利亚的新西兰公民，由于以前有利于新西兰公民的规则的立法被修正，失去了特殊地位，而需要申请永久居留签证才能获得某些社会保障福利。澳大利亚在驳回种族歧视的主张时辩称，虽然新西兰公民以前曾

---

[138]　欧洲人权法院通过提到欧洲（欧盟）法律秩序，主张在欧盟公民与其他人之间因犯罪而被驱逐出境方面的待遇差别是合理的，认为"这种优惠待遇是基于客观和合理的理由，鉴于欧盟成员国构建了一种特别法律秩序，而且欧盟还确立了自己的公民资格"，*C. v Belgium*，App. No. 35/1995/541/627（1996），para. 38；另见人权事务委员会的案件，有关对等的国际社会保障协定的效果，*Shergill v Canada*，CCPR/C/94/D/1506/2006（2008）。不过，在这种情况下，仅仅存在国际协定并不一定能解决歧视问题：Human Rights Committee，*Karakurt v Austria*，CCPR/C/74/D/965/2000（2002）。

[139]　N. Lerner，*Group Rights and Discrimination in International Law*（Martinus Nijhoff，1991），pp. 48-49.

[140]　委员会的结论性意见：哥伦比亚，CERD/C/COL/CO/14，para. 18，有关非洲裔哥伦比亚人和土著民族；爱沙尼亚，CERD/C/EST/CO/8-9，para. 17，有关对罗姆人的广泛排斥；尼日利亚，CERD/C/NGA/CO/18，para. 15，对于有关奥苏人（Osu）的指控，将"社会排斥、分离和苛待"联系在一起。

[141]　第 27 号一般性建议第 17 段：见本书第十章的讨论。

[142]　委员会的结论性意见：拉脱维亚，CERD/C/63/CO/8，para. 15。

[143]　委员会的结论性意见：以色列，CERD/C/ISR/CO/13，para. 34。

[144]　委员会的结论性意见：尼泊尔，CERD/C/64/CO/5，para. 12。另见第 29 号一般性建议第（a）段及有关段落、第 20 号一般性建议第 2 段。

[145]　第 7 段。例如见委员会的结论性意见：斐济，CERD/C/62/CO/3，para. 26；波斯尼亚和黑塞哥维那，CERD/C/BIH/CO/6，para. 11；以色列，CERD/C/ISR/CO/13，para. 17。

获得过优惠待遇，但撤回这种优惠不构成歧视，因为它仅仅把新西兰公民置于"与其他国籍的人同等的地位"[146]——这一论点被申诉人批评为"通过剥夺实现平等"。[147] 消除种族歧视委员会在认定没有基于民族本源的歧视时指出，曾经有利于新西兰公民的区别已不再适用：修改后的规定"没有导致施行一种区别，而是取消了这种区别，因为这种区别使申诉人和所有新西兰公民处于比其他非公民更有利的地位"。[148]

第 1 条所规定的歧视是从其目的或效果来表示的，消除种族歧视委员会一直批评那些坚持对歧视的申诉必须附有意图证据的法域。[149] 委员会在其向缔约国提出的建议中，一直提到"目的或效果"。[150] 为了确定事实上是否存在歧视，第 14 号一般性建议声明，委员会"将考察［某项］行动是否对"以种族、肤色等区分的"一个群体产生不合理的不同影响"。[151] 对"不同影响"的引证包括对如下情况的意见：澳大利亚将土著人强制判刑的影响，[152] 自然灾害对低收入非洲裔美国人的不同影响，[153] 在美国因重罪剥夺投票权的法律对少数人的不同影响。[154]

在继续使用"目的"和"效果"这两个术语的同时，在实践中出现了直接和间接歧视的平行用语。在 L. R. 诉斯洛伐克案中，消除种族歧视委员会回顾说，"种族歧视的定义……明确地超出了明确具有歧视性的措施的范围，包括了表面上不具有歧视性但在事实上和效果上具有歧视性的措施，如果这些措施构成间接歧视的话"。[155] 这里，效果上的歧视被视作等同于间接歧视，而事实上的歧视等同于效果上的歧视。委员会对美国的结论性意见似乎消除了间接歧视和事实歧视之间的区别，这些区别一同被认为发生在这样的

146　*D. F. v Australia*，CERD/C/72/D/39/2006（2008），para. 4. 2.

147　委员会意见的第 5. 2 段。

148　委员会意见的第 7. 1 段。

149　委员会的结论性意见：美国，CERD/C/USA/CO/6，para. 35；CERD/C/USA/CO/7-9，para. 5。

150　例如在"9·11"之后有关对恐怖主义的反应的声明中，A/57/18，Chapter Ⅺ. C。

151　第 14 号一般性建议第 2 段。

152　委员会的结论性意见：澳大利亚，CERD/C/AUS/CO/14，para. 20。

153　委员会的结论性意见：美国，CERD/C/USA/CO/6，para. 31。

154　*Ibid.*，para. 27.

155　*L. R. v Slovakia*，CERD/C/66/D/31/2003，para. 10. 4.

情况中："看起来中立的规定、标准或做法会使某一特定种族、族裔或民族本源的人与其他人相比，处于不利地位。"[156] 在委员会的实践中，事实歧视（*de facto discrimination*）的本质是指在实践中存在歧视；同样，事实平等是指在实践中享有人权的平等。委员会关于事实歧视的声明表明，《公约》规定的义务深入社会矩阵中，但受"公共生活"的限制。在移民[157]、基于世系的社群[158]和罗姆人[159]的语境中，提到事实歧视尤其普遍。

115   一直存在对术语混合的评论。弗洛斯特尔区分了目的—效果轴和直接—间接轴，评论说，"在存在和不存在歧视性目的的情况下……直接和间接歧视都可能发生"。[160] 德舒特区分了间接歧视即"隐藏在使用表面上中立的标准背后的有意识的歧视实例"和"具有不同效果的歧视"即这样的规则以及/或者做法"虽然不打算产生这种效果，但对某些群体造成了特定的不利影响，或对他们产生了不成比例的影响"。[161] 不论术语的出处，[162] 直接和间接

---

156   CERD/C/USA/CO/6, para. 10.

157   委员会的结论性意见：葡萄牙，CERD/C/65/CO/7，para. 11。

158   委员会的结论性意见：也门，CERD/C/YEM/CO/16，para. 15。

159   这有许多例证，例如见委员会的结论性意见：塞尔维亚，CERD/C/SRB/CO/1，para. 15。罗姆人的情况经常被称为相当于"事实上的分隔"。

160   K. Frostell, 'Gender Difference and the Non-Discrimination Principle in the CCPR and the CEDAW', in L. Hannikainen and E. Nykanen (eds), *New Trends in Discrimination Law*; *International Perspectives* (Turku Law School, 1999), pp. 29-57, at p. 51. See also K. Henrard, 'Non-Discrimination and Full and Effective Equality', in M. Weller (ed.), *Universal Minority Rights* (Oxford University Press, 2007), pp. 75-147, at p. 113 and citations therein [henceforth 'Non-Discrimination and Full and Effective Equality']; D. Moeckli, 'Equality and on-Discrimination', in D. Moeckli, S. Shah, and S. Sivakumaran (eds), *International Human Rights Law*, p. 166.

161   O. de Schutter, *International Human Rights Law* (Cambridge University Press, 2010), pp. 625-626 [*International Human Rights Law*].

162   对于使用"直接"和"间接"歧视来源于欧洲共同体法律制度的说法，范登霍尔引用了弗洛斯特尔（Frostell），Vandenhole, *Non-Discrimination and Equality*, p. 35, n. 149；对该原则的早先表述，见 *Sotgiu v Deutsche Bundespost*, Case 152/73 (12 February 1974), para. 31。在国际法中，常设国际法院的一个案件，*Minority Schools in Albania* [1935] PCIJ, Ser. A/B, No. 64, 表述了间接或"效果"歧视的基本要素。更一般意义上的歧视待遇法（即便不与国际法特别有关）可追溯"不同影响"的判例在美国最高法院案件中的发展，*Griggs v Duke Power* (1971) 401 U.S. 424；S. Fredman, *Discrimination Law* (2nd edn, Clarendon Press, 2011), pp. 177-180。最近的案件，见 *Texas Department of Housing and Community Affairs v The Inclusive Communities Project, Inc. et al.*, Case No. 13/1371, US Court of Appeal for the Fifth Circuit, 25 June 2015。欧洲人权法院的案例法，见 *D. H. v Czech Republic*, App. No. 57325/00 (2007), para. 184。

歧视的使用深深植根于当前的人权实践中。[163] 人权标准中对这些概念的定义彼此有着广泛的相似之处,[164] 即使所使用的术语可能会冲淡德舒特所评价的区别。[165]

消除种族歧视委员会没有提出"直接"和"间接"歧视的单独定义。这两个术语在委员会关于特别措施的第 32 号一般性建议中,作为一个标题出现,但所提供的解释被表述为"目的性或故意性的歧视和效果上的歧视",这表明委员会并没有在这两对词语之间画出一条清楚界线。[166] 在评估间接歧视是否在"事实上和效果上"起作用时,委员会称,它"必须考虑特定的背景和情况……因为根据定义,间接歧视只能在有关情况中间接显现出来"。[167] 虽然委员会没有就表明存在间接或结构性歧视的证据向缔约国提供详尽的指导,但委员会时常要求其提供基于群体的一般数据,[168] 并要求其审查特别脆弱群体的总体情况[169]或与具体政策有关的总体情况。[170]

116

---

[163] 经济、社会和文化权利委员会第 20 号一般性意见（E/C.12/GC/20）第 10 段对这些术语的定义如下:"（a）直接歧视发生在一个人因为一种被禁止的理由而所受待遇不如处于同样情况下的另一个人的待遇之时……。直接歧视还包括在没有可比较的类似情况下（例如在妇女怀孕的情况下）、出于被禁止的理由所采取的有害行为或不行为;（b）间接歧视所指的,是表面上看起来是中性的法律、政策或做法,因为被禁止的歧视理由所造成的差别而对行使《公约》权利有不适当的影响。"对于这种公式的批评,见 de Schutter, *International Human Rights Law*, p.640。人权事务委员会在若干案件中明确承认了间接歧视,而其第 18 号一般性意见更倾向于使用"目的或效果"的公式:*Althammer v Austria*, CCPR/C/78/D/998/2001（2003）; *Simunek et al. v Czech Republic*, CCPR/C/54/D/516/1992（1995）; *Diergaardt v Namibia*, CCPR/C/69/D/760/1997（2000）。

[164] 在 D. H. 诉捷克共和国案（*D. H. v Czech Republic*, para.184）中,欧洲人权法院认为,"待遇差别可能采取这样的形式:某一项一般性政策或措施虽然是以中立表述规定的,但具有歧视某一群体的不成比例的不利后果"。欧洲反对种族主义和不容忍委员会 2002 年有关打击种族主义和种族歧视的国内立法的第 7 号一般性政策建议提供了一种一般性的看法: <https://www.coe.int/dhgl/monitoring/ecri/activities/GPR/EN/Rec>。

[165] 比较《美洲禁止种族主义公约》第 2 条第 1 款中对间接歧视的界定（相关讨论见本章的结论部分）。

[166] 第 32 号一般性建议第 7 段。

[167] *L. R. v Slovakia*, CERD/C/66/D/31/2003（2005）, para.10.4.

[168] 委员会的结论性意见:亚美尼亚, CERD/C/ARM/CO/5-6, para.12。

[169] 委员会的结论性意见:荷兰, CERD/C/NLD/CO/18, para.6。

[170] 委员会的结论性意见:捷克共和国, CERD/C/CZE/CO/7, para.16,其中委员会建议审查"用于确定儿童要被送入特别学校之情况的方法工具,以避免基于罗姆儿童的文化特性而产生的对他们的间接歧视"。

在探讨种族歧视的各个方面时，消除种族歧视委员会强调了结构性歧视或结构性不平等，特别是美洲的非洲人后裔和土著民族的情况。[171] 2011 年通过的第 34 号一般性建议概述了有关非洲人后裔的立场：

> 对非洲人后裔的种族主义和结构性歧视起源于臭名昭著的奴隶制度，现在体现于影响他们的不平等情况之中，并特别反映在下列领域中：他们与土著民族一道，组成了穷人中的最穷困者；他们在政治和体制决策过程中的参与率和代表率都很低；他们在获得教育机会、完成教育以及所受教育质量方面都面临额外困难，致使贫困一代一代延续；进入劳动市场的不平等；对其种族和文化多样性缺乏社会承认和重视；以及他们在囚犯中人数比例过高。[172]

> 委员会指出，……克服影响非洲人后裔的结构性歧视需要紧急采取特别措施（平权行动）……。[173]

摘录的内容强调了附带现象的影响的多样性，并使消除种族歧视委员会接近于对结构性歧视的形式分析。委员会对这一术语的使用经常涉及作为历史过程的产物的歧视，这些歧视使民众在国家机构中和在享受基本权利方面被边缘化。[174] 在许多情况下，尤其是在土著民族的情况下，搭建国家和社会结构所围绕的模式对那些不占主导地位的民众基本没有提供所有感或参与感；土著民族可能将这方面的补偿性法律和宪法实践的发展视为"迟来的国

117

---

[171] 例如见委员会的结论性意见：哥伦比亚，CERD/C/COL/CO/14，para. 18；秘鲁，CERD/C/PER/CO/14-17，para. 10；委内瑞拉，CERD/C/VEN/CO/18，para. 17；乌拉圭，CERD/C/URY/CO/16-20，paras 10-12，其中委员会建议乌拉圭，对于非洲人后裔，作出"努力，在有关打击和扭转结构性歧视的目标的所有政府计划、方案和战略中纳入民族—种族层面；为这些计划、方案和战略分配特定和充足的预算；并定期予以评估，以改善其对目标人群的质量和数量结果"。

[172] 第 34 号一般性建议第 6 段。

[173] 第 34 号一般性建议第 7 段。"制度性歧视"的用法与结构性歧视的用法不同，它很少被运用。见委员会的结论性意见：卢旺达，CERD/C/304/Add. 97，para. 6。

[174] 有名学者在将歧视重新表述为压迫时，将压迫定义为"结构性的"，其起因"扎根在不受质疑的规范、习惯和象征中，在作为这些制度性规则基础的假设以及遵循这些规则的集体后果中"，还提到了"善意的人在日常交往中往往产生无意识的假设和反应……，文化刻板印象，以及官僚等级制度的结构特征"：I. M. Young, *Justice and the Politics of Difference*（Princeton University Press, 1990），p. 41, cited in Bamforth *et al.*, *Discrimination Law: Theory and Context*, p. 225。

家建设"的一个方面。[175] 也能见到结构性歧视对非公民、移民人口有影响。[176] 委员会更愿意使用的形容词是"结构性的"而非"系统性的",后者更常用于指社会方案中的"系统性的缺陷"。[177] 侧重于"制度"的行动的结果而不是更广泛的"结构"的"制度性的歧视"并不属于委员会常规工作清单的一部分。[178] 在许多国家,歧视性"结构"在文化和经济上根深蒂固,这表明,在一个国家内解决这种歧视所需的措施需要动用《公约》的全部资源。

(五) 歧视理由

1. 种族和肤色

鉴于使用(歧视的)"理由"一词司空见惯,《公约》第 1 条提到"基于"(based on)种族、肤色等的歧视,然而,《公约》序言部分提到了"理由",而委员会在其第 14 号一般性建议中表示的观点则是,"'基于'一词并不具有与序言第 7 段中的'基于……的理由'(on the grounds of)任何不同的含义",[179] 第 1 条中的理由清单被表现为有限的。

虽然消除种族歧视委员会对种族主义的称谓持批评态度,[180] 但"种族本身很少作为禁止的理由被明确提到",[181] 而在提到的地方,它通常与其他理由

---

[175] E. I. A. Daes, *Discrimination against Indigenous Peoples*: *Explanatory Note concerning the Draft Declaration on the Rights of Indigenous Peoples*, E/CN. 4/Sub. 2/1993/26/Add. 1, 19, para. 26.

[176] 委员会的结论性意见:比利时,CERD/C/BEL/CO/16-19,para. 15,其中也包括对"族裔分层"(ethnic stratification)的提及。

[177] 经济、社会和文化权利委员会将"系统性"歧视理解为"在公共或私人领域中的法律规则、政策、习俗或占主导地位的文化态度,这使某些群体处于相对不利的处境,而使另一些群体拥有特权":经济、社会和文化权利委员会第 20 号一般性意见第 12 段,这一定义接近本书对"结构性"歧视的解释。

[178] C. McCrudden, 'Institutional Discrimination', *Oxford Journal of Legal Studies* 2 (1982), 303-367; M. Bell, *Racism and Equality in the European Union* (Oxford University Press, 2008), p. 12 [henceforth *Racism and Equality*].

[179] 第 14 号一般性建议第 1 段;另见关于打击种族仇恨言论的第 35 号一般性建议第 11 段。(在《公约》中文本中,与英文本中的"based on"和"on the grounds of"对应的用词都是"基于"。——译者注)

[180] *Hagan v Australia*, CERD/C/62/D/26/2002 (2003).

[181] Vandenhole, *Non-Discrimination and Equality*, p. 90,其中的评论早于本章提到的有关"种族"的最近的活跃讨论。

列在一起，共同构成"种族歧视"。委员会本身反对"纯血"和"混血"的概念，担心这类术语可能带来种族优越感。[182] 对多米尼加共和国的结论性意见提到的"种族纯洁性"和不同族裔群体的"遗传特征"的说法，委员会表示关切。[183] 与其对"种族"的生物学表述的反应相比，委员会在回应古巴将种族解释为一种社会构建的声明时，没有提出同样的不安表述：

118

> 种族的自然主义生物学方面将人限缩为一些具体特征，在其将个人置于不同类别以建立一种对现象的社会记录时，几乎没有什么意识或功能上的用处……所有的种族分类在某种程度上都是武断的，并且基于它们所依据的分类原则而千变万化……人们据以在具体情况中行动的分类并不总是完全符合运用某种给定的"科学"标准可能产生的分类。因此，种族的概念被认为是一种社会建构。[184]

消除种族歧视委员会尽管对概念和语言敏感，但坚持认为国家立法应处理第 1 条列出的所有歧视理由，包括种族。挪威在其报告中对其《反歧视法》中没有"种族"一词解释说：

> 其政府支持不应使用种族这一概念的观点……。原因是，种族概念基于生物学的、遗传的特性，建立在没有正当科学依据或内容的理论基础上。此外，这一概念有很强的消极含义……。因此，其政府认为，没有必要在该法律的文本中使用"种族"一词。[185]

对此，消除种族歧视委员会在其结论性意见中，对该法没有具体涵盖基于种族的歧视表示关切，并建议现行立法充分涵盖基于种族的歧视。[186] 挪威的下述报告包括了其进一步的答复：

182　委员会的结论性意见：韩国，CERD/C/KOR/CO/14，para. 12。在此之前，韩国对委员会的问题答复称（CERD/C/SR. 1834，para. 11）：在国家报告中列入这些术语的"意图在于强调政府希望消除的重大社会问题的存在，而不是纵容种族优越的观念"。

183　CERD/C/DOM/CO/12，para. 8. 委员会的批评很温和：使用这些术语"可能导致对缔约国政策的错误解释"。该缔约国随后于 2012 年提交的报告（CERD/C/DOM/13-14，para. 205）没有对这一争论作太多解释；所使用的语言"虽然能够被合理地认为是模棱两可的"，但"绝没有表达歧视性政策"。

184　CERD/C/CUB/CO/14-18，paras 2-5，at para. 5.

185　CERD/C/497/Add. 1，para. 10.

186　CERD/C/NOR/CO/18，para. 15.

在《反歧视法》中，立法者希望避免在其文本中使用"种族"一词，尽管该词在国际规则中使用。可以指出，打击种族主义的一项重要措施是消除人能够被分成不同种族的观念。需要强调，基于对一个人的种族的看法的歧视必须被视为《反歧视法》所指的基于族裔的歧视。[187]

消除种族歧视委员会在 2011 年和 2015 年对挪威的结论性意见中保持其立场。[188] 同样，委员会对德国的结论性意见注意到，由于历史上对法律中使用种族术语的敏感性，该国没有对种族歧视的定义，并建议该缔约国，采用《公约》的术语将提供比任何替代办法都更完整的法律覆盖范围。[189] 委员会对瑞典的关切则是，删除"种族"可能"导致申诉资格和处理方面的困难，妨碍受害者诉诸司法"。委员会没有明确要求恢复使用"种族"一词，而是更倾向于要求瑞典传播资料，说明什么情况构成瑞典法律所规定的种族歧视。[190]

消除种族歧视委员会表现出的倾向是，与种族问题一样，最好在国内立法中禁止基于肤色的歧视。因此，委员会要求挪威在其《反歧视法》中列入《公约》第 1 条规定的种族歧视的理由，[191] 欢迎摩尔多瓦将"肤色"作为歧视的理由列入一项劳动法草案。[192] 基于肤色的歧视偶尔被委员会单独挑选出来，作为特定情况中的实质理由。[193] 委员会本身提到了许多国家的"黑色"民族和社群，[194] 并一般采用国家报告使用的术语，除非有证据表明，有关社

187　CERD/C/NOR/19-20，para. 11.

188　CERD/C/NOR/CO/19-20，para. 8；CERD/C/NOR/CO/21-22，para. 9. 与后者有关的讨论见 CERD/C/SR. 2373 and 2374。

189　CERD/C/DEU/CO/18，para. 15："委员会注意到该缔约国对使用'种族'一词的保留，但关切的是，缔约国强烈关注仇外现象、反犹太主义和右翼极端主义可能导致忽视其他形式的种族歧视……在这方面，委员会还对缔约国国内立法中没有种族歧视的定义表示遗憾。"

190　CERD/C/SWE/CO/19-21，para. 6.

191　CERD/C/NOR/CO/19-20，para. 8；CERD/C/NOR/CO/21-22，paras 9 and 10.

192　CERD/C/MDA/CO/8-9，para. 13.

193　委员会 2013 年对多米尼加共和国的结论性意见（CERD/C/DOM/CO/13-14）多处提到了对"深色皮肤的"非洲裔人的歧视——第 7、8、9、14、15、16 和 17 段，包括表示关切要"面貌良好"（*buena presencia*）才能获得熟练工作的模糊要求。

194　例如见委员会的结论性意见：厄瓜多尔，CERD/C/ECU/CO/19，para. 10；摩洛哥，A/65/18，p. 93，para. 19；瑞士，CERD/C/CHE/CO/6，para. 17。

群反对某一术语。[195]

2. 世系

一些国家，特别是印度，反对将"世系"（descent）的理由应用于种姓制度，这种反对在刺激消除种族歧视委员会解释其对"世系"的思路中起到了一定作用。《简明牛津英语词典》将"descent"定义为（除了从高处下来或为了抢劫而扑到人身上！）"一个人的起源或国籍"和"通过遗传的传递"，[196]一本同义词词典提供了相关的词语，如祖先、血缘、家谱、谱系、遗传、家系、起源和亲子关系。[197] 2002年供委员会专题讨论基于世系的歧视的联合国秘书处的一份文件指出"世系"，

> 通常是指"传承"或从某一或某组祖先传承的事实。它也相当于"家系、种族、祖先"。在法律术语中，这一术语意味着"通过继承而传递财产、资格（title）或特质"。"世系"一词意指从一代人遗传到另一代人的特征，这些特征在社会上以积极或消极的方式得到评价，即出生决定的地位。[198]

大量同义词意味着"世系"与第1条中其他术语的重叠，特别是第1条包括"本源"的情况下；[199] 第1条使用大量同义词这个特点强化了迪亚科努的断言，即"定义通过添加尽可能多的概念来组成，以避免任何空白"。[200]"世系"可能是禁止歧视的最广泛依据。

120 消除种族歧视委员会关于基于世系的歧视的主要声明发表在2002年"关于《公约》第1条第1款（世系）"的第29号一般性建议中；[201] 该建议

195　关于不把问题所涉"浅色皮肤的土著民族"当作"真正的"土著人的复杂主张，参见澳大利亚的一个案例：Federal Court of Australia, *Eatock v Bolt* [2011] FCA 1103。

196　*Concise Oxford English Dictionary*, p. 387.

197　*The New Collins Dictionary and Thesaurus* (Collins, 1987), p. 265.

198　CERD/C/61/Misc. 13, para. 6.

199　见上文，准备工作中有关"民族本源"困惑的讨论。

200　I. Diaconu, *The definitions of racial discrimination*, background paper for the World Conference against Racism, E/CN. 4/1999/WG. 1/BP. 10 (1999), para. 17.

201　A/57/18, Chapter XI. F. 在联合国的一般工作，见 Final report of Yozo Yokota and Chin-Sung Chung Special Rapporteurs on the topic of discrimination based on work and descent, A/HRC/11/CRP. 3, 18 May 2009, 其附录载有《有效消除基于工作和世系的歧视的原则和准则》(*Draft Principles and Guidelines for the Effective Elimination of Discrimination Based on Work and Descent*)。

是在委员会进行广泛讨论之后提出的，此前一个下午，各国政府、联合国专家和非政府组织发表了意见。[202] 第 29 号一般性建议是在德班会议之后的次年通过的；该会议最后文件没有提及种姓，[203] 种姓被纳入第 29 号一般性建议弥补了这一点。第 29 号一般性建议序言确认了"委员会的一贯观点，即第 1 条第 1 款中的'世系'一词不仅指'种族'，其含义和适用对于其他禁止歧视的理由具有补充作用"，并强烈重申，"基于世系的歧视包括基于如种姓和类似的世袭身份制度的社会分层形式而对某些社群成员的歧视"，这些歧视消灭或减损了他们对人权的平等享受。该建议的文本没有提供"基于世系的歧视"的完整定义，[204] 但鼓励各国政府采取措施，包括采取步骤：

> 查明在其管辖下遭受歧视的基于世系的社群——特别是基于种姓和类似世袭身份制度的歧视，其存在可根据下列若干或全部因素加以确认：没有能力改变世袭身份或此种能力有限，社会对其社群外婚姻施加的限制，在获得住房和教育、进出公共空间和礼拜场所、利用食物及水的公共来源等方面的私人或公共分隔，对于放弃从事世袭的有辱人格或危险工作之职业的自由的限制，受到债务质役，受到被指斥为肮脏或低贱的辱骂，其人格尊严和平等普遍不受尊重。*

一个强调重点是对被锁定在某种制度中的个人的歧视，这种制度是他们渴望逃离的、认为有辱人格的，而且涉及"完全缺乏社会流动性，因为个人的身份是由出生或社会本源决定的，无论个人的才干如何，都永远不会改变"。[205] 对这种形式歧视的描述包括一系列指标或一个"集群概念"，因为没有某一单个因素是这种歧视存在的完美指标，但它们累积起来，将协助各国

202　专题讨论发生在 8 月 9 日（CERD/C/SR.1531）。对前一天的议事情况，没有简要记录：当时有非政府组织所作的 23 个单独发言（包括非洲群体所作的 5 个），1 个发言是 32 个国际性非政府组织的联合声明；还有来自小组委员会 4 名成员、印度和尼泊尔两国政府的发言。禁止所有形式歧视和种族主义国际运动（IMADR）对整个专题讨论作了摘要。关于一般性建议草案的讨论，另见 CERD/C/SR.1545，SR.1546 and SR.1547。

203　印度政府的外交活动压倒了"贱民"（Dalits）群体的坚决努力，尤其是在《德班宣言和行动纲领》中添加一项具体规定的努力。

204　委员会委员索恩伯里（Thornberry），CERD/CD/SR.1545，para.43；西西利亚诺斯，*ibid.*，para.45。

*　第 1（a）段。

205　委员会委员德古特（de Gouttes）的评论，CERD/C/SR.1531，para.40。

政府发现基于世系的歧视性结构的存在。

第 29 号一般性建议的序言部分在以下两方面之间建立了联系：一方面是围绕种姓流传的狭义的基于世系的歧视概念；另一方面是一些更广泛的含义，这些含义指向亚非人后裔、土著人和其他形式的世系。该建议中基于世系的歧视的概念比种姓的概念更广泛，但也包括这一概念：这一点在序言中提出，并得到消除种族歧视委员会委员的个别性赞同。[206] 序言部分进一步强调了请求各国确认其领土上基于世系的歧视行为的措辞，其中赞扬了那些已采取措施反对这种行为的国家所作的努力：建议的总基调既是批评性的，也同样是劝告性的。

贱民和其他人对种姓制度的大规模抗争以及种姓压迫的压倒性证据引起了消除种族歧视委员会委员的注意，而为这种受到审查的制度辩护的主张并没有被提交委员会的证据所压倒。[207] 该建议包含了对社会和宗教组织方式的一种特定形式的严厉批评，即便直接强调的是歧视，而不是文化制度本身。文化侵扰问题可能困扰了委员会的一些委员，但根据所提供的证据得到了处理。如果问题是，委员会是否在以一种不正当方式干涉历史、文化或宗教制度，那么同样可以问，涉及谁的文化，以及谁代表了这种文化。当个人和群体对其"成员资格"及其条件的有效性提出质疑时，种姓/世系群体所提供的归属感和意义就大大削弱了。[208] 委员会的一些委员没那么担心侵扰的可能性，而且会比该建议走得更远。[209]

206　见如下委员会委员的评论：Pillai, CERD/C/SR. 1531, paras 4–10；Aboul-Nasr, *ibid.*, paras 2–3；Thornberry, *ibid.*, para. 13；Lindgren Alves, *ibid.*, para. 29；Yutzis, *ibid.*, para. 36；Diaconu, *ibid.*, para. 45。

207　See generally C. Bob, '"Dalit Rights are Human Rights"：Caste Discrimination, International Activism, and the Construction of a New Human Rights Issue', *Human Rights Quarterly* 29（2007），167–193；A. Waughray, 'Caste Discrimination and Minority Rights：The Case of India's Dalits', *International Journal on Minority and Group Rights* 17（2010），327–353.

208　Thornberry, CERD/C/SR. 1531, para. 12.

209　委员会委员林格伦·阿尔维斯（Lindgren Alves）对该一般性建议草案提出了一项修正：委员会将声明其理解是，"种姓制度根本抵触《消除种族歧视国际公约》"（CERD/C/SR. 1545, paras 49 and 78）。提阿姆立刻表示反对（Thiam, *ibid.*, para. 79），认为"这没有充分地反映非洲种姓制度的现实"。

消除种族歧视委员会曾处理过各种不同情况中基于世系的歧视问题，包括基于种姓的歧视、基于非洲血统以及在较小程度上基于亚洲血统的歧视（这将在下文讨论）。班顿回顾了索马里的早期情况，[210] 尽管国家报告员对《公约》可否适用持保留意见，[211] 而且委员们对如何定性该国境内的冲突并不确定，[212] 但委员会"表示关切索马里目前的大规模悲惨情况，其中包括基于世系的冲突"。[213] 世系框架被认为适合于处理范围不断扩大的国家中存在的分层形式。委员会对缔约国的结论性意见提出了种姓和类似的社会分层制度的问题，包括对巴林[214]、孟加拉国[215]、布基纳法索[216]、乍得[217]、埃塞俄比亚、印度、日本[218]、马里[219]、马达加斯加[220]、毛里塔尼亚[221]、尼泊尔[222]、尼日利亚[223]、

122

---

[210]　M. Banton, *International Action against Racial Discrimination* (Clarendon Press, 1996), p. 151 [henceforth *International Action*].

[211]　CERD/C/SR. 948, para. 58 (Aboul-Nasr).

[212]　德古特相信，这里涉及"一种族裔因素"(de Gouttes, *ibid.*, para. 64)；费列罗·科斯塔觉察出"一种冲突的民族的甚至部落的方面"(Ferrero Costa, *ibid.*, para. 65)。

[213]　CERD/C/SR. 949, para. 5. 索马里各群体之间的分别有时被说成基于一种部族制度的，也有消息提到了一种具有"高贵宗派"的恩庇侍从关系 (patron-client relationship) 中职业性和基于种姓的群体分层。就一般性的冲突局势，见 S. Samatar, *Somalia：A Nation in Turmoil* (Minority Rights Group, 1995)；就种姓关系，见 A. Stevens, *Discrimination based on Descent in Africa*, paper presented to the 2002 CERD thematic discussion on descent-based discrimination for the International Dalit Solidarity Network, pp. 5-6 (on file with author)。

[214]　CERD/C/BHR/CO/7, para. 16：在巴林，以世系提及什叶派人员并不突出，因为区分他们的理由是多重的，而且据称包括"部落或民族本源、世系、文化或语言"。

[215]　CERD/C/304/Add. 118, para. 11。

[216]　CERD/C/BFA/CO/12-19, para. 8, 提到"某些族裔群体中的"种姓制度，委员会建议对其采取"特别立法"等措施。

[217]　CERD/C/TCD/CO/15, para. 15；CERD/C/TCD/CO/16-18, para. 12。

[218]　CERD/C/304/Add. 114, para. 8, 解释了委员会对基于世系的歧视与部落民社群的相关性的看法；在讨论日本随后提交给委员会的报告时，这一问题再次出现：CERD/C/JPN/CO/3-6, para. 8；CERD/C/JPN/CO/7-9, para. 22。

[219]　CERD/C/61/CO/7, para. 16。

[220]　CERD/C/65/CO/4, para. 17。

[221]　CERD/C/65/CO/5, para. 15. 向马达加斯加和毛里塔尼亚提出的建议表达了委员会对奴隶后裔受到歧视的关切。

[222]　CERD/C/304/Add. 107, para. 11："委员会仍然关切的是，存在基于种姓的歧视，以及这种制度迫使某些人口群体无法享受《公约》所载权利。"

[223]　CERD/C/NGA/CO/18, para. 15, 提到了"奥苏人和其他类似社群的成员"。

塞内加尔[224]、苏里南[225]、英国[226]和也门[227]的结论性意见。

有些缔约国，特别是印度和日本，对消除种族歧视委员会有关基于世系的意见提出了疑问。委员会在 1996 年审查印度的报告时确认，世系"不仅仅指'种族'"，[228] 结论是，印度的"在册种姓和在册部落"的情况属于《公约》的适用范围。印度不同意，认为在印度，"种族"不同于"种姓"，[229] 但表示愿意提供关于这些群体的资料。[230] 印度在其 2007 年与委员会的对话

123

---

[224]　CERD/C/61/CO/9, para. 11；CERD/C/SEN/CO/16-18, para. 13.

[225]　CERD/C/SUR/CO/13-15, paras 15 and 16.

[226]　CERD/C/63/CO/11, para. 25；CERD/C/GBR/CO/18-20, para. 30, 其中委员会建议负责的政府部门援引英国《平等法》"规定'种姓是种族的一个方面'，以便为这种形式的歧视的受害者提供救济"。A. Waughray, 'Caste Discrimination：A Twenty-First Century Challenge for UK Discrimination Law', *Modern Law Review* 72 (2009), 182-219；A Waughray, 'Capturing Caste in Law：Caste Discrimination and the Equality Act 2010', *Human Rights Law Review* 14 (2014), 359-379；M. Dhanda, A. Waughray, D. Mosse, and D. Keane, *Caste in Britain：Socio-Legal Review*, Equality and Human Rights Commission Research Report 91 (2014). 另见 *Chandhok and Another v Tirkey*, UKEAT/0190/14/KN, 2 December 2014, 其中，在一项修改后纳入种姓歧视的申诉中，英国就业上诉法庭在引用——除其他外——《公约》的规定之后，拒绝排除这一主张，认为尽管"种姓"在英国《平等法》中不是一个自主概念，但围绕该案的事实表明，该法中的"民族本源"具有一个"广泛而灵活的范围"（包括由"世系"决定的特征），这样种姓就可以纳入其中。该案于 2015 年 7 月发回就业法庭（在本书写作之时，尚未作出判决）。

[227]　CERD/C/YEM/CO/16, para. 15, 关注"基于世系的、文化上独特的社群，其中包括阿克达姆人（Al-Akhdam）"。也门后来的报告，对关于人口的复杂性和人口中各阶层的观点进行了争辩，CERD/C/YEM/17-18, paras 20-21.（阿克达姆人是也门的仆人阶层。——译者注）

[228]　CERD/C/304/Add. 13, para. 14. 委员会的许多委员有力地表达了这一立场："如果'世系'等同于'种族'，就不会有必要在《公约》中同时列入这两个概念"（Wolfrum, CERD/C/SR.1161, para. 20）；"委员会关于'种族'和'世系'的理解明显不同于印度政府的理解"（van Boven, CERD/C/SR.1162, para. 14）；"种姓和部落基于世系这一事实将它们完全纳入《公约》的范围之内"（Chigovera, *ibid*., para. 22）。另见以下委员的评论：Aboul-Nasr, SR.1162, para. 27；de Gouttes, SR.1161, para. 32；Rechetov, SR.1161, para. 11。

[229]　印度的第十次至第十四次合并定期报告称："种姓和部落都是基于'世系'的制度……但很明显，《公约》使用的'世系'一词显然是指'种族'……印度政府有关在册种姓和在册部落的政策不属于《公约》第 1 条的范围。"（CERD/C/299/Add.3, para. 7）另见 CERD/C/SR.1161, para. 4；CERD/C/SR.1162, para. 36。

[230]　对于委员会对印度在委员会第四十九届会议期间提交的第十次至第十四次合并定期报告通过的结论性意见，印度政府提交了初步评论，A/51/18, p. 128, para. 3 (a)。印度的一名代表提出了一种细致入微的观点，指出"'种族'的概念对于'种姓'的概念并不完全陌生；但是……种族差异相比于文化差异是次要的……种族从来不是种姓的决定因素"。CERD/C/SR.1163, para. 3；also para. 4, *ibid*.

中，始终坚持这一方面的立场，[231] 其代表团回顾说，委员会，

> 熟悉印度在种姓问题上的立场，……即这是一个不属于种族歧视定
> 义范围的问题……。《印度宪法》通过予以明确保障的权利以及旨在确
> 保处境不利的种姓进入主流社会的平权行动直接处理种姓问题。《印度
> 宪法》对种姓、种族和世系作了区分，认为它们是不同的概念。[232]

另一名印度代表称："政府并无疑问的是，'种族歧视'一词的通常含
义不包括种姓。一种牢固的认识是，印度的种姓制度的起源并不是种族性
的。种姓制度是印度特有的制度。"[233] 此外，就《公约》的起草，该代表说，
印度政府"在此期间的首要关切有关使用'民族本源'一词……，提议列
入'世系'一词是基于对殖民统治时期印度人在自己土地上受到的歧视待遇
的关切，以及印度人后裔在他们大量定居的那些国家受到的歧视待遇"。[234] 印
度代表还声称，种姓"不能被视为世系，后者意味着在谱系上可以显示的特
征"。[235] 对于此事，消除种族歧视委员会重申了其对第 1 条含义的不变立场，
重申基于种姓的歧视被充分涵盖。[236] 印度以同样坚定的态度坚持其观点。[237]

对于日本的情况，委员会同样指出，"'世系'有其本身的含义，不应
与种族、族裔或民族本源混为一谈"，建议该国确保保护"所有群体，包括
部落民（Burakumin）社群"的权利。[238] 日本表示，它不同意委员会对"世

---

[231]　CERD/C/SR. 1796 and 1797.

[232]　CERD/C/SR. 1796，para. 3.

[233]　*Ibid.*，para. 7.

[234]　*Ibid.*，para. 8.

[235]　*Ibid.*，para. 13.

[236]　CERD/C/IND/CO/19，para. 8.

[237]　A62/18，Annex X，缔约国对委员会通过的结论性意见的评论。

[238]　委员会的结论性意见：日本，CERD/C/304/Add. 114，para. 8。一些提交的材料突出了部落
民的困境，该社群历来被认为从事某些"不洁"行业。See E. A. Su-lan Reber，'Buraku Mondai in Ja-
pan: historical and modern perspectives and directions for the future'，*Harvard Human Rights Journal* 12
(1999)，299 ff；M. Kurokawa，'Markers of the "Invisible Race"'，in Y. Takezawa (ed.)，*Racial Repre-
sentations in Asia* (Kyoto University Press and Trans-Pacific Press，2011)，pp. 32 - 52 [henceforth *Racial
Representations*]。在 2010 年与日本的对话中，委员会委员德古特引用了利益攸关方根据普遍定期审议
程序提交的有关"部落"的意见，其中将他们描述为："封建时代被遗弃社群的后裔，他们的职业被
认为是被死亡或仪式上的不洁所'玷污'的。尽管在 1871 年废除封建种姓制度时，部落民获得了解
放，但他们长期以来的禁忌和神话留下了社会排斥的持续影响。"（CERD/C/SR. 1987，para. 47）

124 　系"的解释，[239] 同时接着罗列了"为解决对部落民的歧视问题"而采取的措施。[240] 在后来与日本的对话中，几乎没有证据表明，日本的立场与委员会有关"世系"的立场趋同，因为日本代表团除其他外指出，没有能将部落民与其他日本人区别开来的外表特征。[241] 委员会重申了其立场，表示日本"本着《公约》的精神"为消除对部落民的歧视而采取的步骤令委员会振奋。[242]

2001 年德班会议通过的《德班行动纲领》在《德班宣言》多次提到"非洲人和非洲人后裔"[243] 和少量提到"亚洲人和亚洲人后裔"[244] 的基础上，专门用了一章讨论前一类人。《德班行动纲领》对"社会的所有政治、经济、社会和文化方面以及本国的进步和经济发展"等领域中的参与，[245] 额外投资和能力建设，[246] 平权行动或积极行动举措，[247] 受教育机会，[248] 公职，[249] 司法系统[250]以及"宗教偏见和不容忍"[251] 提出了建议。关于一个更普遍的与土著人民相关的问题，《德班行动纲领》敦促各国"解决非洲人后裔世代居住的祖传土地的所有权问题，促进土地的生产性利用和这些社群的全面发展，尊重其文化和特定的决策形式"。[252]

239 　A/56/18，Annex Ⅶ.A，para.2.

240 　*Ibid.*，para.3.

241 　CERD/C/SR.1988，paras 39 and 45.

242 　CERD/C/JPN/CO/3-6，para.8. 日本继续坚持其观点，即部落民并不包括在"世系"之内，委员会对此表示遗憾：CERD/C/JPN/CO/7-9，para.22. 对于部落民作为一个"种族"的历史待遇的思考，见 Y. Takezawa，'Towards a New Approach to Race and Racial Representations：Perspectives from Asia'，Takezawa（ed.），*Racial Representations in Asia*，pp.7-19。

243 　《德班宣言》第 32~35 段。第 33 段也提到了流散在外的非洲人（African diaspora）。

244 　《德班宣言》第 36~38 段。还有几段（第 13、103 段）将"非洲人和非洲后裔民族"、"亚洲人和亚洲后裔民族"以及土著民族联系在一起。

245 　《德班行动纲领》第 4 段。

246 　《德班行动纲领》第 5~6 段。

247 　《德班行动纲领》第 5 段。

248 　《德班行动纲领》第 10 段。

249 　《德班行动纲领》第 11 段。

250 　《德班行动纲领》第 12 段。

251 　《德班行动纲领》第 14 段。

252 　《德班行动纲领》第 13 段。这里暗指的群体和情况存在于若干拉美国家，例如见 R. Price（ed.），*Maroon Societies：Rebel Slave communities in the Americas*（Anchor Books，1973）；一个特别情况见 E.-R. Kambel and F. MacKay，*The Rights of Indigenous Peoples and Maroons in Suriname*（IWGIA，更一般地讨论美洲各国的非洲裔的文献包括：G. R. Andrews，1999）。*Afro-Latin America 1800-2000*（转下页注）

　　继联大第 64/169 号决议宣布 2011 年为国际非洲人后裔年之后，消除种族歧视委员会于 2011 年 3 月就歧视非洲人后裔问题举行了一次专题讨论，并在 2011 年第七十九届会议上起草了关于"对非洲人后裔的种族歧视"的第 34 号一般性建议。该建议并没有试图对这些后裔下定义，只是简单地声称，非洲人后裔"是［德班文件］所指的非洲人后裔，而且他们自认是非洲人后裔"。[253] 除了一般人权外，有些具体权利还被挑选出来，包括土地权、对文化特性的权利、传统知识得到保护的权利和决定前磋商的权利。[254] 如上所述，该建议强调了起源于臭名昭著的奴隶制度的结构性歧视。这项建议的范围是全球性的，尽管在提到奴隶贸易以及强调财产权和土地权时，美洲各国的局势的烙印非常明显。

　　3. 民族或族裔本源

　　"民族本源"和"国籍"（nationality）的根本含糊之处在于，这些术语不仅指法律意义上的国籍或公民身份，而且还指包括族裔性在内的一系列社群概念："民族本源"和重叠术语将在下一章进一步讨论。施韦布从准备工作中解读出的含义是，"对于'民族本源'要从政治—法律含义理解，还是从民族学的角度来理解，并没有明确的一致意见"。[255] 施韦布在结束对术语的考察时总结说，"对于解释《公约》的实际目的来说……'世系''民族本源''族裔本源'这三个术语所涵盖的区别，既基于民族学意义上的当前或以前的民族情况（nationality）的理由，也基于'政治—法律意义上的'公民身份的以前的国籍（nationality）"。[256] 沿着这些界线的明显区别可能会变得模糊，这使得很难想象引起注意的是身份特征的哪一个方面。

　　在评价歧视时提到民族本源的最常见情况，是将其与"族裔本源"结合

（接上页注 252）（Oxford University Press, 2004）; Minority Rights Group, *No Longer Invisible: Afro-Latin Americans Today*（Minority Rights Group, 1995）.

[253]　第 34 号一般性建议第 1 段。

[254]　第 34 号一般性建议第 4 段。

[255]　Schwelb, *The International Convention*, 1006-1007.

[256]　Schwelb, *The International Convention*, 1007（强调为原文所有）。如本章所述，委员会试图为基于"世系"的歧视开辟一个特定领域，至少是在种姓或类似种姓制度的有限范围内。迪亚科努不同意施韦布对"民族本源"的分析，因为它暗含了基于先前（法律上的）国籍的歧视: I. Diaconu, *Racial Discrimination*（Eleven International Publishing, 2011）, p. 70.

起来，表明其主要的含义指标是族裔性，而不是法律意义上的公民身份。[257]
族裔本源经常被泛泛地使用，但在"少数族裔本源"等短语中，其可能与少
数族裔或土著民族有明确联系；[258] 这一概念也曾被用于难民、寻求庇护者以
及其他非公民的方面。[259]"民族或族裔本源"通常起到一对共轭双马的作用，
在肤色（"可见的少数群体"）不是最显著的歧视标志时运用。实践中，
"族裔本源"很容易转化为"少数族裔"和"土著民族"，以至于对这些社
群的歧视本身就可能被当作独立的歧视理由。

4. 交叉性

"交叉性"（intersectionality）一词源于女权主义法学，尤其是在 2001 年
德班世界会议筹备会议上提出这一术语的金伯利·克伦肖的著述。[260] 社会性

---

[257] 根据英国上议院一名议员的说法："一个群体要构成一个族裔群体……在我看来，它必须自
认并被他人认作一个因为某些特征而独特的群体。其中一些特征……是根本性的；其他特征并非必
不可少，但其中一个或多个……将有助于将该群体与周围社群区分开来。在我看来这些根本性的条
件是：（1）一段长期的共同历史——该群体意识到这一历史将其与其他群体区别开来，并保持对历
史的记忆；（2）一种自己的文化传统，包括家庭和社会习俗和礼仪，通常但不一定与宗教仪式相联
系。除了这两个根本特征外，还有以下几个特征在我看来是相关的：（3）一个共同的地理起源，或
少数共同祖先；（4）一种共同的语言，不一定是该群体特有的；（5）一种该群体特有的共同文学；
（6）一种不同于邻近群体或其周围的一般社群的共同宗教；（7）在一个更大的社群内……处于少
数。"Lord Fraser of Tullybelton in *Mandla v Dowell-Lee*［1983］2 AC 548（HL）. 这一定义从国际标准来
看要求太高，特别是第 3~7 个要素，但也涉及第 1 个要素，同时铭记关于"少数人"含义的争论：
根据人权事务委员会第 23 号一般性意见，并不取决于"长期存在"。这种解释由于一种完美主义概
念化，可能更容易被接受，正如消除种族歧视委员会解释基于世系的歧视一样，单个因素累积起来
确定了所涉群体，但什么构成"不可或缺"要素的问题仍悬而未决。

[258] 委员会的结论性意见：摩尔多瓦，CERD/C/MDA/CO/15, para. 21。

[259] 在 L. G. 诉韩国案中，韩国裔和非韩国裔背景的外籍英语教师之间的区别被视为一种基于
民族本源的区别，*L. G. v Republic of Korea*，CERD/C/86/D/51/2012（2015），para. 7. 4，相关讨论
见第七章。

[260] Kimberle W. Crenshaw, 'Gender-related aspects of race discrimination', background paper for the
Expert Meeting on Gender and Racial Discrimination, 21-24 November 2000, Zagreb, Croatia, EM/GRD/
2000/W. P. 1. 例如，对于黑人妇女的情况，交叉歧视被理解为超出了两种的歧视来源相加，而创造
了一种"质上不同或协同的"歧视形式，因此"黑人妇女所经历的不利情况与白人妇女或黑人男子
经历的不利情况不一样"：Fredman, *Discrimination Law*, p. 140. 除其他外，这一概念表现了群体脆
弱性加剧的一个例子。在国内法层面解决交叉歧视的努力取得了喜忧参半的成功，一些法域要求将
歧视归类为基于某一种"理由"：*De Graffenreid v General Motors* 413 F Supp142（USA），with *Hassam v
Jacobs NO and Others*，South Africa, cited in Fredman, *Discrimination Law*, p. 143；L'Heureux-Dube J, in
Egan v Canada［1995］，2 SCR 513, p. 533.

别（gender）[261] 为与第 1 条第 1 款所列理由交叉的歧视轴心提供了最普遍的评价要素。第 25 号一般性建议认识到种族歧视"并不总是同等地或以相同方式影响女性和男性",[262] 并且"特别因为她们的性别,某些形式的种族歧视可能是专门针对女性的",可能具有主要或仅影响女性的后果,例如,"在拘禁或武装冲突期间,对特定种族或族裔群体女性成员的性暴力行为;强迫土著妇女绝育;非正式部门雇主对女工或……雇主对家庭佣工的凌虐"。[263] 对于认识到消除种族歧视委员会有必要采取一种更系统的进路,来评估和监测对妇女的歧视,并通过特别考虑以下方面来发展出一种重点更鲜明的方法,存在一种自我批评的因素。这些方面是:"(甲)种族歧视的形式和表现;(乙)种族歧视发生的情况;(丙)种族歧视的后果;以及(丁)对种族歧视的救济和申诉机制的可用和可及情况。"[264] 奥托赞扬委员会的做法,该做法为"更深入了解种族歧视和性别歧视交叉的结构层面以及它们如何共同强化妇女的不平等"开辟了道路。[265]

虽然该建议的范围很广,足以同时处理男性和女性的人权问题,[266] 但其文本的重点是妇女所面临的压迫环境。奥托赞扬了该建议并补充说,虽然性别语言"有可能使性别刻板印象的关系性质得到承认——这种性质通常有利于男性而不利于女性",但在该一般性建议中,这一潜能仍处于初级阶段。[267] 性别维度突出体现在其他一般性建议中,包括关于基于世系的歧视的第 29

127

261　或基于性别,见委员会对厄瓜多尔的结论性意见,CERD/C/ECU/CO/19,para. 13。

262　第 24 号一般性建议第 1 段。

263　第 24 号一般性建议第 2 段。妇女权利与种族主义、种族歧视等之间的相互关系载于《消除对妇女歧视公约》序言第 10 段。

264　第 24 号一般性建议第 5 段。

265　D. Otto, 'Women's Rights', in Moeckli *et al.*, *International Human Rights Law*, p. 329.

266　委员会委员贾努厄里－巴迪尔在该建议的起草阶段发言称（January-Bardill, CERD/C/SR. 1391, para. 29）:"重要的是……考虑到性别不局限于涉及妇女的问题……种族歧视中与性别有关的方面可以……成为一个有用的工具……来审视为什么遭受大量种族歧视的黑人男子成为刑事定罪的对象。这与强奸一样,是一个性别问题。"

267　Otto, in Moeckli *et al.*, *International Human Rights Law*, p. 330. 她还指出所提供的交叉歧视的例子极少涉及对妇女的暴力行为（*ibid.*, p. 329）,这是第 25 号一般性建议的情况,但不代表本书讨论的委员会关于交叉性的现行做法的范围;另见本书关于第 5 条的第十三章、第十四章和第十五章。

号一般性建议[268]和关于对非公民的歧视的第 30 号一般性建议。[269] 对于基于性别/种族的歧视的情况，消除种族歧视委员会偏好的说法是"双重歧视"，尽管用法不一致。对于葡萄牙的情况，委员会的结论是，该缔约国有义务保障人人在享有人权方面平等的权利，"不得基于性别、种族、肤色、民族或族裔本源而有任何歧视"，明确将性别列入禁止的理由。[270]

关于基于宗教并结合《公约》所列理由的歧视，委员会一般倾向于运用"交叉性"而不是双重/多重歧视。[271] 尽管思想、良心和宗教自由被纳入《公约》第 5 条所保护的权利中，但委员会处理其身份特征部分地根据宗教构建的群体的情况，这已被证明有些尴尬。委员会没有履行其 2007 年提交联大的报告中提到的承诺，即举行一次专题讨论，澄清其对种族歧视和宗教歧视之间关系的理解。[272] 缔约国偶尔会提出批评，指出委员会在结论性意见涉及某一宗教团体的情况时，偏离了其任务。[273] 实践仍然是临机而定的，而且，除了交叉性的比喻外，[274] 委员会还使用了"族裔—宗教"等复合词，以便将歧视更明确地纳入《公约》的适用范围；[275] 而在其他情况下，则仅提及例如对"穆斯林"的歧视。[276] 结论性意见提及宗教的相对自由性与委员会在第 14 条规定的来文程序中采取的较狭隘做法形成了对比。[277]

128

---

[268] "对基于世系的社群的妇女成员的多重歧视"，A/57/18, Chapter Ⅺ. F, section 2。

[269] 该建议提到了"非公民面临的多重歧视，特别是有关非公民工人的子女和配偶的歧视"，A/59/18, Chapter Ⅷ, para. 8。

[270] CERD/C/PRT/CO/12-14, para. 18（强调为本书作者所加）；另见委员会的结论性意见：伊拉克，CERD/C/IRQ/CO/15-21, para. 16。

[271] 《具体报告准则》中关于第 5 条（卯）项（vii）目的准则明确提到了这一术语。

[272] A/62/18, para. 538.

[273] 伊朗对委员会的结论性意见的评论，A/58/18, Annex Ⅶ。

[274] 这一用法几乎成为标准。例如见委员会 2011 年的结论性意见：爱尔兰，CERD/C/IRL/CO/3-4, para. 26；塞尔维亚，CERD/C/SRB/CO/1, para. 18；也门，CERD/C/YEM/CO/17-18, para. 18。也门仍对规定思想、良心与宗教自由的第 5 条（卯）项（vii）目维持一项保留。

[275] 委员会的结论性意见：格鲁吉亚，CERD/C/GEO/CO/3/Add. 1, para. 18；尼日利亚，CERD/C/NGA/CO/18, para. 14；坦桑尼亚，CERD/C/TZA/CO/16, para. 20。另见第 35 号一般性建议第 6 段。

[276] 委员会的结论性意见：意大利，CERD/C/ITA/CO/16-18, para. 19。

[277] 见本书有关第 4 条的第十一章。

（六）　取消或损害……人权及基本自由

从伊万诺夫/克钦斯基草案开始，"取消或损害"的用语就出现在准备工作中。这两个词并列看起来拉开了歧视的序幕，即歧视不必旨在取消对权利和自由的"承认、享受或行使"或者仅具有这种取消效果，而只需大概是在某种有意义的程度上损害这些权利和自由。损害的概念使人想起人权事务委员会关于土著权利和自由的决定，即并非每一项干涉都构成一种违反；[278] 另一方面，梅隆怀疑是否种族区别本身就构成了《公约》所规定的种族歧视，而无须证明人权效果。[279]

《公约》是一项"开放"的公约，意即禁止种族歧视不限于禁止与一份限制性的权利和自由清单有关的歧视。第5条中受保护和保障的权利的长清单以"尤得"一词开头。界定的广泛性得到了准备工作的证实。文本上的异常情况，如第1条没有提及任何公民权利（它们包括在第5条中），似乎没有给消除种族歧视委员会带来很大的困扰。[280] 实践情况并未将《公约》的范围局限于权利的任何特定类别。第32号一般性建议简单地声称，适用不歧视原则的人权清单"不是封闭的，而是延及缔约国公共当局规范的任何人权领域"。[281]

不歧视原则所涵盖的广泛权利对于《消除种族歧视公约》通过时不发达或未发展的"族裔"和相关权利的体系来说尤其重要，对种族歧视的性别层面的阐述也涉及对《消除对妇女歧视公约》的原则和相关标准的理解。[282] 根据第32号一般性建议，将《消除种族歧视公约》解释为一份"活的文书"使得必须以一种对语境敏感的方式来解读，语境包括"关于不歧视原则和特

278　Human Rights Committee, *Länsman v Finland*, CCPR/C/49/D/511/1992 (1993), para. 9; *Länsman et al. v Finland*, CCPR/C/58/D/671/1995 (1996), para. 10.

279　Meron, *Meaning and Reach*, 291.

280　Schwelb, *The International Convention*, 1005, 指出，准备工作没有明确说明为何省略公民权利，或省略是不是故意的，并认为这可能是起草过程中的疏忽，因为定义是在制定执行条款之前起草的。

281　第9段，另见本书第十五章。

282　对于第25号一般性建议的背景的反思，见 Office of the UN High Commissioner for Human Rights, *Gender Dimensions of Racial Discrimination* (2001), pp. 19-22。

别措施的普遍人权标准的范围"。提到"普遍"并没有削弱在适用《消除种族歧视公约》时应考虑的权利的范围：在任何存在少数群体、土著民族和其他群体之处，少数人权利和土著权利以及其他类别的权利也"普遍地"适用。消除种族歧视委员会在赞同国际劳工组织第 169 号公约和《联合国土著人民权利宣言》时，讨论了对于集体权利的充分补充，甚至包括自决的情况。

129

（七）在平等地位上

在《公约》起草过程中，未经太多讨论就选定了"在平等地位上"的措辞，取代了对"平等"的简单提及和有关"待遇或机会平等"的更为复杂的建议。对平等的提及分散在《公约》的整个文本中，补充了第 1 条第 1 款中的叙述。序言提到了人类固有的"尊严与平等"——"人皆生而自由，在尊严……上均各平等"；还提到了在法律上悉属平等和法律的平等保护。第 2 条第 2 款描述了旨在保障"完全并平等"享受人权和基本自由的特别措施，并警告说，这些措施不应在目的达成后，扩大到"保持不平等或隔别权利"。第 5 条提到了"在法律上一律平等之权""普遍平等投票权""同等服公务""同工同酬""平等参加文化活动"。梅隆的总结是，《公约》中平等提法的组合表明，《公约》"促进种族平等，不只是肤色中性价值观"，不仅是法律上的平等，而且是事实上的平等。[283] 马可南将"在平等地位上"解读为提供了在歧视中居于核心的比较要素，强调紧要的不是同等的待遇，而是允许一定程度差别待遇的平等待遇。[284]

消除种族歧视委员会关于第 1 条第 1 款的第 14 号一般性建议提到了不歧视，将其与法律上的平等和法律的平等保护作为保护人权的一项基本原则，却没有提到"在平等地位上"。关于特别措施的第 32 号一般性建议包括了一项旗帜性标题，即这些措施的目的是促进"有效平等"，并作出一般性声明，即《公约》反映的平等概念结合了法律上的形式平等与法律的平等保

---

[283] Meron, *Meaning and Reach*, 288.

[284] Makkonen, *Equal in Law*, *Unequal in Fact*, p. 131.

护，而享受和行使人权方面的事实上的平等是要通过执行其原则来实现的目标。[285] 第 32 号一般性建议将关于平等的措辞组合在一起意味着，《公约》关注的是目标和结果以及过程。第 1 条提到的"承认、享受或行使"人权，强化了这一结论，这种措辞意味着致力于一种超越形式平等的静态法律结构的实质性平等。

消除种族歧视委员会对平等的更广泛表述的关注意味着，"在平等地位上"在实践中并没有被过分使用。[286] 不过，第 32 号一般性建议声称，在平等地位上享受人权的原则"是《公约》禁止歧视的一个组成部分"。[287] 在 L. R. 诉斯洛伐克案中，在似乎指向第 1 条的一个段落中，这一用语被重新表述为"在平等基础上"。[288] 与在结论性意见中的运用一样，"在平等地位上"的措辞被用于各种纷杂的联系，包括确保"在平等地位上"获得教育和就业的良好环境的重要性；[289] 建议协调联邦和省级方案，以确保在缔约国全部领土内《公约》规定的权利"在平等地位上"享受；[290] 以及——作为委员会常规做法的一部分——确保妇女能够与男子"在平等地位上"使其配偶和子女取得国籍。[291] 虽然对"平等地位"的解释被贯穿整个《公约》的平等标准所渲染，但这一措辞并不与更广泛的概念相抵触，因为打造一个平等的平台强烈表明国家当局需要采取积极行动。

（八）公共生活任何其他方面

第 1 条界定了与"政治、经济、社会、文化或公共生活任何其他方面"有关的歧视。班顿认为，其中提到公共生活是为了从《公约》的范围中移除私人关系中的歧视。[292] 班顿回顾了一次讨论，其中委员会"似乎同意"这一措辞的

285　第 32 号一般性建议第 6 段；另见本书第五章。

286　这一准确用语似乎很少在国际文书中使用。搜索荷兰人权研究所数据库，得出的结果是，仅《欧洲社会宪章》第 13 条第 4 款提到了这一用语。

287　第 32 号一般性建议第 7 段。

288　*L. R. v Slovakia*，para. 10. 7.

289　委员会的结论性意见：立陶宛，CERD/C/LTU/CO/3，para. 21。

290　委员会的结论性意见：加拿大，CERD/C/CAN/CO/19-20，para. 9。

291　委员会的结论性意见：科威特，CERD/C/KWT/CO/15-20，para. 18。

292　Banton，*International Action*，p. 195.

作用"是将政治、经济、社会和文化生活领域界定为公共生活领域，并且申明，如果有任何其他类似的领域被认可，它们也会处于这一定义的范围之内"。[293]

提及公共生活并不完全符合《公约》的某些规定。[294] 《公约》使用了"方面"* 来界定某些规定的范围，而没有加上"公共生活"的标签：第2条第2款提及社会、经济、文化及其他方面的特别措施；第7条涉及讲授、教育、文化及新闻方面。"方面"和"公共生活"未见于侧重于权利的第5条。如第1条第1款所使用的，公共生活方面是以宽泛的方式被提及的，因此按照迪亚科努所说，"公共生活的所有领域"实际上都被该定义所涵盖：[295]如果某一歧视领域没有被一个指明的"方面"所笼罩，那么它大概就被"任何其他方面"所笼罩。《消除对妇女歧视公约》以类似用语使用了"领域"，提到了妇女在"所有领域"特别是在政治、社会、经济和文化领域的进步。[296] 国际文书中提到的活动领域涵盖的范围包括"司法工作"、"与被剥夺自由者待遇有关的领域"[297]、"社会福利、经济问题、家庭法和财产权"[298]和"科学、艺术和文化"以及许多其他领域。人权文书中使用"方面/领域"来表示广泛的制度和话语空间，这表明不应狭隘地看待"公共生活方面"。虽然提及"公共生活"意味着《公约》没有触及"私人生活"领域，但第5条保护广泛的权利不受歧视，表面上并不局限于公共生活。[299]

131　　准备工作对这一问题并没有太多的说明，尽管可以忆及，一些国家政府对《公约》的触及范围十分敏感。消除种族歧视委员会于1993年讨论了一项关于公共生活的一般性建议，提出了赞成将《公约》的范围扩大到私人行为的意见，以及一些更为谨慎的做法。[300] 辩论中，极为困扰委员会委员的，是公共生

---

[293] *Ibid.*

[294] Schwelb, *The International Convention*, 1004-1005.

* 《公约》英文本中的对应用词为"field"，亦可理解为"领域"。在下文提到的《消除对妇女歧视公约》的中文本中，与其英文本第3条中的"field"相对应的用语，即为"领域"。

[295] Diaconu, *Racial Discrimination* (Eleven International Publishing, 2011), p. 32.

[296] 《消除对妇女歧视公约》第3条，另见序言。

[297] 《禁止酷刑公约任择议定书》第5条第2款。

[298] 《免遭强迫失踪公约》第24条第6款。

[299] 根据施韦布的说法，包括"结婚和择偶权、继承权、与表达自由有别的思想和良心自由权"：Schwelb, *The International Convention*, 1005-1006。

[300] CERD/C/SR.969, paras 19-44.

活的私人化，甚至"种族隔离的私人化"，[301] 从而使私人机构免受反歧视立法的约束。多数委员同意，《公约》并不局限于任何狭义的公共生活，特别是考虑到第 5 条；而且，即使第 1 条旨在限制《公约》的范围，委员会也"不一定必须维持这一有限的范围"。[302] 未能通过关于公共和私人生活的一项具体建议，并没有妨碍委员会就此问题发表意见。委员会有关公共和私人生活的各项一般性建议表明，对第 1 条第 1 款的扩张解读已经司空见惯：关于第 1 条第 1 款的第 14 号一般性建议对于该款的解释，甚至没有提及"公共生活"一词。

四 评论

消除种族歧视委员会提到了一种责任，即在解释一项并非明显具有一致性这一特点的构成性文书时，确保一致性。[303] 寻求一致性的关注重点是种族歧视的定义，同时也有委员会的工作运作模式和约文的规范细节。随着时间的推移，与解释活动平行的，是在地理空间上向外以强调种族歧视的潜在普遍性的运动。委员会关于第 1 条的解释实践，除了最近关于第 4 条的做法外，一直很少限于"字面意义"，而且包括了关于第 1 条未具体说明的歧视形式的创新性术语。[304]

在一定程度上作为对国家否认存在种族歧视的反应，消除种族歧视委员会的工作记录充满了提供数据的要求。[305] 评估某些形式的歧视——效果或间

301　班顿的评论，*ibid.*，para. 21。

302　Wolfrum，*ibid.*，para. 35. 范博文指出，起草中的意图"是保留是否邀请某个人到家的权利……或允许私人俱乐部选择自己的成员……。然而，即使在起草《公约》期间，'公共生活'的概念也被解释得相当广泛，而且变得越来越广泛。"（van Boven，*ibid.*，paras 26-27）关于《公约》范围的更多观点，另见 Diaconu，*ibid.*，para. 29。

303　*Jewish Community of Oslo et al. v Norway*，CERD/C/67/D/30/2003（2005），para. 10.3，其中的意见提到的是第 4 条，但可扩展至整个《公约》。

304　《美洲禁止种族主义公约》等明确提到在消除种族歧视委员会多年的实践中提炼出来的各种歧视形式，在其序言中提到"打击种族歧视的一切个体性、结构性和体制性表现"。

305　国家可能仍然否认，甚至"坚决否认"存在种族歧视：委员会对多米尼加共和国的结论性意见，CERD/C/DOM/CO/13-14，para. 7。

接歧视，更不要说结构性或制度性歧视——对提供数据提出了特别强烈的要求。委员会的标准方针是，如果没有一个适当的数据库，就不可能制定实施《公约》的有效国家政策。[306] 面对自我界定的群体的倡导和群体认定中的多种其他因素，这些数据问题反映了一种推定的人口多样性的意识，而且无情地碾压了有关种族同质性或当地没有种族歧视的说法。对于种族主义程度明显较低的情况，委员会的标准反应是，仍需要采取反歧视措施，以防止种族主义出现。关于详细说明数据类别而刺激民族集团的形成或者分裂国家的隐晦说法，都遭到了冷遇。考虑到分类既构建也应对各种情况，委员会在这方面的坚定做法可能没有充分说明所审查的多样情况。还有这样的情况，即集中在种族上的歧视对某些社会的影响不如对其他社会的影响大。班顿回顾，平等概念应比照适用于国家以及个人和群体：平等并不要求同等待遇，而是"必须认识到，在种族歧视方面，有些国家比其他国家面临更大的挑战"。[307]

虽然实践并不推崇特定的数据收集方法，但消除种族歧视委员会评论了人口普查的不足之处，建议提出更多或更好的问题。[308] 任务是找到尊重同意、匿名和隐私原则的定量和定性方法，以及当宪法提到禁止族裔问题时，寻找呈现准确人口统计图的创造性方法。基于自愿原则和自我归属的数据收集有别于强行分类：在身份证和护照等公共文件中强制登记族裔或宗教是可予反对的。[309] 贝尔指出，在某些情况下，数据具有强化消极的刻板印象的风险；如果犯罪统计数据显示，在刑事司法制度中，族裔群体的代表性过高，这可能会加深对"所谓的犯罪倾向"的偏见，[310] 并导致当个人拒绝确认其族裔归属时，出现漏报——他引用了罗姆人的例子。[311] 关于种族仇恨言论的第 35 号

306　"如果普遍否认某一问题的存在，那么在消除任何问题方面都不会取得任何进展"：Makkonen, *Equal in Fact, Unequal in Law*, p. 279。

307　Banton, *International Action*, p. 316.

308　例如，委员会建议危地马拉"继续改进方法"，以便在即将进行的人口普查中使用，CERD/C/GTM/CO/12-13, para. 6；委员会建议毛里塔尼亚开展更精确的普查，不限于语言因素，CERD/C/65/CO/5, para. 9；委员会建议罗马尼亚改进其数据收集方法，CERD/C/ROU/CO/16-19, para. 8。

309　在北爱尔兰适用这些原则时，自我界定起到的功能可能与平等立法的数据要求相矛盾：De Schutter, *International Human Rights Law*, pp. 678-680。

310　Bell, *Racism and Equality*, p. 39.

311　*Ibid.*

一般性建议提到了"指名道姓"的问题："媒体应避免不必要地以可能助长不容忍行为的方式提到种族、族裔、宗教和其他群体特征。"[312]

在消除种族歧视委员会的实践中，"歧视"这一基本观念的灵活性是一种假设的事实——适应基于确定理由的不公平或不公正的区别；这一概念不要求不管情况如何都给予统一的待遇。第 32 号一般性建议中提到的用于评估区别可否允许的显著标志包括"《公约》的目的及宗旨"、区别的"正当目的""比例性"以及是否有任何区分的"客观与合理理由"。[313] 此外，"不歧视原则要求考虑群体的文化特征"，[314] 以避免通过融混或发展政策[315]或者建国事业（nation building）[316] 造成歧视或造成与这些情况相关的歧视。引申开来，未能区别对待情况大不相同的人不符合《公约》："区别对待的义务"这一必然接续而来的概念也与实践产生共鸣。[317] 委员会既没有解封所有可接受的区别对待的标记，也没有遵循欧洲人权法院的方式[318]或以类似于亨拉德等学者所概述的方式[319]将它们纳入一种审查的示意模型，尽管这种审查的要

133

312　第 35 号一般性建议第 40 段。另见有关罗姆人的第 27 号一般性建议第 3 段。

313　See also *Advisory Opinion of the Inter-American Court of Human Rights on Proposed Amendments to the Naturalization Provisions of the Constitution of Costa Rica*, IACtHR Ser. A No. 4（1984），para. 57.

314　第 32 号一般性建议第 8 段。

315　委员会的结论性意见：纳米比亚，CERD/C/NAM/CO/12，para. 24；洪都拉斯，CERD/C/HND/CO/1-5，para. 7，其中委员会表示青睐"基于身份的发展方案"。

316　委员会的结论性意见：博茨瓦纳，CERD/C/BWA/CO/16，para. 9，委员会将这一原则与该缔约国不愿承认其领土上存在土著民族相联系。

317　可以回顾欧洲人权法院在特利梅诺斯诉希腊案中表达的原则（*Thlimmenos v Greece*，App. No. 34369/97，European Court of Human Rights，Judgment of the Grand Chamber，6 April 2000，para. 44）："当国家区别对待处于类似情况下的人而没有提供客观、合理的理由时，在享受……权利方面不受歧视的权利……即受到了侵犯……。当国家没有客观、合理的理由而未能区别对待情况大不相同的人，不受歧视的权利……也会受到侵犯。"另见 *Belgian Linguistics Case*，1 YBECHR 832，para. 44。另见泰国提交给委员会的资料，其中提到一项关于歧视（性别和性取向）的法律草案，将歧视部分地定义为"区别对待或未做到区别对待"：CERD/C/THA/CO/1-3/Add. 1，para. 4。

318　"［欧洲人权］法院重审，如果'没有合理、客观的理由'，则待遇差别是歧视性的，即如果它不寻求某种'正当目的'，或者如果在所使用的手段与所追求实现的目的之间没有合理的比例关系"：*D. H. and Others v Czech Republic*，para. 196；另见 *ibid.*，para. 175。还有一些权威性意见，如：*Larkos v Cyprus*，App. No. 29515/95，30 EHRR 597，para. 29。

319　Henrard，'Non-Discrimination and Full and Effective Equality'，pp. 75-147，pp. 89-90；该方式询问：（1）是否存在值得进行正当性检验的区分情况，换言之，是否存在表面上的歧视情况；（2）差别待遇是否构成被禁止的歧视。

素在不同的情况下自然出现，哪怕并没有严格的计划。对区别是否可予允许的判断，不是以"证成"歧视的方式作出的，而是以评估是否在一开始就发生了歧视的方式作出的。[320] 诸如"公平"、"积极"或"任意"歧视的术语会招致困惑，掺杂着对其是否符合《公约》的怀疑。[321] 国内的用法可能与《公约》实践不符，因为委员会将歧视当作对一种否定人权的做法的法律结论，而不受缓和形容词的约束。

134 　　在更广泛的人权框架内评估是否存在歧视意味着，基于例如少数人地位或土著地位的区别对待是正当的。即使在这种情况下，在评估给予某些群体相比于其他群体的待遇以及相应的损害方面，不歧视原则也发挥着作用。消除种族歧视委员会询问了国内立法中如何区别"少数民族"和"族裔群体"。[322] 鉴于欧洲的国际文书和国内法普遍采用"少数民族"（national minor-ities）一词，这种区别模式可能特别复杂。在对奥地利的结论性意见中，委员会表示关切有关土生人少数群体和其他少数群体之间的区别，以及根据历史定居点地域所作的区分——这种区分可能导致"不合理的差别待遇"。[323] 一国将各种群体归类为土生少数群体或少数民族的做法已经被委员会接受为合法行使主权的情况，但这种归类可能引起的担忧是，承认某些群体具有权利而其他群体不具有这些权利的区别被夸大，而且可能具有歧视性。

　　由于在第1条第1款中列入了"效果歧视"，消除种族歧视委员会一直无须努力在其解释实践中容纳扩展的含义："间接"歧视自然来自定义中的

---

[320] 《美洲禁止种族主义公约》虽然没有阐明直接歧视，但提到了证明间接歧视合理的可能性，即某一"条款、标准或做法根据国际人权法具有某种合理、正当的理由"，这一提法使得该公约向其他原则来源开放。在提到"不合理的不同影响"时，消除种族歧视委员会并没有阐述为故意/效果、直接/间接歧视提供理由的一种两分法的制度，尽管原则上，后一对的理由可能更广泛，因为它们可能是具有良性动机的政策和做法造成的结果。另见有益的讨论：'Justifying direct discrimination?', in Fredman, *Discrimination Law*, pp. 196–202。

[321] 见委员会委员阿布勒-纳赛尔（Aboul-Nasr）、西西利亚诺斯和索恩伯里在讨论南非的报告时的评论：CERD/C/SR.1367, paras 14, 25, and 27；关于"公平的"歧视，阿布勒-纳赛尔问道："难道不是不管其采取的形式如何，歧视都从来不可能是公平的吗？"（para. 14）委员会对于智利有关"任意歧视"的立法的建议，见 CERD/C/CHL/CO/19–21, para. 9。

[322] 例证包括委员会的结论性意见：立陶宛，CERD/C/LTU/CO/3, para. 9；斯洛文尼亚，CERD/C/62/CO/9, para. 7。

[323] CERD/C/AUT/CO/17, para. 10。

"目的或效果"的规定。[324] 同样，委员会已经承认《公约》支持"积极行动"，因为它源于将歧视解读为与个人和群体的现实情况存在联系，源于坚持在实践中切实履行各项义务，包括第 2 条第 1 款（卯）项提出的注重行动的要求、关于特别措施的明确规定以及第 4 条规定的将某些形式的行为规定为犯罪的义务。

关于歧视的理由，消除种族歧视委员会也没有被迫从理论上阐述将它们结合在一起的概念矩阵，无论是作为不变的或固有的、无法选择的特征，还是控制、边缘化、相对劣势、历史劣势等。虽然各项理由根据特征、选择、边缘化和压迫可能呈现出一种逻辑，但最好将它们理解为《公约》项目的历史和背景的可预见的产物：尽管对于包含或排除某些理由争论了很长时间，但出现一种紧密相关的理由的核心，是起草进程的一个可预见结果。各项理由的清单表明，第 1 条第 1 款中的要素具有重叠或彼此依赖的性质，其重要性大致相等。很少有人努力区分第 1 条中的不同理由，以判断某些理由是否比其他理由更容易用于"区别对待"，也没有人假定其中存在"等级"。[325] 该定义指的是"基于"禁止理由的行动：它没有进而详细说明如何评估违犯者的思考过程或行动原因，尽管它已经明确指出，种族/族裔不必是他们的唯一理由。在实践中，"理由"似乎足以为被禁止的行动作出重大或不可忽视的贡献，同时铭记，歧视性行动可能是由多种因素造成的，并非所有这些因素都具有法律上的相关性。[326]

在这些理由中，"种族"给缔约国带来了一些实际困难，并可能成为一个有毒的圣杯。基恩在对准备工作的宽泛解读中评论说，"在所有层级上起

135

---

[324]　虽然"目的或效果"的配对表明了一种明显对比，但如国际劳工组织第 111 号公约所述，"效果"方面的歧视单独来讲，在逻辑上可以包括有目的和无目的的行动。

[325]　对审查标准的一种从"理性审查"到"严格审查"的等级表述方式并没有规范《公约》的执行情况：各种理由都被归入"种族歧视"之下；de Schutter, *International Human Rights Law*, pp. 611-612，提供了对这些问题的简洁讨论。

[326]　论点通常是在"直接"歧视案件中提出的。英国法中的情况，见 *R. v Birmingham City Council ex parte Equal opportunities Commission* [1989] AC 1155（House of Lords）；*James v Eastleigh BC* [1990] 2 AC 751（House of Lords）；*R（on the application of E）v Governing Body of JFS and the Admissions Appeal Panel of JFS* [2009] UKSC 15。

草《消除种族歧视公约》的代表们几乎都毫无疑问地接受了这一术语"。[327] 定义的结构配置所提供的回避种族问题的机会意味着，委员会没有太多地关注于剖析种族问题。指向歧视原因的"理由"概念并不意味着必定接受存在于那些歧视者心目中的、想象中的"种族"的现实情况。[328] 不过，《公约》的要素综合而言并不能为这种否认提供最有力的根据。序言部分提到"种族壁垒"和"种族间之谅解"；第1条第4款和第2条第2款提到"不同种族团体之权利"；第2条第1款提到促进"所有种族间之谅解"，并重申反对"种族壁垒"；第7条提到促进"种族……团体"之间的睦谊。对种族之提及贯穿《公约》不得必然视为对不同人类种族理论的认可。《公约》文本之展开本身否定了那些相信不同种族的人，或者基于其行为好像接受了这样的信仰的人。虽然《公约》明确反对"种族优越"而不是"种族区分"，但它对种族主义学说的彻底谴责起到了使种族概念本身名声扫地的作用。

上文讨论过的挪威关于使用"种族"一词的"免责声明"在其他地方也得到了响应。经济、社会和文化权利委员会第20号一般性意见指出，《经济社会文化权利国际公约》或该一般性意见"使用'种族'一词"并不意味着接受试图确定存在不同人类种族的理论。[329] 欧盟第2000/43号指令禁止基于"种族或族裔本源"的歧视，其序言宣布，欧盟拒绝试图确定存在不同人类种族的理论，因此在指令中使用"种族本源"一词"并不意味着接受这类理论"。[330] 至于消除种族歧视委员会是否应提出类似的免责声明，要明白避免提及种族并不能保证减轻打击种族主义活动的任务。委员会主要关切的

---

[327] Keane, *Caste-Based Discrimination in International Law*, p. 178.

[328] 对基于"实际的或认为的族裔性"的歧视的评论，见 *Timishev v Russian Federation*，［2007］44 EHRR 37，para. 56。

[329] 第19段。

[330] Council Directive (EC) 2000/43 implementing the principle of equal treatment between persons irrespective of racial or ethnic origin［2000］OJ L180/22. 欧洲议会于1996年决定，"在所有正式文本中均应……避免使用种族"一词：Resolution on the communication from the omission on racism, xenophobia and anti-Semitism，引自 Bell, *Racism and Equality*, p. 13, n. 50。欧洲反对种族主义和不容忍委员会第7号一般性建议的脚注1表明，该委员会拒绝基于存在不同种族的理论，但使用了这一术语，"以确保那些被普遍错误地认为属于'另一种族'的人不被排除在立法保护之外"：<https://www.coe.int/t/dghl/monitoring/ecri/activities/GPR/EN/Recommendation_N7/Recommendation_7_en.asp>。

情况是在国内立法中省略种族的提法、代之以族裔的情况，而对种族观念仅予以间接处理，或侧重于"极端主义"：这可能意味着或不意味着种族/族裔内容，可能造成法律和实践上的空白。将种族视为一种社会构建而不是一种生物底层（substratum），并没有明显削弱其造成歧视的能力。[331]

　　将第 1 条第 1 款中的所有歧视理由纳入国内法的建议也适用于"肤色"。虽然基于肤色的歧视要以立法禁止，但消除种族歧视委员会批评了在立法中使用"可见的少数群体"的用词，理由是它可能意味着"白色"是有关国家中"正常"的标准。[332] 白化病是一个挑战"肤色"歧视的范围和基于世系的歧视的令人不安的当代问题。虽然在这种情况下，"肤色"并不代表种族/族裔，但患有白化病并遭受污名、社会排斥和歧视的人，由于其不同的肤色，而面临着"类似于……弱势少数种族的经历"。[333]

　　尽管"民族"的含义不明确，但将民族和族裔本源列为理由有助于将关注点从种族和肤色转移到族裔，特别是族裔少数。范登霍尔指出，消除种族歧视委员会将对少数群体的歧视视为一个具体主题，而"无论涉及何种禁止理由"。[334] 然而，这种歧视的族裔化（ethnicization）的实质性基础在《公约》中很广泛：序言和第 1、4、5 条提到了"族裔本源"，第 7 条提到了"族裔团体"。对此可以忆及，在《公约》中主要适用的"民族本源"与族裔性而不是公民身份有关。鉴于对自我认同的实际强调，对族裔的关注不必意味着文化的具体物化，而且反对文化决定论，即不顾个人同意就指定成员身份。[335]

---

[331]　委员会委员库特（Kut）在讨论瑞典的一份报告时称（CERD/C/SR.2251, para.6）："尽管种族概念是一种社会建构，但这恰恰是它应该成为反对种族主义法律框架的一部分的原因。"

[332]　委员会的结论性意见：加拿大，CERD/C/CAN/CO/18, para.13；CERD/C/SR.1790, para.50（Thornberry）。加拿大的第十九次和第二十次报告在南亚人、华人和黑人方面使用了这个词（CERD/C/CAN/19-20, para.22），并作了解释和辩护（*ibid.*, paras 41-43）。

[333]　UN Independent Expert on Minority issues, cited in Persons with Albinism, *Report of the Office of the High Commissioner for Human Rights*, A/HRC/24/57, 12 September 2013, para.81. 联合国少数群体问题独立专家的这一报告的其他段落反映了白化病与残疾之间的关系（para.78），以及白化病患者作为一个需要特别注意的特殊群体（para.83）。另见非洲人权和民族权委员会，*Resolution on the Prevention of Attacks and Discrimination against Persons with Albinism*, 5 November 2013。2015 年 3 月，人权理事会任命了一名关于白化病人享有人权问题的独立专家：A/HRC/RES/28/6。

[334]　Vandenhole, *Non-Discrimination and Equality*, p.95.

[335]　在最后这一方面，委员会结合了《公约》与《联合国少数人权利宣言》第 3 条和欧洲理事会《保护少数民族框架公约》所表述的非强迫原则。

136

如前所述，[336] 转换成种族主义词语，《公约》非常关注甚至主要关注文化或差异种族主义："种族歧视"包含并超越了"种族"。

消除种族歧视委员会第 29 号一般性建议致力于构建作为歧视之理由的"世系"。准备工作提到了这样一种说法，即世系旨在涵盖"民族本源"的不确定性。印度在反对将《公约》适用于基于种姓的歧视时，重申了这一主张。虽然这表明了种族/文化意义上的"民族性"（nationality）与世系之间的联系，但这并不排除"世系"在禁止的歧视理由中占据一个单独位置。委员会在第 29 号一般性建议中采用的有关基于世系的歧视的措辞包括遗传的概念，该概念使"世系"与其他理由保持一致。印度在《公约》起草期间，在"特别措施"的标题之下提供的种姓的例证并不能使种姓免于适用《公约》：提出这些群体被有关特别措施的规定所涵盖，但不在第 1 条第 1 款的定义范围之内，是对《公约》的一种站不住脚的解读。《公约》中的种姓问题表明了一个更普遍的问题，即在各缔约国声称文化、制度或国家"独特"的情况下，如何将地方性制度的无法改变的多样情况归入一个世界性的标准之下。在某些情况下，委员会将"种姓"与某些族裔群体的情况联系起来；[337] 这不应被视作对"世系"标准的效用缺乏信心，而应被视为认识到一种现实，即基于种姓/世系的歧视的事例可能既是全国性的，也是地方性或在社区之内的。

第 1 条第 1 款对理由的列举并没有不适当地妨碍发现种族歧视的新的排列组合，这已经考虑到当代社会的物质和文化特征有不同程度的种族化。[338] 消除种族歧视委员会广泛讨论了少数语言和土著语言的问题，特别是在第 5 条和第 7 条方面。把语言解释为一种独立的歧视理由，可以说成源于族裔本源的理由，[339] 而性别实际上是作为"交叉性"隐喻的结晶，而被列入理由清

336　本书第五章。

337　委员会的结论性意见：布基纳法索，CERD/C/BFA/CO/12-19, para. 8；埃塞俄比亚，CERD/C/ETH/CO/7-16, para. 15。

338　Bell, *Racism and Equality*, p. 9.

339　在对毛里求斯的结论性意见中，委员会根据《公约》建议，在《平等机会法》下增加语言作为一项受保护的理由：CERD/C/MUS/CO/15-19, para. 10。

单。[340] 在各种可能的交叉情况中，残疾和性倾向只在很小的程度上引起了委员会的注意，但这种情况可能会改变。[341] 罗马教廷反对交叉性的概念，特别强调了它在性别方面的使用。[342]

鉴于《公约》的起草历史和缔约国偶尔提出的反对，种族/宗教交叉问题得到了谨慎对待。虽然消除种族歧视委员会提到了种族/族裔和宗教歧视的交叉情况，但这一隐喻并不总是奏效，因为在许多情况下，无法以任何确定方式区分族裔和宗教，相反，它们实际上是"交融"的。委员会使用了令人不安的"族裔—宗教"一词来描述这种情况中的一部分，尽管许多土著群体表现出类似的特征，即使"族裔—宗教"的用词不适用于它们。在其他情况下，对于构成身份特征的文化和宗教因素各自的"分量"，可能有不同的看法。[343]《公约》的结构授权委员会评估基于族裔/种族理由歧视思想、良心和宗教自由的证据，而这是一项会造成概念上困惑的、本质上复杂的工作。[344]

关于第 1 条的定义中"公共生活"的限制的讨论引起了一系列评论。马

138

---

[340]　委员会坚持认为，种族/族裔不必是歧视的"唯一"理由，而坚持这一点才能联系到立法的国内法规定是不正确的：对澳大利亚的结论性意见，CERD/C/60/CO/1，para. 9。这就开创了一个概念，以适应同时基于若干因素的歧视。在这种情况下，本书作者解读委员会的意见的大意是，种族/族裔因素对于所经历的歧视必须是一种"实质性的"或"重大的"促成因素。比较一下欧洲反对种族主义和不容忍委员会的观点：对于种族主义的发生，"一个或多个理由……构成唯一的因素或决定性的因素并无必要……只要这些理由属于导致蔑视或优越观念的因素就足够了"：Explanatory Memorandum to *General Policy Recommendation No. 7 on National Legislation to Combat Racism and Racial Discrimination* (13 December 2002)，para. 7。

[341]　就性倾向，见委员会对捷克共和国的结论性意见，CERD/C/CZE/CO/7，para. 18；就性少数者（LGBTI）问题，见委员会对德国的结论性意见，CERD/C/DEU/CO/19-22，para. 16；委员会对荷兰的结论性意见，CERD/C/NLD/CO/19-21，para. 34，建议对寻求庇护者中的 LCBTI 人员采取措施。有关残疾的问题往往出现在关于所谓的为精神残疾儿童所办的特殊学校的情况中——罗姆儿童被分配到这些学校，而不是出现在种族/族裔交叉以创造一个新的歧视主题的情况中：例如见委员会对斯洛伐克的结论性意见，CERD/C/SVK/CO/6-8，para. 16。参见《德班行动纲领》第 57 段，有关同样遭受种族主义的残疾人的处境。

[342]　特别义务被列入第 32 号一般性建议第 7 段，该段提到了基于性别和宗教理由的交叉情况，而且表面上整体地提到了有关种族歧视的性别层面的第 25 号一般性建议："'性别'和'交叉情况'的用语并不见于《公约》……。此外，妇女问题在一项单独特别的国际文书即《消除对妇女歧视公约》中处理。"CERD/C/VAT/16-23（4 September 2014），para. 5. 委员会审查罗马教廷的报告的结果在本书第二十章讨论。

[343]　见本书第十一章和第十三章。

[344]　见本书第十三章。

可南提出,"公共生活"可能"简单地传达了这样一个理念,即每当一个国家规定了某一特定权利时,这项权利对于该国就进入了'公共生活'的范围"。[345] 鲁吉（Ruggie）评论说,不清楚"第1条提到的'公共生活'在多大程度上限制了《公约》的适用范围……在对于来文的意见和结论性意见中,对公共生活的提及实际上消失了,这确认了《公约》触及和适用的范围的扩张"。[346] 他提出,在实践中,"得到优先考虑的,是具有公共性质的行为或在公共领域发生的行为,以及发挥公共作用的私人行为者";[347] 他同时指出,消除种族歧视委员会强调,公共领域实际上是《公约》的焦点[348]——这一评论与在第14条规定的来文程序中表达的意见相呼应。[349]

关于公共和私人领域,讨论并不总是区分两个重叠的方面:国家对具有公共作用的私人行为者的责任,以及对于家庭和人际关系的可予允许的干预的程度。关于第一个问题,《公约》的主要条款都涉及私人行为者的活动,包括明确如此涉及的第2条、基于消除种族歧视委员会解释的关于种族隔离的第3条、关于仇恨言论和种族主义组织的第5条。[350]《公约》第2条第1款（卯）项要求各国对"任何人、任何团体或任何组织"的歧视性活动负责。除此样板外,隐私权和家庭生活权推定限制了《公约》的触及范围和国家规范私人行为的义务,因此对于是否有必要将种族不歧视原则置于人际关系或

139

---

[345] Makkonen, *Equal in Law*, *Unequal in Fact*, p. 141.

[346] Special Representative of the Secretary-General on Human Rights and Transnational Corporations and Other Business Enterprises, *Mapping State obligations for corporate acts: An examination of the UN Human Rights treaty system*, Report No. 1, International Convention on the Elimination of All Forms of Racial Discrimination [henceforth Ruggie, *Report No.* 1], 18 December 2006, para. 12: <https://www. business-humanrights. org/Documents/State-Obligations-Corporate-Acts-CERD-18-Dec-2006. pdf>. 委员会最近的一些结论性意见似乎支持鲁吉的看法: 阿尔及利亚, CERD/C/DZA/CO/15-19, para. 11, 建议采用一个"适用于公共和私人生活所有领域"的歧视定义;乌兹别克斯坦, CERD/C/UZB/CO/6-7, para. 7, 建议采用一个"涵盖公共和私人生活所有领域"的歧视定义。

[347] Ruggie, *Report No.* 1, para. 93.

[348] *Ibid.*, para. 94.

[349] 有关公共场合作为《公约》核心关注对象的评论,见 *Gelle v Denmark*, CERD/C/68/D/34/2004 (2006), para. 6. 5; *Quereshi v Denmark*, CERD/C/66/D/33/2003 (2005), para. 6. 3。

[350] 分隔的"产生也可能没有公共当局的主动或直接参与": 第19号一般性建议第4段（讨论见本书第十章）。

家庭关系的空隙，可以提出合理的疑问。[351] 对于族内通婚的文化关系和传统的诘问——委员会坚持《公约》对其适用，也提出了类似的问题，特别是考虑到自决原则。[352] 然而，与其他领域相比，实践确实更深入地探究了某些社会关系领域。[353] 如果《消除对妇女歧视公约》的核心情况是有效地促进直降到人际关系层面的社会转型，则《消除种族歧视公约》的核心情况是有效地促进承认各国之内的多样群体的和规范它们所占据的空间，这并不排除"侵入"文化空间来保障女性权利的可能。关于种族歧视中性别方面的第 25 号一般性建议包括对"在私人生活领域对妇女的歧视"（第 2 段）的提及。然而，《公约》并没有精确地界定私人与公共领域，而亨拉德提出的以下认识大体是正确的，即《公约》"并没有以一种全面的方式规定防止和消除私人歧视的积极义务，这种义务将触及私人之间的每一种互动"。[354] 总之，依据《公约》的实践基本上更多地涉及"私人行为者"而非"私人生活"。

---

[351] *Nahlik v Austria*，CCPR/C/57/D/608/1995（1996），para. 8.2，提到了"准公共领域"中的歧视。对该案的评论，见 Joseph *et al.*，*The International Covenant on Civil and Political Rights*，p. 734："虽然《公约》要求对诸如就业、住房或获得公共物品和服务的途径等'准公共'领域中私营部门的歧视予以规制，但在'完全私人'或个人的领域——如住家、家庭或其他私人关系，可能不要求此类规制。例如，一个国家如何能有意义地规制父母不赞成其子女之配偶的种族的情况？事实上，完全私人领域中的歧视或许最好通过教育措施来解决，而不是通过强制性法律。"另见 Explanatory report to Protocol 12 of the European Convention on Human Rights，para. 26："缔约国不得以保护不受歧视为借口，不成比例地干涉私生活或家庭生活得到尊重的权利"。De Schutter, *International Human Rights Law*，p. 614，区分了"在市场关系背景下个人之间的互动——其中反歧视法可能会干预，以及在私生活和家庭生活的'私密领域'中的互动——其中反歧视法不应干预"。

[352] 人权事务委员会在霍普和贝瑟特诉法国案中缩小了族裔性和家庭生活之间的差距：*Hopu and Bessert v France*，CCPR/C/60/D/549/1993/Rev. 1（1997）。该案中，在塔希提岛建设一个有可能损害来文提交人的祖先墓地的旅馆综合体被视为侵犯了提交人的家庭权利和隐私权利——他们与祖先的关系被认为是他们身份特征的一个基本要素。人权事务委员会委员克雷茨默尔（Kretzmer）和伯根索尔（Buergenthal）的异议意见——有其他委员加入——批评了搞混家庭、隐私和族裔性之间界线的情况，坚持认为，除其他外，即使扩大"家庭"一词的含义，它也"不包括某个人的族裔或文化群体的所有成员"。

[353] 关于公/私分界的性别性质的评论，见 S. Mullally，'The UN, Minority Rights and Gender Equality: Setting Limits to Collective Claims'，*International Journal on Minority and Group Rights* 14（2007），263–283。

[354] Henrard，'Non-Discrimination and Full and Effective Equality'，p. 143.

第七章　第1条第2款、第3款：歧视与非公民

第1条

二、本公约不适用于缔约国对公民与非公民间所作之区别、排斥、限制或优惠。

三、本公约不得解释为对缔约国关于国籍、公民身份或归化之法律规定有任何影响，但以此种规定不歧视任一籍民为限。

一　导言

《消除种族歧视公约》中的歧视定义似乎因第1条第2、3款而大大限缩，这两款与第1条第1款一样，适用于整个《公约》。由于第1条第2款，《公约》范围的潜在限制尤其引人注目。"人人"或"所有人"享有人权的权利载于自《世界人权宣言》以来的核心人权文本。从表面上看，这两款的语言似乎削弱了文本的普遍主义雄心，其先驱包括《世界人权宣言》。在大多数涉及移民的情况下，第1条第2款中的"非公民"将拥有消除种族歧视委员会审查行为的缔约国以外的国家的公民身份；在其他情况下，"非公民"的含义将是无国籍或"未确定的公民身份"。[1]

---

[1]　关于该短语的使用，见委员会的结论性意见：爱沙尼亚，CERD/C/EST/CO/8-9, para. 15。关于类似的不确定性，包括"被抹去"的问题，见委员会的结论性意见：斯洛文尼亚，CERD/C/62/CO/9, para. 13, CERD/C/SVN/CO/7, para. 13；CERD/C/SVN/CO/8-11, paras 12 and 13。

　　总体上并与人权作为同具有公民身份脱钩的权利的性质相适应，维斯布罗特提醒我们，"国际人权法的结构建立在这样一个前提之上，即所有人都应凭借其基本的人性而平等地享有所有人权"。[2] 人权事务委员会在一项更普遍地反映人权伦理的意见中，强调了人权适用于所有人而不论其公民身份如何的原则：

> 　　一般而言，《公约》所规定的各项权利适用于每个人，不论国家之间的对等原则，亦不论该个人的国籍或无国籍身份。……因此，一般的规则是，必须保障《公约》内的每一项权利，而不区别对待公民和外国人。……就《公约》所保障的权利方面，外国人享有不受歧视的一般规定的益处。[3]

　　人权准则的普遍性不一定能为影响非公民的一系列问题提供充分的细节或路标性的实际解决办法。大量的标准聚集于各种类别的非公民，包括无国籍人[4]、寻求庇护者和难民[5]、移民[6]以及被贩运者[7]，而《非居住国公民个人人权宣言》是联合国在这一领域的一般文书。[8] 关于非公民类别的国际文书的范围表明，除了基于法律地位的现实人权障碍之外，非公民还可能遭受源自种族主义与仇外态度和做法的压迫。继《维也纳宣言和行动纲领》提到仇外心理之后，[9] 2001 年《德班宣言》确认，针对非国民，特别是移民、难民和寻求庇护者的仇外心理是当代种族主义的主要根源之一；[10] 2009 年《成果文件》敦促各国打击持续存在的对非公民的仇外态度和消极刻板印

141

2　　D. Weissbrodt, *The Human Rights of Non-Citizens* (Oxford University Press, 2008), p. 34.

3　　人权事务委员会第 15 号一般性意见：外国人的地位，第 1、2 段。（本段所述《公约》指《公民及政治权利国际公约》。——译者注）

4　　1954 年《关于无国籍人地位的公约》、1961 年《减少无国籍状态公约》。Weissbrodt, *The Human Rights of Non-Citizens*，该书第 4 章探讨了与无国籍状态有关的各种文书。

5　　特别是 1951 年《关于难民地位的公约》：见下文有关第 22 号一般性建议的讨论。

6　　《移徙工人权利公约》。

7　　Weissbrodt, *The Human Rights of Non-Citizens*，第 9 章 "被贩运者"。

8　　1985 年 12 月 13 日联大第 40/144 号决议通过，其序言部分载有关于平等的一般规定，除其他外，还确认 "国际文书中规定的人权和基本自由的保护，也应对非居住国公民的个人给予保证"。

9　　A/CONF. 157/23，第一章第 15、30 段，第二章第 19~24 段。

10　　《德班宣言》第 16 段，委员会第 30 号一般性建议回顾了这一特定的复述。

象。[11] 消除种族歧视委员会通过实践充分认识到《德班宣言》背后的压迫性现实，这促使它通过了两项关于非公民的一般性建议——1993 年的第 11 号一般性建议[12] 和 2004 年的第 30 号一般性建议[13]，再加上关于第 5 条和难民的第 22 号一般性建议、根据第 14 条提出的意见以及大量的个别决定和建议。

在主要的国际人权文书中，对公民和非公民的权利的表述并不完全一致。《公民及政治权利国际公约》承认公民和非公民在政治权利[14]、迁徙自由[15] 和驱逐[16] 方面的区别。也可以忆及《经济社会文化权利国际公约》第 2 条第 3 款中的不歧视规定对于经济权利的有限例外，[17] 即使对于哪些权利应被列为"经济权利"，并无共识性的解释。[18] 因此，公民与非公民之间以及非公民之间在享受人权方面的区别，可在特殊情况下被考虑。从这个角度看，人权标准是一个不完全法（*lex imperfecta*），没有完全从与国籍和公民身

142

11　《德班审查会议成果文件》第 76 段。（《成果文件》[Outcome Document] 指的是 2009 年在日内瓦召开的反对种族主义审查会议 [也称"德班审查会议"] 的成果文件，也称《德班审查会议成果文件》。——译者注）

12　A/48/18, Annex Ⅷ. B.

13　A/59/18, Chapter Ⅷ.

14　《公民及政治权利国际公约》第 25 条：参与公共事务、选举和被选举以及担任公职的权利。

15　《公民及政治权利国际公约》第 12 条。

16　《公民及政治权利国际公约》第 13 条仅适用于外国人。适用于所有人的一般规则详见人权事务委员会第 15 号一般性意见：《[公民及政治权利国际] 公约》下外国人的地位，HRI/GEN/1/ Rev. 9（Vol. Ⅰ），pp. 189-191。第 31 号一般性意见《[公民及政治权利国际] 公约》缔约国承担的一般法律义务的性质"规定："享受《公约》权利的人并不限于缔约国的公民，还必须包括正好在缔约国的领土上或者受其管辖的所有个人，而不论其国籍或者无国籍状态，例如寻求庇护者、难民、移徙工人以及其他人。"（*ibid.*, pp. 243-247）这项原则也适用于在境外行动的缔约国武装部队的权力范围内或者有效控制下的所有人：对于《消除种族歧视公约》中域外适用问题的思考，见本书对第 2 条的评注。

17　《经济社会文化权利国际公约》第 2 条第 3 款规定："发展中国家在适当顾及人权及国民经济之情形下，得决定保证非本国国民享受本公约所确认经济权利之程度。"经济、社会和文化权利委员会第 20 号一般性意见第 30 段称，"国籍不应该成为享有《公约》权利的障碍，……权利适用于每个人，包括非国民"，并强调这不影响第 2 条第 3 款。维斯布罗特对第 2 条第 3 款的评论是，作为"平等规则的一个例外，第 2 条第 3 款必须作狭义解释，只能由发展中国家倚靠，而且只能关乎经济权利。国家在社会和文化权利方面，不能区分公民和非公民"；Weissbrodt, *The Human Rights of Non-Citizens*, p. 49。

18　因此，对于受教育权，经济、社会和文化权利委员会第 11 号一般性意见第 2 段称："受教育权……被以各种方式界定为一项经济权利、一项社会权利和一项文化权利。该权利具有所有这些性质。"

份的联系中解放出来。因此，作为公平待遇的一项促进因素，拥有国籍就有比其应有的重要性更大的重要性。鉴于缺乏公民身份与种族主义之间的联系，《消除种族歧视公约》将享有国籍的权利列为受益于第 5 条规定的平等待遇和不歧视保障的权利之一，是适当的。[19]

二　准备工作

小组委员会的公约草案包括关于公约解释的一条即第 8 条；卡尔沃克雷西和卡波托蒂提交的第　版包括一项规定，即《公约》中的任何内容"均不得解释为准予一缔约国国民平等的政治权利或者准予某一单独之种族、族裔或民族群体政治权利"。[20] 库瓦斯-坎奇诺起草的一份草案给一项关于非公民的规定附加了少数群体的因素：

> 本公约之任何规定均不得解释为……［缔约国］……准予其境内外国人某种特定政治或社会地位的积极义务。不应将其解释为准予种族、族裔或民族群体政治权利，如果此等准予可能全部或部分地破坏一缔约国之民族统一或领土完整。[21]

在进一步起草后，[22] 主席提出了一项新的案文：

> 本公约之任何规定均不得解释为默示承认或否认对非国民或者在缔约国内作为单独群体存在或可能存在之具有共同种族、肤色、族裔或民族本源之群体的政治权利或义务。[23]

在讨论中，"政治权利"扩大到"政治权利或其他权利"，而"或义务"的提法则被删除。[24] 经修正的案文提交给人权委员会，并在一系列会议上讨　143

19　第 5 条（卯）项（iii）目。

20　E/CN. 4/Sub. 2/L. 340.

21　E/CN. 4/Sub. 2/L. 347.

22　包括克里什纳斯瓦米和穆达维（Mudawi）的一份文本，E/CN. 4/Sub. 2/L. 348。

23　E/CN. 4/Sub. 2/L. 349.

24　E/CN. 4/873，para. 109；投票情况，*ibid.*，para. 111。

论。[25] 在修正建议提出后，法国、印度和菲律宾的代表提议将小组委员会的案文改为：

> 本公约之任何规定不得解释为以任何方式影响国际法承认之一国对国民和非国民在享受政治权利或其他权利方面的区分，也不得解释为修正规制归化者行使政治权利或其他权利之规定；本公约之任何规定没有规定任何义务，此种义务需因种族、肤色或族裔本源而准予任何群体特别政治权利或其他权利。[26]

在这种情况下，印度和菲律宾撤回了对该提案的支持；法国则表示，如果人权委员会恢复考虑"民族本源"，并从第 1 条中删除这一提法，法国愿意撤回修正。[27] 在复杂的讨论中，美国提议删除对"国际法"的提及，"因为没有任何国际法规则专门涉及在政治权利以及特别是其他权利方面区分国民和非国民的问题"。[28] 苏联代表主张，所起草的该条是一项保留条款，虽然针对案文中未涉及的事项提出保留并非一种习惯；[29] 然而，他指出，"得到全然认可的是，在一国国民和非国民之间应存在地位差异"。[30] 人权委员会相当混乱的辩论的部分原因在于对第 1 条中"民族本源"的含义和位置一直存在不同意见。在第 808 次会议上，根据奥地利的提议，拟议的"解释性的"第 8 条被删除。[31]

准备工作由于对于"民族本源"的讨论没有定论，因此给准确评论非公

25　委员会第 802 次至第 804 次、第 808 次和第 809 次会议审议了该条。

26　E/CN. 4/L. 715. 提案国随后删除了"国际法承认的"一语。

27　E/CN. 4/874, para. 255. 法国代表认为，第 8 条的存在是因为列入了"民族本源"，人权委员会有义务对此作出澄清："普遍认为，非国民的情况是《公约》不适用的情况"：E/CN. 4/SR. 803, p. 4. 另见丹麦和英国：E/CN. 4/SR. 804, pp. 10 and 8. 关于归化入籍者，法国代表回顾说："法国有法律和条例，暂时限制归化入籍者的政治权利，例如投票权。归化入籍者……往往对法国政治不太熟悉，对政治权利的兴趣远不如对经济、社会和文化权利的兴趣，至少在归化入籍后的头几年里是这样的。" E/CN. 4/SR. 802, p. 12.

28　E/CN. 4/SR. 804, p. 5. 土耳其代表说，国际法"尚未成功地界定第 V 条（第 5 条）所列的政治、公民、经济、社会和文化权利"：Ibid., p. 7.

29　Ibid., p. 6；关于草案的第二项内容，该代表提出，虽然草案没有规定给予特别政治权利或自决权的义务，但它可能给人留下这样的印象，即它希望搁置甚至阻止民族自决权的行使。

30　Ibid., p. 7.

31　E/CN. 4/874, para. 256.

民在新兴的《公约》框架中的地位，基本没有留下什么空间。直到九个国家
在联大第三委员会提出的第 1 条的草案通过前不久，公民身份问题才得到澄
清。[32] 对于民族本源作为歧视理由的讨论本身，受到了许多国家对于不适当
地开放禁止歧视的条款的担心的重大影响。印度称，公约草案的宗旨是"消
除某一特定国家居民之间可能存在的一切形式的种族歧视，没有代表团建议
将保障的权利和所施加的义务扩及外国人"。[33] 乌干达代表认为，一个刚刚独
立的国家自然希望将经济中迄今主要由宗主国或其他发达国家的国民担任的
关键职务给予本国国民。[34] 后一种说法暗示了新近摆脱殖民主义的国家的残
余恐惧，它们急于通过打造一种强有力的国家治理机器和为关键经济部门发
展一种本地知识阶层等方式，来巩固其国家地位。在这种情况下，表面上不
那么宽容的第 1 条第 2 款通过了，但对其用语基本未作具体讨论。

　　在第 1 条第 3 款中，"nationality"一词使用了两次*：有关缔约国关于
国籍、公民身份和归化的规定，以及有关这些规定不应歧视任何特定籍民的
原则。这就提出了一个问题，即在这两种情况下，这一用语的含义是否相
同。如果第一种用法在提及法律上的公民身份和有关事项时可以被认为是明
确的，那么第二种用法就不那么明确了：考虑到"national"和"nationality"
的模糊性，以及《公约》处理各种歧视理由而其中之一是"民族本源"的
事实。英国在联大第三委员会的代表表达的观点是，"nationality"的含义在
第 1 条第 3 款中从法律概念转变为更接近族裔的概念，她在对该条进行表决
后指出，"nationality……在不同的国家显然以不同方式被解释；其代表团理
解新文本结尾处使用的'nationality'一词……是指某一特定民族本源的

32　A/C. 3/L. 1238.

33　A/C. 3/SR. 1304, para. 19. 另见关于第 5 条的讨论，印度提议删除其中的"人人有权"一
语，因为"它没有作出任何国家可能正当地希望作出的公民和非公民之间的区分"。该代表指出，第
1 条作了这样的区分，这就是为什么该国代表团提议在第 5 条中提及这一区分：A/C. 3/SR. 1308,
para. 58。鉴于第 1 条第 2 款中有关非公民的规定，该修正被撤回：A/C. 3/SR. 1309, para. 2。

34　A/C. 3/SR. 1305, para. 30.

*　在《公约》第 1 条第 3 款的中文本中，与其英文本使用的两次"nationality"相对应的分别
为"国籍"和"籍民"。按本段所述，"nationality"可能有不止一个含义，因此在本章相关部分中，
保留"nationality"的英文用词不译，以免造成歧义。本章其他部分，视情况将"nationality"译为
"国籍"或"籍民"。

人"。[35] 加拿大代表解释说，他投票赞成第 1 条第 3 款，是"因为通过的案文表明，个人可以根据种族以及公民身份而拥有一个国籍"。[36] 施韦布提出，联大第三委员会添加第 1 条第 3 款是因为，该款"至少在某种程度上，似乎是维持归化者不利状态的一项保留条款"，并回顾了一系列宪法规定，其中规定国家职位被保留给在出生时即为国民的人。[37]

三 实践

（一）保留和声明

摩纳哥和瑞士对《公约》第 2 条提出了几乎相同的保留，但这一保留也与第 1 条有关：缔约国对于外国人的准入，保留适用其法律规定的权利。英国的情况则是，根据各项移民法规所作的区别被表示为与第 1 条第 1 款"或公约的任何其他规定有关"。[38]

（二）准则

消除种族歧视委员会《具体报告准则》关于第 1 条的准则在非公民方面比较简短，要求缔约国提供关于"国内法基于公民身份或移民情况规定差别待遇的程度"的资料，同时考虑第 1 条第 2、3 款以及第 30 号一般性建议。[39] 然而，对于第 5 条的准则——有关种族歧视的潜在受害者群体的资料——则要求除其他外以下方面的资料：难民和流离失所者（参考第 22 号一般性建议和第 5 条）以及包括移民、难民、寻求庇护者和无国籍人在内的非公民

35　A/C. 3/SR. 1307, para. 24，所提到的文本是，A/C. 3/L. 1238。

36　A/C. 3/SR. 1307, para. 28.

37　E. Schwelb, 'The International Convention on the Elimination of All Forms of Racial Discrimination', *International and Comparatice Law Quarterly* 15 (1966), 996-1068, 1010-1011 [henceforth 'The International Convention'].

38　<https://treaties. un. org/pages/ViewDetails. aspx? src = TREATY&mtdsg_ no = IV - 2&chapter = 4&lang = en>.

39　CERD/C/2007/1, p. 5.

（参考第 30 号一般性建议）。[40]

乍一看，第 1 条第 2、3 款限制了第 1 条第 1 款的定义的适用范围，损害了潜在的大量组成者。关于第 1 条第 2 款，迪亚科努指出，从字面上看，这项规定"本应迫使委员会避免讨论无国籍人口或居住在［缔约］国境内的外国公民的境遇"。[41] 补充这项限制性的一般规定的，是关于获得公民身份的第 3 款，该款虽然将"关于国籍、公民身分或归化"的法律规定排除在《公约》的控制之外，但条件是不存在"任一籍民"的歧视，这显然不像第 1 条第 2 款那么宽泛，而且至少重申了在其有限领域的不歧视原则。[42] 另一方面，对第 1 条第 2 款的"字面解读"可能不像表面上看起来那样具有排他性。

如前所述，在起草《公约》时，对第 1 条第 3 款中"nationality"的双重用法，曾有评论，而后来的评论者对这一术语的理解各有不同。施韦布将"不歧视任一籍民"解读为"政治—法律"意义上的国籍，"哪怕不是出于其他原因，而是因为不应轻率地假定同一个词在一句话中有两种不同的含义"；[43] 而该款第一次使用该词与法律程序和概念有关，而不是与"族裔"意义上的民族性有关。[44] 另一方面，勒纳声称，第二次提及"nationality"等同于"民族本源"；[45] 迪亚科努则认为，"nationality"在第一种意义上是指公民身份，在第二种意义上是指民族本源。[46]

成对的第 1 条第 2、3 款与联合国其他"核心"人权条约对非公民采取的更为开放的做法形成了对比，即使在这些条约中，国籍并不是受到明确禁止的歧视理由。消除种族歧视委员会在第 11 号一般性建议第 3 段和第 30 号　146

40　*Ibid.*, p. 12.

41　I. Diaconu, *Racial Discrimination* (Eleven International Publishing, 2011), p. 152.

42　关于这一原则在另一种情境下的应用，见欧洲人权法院的案例，*Ponomaryovi v Bulgaria*, App. No. 5335/05（2011）。

43　Schwelb, 'The International Convention', 1009; see also W. A. McKean, *Equality and Discrimination under International Law* (Clarendon Press, 1983), p. 157.

44　Schwelb, *ibid.*, 1009, 提到对"nationality"的"历史—生物"理解，这里用"族裔"（eth-inic）代替；他还认为第 1 条第 3 款"至少在某种程度上是……维持归化入籍者权利不完整的保留条款"（p. 1010）。

45　N. Lerner, *The UN Convention on the Elimination of All Forms of Racial Discrimination* (Sijthoff and Noordhoff, 1980), p. 30.

46　Diaconu, *Racial Discrimination*, p. 166.

一般性建议第 2 段中都暗示了更广泛的人权标准框架的相关性，这两段都意味着对第 1 条第 2、3 款权利的限制属于例外，应当作狭义解释。第 1 条第 3 款可解读为"限定"第 1 条第 2 款：作为一项例外的例外，在后者的框架内，当其涉及特定国籍时，恢复可适用于非公民的不歧视原则。

消除种族歧视委员会的进路的总体方向是逐步缩小第 1 条第 2、3 款表现出来的人权保护中的任何空白。在第 11 号一般性建议中，委员会申明，第 1 条第 2、3 款并没有免除缔约国报告非公民情况的义务：相反，缔约国应"全面报告关于外国人的立法及其执行情况"。[47] 该建议第 3 段提供了一项关键的解释性举措，并视情况而定，在委员会的工作记录中展开：

> 委员会……申明，第 1 条第 2 款不得被解释为以任何方式减损其他文书，特别是《世界人权宣言》《经济社会文化权利国际公约》《公民及政治权利国际公约》所承认和阐明的权利和自由。

为了支持一项解释性原则，列出"不同类别"的文书——一项宣言和两项公约——招致了批评意见，[48] 尽管将"国际人权宪章"列入一份不详尽的国际人权标准清单，以其表明对国际法原则的更广泛接受并非不合理。[49] 虽然《消除种族歧视公约》没有列入一项具体条款，以确保不应将其解释为削弱其他国际人权标准，[50] 但第 11 号一般性建议表明，这样一项原则在消除种族歧视委员会的实践中发挥着作用。委员会的总体方法论的一个突出特点是，在委员会的解释框架内汇集了各种不同人权文书和原则，特别是在阐述

47　第 11 号一般性意见第 2 段。

48　M. O'Flaherty, 'Substantive Provisions of the International Convention on the Elimination of All Forms of Racial Discrimination', in S. Pritchard (ed.), *Indigenous Peoples, the United Nations and Human Rights* (Zed Books and The Federation Press, 1998), pp. 162-183, at p. 168. 委员会大量利用了其他人权文书，特别是在对各国报告的结论性意见中：见本书第十五章和第二十章的一般讨论。

49　关于《消除种族歧视公约》缔约国批准人权两公约的后果的思考，见 T. Buergenthal, 'Implementing the UN Racial Convention', *Texas International Law Journal* 12 (1977), 187-221, 211。

50　条款的例子包括《公民及政治权利国际公约》和《经济社会文化权利国际公约》各自的第 5 条第 2 款，《消除对妇女歧视公约》第 23 条，《儿童权利公约》第 41 条以及《残疾人权利公约》第 4 条第 4 款。在少数群体权利方面，见欧洲理事会《保护少数民族框架公约》第 22 条；在土著民族方面，见国际劳工组织第 169 号公约第 35 条。非公约条款包括《联合国土著人民权利宣言》第 43 条和第 45 条。

第 5 条规定的权利方面（但不限于此）。[51]

2004 年通过的更具雄心的第 30 号一般性建议建立在消除种族歧视委员会又一个十年的实践和《德班宣言和行动纲领》的基础上。关于国家责任的第一节重申了第 11 号一般性建议的信息，即第 1 条第 2 款"必须解释为能避免破坏对种族歧视的根本禁止"，因此不应削弱"国际人权宪章"的原则。[52] 该建议还强调了第 5 条中一般性的平等和不歧视规定，作为对第 1 条第 2 款的抗衡。委员会可能还借鉴了第 6 条的规定——适用于管辖范围内"人人"的救济，以及第 14 条中的类似规定；第 2 条的宽泛措辞也能被用来扩大反歧视的章程之范围。该一般性建议序言部分最后一段"尤其"回顾了第 5 条作为建议的主要依据，其执行部分则扩展了第 11 号一般性建议，指出第 5 条，

> 包含缔约国禁止和消除在享受公民、政治、经济、社会和文化权利方面的种族歧视的义务。虽然其中有些权利，例如参加选举、投票和参加竞选的权利，可能只限于公民享受，但人权在原则上应该是人人享有的。缔约国有义务保障公民和非公民在国际法承认的范围内平等享有这些权利。[53]

接着该段的，是这样的反思：

> 《公约》规定，基于公民身份或移民身份的区别对待，如果这种区别对待的标准，根据《公约》的目的及宗旨判断，不是为寻求某种正当目的而运用，而且与实现这种目的不成比例，就将构成歧视。在《公约》……第 1 条第 4 款范围内的区别对待不被认为具有歧视性。[54]

最后引用的这段声明似乎表明，"公民身份或移民身份"本身就是歧视的理由，这将是对《公约》明确规定的理由的补充。鉴于提到了"《公约》的目的及宗旨"和第 1 条第 4 款，所提及的"区别对待"是种族/族裔方面的区别对待，根据"通常的检验"，这将构成种族歧视。虽然缔约国可以根

51　特别见本书第十五章和第二十章。
52　第 30 号一般性建议第 2 段。
53　第 30 号一般性建议第 3 段。
54　第 30 号一般性建议第 4 段。

据公民身份/国籍作出区分，但这些区分将受到检验，以推断它们是基于种族的，还是被用作目的或效果上的"种族歧视的借口"。[55] 第30号一般性建议多次提到基于种族、肤色、世系、民族或族裔本源的歧视，但没有将法律上的国籍或公民身份列为歧视的具体理由，加上后来的实践，这些都强化了这一解释。第30号一般性建议接着建议修订法律，以保障对第5条中的权利的切实享受。[56] 该建议加深了对种族歧视的理由的理解，即包括这些理由通过"交叉性"的运作或"多重歧视"而扩展到性别、宗教和其他实例的情况。

第30号一般性建议声称，各国应"不对公民的女性非公民配偶和公民的男性非公民配偶适用不同的待遇标准"[57] 以及间接歧视——移民政策不应具有歧视效果；[58] 在打击恐怖主义方面采取的措施也不应有这样的效果，非公民不应"受到种族或族裔样貌定性（racial or ethnic profiling）或刻板定型"。[59] 关于保护非公民不受仇恨言论和种族暴力的侵害，[60] 司法工作，[61] 驱逐和遣返非公民，[62] 经济、社会和文化权利[63]的各节，具体阐述了《公约》对非公民的影响，进一步削弱了对非公民享有人权的潜在限制。

第30号一般性建议第四节专门讨论"取得公民身份"和主要对第1条第3款的影响。对各国的建议是，确保"特定的非公民群体在取得公民身份

55　T. Meron, 'The Meaning and Reach of the International Convention on the Elimination of All Forms of Racial Discrimination', *American Journal of International Law* 79（1985），283-318，311-312［henceforth *Meaning and Reach*］.

56　第30号一般性建议第7段。

57　第30号一般性建议第8段。

58　第30号一般性建议第9段。

59　第30号一般性建议第10段。（对于"racial or ethnic profiling"这一短语中的"profiling"，联合国文件中文本并无统一译名：例如，在联合国发布的消除种族歧视委员会第30号、第31号、第36号一般性建议以及《具体报告准则》的中文本中，该词被分别译为"脸谱化""描述""定性""貌相"。鉴于"racial or ethnic profiling"的大意是指主要或完全基于某人的种族或族裔外在样貌特征而予以特别关注和对待的情况，本中译本将其译为"种族或族裔样貌定性"。——译者注）

60　第30号一般性建议第4节。

61　第30号一般性建议第5节。

62　第30号一般性建议第6节。

63　第30号一般性建议第7节。

或归化方面不受歧视，并注意常住居民或永久居民归化可能面临的障碍"。[64]
该建议还指出，以种族等理由剥夺公民身份，违反了确保无歧视地享有国籍
权的义务，[65] 应减少无国籍状态，特别是儿童的无国籍状态。该节还要求各
国考虑，"在某些情况下，拒不给予常住居民或永久居民公民身份，可能导
致……违反《公约》的……原则"。[66]

第 30 号一般性建议的内容由第 34 号一般性建议在"取得公民身份"的
标题下修订：缔约国应确保"关于公民身份和归化的立法不歧视非洲人后
裔"，并应注意"非洲裔常住居民或永久居民归化可能面临的障碍"。[67]

在较狭窄的难民和流离失所者领域，第 30 号一般性建议得到第 22 号一
般性建议的补充，后者也参考了《公约》第 5 条，同时以"一般性保护难民
的国际制度的主要渊源"[68] 即 1951 年《关于难民地位的公约》和 1967 年
《关于难民地位的议定书》为参照点。除了重申关于平等和不歧视的一般原
则外，该建议还采用了上述两项文书的措辞，强调几点：

（a）一切这种难民和流离失所者均有权在安全条件下自由地返回原
籍地；

（b）缔约国有义务确保这种难民和流离失所者的返回是自愿的，并
遵守不推回、不驱逐难民的原则；

（c）一切这种难民和流离失所者返回原籍地后均有权收回在冲突时
被剥夺的财产，对不能收回部分应得到适当赔偿……

（d）一切这种难民和流离失所者返回原籍地后均有权充分而平等地
参与各级公共事务，有同等机会担任公职并接受复原的帮助。[69]

64　第 30 号一般性建议第 13 段。参见国际法委员会 1999 年《关于国家继承涉及的自然人国籍
的条款草案》及其评注：<http://legal.un.org/ilc/texts/instruments/english/commentaries/3_4_1999.
pdf>。其第 5 条规定，"在受国家继承影响的领土上有惯常居所的人，推定在继承之日取得继承国国
籍"。另见联大 2000 年 12 月 12 日第 55/153 号决议。评论见 Diaconu, *Racial Discrimination*, pp. 166-
169。

65　本书对第 5 条的评注。

66　第 30 号一般性建议第 15 段。

67　第 34 号一般性建议第 47 段，参见第 49 段。

68　第 22 号一般性建议序言。

69　第 22 号一般性建议第 2 段。

149 虽然第 22 号一般性建议没有像第 30 号一般性建议那样被广泛引用，但这可能是因为它的领域更为有限；消除种族歧视委员会一贯关注难民、寻求庇护者、流离失所者以及其他移民的情况和冲突造成的伤亡。[70] 委员会在对格鲁吉亚的结论性意见中建议，根据第 22 号一般性建议，该缔约国应"继续努力改善国内流离失所者的状况……特别是在融混、合理的持久条件和食物方面"；委员会"敦促该缔约国规范那些无法很快返回的国内流离失所者的状况"。[71] 有关难民和国内流离失所者的特别建议，可与第 30 号一般性建议一道，引用第 22 号一般性建议。[72]

第 30 号一般性建议的基础是消除种族歧视委员会特别是其根据第 14 条和第 9 条取得的记录，并起着作为以后发展的参考点的作用。[73] 在取得公民身份[74]、归化障碍[75]、拘禁条件[76]、教育[77]、就业做法[78]、表达和宗教自由[79]、司法制度[80]、移民的总体情况（包括其性别层面和涉及移徙工人的方面[81]——包括移徙家庭佣工[82]）、难民和寻求庇护者（包括不推回问题）[83]、身心健康标准[84]、

---

[70] 进一步的例证载于本书第十三章和第十四章。

[71] CERD/C/GEO/CO/4-5, para. 20.

[72] 委员会的结论性意见：乍得，CERD/C/TCD/CO/16-18, para. 15, 另见第 14 段；科威特，CERD/C/KWT/CO/15-20, para. 20。

[73] 对根据第 14 条提出的来文、按照国籍分列的实用清单，载于 S. Berry, 'Bringing Muslim Minorities within the International Convention on the Eliminationof All Forms of Racial Discrimination—Square Peg in a Round Hole?', *Human Rights Law Review* 11/3, 2011, 423-450, at 424。

[74] 委员会的结论性意见：阿联酋，CERD/C/ARE/CO/12-17, para. 17；列支敦士登，CERD/C/LIE/CO/4。

[75] 委员会的结论性意见：莫桑比克，CERD/C/MOZ/CO/12, para. 17。

[76] 委员会的结论性意见：加拿大，CERD/C/CAN/CO/18, para. 18；摩洛哥，CERD/C/MAR/CO/17-18, para. 14。

[77] 委员会的结论性意见：德国，CERD/C/DEU/CO/18, 2008, paras 22 and 23。

[78] 委员会的结论性意见：意大利，CERD/C/ITA/CO/15, para. 17。

[79] 委员会的结论性意见：伊朗，CERD/C/IRN/CO/18-19, para. 15。

[80] 委员会的结论性意见：挪威，CERD/C/NOR/CO/18, para. 18。

[81] 委员会的结论性意见：墨西哥，CERD/C/MEX/CO/15, para. 16。

[82] 委员会的结论性意见：中国，CERD/C/CHN/CO/10-13, CERD/C/HKG/CO/13, CERD/C/MAC/CO/13, para. 30。

[83] 委员会的结论性意见：立陶宛，CERD/C/LTU/CO/3, para. 14；也门，CERD/C/YEM/CO/16, para. 14。

[84] 委员会的结论性意见：多米尼加共和国，CERD/C/DOM/CO/12, para. 18。

公民身份的继受[85]以及许多其他事项的领域中，该一般性建议得到了援用。

(三) 根据第14条提出的来文

从伊尔马兹－多甘诉荷兰案开始，[86] 非公民问题出现在根据第14条提出的案件中，而申诉人的公民身份被认为与来文可否受理无关。如果公民身份的区别看起来有相关性，消除种族歧视委员会就可能就这种区别进行探询，以确定是否有其他因素在起作用。起到说明作用的案件包括哈巴西诉丹麦案，[87] 其中一名在丹麦的（与丹麦公民结婚的）突尼斯籍永久居民因不是丹麦公民而被丹麦银行拒绝贷款。委员会指出，他"仅仅基于其非丹麦的国籍"而被拒绝贷款；[88] 委员会被告知，这一限制对于确保偿还贷款是有必要的。委员会认为，在决定偿还贷款的意愿或能力时，国籍不是最适当的要求，因为公民可以通过将自己或财产转移到国外而避免偿还。因此，哈巴西受到了歧视。委员会根据第2条（卯）项认为，"宜对银行有关外国居民贷款政策背后的真正原因启动适当调查，以确定涉及《公约》第1条所指种族歧视的标准是否适用"。[89]

150

基于对第1条第2款的排除性解读反对某项来文，可能只会得到消除种族歧视委员会较少的关注。在D. R.诉澳大利亚案[90]中，委员会将案件视为有关民族本源而非国籍的，并认为在社会保障和教育方面的不利区别并不是基于民族本源的，而且"不可能得出这样的结论，即该制度的运作损害了属于某一特定民族本源的人"。[91] 澳大利亚声称，申诉人的论点是基于其国籍，这是一项《公约》范围之外的歧视理由，委员会对此答复称：

> 缔约国辩称，提交人的指控不属于……第1条第1款中种族歧视定义的范围……。缔约国指出，这一定义没有承认国籍是种族歧视的理

85　委员会的结论性意见：阿联酋，CERD/C/ARE/CO/12-17，para. 17。

86　*Yilmaz-Dogan v The Netherlands*，CERD/C/36/D/1/1984（1988）.

87　*Habassi v Denmark*，CERD/C/54/D/10/1997（1999）.

88　委员会意见的第9.3段。

89　同上注（强调为本书作者所加）。

90　*D. R. v. Australia*，CERD/C/75/D/42/2008（2009）.

91　委员会意见的第7.2段。

由……。考虑到第 30 号一般性建议……并且特别是必须根据第 5 条解释《公约》第 1 条第 2 款，委员会不认为来文本身表面上不符合《公约》的规定。[92]

在某些情况中，消除种族歧视委员会将第 1 条第 2 款作为其决定的一个因素。在迪奥普诉法国案[93]中，一名塞内加尔籍公民申请加入法国律师协会。法国最高上诉法院认为，申请人符合法国律师协会的所有准入标准，但有一项除外：法国国籍。申请人声称，这违反了《公约》的若干条，包括工作权，并且不符合平等待遇，还有一些有损他家庭生活的因素，因为他可以在塞内加尔执业，但不得不将家人留在法国。缔约国辩称，拒绝让他执业完全基于国籍，但不是因为他是塞内加尔人，而是因为他不是法国人，而且缔约国正是在行使第 1 条第 2 款规定的特权。对于申诉人所依赖的《法国—塞内加尔定居事项条约》的解释问题，委员会评论说，它的职权不包括"解释或监督缔约国之间缔结的双边条约的适用，……除非可以确定，适用这些条约明显导致对受缔约国管辖的个人的歧视性或任意性待遇"。[94] 关于法国人/非法国人的区别，委员会的结论是，这"起到的作用是在公民与非公民之间予以优惠或区别对待。……拒绝迪奥普先生加入律师协会所依据的事实是他没有法国国籍，而不是基于……第 1 条第 1 款所列的任何理由"。[95] 委员会还注意到，提交人关于歧视的指控涉及一种只有法国国民才享有的担任律师的权利的情况，而不是"这项权利在原则上已被准予并可普遍援引"的情况。[96] 该案之所以被分析为非歧视性的，是因为：（甲）一种法国人与非法国人之间的区别，辅之以（乙）对应诉国所承担的人权义务范围的解读。

第 2 号奎勒什诉丹麦案*提供了一个限制《公约》对非公民——就像对其他群体一样——适用的一般性原则的实例。在该案中，一个政党的不同成

92　委员会意见的第 6.3 段。

93　*Diop v France*, CERD/C/38/D/2/1989（1990）.

94　委员会意见的第 6.3 段。

95　委员会意见的第 6.6 段。

96　同上注。

*　需要注意，有两件同名的奎勒什诉丹麦案，但其编号不同，分别为 CERD/C/63/D/27/2002 和 CERD/C/66/D/33/2003，本中译本称前者为奎勒什诉丹麦案，称后者为第 2 号奎勒什诉丹麦案。

员针对"穆罕默德""外国人""第五纵队分子"等发表了侮辱性和贬损性的言论，其中某些情况引发了起诉。消除种族歧视委员会作出决定的重点是一名发言者就"外国人"所作的声明，这是因为有人投诉说，该发言者将"并非丹麦人的一个族裔人群"[97] 等同于罪犯。缔约国辩称，发言者说的话过于零散，并未明确指向法律意义上的一个群体，因此不适合根据《丹麦刑法》第 266 条（b）项起诉。[98] 委员会在认定《公约》没有被违反时，赞同缔约国的立场，即"目前一般提及外国人并没有以有违《公约》第 1 条的方式，基于特定的种族、族裔、肤色、世系、民族或族裔本源将一组人单独挑选出来"。[99] 委员会在后来涉及仇恨言论的 P.S.N. 诉丹麦案[100]中援引了第 2 号奎勒什诉丹麦案；其中，与一般提及"外国人"类似，一般提及"穆斯林"被认为并没有具体到足以联系到《公约》中的禁令。[101]

在 A.M.M. 诉瑞士案[102]中，申诉人是一名索马里国民，根据《公约》第 1、4、5、6 和 7 条，就与"F"许可证持有人（一种准予临时入境而非永久居留的身份）制度有关的教育、就业、保健和隐私等领域中的各种艰难情况提出申诉。关于第 1 条第 2 款，消除种族歧视委员会遵循了缔约国的观点，认为申诉人的申诉"完全基于他在外国国民法下的地位，而不是他的原籍或索马里国籍"。[103] 委员会阐述说，受到质疑的条例"不是只适用于索马里国民或第 1 条的含义范围内特定的个人群体……临时入境是一种法律地位，与个人及其个体情况没有特定联系，以至于需要证明歧视"是这种法律地位所

---

[97]　*Quereshi v Denmark* No. 2，CERD/C/66/D/33/2003（2005），para. 2. 8.

[98]　委员会意见的第 2. 13 段。缔约国对比了被起诉的、贬损性地提及外来工人的情况，因为"根据一般理解，这一说法指的是居住在丹麦，其原籍为南欧、亚洲或非洲的人……来自特定国家的人"：委员会意见的第 4. 7 段。

[99]　委员会意见的第 7. 3 段。然而，委员会确实提请该缔约国注意关于外国人的评论的仇恨性质，以及关于对非公民的歧视的第 30 号一般性建议：委员会意见的第 8 段。

[100]　*P. S. N. v Denmark*，CERD/C/71/D/36/2006（2007）.

[101]　委员会意见的第 6. 4 段。本书第十一章进一步讨论该案。

[102]　*A. M. M. v Switzerland*，CERD/C/84/D/50/2012（2014）.

[103]　委员会意见的第 8. 4 段；缔约国的观点见于委员会意见的第 4. 4、4. 5 和 4. 11 段。在第 4. 5 段中，瑞士援引了联邦反种族主义委员会委托进行的一项研究，其大致结论是"按居住地位界定的群体不属于受禁止歧视保护的群体"。

152　　固有的。[104] 因此，委员会虽然不认为其所知事实构成种族歧视，[105] 但提请瑞士注意第 30 号一般性建议和其中关于有义务消除在工作条件和工作要求方面对非公民的歧视的声明。[106]

　　在 L. G. 诉韩国案[107]中，申诉人是一名新西兰国民，声称由于韩国当局规定的艾滋病毒／艾滋病和非法药物检测制度，她根据《公约》多项条款享有的权利受到了侵犯。申诉人提出，对韩国教师不要求同等的检测，对"对韩国裔……以及被认为是'海外韩国人'的、以韩国语为母语的外籍教师"也不要求同等的检测。[108] 申诉人在 2008 年接受了一系列的检测。在被告知为了续签教学合同，她必须接受一系列新的检测后，申诉人拒绝接受这些检测："虽然她愿意接受韩国教师需要进行的任何健康检查，但她不会接受只要求外国人进行的医学检测。"[109] 她的雇主说，虽然申诉人可以自由拒绝检测，但拒绝将意味着教学合同的终止。向韩国国家人权委员会（NHRCK）提出的申诉和向韩国商业仲裁委员会（KCAB）提出的调解请求并没有给申诉人带来任何补救。消除种族歧视委员会注意到，"韩国国家人权委员会拒绝调查……这一申诉"，"韩国商业仲裁委员会或任何其他缔约国当局均未对有争议的检测政策是否符合《公约》作出评估"。[110] 消除种族歧视委员会认定缔约国未做到评估种族上歧视性的标准是不是这一检测政策的根源，并得出结论认为，申诉人根据《公约》第 2 条第 1 款（寅）项和（卯）项以及

104　委员会意见的第 8.4 段。

105　委员会意见的第 8.6 段。委员会认为，申诉人没有"明确确定"存在基于族裔本源或索马里国籍的歧视行为，这是第 14 条诉讼程序的一项高证明标准，似乎接近刑法的"超出合理怀疑"的标准。

106　第 30 号一般性建议第 33 段。

107　*L. G. v Republic of Korea*，CERD/C/86/D/51/2012（2015）.

108　委员会意见的第 2.2 段。

109　委员会意见的第 2.7 段。此外，申诉人指出，"此类检测源于政府政策，甚至没有法律规定，而且它们助长了仇外信念，即"外国人吸毒"，"患有疾病"，"是性犯罪者"。韩国政府否认这些检测背后有任何歧视性意图，这些检测"是为了确定那些吸毒和感染艾滋病毒／艾滋病的外国人"（委员会意见的第 2.8 段）。

110　委员会意见的第 7.3 段。

第 6 条享有的权利受到了侵犯，[111] 申诉人的工作权也受到了侵犯：[112]

> 仅限于非韩国裔外籍英语教师的强制性检测政策似乎无法以公共卫生理由或其他理由来辩解，并侵害不分种族、肤色、民族或族裔本源的工作权利，违反了缔约国在《公约》第 5 条（辰）项（i）目所载工作权利方面承担的保障平等的义务。[113]

消除种族歧视委员会暗示地提到第 1 条第 2 款并指出，鉴于对韩国人和韩国裔的豁免，检测"因此不是根据公民和非公民之间的区别，而是根据族裔本源来决定的"。针对这样的主张——该检测制度被视为"检查外国英语教师价值观和道德"的一种手段，[114] 委员会回顾了第 30 号一般性建议第 12 段，其中建议缔约国"采取坚决行动，制止任何这样的倾向，即有人，尤其是政客……，基于种族、肤色、世系、民族或族裔本源，将'非公民'人口群体成员作为目标，加以丑化、公式化或脸谱化"。[115]

153

（四）结论性意见

对于提出与非公民有关的结论性意见，尽管考虑到《公民及政治权利国际公约》等人权文书对非公民权利的限制，公民和非公民在政治参与领域中的区别仍然引起了消除种族歧视委员会的注意。委员会在对捷克共和国的结论性意见中指出，"根据国内法，对公民和非公民的权利所作的若干区分可能没有充分的理由，……特别是欧盟的非公民虽然有权在地方选举中投票和当选，但不得属于一个政党"。[116] 委员会在对拉脱维亚的结论性意见中承认，"政治权利可以正当地限于公民；然而，委员会注意到，大多数非公民已经在拉脱维亚居住多年，哪怕不是一生"，并强烈建议"该缔约国考虑通过使

---

[111] 委员会意见的第 7.3、8 段。

[112] 委员会并未独审查这种检测是否违反规定健康权等的第 5 条（辰）项（iv）目：委员会意见的第 7.5 段。

[113] 委员会意见的第 7.4 段。

[114] 同上注。

[115] 同上注。

[116] CERD/C/CZE/CO/7，para. 18.

所有作为长期永久居民的非公民都有可能参加地方选举来促进融混进程"。[117]
委员会在对爱沙尼亚的结论性意见中,以明显温和的措辞重申了先前的结论
性意见,建议"该缔约国适当考虑允许非公民加入政党的可能性"。[118]

基本立法的结构经常引起消除种族歧视委员会的关注。鉴于《意大利宪
法》的平等条款不涉及非公民,委员会敦促该缔约国"确保非公民在法律面
前享有平等的保护和承认",并提请注意"有必要确保针对种族歧视的立法
保障,而不论其移民身份如何"。[119]委员会在对塔吉克斯坦的结论性意见中,
回顾了第 30 号一般性建议以及"各缔约国有义务确保针对种族歧视的立法
保障适用于非公民,而不论其移民身份如何,而且法律的实施不会对非公民
产生歧视性效果"。[120]委员会的许多结论性意见提到了"在国际法承认的限
度内",保障公民和非公民之间的平等权利的原则。[121]对非公民不受反歧视保
护的具体豁免或对这种保护的限制,遭到了批评,[122]包括在涉及行使自由裁
量权的情况下:委员会由此建议英国"取消行使移民职能时基于族裔和民族
本源的例外情况,以及授予英国边境署的……在边境检查站对入境者实行歧
视的自由裁量权"。[123]

改善非公民状况的一个关键是给予其公民身份——这是第 1 条第 3 款所
暗示的"保留领域"的一部分。取得公民身份可能给某些少数群体带来相当
大的问题,并提出了一个问题,即某一个或多个特定的国籍是否因取得公民
身份的法律安排而受到不成比例的不利对待。在若干事例中,处境不利的是
罗姆人,这一情况在消除种族歧视委员会关于对罗姆人的歧视的第 27 号一
般性建议提及有关公民身份和归化的立法时得到注意。[124]委员会在对意大利

---

[117] CERD/C/63/CO/8,para. 12.

[118] CERD/C/EST/CO/7,para. 14.

[119] 委员会的结论性意见:意大利,CERD/C/ITA/CO/16-18,para. 12。

[120] CERD/C/TJK/CO/6-8,para. 16,标题是"针对非公民的歧视性法律"。

[121] 例证包括委员会的结论性意见:前南斯拉夫马其顿共和国,CERD/C/MKD/CO/7,para. 10;
阿联酋,CERD/C/ARE/CO/12-17,para. 11;美国,CERD/C/USA/CO/6,para. 24。另见摩尔多瓦,
CERD/C/MDA/CO/8-9,para. 9。

[122] 委员会的结论性意见:博茨瓦纳,CERD/C/BWA/CO/16,para. 8。

[123] 委员会的结论性意见:英国,CERD/C/GBR/CO/18-20,para. 16。

[124] 第 27 号一般性建议第 4 段。

的结论性意见中，建议该缔约国"采取措施，以便利无国籍罗姆人、辛提人（Sinti）和在意大利生活了许多年的非公民取得公民身份，并……取消障碍"。[125] 委员会在对俄罗斯联邦的结论性意见中，建议该缔约国的罗姆人行动计划应包括根据第 27 号一般性建议，"采取措施，以便利罗姆人获得对于居留登记、公民身份、教育"以及适足住房的权利和其他权利。[126] 在符合相关法律要求的东南亚裔人士提出申请后，对其归化的拒绝引起了委员会对塞浦路斯的关切。[127] 对于土库曼斯坦使难民归化入籍的情况，委员会建议"准予土库曼族、乌兹别克族或其他族裔本源的难民同样的待遇"，包括来自阿富汗的难民。[128]

在实践中遇到的归化障碍总是会引起消除种族歧视委员会的评论，例如关于法律程序的信息、对语言是非公民融混战略的一部分的过分强调、采取积极措施以吸引公民身份申请的需要等。[129] 对克罗地亚，委员会在取得公民身份方面，特别提到了罗姆人、波斯尼亚裔人和塞尔维亚裔人。[130] 在这些情况下，委员会的评论提到了无国籍状态的恐怖，认为这是对取得公民身份的一种无法允许的障碍后果，同时委员会还不时邀请缔约国加入联合国有关公约以避免这种后果。[131] 委员会的做法不符合第 1 条第 3 款背后的一个明显动机——避免将出生公民和归化公民之间的区别归类为歧视。委员会曾对以下方面表示关切：出生公民与归化公民在担任公职机会方面的区别；[132] 对非欧

---

[125]　CERD/C/ITA/CO/16-18, para. 24.

[126]　CERD/C/RUS/CO/20-22, para. 15.

[127]　委员会的结论性意见：塞浦路斯，CERD/C/CYP/CO/17-22, para. 18；委员会要求其提供有关归化入籍申请和决定的数据，"按族裔群体、性别、在缔约国居住时间和任何其他相关标准分门别类"。

[128]　委员会的结论性意见：土库曼斯坦，CERD/C/TKM/CO/5, para. 18。

[129]　除其他外，委员会对以下国家的结论性意见：爱沙尼亚，CERD/C/61/CO/4, para. 10, CERD/C/EST/CO/7, para. 15, CERD/C/EST/CO/10-11, paras 9, 10, 11；拉脱维亚，CERD/C/63/CO/8, para. 14；尼日利亚，CERD/C/NGA/CO/18, para. 21。

[130]　委员会的结论性意见：克罗地亚，CERD/C/HRV/CO/8, para. 17。

[131]　委员会的结论性意见：土库曼斯坦，CERD/C/TKM/CO/6-7, para. 18。委员会在该段中还建议该国采取措施，以确保"解决与公民身份有关的问题不会增加实际上将被剥夺人权和自由的无国籍人的人数"。

[132]　委员会的结论性意见：卡塔尔，CERD/C/60/CO/11, para. 12。

盟原籍国的归化公民不利的家庭团聚规则;[133] 对归化公民参加选举的权利的限制,其中委员会敦促缔约国"给予所有公民平等的公民权利和政治权利,而不论取得公民身份的方式如何"。[134] 与第 1 条第 3 款有关的意见经常与根据第 5 条(卯)项提出的意见重叠或被其吸收。

155

四　评论

具有仇外性质的话语,体现了一些国家对当代人口流动现象的反应的性质。消除种族歧视委员会的关切主要与非公民的类别有关。[135] 在不试图界定"仇外"的情况下,第 30 号一般性建议提出采取"措施解决对非公民的仇外态度和行为"。[136] 委员会对仇外的看法也影响了许多结论性意见,[137] 特别是在仇恨言论领域,尽管显而易见的是,仇外态度和偏见具有在更广泛的权利范围内产生种族歧视的能力。[138] "仇外"(xenophobia)的词源是众所周知的:希腊语的"ξένος"——拉丁拼写为"xenos",意思是陌生人或外国人,以及"φόβος"——拉丁拼写为"phobos",意思是恐惧、害怕。这一术语通常被理解为对外国人或陌生人、他们的政治或文化的仇恨或恐惧。仇外的更广泛含义是对"他者"的普遍恐惧——"对异恐惧"(heterophobia)或对陌生

---

[133]　委员会的结论性意见:比利时,CERD/C/BEL/CO/16-19,para. 17。

[134]　委员会的结论性意见:泰国,CERD/C/THA/CO/1-3,para. 13。

[135]　关于仇外心理现象的有益参考,见当代形式种族主义、种族歧视、仇外心理和有关不容忍行为问题特别报告员提交联大的报告,A/49/677(1994),其中强调了仇外心理与种族主义的相似性,并评论了两者的重叠之处。国际人权文书对于仇外心理或"对异恐惧"没有明确的解释。

[136]　见第 30 号一般性建议第 3 节。另见第 31 号一般性建议序言,第 4、5、26、31、37、38、40 段。

[137]　在数据库中寻找"仇外心理"很复杂,也许就《消除种族歧视公约》而言尤其如此,因为实际上会出现大量提到德班文件的情况。

[138]　在许多各异的例子中,见委员会对以下国家的结论性意见:智利,CERD/C/CHL/CO/15-18,para. 18;多米尼加共和国,CERD/C/DOM/CO/13-14,paras 9 and 15;法国,CERD/C/FRA/CO/17-19,para. 10;德国,CERD/C/DEU/CO/18,para. 15;葡萄牙,CERD/C/PRT/CO/12-14,para. 14;俄罗斯联邦,CERD/C/RUS/CO/20-22,paras 11 and 12;南非,CERD/C/ZAF/CO/13,para. 27;瑞典,CERD/C/SWE/CO/19-21,para. 11。

人的恐惧，更狭窄含义是对外国人的恐惧。"仇外"并没有出现在主要的人权文书的文本中，也没有受益于一种规范性的定义。国际文书即便没有具体指出这一现象，但也将仇外视为设定对目标群体采取消极行动和对他们采取暴力行为（包括灭绝种族）的场景，在这种情况下，仇外的典型特性是把自己变成一种将他人非人化的语言，弱化杀害者的良知。[139] 委员会对德班文件的认可并没有区分一系列情况：在第 33 号一般性建议中，委员会建议缔约国注意，它们对当前金融和经济危机的反应不应导致加剧贫穷和发展不足的情况，也不应潜在地导致种族主义，种族歧视，仇外和针对外国人、移民、土著民族、属于少数群体的人以及世界各地其他处境特别不利群体的相关不容忍现象的增多。[140]《公约》的主要关注点是种族歧视。委员会的做法将仇外视为涉及一系列群体，尽管非公民或者作为最低限度的具有外国血统的人或"可见的少数群体"的典型案例最常被提及。虽然仇外心理本身不是《公约》的主题，但委员会确认，不容忍、种族主义、种族歧视和仇外是一种综合的态度流，需要有关国家予以有效打击。

156

消除种族歧视委员会关于非公民的建议的工作记录呈现出一项艰巨的工作：没有一次委员会届会的进行，是不在与缔约国的对话和结论性意见中广泛提及非公民的。非公民领域也是委员会大量和持续提及关于难民、寻求庇护者、移徙工人和无国籍状态的各项国际公约的领域。当委员会发现适用于这一领域的某一或某些公约不在缔约国接受的文书范围内时，其几乎无可避免地会建议缔约国予以批准。[141] 除了关于非公民的权利的具体方面的建议层出不穷，委员会继续强调需要数据作为国家反歧视政策的必要背景材料，并

---

[139]　各种人权文书对仇外心理的描述在宽泛和狭隘的观点之间摇摆不定；在明确提到仇外心理之处，它可能与种族主义并无严格区分、一起被提及，就如欧洲理事会《网络犯罪公约附加议定书》第 2 条那样，其第 1 款对仇外心理作广泛解读，即为该议定书之目的："种族主义和仇外材料系指鼓吹、提倡或煽动基于种族、肤色、世系、民族或族裔本源以及若被用作这些因素之借口的宗教，对任何个人或群体的仇恨、歧视或暴力的任何书面材料、任何图像或者任何其他思想或理论的表现。"德班会议文件也特别提到了仇外心理。《德班宣言和行动纲领》将仇外心理、种族主义和相关的不容忍现象联系起来。尽管《德班宣言》很少单独运用这些不同的概念，但其第 16 段强调了与会国的看法："我们确认，对非国民尤其是移徙者、难民和寻求庇护者的仇外心理构成了当代形式种族主义的主要来源之一，对这些群体之成员的人权侵犯在歧视、仇外心理和种族主义的行径中广泛发生。"

[140]　第 33 号一般性建议第 1（f）段。

[141]　见本书第十五章。

199

广泛地评估立法框架的形式。委员会可能要求缔约国提供有关按国籍分列的总体移民情况以及法律和政策对移民的影响的具体数据。[142] 委员会还可能要求缔约国提供关于移徙工人或难民等的民族本源的统计数据,[143] 以及关于归化申请的族裔背景,以确保没有任何特定国籍遭受违反第 1 条第 3 款的歧视。[144]

《公约》第 1 条第 1 款中的歧视理由不包括国籍,而联合国核心文书将其明确列为歧视理由的情况也相对较少。[145] 尽管如此,条约机构在没有明确的国籍理由的情况下,仍审议了对非国民的歧视问题;[146] 在这类情况下,处理歧视问题的责任往往落在"民族本源"或"其他身份"上。[147] 鉴于《公约》所列理由的有限范围,第 1 条第 2 款和第 3 款中的限制带来了困难的问题。梅隆将第 1 条第 2 款描述为"过于宽泛",并建议"采用一种更为谨慎的表述,让国家承担证明其歧视性行为完全基于外国人身份的责任更为可取。将公民身份例外作为歧视的借口由此可以被阻止"。[148] 麦基恩提出,一种不幸的情况是,"对外国人的限制没有变得更具选择性",这表明对权利普遍性的限制不可避免地由主权国家的存在而产生。[149]

157

---

142 委员会的结论性意见:马耳他,CERD/C/MLT/CO/15 - 20,paras 6 and 16;摩尔多瓦,CERD/C/MDA/CO/8-9,para. 8。

143 例证包括委员会对以下国家的结论性意见:卡塔尔,CERD/C/60/CO/11,para. 21;沙特阿拉伯,CERD/C/62/CO/8,para. 20。

144 委员会的结论性意见:塞浦路斯,CERD/C/CYP/CO/17-22,para. 18。委员会关切地注意到,"入籍申请,包括东南亚裔人的入籍申请——他们的情况有时符合缔约国对入籍资格的法律要求,有时被拒绝"。

145 《移徙工人权利公约》第 1 条和第 7 条将"国籍"列为禁止理由;另见《免遭强迫失踪公约》第 13 条第 7 款。

146 《公民及政治权利国际公约》之下的案例,例如见 Adam v Czech Republic,CCPR/C/57/D/586/1994(1996);Borzov v Estonia,CCPR/C/81/D/1136/2002(2004);Ibrahima Gueye and Others v France,CCPR/C/35/D/196/1985(1989);Karakurt v Austria CCPR/C/74/D/965/2000(2002);Sipin v Estonia,CCPR/C/93/D/1423/2005(2008);Tsarjov v Estonia,CCPR/C/91/D/1223/2003(2007)。在该公约中,国籍没有被具体列为一项歧视理由。

147 W. Vandenhole,*Non-Discrimination and Equality in the View of the UN ltuman Rights Treaty Bodies* (Intersentia,2005),Chapter Ⅲ[henceforth *Non-Discrimination and Equality*],第 185 页简述了作为歧视理由的"国籍"。

148 Meron,*Meaning and Reach*,311-312.

149 McKean,*Equality and Discrimination under International Law*,p. 158.

可以回顾准备工作所表现的对非公民的消极态度，包括将他们干脆排除在《公约》范围之外的笼统提议。至少某些积极参与《公约》起草的与会者的假设与现行做法之间的差距是显著的。[150] 如同准备工作所显示的，对非公民的限制性做法，与强化新独立国家主权的必要性以及将包括人员在内的资源国有化的新生问题，在某种程度上是联系在一起的。根据国际法的历史，对外国人的保护可能也唤起了对于强国统治的记忆，[151] 引起的顾虑类似于将那些少数群体特别是强大少数群体视为对巩固国家构成的障碍所暗含的顾虑。在起草过程中，许多国家对将《公约》所涉范围扩大到非公民保持沉默，而有些国家则设想需要进一步发展国际法。[152]

结果，《消除种族歧视公约》不如其前驱《消除种族歧视宣言》那么慷慨大度，后者虽然未将国籍作为歧视的理由，但没有包括相当于《公约》第1条第2款的条款，而且明确将不歧视原则适用于"取得公民身份"。[153] 在《公约》序言提到的文书中，国际劳工组织第111号公约禁止歧视的理由没有包括国籍，尽管其理由清单并不是封闭的；[154] 联合国教科文组织《取缔教育歧视公约》在缔约国承担的义务中纳入了"给予居住在其境内的外国国民与本国国民同等的受教育机会"。[155] 在较新的文书中，《美洲禁止种族主义公约》就如其宽泛的名称所意味的，超越了公民/非公民的区别，并没有包含等同于《消除种族歧视公约》第1条第2款或第3款的条款。虽然在这一公约中，种族、肤色、血统、民族或族裔本源等歧视理由与《消除种族歧视公约》中的理由相同，但这一美洲公约序言重申的考虑是，"对个人和集体的歧视经历必须予以考虑，以打击基于种族、族裔或国籍的隔离和边缘化，并

150　除其他外，以下国家的代表在发言中提出了隐性地将权利局限于公民：赞比亚，A/C.3/SR.1299，para.41；罗马尼亚，A/C.3/SR.1300，para.11；塞内加尔，A/C.3/SR.1304，para.16；匈牙利，*ibid.*，para.21；锡兰，A/C.3/SR.1306，para.28。

151　关于外国人待遇的最低标准和有关制度的简要概述，见 R. Kolb，'The Protection of the Individual in Times of War and Peace'，*The Oxford Handbook of the History of International Law*，pp.317-337。

152　牙买加代表认为，关于民族本源的讨论转移了对基于种族的歧视的注意力；国籍问题"是一个单独的问题，本身可以成为一项宣言的主题"：A/C.3/SR.1305，para.26。

153　《消除种族歧视宣言》第3条。但是，见第6条对"其本国"中的政治和公民身份权利的提及。

154　第1条第1款（a）项，但可能由第1条第1款（b）项所扩展。

155　第3条（e）项。

保护那些可能遭受此等隔离和边缘化危险的个人和社区的生活计划"。

158 　　如果对第 1 条第 2 款和第 3 款作宽泛解读，使人权问题陷入国籍和公民身份的棘丛中，那么《公约》对人类大部分人的价值就会降低。[156] 范登霍尔评论说，在第 30 号一般性建议出现之前，消除种族歧视委员会就已经缩小了歧视例外的范围。[157] 从体系意义上说，委员会有关非公民问题的实践以及更广泛的实践，延伸到其他人权文书上，以加强对《公约》的解释，使其在文本容许的程度范围内，尽可能具有包容性。就文本的内在情况而言，对一项原则的例外应作狭义解释这一技术性观点很重要：就功能而言，第 1 条第 2 款是对一项更广泛原则的例外。此外，第 1 条第 2 款和第 3 款中的潜在限制性规定是针对第 5 条（和其他一般性规定）制定的，后者一般被视为占主导地位。然而，可以主张，鉴于第 1 条第 2 款的含混性，委员会的做法——基于在更广泛的范围内看待整个《公约》——并没有明显地超越字面上的解读，即第 1 条第 1 款禁止形式上基于公民身份的、隐藏种族区别的区别是一种文本所保证的结论。将第 1 条第 2 款解读为从《公约》中排除对非公民的任何关注，按照《维也纳条约法公约》的说法，可归类为对《消除种族歧视公约》的"显属荒谬或不合理"的解读，[158] 也不符合其目的及宗旨。鉴于《公约》所表达的消除种族歧视的雄心壮志，以及一种"为了人"（*pro homine*）和"为了女性"（*pro femina*）的人权进路，倾向于采取保护最广泛的潜在受害者的有效解释是合理的。

　　关于第 1 条第 3 款和反复使用"nationality"的问题，准备工作和随后的实践支持这样的观点，即作为歧视的禁止理由的第二种意义上的"nationality"是指与"族裔本源"并列的"民族本源"。即使在这种情况下，也必须对某

---

[156] "有不同的非公民群体，包括永久居民、移民、难民、寻求庇护者、贩运人口的受害者、外国学生、临时访客、其他类型的非移民和无国籍人。虽然这些群体中的每一个都可能根据不同的法律制度享有权利，但大多数（如果不是全部）非公民所面临的问题非常相似。这些共同的顾虑影响全世界约 1.75 亿人，或世界人口的 3%"：Office of the United Nations High Commissioner for Human Rights, *The Rights of Non-Citizens*（New York and Geneva, 2006），p. 5。Weissbrodt, *The Rights of Non-Citizens*, p. 1，引证联合国的资料称，有 1.91 亿人"目前居住在出生地以外的国家"。

[157] Vandenhole, *Non-Discrimination and Equality*, pp. 91-92.

[158] 根据《维也纳条约法公约》第 32 条，当第 31 条中的文本解释方法使（甲）意义仍属不明或难解，或（乙）"所获结果显属荒谬或不合理"，则可求助于补充解释手段。

一特定国籍（或多个国籍）加以区别，才算作违反该规定。要具体提到对某一特定国籍的区别对待符合委员会的立场，即一般性地提到外国人，而没有单独挑选出一个或多个群体，不足以证实对歧视的指控。鉴于后一项原则在委员会的标准工作中的适用，第5条所保护的国籍权以及随之而来的关于公民身份和归化的问题，并没有被视为被第1条第3款明显削弱。该款基本上起到一种提醒作用，即虽然在所述领域存在国家特权，但这些特权受到国际反歧视标准的限制。

与消除种族歧视委员会的其他做法一样，委员会对根据第14条提出的来文采取的做法与结论性意见的一般性相比，界定得更为狭窄。与其他实践领域一样，委员会就非公民问题向个别国家提出的建议一般都避免使用侵犯人权的说法。这些建议对总体上的国家政策、法律制度和做法以及能够影响公众舆论的"措施"所产生的直接、间接和结构性歧视给非公民带来的负面后果，表示关切。针对国家提出的建议比根据第14条提出的意见更广泛，更倾向于一般政策，而且具有劝告性和探询性。根据第9条对报告的审查产生了对缔约国局势的全面评估，这种评估包含并超出大量细节。在重点方面，缔约国处理种族歧视的总体做法可能被认为对"移民和外国人"不够重视。[159] 在许多情况下，给缔约国的建议试图查明是否存在一种对一般或特定类别的非公民造成严重压力的仇外的舆论气氛。

尽管《公约》约文对关注非公民问题有着明显的限制，但在消除种族歧视委员会如何对待他们与对待作为歧视之受害者的其他群体之间，并没有可察觉的差别。[160] 有关非公民的做法包括《公约》所列举或默示的所有权利。虽然对《公约》的一项删除了歧视范围的限制条件的修正不会产生重大的实际效果，但仍值得考虑的是，尽管发生了金融危机，它在将《公约》从20世纪60年代的一些限制性假设向前推进方面仍具有象征性价值。

159

159　委员会的结论性意见：葡萄牙，CERD/C/PRT/CO/12－14，para. 13。另见 *ibid.*, paras 14, 15，16，and 20。

160　见本书第十一章、第十三章、第十四章和第十五章。

第八章 第 2 条: 消除种族歧视的义务

本章探讨第 2 条第 1 款。第 2 条第 2 款与第 1 条第 4 款一道，是有关特别措施的第九章的主题。

第 2 条第 1 款约文如下:

一、缔约国谴责种族歧视并承诺立即以一切适当方法实行消除一切形式种族歧视与促进所有种族间之谅解之政策，又为此目的:

(子) 缔约国承诺不对人、人群或机关实施种族歧视行为或习例，并确保所有全国性及地方性之公共当局及公共机关均遵守此项义务行事;

(丑) 缔约国承诺对任何人或组织所施行之种族歧视不予提倡、维护或赞助;

(寅) 缔约国应采取有效措施对政府及全国性与地方性之政策加以检讨，并对任何法律规章之足以造成或持续不论存在于何地之种族歧视者，予以修正、废止或宣告无效;

(卯) 缔约国应以一切适当方法，包括依情况需要制订法律，禁止并终止任何人、任何团体或任何组织所施行之种族歧视;

(辰) 缔约国承诺于适当情形下鼓励种族混合主义之多种族组织与运动以及其他消除种族壁垒之方法，并劝阻有加深种族分野趋向之任何事物。

一　导言

各项人权文书均仿照《世界人权宣言》的模式，典型地将权利声明与义

务声明结合起来，以便将原则转化为实践；对义务的语言表述因文书的性质
而异。根据《消除种族歧视公约》第 1 条对种族歧视的定义，复杂的、以行
动为导向的第 2 条规定了《公约》对国家"承诺"或义务——第 5 条称为
"基本义务"——的最广泛组合，而在此基础上，禁止种族歧视横跨一系列
人权。第 2 条要求的广度和深度，加上《公约》其他地方规定的义务，可能
会给人留下一种印象，即《公约》主要涉及义务而不是权利。然而，消除种
族歧视委员会通过必要引申，认定除了明确列入第 5 条的权利外，在《公
约》中还存在着更广泛的权利。[1]

　　关注消除类似于种族歧视的特定罪恶的文书，如《禁止酷刑公约》和 161
《免遭强迫失踪公约》，都大量提及义务，同样的还有《消除种族歧视公约》
关于歧视的姐妹文书《消除对妇女歧视公约》。[2] 主要致力于阐明权利的文
本通常包括一项一般性义务条款，并辅以更详细的规定。《公民及政治权利
国际公约》缔约国承允"尊重并确保"各项权利，[3]《经济社会文化权利国
际公约》缔约国则承允"采取种种步骤，务期……逐渐使……各种权利完全
实现"，并保证行使权利不受歧视。[4]《儿童权利公约》选择了"尊重并确
保"各项权利、"不因……有任何差别"（without discrimination of any kind）
的基本公式，[5] 并用众多条款来阐述基本义务；《移徙工人权利公约》也采
用了"尊重并确保"，[6]《残疾人权利公约》中的"一般义务"条款采用了
"确保并促进"该公约权利之充分实现的公式，[7] 并对经济和社会权利的具
体内容作出了规定。在区域人权文书中，《非洲人权和民族权宪章》要求各

1　*Moylan v Australia*，CERD/C/83/D/47/2010（2013），para. 6. 2，citing *Habassi v Denmark*，CERD/C/54/D/10/1997（1999），para. 10，*Ahmad v Denmark*，CERD/C/56/D/16/1999（2000），para. 8，and *Durmic v Serbia and Montenegro*，CERD/C/68/D/29/2003（2006），para. 10.

2　消除对妇女歧视委员会第 28 号一般性建议涉及"第 2 条规定的缔约国的核心义务"，该条显示出与《消除种族歧视公约》第 2 条的亲缘性：CEDAW/C/GC/28，16 December 2010. 消除种族歧视委员会尚未发布一项类似的、涵盖《公约》第 2 条所规定之义务的全部范围的一般性建议。

3　第 2 条第 1 款。

4　第 2 条第 1 款。

5　第 2 条第 1 款。

6　第 7 条。

7　第 4 条。

国"确认"这些权利并采取措施加以落实；[8] 《欧洲人权公约》包括一项一般义务条款，指示各国"确保"这些权利，[9] 而《美洲人权公约》则要求"尊重"权利。[10] 面向群体的人权文书也涉及一般性义务，例如《联合国少数人权利宣言》第 4 条阐述了义务纲要，而《联合国土著人民权利宣言》将一种权利和义务的典型组合贯穿了几乎整个文本。[11]

人权文书规定的义务的性质和范围几十年来一直是被持续分析的主题，促成了解构性的类型学和特征定性。来自人权机构和学术界的里程碑式的研究和学术建议包括由艾德[12]和舒[13]撰写的成果。后者提到要超越简单的假设，即对于每项权利，只有一项相关的义务，并将人权领域的义务归类为（甲）避免剥夺，（乙）保护免受剥夺，以及（丙）援助。艾德对尊重、保护和实现人权的义务的分类已经成为监督机构、活动者和评论者的标准参照点。简而言之，尊重义务意味着一种基本上消极的原则，即国家应避免干涉权利的享有；保护义务意味着国家应积极保护权利持有者不受第三方行为的侵害；[14] 实现义务要求义务承担者"采取适当的立法、行政和其他措施，充分实现人权"。[15]

8　第 1 条。

9　第 1 条。

10　第 1 条。

11　特别见第 8、11、12、13、14、15、16、17、19、21、22、26、27、29、30、31、32、36 和 38 条。

12　*The Right to Adequate Food as a Human Right*, Final Report of the UN Special Rapporteur on the Right to Food, A. Eide, E/CN. 4/Sub. 2/1987/23. 经济、社会和文化权利委员会的使用情况，例如见第 12 号一般性意见：适足食物权，E/C. 12/1999/5。

13　H. Shue, *Basic Rights*, *Subsistence*, *Affluence and U. S. Foreign Policy* (2nd edn, Princeton University Press, 1996).

14　因此，"原则上，公共当局的行为或利用其权力地位的人实施的侵犯《公约》承认之权利的任何行为都应归责于国家。然而，这并没有明确一国有义务防止、调查和惩罚侵犯人权行为的所有情况，也没有明确国家可能对侵犯人权行为负责的所有案件。某种侵犯人权、最初并不直接归责于一国（例如因为这是一个私人的行为，或是因为责任人尚未查明）的非法行为，可能导致该国承担国际责任，这不是因为该行为本身，而是因为该国没有适当审慎去按照《公约》的要求防止或应对侵权的情况"。*Velásquez Rodríguez v Honduras*, (Merits), IACtHR Ser. C No. 4 (1988), para. 172。（引文所述《公约》指《美洲人权公约》。——译者注）

15　*Principles and Guidelines for a Human Rights Approach to Poverty Reduction Strategies* (Office of the UN High Commissioner for Human Rights, 2005), para. 48, 人权事务高级专员在前言中回顾说，这项工作的建立基础是联合国人权事务高级专员办事处以前的几份出版物——《减贫战略人权方针准则草案》(*Draft Guidelines ona Human Rights Approach to Poverty Reduction Strategies*, 2002 年) （转下页注）

就义务的最后这个方面，便利、促进[16]和提供的次级义务也被单列出来。[17] 义务类型主要是在经济、社会和文化权利的语境中发展起来的，[18] 尽管有人主张其对人权的普遍情况应起到一种模板的作用，因为它为积极和消极行动之间的简单区分提供了细微差别和一定进展。[19]

"尊重""保护""实现"出现在消除种族歧视委员会的常规话语中，即使不表达为三重义务类型论。[20] "尊重"出现在确保尊重族裔群体的生活方式[21]、涉及的特定权利和自由[22]或更普遍的人权等情况下。"保护"出现在许多情况下，特别是在保护弱势群体，如土著民族在其生计[23]和其他方面——第 23 号一般性建议摘引的保护条款就是很明显的例证；[24] 涉及其他受压迫的

（接上页注 15）和《人权与减贫：构思框架》（*Human Rights and Poverty Reduction：A Conceptual Frame-work*，2004 年），它们由亨特（Hunt）教授、诺瓦克（Nowak）教授和西迪克-奥斯马尼（Siddiq Osmani）教授起草，还借鉴了与各利益攸关方（包括成员国、政府间组织和非政府组织）的协商。履行这一义务需要对侵犯人权行为的受害者提供救济：*Velásquez Rodríguez v Honduras*，para. 176；见本书对《公约》第 6 条的评注中关于救济的讨论。

[16] "在其最一般的意义上，实现义务也被视为涉及促进人权的义务，这意味着各国应采取在国内（例如人权教育）和国际上促进权利的政策"（强调为原文所有）：F. Mégret, 'Nature of Obligations', in D. Moeckli, S. Shah, and S. Sivakumaran（eds）, *International Human Rights Law*（2nd edn, Oxford University Press, 2014）, p. 103 [henceforth *International Human Rights Law*]。

[17] 总结见 W. Vandenhole, *Non-Discrimination and Equality in the View of the UN Human Rights Treaty Bodies*（Intersentia, 2005）, pp. 187-190 [henceforth *Non-Discrimination and Equality*]。

[18] 其运用情况的例证，见经济、社会和文化权利委员会第 12 号一般性意见：适足食物权，E/C. 12/1999/5（1999），第 14~20 段。

[19] D. Shelton and A. Gould, 'Positive and Negative Obligations', in D. Shelton（ed.）, *The Oxford Handbook of International Human Rights Law*（Oxford University Press, 2015）, pp. 562-583 [henceforth 'Positive and Negative Obligations']. 联合国人权事务高级专员办事处的网页提供了以下信息："国际人权法规定了各国必须遵守的义务。通过成为国际条约的缔约国，各国根据国际法承担了尊重、保护和实现人权的义务和责任。尊重的义务意味着各国必须避免干涉或限制对人权的享受。保护的义务要求各国保护个人和群体不受侵犯人权行为之害。实现义务意味着各国必须采取积极行动，促进基本人权的享受。" <https://www.ohchr.org/en/professionalinterest/Pages/InternationalLaw.aspx>.

[20] 对义务分类法的批评，见 I. E. Koch, 'Dichotomies, Trichtomies or Waves of Duties?' *Human Rights Law Review* 5（2005），81-103. Vandenhole, *Non-Discrimination and Equality*, pp. 187-287, 将义务分类法适用于《公约》以及相关文书。本章遵循委员会（迄今）采取的更为开放和专门针对《公约》的进路。

[21] 委员会的结论性意见：泰国，CERD/C/THA/CO/1-3, para. 16。

[22] 委员会的结论性意见：土库曼斯坦，CERD/C/TKM/CO/5, para. 17（宗教自由）。

[23] 委员会的结论性意见：芬兰，CERD/C/FIN/CO/20-22, para. 13。

[24] 委员会的结论性意见：哥斯达黎加，CERD/C/CRI/CO/18, para. 10；危地马拉，CERD/C/GTM/CO/11, para. 17；委内瑞拉，CERD/C/VEN/CO/18, para. 20。

人口或个人;²⁵ 保护人身安全不受暴力侵害²⁶、不受刻板印象影响²⁷或仅仅免受种族歧视的措施²⁸。在第 1 条第 4 款和第 2 条第 2 款所述特别措施的语境中，根据第 32 号一般性建议，"保护"涉及"来自任何方面的对人权的侵犯，包括私人的歧视行为"。²⁹ "实现"往往出现在履行具体或一般义务的语境中。

二 准备工作

对于有关一般义务的一款，小组委员会最初的各份草案显示出相当大的变动。阿布拉姆草案提到"人、人群或机关"要受到保护，免受基于各种"理由"的歧视——"种族、肤色、族裔本源，或在可适用的情况下，基于'国籍'或民族本源"（这些理由的终点是《公约》第 1 条）。³⁰ 国家还有义务不"通过警察行动或其他方式"鼓励或支持"任何群体、机关或个人"的歧视。³¹ 卡尔沃克雷西的草案也间接提到了歧视的"理由"——"种族、肤色或族裔本源"，³² 而克钦斯基的草案间接提到的则是"种族、肤色、族裔本源，或在可适用的情况下，基于'国籍'或民族本源"。³³ 卡尔沃克雷

---

²⁵ 委员会的结论性意见：斯洛文尼亚，CERD/C/SVN/CO/6-7，para. 12（政治权利）。

²⁶ 委员会的结论性意见：哥伦比亚，CERD/C/COL/CO/14，para. 14；以色列，CERD/C/ISR/CO/13，para. 37.

²⁷ 委员会的结论性意见：加拿大，CERD/C/CAN/CO/18，para. 14（与恐怖主义相关联的刻板印象）。

²⁸ 委员会的结论性意见：厄瓜多尔，CERD/C/ECU/CO/20-22，para. 13。

²⁹ 第 32 号一般性建议第 23 段。

³⁰ E/CN. 4/Sub. 2/L. 308，Article 2，para. 1.（第 2 条第 1 款［子］项所述"人、人群或机关"中的"机关"［institutions］应理解为宽泛意义上的"机构"，而不能误解为国家或公共机关。——译者注）

³¹ 克钦斯基草案还提到了群体、机关或个人的歧视：E/CN. 4/Sub. 2/L. 323，Article 2，para. 2。

³² E/CN. 4/Sub. 2/L. 309，Article 2，para. 3.

³³ E/CN. 4/Sub. 2/L. 323，Article 2，para. 1.

西草案包括了"推行一种旨在防止其领土内歧视的国家政策"的义务，[34] 并讨论了种族暴力的刑事责任问题。[35] 克钦斯基草案的文本明确提到了需要为迅速消除种族歧视而立法。[36] 被选来讨论的卡尔沃克雷西/卡波托蒂的案文包括以下内容——这些内容后来成为《公约》第 2 条第 1 款：[37]

（一）缔约国承诺以一切适当方法实行消除一切形式种族歧视的政策。

（二）缔约国均应严格避免任何种族歧视行为或习例，并承诺其所有立法、执行、行政和司法机关，以及其领土内各类地方当局和公共机关，均应遵守此项义务行事。任何缔约国不得鼓励、提倡或赞助任何个人、团体或私人组织的种族歧视。

（三）缔约国应废除足以造成或持续种族歧视的任何法律规章。

（四）缔约国承诺采取一切必要措施，包括酌情立法，禁止任何个人、团体或私人组织的种族歧视。

经过讨论，起草者在第 1 款第一句的"一切适当方法"之后加上了"并且毫无拖延"的措辞；* 在该句的末尾还加上了"为此目的"。在重新组织案文时，第 2、3、4 分段被改换成第 1 款（子）（丑）（寅）项。[38] 对新的（子）项作了一些重要删除，包括删除"严格""立法、执行、行政和司法"[39] "私人"[40] 等用语。"公共机关"这一词语得以保留，因为正如卡波托

---

[34] E/CN. 4/Sub. 2/L. 309，Article 2，para. 2. 伊万诺夫/克钦斯基草案，E/CN. 4/Sub. 2/L. 314，Article 2，para. 1，以及克钦斯基草案，E/CN. 4/Sub. 2/L. 323，Article 2，para. 2，也包括了要限制对领土之提及。

[35] E/CN. 4/Sub. 2/L. 309，Article 2，para. 3.

[36] 缔约国将承诺不允许在其领土上发生种族歧视等情况，"并在必要时……为迅速消除一切种族歧视进行立法和……履行必要的措施"：E/CN. 4/Sub. 2/L. 323，Article 2，para. 3。

[37] E/CN. 4/Sub. 2/L. 324，这一案文没有包括关于特别措施的一款。

[*] "并且毫无拖延"（and without delay）在《公约》中文本中体现为"以一切适当方法"之前的"立即"。

[38] E/CN. 4/873，para. 59.

[39] 卡波托蒂评论说，国家"是一个包括其所有机关（organ）的复合体"：E/CN. 4/Sub. 2/SR. 415，p. 5。

[40] "私人（的）"看来被删除了，因为用克钦斯基的话说，"它在某些国家可能被解释为限制性的"：Ibid.，p. 7；另见评论：Ingles，ibid.，p. 8，and Capotorti，ibid.，pp. 9 and 10。

蒂所解释的，它"可以涵盖不完全依赖国家、由法律为公共目的而建立的任何机关"；[41] 他还维护包含对地方当局之提及，因为"在许多国家，地方当局不是国家机构的一部分"。[42] 对"个人"（individuals）的提法被改成了"人"（persons）：据卡波托蒂说，这一变化加宽了文本的范围。[43] 在新的（丑）项中，在"缔约国应"之后，增加了"采取有效措施修订政府政策"；[44] （寅）项的顺序则被改变，将禁止种族歧视放在首位。"在其领土内"的提法也被删除，这是鉴于弗格森提出的意见，即删除"在其领土内"将"具有意味着国家责任扩展至其行使权力的所有地域的优点"。[45] 伊万诺夫的一些进一步修正未被小组委员会接受，其中有一项修正包括了对于种族歧视之不可接受性的解释："损害人的权利、冒犯人的尊严、否认国际法规则和本公约序言部分提到的联合国文件所载的原则和目标。"[46]

人权委员会收到的第 2 条第 1 款的案文如下：

> 本公约缔约国谴责种族歧视并承诺立即以一切适当方法实行消除一切形式种族歧视，又为此目的：

> （子）缔约国承诺不实施种族歧视行为或习例，并确保所有全国性及地方性之公共当局及公共机关均遵守此项义务行事；缔约国承诺对任何人、团体或组织所施行之种族歧视不予鼓励、提倡或赞助；

> （丑）缔约国应采取有效措施修订政府及其他公共政策，并对任何法律规章之足以造成或持续不论存在于何地之种族歧视者，予以废止或

41　*Ibid.*, p. 9. 卡波托蒂详细阐述了例证，其中包括"不仅是直接依赖中央政府的机关，而且还有诸如国家铁路、公共权力机构和地方机关的自治实体"；该款"旨在涵盖所有公共活动"：E/CN. 4/Sub. 2/SR. 417, p. 4。勒纳跟随卡波托蒂，将该条款解读为涵盖了"始终具有公共性质"的自治实体：N. Lerner, *The International Convention on the Elimination of All Forms of Racial Discrimination* (Sijthoff and Noordhoff, 1980), p. 37〔henceforth *The International Convention*〕。

42　E/CN. 4/Sub. 2. SR. 415, p. 9.

43　*Ibid.*, p. 10.

44　弗格森（Ferguson）在回答卡波托蒂提出的一个问题时解释了该款中"废止"和"宣告无效"的区别：根据弗格森的说法，"在普通法系国家，只有有权制定法律的机构才能废止它们……法院等无权制定法律的机构，则有权宣告它们无效"：E/CN. 4/Sub. 2/SR. 416, p. 6。

45　*Ibid.*, p. 5.

46　E/CN. 4/Sub. 2/L. 327，E/CN. 4/Sub. 2/SR. 416, p. 5. 该修正以 4 票赞成、6 票反对、3 票弃权被否决：E/CN. 4/Sub. 2/241, para. 66。另见伊万诺夫的评论，E/CN. 4/Sub. 2/SR. 417, p. 7。

宣告无效；

　　（寅）缔约国应禁止任何人、任何团体或任何组织所施行之种族歧视，并承诺采取一切必要措施，包括酌情采取立法措施。

　　在讨论中，黎巴嫩提议并成功地删除了第 1 款（子）项第 2 句，[47]　"因为缔约国鼓励、提倡或赞助种族歧视是不可想象的"。[48] 奥地利的修正——在"种族歧视习例"之后*增加"对人、人群或组织"，其理由是，在缔约国的基本义务问题上，清楚和明确十分重要[49]——也获得通过。[50]

　　对第 1 款（丑）项的若干修正未经反对而被接受。由此，根据英国的提议，"修订"（revise）一词替换为"检讨"（review）。[51] 英国代表认为，"修订"意味着所有国家都必须改变其政策，而"检讨"则意味着"所有政府都必须谨慎审查其法律，并因此能够更好地决定它们应该对这些法律作什么修改"。[52] 有一些有关（丑）项中所用"废止或宣告无效"的措辞的讨论，部分基于《消除种族歧视宣言》第 4 条，其中只使用了"废止"一词。[53] 这导致有人建议删除"宣告无效"，以免其只是重复"废止"。[54] 不过，"宣告无效"与"废止"同时得到保留，根据是它们都是达到同样目的的手段，[55] 而且通过保留两者，人权委员会将"确保考虑到法律制度之间的差异"。[56] 根据印度的提议，在"废止或宣告无效"两词之前加上了"修正"。[57]

166

　　关于（寅）项的讨论引起了关于消除种族歧视是否必然需要时间的实质

47　E/CN. 4/L. 691. 该提议以 15 票赞成、1 票反对、1 票弃权通过：E/CN. 4/874，para. 128。

48　*Ibid.*，para. 116. 受到指责句子的"不可想象的"实质内容出现在最后文本的第 2 条第 1 款（丑）项中。

＊　在中文本中则为之前。

49　E/CN. 4/L. 687；E/CN. 4/SR. 787，p. 7，奥地利代表。

50　E/CN. 4/874，para. 127：投票结果是 12 票赞成、0 票反对、8 票弃权。

51　E/CN. 4/L. 689.

52　E/CN. 4/874，para. 117；英国的意见载于 E/CN. 4/SR. 789，p. 4。

53　荷兰代表的评论意见，*ibid.*，p. 6。

54　主席（厄瓜多尔代表）的意见，*ibid.*，p. 6。

55　印度代表的意见，*ibid.*，p. 6。

56　奥地利代表，*ibid.*，p. 7。

57　E/CN. 4/874，paras 118 and 119. 根据印度的提议，"认识是，案文应载有某种规定……修订现行法律和条例，因为这些法律和条例具有造成种族歧视或在任何其存在之处使其永久化的效果"：*Ibid.*，para. 119；E/CN. 4/SR. 789，p. 5。

性争议。英国提议删除"禁止"一词，代之以"采取一切必要措施，包括
酌情采取立法措施"[58] 来结束种族歧视。英国认为，第 1 款的帽段表明，消
除种族歧视需要时间，而这与（寅）项相矛盾，因为该项中的禁止意味着一
种即时承诺，但同时要考虑到（寅）项的其余部分并不意味着立即行动。[59]
英国还认为，要消除种族歧视，需要除立法外的其他方法，[60] 包括教育。[61]
然而，英国的这项提议——最终被土耳其的一项口头修正所取代[62]——引起
了强烈反对：

> 如果一个缔约国拒绝禁止种族歧视，反而提出一项在一段不明确时
> 期内结束种族歧视的非常含糊的承诺，那么制定《公约》的宗旨就永远
> 不会实现。问题是，缔约国是否应从禁止歧视开始……。英国的文本远
> 远不止是一种语义学练习。可能对其措辞感到高兴的国家只有那些不想采
> 取坚决措施，但由于公众舆论压力而准备在《公约》上签字的国家……。
> 案文将无限期地延长反对歧视的斗争，并将提供……漏洞，作为能够逃
> 避……遵守《公约》的手段。[63]

尽管如此，土耳其的案文在保留"禁止"一词的同时，使用了"一切
适当方法"的措辞，因此其解读允许各国有一定的自由余地。[64]

167　　　第三委员会收到的第 2 条第 1 款案文如下：

> 各缔约国谴责种族歧视并承诺立即以一切适当方法实行消除一切形
> 式种族歧视，又为此目的：

58　E/CN. 4/L. 689, summarized in E/3873；E/CN. 4/874, para. 120.

59　E/CN. 4/SR. 787, p. 10, 英国的解释部分。

60　加拿大代表想知道"是否真有必要约束各国禁止种族歧视。如果目的是要施予各国废除种
族歧视的义务，则《公约》应强调为此采取的积极措施"：E/CN. 4/SR. 788, p. 5；另见法国代表的
评论，ibid., pp. 6-7。

61　英国还指出，在普通法系国家，处理种族歧视的办法不是将其定为犯罪，而是根据法律对
所有人享有人权和基本自由的保护：Ibid., pp. 4-5。

62　"缔约国应以一切适当方法，包括如有必要采取立法措施，禁止并终止任何个人、团体或国
内组织所施行之种族歧视。"

63　苏联代表的评论，E/CN. 4/SR. 787, p. 11。

64　土耳其的修正获得一致通过：E/CN. 4/874, para. 132。关于案文的各种评论，载于 E/
CN. 4/SR. 788, pp. 9-10。哥斯达黎加代表将土耳其的提议解读为强调"各国要'以一切适当方法'
即任何法律之内的方法禁止种族歧视，该规定并不要求各国制定新的法律，除非必要"：Ibid., p. 9。

（子）缔约国承诺不对人、人群或机关实施种族歧视行为或习例，并确保所有全国性及地方性之公共当局及公共机关均遵守此项义务行事；

（丑）缔约国应采取有效措施检讨政府及其他公共政策，并对任何法律规章之足以造成或持续不论存在于何地之种族歧视者，予以修正、废止或宣告无效；

（寅）缔约国应以一切适当方法，包括如有必要采取立法措施，禁止并终止任何人、任何团体或任何国内组织所施行之种族歧视。

在联大第三委员会中，巴西、哥伦比亚和塞内加尔成功地提出了在开头部分，在"一切形式种族歧视"后面，加上"促进所有种族间之谅解"这一表述。[65] 最终的《公约》第 2 条第 1 款（丑）项应归功于一项多国修正案，该修正案取代了巴西的一项修正案，[66] 并被视为扩大了《公约》的范围。[67] 出于同样的多国修正案，对人权委员会案文的（丑）项即《公约》最终版本中的（寅）项的修正用"全国性和地方性"替换了"其他公共"的用词。[68] 人权委员会案文的（寅）项即《公约》最终版本中的（卯）项也作了修正，从"团体或国内组织"中删除了"国内"一词，这一修改扩大了该项的范围。[69] 在这一项中，基于波兰和加纳的倡议，"如有必要"改为

65　A/C. 3/L. 1217. 该修正案以 85 票赞成、0 票反对、7 票弃权通过：大会正式记录，第二十届会议，附件，议程项目 58，第三委员会的报告，A/6181，para. 55。

66　该修正案——"缔约国承诺对任何人或组织所施行之种族歧视不予提倡、维护或赞助"（A/C. 3/L. 1226 and Corr. 1），取代了"缔约国承诺对任何人或组织所施行之种族歧视不予鼓励、维护或支持"（A/C. 3/L. 1209），后者传达了基本相同的信息。多方修正以 47 票赞成、2 票反对、39 票弃权通过：A/6181，para. 55。

67　新的这一项的逻辑并不符合意大利代表的看法："意大利代表团认为，如果各国承诺禁止某些活动，同时要求它们不要鼓励这些活动，是毫无意义的。"A/C. 3/SR. 1308，para. 20.

68　A/C. 3/L. 1226 and Corr. 1；该修正以 56 票赞成、2 票反对、34 票弃权通过：A/6181，*ibid*。荷兰代表表示，"其他公共政策"比"国家和地方政策"更为广泛，因为它"足以涵盖第 1 款（子）项所述的所有政策"。A/C. 3/SR. 1308，para. 12. 奥地利代表对该款投了弃权票，因为该代表说，"在奥地利不可能有地方适用的立法"：*Ibid.*，para. 35。

69　现为《公约》第 2 条第 1 款（卯）项；这是意大利在第 1308 次会议上口头建议修订多国修正案（A/C. 3/L. 1226 and Corr. 1）的结果，以 81 票赞成、1 票反对、11 票弃权通过：A/6181，para. 49。

"依情况需要"。[70] 波兰代表响应在人权委员会前提出的类似观点，反对该项的措辞，认为其，

> 对于这样的解释是开放的，即有关是否有必要立法终止种族歧视的决定完全取决于有关国家，即使在没有这种立法的国家，也是如此。因此，没有提到这样一种保障，即种族歧视在所有国家均为法律所禁止。……《公约》应规定缔约国有义务通过其立法禁止种族歧视，如果它们尚未这样做的话。[71]

英国表示反对，正如其在人权委员会中所做的那样，认为即使在通过立法之后，种族歧视仍可能持续，而且联大"不应试图向各国发号施令，特别是由于问题的性质和规模因国而异"。[72] 海地代表提出了一个在《公约》生命中变得重要的主旨：该代表在解释海地为何弃权时表示，"不能接受对各国规定这样一项义务，即在不存在种族歧视的情况下，如在海地，通过并不必要的立法"。[73]

并没有出现在人权委员会准备的案文中的第 2 条第 1 款（辰）项，是由巴西、哥伦比亚和塞内加尔提出的。[74] 这得到了厄瓜多尔等国的支持，因为它"包含了一个积极的想法——与所有先前条款的消极性质相反，［并且］……有关旨在促进融混的措施……这符合拉丁美洲的传统，那里所有多种族社会都融混在了一起"。[75] 另一方面，哥斯达黎加代表在解释其如何投票时认为，"'劝阻'一词没有法律有效性，只是弱化了约文"。[76] 同样，英国认为该项是多余的，虚弱的动词"劝阻"与第 2 条第 1 款用语的"有力性质"形成

70　A/C.3/L.1210，波兰的修正——以"如无此法律"取代"如有必要"——本身也被加纳在第 1308 次会议上的口头建议所取代：A/6181，para.48.加纳代表指出，有些代表团认为波兰的措辞"太强硬"：A/C.3/SR.1308，para.3。

71　A/C.3/SR.1306，para.18.波兰代表进一步澄清了这一点，大意是，如果"这种立法已经存在，就没有必要通过任何新的立法"：A/C.3/SR.1307，para.33。

72　*Ibid.*，para.3.

73　A/C.3/SR.1308，para.31.

74　A/C.3/L.1217.该项以 97 票赞成、1 票反对、4 票弃权的唱票表决结果通过：A/6181，para.55。

75　A/C.3/SR.1308，para.18.意大利代表的评论，见 *ibid.*，para.19。

76　*Ibid.*，para.29.

（严重）对比。[77] 奥地利对（辰）项投了弃权票，"因为在奥地利不存在种族壁垒问题"。[78]

三 实践

（一）保留和声明

少数保留特别涉及第2条：对第2条第1款，摩纳哥声明，"保留适用其关于允许外国人进入本公国劳动力市场的法律规定的权利"。[79] 美国的保留范围最广泛，基本上与处理私人行为的义务有关："美国不接受本公约规定的根据第2条第1款、第2条第1款（寅）项和（卯）项、第3条以及第5条就私人行为立法或采取其他措施的任何义务，但《美国宪法》和法律规定的除外"。委员会关切地注意到这一保留，并除其他外，[80] 请美国"考虑撤回或缩小其对《公约》第2条的保留的范围"。[81] 班顿则没那么客气，认为"美国的保留没有显示出对《公约》及其所试图实现的目标的理解"。[82]

（二）准则

国际人权条约的《协调报告准则》要求缔约国在共同核心文件中提供有关影响第2条的情况的资料。除了在国家一级保护人权的法律框架内的资料外，还要求其提供更有侧重的资料，说明"不歧视原则是否作为一项具有普

169

77　*Ibid.*，para. 30. 另见牙买加代表的负面评论，*ibid.*，para. 37。

78　*Ibid.*，para. 36.

79　委员会建议摩纳哥根据"其立法的发展情况"撤回保留：A/65/18，p. 86，para. 7。瑞士也有类似的保留。

80　A/56/18，para. 392.

81　CERD/C/USA/CO/6，para. 11. 2014 年委员会对美国的结论性意见回顾并放大了这一问题，呼吁该缔约国考虑撤回或缩小保留，"并针对私人、私人团体或组织所为的一切歧视行为，扩大法律提供的保护"：CERD/C/USA/CO/7-9，para. 5。

82　M. Banton，*International Action against Racial Discrimination*（Clarendon Press，1996），p. 247 [henceforth *International Action*]。

遍约束力的原则"列入国内法,[83] 并说明"为确保在实践中防止和打击一切形式和基于一切理由的歧视而采取的步骤"。[84] 消除种族歧视委员会的《具体报告准则》只不过逐款重申了第 2 条的规定;[85] 唯一新颖的说明是要求缔约国提供资料,说明是否有国家人权机构或其他适当机构获得打击种族歧视的任务授权。

(三)《公约》义务与国内法

国际法要求各国使其国内(本国)法符合其国际义务,国内规定不得被援用以违背国际义务。[86] 第 2 条作为履行《公约》的一般义务的主要资源库,是考虑《公约》与国家法律之间关系的一个有益起点,同时要铭记利里的认识,即人权条约的功效在本质上取决于将其转换成国内法的情况。[87] 关于法律制度之间关系的讨论常常陷入一般化的理论之中。将国际法纳入国内法律秩序的做法的特点有时被归结为一元或二元的简化论模式:前者的含义是国际法自动纳入国内法、在国内法中具有约束力,后者意味着需要具体的立法调整,在国内法律秩序中给予国际法约束力。[88] 这些理论中充斥着一种制度优于另一种制度的相互竞争的概念,这可能起到的作用是掩盖国内和国际领域之间的复杂联系。[89] 对于纳入习惯国际法,在大陆法系制度和普通法

83　HRI/GEN/2/Rev. 5, p. 14, para. 52.

84　*Ibid.*, p. 14, para. 53.

85　CERD/C/2007/1, pp. 5-6.

86　《维也纳条约法公约》第 27 条。联合国国际法院的适用情况,见 *Lockerbie* case, ICJ reports 1992, pp. 3, 32; *Avena* (*Mexico v USA*), (*Provisional Measures*) ICJ reports 2004, p. 12, p. 65, cited in M. N. Shaw, *International Law* (6th edn, Cambridge University Press, 2008), p. 135 [henceforth *International Law*]。

87　V. Leary, *International Labour Conventions and National Law* (Martinus Nijhoff Publishers, 1982), p. 1.

88　一般介绍(附有用说明),见 Shaw, *International Law*, Chapter 4;对国际人权公约的适用,见 A. Byrnes and C. Renshaw, 'Within the State', in Moeckli et al., *International Human Rights Law*, Chapter 22, at pp. 460-465。

89　对于各国国内法律制度适用的对国际法的各种进路,一种有益的概览,见 D. Sloss, 'Domestic Application of Treaties', D. Hollis (ed.), *The Oxford Guide to Treaties* (Oxford University Press, 2014), pp. 367-395 [henceforth *Domestic Application*]。

系制度之间，有相当程度的趋同，即自动纳入——至少理论上如此，尽管与既存国内法协调的问题和在法律等级制度中的地位决定其实际效果。[90] 另一方面，纳入国际条约的模式千差万别。消除种族歧视委员会的讨论时常提到将人权条约纳入国内领域的各种技术。国际法并没有指令优先采用一种而非另一种纳入制度，但要求无论采用何种模式，《公约》的有关标准都应在国内实践中得到充分反映。

170

在主要做法是通过宪法规定自动纳入的国家，消除种族歧视委员会青睐的做法是，宪法尽可能明确地强调国际条约高于国内法，[91] 并经常重申，纳入宪法本身可能不够。除了《公约》中的（至少一些）规定的"非自执行"性质的问题外，[92] 宪法制定的方式可能不足以涵盖《公约》中歧视理由或权利的全部范围。[93] 委员会可能敦促国家进行宪法审查[94]或修正[95]以及补充立法，以充分落实宪法和弥补法律漏洞。[96] 所要求的立法可以简明扼要，比如，委员会在对巴拿马的结论性意见中建议该国"通过立法，使有关不歧视以及明确禁止基于种族理由的宪法规定充分有效，并保证存在可用的确保此等立法持续起作用的有效救济"。[97] 委员会可能请求缔约国澄清《公约》与国内法之间的关系。[98]

对于"二元论"制度，消除种族歧视委员会承认，不存在将《公约》

---

[90] Shaw, *International Law*, Chapter 4 'International Law and Municipal Law'.

[91] 委员会的结论性意见：摩洛哥，CERD/C/MAR/CO/17-18，para. 8，建议该缔约国"在其宪法中纳入关于国际条约优先于国内法的规定，以确保这一原则得到广泛适用，并使诉讼当事人能够在法院援引宪法的有关规定"。

[92] 《公约》第 4 条由于其非自执行性质，是最常被引用的一条，因此有必要对其要求立法，使这些要求在国内法中生效。

[93] 委员会的结论性意见：日本，CERD/C/JPN/CO/7-9，para. 7，"委员会关切的是，规定平等和不歧视原则的《日本宪法》对种族歧视的定义不包括民族或族裔本源、肤色或世系的理由，因此不完全符合《公约》第 1 条的要求"。另见委员会的结论性意见：韩国，CERD/C/KOR/CO/14，para. 10。

[94] 委员会的结论性意见：尼日利亚，CERD/C/NGA/CO/18，para. 11。

[95] 委员会的结论性意见：波斯尼亚和黑塞哥维那，CERD/C/BIH/CO/6，para. 11。

[96] 委员会的结论性意见：哥伦比亚，CERD/C/COL/CO/14，para. 13。委员会还呼吁"固化"宪法规定以及针对种族歧视的立法优先于其他立法。委员会结论性意见：澳大利亚，CERD/C/AUS/CO/15-17，para. 110。

[97] CERD/C/PAN/CO/15-20，para. 9.

[98] 委员会的结论性意见：葡萄牙，CERD/C/PRT/CO/12-14，para. 11。

本身纳入法律的义务，但可能会对没有这样做表示遗憾，这一论点与一项关切有关，即没有这样的纳入，《公约》可能就无法得到充分落实。例如，委员会在对英国的结论性意见中重申"其持续关切，即除非《公约》被明确纳入国内法或缔约国在其立法中通过必要的规定，否则该缔约国法院可能无法充分落实《公约》的规定"；因此，委员会请英国重新考虑其不纳入《公约》的立场——"以便能在该缔约国国内法院更容易地援用《公约》"。[99]

对于丹麦，委员会在结论性意见中提出，不纳入国际条约"导致律师和法官不愿意在丹麦法院援用这些条约"，而纳入则可以说，是"确保［《公约》］在丹麦法院直接适用以便向所有个人提供充分保护"所必要的。[100] 根据委员会的说法，如果纳入《公约》是一项可能的议程，则应该是在适当的高级别上，不低于其他可比较的人权条约。[101] 如果纳入是一项不太可能的国家议程，则委员会倾向于立法应尽可能全面。[102]

消除种族歧视委员会委员德古特恰当地总结了对《公约》在国内法中的功能的关注：

> 关于以下两类国家之间的对比的辩论也许不是最重要的：一类是实行一元法律制度的国家，其中国际条约和协定一经批准就优先于国内立法，另一类是实行二元法律制度的国家。更重要的是要知道一项经正式批准的文书是不是自执行的。即使在一元论制度的情况下，任何已获批准的条约也必须附有国内立法来界定对义务的任何减损所招致的制裁和惩罚……事实上，因为没有任何人权条约规定了在不遵守其条款的情况下如何惩罚，所以实施条例对确保其适用绝对必要。[103]

对《公约》条款作为整体的自执行性质，消除种族歧视委员会并没有完

99　CERD/C/GBR/CO/18-20，para. 10.

100　CERD/C/DNK/CO/18-19，para. 8；CERD/C/NK/O/20-21，para. 8.

101　委员会的结论性意见：挪威，CERD/C/NOR/CO/19-20，para. 7。

102　委员会的结论性意见：老挝，CERD/C/LAO/CO/16-18，para.7，"委员会敦促该缔约国审查其立法，并采取最适当的办法，通过一项全面的反种族歧视法或修正现行法律，将《公约》的规定纳入国内法"。

103　CERD/C/SR. 1444，para.37，讨论日本初次和第二次报告的情况。

全保持一致，忆及"《公约》并非自执行"的声明[104]与"《公约》的许多条款"不是自执行的声明[105]并行存在。委员会已明确表示的观点是，第 4 条不是自执行的，而是需要予以实施的立法，这是一项在有关打击种族主义仇恨言论的第 35 号一般性建议中巩固的主张："由于第 4 条不是自执行的，各缔约国必须根据其条款通过立法来打击属于其范围内的种族主义仇恨言论。"[106]委员会对美国"影响广泛的保留"的批评，[107]特别是在第 4 条和私人行为的限制方面，并没有延及具体批评美国的声明：《公约》的规定不是自执行的，尽管在这一情况下，没有争议并不一定表示同意缔约国的意见。[108]

（四）《公约》的触及范围

与《公民及政治权利国际公约》不同——其要求缔约国尊重和确保"境内并受其管辖之人"的公民权利和政治权利，[109]《消除种族歧视公约》并没有同等的一般性条款将其适用限于缔约国的管辖范围或领土。[110] 只有两条实质性规定，即关于分隔与种族隔离的第 3 条和关于救济的第 6 条，包括了这样的提法：第 3 条提到缔约国的"所辖领土"，第 6 条规定缔约国有义务向"在其管辖范围内［的］人人"保证有效的保护和救济。在个人来文程序方面，第 14 条设想的是来自缔约国管辖范围内的个人或个人联名的来文。对义务作一般性规定的第 2 条和对权利作一般性规定的第 5 条均未提及领土

172

104　委员会的结论性意见：日本，CERD/C/304/Add. 114, para. 20。

105　委员会的结论性意见：亚美尼亚，CERD/C/ARM/CO/5-6, para. 8；菲律宾，CERD/C/PHL/CO/20, para. 14。

106　第 35 号一般性建议第 13 段。

107　CERD/C/304/Add. 125, paras 12 and 13；CERD/C/USA/CO/6, para. 11。

108　对于美国法院对自执行条约及相关问题的立场的回顾，见 C. Vázquez, 'Treaties as Law of the Land: The Supremacy Clause and the Judicial Enforcement of Treaties', *Harvard Law Review* 122（2008），599–695；Sloss, *Domestic Application*, 387，将美国的立场描述为"就分析而言不连贯的"。

109　第 2 条第 1 款。

110　《经济社会文化权利国际公约》同样没有关于领土或管辖权的规定；不过，与《消除种族歧视公约》第 14 条类似，其《任择议定书》设想由缔约国管辖下的人提交来文。《美洲人权公约》第 1 条第 1 款要求各缔约国尊重和确保受其管辖的个人的权利，而没有提到领土条件；《欧洲人权公约》第 1 条也有类似的规定。

或管辖事项。[111]

在本国领土之外、对域外作为和不作为适用国际人权文书的问题已成为最近国际人权实践中的一个突出的关注焦点。[112] 人权事务委员会认为,缔约国必须对在其"权力范围内或者有效控制下"的任何人——即使不在缔约国领土内,尊重和确保《公民及政治权利国际公约》规定的权利,[113] 这一原则也适用于"在境外行动的缔约国武装部队的权力范围内或者有效控制下的所有人"。[114] 消除对妇女歧视委员会认为:"国家主要行使领土管辖权。然而,缔约国的义务适用于在其领土内或即使不在其领土内但受其有效控制的[那些人]。缔约国应对其影响人权的所有行为负责,不论受影响的人是否在其领土内。"[115] 其他人权文书被解释为包括了人权义务的域外层面,虽然实践并不总是呈现一致性。[116] "在被占领巴勒斯坦领土上修建隔离墙的法律后果"

---

111 "管辖"是一个在国际法和国际人权法中具有多重含义的术语,其范围既包括对国家领土以外的人行使法律管辖的不同依据(划分主权权能),也包括对受《消除种族歧视公约》保护但位于域外的群体和个人承担义务的问题。对于国际法中一般立场的回顾,见 Shaw, *International Law*, Chapter 12;关于一般国际法与人权法中的立场之间的区别,见 M. Milanovic, 'From Compromise to Principle: Clarifying the Conception of Jurisdiction in Human Rights Treaties', *Human Rights Law Review* 8 (2008), 411–448;另见后一作者的讲座:<http://webtv.un.org/news-features/watch/marko-milanovic-on-the-extraterritorial-application-ofhuman-rights-treaties/3875099482001>。

112 国际人权法强调的关切不同于更广泛的国际法——其历史上关注的是"保护外国人";简短总结见 R. Kolb, 'The Protection of the Individual in Times of War and Peace', in B. Fassbender and A. Peters (eds), *The Oxford Handbook of the History of International Law* (Oxford University Press, 2012), Chapter 13。

113 卢贝尔总结了这一点:"如果国家能够通过另行安排其侵害个人的地点来逃避责任,则《[公民及政治权利国际]公约》的目的及宗旨将遭到严重损害": N. Lubell, *Extraterritorial Use of Force against Non-State Actors* (Oxford University Press, 2010), p. 205。

114 人权事务委员会第 31 号一般性意见第 10 段。案例相对较少,有关讨论,见 S. Joseph and A. Fletcher, 'Scope of Application', Chapter 6, in Moeckli et al., *International Human Rights Law*, pp. 119–139, pp. 133–134。他们注意到人权事务委员会称,以色列对被占领土、美国对关塔那摩湾负有责任,这两种情况委员会都曾讨论过。作者得出结论,"《公民及政治权利国际公约》和《美洲人权公约》在受影响的个人处于一国代理人有效控制的情况下,而不仅仅是在受影响的个人处于一国有效控制的领土内的情况下,适用于域外"(p. 133),同时指出,《欧洲人权公约》的做法可能不完全符合上述两项公约的立场(p. 138)。

115 消除对妇女歧视委员会第 28 号一般性建议:"缔约国根据第 2 条承担的核心义务",CEDAW/C/GC/28 (2010),第 12 段。

116 欧洲人权法院审理的主要案件包括:*Loizidou v Turkey*, App. No. 15318/89 (1996);*Cyprus v Turkey*, App. No. 25781/94 (2001);*Ilascu and Others v Moldova and Russian Federation*, App. No. 48787/99 (2001);*Issa v Turkey*, App. No. 31821/96 (2004);*Al Skeini and Others v UK*, App. No. 55721/07 (2011)。美洲人权制度中的案例,见 *Saldano v Argentina*, Inter-American Commission report No. 38/99。

的咨询意见（"隔离墙案"）中，国际法院就《公民及政治权利国际公约》
指出："尽管国家的管辖主要是领土性的，但有时管辖可在国家领土之外进
行。考虑到《公民及政治权利国际公约》的目的及宗旨，看来很自然的是，
即使情况如此，《公约》的缔约国仍应受其规定的约束。"[117] 就《经济社会文
化权利国际公约》，国际法院指出，该公约没有包括有关适用范围的规定；
但是，"不能排除的是，这一公约既适用于某一缔约国具有主权的领土，也
适用于该国行使领土管辖的那些领土"。[118]

就《消除种族歧视公约》，国际法院在格鲁吉亚诉俄罗斯联邦案中指出：

> 在《消除种族歧视公约》中，没有关于其领土适用的一般性限
> 制。……格鲁吉亚声称被违反的第 2 条和第 5 条都没有包括具体的领土
> 限制。……因此，本法院认为，《消除种族歧视公约》的这些规定与这
> 种性质的文书的其他规定一样，一般看来在缔约国在其领土外行动时
> 适用。[119]

对于没有包含划定其领土适用范围的条款的各项人权条约，希瓦库马兰
将上引段落解释为表现了一种"推定，……即它们具有域外效力"。[120] 对于

---

[117] *Legal Consequences of the Construction of a Wall in the Occupied Palestinian Territory*, ICJ Advisory Opinion, 9 July 2004, para. 109〔henceforth *Construction of a Wall*〕. 国际法院认为，人权事务委员会的一贯做法符合这一观点，《公民及政治权利国际公约》准备工作证实了这一做法。国际法院因此得出结论，《公民及政治权利国际公约》"可适用于一个国家在其领土之外进行管辖的行为"（para. 111）。

[118] *Construction of a Wall*, para. 112. 与其对待人权事务委员会根据《公民及政治权利国际公约》提出的观点一样，国际法院也引用了经济、社会和文化权利委员会的立场来支持其推理。国际法院在"隔离墙案"中对管辖范围的解释在后来的一起案件中得到重申：*Armed Activities on the Territory of the Congo* (*Democratic Republic of Congo v Uganda*), Judgment of 19 December 2005, ICJ Rep. 168, para. 216。

[119] *Case Concerning Application of the International Convention on the Elimination of All Forms of Racial Discrimination*, *Georgia v Russian Federation*, Request for Provisional Measures, International Court of Justice, 15 October 2008, para. 109. 第 108 段引述了双方对《消除种族歧视公约》规定的义务的领土范围的分歧：格鲁吉亚声称，俄罗斯联邦的义务扩展到"可归因于俄罗斯联邦的作为和不作为"，其发生地是"在格鲁吉亚境内，特别是在阿布哈兹和南奥塞梯"；另一方面，俄罗斯联邦声称，《公约》不能在域外适用，特别是第 2 条和第 5 条不能"规范一国在其境外的行为"。见本书第十九章的进一步讨论。

[120] S. Sivakumaran, 'International Humanitarian Law', in Moeckli *et al.*, *International Human Rights Law*, pp. 480–495, p. 494. 对于

《消除种族歧视公约》，能证实这一"推定"的，是在起草过程中删除关于对《公约》范围的任何领土限制的情况。[121] 格鲁吉亚诉俄罗斯联邦案中关于"这种性质的文书"的评论倾向于包括《消除种族歧视公约》和国际人权两公约等具有"普遍"性质的、不受"法律空间"（*espace juridique*）概念限制的文书。[122] 鉴于这种推定，值得注意的是，土耳其提出了一项保留，声明其对《消除种族歧视公约》的批准"仅涉及适用《土耳其共和国宪法》和法律及行政命令的国家领土"。[123]

在消除种族歧视委员会的实践中，关于甲国在领土边界外责任的主张，其特点往往与这样的情境相联系：另一个缔约国乙已经失去对其部分领土的有效控制，取而代之的是甲国军队（外国占领）或据估计受甲国控制的分离主义行政当局。[124] 对于塞浦路斯的情况，委员会考虑的情况是，土耳其军队占领了塞浦路斯37%的领土及其后果，即造成了"各族裔和宗教社群事实上的分离"：这是一种"对塞浦路斯的和平与享受人权构成障碍"的人为分

---

[121]　小组委员会委员弗格森对于删除提及领土的评论，E/CN.4/Sub.2/SR.416, p.5。准备工作对领土问题并无充分说明。

[122]　European Court of Human Rights, *Banković et al. v Belgium et al.*, App. No.52207/99, Admissibility（2001），para.80："[《欧洲人权公约》]是一项多边条约，在一种基本上地域性的范围内，尤其是在缔约国的法律空间内运作……。该公约并非旨在在全世界适用"。有关评论，见 M. Milanović, *Extraterritorial Application of Human Rights Treaties：Law, Principles, and Policy*（Oxford University Press, 2011），p.40，其中将班科维奇案中合法性和事实操作之间的混淆描述为一种类别错误；另见 M. Happold, 'Banković v Belgium, and the Territorial Scope of the European Convention on Human Rights', *Human Rights Law Review* 3（2003），77-90。

[123]　委员会在对土耳其的结论性意见中，鼓励该国考虑撤回其保留和声明，"包括取消对适用《公约》的领土限制"：CERD/C/TUR/CO/3, para.8。塞浦路斯反对土耳其的一项声明，认为这是一项保留："塞浦路斯共和国政府审查了土耳其共和国政府对《消除一切形式种族歧视国际公约》（纽约，1966年3月7日）所作的声明，该声明有关土耳其仅对与其有外交关系的缔约国履行《公约》的条款。塞浦路斯共和国政府认为，这一声明相当于一项保留。这一保留就土耳其对哪些缔约国承担《公约》义务产生了不确定性。因此，塞浦路斯共和国政府反对土耳其共和国政府的保留。这项保留或对其提出的反对不得妨碍《公约》在塞浦路斯共和国和土耳其共和国之间生效。" <https://treaties.un.org/pages/ViewDetails.aspx?src=TREATY&mtdsg_no=IV-2&chapter=4&lang=en#EndDec>. 关于对《公约》的保留，另见本书第十八章。

[124]　在委员会结论性意见中，这种情况通常列在履行《公约》的"因素和困难"的部分中：相关讨论见本书第四章。关于委员会的早期实践——有关巴拿马运河区、戈兰高地、塞浦路斯、约旦河西岸和西奈，见 Lerner, *The International Convention*, Chapter 4。

裂，妨碍了"为整个岛屿构建逐步的反歧视战略"。[125] 对摩尔多瓦，委员会指出，德涅斯特地区"继续处于该缔约国的有效控制之外，因此，缔约国无法监测《公约》在其领土该区域的适用情况"。[126] 对这些和其他情况，委员会表达了对国际和国内冲突对于享受人权的有害影响的严重关切，还连同表达了有关为解决由此产生的问题所需步骤的建议，包括要求起诉应对暴力行为负责任者并赔偿受害者。[127] 建议的步骤还包括缔约国和民间社会建立信任的措施。[128]

在某些情况下，消除种族歧视委员会补充了关于缺乏"有效控制"的说法，提出在争议地区实施《公约》的责任不在报告国，而在他处。在对格鲁吉亚的结论性意见中，委员会在其标准陈述"阿布哈兹和南奥塞梯继续处于缔约国的有效控制之外，这使其无法在这些领土上实施《公约》"之后，[129] 增加了以下内容：

> 委员会注意到缔约国的立场，即在南奥塞梯和阿布哈兹实施《公约》的义务属于对这些领土实行有效控制的一个邻国。委员会指出，它过去曾认为，根据国际法和《公约》精神，对一领土实行有效控制的国家对实施《公约》承担责任。[130]

175

---

[125]　CERD/C/304/Add.124, para. 3. 在对塞浦路斯的意见中，该缔约国缺乏对其全部领土的控制的问题，是反复出现的主题：CERD/C/CYP/CO/17-22, para. 6。有关塞浦路斯的早期意见，见 L. Holmström (ed.), *Concluding Observations of the UN Committee on the Elimination of Racial Discrimination* (Kluwer Law International, 2002), pp. 171-177 [henceforth *Concluding Observations*]。

[126]　委员会的结论性意见：摩尔多瓦，CERD/C/MDA/CO/8-9, para. 3. （"德涅斯特地区"在英语中为"Transdniestria region"，也译为"外涅斯特里亚地区"，是摩尔多瓦境内德涅斯特河东岸的一个地区。该地区的斯拉夫人于 1990 年宣布成立"德涅斯特河沿岸摩尔达维亚共和国"，但没有获得国际社会的承认。从 1992 年起，该地驻扎着一支俄罗斯部队，摩尔多瓦政府一直没有在事实上控制过这一地区。——译者注）

[127]　例证包括，委员会对尼日利亚的第 1 (76) 号决定，A/65/18, pp. 6-7；对吉尔吉斯斯坦的第 1 (77) 号决定，A/65/18, pp. 7-8；对科特迪瓦的第 1 (78) 号决定，A/66/18, pp. 6-7；委员会的结论性意见：肯尼亚，CERD/C/KEN/CO/1-4, para. 15。关于和冲突有关的建议的全面清单见，I. Diaconu, *Racial Discrimination* (Eleven International Publishing, 2011), pp. 191-194。

[128]　委员会在对塞浦路斯的结论性意见中，要求其提供资料，说明"该缔约国和民间社会为恢复相互信任与改善族裔和/或宗教社群之间的关系，以及通过在学校和其他国家机构中不偏不倚地教授塞浦路斯历史来提高认识而采取的社群间举措"：CERD/C/CYP/CO/17-22, para. 7。

[129]　CERD/C/GEO/CO/4-5, para. 8.

[130]　*Ibid.*, para. 9.

　　表面上看,消除种族歧视委员会对格鲁吉亚的意见似乎是一种不完全法(*lex imperfecta*),因为委员会只是注意到缔约国(格鲁吉亚)的立场而没有得出具体的法律结论,尽管第二句暗示了"根据国际法和《公约》精神"的更广泛做法。[131] 委员会在第 9 条之下的案件中的通常做法,是提请注意报告国在占领或分裂的情况下无法适用《公约》,并强调结束占领或解决冲突的必要性。对于具有"国际"层面并且在迄今为止没有根据第 11~13 条进行诉讼的情况,委员会的更广泛评论考虑到第 9 条规定的国别报告重点而受到限制。在这种情况下,缺乏"控制"或"有效控制"被国际机构视为减少了——但不是消除——领土受到损害的国家适用人权公约的义务,[132] 因此管辖可能看起来是一个"相对的概念,是一个决定有关国家的义务的范围的程度问题"。[133] 这种思路与委员会对于冲突解决的思路的总基调并不矛盾。[134]

176

---

[131]　该段上一句提到联合国安全理事会第 1866(2009)号决议,该决议要求冲突各方为难民和境内流离失所者的自由流动提供便利。

[132]　在伊拉斯库等诉摩尔多瓦案中,欧洲人权法院将缔约国对分离领土的"管辖"解释为,不是指没有管辖权,而是指其范围缩小,因此国家必须继续努力,"以一切可用法律和外交手段……继续保障……权利和自由的享有":*Ilaşcu and Others v Moldova*, App. No. 48787/99(2004),para. 333, also para. 331. 另见,*Catan and Others v Moldova and Russian Federation*,App. Nos. 43370/04,8252/05, and 18454/06,(2012)。对这两起案件的批评意见,见 M. Milanovic,<https://www.ejiltalk.org/grand-chamberjudgment-in-catan-and-others>。对于俄罗斯联邦夺取克里米亚之后伊拉斯库等诉摩尔多瓦案的影响,进一步的评论,见 T. D. Grant,'Ukraine v Russian Federation in Light of Ilascu:Two Short Points',<https://www.ejiltalk.org/ukraine-v-russianfederation-in-light-of-ilascu-two-short-points>。对于管辖和归责之间的区分的澄清,见 O. de Schutter,*International Human Rights Law*(Cambridge University Press,2010),pp. 147 ff[henceforth *International Human Rights Law*]。评论者将伊拉斯库等诉摩尔多瓦案总结为,"只是因为一国没有全面管辖,并不意味着它没有任何管辖权":F. Hampson and N. Lubell,*Amicus Curiae Brief for Georgia v Russian Federation*(Ⅱ),ECHR,<http://repository.essex.ac.uk/9689/1/hampson-lubell-georgia-russia-amicus-01062014.pdf>。

[133]　De Schutter,*International human Rights Law*,p. 134. 对此也可以铭记贝松提出的观点:"没有管辖,就没有人权可适用,因此就没有义务,也不可能有违反这些义务的、可以归咎于一个国家的作为或不作为,更重要的是,对以后对于这些义务的违反,不可能有潜在的国家责任":S. Besson,'The Extraterritoriality of the European Convention on Human Rights:Why Human Rights Depend on Jurisdiction and What Jurisdiction Amounts to',*Leiden Journal of International Law* 25(2012),867。

[134]　对于委员会 2011 年的结论性意见,格鲁吉亚欣见委员会承认"对阿布哈兹……实行有效控制的第三国有责任在这些地区遵守和实施《公约》。因此,俄罗斯联邦有责任在被占领地区尊重、遵守和实施《公约》……。格鲁吉亚……仍然致力于报告源自其对格鲁吉亚被占领地区的积极义务而作出的努力。"A/66/18,Annex Ⅷ. 格鲁吉亚 2014 年定期报告选择使用"被占领土"这一术语,指出尽管格鲁吉亚"充分承担义务,根据……人权法规定的积极义务,采取一切可能措施(转下页注)

与域外效力的更广泛讨论相穿插，还出现了国际人权法和国际人道法可否适用于特定情势的问题。[135] 消除种族歧视委员会和以色列就《公约》对于以色列控制下领土的适用问题，一直存在分歧[136]：委员会声称适用，而以色列则否认。委员会与以色列 2012 年就《公约》适用范围进行的一系列详细交流具有指导意义，其中包括委员会委员提出的问题，即当被占领土实际上处于以色列控制之下时，该缔约国为何拒绝《公约》的适用。[137] 作为答复，以色列代表团指出，《公约》不适用，因为其没有作出将《公约》扩展到"位于以色列国家领土之外"的约旦河西岸的特别声明；巴勒斯坦人不处于一种法律上不确定的状态，而是受武装冲突法的约束。[138] 此外，协议使大多数巴勒斯坦人受巴勒斯坦国管辖。[139] 关于特别声明，委员会委员迪亚科努声称，管辖的法律基础不是声明，"而是以色列占领和控制这些领土的事实，这是一项被普遍接受的国际法规则"。[140] 以色列代表团答复称，"所有人权公约在领土方面都受到约束这种理解，与所有这些公约的有关条款中如何使用……管辖权相联系，……管辖权通常被理解为与……主权和延伸而来的……

177

（接上页注 134）实施《公约》的规定，但它辩称，主要责任……在于俄罗斯联邦"：CERD/C/GEO/6-8，para. 33。参见 Diaconu，*Racial Discrimination*，pp. 191-194，320-323。

[135] 一名评论者提出，小组委员会中阿布拉姆草案所提到的关于禁止国家"通过警察行动或其他方式"支持种族歧视的规定（E/CN. 4/Sub. 2/L. 308，Article 2，para. 2）被删除，"不是因为代表们认为不应涵盖使用武力，而是因为他们不想使用任何可能具有限制性或混淆性的语言"：C. G. Buys，'Application of the International Convention on the Elimination of All Forms of Racial Discrimination'，*American Journal of International Law* 103（2009），294-299，297；该作者引用的穆达维的评论，载于 E/CN/4/Sub. 2/SR. 419，p. 7。

[136] Banton，*International Action*，pp. 128-130，and 300-303. See also Holmström（ed.），*Concluding Observations*，pp. 327-335. 委员会在其早期实践中曾宣布，它有权审查以色列"对处于以色列管辖之下的所有人，包括生活在被以色列占领领土上的所有人"履行《公约》规定的义务的方式：A/48/18，para. 83。在讨论以色列关于在其提交委员会的报告中列入有关被占领土的资料的决定时，有些委员对要求其提供这些资料是否可能意味着承认以色列对这些领土的权利表示关切；另一些委员则认为，列入这些资料是基于实际情况的必要，而不考虑合法性问题，因为"《公约》的范围是普遍的，因此适用于可能受缔约国行使管辖影响的每一个人，而不论该管辖是否合法"：A/36/18，paras 108-109，109。当时，对于这种情况应如何处理，还没有明确的共识。

[137] 始于国家报告员库特，CERD/C/SR. 2131，para. 18，以下委员跟随：Diaconu，para. 23；de Gouttes，para. 35；Amir，para. 44；Vázquez，para. 45。

[138] CERD/C/SR. 2132，para. 4.

[139] *Ibid.*，para. 5，无论如何，以色列并没有控制加沙地带，哈马斯对该地承担责任。

[140] *Ibid.*，para. 50.

领土性相联系";[141] 还补充说,"武装冲突法和国际人权法在当前情况下不同时适用",[142] 尽管能觉察到"国际人权法和武装冲突法之间有着深刻联系"。[143] 作为总结,委员会注意到该缔约国愿意讨论约旦河西岸和加沙的局势,但对缔约国报告中没有任何此类资料表示遗憾。此外,委员会"深为关切〔以色列的〕立场……即《公约》不适用于缔约国有效控制下的所有领土",并建议《公约》适用于这些领土。[144]

就美国的情况,相关讨论同评估第 1 条第 2 款的范围及对非公民的待遇相关联。因此,消除种族歧视委员会对美国采取的立场感到遗憾,即"《公约》不适用于作为'敌方战斗员'关押的外国被拘禁者的待遇,所依据的理由是,武装冲突法是唯一可适用的特别法的论点",以及无论如何,根据《公约》第 1 条第 2 款,对外国被拘禁者据称受到的不平等对待的关切是不适用的。[145] 委员会回顾了关于非公民的第 30 号一般性建议及其关于打击恐怖主义措施的声明——这些措施不应基于第 1 条所列理由在目的或效果上有所歧视;关于"敌方战斗员",相关建议是对拘禁的合法性和条件以及就侵犯人权的行为获得救济的权利进行司法审查。

消除种族歧视委员会很少就特别法发表声明;[146] 委员会对具体情况的处理方式证明它接受了国际人道法和国际人权法共存的原则,特别是考虑到不歧视原则(包括禁止基于种族和国籍的歧视)在四项《日内瓦公约》中的

141　*Ibid.*，para. 82.

142　*Ibid.*，para. 83.

143　*Ibid.*，para. 81.

144　委员会的结论性意见:以色列,CERD/C/ISR/CO/14-16，para. 10;另见 paras 20 and 27。有关《公民及政治权利国际公约》的类似论点,见 de Schutter，*International Human Rights Law*，p. 129。

145　委员会的结论性意见:美国,CERD/C/USA/CO/6，para. 24。

146　特别法(特别法优于一般法)有双重含义:其一,在两者之间不一致的限度内,特别规则修改一般规则;其二,在两者之间并无不一致之处,特别规则是适用一般规则的实例:Sivakumaran，'International Humanitarian Law'，in Moeckli *et al.*，*International Human Rights Law*，p. 489。学者们认为该术语毫无帮助,因为它"旨在处理……一种纵向关系",而不是"两个独立制度之间的横向碰撞":F. Hampson and N. Lubell，*Amicus Curiae Brief for Hassan v UK*，*ECHR*，para. 18，<http://repository.essex. ac. uk/9690/1/hampson-lubell-amicus-ecthr-oct-2013. pdf>。另见本书第十八章有关委员会对保留的立场的内容。

突出地位。[147] 委员会有时还敢于就国际人道法的要求发表意见，虽然主流做法是将国际人道法的要求转换成《公约》的人权语言。[148] 如同维斯布罗特所表明的，委员会通过其关键机制，特别是"定期"报告程序、一般性建议、预警和紧急行动程序同国际人道法产生持续广泛的联系。[149] 就委员会的结论性意见，维斯布罗特注意到：

> 对国际人道准则或文书的提及，通常出现在武装冲突、灭绝种族或恐怖主义的背景中，并聚焦于难民和流离失所者，以试图确保这些群体在不稳定时期得到保护。消除种族歧视委员会还强调与各国际法庭的合作，因为它们是执行《［消除种族歧视］公约》原则的主要手段。[150]

消除种族歧视委员会的建议的特点是其形成的基础：《公约》规范应根据冲突局势的"根源"[151] 和族裔/种族层面适用，并按照第 1 条所列歧视理由和根据该条发展出的歧视"形式"解释。非国际性的、经常是基于种族的武装冲突的普遍存在，突出表明了适用不歧视的普遍准则的适当性；[152] 而且，围绕格鲁吉亚在国际法院诉俄罗斯联邦的案件发生的事件证实，对"种族清洗"的指控适合将国际冲突置于不歧视的框架内。委员会还密切关注被察觉正在演变成具有种族层面的冲突的局势。[153]

---

[147]　红十字国际委员会认为，"不歧视原则是所有国际人道法的基础，国际人道法是专门旨在解决武装冲突直接引起的人道问题的一套规则"：<https://www.icrc.org/eng/resources/documents/misc/57jqzq.htm>。尤其见四项《日内瓦公约》共同的第 3 条、《日内瓦第三公约》第 16 条、《日内瓦第四公约》第 13 条和第 27 条、《日内瓦公约第一附加议定书》第 75 条第 1 款。红十字国际委员会认为，禁止"不利区分"是习惯国际法的一部分。

[148]　对于以色列，委员会称，它认为"以色列在被占领土上的定居点不仅根据国际法是非法的，而且对和平与全体民众享受人权构成障碍"：A/48/18，para. 87。

[149]　D. Weissbrodt, 'The Approach of the Committee on the Elimination of Racial Discrimination to Interpreting and Applying International Humanitarian Law', *Minnesota Journal of International Law* 19 (2010), 327–362 [henceforth 'The Approach of the Committee']。

[150]　*Ibid.*, 349.

[151]　委员会的结论性意见：吉尔吉斯斯坦，CERD/C/KGZS/CO/5–7，para. 5。

[152]　正如维斯布罗特所说，委员会"认识到武装冲突对履行《公约》构成严重障碍，而且，武装冲突往往起源自出于种族和族裔动机的暴力"：Weissbrodt, 'The Approach of the Committee', 344。

[153]　委员会就达尔富尔局势向苏丹提出的意见，CERD/C/SDN/CO/12–16，para. 7。

（五）帽段：立即消除种族歧视

第 2 条第 1 款帽段的具体贡献是，通过具体承诺"立即以一切适当方法"实行消除种族歧视和促进谅解的政策，使《公约》具有一种强化的紧迫感。对反歧视"政策"的要求的范围很广，其本身包含并与第 2 条各款各项相交叉。帽段的措辞提出了法律保障和一系列措施，包括行动计划和战略、制度性机制、指标、基准以及衡量和监测有关社会中歧视频率和规模的时间表，所有这些都致力于在实践中消除"一切形式"的种族歧视；最后的说法足以涵盖现有和正在形成的歧视形式。"一切适当方法"的规定出现在小组委员会的早期草案中；还可以忆及，小组委员会增加了"立即"（no delay）的规定来加强义务。D. 马哈利克和 G. M. 马哈利克将"以一切适当方法"的措辞视为限制条款，[154] 但他们的提法，即该表述排除了"不适当手段"，例如使用武力以确保反歧视政策，与其说是一种限制，不如说是提醒各国，纠正对一个群体歧视之不公正的行动不应外溢成对另一个群体的不公正：根据《公约》的文字和精神判断，用来实行反歧视政策的手段不应颠覆其目的。从积极意义上说，"一切适当方法"的措辞涉及国家可用于打击歧视的措施的全部武备，这在第 32 号一般性建议中，在特别措施的方面被描述为包括"立法、执法、行政、预算和管理手段的全部范围，……以及计划、政策、方案和优惠制度"。[155] 第 31 号一般性建议设想了大规模的"国家战略或行动计划"，以消除结构性歧视；这些战略除其他外，应包括"具体目标和行动以及能够衡量进展的指标"。[156]

对行动速度的提法由《公约》其他地方的提法加以补充。序言中有关迅速消除种族歧视、[157] 第 4 条中有关"立即和积极的措施"和第 7 条中有关"立即和有效的措施"的段落加强了这一信息的紧迫性；与第 2 条第 1 款中

154　D. Mahalic and G. M. Mahalic, 'The Limitation Provisions of the International Convention on the Elimination of All Forms of Racial Discrimination', *Human Rights Quarterly* 9（1987），74-101，85.

155　第 32 号一般性建议第 13 段。参见本书第九章对这一段的更全面引用。

156　第 31 号一般性建议第 5 段。

157　以及对联大迅速消除殖民主义目标的支持。

关于"立即……促进……谅解"政策的提法最接近的规定在第 7 条中。消除种族歧视委员会的结论性意见广泛提到要"立即"采取的行动。考虑到消除种族歧视的"政策"这一十分宽松的概念,[158] 对加速行动的提法出现在一系列事项中。可能作为紧急事项建议的,有通过或实施特定法律[159]或修正其他法律[160],以及采取更一般的"措施"[161] 或备齐机制[162]。紧急性也可被视为内在于对申诉开展的适当审慎的(due diligence)调查。[163] 有关尽速行动的规划可适用于一般法律和有利于特定群体的法律。就委员会的程序而言,能够迅速完成的立法和其他程序,有可能被单独挑选出来,按照委员会的"后续程序"加快向委员会汇报,而对紧迫的、具有足够"严重性和规模"的潜在严重人权问题,则典型地根据委员会的"预警和紧急行动程序"处理。近年来,有关土著社群的紧急情况在后一程序中占主导地位,这种情况在某种程度上平行存在于对定期报告的结论性意见中。[164]

关于第 2 条,可以记住澳大利亚提出的一般解释,即其规定的义务是 "一般原则性的、纲领性的"。[165] 所称的"纲领性"内容表面上与以下情况无法调和:第 2 条对必须"立即"实行反歧视政策的明确要求,[166] 以及普遍的特征,即哪怕对于公开宣布的纲领性权利,消除在享受这些权利方面的歧视

180

158　Diaconu, *Racial Discrimination*, pp. 178-182,提供了对"政策的类型和形式"的延展思考。

159　委员会建议巴拉圭实施一项语言法并为此提供适当的预算:CERD/C/PRY/CO/1 - 3, para. 19。

160　委员会建议古巴修正有关外国人的立法:CERD/C/CUB/CO/14-18, para. 18。

161　鉴于加拿大的《印第安人法》对土著妇女和儿童权利的歧视性影响,委员会建议其采取必要措施修正该法律:CERD/C/CAN/CO/18, para. 15。

162　委员会建议肯尼亚建立机制,实施关于政治代表性的宪法规定:CERD/C/KEN/CO/1-4, para. 20。

163　委员会建议以色列迅速调查种族主义申诉:CERD/C/ISR/CO/13, para. 30。

164　2011 年的例证包括委员会建议以下国家采取紧急行动:玻利维亚,CERD/C/BOL/CO/17-20, para. 18;巴拉圭,CERD/C/PRY/CO/1-3, para. 17。在 2013 年则是建议智利,CERD/C/CHL/CO/19-21, para. 14。见本书第四章的讨论。

165　*Hagan v Australia*, CERD/C/62/D/26/2002 (2003), para. 4.4.

166　《消除对妇女歧视公约》第 2 条的类似措辞引起的消除对妇女歧视委员会的回应是:"'立即'(without delay)一语表明,缔约国采用一切适当办法推行政策的义务具有紧迫性。这一要求是无条件的,不允许推迟或故意选择逐步履行缔约国……承担的义务。"消除对妇女歧视委员会第 28 号一般性建议:关于缔约国在《消除对妇女歧视公约》第 2 条之下的核心义务,第 29 段。

也是一项具有即时效力的义务。[167] 另一方面，第 2 条所要求的即时性是消除种族歧视政策的一般性概念，其中的重要内容在澳大利亚是明确存在的，特别是通过联邦和州一级的具体歧视立法。[168] 澳大利亚就第 4 条（子）项提具的声明贯通了第 2 条的紧迫性以及第 4 条的明确要求：

> 澳大利亚政府……声明，澳大利亚目前无法将《公约》第 4 条（子）项所涵盖的所有事项具体地视为犯罪。只有在涉及维护公共秩序、公共危害、攻击、暴乱、刑事诽谤、阴谋和未遂等事项的现行刑法规定的范围内，才可处罚上述行为。澳大利亚政府的打算是，在尽早的适当时刻寻求具体执行第 4 条（子）项之规定的议会立法。

不出所料，消除种族歧视委员会一再要求澳大利亚撤回这项保留，以及其立法充分落实第 4 条；[169] 澳大利亚的声明——也被其定性为保留[170]——与《公约》是否一致尚未根据第 14 条的程序得到检测。考虑到《公约》第 20 条第 2 款中的三分之二规则，将声明定性为保留实际上妨碍了委员会对其是否符合《公约》作任何判断；另一方面，将其定性为一种解释则要求比较委员会和缔约国对于《公约》的解读。[171]

（六）第 2 条第 1 款（子）项：国家、公共当局、公共机关不得歧视

第 2 条第 1 款（子）项至（寅）项凝缩的基本信息是，国家本身不应进行直接或间接歧视。准备工作中表明国家的歧视行为"不可想象"的声明，

---

[167] 经济、社会和文化权利委员会第 3 号一般性意见：缔约国义务的性质（第 2 条第 1 款），E/1991/23，1990 年 12 月 14 日，第 1 段；经济、社会和文化权利委员会第 20 号一般意见第 7 段将不歧视描述为"一项即时的、跨越性的义务"。事实上歧视和法律上歧视的细微差别，见 B. Saul, D. Kinley, and J. Mowbray（eds），*The International Covenant on Economic, Social and Political Rights: Commentary, Cases, and Materials*（Oxford University Press, 2014），pp. 203-205。（该书已有中译本。〔澳〕本·索尔、戴维·金利、杰奎琳·莫布雷：《〈经济社会文化权利国际公约〉评注、案例与资料》，孙世彦译，法律出版社，2019。——译者注）

[168] 参见 <https://www.humanrights.gov.au/guide-australias-anti-discrimination-laws>。

[169] 委员会的结论性意见：澳大利亚，CERD/C/AUS/CO/14，para. 12；CERD/C/AUS/CO/15-17，para. 17。

[170] *Hagan v Australia*，para. 4.7。

[171] 例如见人权事务委员会委员希金斯（Higgins）对一件来文的异议意见，*T. K. v France*，CCPR/C/37/D/220/1987（1989）。

最好理解为与这样一种观点有关，即国家支持的种族歧视是一种殖民性的反常行为，而不是消除种族歧视委员会在实践中所察觉的全球性现象。第 2 条中的"种族歧视"必须假定为具有意图的或效果上的歧视以及委员会在实践中确定的相关形式的全部含义。第 2 条第 1 款涉及国家造成的种族歧视；[172]第 4 条（寅）项提及不允许公职人员、当局或机构宣扬或煽动歧视；[173] 第 5 条规定了涉及国家机构，特别是在司法、安全以及政治组织领域中的机构的一系列权利。

在第 2 条第 1 款（子）项和（寅）项之间存在某种重叠，即如果存在歧视性政策，则必须予以检讨、修正、废止或宣告无效。国家造成的歧视可能来自具体立法、具体或一般政策。消除种族歧视委员会的工作记录中有许多例子，既有相对轻微的、细小的歧视事件，也有在早期预警和紧急行动程序中得到承认并在委员会关于大规模侵犯人权的指标中进一步得到确定的严重形式的压迫。[174] 国家机关的种族歧视，作为国家全面消除种族歧视的一般义务的一个子集，仍然是委员会的主要关切之一，并没有因为越来越强调私人行为者对歧视的责任而丧失重要性。

国家不歧视的义务在纵向贯穿治理的各个层级，在横向遍及国家控制下的领土。第 2 条第 1 款（子）项明确提到国家行政当局的"全国性和地方性"层级是值得注意的；"地方性"也出现在第 2 条第 1 款（寅）项和第 4 条（寅）项中。鉴于国际法的一般原则，即不得援引国内法来推翻对于不履行条约的指控，消除种族歧视委员会并不认可这样的论点：一个联邦国家的政府不能强迫组成部分的行政当局履行《公约》规定的义务。对于缔约国有责任确保《公约》贯穿各级行政机构、"一路向下"实施这种坚持主张，是

172　在哈甘诉澳大利亚案（*Hagan v Australia*, para. 4. 5）中，澳大利亚引用了"学术权威"来说明第 2 条第 1 款"并不处理私人歧视行为"，其所引用的是：Lerner, *The U. N. Convention on the Elimination of All Forms of Racial Discrimination*（Sijthoff and Noordoff, 1980）[henceforth *The U. N. Convention*]。

173　关于在人权事务委员会的实践中国家机关的界定的概述，见 D. McGoldrick, 'State Responsibility and the International Covenant on Civiland Political Rights', in M. Fitzmaurice and D. Sarooshi（eds）, *Issues of State Responsibility before International Judicial Institutions*（Hart Publishing, 2004）, pp. 161–199。

174　A/60/18, para. 20.

在《公约》中没有"联邦条款"的情况下提出的。[175] 这样一项条款曾在《公约》起草期间被提出，但联大第三委员会予以否决，[176] 理由是，除其他外，联邦条款会表现出对所履行的直接义务的一种削弱而不是加强。[177] 班顿在加拿大的早期报告方面，提出了这一问题；[178] 这一问题在委员会对加拿大的结论性意见（包括 2007 年的结论性意见）中再次出现：

> 委员会欢迎有资料说明，《反对种族主义行动计划：人人共享的加拿大》与缔约国提到的其他倡议，除其他外，将确保协调联邦各部门和省/地区政府在打击种族主义方面的努力，但对各省之间在实施《公约》的程度上仍然存在的差异表示关切。委员会再次强调加拿大联邦政府对实施《公约》的责任。[179]

2008 年，消除种族歧视委员会在结论性意见中，对于比利时有关区域和地方当局的歧视性法令，也类似地阐述了其立场。委员会在注意到该缔约国有一种联邦结构的同时，回顾称，"比利时根据国际法是一个单一制的国家，有义务确保在其全境实施《公约》的各项规定"。[180] 坚持全面实施的主张并不限于具有联邦结构的国家，从第 2 条第 1 款（子）项的约文可以清楚地看出，

175　"联邦条款"出现在许多联合国"核心"文书中，采取的一般形式是，有关公约的各项规定"应一律适用于联邦国家之全部领土，并无限制或例外"。例证包括《公民及政治权利国际公约》第 50 条、《经济社会文化权利国际公约》第 28 条、《残疾人权利公约》第 4 条和《免遭强迫失踪公约》第 41 条。

176　该条款设想了在联邦国家的联邦立法管辖权之下的《公约》条款与联邦各州或省管辖权之下的《公约》条款之间的区别：在后一种情况下，所表达的义务是"向有关当局提出此等条款，附以有利于［实施的］建议"：A/6181, para. 187。根据波兰的提议，这些条款以 7 票赞成、63 票反对、16 票弃权被否决：Ibid., paras 188-189。

177　这一条款"将通过确立联邦制和单一制国家之间的义务不平等而大大削弱整个《公约》。这将不符合国际法，根据国际法，联邦国家作为整体被视为国际法的一个主体"：捷克斯洛伐克代表的意见，A/C. 3/SR. 1367, para. 6。美国代表认为，"这种条款可能通过将联邦国家置于某种特殊地位，破坏国际协议的统一适用"（ibid., para. 8）。澳大利亚则大力提倡联邦条款：Ibid., paras 5 and 13。

178　Banton, *International Action*, pp. 243-244.

179　CERD/C/CAN/CO/18, para. 12. 委员会 2012 年对加拿大的结论性意见敦促其协调联邦和省级机制，"以消除在实施反种族主义立法、政策、方案和最佳做法方面的差异和差距"：CERD/C/CAN/CO/19-20, para. 9。

180　CERD/C/BEL/CO/15, para. 16. 委员会在后来对比利时的结论性意见中，就结构性歧视问题和罗姆人，提到了"联邦、区域和社区各级"的治理：CERD/C/BEL/CO/16-19, paras 15 and 18。

这些义务涉及下级或地方当局的行动。第 32 号一般性建议第 31 段在特别措施的语境下，讨论了国家的政治和行政区分问题，阐述了一项更广泛的原则：

> 各缔约国的内部结构，不管是单一制的、联邦制的还是分权制的，在采取特别措施问题上，都不影响其根据《公约》承担的、确保其在全国领土上适用的责任。在联邦制或分权制国家，如有必要采取措施，联邦当局应负责制定在国家各地一致适用特别措施的框架。

第 32 号一般性建议指出需要全面一致地实施《公约》，这是在消除种族歧视委员会的结论性意见中经常出现的一种倾向。委员会在对美国的结论性意见中，通过建议"建立适当机制，确保在联邦、州和地方各级对实施《公约》采取一种协调方式"强化了上述段落对协调的强调。[181] 可以认为，在高度分权的制度中，协调机制特别紧迫。[182] 委员会在对意大利的结论性意见中表示关切的是，"意大利高度分权的制度［可能］导致各地区和省在歧视问题上政策和决定的多样性"，并指出，"鉴于地区当局采取的人权措施的支离破碎的性质，有必要通过一项全局的和全面的人权行动计划"。[183] 最后这里引用的有关意大利的评论没有挑战该缔约国的政治和行政组织。虽然政府结构是一项主权特权，但操纵边界/领土可能引起严重的人权关切，包括与政治参与有关的关切，这在某些情况下相当于种族歧视。[184] 特定的政府制度因其可能的歧视性影响，也曾被委员会调查。[185]

183

---

[181]　CERD/C/USA/CO/6，para. 13.

[182]　关于可能妨碍义务履行的权力下放，见委员会的结论性意见：法国，CERD/C/FRA/CO/20-21，para. 4。

[183]　CERD/C/ITA/CO/16-18，para. 27. 因此，委员会建议"一种与……地方当局协商和协调的机制"。

[184]　见 M. Weller（ed.），*The Rights of Minorities in Europe*（Oxford University Press，2005），特别是詹妮弗·杰克逊-普里斯（Jennifer Jackson-Preece）对欧洲理事会《保护少数民族框架公约》第 16 条的评论，*ibid.*，pp. 463-485。

[185]　见委员会对埃塞俄比亚实行的"民族联邦主义"制度的评论，其中请该缔约国确保其行动有助于保护所有族裔群体：CERD/C/ETH/CO/15，para. 16。该结论性意见第 15 段载有关于该缔约国国内法院制度多样性的相关评论，以及确保遵守第 2 条第 1 款的建议。学术评论见 K. Tronvoll，'Human Rights Violations in Federal Ethiopia：When Ethnic Identity is a Political Stigma'，*International Journal on Minority and Group Rights* 15（2008），49-79；G. Assefa，'Human and Group Rights Issues in Ethiopia：A Reply to Kjetil Tronvoll'，*International Journal on Minority and Group Rights* 16（2009），245-259。

消除种族歧视委员会在安娜·科普托娃诉斯洛伐克案[186]和 L. R. 诉斯洛伐克案[187]中，分析了"公共当局及公共机关"的提法。就目前的评述而言，这一点与缔约国的主张有关，即市政理事会——据称发布了针对罗姆人的歧视性决议——不是国家机构。[188] 委员会的观点是，如其在 L. R. 诉斯洛伐克案中所述，"市政理事会的行为，包括通过具有法律性质的公开决议……相当于《公约》所指的公共当局的行为"，[189] "相关种族歧视应归咎于缔约国"。[190] L. R. 诉斯洛伐克案也因提出不歧视的义务不仅限于流程的最后步骤而引人注目：

> 委员会的观点是，认为实际落实某项人权的最后一步……必须以非歧视的方式进行，而与落实有关的必要的初步决策要素则要被切割、不受审查，这将不符合《公约》的宗旨，并将形式凌驾于实质之上……。委员会认为，有关的市政理事会决议最初是朝实现住房权的方向采取的一项重要政策和实际步骤，后来又予以撤销……，这些情况加在一起，确实……相当于损害在平等的基础上确认或行使对住房的人权……。[191]

消除种族歧视委员会在后来对斯洛伐克的结论性意见中关切地注意到，该缔约国称"地方自治机构的自治是实现罗姆人社群在获得社会住房方面不受歧视的一个主要障碍"。[192] 这一关切导致委员会建议该缔约国"采取有效措施实施《公约》，并确保地方和区域机构的自治原则不妨碍其根据《公

184

---

[186] *Anna Koptova v Slovakia*，CERD/C/57/D/13/1998（2000）.

[187] *L. R. v Slovakia*，CERD/C/66/D/31/2003（2005）. 第 2 条第 1 款（子）项也出现在其他案件中，但对其含义并无值得注意的说明。例证包括：*B. J. v Denmark*，CERD/C/56/D/17/1999（2000）。缔约国对根据第 2 条第 1 款（子）项提出的诉求提出异议（para. 4.3），因为案情涉及私人歧视；委员会没有评论第 2 条第 1 款（子）项的具体细节。

[188] *Koptova*，para. 4.8；*L. R.*，para. 2.3. 该两案中申诉人的评论：*Koptova*，para. 5.18；*L. R.*，paras 5.1 and 5.3. 该两案中，申诉人除其他外，都引用了委员会有关第 4 条的第 15 号一般性建议的第 7 段（原书此处作"第 4 段"，有误，予以更正。——译者注）。该段称，"所有行政级别的公共机关，包括市政府"，都受第 4 条（寅）项的约束（强调为本书作者所加）。

[189] *L. R. v Slovakia*，para. 6.3.

[190] *Ibid.*，para. 10.8.

[191] *Ibid.*，para. 10.7. 评论见 S. Joseph，'The Right to Housing, Discrimination and the Roma in Slovakia'，*Human Rights Law Review* 5（2005），347-349。

[192] CERD/C/SVK/CO/9-10，para. 16.

约》承担的促进处境不利或遭受歧视群体的经济、社会和文化权利的人权义务"。[193]

准备工作中的讨论澄清了"公共机关"比"公共当局"更广泛。在哈甘诉澳大利亚案中，缔约国声称，拥有体育场——该体育场展示了一个具有冒犯性的种族标志——的体育信托基金"是一个私人机构，而不是一个公共当局或政府代理"，因此其行为处于"不处理私人歧视行为"的第2条第1款（子）项的范围之外。[194] 申诉人对此提出了反驳，指出各受托人是由一名部长任命的，也可以由其罢免，他们的职能是"为公共（社区）目的管理土地"，因此这一信托基金"从《公约》的目的来看，是一个公共当局或机关"。[195] 消除种族歧视委员会在提及"展示被认为具有种族冒犯性的公开标志"时，[196] 没有作出有关第2条的评论。根据起草第2条时对"公共机关"的一般理解，对该款的解释越开放，就越符合《公约》的文义和精神。

（七）第2条第1款（丑）项：对任何人或组织所施行之种族歧视不予提倡、维护或赞助

第2条中对消极义务声明的比喻在第2条第1款（丑）项中继续，该项将重点从国家机关和"公共机关"的歧视转移到国家支持的行为者的歧视，尽管对第2条第1款（子）项中的"公共机关"的扩大化解读表明，这两项之间存在重叠。非国家行为者或"私人"个人或组织没有被明确确定为约文的重点：可以忆及，起草者不愿意用"私人"来限定个人或组织。[197] 勒纳在第2条中察觉出一种"渐进式承诺制度"，即从前两项中的否定性陈述转变

193　*Ibid.*

194　*Hagan v Australia*，para. 4. 5.

195　*Ibid.*，para. 5. 4.

196　*Ibid.*，para. 8.

197　对国际法委员会《国家对国际不法行为的责任条款草案》的评注指出，"一般规则是，在国际一级归因于国家的唯一行为是其政府机关的行为，或在这些机关的指示、唆使或控制下行事的其他人的行为，即国家代理人的行为"：<http://legal. un. org/legislativeseries/documents/Book25/Book25_part1_ch2. pdf>，Commentary on Chapter Ⅱ，para. 2。消除对妇女歧视委员会第28号一般性建议第13段回顾了缔约国有义务防止私人行为者歧视的应尽审慎义务，并补充说，根据一般国际法，某些私人行为者的行为可归因于国家。

为对积极行动的明确陈述；[198] 第 2 条第 1 款（丑）项在他看来，"仅仅意在防止参与种族歧视的个人或组织得到国家的正式支持"。[199] 该规定补充了第 2 条中对个人和组织的其他提法，以及第 4 条（b）项中对种族主义组织的禁止。消极措辞并不排除国家对履行其义务的积极立场：就上述义务的类型而言，鲁吉将第 2 条第 1 款（丑）项和（卯）项列为"保护义务"的方面。[200]

185 　　关于该款中的动词，"提倡"与"赞助"重叠，可以从费用的分担、对他人的行为承担的责任或者对某人或组织的普遍支持方面理解。[201] "赞助"更广泛，可以包括帮助、鼓励、许可以及财政支持；在相关意义上，它可能包括"忍受"或"容忍"。[202] "维护"则完全具有更主动的意义，但如果过于主动，就有可能涉及如第 4 条所述的禁止。关于第 2 条第 1 款（丑）项的潜在适用，勒纳举出的例子，是"出版种族主义书籍的官方出版社，或向实行种族歧视的学校提供财政支持的地方政府"的情况。[203] 梅隆评论说，"赞助"可能（大体上）"不仅包括作为一种积极行动的惠益扩展，而且包括未做到向其他个人或组织设定其所需要承担的义务"，例如给予某一实行种族歧视的私人组织免税待遇的情况。[204] 鉴于现代国家中公共和私人活动（包括金融联系）之间的广泛的相互渗透和界限模糊，该项有可能开辟了广阔的前景。在根据第 14 条审理的案件中，与第 2 条第 1 款（丑）项有关的还很不够。在 B.J. 诉丹麦案中，与第 2 条第 1 款（子）项一样，缔约国驳回了对第 2 条第 1 款（丑）项的援用，认为其与案情无关，[205] 因为该案不涉及国家提倡的歧视。在哈甘诉澳大利亚案中，缔约国简单地否认所涉体育场地信托基金的

---

[198]　Lerner, *The International Convention*, p. 37.

[199]　*Ibid.*

[200]　Ruggie, *Mapping State Obligations for Corporate Acts: An Examination of the UN Human Rights Treaty System*, Report No. 1 International Convention on the Elimination of All Forms of Racial Discrimination, 18 December 2006, p. 4.

[201]　*Concise Oxford English Dictionary* (11th edn, Oxford University Press, 2004), pp. 1394–1395.

[202]　*Ibid.*, p. 1448.

[203]　Lerner, *The International Convention*, p. 37.

[204]　T. Meron, 'The Meaning and Reach of the International Convention on the Elimination of All Forms of Racial Discrimination', *American Journal of International Law* 79 (1985), 283–318, 295.

[205]　*B. J. v Denmark*, para. 4. 3.

设立、其继续存在或对哈甘的申诉的答复以任何方式涉及该款，而消除种族歧视委员会没有对这一申诉发表评论。[206]

第 2 条第 1 款（丑）项原则上与《公约》所涵盖的任何领域的歧视都有关：个人活动和集体行动都受到该条款的制约，而"人"一词除了包括自然人，还包括法人，如公司。情况还包括近似于治理机构的组织以及从治理机构中移除的组织。国家支持极为接近治理的组织这种极端情况，除其他外，包括国家支持私人民兵和为政党提供资金。消除种族歧视委员会在对俄罗斯联邦的结论性意见中，对以下消息表示关切：哥萨克组织对族裔群体实施暴力行为，被地方当局用于执行行动，并得到国家资助。委员会建议该缔约国确保不向"鼓吹种族歧视的组织"提供支持，并防止哥萨克准军事单位履行针对族裔群体的执法职能。[207] 委员会在后来的结论性意见中又询问了哥萨克问题，关切有资料称"自愿'哥萨克巡逻队'于 2012 年开始出现……与警察一道履行执法职能"。[208] 委员会还曾在对比利时的结论性意见中要求该国提供资料，说明 1998 年一项关于撤销向煽动种族主义或种族敌视的政党提供财政支持的法律的情况。[209]

公司，无论是在境内还是在域外行事，[210] 都越来越多地被纳入第 2 条的轨道，特别是在掠夺土著人的土地和领地（包括圣地）方面。消除种族歧视委员会予以批评的情况是，对资源开发的安排，如对旅游开发的许可、对采矿和伐木作业的特许和颁发证照，是未获得有关土著民族自由、事先和知情的同意而作出的。[211] 第 23 号一般性建议概述了情况的严重性："各土著民族一直并且仍然受到歧视，被剥夺了人权和基本自由，尤其是他们的土地和资源落入殖民主义者、商业公司和国家企业之手。"[212] 委员会的结论性意见提供

186

---

[206]　*Hagan v Australia*，para. 4. 5.

[207]　CERD/C/62/CO/7，para. 16.

[208]　CERD/C/RUS/CO/20-22，para. 14.

[209]　CERD/C/60/CO/2，para. 14.

[210]　见本章关于公司域外活动的评论。

[211]　在某些情况中，这些关切涉及非法侵入土著领地的非土著个人的活动，而不是公司的活动。例如见发给巴西的关于"狐狸地和太阳山"（Raposa Serra do Sol）的系列信函：<http://www2. ohchr. org/english/bodies/cerd/early-warning. htm>。

[212]　第 23 号一般性建议第 3 段。

了许多涉及土著民族的案件的例证，如前所述，这些案件在委员会预警程序中占有突出地位。在某些实例中，关联到国家机构——这有关第 2 条第 1 款（子）项，而许多案件涉及享有各种形式的国家支持和许可的私营公司的活动。值得注意的委员会的预警"决定"包括关于美国的西肖肖尼（Western Shoshone）土著人的第 1（68）号决定，[213] 和关于苏里南资源开发的一系列决定。[214] 对公司活动的关切函比决定要多：委员会做法的启发性例证包括给如下国家的信函：加拿大（2008 年和 2009 年）、法国（2009 年）、尼日尔（2009 年和 2010 年）、巴布亚新几内亚（2011 年）、秘鲁（2010 年）、菲律宾（2007~2012 年）、坦桑尼亚（2009~2013 年）。[215] 委员会可将其对公司活动的谴责与第 2 条第 1 款（卯）项而非第 2 条第 1 款（丑）项联系起来，而不暗示此类活动是由国家提倡、维护或赞助的。

（八）第 2 条第 1 款（寅）项：对政策加以检讨，对任何法律规章予以修正、废止或宣告无效

顺着第 2 条的逻辑，第 2 条第 1 款前两项提到的基于国家和国家支持的歧视情况要求修改现行法律和政策。动词的堆砌表明一种全面攻克有缺陷的法律结构和制度的义务。准备工作证明了术语上的一些困难，包括"废止"之后的"宣告无效"实属冗余的说法；但这两词均获保留，以满足各种法律体系中不同概念的需要。行动指令或多或少是按顺序排列的，即在采取行动之前，政策架构（包括表达该政策的法律）应得到"检讨"，随后是对法律规章的必要修正，包括废止。勒纳引用了准备工作来说明其观点，即"宣告无效"等同于"完全压制"，这可能会给"废止"增加一些内容。[216]"宣告无效"对于消除误导或误用的立法的挥之不去的后遗症，也可能会有一种更强有力的作用。

建议检讨、修正或废止歧视性立法是消除种族歧视委员会的通常做法。

187

213　A/61/18, pp. 7-10.

214　Decision 1（67），A/60/18, pp. 9-10；1（69），A/61/18, pp. 10-11.

215　单件信函可在委员会网页上找到：<http://www2. ohchr. org/english/bodies/cerd/early-warning. htm>。

216　Lerner, *The International Convention*, p. 37.

"检讨"立法的范围可以从审查具体法律（包括宪法规定）[217] 扩展到审查一般法律或"法律制度"（如土地制度）[218]、法律救济[219]、政策[220] 或者"立场"——例如一个缔约国采取的制定一项反对种族歧视的法律并无必要的立场。[221] 建议"修正"可与建议审查一起提出，[222] 也可单独提出，而且与审查一样，其范围从建议修正具体的法律或通过新的法律，到大规模修正"国内法律、规章或惯例"，[223] 或协调对"有关土地、水、采矿和其他部门之法律"的修正，以使其不与其他有关土著民族的法律相冲突。[224]

考虑到修正与废止之间的重叠，撤销或废止法律或政策的具体建议并不常见——在关于西肖肖尼的预警/紧急行动决定中，消除种族歧视委员会对美国的敦促足，撤销凶西肖尼人使用其祖传土地而对其提出的非法侵入和收缴通告等。[225] 在数据检索中，与第 2 条相比，在有关第 1 条中对歧视的定义方面，"宣告无效"更有可能被提到，尽管上文提到的解决以前歧视性法律制度或法律的后遗症的挑战，在委员会的实践中会引起强烈的共鸣，特别是通过建议采取广泛措施，例如在南非处理"种族隔离的遗产"的措施。[226] 委员会在对塞尔维亚的结论性意见中，运用了第 2 条第 1 款（寅）项来涵盖现有的结构性歧视，因为某些群体在就业、教育和参与公共事务方面继续受到排斥和歧视。委员会建议采取其未具体指明的措施来解决结构性歧视和公共领域少数群体参与的问题。[227]

在哈甘诉澳大利亚案中，提交人除其他外援引了第 2 条第 1 款（寅）项，声称根据这一规定，各缔约国有义务"修正具有使种族歧视永久存在的

217 委员会的结论性意见：赞比亚，CERD/C/ZMB/CO/16，para. 12。
218 委员会的结论性意见：老挝，CERD/C/LAO/C/16 18，para. 16，建议该国审查土地制度，以期承认土地的文化方面是某些民族群体的身份特性的一个组成部分。
219 委员会的结论性意见：爱沙尼亚，CERD/C/EST/C/8-9，para. 18。
220 委员会的结论性意见：博茨瓦纳，CERD/C/BWA/CO/16，para. 9。
221 委员会的结论性意见：韩国，CERD/C/KOR/C/15-16，para. 6。
222 委员会的结论性意见：约旦，CERD/C/JOR/CO/13-17，para. 11。
223 委员会的结论性意见：印度尼西亚，CERD/C/IDN/CO/3，para. 16。
224 委员会的结论性意见：智利，CERD/C/CHL/CO/15-18，para. 23。
225 CERD/C/USA/DEC/1（2006），para. 10.
226 委员会的结论性意见：南非，CERD/C/ZAF/CO/3，para. 13。
227 CERD/C/SRB/CO/1，para. 17.

效果的法律，……［还声称］以非常公开的方式使用冒犯性用语等词语，可使该用语得到正式批准或认可。词语传达思想和力量，影响思想和信念。它们可能会使种族主义永久化"。[228] 澳大利亚就其《种族歧视法》的答复是，哈甘根据该法提出的主张不成立，"并没有削弱该法的效力"，也没有表明该法造成或固化种族歧视。[229] 消除种族歧视委员会虽然没有认定《公约》被违反，但建议"该缔约国采取必要措施，确保从所涉标志上删除冒犯性用语"，[230] 这表明，虽然第 2 条第 1 款（寅）项未被视为遭违反，但本来可以而且应该采取符合该款精神的措施。[231]

（九）第 2 条第 1 款（卯）项：以一切适当方法，包括依情况需要制订法律，禁止并终止任何人、任何团体或任何组织所施行之种族歧视

这项规定位列《公约》中的关键义务，施韦布将其描述为"所有实质性规定中最重要、最深远的一项"。[232] 几十年来，消除种族歧视委员会构建了一个理想化的法律架构和支持制度，以使第 2 条第 1 款（卯）项规定的义务具有实质内容，同时极为清楚地表明，立法对于打击种族歧视总是"适当的"，正如班顿所指出的，"要使某一行为具有法律上的歧视性，首先必须有一部法律"。[233] 类似地，D. 马哈利克和 G. M. 马哈利克认为，没有一个国家可以不需要立法。[234] 班顿对这一款的概述是：

> 其对缔约国终止种族歧视的要求是无条件的；它不仅限于国家部门

228　*Hagan v Australia*，para. 3. 3.

229　*Ibid.*，para. 4. 6.

230　*Ibid.*，para. 8.

231　在 L. R. 诉斯洛伐克案（*L. R. v Slovakia*，para. 3. 2）中，申诉人诉称第 2 条第 1 款（寅）项等规定被违反，但这并未成为委员会意见的主题——委员会只基于第 2 条第 1 款（子）项、第 5 条、第 6 条作出了认定。

232　E. Schwelb, 'The International Convention on the Elimination of All Forms of Racial Discrimination', *International and Comparative Law Quarterly* 15/4（1966），1017.

233　M. Banton, *Discrimination*（Open University Press，1994），p. 6.

234　D. Mahalic and G. M. Mahalic, 'The Limitation Provisions of the International Convention on the Elimination of All Forms of Racial Discrimination', 85.（原书该注尚有其他内容，但指向不明，经与作者核实删除。——译者注）

或政府行动或制定法律，而且使国家有责任在整个社会终止种族歧视。[235]

在通过和实施种族歧视法律方面取得的进展，必然是消除种族歧视委员会乐于接受的。加强现有立法也会得到好评，巩固对反歧视标准的制度性支持也是如此。委员会明确赞赏制定反对种族歧视的具体法律，而以禁止诽谤性言论的法律进行补充并不违反《公约》：这些法律涵盖种族主义言论，尽管其并不具体针对种族主义。[236] 对于没有立法的情况，委员会的记录中有大量敦促制定反对种族歧视的"全面法律"或进行"全面立法"的建议，[237] 包括一种对于种族歧视的"全面"或明确的定义。[238] 对综合办法的偏好扩大到实施《公约》特定条款（如第 4 条）的立法。[239] 委员会设想的立法的形式载于结论性意见：

> 委员会敦促该缔约国加速通过一项全面的反歧视法，除其他外，规定直接和间接歧视、事实上和法律上的歧视的定义，结构性歧视、自然人及包括公共当局和私人的法人的责任、对种族歧视受害者的救济，以及为保证以整体性方式实施该法各项规定所必需的体制性机制。[240]

除具体形式的立法外，消除种族歧视委员会经常敦促在刑法典中列入种族动机，作为量刑的一般加重因素，[241] 第 31 号一般性建议概括了这一立场，鼓励缔约国"在其刑事立法中纳入一项规定，作用是规定出于种族原因的犯罪一般构成的加重情节"。[242] 委员会批评并建议修正这样的法律，即种族动机

---

[235]　Banton, *International Action*, p. 199.

[236]　*Sadic v Denmark*, para. 6. 3.

[237]　委员会对日本的结论性意见建议制定反对种族歧视的"一项具体和全面的法律"以及进行"具体和全面的立法"：CERD/C/JPN/CO/7-9, para. 8。虽然术语上的分歧可能表现了一种没有差别的区分，但"法律"这一表述暗示了一种民法编纂的方法，而"立法"则提供了一种更开放的方法，将法律设计的细节留给缔约国。

[238]　委员会的结论性意见：斐济，CERD/C/FJI/CO/18-20, para.9；日本，CERD/C/JPN/CO/7-9, para.7；俄罗斯联邦，CERD/C/RUS/CO/19, para.7。

[239]　委员会的结论性意见：克罗地亚，CERD/C/HRV/CO/8, para.12；塔吉克斯坦，CERD/C/TJK/CO/6-8, para.10。关于种族主义仇恨言论的第 35 号一般性建议第 9 段提到了"禁止种族歧视的全面立法——包括民法、行政法和刑法"的必要性。

[240]　委员会的结论性意见：乌克兰，CERD/C/UKR/C/19-21, para.5。

[241]　例证包括委员会的结论性意见：毛里求斯，CERD/C/MUS/CO/15-19, para.11；委内瑞拉，CERD/C/VEN/CO/19-21, para.14。

[242]　第 4（a）段。

的因素受制于一项但书——该动机必须是犯罪背后的唯一动机。[243]

消除种族歧视委员会特别重视刑法在反歧视立法中所发挥的重要作用，这一倾向不仅限于仇恨言论领域。[244] 然而，防止种族歧视的立法应超越刑法，而包括民法和行政法。对于证明民事案件中的歧视，一旦原告提出有初步证据的歧视案件，委员会通常会建议"反转"[245]、"分担"[246] 或"转移"[247] 举证责任给应诉方。这项要求偶尔会有详细说明，[248] 再加上解释为什么有必要改变举证责任。[249] 对于塞浦路斯，在民事案件中"分担"举证责任的原则只限于某些特定领域的情况引出的委员会的建议是，该原则应适用于"所有涉及种族歧视的民事案件"。[250]

在立法有缺陷或不完整的情况下，消除种族歧视委员会可能敦促各国修正相关的法律法规，并确立更广泛的责任范围。[251] 为了清晰、可预测和可及，优先考虑一种综合法律框架，与优先考虑一种对于法律的整合框架而不是分散处理方式，齐头并进，[252] 而且更不要说如前所述的将《公约》直接纳入国内法的优先考虑。在这方面，可以忆及委员会就不纳入《公约》对英国和丹

243　委员会的结论性意见：意大利，CERD/C/ITA/CO/16-18，para. 16。"委员会关切的是，关于加重情节的规定用于种族主义动机似乎是唯一动机的情况，而不用于存在混合动机的情况"，这一关切导致委员会建议意大利确定"具有种族主义动机的犯罪构成的加重情节，包括存在混合动机的情况"。

244　见本书第十一章。委员会有关这一点的结论性意见载于 A/68/18（2012 and 2013），包括以下国家：阿尔及利亚，CERD/C/DZA/CO/15-19，para. 12；多米尼加共和国，CERD/C/DOM/CO/13-14，para. 11；韩国，CERD/C/KOR/CO/15-16，para. 8；列支敦士登，CERD/C/LIE/CO/4-6，para. 9（主要有关第 4 条）；塔吉克斯坦，CERD/C/TJK/CO/6-8，para. 10；泰国，CERD/C/THA/CO/1-3，para. 9。

245　委员会的结论性意见：摩洛哥，CERD/C/MAR/CO/17-18，para. 18。

246　委员会的结论性意见：摩尔多瓦，CERD/C/MDA/CO/8-9，para. 9。

247　委员会的结论性意见：冰岛，CERD/C/ISL/CO/19-20，para. 15。

248　委员会在对澳大利亚的结论性意见中，请该缔约国处理举证责任问题，"以便一旦据称的受害者初步确定他或她是这种歧视的受害者，就应由被告提供证据，证明差别对待具有合理、客观的理由"：CERD/C/AUS/CO/14，para. 15。

249　所认为的困难可能只是证实种族歧视的主张，见委员会的结论性意见：亚美尼亚，CERD/C/ARM/CO/5-6，para. 9。

250　委员会的结论性意见：塞浦路斯，CERD/C/CYP/CO/17-22，para. 9。

251　委员会的结论性意见：土库曼斯坦，CERD/C/TKM/CO/6-7，para. 23。

252　委员会的结论性意见：奥地利，CERD/C/AUT/CO/17，para. 12。

麦所作的评论；这些批评性意见的重点，是从缺乏对于立法的一种"全面"办法或缺乏明确的纳入而来的感知或断言的效果。然而，可以认为，在这些点上步步紧逼，非要说出对于某种确定的法律架构的偏好，就会不公正地对待国内法律的各种风格，特别是普通法系的较松散结构。

　　针对所建议的立法模式来衡量，现有法律框架中的缺陷引起了极大注意，特别是在重要领域（消除种族歧视委员会所认为的）被忽视之时；[253] 随之而来的可能是审查和修正法律的建议。鉴于第2条第1款（卯）项中"终止"（种族歧视）的内容，实施（以及实施中的差距[254]）而不仅仅是法律制度的设计，很容易引起批评。[255] 委员会特别关注法院——首屈一指的"支持机构"——在实施反歧视标准方面的作用。委员会表达关切的事项包括法官的独立性和公正性[256]、在国内法院援引《公约》的可能性[257]、在法院用少数群体的母语发言的可能性[258]、少数族裔和其他群体在司法机关和警察部门中的代表性[259]——包括支持有关比例代表制的地方立法[260]。

　　第2条第1款（卯）项中"以一切适当方法"处理种族歧视的义务提出了超越具体反歧视立法及其实施的战略。可以以宽泛和不具体的方式提出建议，例如国家行动计划，或侧重于教育和提高认识的运动。鉴于德班世界会议除其他外，作为歧视领域中原则和行动的汇集地的重要性，消除种族歧视委员会达成了一种（或多或少）标准的表述公式，建议缔约国落实2001年《德班宣言和行动纲领》，在国内法律制度中履行《公约》时考虑2009年德班审查会议的成果，并要求缔约国提供关于行动计划和实施其规定的其他措施的资料。与德班会议有关的建议不那么雄心勃勃地也提到了考虑或落实德

191

253　委员会在对拉脱维亚的结论性意见中指出，受审查的条款没有按照《公约》的要求，"完全涵盖公民、政治、社会、文化和其他公共生活领域"：CERD/C/63/CO/7, para. 8。

254　委员会的结论性意见：奥地利，CERD/C/AUT/CO/17, para. 11。

255　委员会的结论性意见：希腊，CERD/C/GRC/CO/16-19, para. 10。

256　例证包括委员会的结论性意见：柬埔寨，CERD/C/KHM/CO/8-13, para. 13；乌兹别克斯坦，CERD/C/UZB/CO/5, para. 12。

257　委员会的结论性意见：丹麦，CERD/C/DNK/CO/18-19, para. 8。

258　委员会的结论性意见：罗马尼亚，CERD/C/ROU/CO/16-19, para. 19。

259　委员会的结论性意见：克罗地亚，CERD/C/HRV/CO/8, para. 16；立陶宛，CERD/C/LTU/CO/4-5, para. 14。

260　委员会的结论性意见：摩尔多瓦，CERD/C/MDA/CO/8-9, para. 16。

班文书的"有关部分"。[261] 作为对以色列拒绝"承认和遵守"《德班宣言和行动纲领》的回应，委员会敦促该国重新审查这一立场，"其中考虑该文件对人类很大一部分的明显重要性"；[262] 委员会提醒美国，德班进程"对于实现《公约》目标"具有重要性。[263] 委员会对捷克共和国拒绝根据德班框架制定反对种族主义的国家行动计划表示遗憾，并敦促其制定一项计划。[264] 罗马教廷对于实施德班框架的建议，表达了强烈的保留意见。[265]

第2条第1款（卯）项与其他条款结合，在来文程序中起着强有力的作用。在哈巴西诉丹麦案（提交人并非丹麦国籍而拒绝提供银行贷款）中，由于丹麦没有适当调查是否适用了种族方面的具有歧视性的标准，消除种族歧视委员会认定第2条第1款（卯）项结合第6条被违反。[266] 同一缔约国在另一案件中考虑了第2条第1款（卯）项的要求是什么。该案中，一名门卫在拒绝伊朗裔的提交人进入迪斯科舞厅之后被起诉：不仅"缔约国通过了法律，将种族歧视行为定为犯罪——由此申诉人是受害者……，而且……当局在具体案件中执行了这些刑事规定"。[267]

根据类似的原则，在盖勒诉丹麦案中，被认定违反的是与第4条和第6条相结合的第2条第1款（卯）项。[268] 该案中，一名政治家批评了这样的计划，即在制定有关女性生殖器残割（FGM）的法律之前，除其他外，与某一"丹麦人—索马里人协会"协商；用申诉人的话说，该政治家将索马里人等同于恋童癖和强奸犯。[269] 该缔约国声称，根据第2条第1款（卯）项和第6条，它们对这些陈述的评价"完全符合以下要求，即必须以应尽审慎（due

---

261　例证包括委员会的结论性意见：埃塞俄比亚，CERD/C/ETH/CO/15，para. 29；巴基斯坦，CERD/C/PAK/CO/20，para. 27。

262　委员会的结论性意见：以色列，CERD/C/ISR/CO/14-16，para. 31。

263　委员会的结论性意见：美国，CERD/C/USA/CO/6，para. 39。

264　委员会的结论性意见：捷克共和国，CERD/C/CZE/CO/8-9，para. 23。

265　委员会的结论性意见：罗马教廷，CERD/C/VAT/16-23，para. 5，在本书终章中讨论。

266　*Habassi v Denmark*，para. 9.3. 委员会认定，提交人也被剥夺了有效救济。更详细的讨论见本书第七章。缔约国的评论见委员会意见的第7.4段。

267　*B. J. v Denmark*，para. 4.3. 委员会没有认定该案中有任何违反情况。

268　*Gelle v Denmark*，CERD/C/68/D/34/2004（2006）.

269　*Ibid.*，para. 2.2.（"female genital mutilation/FGM"通常被译为"割礼"。——译者注）

diligence）和迅捷开展调查，并且必须足以确定是否发生了……种族歧视行为"。[270] 消除种族歧视委员会在事实方面有不同认识，但坚持一项原则，即在纸面上宣布种族歧视行为应受惩罚并不够，这些规定还必须被有效地执行——这一原则除其他外，反映在特别摘引的第2条第1款（卯）项中。[271] 在穆拉特·厄尔诉丹麦案中，委员会区分了以下两方面：一方面是立法与其在丹麦法院对申诉人适用的解释——这种立法被认为符合《公约》，[272] 另一方面是对据称的种族主义行为缺乏有效调查——这违反了第2条第1款（卯）项。[273] 各缔约国对违反第2条第1款（卯）项的指控的争议通常是以钉对情况之事实的方式提出的；在其他情况下，则是提出实质性的解释性意见。在穆拉特·厄尔诉丹麦案中，缔约国辩称：

> 第2条第1款（卯）项是一项政策声明，其中所载的义务是一项一般性原则，［这项原则］没有规定具体义务……更不用说对有关种族歧视的可能的国家法规的措辞提出具体要求。相反，缔约国在这方面明显享有自由判断余地。[274]

在有些情况下，尽管某一缔约国声称，公共当局本身没有表现出"种族歧视"，但委员会还是会提醒该缔约国注意第2条第1款（卯）项的要求。[275]

（十）人、团体或组织……

第2条第1款（卯）项的关注对象包括非国家"私人"行为者。虽然国家责任的次级规则为了归责之目的以一般形式涉及个人的行为，[276] 但人权条

---

[270]　*Ibid.*, para. 4. 4.

[271]　*Ibid.*, para. 7. 3. 另见 *Jama v Denmark*, para. 7. 3, 以及本书第十六章的讨论。

[272]　*Murat Er v Denmark*, CERD/C/71/D/40/2007（2007）, para. 7. 2.

[273]　*Ibid.*, para. 7. 4.

[274]　*Ibid.*, para. 4. 6. 在其他情况下，委员会对如此表述的自由判断余地原则并无多少赞赏，任何缔约国"为了在现有利益之间取得平衡"而使用这一原则"受到其根据《公约》承担的义务的限制"。见委员会的结论性意见：澳大利亚，CERD/C/AUS/CO/14, para. 16。不过，就"自由判断余地"溢入语境中的解释的情况，特别见本书对第4条的评注。

[275]　委员会的结论性意见：多米尼加共和国，CERD/C/DOM/CO/12, para. 8。

[276]　就私人当事方以政府身份行事，私人当事方受一国指挥或控制或者其行为得到一国承认或被当作其本身的行为这种情况，见《国家对国际不法行为的责任条款草案》（*Draft Articles on the Responsibility of States for Internationally Wrongful Acts*）, A/56/10（2001）, 第5、8、11条。

约中的规定和实践则更加明确。对《美洲人权公约》,美洲人权法院阐明了一项基本原则,即不可直接归咎于国家的侵犯人权的非法行为仍然可能导致国际责任,"不是因为该行为本身,而是由于缺乏防止或应对该侵犯情况的应尽审慎"。[277] 从本节和第六章所引用的案例中可以明显看出,消除种族歧视委员会理所当然地处理了与私人机构有关的情况,并随着时间的推移对其所关注的目标更加明确。[278]

消除种族歧视委员会第 19 号一般性建议提醒我们,分隔可能作为"私人行为的意外副产品"出现;[279] 根据第 20 号一般性建议,如果"私人机构影响权利的行使或机会的获得,则缔约国必须确保,后果不得具有造成或助长种族歧视的意图或效果"。[280] 同样,第 25 号一般性建议回顾了妇女和男子"在公共和私人生活领域中"的不同生活经历,[281] 提及"对非正式部门的女工或家庭女佣的性侵犯"和"在私人生活领域对妇女的歧视"。[282] 关于罗姆人的第 27 号一般性建议提到了在住房方面"主要由地方当局和私人业主"采取的歧视性做法,[283] 而对世系/种姓群体,第 29 号一般性建议除其他外,提到了促进受影响社群的成员"在公共和私营部门"就业的特别措施,"禁止公共机构、私营公司和其他团体调查申请就业者的世系背景的措施","地方当局或私营业主"在住房等方面的"歧视性做法","公共或私人教育系统",以及"公共或私人机构实行的歧视和对来自基于世系的社群的学生的骚扰"。[284]

在第 14 条规定的来文程序中,对违反《公约》的第一次认定——伊尔

---

[277] *Velásquez-Rodríguez v Honduras*,IACtHR,Ser. C No. 4(10988),para. 172. 一般性讨论,见 Shelton and Gould,'Positive and Negative Obligations',577–582。

[278] 迪亚科努指出,委员会以前的做法——使用劳动力市场和就业等"宽泛术语"——已被强化,以指向公司和企业、餐馆、俱乐部和机构等:Diaconu,*Racial Discrimination*,pp. 35–36。

[279] A/50/18,Annex Ⅶ,para. 3.

[280] A/51/18,Annex Ⅷ. A,para. 5.

[281] 第 25 号一般性建议第 1 段。

[282] 第 25 号一般性建议第 2 段。

[283] 第 27 号一般性建议第 31 段。

[284] 第 29 号一般性建议第(jj)、(kk)、(mm)、(tt)段。另见关于非公民的第 30 号一般性建议第 32~33 段。

马兹-多甘诉荷兰案，涉及一名私营雇主的行为的法律后果。[285] 类似的私营部门的案件的情况构成了整个第 14 条工作记录的特点：来源于银行[286]、贷款和保险公司[287]的行为，私人阻止希望定居在附近的个人，[288] 在进入餐馆、俱乐部和迪斯科舞厅方面受到歧视，等等。[289] 在报告程序中，消除种族歧视委员会要求缔约国提供关于对私营部门有效的种族歧视立法的资料，并对缺乏这类立法提出批评。[290] 关于美国对调整私人行为的保留，委员会在 2001 年建议该国制定可适用于"最大可能范围的歧视性私人行为"的法律，[291] 在 2008 年以类似方式建议该国"扩大法律针对个人、团体或组织实施的歧视性行为提供的保护"。[292] 对于在住房和相关市场领域的歧视立法中豁免"私人交易"，委员会一直持批评态度。[293]

除冲突和占领领土局势所导致的义务外，消除种族歧视委员会还探讨了以一国为住所地的公司行为者的域外活动问题，这一问题引发了明显的国际兴趣，以及对于经济、社会和文化权利的特别强调（尽管并不只是强调这些权利）。[294] 联合国秘书长特别代表部分地根据对条约机构工作的分析，构建了一套"保护、尊重和补救"的框架，其重点是国家规范在国家领土范围以外运行的公司行为者的义务，而不是通过直接限制公司的规范。[295] 人权理事会　194

---

[285] *Yilmaz-Dogan v The Netherlands*，CERD/C/36/D/1/1984（1988）。

[286] *Habassi v Denmark*.

[287] *Sefic v Denmark*，CERD/C/66/D/32/2003（2005）.

[288] *L. K. v The Netherlands*，CERD/C/42/D/1991（1993）.

[289] *Lacko v Slovakia*，CERD/C/59/D/11/1998（2001）；*B. J. v Denmark*；*Durmic v Serbia and Montenegro*.

[290] 委员会的结论性意见：中国，CERD/C/304/Add.122，para.17；斐济，CERD/C/FJI/CO/117，para.15。

[291] 委员会的结论性意见：美国，CERD/C/304/Add.125，para.13。

[292] 委员会的结论性意见：美国，CERD/C/USA/CO/6，para.11。

[293] 委员会的结论性意见：芬兰，CERD/C/FIN/CO/20-22，para.9。

[294] 消除对妇女歧视委员会指出，缔约国确立对妇女权利的法律保护的义务也延及在域外经营的本国公司的行为：关于《消除对妇女歧视公约》缔约国根据第 2 条承担的核心义务的第 28 号一般性建议。

[295] *UN Draft Norms on the Responsibilities of Transnational Corporations and Other Business Enterprises with regard to Human Rights*，E/CN.4/Sub2/2003/12，26 August 2003.

于2011年核可了作为《工商业和人权的指导原则》的后一框架。[296]

对《工商业和人权的指导原则》第2条的评注指出，[297] 目前，"一般不要求国家规范住所地在其领土和/或管辖范围内的工商业的域外活动。但一般也不禁止它们这样做"，并补充说，"在这些参数范围内，一些人权条约机构建议母国采取步骤，防止其管辖范围内的工商企业在国外的侵害行为"。[298] 这些意见就条约机构的做法，特别是就它们提炼的国际法立场是不是许可性的（与义务性的相对），并没有提出硬性的法律结论。作为主权的一种功能，各国可以根据若干理由"获准"确立域外管辖权，而人权条约之下的域外义务一般源于事实上控制的情况。[299] 奥根斯泰因和金利将领土占领情况下所表现的"控制"关系贯彻到对公司海外活动的管制上，辩称：

> 国家对公司行为体的（不）管制或控制，在国家与域外人权义务的单个构成因素之间建立了事实上的权力关系。一国根据国际公法行使域外管辖权的法律上的权力，不仅厘定了国家管理和控制作为域外侵犯人权行为实施者的工商业实体的合法权限，而且构成了国家对个人拥有权力的一种事实上的关系，这种关系使得个人处于国家人权管辖之下，并引发相应的域外义务。[300]

在联合国条约机构中，消除对妇女歧视委员会在第28号一般性建议中声称，缔约国有义务在与男子平等的基础上确立对妇女权利的法律保护，"并采取一切适当措施消除任何个人、组织或企业对妇女的歧视，该义务也

---

[296] A/HRC/17/31, 21 March 2011. 有用的摘要和评论载于 *Frequently Asked Questions about the Guiding Principles on Business and Human Rights* (United Nations, 2014)。

[297] *Guiding Principles on Business and Human Rights: Implementing the United Nations 'Protect, Respect and Remedy' Framework* (United Nations, 2011)："各国应明确规定的期望是，所有在其领土和/或管辖范围内有居所的工商企业在其经营活动中都尊重人权。"

[298] *Ibid.*, pp. 3-4.

[299] 见本章上文中的参考文献。

[300] D. Augenstein and D. Kinley, 'When Human Rights "Responsibilities" become "Duties": The Extra-Territorial Obligations of States that Bind Corporations', *University of Sydney Law School*, *Legal Studies Research Paper* (September 2012), <http://ssrn.com/abstract=21499211>；特别是该文章的脚注4——详细列出了这一领域的进一步参考资料。See also R. McCorquodale and P. Simons, 'Responsibility beyond Borders: Stateresponsibility for Extraterritorial violations by Corporations of International Human Rights Law', *Modern Law Review* 70 (4) (2007), 598-625.

扩展到在域外经营的本国公司的行为"。[301] 经济、社会和文化权利委员会的一般性意见，对于私人行为者（包括公司）"在国外"的影响健康权、水权和社会保障权的活动，阐明了具有一定一致性的域外原则。[302] 根据德舒特的说法，经济、社会和文化权利委员会的立场"得到了一种新出现的学说的支持，即《经济社会文化权利国际公约》规定的域外义务至少要求缔约国避免采取可能对在国外享受这些权利产生不利影响的措施，它们应控制私人行为者的活动，特别是它们承认具有其'国籍'的跨国公司的活动，以确保这些公司在外国管辖范围内不直接或间接侵犯这些权利"。[303] 另一方面，德舒特警告说，在国际法的当下状态中，各国控制在其国家领土外运营的私人行为者的明确义务尚未成形，而且，"即使对如下私人行为者也是如此：它们具有有关国家的国籍，因此国家可以决定性地影响其行为，也可以施予其符合国际法的某些义务"。[304]

　　如前所述，消除种族歧视委员会处理域外义务的方式是通过一种建议模式产生的，其中的主要重点是土著民族的权利。委员会在 2007 年对加拿大的结论性意见中开了个头，关切有报告称"在加拿大注册的跨国公司在加拿大以外的国家开采自然资源的经济活动，对土地权、健康、生活环境和土著民族的生活方式具有负面影响"，并建议采取"适当的立法或行政措施"防止此类活动，特别是"探讨追究在加拿大注册的跨国组织的责任的方式"。[305] 委员会对于美国和英国的报告，也作出了类似的、提到在缔约国"注册"的公司的建议。[306] 就澳大利亚的情况，委员会在结论性意见中提出的问题有关

301　CEDAW/C/2010/47/GC. 2（2010），para. 36.

302　经济、社会和文化权利委员会第 14 号一般性意见：享有可能达到之最高标准之健康的权利（2000 年），第 39 段。第 15 号一般性意见：水权（2003 年），第 31 段。第 19 号一般性意见：社会保障权（2008 年），第 54 段。

303　De Schutter, *International Human Rights Law*, p. 163，及其引用的资料。

304　*Ibid.*, pp. 162-163.

305　CERD/C/CAN/CO/18, para. 17. 委员会在 2012 年再次讨论这一问题，重申其关切和建议，尽管加拿大援引了其"公司责任战略"的优点：CERD/C/CAN/CO/19-20, para. 14。

306　委员会的结论性意见：美国，CERD/C/USA/CO/6, para. 30（美国对这一建议的反应见 CERD/C/USA/7-9, para. 177），CERD/C/USA/CO/7-9, para. 10；英国，CERD/C/GBR/CO/18-20, para. 29。

国家法律框架。[307] 对挪威的情况，委员会在结论性意见中表达的关切有关"住所地在挪威境内和/或受挪威管辖的跨国公司的活动对挪威境外领土上的土著民族和其他族裔群体的影响，包括对他们的生活方式和环境的影响"。随之而来的建议比对加拿大的建议更为详尽：委员会请挪威"依据社会责任原则和公司的伦理准则，探讨如何追究住所地在挪威境内和/或受挪威管辖的跨国公司对于给土著民族和其他族裔群体的权利带来的任何不利影响的责任"。[308]

196

（十一）第 2 条第 1 款（辰）项：鼓励种族混合主义之多种族组织与运动以及其他消除种族壁垒之方法，并劝阻有加深种族分野趋向之任何事物

提案国在联大第三委员会是将该项作为一项"积极"声明提出的，而其"种族壁垒"方面则与序言对这一点的谴责以及第 3 条针对隔离的重点有关。消除种族歧视委员会的《具体报告准则》将"种族混合主义之多种族组织"解释为"打击种族歧视、促进相互理解的非政府组织和机构"，[309] 这些措辞与一般而言的履行第 2 条规定的义务所需的反歧视基础设施以及第 7 条和序言的劝告性用语相关联。这一问题在哈甘诉澳大利亚案中，[310] 罕见地出现在第 14 条规定的个人来文程序中：该案中，缔约国提到了学术评论，大意是第 2 条第 1 款（辰）项的措辞宽泛而含糊，没有界定什么是"种族混合主义"运动，什么是"加深"种族分裂。[311]

实践并没有充分阐明缔约国的隐含问题。基于对"缺乏促进种族混合主义之多种族价值观的社会运动"的关切，消除种族歧视委员会在结论性意见中要求巴巴多斯为这些组织"创造有利环境"；[312] 而给冰岛的建议则是，确

307　委员会感到遗憾的是，没有一个法律框架来规范"澳大利亚公司"在国内和海外的义务，委员会除像对加拿大一样，建议采取适当的立法或行政措施外，还鼓励澳大利亚履行在其支持的、促进"负责任企业公民资格"的各种国际倡议下所作的承诺：CERD/C/AUS/CO/15-17，para. 13。

308　CERD/C/NOR/CO/19-20，para. 17；CERD/C/NOR/CO/21-22，paras 23 and 24。

309　CERD/C/2007/1，p. 5。

310　*Hagan v Australia*，para. 4. 6。

311　唯一援引的学术文献是 Lerner，*The U. N. Convention*，p. 38。

312　CERD/C/BRB/CO/16，para. 12。

保打击种族歧视的非政府组织有充分的资助*和独立性。[313] 看来打击种族歧视的组织在事实上被视为第2条第1款（辰）项所述组织的例子，这一理解扩展到人权非政府组织和国家人权机构，尤其是那些试图将《公约》原则转化为行动并向更广泛公众传播这些原则的组织和机构。因此，禁止人权事务中心可能会招致批评，[314] 使登记非政府组织过于烦琐、削弱它们的批评能力并缩减民间社会的空间也是如此——这种批评扩展到对人权维护者的攻击；支持容忍的非政府组织和第7条所述的其他组织显然被认为值得支持。[315] 该款还被用来批评基于族裔界线而组建的政党的普遍存在，其前提是这有可能加剧族裔紧张；[316] 虽然这些意见是针对特定背景作出的，但这些政党显然不是该项所设想的"种族混合主义之多种族组织"。第4条（丑）项所设想的种族主义组织代表着种族混合主义频谱的相反一端。如果赋予"种族混合主义"狭义含义，则应予鼓励的组织的范围将相应地缩小；但是，如果将该术语理解为"支持《公约》的原则"，则该领域将更广。"促进容忍文化和族裔多样性"[317] 的非政府组织和社群组织显然属于该项的范围，应予鼓励。公共机构包括在第2条第1款（辰）项的适用范围内。[318] 在《公约》范围内倡导尊重种姓、移民、土著和少数人权利的组织同样有权被认为是"种族混合主义"的。

197

---

 *　原书中，此处用词为"finding"。但在委员会结论性意见的原文中，此处用词实为"funding"（资助）。经与作者核实更正。

313　CERD/C/ISL/CO/18, para. 10.

314　委员会的结论性意见：巴林，CERD/C/BHR/CO/7, para. 13。

315　委员会对俄罗斯联邦的结论性意见建议该国审查立法，"以确保与少数民族、土著民族、非公民和受到歧视的其他弱势群体合作的非政府组织，能够有效地开展工作，来促进和保护《公约》规定的权利，而不受任何不当干涉或承担繁重义务"：CERD/C/RUS/CO/20-22, para. 13。参见联大1998年12月9日第53/144号决议通过的《关于个人、群体和社会机构在促进和保护普遍公认的人权和基本自由方面的权利和义务宣言》（*Declaration on the Right and Responsibility of Individuals, Groups and Organs of Society to Promote and Protect Universally Recognized Human Rights and Fundamental Freedoms*）。

316　委员会的结论性意见：埃塞俄比亚，CERD/C/ETH/CO/7-16, para. 13。

317　委员会的结论性意见：塞尔维亚，CERD/C/SRB/CO/1, para. 13。

318　委员会的结论性意见：摩尔多瓦，CERD/C/MDA/CO/15, para. 11。

四 评论

　　第 2 条是《公约》的发动机，使用"强力性"语言将权利转化为实际行动的纲领。[319] 虽然该条是有逻辑地组织的，从针对国家及其机构——公共当局和公共机构、立法和政策——的义务，延伸到规范个人和团体的行动，但它并不是起草工作的典范；准备工作揭示了有关规定的扩散和各款重叠的混乱程度。起草工作受到了立即行动和迅速反应的隐喻的强烈影响，这表明了当时占主导地位的观点，即只有迅速摧毁殖民制度，将种族隔离发落给历史，才能迅速消除种族歧视。"这里没有歧视"的主张，与那些有关在臭名昭著的习惯圈子之外、由国家支持的歧视的概念"不可想象的"的主张相结合，巩固了总体做法。

　　与其他地方一样，准备工作也揭示了一些次要但关键的竞争性观点，即没有教育的帮助，法律和禁令将无法成功地打击种族歧视，以及鉴于各国的法律、政治和社会安排的多样性——这与它们的文化、历史和人口组成的复杂性相关联，统一的做法和严格而坚定的规制对《公约》并不合适。然而，《公约》的总体方法是将法律因素与教育因素结合起来：两者对于实现《公约》目标都是不可或缺的，都是第 2 条第 1 款（卯）项关于"以一切适当方法"禁止并终止种族歧视的要求的组成部分。第 4 条进一步完善了包括刑法在内的立法细节；第 5 条和第 7 条分别规定了对作为一项权利的教育的保护和包括《公约》原则在内的人权教育，而关于打击种族主义仇恨言论的第 35 号一般性建议回顾说，立法和教育是相辅相成的，对歧视的法律禁止具有教育功能。

　　第 2 条的各款叠加，构成了对各缔约国的一份要求很高的目录，最终的顶点是第 2 条第 1 款（卯）项的宽泛规定。通过采用间接歧视甚至结构性歧视等概念，种族歧视概念的扩展进一步扩充了义务目录，正如歧视性"行

319　英国代表在联大第三委员会中的发言。

为"的延展概念所起到的作用一样。[320] 消除种族歧视委员会为《德班宣言和行动纲领》的政府间工作组编写的一份文件概述了该条的重要性：

> 第 2 条是一项全面规定，关涉缔约国实行消除歧视政策义务的所有　198
> 方面。除其他外，它包括有义务确保公共当局和机关不涉足种族歧视，
> 禁止任何人、团体或组织的种族歧视，并在必要时采取积极措施来保障
> 所有种族群体充分平等地享有人权和基本自由。[321]

该文件接着回顾了国家人权机构对第 2 条的重要性，[322] 这是消除种族歧视委员会对于在履行各项承诺方面取得最佳效果提出"标准"建议的做法不断增加的一个例证，一种在有关第 6 条的建议中基本重复的"体制性上层建筑"，即委员会在适用规范过程中的总体性发展。* 人权机构的建构归根结底是国家的事。然而，委员会发展了关于支持法律和政策之实施的适当机构的立场，这些机构除了发挥不可或缺作用的法院，还有反种族主义机构、监察专员、平等机构、"维权者"、土著民族的特别保护机构等。这些机构运作的一些方面是委员会经常关注的问题，这些方面包括其可见度、职能范围、客观性和不受政治干涉的独立性、其任务范围和为有效发挥职能所需的资源。关于国内人权机构建构的许多关注，都被对《巴黎原则》[323]——有关促进和保护人权的国家机构的地位——的提及所吸收。建立国家人权机构的建议[324]或扩展现有机构的任务以符合《巴黎原则》都是标准建议，并包括以下方面

---

[320]　*L. R. v Slovakia*，paras 10. 2，10. 6，10. 7.

[321]　*Views of the Committee on the Elimination of Racial Discrimination on theImplementation of the Convention on the Elimination of All Forms of Racial Discriminationand its Effectiveness*，submitted under the rubric of 'complementary standards'，E/CN. 4/2004/WG. 21/10/Add. 1，17 September 2004，p. 13.

[322]　*Ibid.*，p. 14.

*　原书此处令人费解，经与作者联系，加上了"即委员会在适用规范过程中的总体性发展"的说法。

[323]　全称为《关于促进和保护人权的国家机构的地位的原则》（*Principles Relating to the Status of National Institutions*），联大 1993 年 12 月 20 日第 48/134 号决议附件。国家人权机构（NHRI）是"国家机构，具有保护和促进人权的宪法和/或法律授权。它们是国家机构的一部分，由国家提供资金……它们与政府保持一定距离"：*National Human Rights Institutions：History，Principles，Rolesand Responsibilities*（United Nations，2010），p. 13。联合国人权高专办网页载有关于国家人权机构在联合国系统中的地位的最新资料和文件：<http：//www. ohchr. org/en/countries/nhrimain. aspx>。

[324]　最近的例子包括委员会的结论性意见：爱沙尼亚，CERD/C/EST/CO/8-9（2010）；意大利，CERD/C/ITA/CO/16-18（2012）；马耳他，CERD/C/MLT/CO/15-20（2011）。

的建议：独立和自主[325]、经费筹措和人员配置[326]、民间社会在建立进程中的参与[327]以及采取步骤来获得"增进和保护人权国家机构国际协调委员会"的认证[328]。消除种族歧视委员会还会探求缔约国对于这一国际协调委员会将某一国家人权机构降级的反应。[329]

上文引用的消除种族歧视委员会的概述表明，第 2 条反映了对于消除种族歧视的一种综合的、包括消极和积极因素的进路。虽然实际做法可能近似于尊重、保护和实现的义务三类型论，但消除种族歧视委员会尚未按经济、社会和文化权利委员会以及其他机构的方式，系统地编排这一用法，[330]而是倾向于通过跟踪《公约》对缔约国提出的详细要求来解决第 2 条的影响。考虑到第 2 条已经对细节作了大量阐述，消除种族歧视委员会的工作通过采用一种义务类型论是否会获得精确性是一个悬而未决的问题；同样，经济、社会和文化权利委员会通过的关于享受权利的"4A"方案（可用性、可及性、可接受性、可调适性）[331] 尚未被消除种族歧视委员会所采用。在根据第 14 条对个人来文提出的意见中，委员会采用了一种工作性的"类型论"，提及"《公约》中防止、保护和补救歧视性行为的实质性义务"。[332]

关于将《公约》纳入国内法律制度的问题，消除种族歧视委员会的实践并没有过分关注理论上的细微差别。[333] 相反，它力求确保《公约》的规定尽

---

[325]　委员会的结论性意见：波斯尼亚和黑塞哥维那，CERD/C/BIH/CO/7-8（2010）。

[326]　委员会的结论性意见：越南，CERD/C/VNM/CO/10-14（2012）。

[327]　委员会的结论性意见：意大利，CERD/C/ITA/CO/16-18，para. 13。

[328]　委员会的结论性意见：爱沙尼亚，CERD/C/EST/CO/8-9，para. 10.（该机构的英文名称为"International Coordinating Committee of National Institutions for the Promotion and Protection of Human Rights"。——译者注）

[329]　委员会的结论性意见：喀麦隆，CERD/C/CMR/CO/15-18，para. 13。

[330]　即使是委员会关于非洲人后裔的第 34 号一般性建议中有关经济、社会和文化权利的冗长的第十一节，也没有复制这种义务三类型论。

[331]　除其他外，见经济、社会和文化权利委员会第 13 号一般性意见：受教育权（第 13 条），HRI/GEN/1/Rev. 9（Vol. Ⅰ），pp. 63-77。本书第十五章进一步讨论了 4A 方案。（可用性、可及性、可接受性、可调适性的英语对应用词为 availability、accessibility、acceptability、adaptability，其首字母均为 A，故合称"4A"。——译者注）

[332]　*A. M. M v Switzerland*，CERD/C/84/D/50/2012（2014），para. 8. 2；also *L. R v Slovakia*，para. 10. 2.

[333]　委员会对坦桑尼亚的结论性意见提到了该国的"二元论"法律制度：CERD/C/TZA/CO/16，para. 11。"一元论"用于 2012 年委员会对约旦的结论性意见：CERD/C/JOR/CO/13-17，para. 8。

可能充分地反映在国内法律和实践中，无论采用何种纳入模式或技术。委员会询问各国《公约》进入其法院实践的情况——是否可以在司法或类似程序中援引《公约》以及援引的效力如何。在国内法院没有或有限地援引《公约》被视为一个令人关切的问题，[334] 这种关切并没有因种族歧视在有关缔约国不是一个重大问题的主张而得到缓和。声称《公约》在国内法中可直接适用的国家提供的资料，可能与没有援引《公约》的相关案件的情况格格不入：除其他外，委员会可能建议对法官和法律官员开展关于《公约》原则及其直接适用的培训，以纠正这种情况。[335] 委员会曾要求澄清关于《公约》的适用是在个案基础上"考虑有关条款的宗旨、含义和措辞"而裁判的资料，[336] 尽管审查特定条款是不是自执行事本身似乎并不显著，也不值得批评。[337] 关于纳入的程度，上文已经提及委员会对《公约》相比于其他人权文书在国内法中的地位所表示的关切，而鉴于《公约》与《联合国宪章》[338]、习惯国际法甚至强制性规范[339]之间的联系，这些关切似乎是有充分理由的。

200

消除种族歧视委员会认为，不管采取何种形式——无论是通过民法典还是通过普通法采用的更为分散的方法，纳入都不能只是纸上谈兵，而是要通过实际行动纲领加以确认——立法之美并不是对《公约》要求的充分回

---

[334] 委员会的结论性意见：越南，CERD/C/VNM/CO/10-14，para. 8。

[335] 委员会的结论性意见：立陶宛，CERD/C/LTU/CO/3，para. 10；纳米比亚，CERD/C/NAM/CO/12，para. 10。

[336] 委员会的结论性意见：日本，CERD/C/304/Add. 114，para. 9。日本代表团对这一立场的解释载于 CERD/C/SR. 1144，para. 5。对这一问题的一般性讨论，见 Y. Iwasawa（岩泽雄司），*International Law, Human Rights, and Japanese Law*（Clarendon Press，1998）。

[337] 这些原则的有益摘要，见 A. Byrnes and C. Renshaw, 'Within the State', in Moeckli *et al.*, *International Human Rights Law*, pp. 460-465。他们指出，条约起草者的意图和条约规定的性质可能是决定条约或其条款可否直接适用的因素（p. 462）。

[338] "完全基于种族、肤色、世系、民族或族裔本源的理由，确立……和实施构成剥夺基本人权的区别、排除、限定和限制，是对《联合国宪章》宗旨和原则的公然违反"：*Legal Consequences for States of the Continued Presence of South Africa in Namibia*，ICJ Advisory Opinion of 21 June，para. 131。

[339] 委员会自己对这一联系的估量载于 2002 年一项关于种族歧视和打击恐怖主义的措施的声明中，其中只是回顾，"禁止种族歧视是国际法的一项强制性规范，不允许减损"：A/57/18，Chapter XI. C，para. 4。批评性意见，见 P. Thornberry, *International Law and the Rights of Minorities*（Clarendon Press，1991），pp. 326-328。

应。[340] 通过有关《公约》原则的认识提高和培训，特别是对法律专业人员和公职人员促进关于《公约》所载权利和义务的制度性对话，以及将委员会的结论转达给民间社会，实用性和有效性的准则会进一步得到满足。就转达委员会结论这一方面，委员会采用了自己的将指导职能"本土化"（vernacularization）的版本，[341] 敦促各国不仅以正式语文或国家语文，而且以"其他常用语文"传播其报告和结论性意见。[342] 对于一项同时以集体权利和个人权利为中心的公约来说，这是一项重要的参考原则，该原则除其他外，有助于实现少数群体和类似群体参与影响他们的决定的权利。

关于《公约》的纵向和横向范围，消除种族歧视委员会坚决要求通过层层治理来实施《公约》，这项义务也适用于宗教法院和习惯法院。委员会在结论性意见中要求埃塞俄比亚"确保公共当局和官员，包括宗教法院和习惯法院一级的官员，按照第2条第1款行事"；[343] 委员会在结论性意见中要求莫桑比克提供资料，说明"为了确保传统当局的行动和习惯法，符合……《公约》"而采取的措施。[344] 对于《公约》中"私生活"和结社自由的解释以及这些概念应如何适用于自愿结社和族裔情况，将影响对习惯和其他机构的这种"下探"。《公约》的"触及范围"问题以及委员会对干预措施的进路，与宗教法和习惯法的内容和作用问题交叉，尽管这两个问题并不完全一致。[345]

201

---

[340] 消除对妇女歧视委员会在反思将国际标准纳入国内法的不同方法的同时认为，《消除对妇女歧视公约》"在那些自动或通过具体的纳入方式成为国内法律秩序之一部分的国家中，可能得到加强的保护"：消除对妇女歧视委员会第28号一般性建议第31段。

[341] S. E. Merry 'Transnational Human Rights and Local Activism: Mapping the Middle', *American Anthropologist* 108（2006），38−51；P. Levitt and S. E. Merry, 'Vernacularization on the Ground: Local Uses of Global Women's Rights in Peru, China, India and the United States', *Global Networks* 9（2009），441−461：<http://www.peggylevitt.org/assets/vernacularization.pdf>.

[342] 在本书对第7条的评注中进一步讨论了传播及有关问题。

[343] CERD/C/ETH/CO/15, para. 14.

[344] CERD/C/MOZ/CO/12, para. 13.

[345] 简要讨论见 P. Thornberry, 'The Committee on the Elimination of Racial Discrimination—Questions of Concept and Practice', in R. F. Jørgensen and K. Slavensky（eds），*Implementing Human Rights—Essays in Honour of Morten Kjaerum*（Danish Institutefor Human Rights, 2007），pp. 318−336. 对习惯法的一般分析，见 B. Tobin, *Indigenous Peoples, Customary Law and Human Rights: Why Living Law Matters*（Routledge, 2014）。有人提出了对委员会的工作和本书作者的观点的（在某种程度上的）批评意见：M. K. Addo, 'Practice of United Nations Treaty Bodies in the Reconciliation of Cultural Diversity with Universal Respect for Human Rights', *Human Rights Quarterly* 32（2010），601−664。

　　关于《公约》的适用，作为附属或占领情况之特征的"控制"或"有效控制"原则主要指对某一领土的控制，而不是通过一国代理人对人的控制而在域外适用。控制的这两个方面都可能符合《公约》框架：上述格鲁吉亚诉俄罗斯联邦案简单地、公开地提及缔约国的"行动"。消除种族歧视委员会的实践还没有以专门的一般性建议的形式巩固下来，在第 14 条规定的个人来文程序中，也没有涉及域外适用问题。当根据"尊重、保护和实现"人权的三分法确定域外管辖权时，国际实践并没有为国家义务的全面性这一进一步的问题提供现成的答案。[346] 在个人受国家代理人控制的"属人"管辖模式下，可以有把握地认为，义务可以"分割和剪裁"，这种限制不适用于通过附属地方管理当局或武装部队而控制领土的情况，因为在这样的情况下，根据有关公约，所有人权都是适用的。[347] 在任何情况下，在适用确定的、针对具体情况的人权范围方面，"分割和剪裁"将继续受制于《公约》禁止种族歧视的标准。可以指出，《公约》第 3 条和第 6 条——其中包括对领土和管辖权之提及——在涉及域外适用时，似乎并没有受到与第 2 条和整体上的《公约》受到对待的方式有任何不同的对待。

　　控制原则也被认为适用于殖民地领土，消除种族歧视委员会完全有能力以其自己有关《公约》适用的观点与缔约国的观点对垒。委员会在对英国的结论性意见中，表示遗憾地注意到该国的立场，即《公约》不适用于英属印度洋领土（BIOT），[348] 提醒该缔约国它"有义务确保《公约》适用于其控制

202

---

[346]　S. Joseph and A. Fletcher, 'Scope of Application', in Moeckli et al., *International Human Rights Law*, p. 136, 引用了不具约束力的《关于国家在经济、社会和文化权利领域的域外义务的马斯特里赫特原则》（*Maastricht Principles on the Extraterritorial Obligations of States in the Area of Economic, Social and Cultural Rights*），这些原则看起来采取了一种最大化的立场，原则 3 主张所有国家"都有义务尊重、保护和实现人权，包括公民、文化、经济、政治和社会权利，既在其领土内，也在域外"。

[347]　有关"剪裁"，见 European Court of Human Rights, *Al Skeini and Others v UK*, App. No. 55721/07（2011），para. 137；然而，在合法或非法军事行动的情况下，当一国"对……本国领土以外的地区实施控制"时，控制国"有责任……在其控制的区域内确保"《欧洲人权公约》规定的"所有实质性权利"，并将对任何违反情况负责：*Ibid.*, para. 138。讨论载于 S. Allen, *The Chagos Islanders and International Law*（Hart Publishing, 2014），pp. 56-58。

[348]　英国在委员会于 2011 年审查的报告（CERD/C/GBR/18-20）附件十一中向委员会表达了意见，认为《公约》不适用，因为除其他外，该领土没有永久居民，武装部队成员、官员和承包商只在那里短暂停留。委员会认为，查戈斯人有权返回该领土，并认为对返回权的限制具有种族歧视性。关于整个争端的详细和有益的评论，见 S. Allen, 'International Law and the Resettlement of the (Outer) Chagos Islands', *Human Rights Law Review* 8 (4)（2008），683-702；and *The Chagos Islanders and International Law*。

下的所有领土"，并对此补充建议，"撤回对于查戈斯人（伊洛伊斯人）进入迪戈加西亚或英属印度洋领土其他岛屿的所有歧视性限制"。[349]

关于消除种族歧视委员会对公司域外活动的立场，各国对委员会的劝勉性建议提出了异议。加拿大认为，"《公约》规定的义务并不超出［加拿大］的边界"，以及"对于社会和环境问题，主要责任在加拿大的跨国公司在其范围内经营的外国"。[350] 挪威简单地称，有关挪威公司在国外活动的问题"在《公约》的范围之外"。[351] 英国解释说，英国的反歧视立法"不适用于在海外经营的英国公司。它们［公司］对自己的行为承担主要责任，任何侵犯人权的行为的法律责任都由有关国家的当局负责"。[352]

关于域外规制的探索是否会在适当时候得到更积极的回应，还有待观察。[353] 消除种族歧视委员会的立场来自这样一种假设，即各缔约国能够而且应当对在该国注册的公司的行为施予控制。实践并没有充分阐明控制的条件、所讨论的控制形式以及该原则运作的触发条件。到目前为止，重点是建议保护土著民族在其本地政府似乎无法或不愿提供相应对策的情况下，不受对生命、领地和资源的严重损害。委员会正在形成但尚未定型的进路包括有待进一步确定的内容，并将受益于一项一般性建议或声明——或许与经济、社会和文化权利委员会等机构一道发布，这一建议或声明将巩固条约解释中的立场，并促进国际习惯法的发展。[*]

根据群体和个人的权利和不同情况，必须对履行第 2 条的要求加以区分；政策的制定须服从《公约》的一般原则，即对不同情况的一致反应本身可能是歧视性的。[354] 在准确、分类数据的基础上开展工作的必要性适用于履行

---

349 CERD/C/GBR/CO/18-20, para. 12。

350 CERD/C/SR. 2142, para. 73.

351 CERD/C/SR. 2062, para. 23.

352 CERD/C/SR. 2113, para. 67.

353 "对于母国来说，有很强的政策理由使其明确提出工商业在国外尊重人权的期望，尤其是在国家本身参与或支持这些工商业的情况下。原因包括通过提供连贯一致的信息来确保工商业的可预测性，并维护国家自身的声誉"：《商业和人权指导原则》（*Guiding Principles on Business and Human Rights*）。"各国应明确提出的期望是，在其领土和/或管辖范围内有居所的一切工商业在自身全部经营活动中都尊重人权"：对原则 2 的评注。

* 原书此句话的最后一部分令人费解，经与作者联系，改变了表述。

354 见本书对第 1 条的评注。

《公约》适用中的其他义务。第 2 条侧重于阐明和建构国家通过义务的棱镜打击歧视的努力，也是评估为实现《公约》目标而采取的措施是否充分的工具。该条值得注意的是其第 2 条第 1 款（卯）项要在全社会终止种族歧视的雄心的广度。马可南主张，各国和政府间组织要实施的各项公约和宣言的结合，

> 创造了一种强调立法、政策方案和其他中央协调行动的作用的国家主义文化，并维持了政府能够有效防止人们实行歧视从而消除一切形式歧视的乌托邦。这种国家主义可能无意中甚至公开地阻碍非国家行动。[355]

无论《公约》消除种族歧视的最终雄心在智识上的一致性和实用性如何，其"国家主义"都因国家以外的一系列行为者的不断增长的影响而日益减弱，这些行为者使人权标准的国际专业领域成为现实。第 2 条中的一系列义务与整个公约结合在一起，而《公约》现在的实施明显不像其通过后的最初几年那么"国家主义式的"。在许多国家，民间社会在与《公约》合作方面取得了巨大的进步，而对群体权利的阐述则对文本的解释产生了压力。第 2 条和整个《公约》应被解释为并非阻挠民间社会，而是征求民间社会的合作。关于特别措施的第 32 号一般性建议（第 18 段）回顾了与受影响社群协商以及它们积极参与"措施"——计划、政策和方案——的设计和实施的必要性，这一规定经必要调整后也可适用于第 2 条所涉的活动范围。

355　T. Makkonen, *Equal in Law*, *Unequal in Fact*（Martinus Nijhoff, 2012），p. 272.

第九章 《公约》规定的特别措施：
定义和义务

204

第1条第4款

专为使若干须予必要保护之种族或民族团体*或个人获得充分进展而采取之特别措施，以期确保此等团体或个人同等享受或行使人权及基本自由者，不得视为种族歧视，但此等措施之后果须不致在不同种族团体间保持隔别行使之权利，且此等措施不得于所定目的达成后继续实行。

第2条第2款

缔约国应于情况需要时在社会、经济、文化及其他方面，采取特别具体措施，确保属于各该国之若干种族团体或个人获得充分发展与保护，以期保证此等团体与个人完全并同等享受人权及基本自由。此等措施于所定目的达成后，决不得产生在不同种族团体间保持不平等或隔别行使权利之后果。

一 导言

《公约》通过其关于特别措施的规定，与关于"平权行动"和"积极行

---

* 与"种族或民族团体"对应的用词，在第1条第4款的英文本中为"racial or ethnic groups"。其中，按第二章第一个译者注所述，"ethnic"应理解为"族裔"；而与"group"对应的"团体"具有社会意义上的"有组织的群体"之义，实非该款（以及第2条第2款）语境下"group"所指——该词更宜理解为自然意义上的"群体"。因此，本章中，"racial or ethnic groups"一律译为"种族或族裔群体"，即使在引用或涉及《公约》约文时亦然。

260

动"的当代讨论相联系，尽管作为这些术语之基础的概念因制度背景而异。"特别措施"这一围绕平等和不歧视的概念而集中的当代术语并不是种族/族裔关系领域所独有的，而是渗透到人权话语的其他领域，包括性别、残疾和出现各种歧视形式的相关领域。博苏伊特对所讨论的领域给出了一个一般化的定义："平权行动是一套连贯的临时性措施，具体针对纠正目标群体成员在其社会生活的一个或多个方面的地位，以获得有效的平等。"[1] 博苏伊特所界定的意义上的"平权行动"是一个宽泛的术语，可以涉及《公约》第 1 条第 4 款和第 2 条第 2 款的严格范围以外的行动领域；不言而喻，"积极行动"（positive action）也是如此。[2] 博苏伊特区分了包括"平权动员或平权公平"（affirmative mobilization or affirmative fairness）的平权行动的形式：这可能只不过鼓励少数群体的求职者或进行严格审查以确定在给予社会利益时是否对少数群体成员适用了公平标准[3]以及"平权优惠"[4]（affirmative preference），后者是一种"最具争议的平权行动形式"。[5] 关于特别措施或平权行动的问题——在博苏伊特所指的两个意义上特别是在第二个"更硬的"意义上——贯穿国际人权标准。在种族关系领域，许多国家中都出现了争议，其中在印度[6]、南非[7]和美国[8]的争议可能是最广为人知、最受关注的；印度对

205

1　M. Bossuyt, *Final Report on the Concept and Practice of Affirmative Action*, E/CN. 4/Sub. 2/2002/21, para. 6 [henceforth *Affirmative Action*]. 博苏伊特指出："过去和现在的平权行动方案有关妇女、黑人、移民、穷人、残疾人、退伍军人、土著民族、其他种族群体、特定少数者等。"（para. 8）简明回顾——其重点是国际标准，见 Tomei, *Affirmative Action for Racial Equality：Features, Impact and Challenges*（International Labour Office, 2005）。

2　相当宽泛的一系列策略被归到这一说法之下：N. Bamforth, M. Malik, and C. O'Cinneide（eds）, *Discrimination Law：Theory and Context*（Sweet and Maxwell, 2008）, Chapters 6 and 7。见本章对委员会第 32 号一般性建议的讨论。

3　"平权动员和平权公正都意味着致力于克服目标群体的社会问题的措施，但这些措施本身不得造成并非这一群体成员的人受到歧视"：Bossuyt, *Affirmative Action*, para. 74。

4　*Ibid.*, paras 71-80；博苏伊特将平权优惠描绘为"在准予或拒绝社会利益时将考虑某人之性别或种族"的情况（*ibid.*, para. 75）。

5　*Ibid.*, para. 78.

6　T. E. Weisskopf, *Affirmative Action in the US and India：A Comparative Perspective*（Routledge, 2004）；J. Faundez, *Affirmative Action：International Perspectives*（ILO, 1994）. 印度提交委员会的第十九次报告简要解释了印度的平权行动：CERD/C/IND/19, paras 26 and 27。

起草《公约》中特别措施条款的贡献尤其巨大。[9] 但凡可能，本章使用"特别措施"一词，以此术语体现其在《公约》中区别于一大堆相联系的术语的含义的鲜明特色。[10]

206　　　特别措施现在在国际人权文书中被广泛提及。[11]

（上页注7）C. Romany and J. -B. Chu, 'Affirmative action in international human rights law: lessons from the United States and South Africa', *Connecticut Law Review* 36 (2004), 831-870; C. dela Vega, 'The special measures mandate of the International Convention on the Eliminationof All Forms of Racial Discrimination: Lessons from the United States and South Africa', *University of San Francisco research paper* No. 2009-08, <http://ssrn.com/abstract=1317934>; K. Adams, 'The Politics of Redress: South Africa Style Affirmative Action', *Journal of Modern African Studies* 35 (1997), 231-249. See also S. Ngcobo, 'The Meaning of Article 4(1) of the UN Convention on the Elimination of All Forms of Discrimination against Women: a South African Perspective', in I. Boerefijn, F. Coomans, J. Goldschmidt, R. Holtmaat, and R. Wolleswinkel, *Temporary Special Measures: Accelerating De facto Equality of Women under Article 4(1) of the UN Convention on the Elimination of All forms of Discrimination against Women* (Intersentia, 2003), pp. 181-202 [henceforth *Temporary Special Measures*].

（上页注8）美国法中的代表性案件包括：*Regents of the University of California v Bakke*, 438 U.S. 265 (1978), *Fullilove v Klutznick*, 448 U.S. 448 (1980), *Wygant v Jackson Board of Education*, 476 U.S. 267 (1986), *United States v Paradise*, 480 U.S. 149 (1987), *United Steelworkers of America v Weber*, 443 U.S. 193 (1979), *Adarand Constructors, Inc. v Pena*, 515 U.S. 200 (1995), *Grutter v Bollinger*, 539 U.S. 306 (2003), *Gratz v Bollinger*, 539 U.S. 244 (2003)。美国的第六次报告广泛地提到美国的案例：CERD/C/USA/6, paras 126-134。另见委员会对美国一个案件（*Schuette v Coalition to Defend Affirmative Action*, US Supreme Court, 22 April 2014）的评论：CERD/C/USA/CO/7-9, para. 7。

9　　印度就这一主题对起草其他联合国公约的贡献，见 W. A. McKean, *Equality and Discrimination under International Law* (Clarendon Press, 1983), pp. 146-147 [henceforth *Equality and Discrimination*]; M. Craven, *The International Covenant on Economic, Social and Cultural Rights* (Clarendon Press, 1998), pp. 184-190。

10　　一堆错综复杂的术语"既在政治上有争议，又在语言上不确定"：A. McColgan, *Discrimination Law: Text, Cases and Materials* (2nd edn, Hart Publishing, 2005), p. 130。同样，博苏伊特认为，"平权行动是一个经常使用的术语，但不幸的是，并不总是具有相同的含义"：Bossuyt, *Affirmative Action*, para. 5。他补充说，"这是一个并未得到普遍接受的定义的概念"（*ibid.*, para. 6）。

11　　有用的讨论载于 McKean, *Equality and Discrimination*; Boerefijn *et al.*, *Temporary Special Measures*; K. Henrard, 'Non-discrimination and Full and Effective Equality', in M. Weller (ed.), *Universal Minority Rights* (Oxford University Press, 2007) [henceforth 'Non-Discrimination and Full and Effective Equality']; K. Henrard, 'The Protection of Minorities through the Equality Provisions in the UN Human Rights Treaties: The UN Treaty Bodies', *International Journal on Minority and Group Rights* 14 (2007), 141-180; A. Morawa, 'The evolving human right to equality', *European Yearbook of Minority Issues* 1/2 (2001), 157-205。

在所谓"反歧视文书"中，国际劳工组织第 111 号公约[12]第 5 条第 1 款以看起来范围广泛、足以涵盖临时性措施和永久性特别措施的方式规定了"特别保护或援助措施"；该公约第 5 条中的措施并没有被描述成强制性的。《消除对妇女歧视公约》也明确规定了特别措施，[13] 而消除对妇女歧视委员会第 25 号一般性建议关于"暂行特别措施"的阐述，[14] 对消除种族歧视委员会起草第 32 号一般性建议产生了强烈影响。在其他"核心"联合国人权条约中，只有《残疾人权利公约》明确提到"特别措施"，[15] 其他核心人权条约的条约机构则在实践中提到这一概念，并通过了一般性意见；在这方面，人权事务委员会[16]与经济、社会和文化权利委员会[17]的做法相当广泛。

---

[12] 同样，国际劳工组织 1958 年关于就业和职业歧视的第 111 号建议第 6 段规定，在就业和职业中适用防止歧视的政策不应对特别措施产生不利影响，这些措施是"为了满足出于性别、年龄、残疾、家庭责任、社会或文化地位等原因而通常被认为需要特殊保护或帮助的人的特殊要求"。

[13] 第 4 条第 1 款和第 2 款。

[14] 第 25 号一般性建议：《公约》第 4 条第 1 款（暂行特别措施），HRI/GEN/1/Rev. 9（Vol. II），p. 365。

[15] 第 5 条第 4 款。

[16] 人权事务委员会第 18 号一般性意见（1989）：不歧视，第 10 段，HRI/GEN/1/Rev. 9，Vol. I，pp. 195-198。另见人权事务委员会关于男女在享有公民权利和政治权利方面的平等权利的第 4 号一般性意见提到的平权行动，*ibid.*，p. 175；关于男女权利平等的第 28 号一般性意见提到的积极措施，*ibid.*，pp. 228-234，第 3 段；*Jacobs v Belgium*，CCPR/C/81/D/943/2000（2004），para. 9. 3；*Ballantyne，Davidson and McIntyre v Canada*，CCPR/C/47/D/359/1989，385/1989（1993），para. 11. 4. 亨拉德认为，虽然"在《公民及政治权利国际公约》中没有［关于特别措施的］明确规定，但人权事务委员会明确接受平权行动的正当性，甚至指出有义务采取此类措施"：Henrard，'Non-Discrimination and Full and Effective Equality'，131。另一方面，范登霍尔在人权事务委员会中发现了一种与消除种族歧视委员会相比较保守的做法，指出前一个机构"仅限于建议对妇女的平权行动……以及很少见地建议对少数群体（主要是罗姆人）的平权行动"：W. Vandenhole，*Non-Discrimination and Equality in the View of the UN Human Rights Treaty Bodies*（Intersentia，2005），p. 223［henceforth *Non Discrimination and Equality*］。

[17] 经济、社会和文化权利委员会关于男女在享受一切经济、社会和文化权利方面的平等权利的第 16 号一般性意见（2005）第 15 段，HRI/GEN/1/Rev. 9，Vol. I，pp. 113-123。另见该第 16 号一般性意见第 35 段；关于残疾人权利的第 5 号一般性意见（1994）第 9、18 段，HRI/GEN/1/Rev. 9，Vol. I，pp. 17-27；关于受教育权的第 13 号一般性意见（1999）第 32 段，*ibid.*，pp. 63-77。关于在经济、社会和文化权利方面不歧视的第 20 号一般性意见第 9 段将特别措施描述为正当的，"只要是为了消除事实上的歧视，合理、客观和有节制，而且在实质平等已经实现、可持续之后就停止"。该段建议，有些"特别措施"可能是持久性的，"为语言上的少数人提供翻译服务"就是一个例子：E/C. 12/GC/20（2009）。

儿童权利委员会的结论性意见显示，与"特别措施"相比，对"特别需要""特殊教育""特别注意"的关注更为迫切，[18] 尽管儿童权利委员会关于土著儿童权利的第 11 号一般性意见[19]将特别措施的术语适用于各种权利。[20]

207 关于特别措施的规定载于和《消除种族歧视公约》的主要参考群组有关的文书，包括国际劳工组织第 169 号公约[21]和《联合国土著人民权利宣言》。[22] 国际劳工组织第 169 号公约规定的措施没有时间限制。[23] 与《消除种族歧视公约》的关切相近的是，联合国教科文组织的《关于种族和种族偏见的宣言》使用了特别措施这一词语，规定"必须采取特别措施，凡在必要之时确保个人和群体的尊严和权利平等，同时确保这些措施本身不体现种族歧视性"。[24] 虽然《联合国少数人权利宣言》广泛提到了"措施"，但没有提到特别措施，[25] 尽管对该宣言的评注将这一规定与《消除种族歧视公约》联系起来。[26] 相似地，欧洲理事会的《保护少数民族框架公约》关于"适足措施"（adequate measures）的第 4 条第 2 款[27]通过评注与一种和《消除种族歧视公

18　在"普世人权索引"（<http://www.universalhumanrightsindex.org>）上搜索"特别措施"和"儿童权利委员会"得到的结果。

19　儿童权利委员会第 11 号一般性意见（2009）。

20　第 5、13、20、21、24、25、29、34、50、60、80 和 81 段。

21　第 4 条。

22　第 21 条第 2 款。

23　M. Oelz, *Comments by the ILO*, for CERD Thematic Discussion on Special Measures, 4-5 August 2008, p. 3（在人权高专办秘书处存档），指出根据国际劳工组织第 169 号公约，这些措施可以是暂时性的，也可以是持久性的；另见 *ILO Convention on Indigenous and Tribal Peoples*, 1989: *A Manual*（ILO, 2000），p. 14。另见国际劳工组织 1957 年第 107 号公约，其第 3 条为保护有关居民的特别措施规定了相当勉强的参数，并警告说，应注意这些措施"不被用作延长或造成一种隔离状态的手段"，而且这些措施"只有在需要特别保护的情况下，并且只有在这种保护必要的程度上，才可继续"。

24　由联合国教科文组织大会于 1978 年 11 月通过并宣布，第 9 条第 2 款。

25　第 4 条第 1 款。

26　*Commentary of the Working Group on Minorities to the UN Declaration on the Rights of Persons belonging to National or Ethnic, Religious and Linguistic Minorities*, E/CN. 4/Sub. 2/ASC. 5/2005/2（2005），para. 55; also para. 82.

27　K. Myntti, 'The Prevention of Discrimination v. Protection of Minorities—with Particular Reference to "Special Measures"', *Baltic Yearbook of International Law* 2（2002），199-226，220-223; P. Thornberry, 'The Framework Convention on National Minorities: a Provisional Appraisal and a Memory of the Baltic States', *Baltic Yearbook of International Law* 2（2002），127-157，at 140-141.

约》产生共鸣的公式相联系。[28]

主要的区域人权文书接受特别措施的情况参差不齐。例如，虽然《非洲人权和民族权宪章》没有关于特别措施的规定，但《非洲人权和民族权宪章关于妇女权利的议定书》[29] 包括关于"平权行动"[30] 和"积极行动"[31] 的规定。《美洲人权宣言》和《美洲人权公约》都没有关于特别措施的条款，而《美洲禁止种族主义公约》以类似于《消除种族歧视公约》的方式规定了特别措施。[32] 《欧洲人权公约》没有关于特别措施的规定，欧洲人权法院在这一领域的做法相对不发达。[33]《欧洲人权公约第十二议定书》[34] 序言第4段重申，"提供特别措施并不妨碍缔约国采取措施，促进有效和充分的平等，只要这些措施有客观与合理的理由"，[35] 即表示不完全赞同所考虑的措施。

208

---

[28] "这种措施必须充分，即符合比例原则，以避免侵犯他人权利和歧视他人。这项原则的要求包括，此类措施在时间或范围上不得超出为实现充分和有效平等的目标所必需的程度"：*Explanatory Report on the Framework Convention*，para. 39。

[29] *Protocol to the African Charter on Human and Peoples' Rightson the Rights of Women*，2003年7月非洲联盟大会第二届常会通过。

[30] 在关于政治参与领域的第9条中。

[31] 第2条第1款（d）项详述了"在法律上和事实上持续存在歧视妇女现象的领域采取纠正和积极行动"的义务；另见关于教育的第12条第2款和第9条第1款。

[32] 第1条第5款规定："为确保需要此种保护的群体同等享受或者行使一项或多项人权及基本自由而采取之特别措施或平权行动，不得视为种族歧视，条件是此等措施不致对于不同的群体保持隔别行使之权利，且此等措施不得于目的达成后继续实行。"

[33] 亨拉德对欧洲人权法院的两起案件（*Petrovic v Austria*，1989 and *Van Raalte v The Netherlands*，1997）的评论，见 Henrard，*Non Discrimination and Full and Effective Equality*，p. 135。对于欧盟范围内的积极行动的评论，见 J. Swiebel，'What could the European Union learn from the CEDAW Convention？'，in Boerefijn *et al.*，*Temporary Special Measures*，pp. 51–61；Bamforth *et al.*，*Discrimination Law：Theory and Context*，pp. 401–413。

[34] 2000年11月4日通过，2005年4月1日生效。

[35] 对该议定书的解释性报告第16段补充说："本议定书不规定采取此类措施的任何义务。这种纲领性的义务不符合《公约》及其控制制度的整体性质，这种制度的基础是对个人权利的集体保障，而这些权利是以具体到足可裁判的方式表述的。"

二 准备工作

（一）第 1 条第 4 款

联合国对歧视的大量研究（包括早期研究）形成了"若干一般原则"，麦基恩从中总结出的原则是，"某些区别如果是旨在实现而不是阻碍享有权利之平等的特别措施，就是正当的"，以及"这些特别措施只有在暂时的情况下，才是正当的"。[36]《消除种族歧视宣言》包括一项有关国家义务而不是定义的规定，其第 2 条第 3 款规定：

> 为使属于某种族群体之人获得充分发展或保护起见，应在适当情形下采取特种具体措施，以期确保各该人等充分享受人权与基本自由。凡此措施，无论如何，不得产生在不同种族群体间维持不平等或各别之权利之后果。*

在此背景下，《公约》第 1 条规定的"特别具体措施"的概念[37]最初是在小组委员会讨论卡尔沃克雷西和卡波托蒂提出的案文时提出来的，该案文第 3 段如下：

> 缔约国可在适当情况下采取特别具体措施，确保属于某些种族群体的个人得到适当发展或保护，目标在于确保这些个人充分享受人权和基本自由。这些措施在任何情况下都不得产生在不同种族群体间维持不平

---

[36]　McKean, *Equality and Discrimination*, pp. 95-96.

*　这是联大通过的该宣言的正式中文本。需注意，其中看起来与《公约》第 1 条第 4 款中文本不同的用语，在各该英文本中的用语实际上是相同的：如"某"和"若干"均为"certain"，"特种"和"特别"均为"special"，"维持"和"保持"均为"maintain"，"各别之权利"和"隔别行使之权利"均为"separate rights"——理解为"隔别之权利"可能更合适。

[37]　相比之下，小组委员会中有更多的草案讨论了第 2 条规定的特别措施问题，包括几个人的草案，阿布拉姆，E/CN. 4/Sub. 2/L. 308；弗格森，E/CN. 4/Sub. 2/L. 326；穆达维，E/CN. 4/Sub. 2/L. 328。

等或各别之权利之后果。[38]

在此基础上，一个工作组起草了一份文本草案，[39] 对小组委员会通过的最后文本作出了贡献，最后文本中一个重要的改变是将工作组草案中的"不应视为种族歧视"改为最后文本中的"不得视为种族歧视"。[40] 因此，最后文本包括的第 2 款如下：

209

> 专为保证属于若干种族群体之人获得充分发展或保护而给予此等群体优惠之措施，不得视为种族歧视，但此等措施之后果须不致在不同种族群体间维持不平等或各别之权利。[41]

"特别具体措施"的措辞没有出现在文本中，出现的只有"措施"；而且，虽然提到了措施的"不隔别"方面，但没有明确说明措施的临时性质；《消除种族歧视宣言》中也没有说明。小组委员会的文本还将这些措施描述为给予"优惠"，而《消除种族歧视宣言》中没有这样的规定。库瓦斯-坎奇诺认为，这些措施不应"突然停止。在某些情况下，它们成为国家制度的一部分，成为为整个国家的利益而保障权利的一种永久手段"。[42] 另一方面，英格尔斯提出，最好强调给予某些种族群体优惠的措施的特别性质，"要么通过明确规定设想的是临时措施，要么通过在该款末尾加上在不再需要时终止这些措施的观点"。[43] 克里什纳斯瓦米同意英格尔斯的意见，认为"显然，一旦有关群体达到与社会其他群体相同的发展阶段，这些措施就会自动终止"。[44] 最后这一评论表明，小组委员会的文本含蓄地承认了特别措施的临时性，而突然终止这些措施的问题是一个需要认真考虑的问题。

---

38 E/CN.4/Sub.2/L.318；E/CN.4/873，para.47.（本段引文以及下段引文中的"在不同种族群体间维持……各别之权利"参照《消除种族歧视宣言》中文本第 2 条第 3 款翻译，其英文表述实际上与《公约》英文本第 1 条第 4 款中的相应表述是一样的，都是"maintenance of separate rights for different racial groups"，但在《公约》中文本中，第 1 条第 4 款中的相应表述则是"在不同种族群体间保持隔别行使之权利"。——译者注）

39 E/CN.4/Sub.2/L.319；E/CN.4/873，para.48.

40 E/CN.4/Sub.2/L.319 中，也省略了该款倒数第二行"维持"前的定冠词。

41 E/CN.4/873，pp.45 ff，resolution 1（XVI），Annex.

42 E/CN.4/Sub.2/SR.411，p.9.

43 E/CN.4/Sub.2/SR.414，pp.7-8.

44 *Ibid.*，p.8.

人权委员会在 1964 年 2 月的第 783~788 次会议上，审议了小组委员会草案第 1 条。在讨论过程中，根据黎巴嫩的建议，[45] 小组委员会案文中"措施"的简单提法被改为"特别措施"，这一措辞也影响了其他修正。[46] 黎巴嫩代表在提及黎巴嫩—波兰联合提案[47]时声称，提案国将特别措施理解为"专门针对某些处境不利群体采取的、旨在将他们置于与其他群体平等的地位的某些措施"，[48] 还指出提案国"放弃了小组委员会建议的优惠措施的想法"。[49] 黎巴嫩还坚持使用"种族群体"一词，以表明《公约》应保护个人以及群体。[50] 一些代表告诫说，不要过分关注群体；[51] 而且有人建议，《公约》草案应"不加任何区分地促进所有人的权利和自由。其目的不应是强调不同种族群体之间的区别，而应确保属于这类群体的人能够融入社会"。[52] 然而，厄瓜多尔主张，在国际法中，"多年来，重点已从个人……转移到群体。因此，保护少数人是一个有关群体的问题。在拉丁美洲，有大量土著居民，他们的成员更多地意识到的，是自己作为一个群体之成员的存在，而不是作为个人的存在"。[53]

印度提交的一份案文随后取代了各种修正，该案文获得了一致通过，并考虑了与第 2 条第 2 款的约文相协调：[54]

> 专为保证若干欠发达种族群体或其所属个人获得充分发展或保护而采取之特别措施，以期确保此等群体或个人同等享受或行使人权及基本自由者，不得视为种族歧视，但此等措施之后果须不致在不同种族群体

---

45   E/CN. 4/L. 691.

46   E/CN. 4/874, paras 76-82.

47   E/CN. 4/L. 694.

48   E/CN. 4/SR. 785, p. 5.

49   *Ibid.*

50   E/CN. 4/874, para. 87; E/CN. 4/SR. 784, p. 7.

51   意大利代表辩称，"有关措施是为保护属于某些种族群体的个人而不是这些群体本身所采取的措施"：*Ibid.*, p. 9。

52   E/CN. 4/874, para. 87.

53   E/CN. 4/SR. 784, p. 10.

54   E/CN. 4/874, paras 91 and 97.

间保持隔别行使之权利，且此等措施不得于所定目的达成后继续实行。[55]

一些代表强烈坚持，不应无限期地维持特别措施，[56] 因此在小组委员会的草案中增加了一项新的最后条款，明确规定这些措施在所定目的达成后不再存在。起草过程中还产生了"欠发达种族群体或个人"的措辞，[57] 尽管有人反对，其理由包括，这一措辞含有"某种冒犯因素"，而且无论如何已经隐含在整个文本中，[58] 但这一措辞保留了下来。为了解决使用"欠发达"可能造成的污名化问题，哥斯达黎加代表建议在"充分"和"发展"之间加上"经济和社会"的用词，以"表明，这些群体被认为在经济和社会意义上而非种族意义上欠发达"。[59]

人权委员会编写并由经济及社会理事会提交联大的第1条的最后案文包括的第2款如下：

> 专为保证若干欠发达种族群体或其所属个人获得充分发展或保护而采取之特别措施，以期确保此等群体或个人同等享受或行使人权及基本自由者，不得视为种族歧视，但此等措施之后果须不致在不同种族群体间保持隔别行使之权利，且此等措施不得于所定目的达成后继续实行。[60]

联大第三委员会的讨论集中在与该款有关的有限几个问题上，包括刚果民主共和国和科特迪瓦关于删除该款但被否决的提议。[61] 提议删除该款的理由各不相同：刚果民主共和国的提议基本上是为了避免与第2条重叠，而科

211

55　E/CN. 4/L. 697/Rev. 1. 除其他外，印度提到了根据《印度宪法》采取的"使某些种姓和部落能够提高到社群其余群体的水平"的特别保护措施：E/CN. 4/SR. 784, p. 8。

56　荷兰指出，这一点"在小组委员会的案文中并没有说清楚"：*Ibid.*, p. 9。

57　E/CN. 4/L. 695，意大利、黎巴嫩、荷兰和波兰联合提出的修正案；E/3973, para. 88。

58　E/CN. 4/874, para. 89.

59　E/CN. 4/SR. 786, p. 7. 该代表没有穷追这一点，他声称自己对现有案文感到满意。厄瓜多尔代表评论说，"政治发展也很重要，因为……有些群体有时因为不识字而被剥夺选举权"，并补充说，虽然"'欠发达'一词在他看来并不具有冒犯性，但有些表达方式，如'尚未充分发展'可以被取代"（*ibid.*）。

60　General Assembly Official Records, Twentieth Session, Annexes, Agenda item 58: Draft International Convention on the Elimination of All Forms of Racial Discrimination, Report of the Third Committee, A/6181, para. 29.

61　A/C. 3/SR. 1305, para. 32，刚果民主共和国；A/C. 3/SR. 1306, para. 23，科特迪瓦。该提议以14票赞成、52票反对、20票弃权被否决：A/6181, paras 39 and 41。

特迪瓦的代表提出了更基本的问题，认为本款草案所载的原则，

> 过去经常被用来为殖民主义辩护。此外，这项原则仍然代表着歧视，尽管其目的可能是好的，而且哪怕对此类特别措施的有效期设定了限制。该款整体上是不合适的：它为各种证明各类种族歧视有道理的法律手段打开了大门，而且它对种族主义者比对其受害者更有利。[62]

该代表认为，删除该款将"避免出现这样的情况，即委员会将成为那些可能试图歪曲其良好意图者的不知情共犯"。[63]

与在人权委员会的讨论中所表达的类似不安相呼应的是，在联大第三委员会中，对作为特别措施受益者的"欠发达"的叙述词进行了广泛交流。第三委员会通过了印度和埃塞俄比亚的口头提议，将"若干欠发达种族群体或其所属个人获得充分发展或保护"替换为"若干须予必要保护之种族或族裔群体或个人获得进展"。[64] 一些代表更愿意采用"处于弱势"（underprivileged）而不是"欠发达"（under-developed），[65] 赞比亚代表评论说，"如果一些国家欠发达，则应在殖民主义或种族隔离等政策中寻求原因，因为这些政策剥夺了土著民族的投票权"。[66] 另一方面，几内亚代表支持"处于弱势"的用法，认为关于特别措施的该款"涉及保护身为欠发达状态的受害者的种族群体或个人的重要问题。这些群体和个人存在于所有国家，而不仅是在发

62　A/C. 3/SR. 1306, para. 23.

63　*Ibid.*（该句引文中的"委员会"指联大第三委员会。——译者注）

64　该提议以 34 票赞成、20 票反对、36 票弃权通过：A/6181, paras 40 and 41。

65　在埃塞俄比亚和印度的口头修正案后，毛里塔尼亚、尼日利亚和乌干达的一项提议将"欠发达"改为"处于弱势"的修正案（A/C.3/L/1225）被撤回。对"欠发达"一词的进一步批评见以下国家代表的发言：尼日利亚，A/C.3/SR.1304, paras 12 and 25；几内亚，*ibid.*, para.27；坦桑尼亚，*ibid.*, para.28；苏联，*ibid.*, para.28；英国，*ibid.*, para.33（对英国代表来说，"处于弱势"和"欠发达"都值得反对）；巴基斯坦，*ibid.*, para.34；阿根廷，A/C.3/SR.1305, para.5；喀麦隆，*ibid.*, para.10；希腊，*ibid.*, para.12；阿拉伯联合共和国，*ibid.*, para.14；塞拉利昂，*ibid.*, para.16；赞比亚，*ibid.*, para.18；土耳其，*ibid.*, para.24；尼日利亚，*ibid.*, para.25；埃塞俄比亚，*ibid.*, para.29；也门，*ibid.*, para.41；苏丹，*ibid.*, para.42；加纳，A/C.3/SR.1306, para.12；锡兰，*ibid.*, para.28。还有阿拉伯联合共和国和尼日利亚重申的立场，其代表解释说，"如此多代表团反对使用'欠发达'一词的原因主要不是它冒犯某些群体，而是它不是一种对人类个人或群体的适当描述：*Ibid.*, para.30。

66　A/C. 3/SR. 1305, para. 18.

展中国家。但是，应该清楚地认识到，欠发达的不是个人或群体，而是其状况"。[67] 坦桑尼亚代表认为，"欠发达"一词，

> 是完全不合适的……。就经济和贸易事务而言，这个词在联合国获得了明确和有效的含义。但是把这个词转用于人是不合理和危险的。它可能使《公约》获得使某些群体遭受《公约》本应保护他们免遭之待遇的阴险解释。那些歧视他人的人常常选择称他人欠发达，以证明自己的态度和行动正当……。毫无疑问，在经济语境中可以正当地应用于国家的"欠发达"一词在与人相关时，是无效的。他坚决支持使用"处于弱势"一词。该词提出了最需要《公约》的情况，即一个群体在另一个占主导地位的群体手中遭受侵害的情况。[68]

印度的各代表在提出一项成功的替代提议的同时，为使用"欠发达"一词辩护，并举例说明谁可能从特别措施中受益，并借此机会提出了与种姓制度有关的问题。一名印度代表称，"为了给第1条第2款所指的群体定性，……《印度宪法》使用了'落后'一词"。[69] 另一名印度代表在涉及特别措施原则的基础的宽泛发言中，支持"欠发达"：因为他"并没有看到这个词如何……能被视为反映任何人的内在素质；它只是描述了那些由于被剥夺而无法发展其内在潜能的人"。[70] 关于列入特别措施，他的解释是，该款，

> 已被列入《公约》草案，以便规定特别和临时措施，帮助某些群体，包括其本国的一个群体，这一群体的成员虽然与他们的同胞有着相同的种族出身和族裔本源，但几个世纪以来一直被种姓制度贬低到悲惨和受践踏的境地。虽然该群体的成员确实由于被剥夺了其他人享有的权利和特权而处于弱势地位，但他们也是欠发达的，不是因为他们自身有任何缺陷，而是因为他们……被剥夺了那些对人性的全面发展至关重要的优势条件。[71]

67　A/C. 3/SR. 1304，para. 26.

68　*Ibid.*，para. 27.

69　A/C. 3/SR. 1305，para. 33.

70　A/C. 3/SR. 1306，para. 24.

71　*Ibid.*，para. 25.

印度在实现独立后，"给予该群体的成员在法律上的完全平等，并通过了宪法和法律，以消除对其进步的所有社会和法律障碍。然而，这还不够，他们还被赋予特别权利，以期提高他们的教育、社会和经济地位。"[72] 因此，印度在埃塞俄比亚的支持下，提议将"若干欠发达种族群体或其所属个人获得发展或保护"替换为"若干须予必要保护之种族或族裔群体或个人获得进展"。[73] 修正中在"种族"后增加"或族裔（ethnic）"的部分未经辩论。尼日利亚主张，印度的提议本不应侧重于特定群体。[74] 印度声称，"第1条第2款是一项关于特别群体的暂行特别规定，无意指向一般种族群体"。[75] 关于通过的约文，尼日利亚代表解释了为何对成为第1条第4款的内容投反对票，认为该约文软弱无力，"因为它将留由可能对种族压迫负责的当局决定是否需要采取特别措施"。[76]

准备工作对随后消除种族歧视委员会在实践中反复思考的许多解释问题提供了路标。起草过程体现了在"措施"和"特别措施"之间的术语滑脱，以及对于承认特别措施对不歧视和平等框架的影响的某种程度的谨慎。这种谨慎延伸到允许政府有太多的自由来决定何时采取措施是必要的。尽管如此，准备工作澄清，根据《公约》原则采取的特别措施不应被视为歧视性的，也不构成"优惠"。有关终止措施的问题在许多层面上得到了讨论，虽然人们普遍认为不应无限期地保持这些措施，但"截止点"的问题需要进一步阐述。适用措施的群体和个人层面揭示了对《公约》总体理念的各认识进路之间的紧张关系。讨论集中于在经济和社会领域采取措施，这些措施对文化领域的相关性则表达得没有那么明确。受益者的问题主要是以一种抽象论

72　*Ibid.* 关于"处于弱势"，他补充说，《印度宪法》废除了所有特权和头衔，提到的特别权利"不是特权，而是保护措施"：*Ibid.*, para. 2。印度的声明还提到了"第1条第2款会对其适用的'在册种姓'"：A/C. 3/SR. 1304, para. 20。尼日利亚代表一贯反对"处于弱势"的用词，明确不同意印度对该款的解释，辩称"世界上很大一部分人口处于弱势状态，而没有任何一群人可以有理由被称为欠发达"：*Ibid.*, para. 25。

73　A/C. 3/SR. 1306, paras 27 and 34.

74　*Ibid.*, para. 30.

75　*Ibid.*, para. 33.

76　A/C. 3. SR. 1307, para. 23.

证的方式来讨论的，即如何以不损害其人性尊严的方式（欠发达、处于弱势等）最好地描述受益者。除了零星的迹象表明这些措施可能涉及土著和部落群体外，哪些人可能从特别措施中受益，基本不明确；主要的例外是种姓群体——印度具体将其确定为主要受益者。印度代表声称，特别措施条款不应适用于一般种族群体，这一说法没有引起重要的评论，而且与大多数讨论中赞成广义的"种族或族裔群体"作为潜在受益者的说法背道而驰。

（二）第2条第2款

提交小组委员会的阿布拉姆最初草案提到了"特别具体措施"，[77] 与克钦斯基草案基本相似。[78] 作为讨论基础的卡尔沃克雷西和卡波扎蒂最初草案不包括这样一款。[79] 卡尔沃克雷西解释说，"关于特别措施的一款应是许可性的，而不是强制性的，其适当位置是……在序言中"。[80] 小组委员会还讨论了"在适当情况下"这一用语，以及是否应使用"可采取"或"应采取"特别措施的用词。克里什纳斯瓦米认为，"'在适当情况下'这一用语使各国政府在所涉领域有足够的回旋余地"。[81] 对于避免出现像在南非的情况的必要性，有很多讨论，因此必须说明采取特别措施的理由，因为"否则……政府可以继续以保护某些种族群体为借口，将其与社会其他群体隔离"。[82] 一些专家提到需要发展的"落后"群体，但克里什纳斯瓦米认为该词是对这些群体的污名化而予以反对。[83] 小组委员会提交的最后文本——反映了穆达维的修正[84]——以6票赞成、4票反对、4票弃权在小组委员会中获得通过：

> 缔约国应在适当情况下采取特别具体措施，保证属于欠发达种族群体的个人获得充分发展或保护，以期确保此等个人充分享受人权及基本

77　E/CN. 4/Sub. 2/L. 308；E/CN. 4/873, para. 52.

78　E/CN. 4/Sub. 2/L. 323；E/CN. 4/873, para. 55.

79　E/CN. 4/Sub. 2/L. 324；E/CN. 4/873, para. 56.

80　E/CN. 4/Sub. 2/SR. 415, p. 4. 萨里奥表示赞同，认为特别措施"应当是一项授权而不是义务的主题"：*Ibid.*, p. 10。

81　E/CN. 4/Sub. 2/SR. 416, p. 12.

82　Krishnaswami, *ibid.*, p. 12.

83　*Ibid.*, p. 13.

84　E/CN. 4/Sub. 2/L. 328.

自由。此等措施决不得产生在不同种族群体间保持不平等或隔别行使权利之后果。[85]

穆达维解释说，他的文本"规定各国有义务采取具体措施。当然，这一义务并非绝对的：此等措施应在国家通过立法或司法机关界定的适当情况下采取。"[86] 妇女地位委员会的一名代表在对有关歧视理由的"交叉情况"的一种先导性论证中声称，"有利于欠发达种族群体的规定对这些群体中的妇女具有重大意义"。[87]

人权委员会第786~789次会议审议了《公约》草案第2条。所提交的各种修正被意大利、荷兰和波兰的一项联合修正所取代，该修正提议：

> 缔约国应在适当情况下采取特别具体措施，其唯一目的在于保证若干欠发达群体或属于此等群体的个人获得充分发展或保护，以确保他们同等享受人权及基本自由，但条件是此等措施之后果须不致在不同种族群体间保持隔别行使之权利，且此等措施不得于所定目的达成后继续实行。[88]

215　这一修正的提案国后来纳入了菲律宾的一项建议，即在"享受"之后加上"或行使"，[89] 并纳入了英国的一项建议，即将"同等"一词前的"他们"替换为"此等群体或个人"。[90] 经修正的案文通过坚持采取这些措施的唯一目的是保证有关群体或个人得到充分发展或保护而缩小了特别措施的范围。小组委员会文本的另一个变化是人权的"完全享受"改为了"同等享受"，以回应黎巴嫩表示的一种关切，即坚持"完全享受""可能会造成一种新的不平等，因为有些国家可能太贫穷，无法为全体民众落实《世界人权宣言》中的某些规定，但根据《公约》，它们可能有义务确保这些规定完全适用于

85　E/CN.4/Sub.2/241, p.47. 在小组委员会通过的草案中，阿布拉姆草案更愿意使用"属于若干种族群体的个人"而不是"属于欠发达种族群体的个人"，克钦斯基的草案也是如此。

86　E/CN.4/Sub.2/SR.417, p.6.

87　*Ibid.*, p.7.

88　E/CN.4/L.696.

89　E/CN.4/SR.787, p.4.

90　E/3873；E/CN.4/874, para.114；E/CN.4/SR.787, p.4.

欠发达的种族群体"。[91] 上述联合修正回应了这一关切。[92] 小组委员会重新起草的各份文本考虑到了《公约》第 1 条和第 2 条的有意不同。[93] 经修正的第 2 条第 2 款在人权委员会中获得一致通过。[94]

联大第三委员会面前的案文如下：

> 缔约国应在适当情况下采取特别具体措施，其唯一目的在于保证若干欠发达种族群体或属于此等群体的个人获得充分发展或保护，以确保此等群体或个人同等享受人权及基本自由，但条件是此等措施之后果须不致在不同种族群体间保持隔别行使之权利，且此等措施不得于所定目的达成后继续实行。

联大第三委员会所作的改动部分源于保加利亚提出的一项修正，在"采取"和"特别"这两个词之间加入"在社会、经济及其他方面"，[95] 一项根据荷兰的建议修订的提议又在"经济"之后加上"文化"一词。[96] 对人权委员会的案文的其他修改将"在适当情况下"的表述改为"于情况需要时"；[97] 删除"欠发达"的措辞；在新的复合式表述"完全并同等享受人权及基本

216

91　E/3873；E/CN.4/874, para.124；E/CN.4/SR.787, p.5（黎巴嫩）。见智利的评论（*ibid.*），该国代表回顾了这样的说法——"在承诺保证欠发达种族群体充分享受人权时，资源有限的国家可能不得不歧视其他人口"，并回应说，就某些拉丁美洲国家给予土著居民优惠待遇的情况而言，"这种做法不是种族歧视……给予这些群体明显的优惠待遇仅仅是为了确保整个人口的综合发展"。

92　苏联倾向于使用"完全享受"而不是"平等享受"，因为尽管其认识到黎巴嫩所表示的困难，但"《公约》不应局限于新独立国家的目前情况，而且还应涵盖它们未来的需要"：E/CN.4/SR.786, p.8。奥地利也倾向于选择"完全享受"，因为在某些情况下，"所有群体都享有平等权利是不够的；权利应该具有确保这些群体的充分发展的性质"：E/CN.4/SR.787, pp.4–5。

93　特别见有关各条之间关系的讨论：E/CN.4/SR.786, pp.4 ff.

94　E/CN.4/874, para.134. 根据菲律宾的提议，对"欠发达"一词单独表决，结果以 7 票赞成、2 票反对、12 票弃权决定保留该词：E/CN.4/SR.787, p.7。

95　A/C.3/L.1218.

96　荷兰代表认为，保加利亚的修正应提到"缺陷最严重的教育和文化领域"：A/C.3/SR.1308, para.14。这些发言得到黎巴嫩代表的支持（*ibid.*, para.24）。保加利亚的修正案连同修订（A/C.3/L.1226 and Corr.1），以 76 票赞成、1 票反对、15 票弃权通过：General Assembly Official Records, Twentieth Session, Annexes, Agenda item 58, Report of the Third Committee, A/6181, para.55.

97　A/C.3/L.1226 and Corr.1, 阿根廷、玻利维亚、巴西、智利、哥伦比亚、哥斯达黎加、多米尼加共和国、厄瓜多尔、萨尔瓦多、危地马拉、海地、洪都拉斯、墨西哥、巴拿马、秘鲁、乌拉圭和委内瑞拉的修正（经口头订正）：A/6181, paras 53 and 54。

自由"一语中恢复"完全享受"权利的提法，并将人权委员会案文中提及的"唯一目的"替换为"目的"。与人权委员会的情况一样，联大第三委员会对第 1 条的特别措施规定所讨论的问题与对第 2 条所讨论的问题有重叠。印度代表解释了有联系的两款之间的区别，指出第 1 条界定了种族歧视，而其中有关特别措施的一款，

> 对一些国家的情况作了例外处理，这些国家采取措施纠正过去对某一部分人民的不公正，方式是规定确保他们进步的特别措施，而这使得社会秩序趋于平稳。第 2 条具有强制性。它呼吁那些没有表现出同样善意的国家帮助其人口中不太有利的一部分提高到较发达群体的水平。第 2 条给予各国一定的自由度，因为该条规定，有关措施应"于情况需要时"采取。[98]

联大第三委员会主席以类似的措辞表达了自己的看法。[99]

对第 2 条第 2 款的理解可与对第 1 条第 4 款的解释相结合，同时考虑到前者基本没有引入什么新内容。关于这些措施的许可性/强制性争论已得到解决，即赞成将其视为强制性的。尽管如此，一种理解是，考虑到"于情况需要时"的措辞，它们为政府提供了一定的自由度。根据一种解读，使用"需要"（warrant）——与其替换的短语"在适当情况下"相比——可能会缩小给予各国的对于何时要适用这些措施的自由度："适当"可能意味着一种更加开放和主观的判断。另一方面，"于情况需要时"这种说法在把注意力集中在情况而非判断上的同时，有可能抵制适用措施的情况，特别是当"需要"被翻译为"必需"（to necessitate）时。[100] 实践中，这些术语之间不应有什么差别，要记住这两种表述中都不可避免地注入了一定的理解和判断。讨论还引起了对南非的情况即有差别的或隔别的权利作为少数人统治的一种掩护的忧惧：这在一定程度上解释了第 1 条第 4 款和第 2 条第 2 款对特别措施的限制的重要性。准备工作中，将人权委员会所使用的"唯一目

98　A/C. 3/SR. 1308, para. 7.

99　A/C. 3/SR. 1307, para. 16.

100　英语中的"需要"（warrent）在这里的意思是证明合理或使其必要。法文本的措辞"si les circonstances l'exigent"中，表示要求、指令或吁求的动词"exiger"更为有力。

的"——这保留在第 1 条第 4 款中——替换为"目的"，* 并没有充分的解释。

三 实践

（一）保留和声明

没有任何保留明确侧重于特别措施，尽管有些更广泛的保留可能涵盖这些措施。消除种族歧视委员会的《具体报告准则》没有详细说明特别措施的规定。关于第 1 条第 4 款的准则重申了国际人权条约《协调报告准则》第 52 段中的要求，即提供资料，说明缔约国的法律制度是否允许或规定特别措施——界定为"确保受《公约》保护的群体和个人获得充分进展的措施"。[101]

（二）一般方面

特别措施源自《公约》第 1 条中关于歧视的基本定义，作为这一定义的一个组成部分起作用，特别是考虑到第 1 条将"优惠"列为一种歧视形式。原则上，特别措施的概念与《公约》承认的权利的所有方面都有联系，但需要与从序言开始就多次一般性地被提及的"措施"相区别。特别措施也与第 6 条关于救济措施的规定有联系，因为"措施"的概念足够宽泛，足以容纳救济措施。除了评估第 1 条第 4 款和第 2 条第 2 款的确切要求外，主要的解释性问题涉及在两类措施之间划定界限：一类是《公约》在许多领域所要求的一般措施，另一类是这两款所允许和授权的具体措施。

特别措施很少出现在根据第 14 条提出的个人来文案件中。在莫伊兰诉澳大利亚案中，[102] 一名土著男子声称，由于土著人的预期寿命低于非土著的

---

* 此处"唯一目的"是对《公约》英文本第 1 条第 4 款中"sole purpose"的翻译，在中文本第 1 条第 4 款中，其对应用语为"专为"；"目的"是对《公约》英文本第 2 条第 2 款中"purpose"的翻译，在中文本第 2 条第 2 款中，其对应用语为"以期"。

101　CERD/C/2007/1, p. 5.

102　*Moylan v Australia*，CERD/C/83/D/47/2010（2013）；另见 *D. S. v Sweden*，CERD/C/59/D/21/2001（2001），其中提到第 2 条第 2 款可适用，但在该案的主要案情中没有进一步探讨这个问题。

澳大利亚男子，他在获得一个州的养老金资格方面受到歧视：[103]《公约》要求同等享受人权，这不仅仅是法律上的平等。申诉人辩称，缔约国未采取为实质性平等所必需的特别措施，违反了《公约》。缔约国援引消除种族歧视委员会第 32 号一般性建议，回顾对需要的提法和对情况的现实评估，并辩称《公约》不要求采取任何具体形式的特别措施，[104] 而且无论如何，差别化的社会保障并不是解决土著人长期不利处境的适当机制。委员会宣布来文不可受理，但还是提到了"与养老金应享待遇有关的所谓结构性歧视"，[105] 这一状况在其他情况下促成了适用特别措施的建议。[106] 鉴于各种案件的局限性，阐述特别措施含义的任务落在报告程序和第 32 号一般性建议上。

218

消除种族歧视委员会实践中最重要的内容已被纳入有关《公约》中特别措施的含义和范围的第 32 号一般性建议。[107] 该建议遵循的是委员会第七十一届会议上着手起草这样一项建议的决定，[108] 以及 2008 年 8 月在委员会第七十三届会议上进行的专题讨论。[109] 该建议指出，起草决定是"根据对概念的理解中发现的困难"作出的，[110] 特别措施的基础是"这样的原则，即为履行《公约》规定的义务而采取和实行的法律、政策和做法，要求在情况需要时，通过采取旨在确保境不利群体完全并同等地享受人权及基本自由的暂时特别措施来补充"。[111] 此后，该建议即代表了委员会对特别措施概念的理解而被引用。[112]

103　申诉人声称预期寿命相差 17 岁，缔约国对这一数字持异议，提出这一差异估计为 11.5 岁：*Moylan v Australia*，paras 2(2) and 4(3)。

104　*Ibid.*，para. 4.9.

105　*Ibid.*，para. 6.6.

106　委员会的结论性意见：比利时，CERD/C/BEL/CO/16-19，para. 15，其中结构性歧视与就业中的"种族分层"有关。

107　委员会 2009 年 8 月第七十五届会议通过。

108　A/62/18，para. 539.

109　A/63/18，para. 556. 起草该建议的任务委托给委员会委员西西利亚诺斯和索恩伯里（本书作者）。

110　第 32 号一般性建议第 1 段；建议案文载于 A/64/18，Annex Ⅷ。

111　第 32 号一般性建议第 11 段。

112　例子包括委员会的如下结论性意见：澳大利亚，CERD/C/AUS/CO/15-17，para. 16；玻利维亚，CERD/C/BOL/CO/17-20，para. 13；芬兰，CERD/C/FIN/CO/20-22，para. 15；日本，CERD/C/JPN/CO/3-6，para. 19；立陶宛，CERD/C/LTU/CO/4-5，para. 15；吉尔吉斯斯坦，CERD/C/KGZ/CO/5-7，para. 9；瑞典，CERD/C/SWE/CO/19-21，para. 8。

1. 措施

除了在特别措施方面提及外，对"措施"的要求还体现在《公约》序言和第 2、4、7 条中。尤其就特别措施而言，第 32 号一般性建议将"措施"定义为包括了"国家机器各级上立法、司法、行政、预算和管理手段的整个系列，以及在就业、住房、教育、文化和处境不利群体参与公共生活等领域中的各种计划、政策、方案和优惠制度（其设计和执行都以上述手段为基础）"。[113] 此外，还建议缔约国在其法律和行政制度中列入关于特别措施的规定，"无论是通过一般性立法还是通过针对特定阶层的立法，……以及通过在国家、区域和地方各级推行的上述计划、方案和其他政策举措"。[114] 该建议还请各缔约国在其报告中提供资料，除其他外，说明"这些措施的性质及其如何促进有关群体和个人的进步、发展和保护"。[115] 消除种族歧视委员会在实践中建议的措施包括立法、行政行动、司法行动[116]、打击歧视的计划和国家战略[117]、保留议会和公职中的席位[118]以及配额[119]。建议中没有使用"配额"一词，但其提到的"优惠制度"的范围很广，足以在它们遵循整个建议的各因素时容纳配额。[120]

2. 特别措施及相关术语

除了《公约》文本中的"特别措施"和"特别具体措施"外，消除种族歧视委员会还采用了"平权行动""积极行动""平权措施"的用语，在

219

---

[113]　第 32 号一般性建议第 13 段。

[114]　同上注。

[115]　第 32 号一般性建议第 37 段。

[116]　关于各种此类积极措施的简要建议，载于委员的结论性意见：萨尔瓦多，CERD/C/SLV/CO/13，para. 9。

[117]　委员会的结论性意见：波斯尼亚和黑塞哥维那，CERD/C/BIH/CO/6，para. 15；圭亚那，CERD/C/GUY/CO/14，para. 11。

[118]　委员会的结论性意见：印度，CERD/C/IND/CO/19，para. 17；摩尔多瓦，CERD/C/MDA/CO/15，para. 16。

[119]　委员会的结论性意见：摩尔多瓦，CERD/C/MDA/CO/15，para. 19（教育中罗姆学生的配额）；俄罗斯联邦，CERD/C/RUS/CO/19，para. 20（公共机构中土著民族的配额）。

[120]　委员会对喀麦隆的结论性意见建议该国采取具体措施，加强少数群体和土著民族的参与，"包括根据《公约》和委员会第 32 号一般性建议（2009）确定配额"：CERD/C/CMR/CO/19-21，para. 11。这种说法在解读《公约》关于确定配额的含义时可能是正确的，但如果认为这种说法提出第 32 号一般性建议明确了接受配额，则显然是不正确的。

一位学者看来，这些用语连同约文中的具体用语似乎 "被不加区别地用来表示同样的事情"。[121] 严格的《公约》意义几乎总是通过使用 "特别措施""特别具体措施"[122] "平权行动" 来表示，特别是当与取自第 1 条第 4 款或第 2 条第 2 款的短语，例如 "全面发展或保护"[123] "进展"[124] 相结合时，也许再加上 "脆弱性" 的提法，[125] 或通过明确忆及第 1 条第 4 款或第 2 条第 2 款。"暂时特别措施" 一词似乎不是委员会常规话语的一部分，尽管 "暂时性" 可以简单地通过回顾第 1 条第 4 款和第 2 条第 2 款的限制规定透露出来。第 32 号一般性建议拒绝使用国际人权法中的 "积极歧视" 一词，认为其构成 "用语矛盾"（contradictio in terminis）；[126] 这一点更适用于将特别措施描述为 "反向歧视"。

第 32 号一般性建议指出，特别措施包括 "在某些国家"[127] 中可能被描述为平权措施、平权行动或积极行动的措施；此等情况中，这些措施符合第 1 条第 4 款或第 2 条第 2 款的规定，但没有采用功用完全等同的术语。该建议还提到了《公约》一般性地要求的积极措施——不需要区别对待的积极行动——与特别措施之间的区别，声明采取特别措施的义务 "不同于《公约》缔约国承担的在非歧视基础上保证人权和基本自由的一般性积极义务"。[128] 因此，评估《公约》规定的采取 "措施" 的义务的范围与这样一个问题密切相关：特别措施的术语是否得到适当运用，以使个人和社群不会因临时措施取代《公约》规定的全面义务而受到亏待。[129] 该建议除其他外，还坚持 "特

220

---

[121] Vandenhole, *Non-Discrimination and Equality*, p. 208.

[122] 第 32 号一般性建议第 32 段指出，委员会一般将 "特别措施" 和 "特别具体措施" 用作同义词。

[123] 委员会的结论性意见：博茨瓦纳，CERD/C/61/CO/2，para. 12。

[124] 委员会的结论性意见：苏里南，CERD/C/64/CO/9，para. 19。

[125] 例如委员会建议挪威采取措施，确保 "适当发展和保护某些高度脆弱的土著群体"：CERD/C/NOR/CO/18，para. 17。

[126] 第 32 号一般性建议第 12 段。

[127] 同上注。

[128] 第 32 号一般性建议第 14 段。消除对妇女歧视委员会第 25 号一般性建议提到了 "积极行动" 中的含糊之处，该建议指出了这一说法在欧洲和联合国文件中被广泛使用，同时也在国际人权法中被用来描述积极的国家行动——"一国采取行动的义务与一国不采取行动的义务"。

[129] 就《消除对妇女歧视公约》提出的类似观点，见 E. Evatt, 'The practical relevance of Article 4 CEDAW with particular attention for Articles 11, 13 and 14', in Boerefijn *et al.*, *Temporary Special Measures*, pp. 45-50。

别措施应明确有利于群体和个人享受其人权"，这是一个"受益"群体可能
会质疑的问题。[130] 各种警告累积起来表明，并非所有在国内使用的"特别措
施"、"平权行动"或"积极行动"都必然等同于《公约》规定的特别措施。
第 32 号一般性建议"鼓励各缔约国运用明确显示其法律和做法与《公约》
中这些概念的关系的术语"。[131] 该建议的基本假设是，仔细解读该建议将尽量
减少采取特别措施的具体义务与源自其他条款的"积极"义务之间的混淆。

3. 特别措施和永久权利

消除种族歧视委员会区分了特别措施与个人和社群的永久权利。对这一
关系的思考来自 2007 年对新西兰报告[132]的讨论。该报告在"特别措施"项下
的资料除其他外，有关新西兰的《毛利人渔业、海滨和海床法》、《毛利人
土地法》、毛利人和帕西菲卡人的教育、毛利语等方面。[133] 列入这些资料使委
员会的国家报告员在"问题清单"中提出了一个问题："为什么缔约国认为
历史上的条约解决办法构成了对毛利人的充分发展与保护的特别措施？"[134] 国
家报告员和其他委员在口头讨论中跟进了这一问题。[135] 新西兰种族关系专员
的一项声明支持这一批评：专员"明确表示，不应混淆特别措施与政府的条
约义务、土著权利或针对特定族裔群体设计的一般性社会和经济措施"。[136] 新
西兰代表团的答复提出，鉴于委员会委员对特别措施范围的评论，可以重新
考虑这一事项，即可能最好列入这类资料。[137] 新西兰代表明确表示，缔约国

---

[130] 第 32 号一般性建议第 33 段；见下文有关澳大利亚《北领地国家应急法》（Northern Territory National Emergency Response Act）的要点。

[131] 第 32 号一般性建议第 12 段；另见第 37 段，关于国家报告内容的建议。

[132] 新西兰提交的作为一份文件的第十五次、第十六次和第十七次报告，CERD/C/NZL/17，18 July 2006。

[133] CERD/C/NZL/17, paras 51-172.

[134] 问题清单上的第三个问题。（英国人开始在新西兰殖民后，英国政府于 1840 年与土著毛利人签订了《怀唐伊条约》[Treaty of Waitangi]，其中保障了毛利人的诸多权利；新西兰后来依据该条约制定了有关毛利人的各项措施。该条约及其衍生的各项措施被称为"条约解决办法"。——译者注）

[135] CERD/C/SR.1821, paras 38 (Sicilianos, country rapporteur), 57 (Thornberry), and 60 (Kemal); CERD/C/SR.1822, para.30 (Thornberry).

[136] 新西兰人权委员会种族关系专员约里斯·德布雷斯（Joris de Bres）的声明（本书作者存档）；CERD/C/SR.1822, para.4。

[137] Ibid., para.21.

不认为条约解决办法是临时措施。[138] 委员会在其对新西兰的结论性意见中重
申了对分类混乱的关切，提请该国注意"要在促进族裔群体的特别和暂时措
221   施与土著民族的永久权利之间作出的区别"。[139] 委员们注意到，将历史上的解
决办法纳入特别措施将给新西兰国家的公认结构带来某种脆弱之处，这是一
个毛利人群体在其陈述意见中提出的看法。[140]

委员会委员们在 2008 年 8 月举行的专题讨论中提到了特别措施与土著
和少数人的永久权利之间的区别；[141] 第 32 号一般性建议综合了有关意见：

> 特别措施不应与涉及特定类别个人或社群的特别权利相混淆，例如
> 属于少数群体成员的权利，……以及土著民族的权利，包括对其传统上
> 占有的土地的权利、妇女享有的与男子不同的待遇的权利……。缔约国
> 应在其法律和实践中认真注意特别措施与永久性人权之间的区别。[142]

享有少数人或土著民族的权利的资格显然不"禁止"对这些群体适用特
别措施，因此，第 32 号一般性建议第 15 段*进一步声明，"特别措施与永久
权利的区别意味着享有永久权利者同样也可以享有特别措施的惠益"——这
一声明的措辞较无力，应根据对权利类别的当代理解予以更有力的强调。[143]
因此，委员会在对黑山的结论性意见中，在认可黑山为罗姆人社群采取的
各种积极措施以及对罗姆人的权利承认之后，对罗姆人的一般情况表示关
切，建议该缔约国"应针对罗姆人社群采取更有力的特别措施，使他们能

---

138   *Ibid.*

139   CERD/C/NZL/CO/17, para. 15.

140   Treaty Tribes Coalition, Aotearoa Indigenous Rights Trust, Maori Party, Te Whānau-a-Apanui, and Peace Movement Aotearoa.

141   一些发言情况，见 CERD/C/SR.1885, paras 3 (Avtonomov), 8 (de Gouttes), and 16 (Murillo Martinez)。

142   第 32 号一般性建议第 15 段。可以指出，委员会并不总是充分表达特别措施与永久权利之间的区别：CERD/C/SLV/CO/13, para.10, 其中建议萨尔瓦多批准国际劳工组织第 169 号公约，同时提及《消除种族歧视公约》第 2 条第 2 款。

*   原书此处作"第 12 段"，有误，经与作者核实更正。

143   可以顺便指出，所引用的句子区分了永久权利的"资格"（entitlement）和特别措施的"利益"（benefits），这表明特别措施应理解为在国家义务领域而不是个人或社群权利（资格）领域发挥作用。第 32 号一般性建议初稿（CERD/C/75/Misc.7/CRP.1）提及的特别措施的"资格"没有出现在通过的文本中。

够以不受歧视的方式切实获得教育、在公共行政部门的就业、保健和社会福利"。[144]

4. 协商和参与

消除种族歧视委员会倾向于坚持一项先决条件，即协商作为适用特别措施的运作模式的一部分，在某些情况下，则将协商之网撒得很广。有一次，委员会建议，"在采用任何平权行动方案之前，应先进行涉及所有族裔社群的协商"。[145] 在某些情况下，委员会更愿意使用"参与"一词而非"协商"，[146] 在其他情况下，则使用了更有力的语言，表示的关切有关"现有的一种认识……，即方案是在未经与［有关社群的］协商及其积极参与的情况下施加的"。[147] 根据这种观点，协商和参与应尽可能真实和透明。[148] 对协商或参与的明确偏好还可能延及对所采取措施的评估和审查。[149] 第32号一般性建议简洁地交代了对于不应简单地对群体施予他们并没有投入的特别措施的坚持："缔约国应确保制定和执行特别措施基于和受影响社群的事先协商，以及此类社群的积极参与。"[150] 所设想的协商和参与不限于受益社群，而是"受影响"社群。[151] 废除特别措施也可能与协商有关联。在博茨瓦纳的情况中，对于废除该国《宪法》第14条第3款（c）项——限制外来人员进入布须曼（Bushmen）地区，"只要这些限制是为保护布须曼人或保障其福祉所合理需要的"，该缔约国提出的证明理由是，这一规定由于"经过十年的协商"后的搬迁而过时。[152] 委员会的结论性意见对磋商的性质及其对人权的影

222

---

[144] CERD/C/MNE/CO/1（2009），para. 17.

[145] 委员会的结论性意见：斐济，CERD/C/62/CO/3，para. 16。

[146] 委员会的结论性意见：也门，CERD/C/YEM/CO/16，para. 15，提到"受影响社群成员的参与"。

[147] 委员会的结论性意见：纳米比亚，CERD/C/NAM/CO/12，para. 12。

[148] 委员会对摩尔多瓦的结论性意见要求该国让公众知晓罗姆人行动计划，以确保"非政府组织，特别是罗姆人组织能够有效参与计划的执行和监测"：CERD/C/MDA/CO/15，para. 12。

[149] 委员会的结论性意见：新西兰，CERD/C/NZL/CO/17，para. 16。

[150] 第32号一般性建议第18段。（原书中，这句话引用不全，由译者补全。——译者注）

[151] 第32号一般性建议早先的草稿提到了协商/参与和"受益社群"：CERD/C/GC/32/CRP. 1，para. 20。

[152] CERD/C/SR. 1749，para. 17.

响表现出了怀疑。[153] 在特别措施方面所需的参与的性质反映了第 5 条（寅）项和《公约》在更一般意义上所设想的参与权的尺度。[154]

5. 限制

消除种族歧视委员会一再提请各缔约国注意特别措施在期限和避免分隔情况方面的限制。这是在捷克共和国"特殊学校"案中出现的问题之一。委员会回顾，特别措施正当合法的一个条件是，"就目的而言或在实践中不导致社群的分隔"。[155] 类似的信息已经传达给各报告国，特别是（并且符合逻辑地）当委员会判断这些措施可能被推得太远，以至于反过来等同于优惠甚至歧视之时，包括适用特别措施的紧急时刻已经过去的情况。[156] 在第 32 号一般性建议中，对于措施不应导致保持不同种族群体的"隔别权利"这一点，第 26 段参考了第 1 条第 4 款——通过将其与反对种族隔离和分隔做法相联系，同时坚持了以下情况，即坚持"不可允许的'隔别权利'的概念必须与国际社会为确保某些群体，例如少数群体、土著民族和……其他类别的群体（其权利在普遍人权框架内同样得到接受和承认）的存在和特性而接受和承认的权利相区别"。[157] 这强化了建议中其他地方对特别措施和永久权利的区分。

在特别措施的"暂时"方面，第 32 号一般性建议确认这一限制"本质上是功能性的、与特定目标关联的：在采取措施要实现的目标即平等目标可持续地实现后，这些措施即应停止适用"。[158] "可持续地"没有出现在《公约》约文中，但被经济、社会和文化权利委员会用于一个相关的语境。[159] 因此，对于特别措施的明确限制规定被视为在不歧视准则下取得正当性的必要

153　委员会对博茨瓦纳的结论性意见称："委员会关切地注意到以下两方面之间的差异：一方面，缔约国提供的资料表明，已与中部卡拉哈里狩猎保留区（Central Kalahari Game Reserve）的居民协商，他们已经同意迁到保留区外；另一方面则有持续不断的指控称，这些居民被强行迁移。"（CERD/C/BWA/CO/16, para. 12）

154　见本书第十三章的讨论。

155　委员会的结论性意见：捷克共和国，CERD/C/CZE/CO/7, para. 17。

156　关于后一种情况的例子，见委员会的结论性意见：波斯尼亚和黑塞哥维那，CERD/C/BIH/CO/6, para. 11。在本书第十三章讨论。

157　对于第 2 条第 2 款中特别措施的限制，第 32 号一般性建议第 35 段采取的立场是，这些限制"比照来说，与第 1 条第 4 款所述限制基本上是相同的"。

158　第 32 号一般性建议第 27 段。

159　经济、社会和文化权利委员会关于不歧视的第 20 号一般性意见第 9 段。

条件。虽然该建议的用语描述了缔约国的义务，而不是设想对于特别措施的
"应享权利"（entitlements），[160] 但在有些情况下，长期享受这些措施可能会造
成对延续的期望和一种应享权利的感觉。该一般性建议在这一点上处理得很
巧妙，只是告诫说，缔约国"应认真确定，突然撤销特别措施，尤其是在特
别措施已实行很长一段时间时，是否会对受益社群产生不利的人权后果"。[161]
关于歧视、确定受益者和终止特别措施的交叉情况的一个复杂问题，出现在
2007 年对印度报告的审查中，[162] 其中消除种族歧视委员会关切地注意到，
"为了逃避种姓歧视而皈依伊斯兰教或者基督教的达利特人据报道失去了他
们根据平权行动方案的应享权利，而不像成为佛教徒或锡克教徒的皈依
者"，[163] 建议印度"恢复所有已皈依另一宗教的在册种姓和在册部落成员享
受平权行动惠益的资格"。[164] 措施的终止要依据平等和不歧视原则判断，这与
规范这些措施之采取和适用的原则是一样的。

（三）第 1 条第 4 款

1. "不得视为种族歧视"

消除种族歧视委员会经常回顾特别措施与不歧视之间的关系，指出使用
特别措施"完全符合《公约》的文字和精神"。[165] 特别措施与不公平优惠之
间的区分并不总是精巧的。委员会关于《公约》第 1 条第 1 款的第 14 号一
般性建议第 2 段规定，"如果根据《公约》的目的及宗旨判断，某项差别待
遇是正当的或在《公约》第 1 条第 4 款的范围内，则该项差别待遇就不构成

224

歧视"。[166] 该用语不应解读为暗示第 1 条第 4 款下的区别不"正当"：简要记录
包括草案发起人的意见，即该建议"与第 1 条第 4 款中的……特别措施……无
关"，委员会若有意，可以"在文本中包括一项声明，表明该建议不得影响

160　在该建议中，提及应享权利只涉及享受永久人权，而不涉及特别措施。

161　第 32 号一般性建议第 35 段。

162　CERD/C/IND/19, para. 21.

163　委员会的结论性意见：印度，CERD/C/IND/CO/19, para. 21。

164　同上注。

165　委员会的结论性意见：博茨瓦纳，CERD/C/BWA/CO/16, para. 12。

166　A/48/18, ch Ⅷ B.

第 1 条第 4 款"。[167] 关于"不得视为种族歧视"的措辞，第 32 号一般性建议第 20 段坚决主张第 1 条第 4 款，

> 表明缔约国根据《公约》条款采取的特别措施不构成歧视，《公约》的准备工作文件强化了这一澄清，其中记录了起草中将"不应（should not）视为种族歧视"改为"不得（shall not）视为种族歧视"。因此，特别措施不是非歧视原则的一种例外，而是该原则的题中应有之义，对消除种族歧视、推进人类尊严和有效平等是不可或缺的。

各国政府的答复可能并不总是理解或接受分类的微妙之处，并实际上表明特别措施是歧视性的。圭亚那在 2008 年对消除种族歧视委员会的结论性意见的回应中，将圭亚那有关土著民族的立法框架的支柱即 2006 年《美洲印第安人法》描述为"有利于美洲印第安人的特别措施和……《公约》第 1 条第 4 款含义内的特别措施"。[168] 此外，虽然该法保护美洲印第安人有其道理，但"它不能赋予美洲印第安人权利而损害其他人"。[169] 该论点的表述除了（错误地）将土著人的全部权利归入特别措施之外，还表明，从某些角度来看，"特别措施"可能被错误地定性为对他人造成损害的权利。

2. "专为"

行为可能有各种动机或目的。第 1 条第 4 款规定，采取特别措施要"专为"确保有关群体和个人获得充分进展。[170] 第 32 号一般性建议规定，"专为"的提法"限制了《公约》规定的特别措施的可被接受的动机的范围"。[171] 该一般性建议还提出，"此类措施本身的性质、当局证明此类措施合理的论

---

[167] CERD/C/SR. 981, para. 61, 委员会委员沃尔夫鲁姆（Wolfrum）。第 14 号一般性建议并没有包括此类声明。

[168] CERD/C/GUY/CO/14/Add. 1, para. 2.

[169] *Ibid.*, para. 70.

[170] 澳大利亚法院在有关种族歧视的语境中，解释了"专为"这一概念："将法律规定定性为'专为'而'采取'的必要条件，是在实际情况中能够看到的，这些规定通过解说提供了其特性的唯一目的，是可以真正地而不是似是而非或异想天开地被指代和解释的。除非这些规定能够被合理地认为对于实现这一目的是适当的，并且能够适应这一实现，否则它们将无法被恰当地如此定性"：per Deane J. in *Gerhardy v Brown* (1985), 159 CLR 70, p. 149.（在《公约》英文本中，与"专为"对应的表述是"sole purpose"，亦可理解为"唯一目的"。——译者注）

[171] 第 32 号一般性建议第 21 段。

据以及旨在将此类措施付诸实施的工具都应明确显示这一动机"。[172] 在一系列措施的复杂组合作为特别措施的"一揽子"被一并提出的情况下，则可能很难看出这一点。消除种族歧视委员会针对澳大利亚《北领地国家应急法》，根据委员会的预警程序提出了目的问题。该法是根据北领地政府的一份报告颁布的，该报告记录了北领地土著社群中发生的虐待儿童的案件。[173] 该法的全部内容，包括有关出售和消费酒类、禁止色情制品、获得对土著土地的租约、在判刑方面排除习惯法、收入管理制度的适用等措施的混合，被认为是澳大利亚《种族歧视法》（Racial Discrimination Act）所规定的"特别措施"，[174] 而同时，新的措施被排除在《种族歧视法》第二部分之外。[175] 澳大利亚政府在给委员会的（暗示拟议重新设计这些措施的）答复中，似乎觉得一揽子措施的范围太广：它说，修订后的措施"要么是更明确的特别措施，要么是非歧视性的，而不会涉及中止《种族歧视法》"。[176]

3. 充分进展

"充分进展"意味着"制定目标明确的方案，以减轻和弥补受影响的特定群体和个人在享有人权和基本自由方面的差异，保护他们免遭歧视"。[177] 此类差异"包括但不限于源于历史情况的持续性或结构性差异和事实上的不平等"，因此"没有必要证明'历史性'歧视来证成一项特别措施方案：重点应放在纠正目前的差异以及防止出现新的不平衡上"。[178] 对目前情况的强调之所以重要，是因为"历史性"歧视及其原因和责任可能难以清楚地证明。强调目前情况更符合整个《公约》，通过关注目前和未来的潜在情况来触发国家目前的责任。

172　同上注。

173　R. Wild and P. Anderson, *Ampe Akelyernemane Meke Mekarle*: *Little Children are Sacred*（Board of Inquiry into the Protection of Aboriginal Children from Sexual Abuse, 2007）.

174　《北领地国家应急法》第 132 条第 1 款规定："本法的规定以及根据或为这些规定之宗旨所做的任何行为，就 1975 年《种族歧视法》而言，是特别措施。"

175　《北领地国家应急法》第 132 条第 2 款。

176　澳大利亚政府 2009 年 3 月 4 日的临时答复（委员会秘书处存档）。另见委员会的结论性意见：澳大利亚，CERD/C/AUS/CO/15-17, para. 16。

177　第 32 号一般性建议第 22 段。

178　同上注。

"进展"是这样一个概念，即在最坏的情况下，只不过呼应了"文明使命"，但在最好的情况下，其灵感则是积极的和人道的。[179] "进展"在澳大利亚《北领地国家应急法》案中，以有启发性的方式被提了出来。从澳大利亚政府的观点来看，这些措施显然有利于有关社群，符合一项措施"必须导致某一类人的部分或全部成员受益"的要求。[180] 另一方面，澳大利亚的一些非政府组织辩称，"进展"标准没有得到满足，因为这些措施在文化上不适当，也没有尊重一系列土著权利。[181] 在第 1 条第 4 款的约文中，"进展"表面上与"保护"不太协调，后者是一个较狭义的概念，特别是因为在一般国际人权法中，"保护"主要是指针对私人行为的保护。然而，第 32 号一般性建议中的想法是，"保护""表示针对任何来源的侵犯人权行为，包括个人的歧视行为的保护"，并补充说，特别措施"可能具有预防（对人权的侵犯）和纠正功能"，[182] 这一点强化了该一般性建议中关于特别措施条款的目前和未来导向的第 22 段。在澳大利亚的格哈迪诉布朗案中，对"进展"的理解受到了质疑：

> 一项特别措施必须具有的唯一目的是进展，但什么是"进展"？在某种程度上，这是一个参考特别措施意欲在其中运作的情况而形成意见的问题。"进展"不一定是采取措施者认为对受益者有利的东西……。受益者的愿望……在确定某一措施是不是为确保其进展而采取方面非常重要（也许是至为必要）。受益者的尊严受到损害，他们不会因为获得不想要的物质利益而有进展。[183]

对此，可以补充的是参与影响社群的决定的关键国际标准和土著民族的

---

[179] 本书第二章。

[180] Future Directions for the Northern Territory Emergency Response, Australian Government discussion paper, 21 May 2009, p. 7.

[181] 2009 年 1 月 28 日提交的紧急行动请求（人权高专办秘书处存档）。

[182] 第 32 号一般性建议第 23 段。

[183] Per Brennan J. in *Gerhardy v Brown* (1985), 159 CLR 70, 135. See also *Bropho v Western Australia* [2007] FCA 519, per Nicholson J; *Aurukun Shire Council v CEO Office of Liquor Gaming and Racing* [2010] QCA 27; *Morton v Queensland Police Service* [2010] QCA160, 引自澳大利亚人权委员会：<https://www.humanrights.gov.au/publications/guidelines-understanding-special-measures-racialdiscrimination-act-1975-cth-2011>。

自决权。[184]

4. 须予必要保护之种族或族裔群体或个人

就经常被认定需要特别措施的种族或族裔群体而言，可以从上述例子（并通过本评注中的许多内容）中总结出，消除种族歧视委员会的做法充满了对少数群体和土著群体的提及，而在少数群体中，罗姆人占显著地位。委员会第 27 号一般性建议[185]广泛提到了未加界定的"措施"，但也提到了中央和地方政府机构在就业和参与方面的"特别措施"。[186] 同样，关于基于世系的歧视的第 29 号一般性建议[187]在大量提及"措施""严格措施""坚决措施""机制""方案""项目"的同时，有限地提及"特别措施"[188] 和"特别和具体措施"[189]。联合国《人权报告手册》关于《消除种族歧视公约》的一节提出的建议是，为根据其他国际文书、就弱势群体的权利提交报告而收集的资料，应查询其在《消除种族歧视公约》项下的潜在相关性，并补充说，对于第 1 条第 4 款，要查询的"特别是《公民及政治权利国际公约》第 27 条[190]，《经济社会文化权利国际公约》第 2 条第 3 款[191]，《消除对妇女歧视公约》第 4 条（暂行特别措施）和第 14 条[192]，以及《儿童权利公约》第 22、23、30 条[193]"。消除种族歧视委员会第 30 号一般性建议第 4 段提到了关于非公民的特别措施，但仅限于简单地回顾"在《公约》关于特别措施的第 1 条第 4 款的范畴内的区别对待不被认为具有歧视性"。对于这适用于非公民的更明确肯定出现在委员会对奥地利的结论性建议中，其中在提到"少数族裔、移民

227

---

[184]　在本书第十三章讨论。

[185]　A/55/18, Annex V. C.

[186]　第 27 号一般性建议第 28、29、41 段。

[187]　A/57/18, Chapter XI. F.

[188]　第 (f) 段设想"特别是在担任公职、获得就业和教育方面"采取特别措施。

[189]　在政治权和代表权方面：第 29 号一般性建议第 (bb) 段。

[190]　少数群体的权利。

[191]　指经济权利和非国民。

[192]　第 14 条是关于农村妇女的复杂条款。

[193]　*Manual on Human Rights Reporting* (United Nations, 1997), p. 274. 关于《消除种族歧视公约》的部分由消除种族歧视委员会委员路易斯·巴伦西亚·罗德里格斯（Luis Valencia Rodriguez）撰写。《儿童权利公约》第 22 条涉及难民儿童，第 23 条涉及残疾儿童，第 30 条涉及少数民族和土著儿童的权利。

和寻求庇护者等”弱势群体之后，委员会建议“该缔约国考虑采取有利于这些群体的特别措施”。[194]

脆弱性标准代表了在更具形式性的分析之外，一种设想潜在受益者范围的方法。[195] 第 32 号一般性建议在回顾消除种族歧视委员会第 8 号一般性建议（关于第 1 条第 1、4 款）、第 27 号一般性建议（关于罗姆人）和第 29 号一般性建议（关于世系）时选择了更具形式性的分析，并选择了这样的表述方式——“此类措施原则上应提供给《公约》第 1 条涵盖的任何群体或个人”，对此，委员会的实践是解释指向标之一，从而将此类措施的潜在受益者开放到包括上述情况以及在交叉性概念下出现的个性化案件。该建议注意到第 1 条第 4 款中宽泛含糊的“须予……保护之种族或族裔群体或个人”与第 2 条第 2 款中的“种族群体或［其所属］个人”之间的区别，结论是“特别措施的潜在受益者或对象的范围……应根据《公约》的总体目标理解为致力于消除一切形式的种族歧视，而特别措施是……用于实现这一目标的一个基本手段”。[196]

（四）第 2 条第 2 款

1. “应”采取特别措施

消除种族歧视委员会强调了“于情况需要时”采取特别措施这一要求的强制性质。委员会与美国的交流有助于提炼出关键问题。委员会在 2001 年对美国的结论性意见中评论说：

> 关于平权行动，委员会关切地注意到该缔约国采取的立场，即《公约》的规定允许但不要求缔约国采取平权行动措施以确保若干种族、族裔或民族群体获得充分发展与保护。委员会强调，各缔约国于情况需要时，例如在持续存在差距的情况下采取特别措施，是源于《公约》第 2 条第 2 款的一项义务。[197]

---

194 CERD/C/AUT/CO/17，para. 21（强调为本书作者所加）。

195 见本书第十五章。

196 第 32 号一般性建议第 24、25 段。

197 CERD/C/304/Add. 125，para. 20.

这一意见是针对美国的双重确定提出的：平权行动措施不必以种族为基础，以及何时采取平权行动的问题是由缔约国酌处的事项。[198] 在 2008 年审议其第四次至第六次报告期间，美国对委员会先前的评论作出的回应是：

> 美国承认，第 2 条第 2 款要求各缔约国 "于情况需要时" 采取特别 228
> 措施，……美国已经采取了许多此类措施。关于何时确实需要采取此等
> 措施的决定，留由各缔约国判断和酌处。关于应该采取何种措施的决定
> 也留由各缔约国判断和酌处，而美国坚持其立场：与《公约》相一致，
> 专为使若干须予必要保护的种族或族裔群体或个人获得充分进展而采取
> 的特别措施，其本身可能是也可能不是基于种族的。例如，一项 "特别
> 措施" 可能涉及某一种族群体的发展或保护，而这项措施本身的适用并
> 不基于种族（例如，一项措施可能针对社会中最需要帮助的成员，而没
> 有明确作出种族区别）。[199]

这一点在消除种族歧视委员会的讨论中得到了重申，其中美国代表团阐述道，关于适用《公约》第 2 条第 2 款规定的措施的决定应留由缔约国自由判断，"而此等措施不一定基于种族或族裔属性"。[200] 美国在关于特别措施的专题讨论期间重申了这一立场：

> 美国承认，第 2 条第 2 款要求各缔约国 "于情况需要时" 采取特别
> 措施。……关于何时确实需要采取此等措施的决定，留由各缔约国判断和
> 酌处。关于应该采取何种措施的决定也留由各缔约国判断和酌处，……特
> 别措施本身可能是也可能不是基于种族的。例如，一项 "特别措施" 可
> 能涉及某一种族群体的发展或保护，而这项措施本身的适用并不基于种

---

[198]　美国报告中的相关段落写道："第 1 条第 4 款和第 2 条第 2 款合在一起允许但不要求缔约国在不违反《公约》的情况下采取基于种族的平权行动方案。何时实际需要这些措施留在每个缔约国酌处。"（CERD/C/351/Add.1，para. 249）在讨论过程中，委员会委员雷舍托夫（Reshetov）指出，"美国错误地认为……采取……特别措施留由每个缔约国酌处……实际上，《公约》要求缔约国采取这种措施"（CERD/C/SR.1474，para. 31）。另一名委员会委员布里茨（Britz）将美国的声明解读为"这些措施将具有一般性，而不是针对特定群体"（CERD/C/SR.1475，para. 17）。美国代表在答复时似乎把这两个问题合并了："第 2 条没有施予缔约国采取特定的基于种族意识的措施的义务。"（CERD/C/SR.1476，para. 5）

[199]　CERD/C/USA/6，para. 127.

[200]　CERD/C/SR.1853，para. 17（本书作者从法文本翻译）；CERD/C/SR.1854，para. 1.

族（例如，一项措施可能针对社会中最需要帮助的成员，而没有明确作出种族区别）。[201]

这些声明包括三个方面的确定：何时要采取特别措施是由国家酌处的事项，措施的类型也要酌处，而且特别措施可以基于需要，而不一定基于种族。第 32 号一般性建议中有两段在某种程度上特别针对美国的问题。第 30 段明确规定了采取特别措施的"义务的强制性质"，这种性质"不因添加'于情况需要时'的用语而受到削弱，这一用语应解读为提供了适用措施的背景"。关于《公约》解释的第 5 段补充说，"对背景保持敏感的解释……包括考虑缔约国的特定情况"，再加上，虽然"有意识地适用《公约》原则将……产生不同结果，但这些不同按照《公约》的原则必须完全有理有据"。该建议对于"需要"的问题，并没有按照美国的方式将其处理为"种族/需要"的二分法问题，而只是简单地建议，这些措施"应根据需要来制定和实行，并基于对有关个人和群体当下情况的现实评估"。[202]

229　　消除种族歧视委员会自己对需要采取措施的情况的解读提到了脆弱性[203]、边缘化[204]、不平等或结构性不平等[205]、根深蒂固的种族主义[206]、处境不利[207]和间接歧视[208]，而处境不利的确切性质因具体情况而异，并将影响委员会建议的救济措施的类型。在有些情况下，委员会本身提到了历史性的歧视。[209] 在另一些情况下，重点是如何防止持续的或进一步的歧视，如何消除差距、持续的差距和不平等；[210] 委员会强调的积极因素也出现在第 32 号一般性建议中。2003 年向斐济提出的一项概要建议敦促说，平权行动措施应该"在民

201　人权高专办秘书处存档。

202　第 32 号一般性建议第 16 段。委员会随后建议美国考虑第 32 号一般性建议：CERD/C/USA/CO/7-9, para. 7。

203　特别措施并非自动与每一个土著群体有关联：在复杂的人口情况下，一些土著人可能比其他土著人更脆弱。见委员会的结论性意见：挪威，CERD/C/NOR/CO/18, para. 17，有关东部萨米人。

204　委员会的结论性意见：博茨瓦纳，CERD/C/61/CO/2, para. 12。

205　委员会的结论性意见：巴西，CERD/C/64/CO/2, para. 12。

206　委员会的结论性意见：危地马拉，CERD/C/GTM/CO/11, para. 12。

207　委员会的结论性意见：博茨瓦纳，CERD/C/BWA/CO/16, para. 13。

208　委员会的结论性意见：马达加斯加，CERD/C/65/CO/4, A/59/18, para. 16。

209　委员会的结论性意见：危地马拉，CERD/C/GTM/CO/11, para. 12。

210　委员会的结论性意见：美国，CERD/C/USA/CO/6, para. 15。

主社会中必要，尊重公平原则，并……以对土著斐济人和其他社群的实际情况的评估为基础"。[211] 第 32 号一般性建议第 16 段将这一要求表述为，根据这一要求，此等措施"应适合要予以补救的情况、合法正当、在民主社会中必要、尊重公平和比例原则，并且是暂时性的"。在所有这些情况下，都强调了对各种不利处境的客观评价至关重要。

探讨适用特别措施的条件提出了支持数据的问题。消除种族歧视委员会经常请各国确定人口的具体需要，[212] 而支持数据的问题则在第 32 号一般性建议中得到有力体现。[213] 如果于情况需要时未能采取措施，就可能遭委员会批评。委员会询问安提瓜和巴布达，当其宪法规定了特别措施时，为什么没有采取这种措施，以及数据收集是否足以评估采取这些措施的必要性。[214] 对于苏里南，委员会表示遗憾的是，该国没有为促进土著和部落民族的教育和健康采取特别措施，理由是"没有可用数据表明它们需要特别保护"。[215] 同采取特别措施的背景条件一样，委员会还强调，需要有数据来评估有多少人得益于适用特别措施，[216] 并以此为基础决定何时应停止适用这些措施。

230

2. 种族群体或个人 *

消除种族歧视委员会就谁应被视为受《公约》保护的群体的成员这一复杂问题发表了指导意见。如前所述，[217] 既与种族歧视的定义有关，也与特别措施有关的第 8 号一般性建议确立了确定群体成员的原则："某一或某些特定种族或族裔群体"成员的确定，"如果没有相反的正当理由，必须基于有

---

[211]　委员会的结论性意见：斐济，CERD/C/62/CO/3，para. 15。

[212]　例如委员会的结论性意见：博茨瓦纳，CERD/C/61/CO/2，para. 12。有关数据问题的一般思考，见本书第六章。

[213]　第 17、35、37 段。

[214]　委员会的结论性意见：安提瓜和巴布达，CERD/C/ATG/CO/9，para. 13。

[215]　委员会的结论性意见：苏里南，CERD/C/64/CO/9，para. 19。

[216]　委员会的结论性意见：斯洛文尼亚，CERD/C/62/CO/9，A/58/18，para. 10。委员会曾请斐济等国提供关于方案成果的资料：CERD/C/62/CO/3，para. 18。

*　在《公约》英文本中，与"种族群体或个人"相对应的表述为"racial groups or individuals belonging to them"，应理解为"种族群体或其所属个人"。

[217]　见本书第六章。

关个人的自我认识"。[218] 在第 8 号一般性建议中添加"某一或某些群体"的提法，是为了不排除某一个人可能属于不止一个群体的可能性。[219] 该建议的早期草案曾规定，这种确定"必须完全基于"自我认识，这立即招致了回应，即"完全"的限制性太强，对各国施加了太大的压力，迫使它们对组织人口普查和其他数据收集方法采取某种具体做法。[220] 对于有人主张自己属于与其没有联系的少数群体的情况，也有人提出了问题。[221]

第 8 号一般性建议没有清楚回答什么样的"正当理由"可以与单纯依赖自我认识对抗。自我认识是首要的出发点，而成员问题则要进行范式意义上的协商——这要通过涉及"客观"文化因素、社群接受情况和承认之目的进行原则论证。消除种族歧视委员会在对芬兰的结论性意见中，敦促该缔约国在萨米土著民族的成员身份方面，更加重视自我认识。[222] 芬兰的萨米人理事会作出回应，并根据芬兰最高行政法院关于萨米人身份的裁决，要求修订该建议以避免支持"允许大部分芬兰人口"能够主张萨米人身份的"荒谬"的法院裁决。[223] 在这种情况下，委员会建议芬兰在其有关萨米人身份的判决中更多地考虑《联合国土著人民权利宣言》，包括其自决原则。[224] 委员会后来的建议根据所提供的新资料重新调整了以前的结论。第 32 号一般性建议

231

---

218 A/45/18, Annex Ⅶ.1. 在一起针对喀麦隆的案件中，非洲人权和民族权委员会认为，南喀麦隆人有资格被称为一个"民族"："因为他们表现出众多的特性和亲缘关系，包括共同的历史、语言传统、领土联系和政治观点。更为重要的是，他们认定自己是一个具有单独的、特别的身份特征的民族。身份特征是内在于一个民族的固有特性。其他外部民族可以承认这种存在，而不能予以否认。"*Kevin Mgwanga Gunme et al. v Cameroon*, ACHPR, Comm. No. 266/2003, 27 May 2009, at para. 179; cited in J. Dugard and J. Reynolds, 'Apartheid, International Law, and the Occupied Palestinian Territory', *European Journal of International Law* 24 (2013), 867-913, 888 (强调为作者所加)。

219 CERD/C/SR.883, para.57 (Banton).

220 *Ibid.*, para.59 (Banton).

221 *Ibid.*, para.62 (Song Shuhua).

222 CERD/C/FIN/CO/19, para.13.

223 萨米人理事会对芬兰提交消除种族歧视委员会的第 20、21 和 22 次定期报告的意见，2012 年 8 月 13 日，第 5 页 (消除种族歧视委员会秘书处存档)。除其他外，该理事会引用 Thornberry, 'Integrating the UN Declaration on the Rights of Indigenous Peoples into CERD Practice', in S. Allen and A. Xanthaki (eds), *Reflections on the UN Declaration on the Rights of Indigenous Peoples* (Hart Publishing, 2011), pp.61-91, p.83; 还援引《联合国土著人民权利宣言》第 33 条第 1 款来支持该理事会提醒的事项，即土著民族有权根据其习俗和传统确定自己的身份或成员资格。

224 CERD/C/FIN/CO/20-22, para.13.

在其关于第 2 条第 2 款的评论中论述了群体成员问题：特别措施的受益者"可以是群体或属于此类群体的个人。通过特别措施推进和保护社群是与尊重个人的权利和利益同时推行的正当目标"。[225]

如果第 32 号一般性建议在个人声称成员资格问题上比第 8 号一般性建议更审慎一些，将"必须"（shall）基于自我认识软化为"应该"（should）基于自我识别，则该一般性建议在推进和保护社群方面会更稳健一些。

3. 充分发展与保护/运作领域

"充分发展与保护"同第 1 条第 4 款中的"充分进展"形成了对比，第 32 号一般性建议第 33 段对其作了草率处理，大意是特别措施"应明显有利于群体享受人权"，而且在所有情况下，"很显然，提及'发展'的限制只涉及群体或个人自己发现所处的状况或条件，而不是对任何个人或群体特征的反映"。该段还指出，原则上，"特别措施能够触及所有剥夺人权的领域，包括剥夺对《公约》第 5 条所明示或暗示保护的任何人权的享受"。消除种族歧视委员会的做法大量涉及应采取特别措施来加强人权的领域。建议的措施，除其他外，涉及以下方面：在军队和警察[226]、政治制度[227]、公职队伍[228]和新闻媒体[229]中的代表性，教育（包括缩小成绩差距）[230]、就业和住房[231]，保护遗产[232]，减轻贫困[233]，加强迁徙自由和参与权[234]。在各项建议中，代表性和参与问题占有重要地位。

---

[225]　第 32 号一般性建议第 34 段。

[226]　委员会的结论性意见：埃塞俄比亚，CERD/C/ETH/CO/15，para. 25。

[227]　委员会的结论性意见：爱尔兰，CERD/C/IRL/CO/2，para. 22；蒙古国，CERD/C/MNG/CO/18，para. 15。

[228]　委员会的结论性意见：尼日利亚，CERD/C/NGA/CO/18，para. 18。

[229]　委员会的结论性意见：尼泊尔，CERD/C/64/CO/5，para. 21。

[230]　委员会的结论性意见：斐济，CERD/C/FJI/CO/17，para. 17。

[231]　委员会的结论性意见：也门，CERD/C/YEM/CO/16，para. 15。

[232]　委员会的结论性意见：乌克兰，CERD/C/UKR/CO/18，para. 18。

[233]　委员会的结论性意见：斐济，CERD/C/62/CO/3，para. 16。

[234]　委员会的结论性意见：南非，CERD/C/ZAF/CO/3，para. 19。

四　评论

第 32 号一般性建议对实践的巩固和澄清并没有处理《公约》关于特别措施的这两款中的每一个细微差别,[235] 包括第 1 条第 4 款使用"特别措施"而第 2 条第 2 款使用"特别具体措施",第 1 条第 4 款使用"种族或族裔群体"而第 2 条第 2 款使用"种族群体",第 1 条第 4 款使用"充分进展"而第 2 条第 2 款使用"充分发展"。第 32 号一般性建议指出,这些"细微差别并不影响其概念和宗旨的本质一致性"。[236] 有些差别似乎与这两款的功能有关,因此,作为定义之一部分的"特别措施"在其涉及针对性的适用方面成为"特别具体措施";在《消除种族歧视宣言》中,在没有定义段落的情况下,列入"特别具体措施"与类似于第 2 条第 2 款的段落有关。在起草第 1 条第 4 款时,在小组委员会阶段,对具体措施的提及消失了,而在起草第 2 条第 2 款的阶段,这一提法又保留了下来。"种族群体"在第 1 条第 4 款的早期草案中曾被提及,并根据印度和埃塞俄比亚的提议扩展到"种族或族裔群体":准备工作没有说明变化的原因,鉴于印度提出的特别措施的候选例证并非种性的,无须挑剔这种变化的幅度。关于"进展"和"发展",在定义和采取措施的义务之间的差别似乎再次影响了起草工作,因为印度作出了一项重要干预,建议把第 1 条第 4 款中界定的"进展"转化为第 2 条第 2 款中将有关民众提高到其他人的发展水平的义务。[237] 第 1 条第 4 款和第 2 条第 2 款表述的终止特别措施的条件有所不同,前者提出了限制特别措施的两项条件,而后者将其合二为一。尽管存在这种细微差别,但第 32 号一般性建议提出,第 1 条第 4 款中的概念应经适当修改后适用于第 2 条第 2 款。[238] 起草记录表明,存在着对第 1 条第 4 款和第 2 条第 2 款之间在这一情况和其

232

235　T. Makkonen, *Equal in Law, Unequal in Fact* (Martinus Nijhoff, 2012), p. 143, fn. 128.

236　第 29 段。

237　A/C. 3/SR. 1308, para. 7.

238　第 35 段。

他情况下重复的认识，[239] 尽管消除种族歧视委员会并未因任何此类考虑而偏离其对特别措施的坚定支持，也没有偏离将这两款处理为宣示统一而非相互冲突的原则的道路。

第 32 号一般性建议提到了《公约》中特别措施的自主含义，将这种自主含义与国内法律制度中的"平权行动"及相关术语的多样用法区别开来。该建议的最初稿提到了平权行动的用法与《公约》对特别措施的立场在功能上等同，但这一点在起草过程中有所软化，以尊重各国国内的用法不符合该建议和消除种族歧视委员会在实践中阐述的《公约》要求的可能性。[240] 对各缔约国的要求是，在得出其做法——不论采用何种术语——符合《公约》要求的结论之前，查询《公约》的具体要求：术语并不优于实质。

在第 32 号一般性建议中，这一概念也与当今世界的人权标准联系在一起，该建议也促成了这些标准。[241] 《消除种族歧视公约》的条款是作为《消除种族歧视宣言》之规定的一种详细和完善的版本出现的，主要变化在于更强调保护群体。[242] 在人权条约中，《消除种族歧视公约》的条款与《消除对妇女歧视公约》的条款有最紧密的联系；如果只基于《消除种族歧视公约》和《消除对妇女歧视公约》提供的特别措施的明确定义来看的话，它们与其他核心人权文本的联系则不那么明确，尽管就例如以下问题，也确实存在细微差别：特别措施的期限以及基于理由和基于需要的措施之间的关系。细节上的差异影响了条约机构和其他机制处理这一问题的胆量：条约基础吸收了

233

239　例如见阿拉伯联合共和国代表的发言，A/C. 3/SR. 1306, para. 29。

240　CERD/C/GC/32/CRP. 1, para. 14.

241　澳大利亚的一名法官加格勒（Gageler）在一起案件中广泛引用了第 32 号一般性建议以及其他材料，视其为有关种族歧视和特别措施的标准的"当代理解"的主要证据：*Muloney v The Queen* [2013] HCA 28（June 2013），paras 288-328。该案中，上诉人是一个土著社群的成员，质疑将在特定地理区域禁止饮酒列为"特别措施"，并援引第 32 号一般性建议作为国际理解发生变化的证据。澳大利亚高等法院驳回了上诉。其他法官在发表意见时，除其他外，对消除种族歧视委员会的解释表示怀疑，即《公约》第 1 条第 4 款和第 2 条第 2 款必然意味着要与受影响社群协商，尽管弗伦奇（French）首席法官同意，从常识上来讲，事先与受影响社群协商以及该社群实质上接受拟议措施可能对措施的实际执行至关重要（*ibid.*, para. 25）。基菲尔（Kiefel）法官似乎（错误地）认为，消除种族歧视委员会的建议"改变了《公约》的约文"（*ibid.*, para. 176）。

242　D. Keane, *Caste-Based Discrimination in International Human Rights Law*（Ashgate, 2007），pp. 185-186.

平等和可持续性的有区别的和不那么有区别的概念，这些概念决定了特别措施这一概念的具体表达方式。不过，显然，尽管说法存在差异，但第 32 号一般性建议中对消除种族歧视委员会实践的整合巩固在以下方面利用了一系列文书和机构：区分特别措施和永久权利，关注与社群的协商，以及说明特别措施受益者的范围。与委员会对种族歧视定义的思路一样，第 32 号一般性建议第 16 段对这些措施的描述——它们应"合法正当、在民主社会中必要、尊重公平和比例原则，并且是暂时性的"——与全球性和区域性的其他人权词语相联系，同时提出了采取条件方面的某种严格性。

在关于特别措施的这两款中，第 1 条第 4 款明确地将这一概念从平等和不歧视的同质化或机械化的适用中解放出来，[243] 这种结构上的联系要根据第 32 号一般性建议中的说明来理解：该说明描述了"要将享受和行使人权方面的实质或事实平等作为目标，而这要通过忠实履行《公约》各项原则来实现"。[244] 在《公约》中明确列入特别措施也有助于区分这种形式的积极行动与不合理的"优惠"。[245] 虽然在这两款约文中累积的各种提醒事项——持续时间、并非单独权利、"专为"——表明一种这一概念具有"非常"性质的意味，特别是像在起草过程中所设想的那样，但是，实践大量关注将其描述为对《公约》原则的"澄清"和作为不歧视含义的"组成部分"的情况。[246]

特别措施也被认为是《公约》打击种族歧视总体方案的主要贡献者。它们可以在任何剥夺人权的领域运作，包括第 5 条所列举或暗示的权利。[247] 这种一般性的联系带来了一个问题，即确定国家在一系列《公约》条款下的一般义务与采取特别措施的特定义务之间的概念界线。这个问题是一个更广泛的难题的一部分，即确定尊重具有永久性的义务和权利与采取基于情况和暂时行动的义务之间的界线，这些界线在消除种族歧视委员会的实践中有表示，但没有被明确划分。界线问题本质上是一个解释问题。就以受害者中心

---

[243]　委员会关于平等含义的思想最清楚地体现在第 32 号一般性建议第 8 段。
[244]　第 32 号一般性建议第 6 段。
[245]　第 32 号一般性建议第 7 段，另见本书第六章。
[246]　第 32 号一般性建议第 20 段。
[247]　第 32 号一般性建议第 33 段。

来看待实现标准的进路而言，可以认为，如果必须作出选择，较好的策略是限缩"暂时"条款的范围，而倾向于对"持久"权利和义务作更大度解释。对于《消除对妇女歧视公约》的类似情况，伊瓦特告诫说，"当某些措施对于实施《［消除对妇女歧视］公约》可能是重要、必要、适当或长期的措施时"，就不要把这些措施视为暂时特别措施。[248]

如《公约》所定义的，特别措施既是以个人为中心的，也是以群体为中心的。这方面加上消除种族歧视委员会坚持就特别措施方案进行协商并尊重社群在其界线外发展起来的权利，在某种程度上弥补了博伊尔和巴尔达奇尼所认为的《公约》中缺乏针对同化政策的保障措施的情况，特别是在促进群体的"充分发展"方面；[249] 鉴于委员会实践的发展和国际标准的进步，最后一条评论现在看来过时了。委员会的实践一直谨慎地避免在其对"进展"的解释中使用会损害《公约》的反等级立场的说法，并坚持所有文化的平等尊严和价值。第 32 号一般性建议中没有关于解决群体—个人权利冲突的具体指导：关于自由权范围的难题出现在其有关协商的段落中，正如已经指出的，其中"受影响的社群"——在特别措施方案中要寻求其协商和参与——不限于直接受益的社群。这留下了一个悬而未决的问题，即如何能够在参考对个人权利和其他社群的权利的潜在影响的情况下，积极推行一项致力于社会进步的平权行动方案，尽管委员会——就像其对言论自由和禁止种族仇恨言论采取的做法一样[250]——不认为特别措施是一种零和博弈，并对缔约国采取这种观点提出了批评。

消除种族歧视委员会极力主张在情况需要时特别措施的强制性质，这是实践的另一个显著特点；同样显著的是这样的愿景，即这些措施涵盖人权的整个范围，而不仅仅是经济和社会权利。同样，坚持特别措施的有限性是为了防止它们陷入某种反向歧视。这表明，有必要仔细审查可能以特别措施为

---

[248]　E. Evatt, 'The Practical Relevance of Article 4 CEDAW with Particular Attention for Articles 11, 13 and 14', in Boerefijn *et al.*, *Temporary Special Measures*, p. 49.

[249]　K. Boyle and A. Baldaccini, 'A critical evaluation of international human rights approaches to racism', in S. Fredman (ed.), *Discrimination and Human Rights: The Case of Racism* (Oxford University Press, 2001), pp. 135–191, at p. 158.

[250]　本书第十一章。

名提出却显示出非平等的"特权"属性的安排。还需要审查的，是具有等级性表象的做法，即基于国家或其他当事方比有关民众"更清楚什么对他们有利"，而将措施强加到他们头上。尽管委员会作出了概念上的解释，但仍将继续出现需要根据原则微调的"硬骨头案件"。需要采取特别措施的情况将是多种多样的。委员会还没有走到将特别措施转化为权利的地步，尽管可以说，如果存在一项获得平等待遇的权利，那为什么不存在对于这种待遇的所有方面（这些方面是实现平等的项目的组成部分）的权利？另一方面，鉴于《公约》的伦理平衡和特别措施的争议性，可能更为妥当的，是继续将特别措施解释为义务而不是权利，并以不模糊或缩小《公约》其他条款的积极的、要求行动的因素的范围的方式解释这些义务。

第十章 第3条：分隔和种族隔离

第3条

缔约国特别谴责种族隔离及阿柏特黑特并承诺在其所辖领土内防止、禁止并根除具有此种性质之一切习例。

一　导言

第3条是《公约》规范性条款中最短的一条。该条草案只引起了一点争议，使得其通过过程与大多数其他非程序性条款相比相对顺利（第7条也相对无争议）。国家强制实行的种族隔离的历史例证，[1] 除南非外，还包括在英国、德国、其他欧洲国家、俄罗斯帝国和中东对犹太人的分隔，[2] 以及对罗姆人/吉普赛人的分隔；[3] 在这种情况下，分隔通常只是种族压迫的复杂模式和做法中的一个因素。美国南北战争后重建时期的"吉姆·克劳"法律体系，[4]

---

[1]　'Racial Segregation'：<http://en. wikipedia. org/wiki/Racial_ segregation>.

[2]　C. Roth and J. Wigoder (eds)，*The New Standard Jewish Encyclopaedia* (revised edn，W. H. Allen，1970).

[3]　I. Pogany，*The Roma Café：Human Rights and the Plight of the Romani People* (Pluto Press，2004)；A. Fraser，The Gypsies (Blackwell，1995)；H. O'Nions，*Minority Rights Protection in International Law：The Roma of Europe* (Ashgate，2012)；C. Tavani，*Collective Rights and the Cultural Identity of the Roma：A Case Study of Italy* (Martinus Nijhoff，2012). （吉普赛人，即罗姆人的讹称。——译者注）

[4]　M. J. Klarman，*From Jim Crow to Civil Rights：The Supreme Court and the Struggle for Racial Equality* (Oxford University Press，2004)；L. F. Litwack，*Trouble in Mind：Black Southerners in the Age of Jim Crow* (Vintage Books，1999). "吉姆·克劳"这个词与"吉姆·克劳舞"（Jump Jim Crow）有关，这是一种由涂黑的白人演员赖斯（T. D. Rice）表演的歌舞节目。（"吉姆·克劳法"泛指美国南北战争后在美国许多州开始并延续到20世纪60年代的对有色人种——主要针对非洲裔美国人但同时也包含其他族群——实行种族分隔制度的法律，也可译作"黑人法"或"黑人分隔法"。——译者注）

以及普莱西诉弗格森案[5]确立的"分离但平等"设施的原则,[6] 也在分隔的历史上占有一席之地。美国民权运动废除分隔法律的最终成功努力包括著名的 1964 年《民权法案》,[7] 其中包括了"公共设施取消分隔"[8] 和"公共教育取消分隔"[9] 等标题,为《公约》的起草者提供了及时的灵感。[10] 分隔的做法过去和现在都不局限于任何特定的社会形式或国家集团。严重的分隔形式也与种姓和类似的社会分层制度有关。[11]

序言和第 3 条提到的种族隔离对于整个《公约》没有指名任何"主义"即种族歧视的特定形式构成了一种例外。[12] 第 3 条中的"邪恶双胞胎"——分隔和种族隔离在准备工作中并没有得到同样程度的辩论:种族隔离制度——"分离性"(separateness)——引起了多得多的关注。[13] 如同本书其他地方所指出的,国际社会对南非的种族隔离的反应构成了《公约》产生的重要基础。[14] 南非在 1948 年选举和国民党获胜后,正式建立了种族隔离制度,其前驱则是在 19 和 20 世纪通过的范围广泛的种族分隔法律。[15] 各种通行法、剥夺公民权的措施、规定居住分隔的法律、禁止向印度裔出售土地的

5　*Plessy v Ferguson*,163 U. S. 537(1896).

6　进一步讨论见本章结论部分。

7　其序言提出,该法案是为了"执行宪法规定的投票权,赋予美国地区法院管辖权,针对公共场所的歧视提供禁令性补救,授权总检察长提起诉讼,以保护公共设施和公共教育方面的宪法权利,扩大民权委员会,防止联邦援助项目中的歧视,设立平等就业机会委员会,以及其他事由"。

8　Title Ⅲ.

9　Title Ⅳ.

10　在教育领域,"取消分隔"在第 401 节中被定义为"将学生分配到公立学校以及在这些学校内分配,不考虑他们的种族、肤色、宗教或民族本源,但'取消分隔'不得意味着为了克服种族不平衡而将学生分配到公立学校"。

11　委员会关于基于世系的歧视的第 29 号一般性建议第 3 节。

12　在本书第五章讨论。

13　一般论述见 N. L. Clark and W. H. Worger,*South Africa:The Rise and Fall of Apartheid*(Pearson Education,2004);A. Guelke,*Rethinking the Rise and Fall of Apartheid:South Africa and World Politics*(Palgrave Macmillan,2005)。

14　"对种族隔离的反感可能是 1965 年通过《公约》的主要动力":M. Banton,*International Action against Racial Discrimination*(Clarendon Press,1996),p. 28〔henceforth *International Action*〕。印度采用这一主题来支持它的主张,即种姓歧视不在《公约》起草者的考虑范围之内:印度对委员会 2007 年结论性意见的评论,A/62/18,Annex X。

15　'South Africa under Apartheid':<http://en. wikipedia. org/wiki/South_Africa_under_apartheid>.

法律、旨在迫使南非黑人进入"地点"（locations）的法律等，是 1948 年之前南非法律图景的特点。[16] 正式的种族分类，包括一种标明种族群体的身份证制度，1950 年开始实施；[17] 同年，根据《群体地区法》实行依据种族确定的居住地制度。[18] 1949 年，不同种族之间的婚姻被禁止，[19] 不同种族的人之间的性关系也被《不道德行为法》定为刑事犯罪。[20] 随之而来的是关于教育、就业和使用公共设施分隔的规定。在政治领域，按种族划分的"单独发展"政策催生南非黑人的"家园"或"班图斯坦"制度（Bantustans），[21] "有色"选民遭受各种剥夺选举权的行为。[22]

在联合国内外持续不断的国际压力下，[23] 以及由于南非国内的抗争，维持种族隔离制度的政权被逐渐摧毁。[24] 从南非日后的总统纳尔逊·曼德拉于 1990 年获释出狱到 1993 年，种族隔离制度的政策核心在谈判中被撕得粉碎。1994 年的选举是第一次在普选基础上举行的选举。作为联合国创始会员国的南非于 1994 年恢复在联合国的席位。作为对 2006 年南非根据《公约》提交的初次报告的答复，消除种族歧视委员会的结论性意见记录了"与南非开始这一建设性对话的深远意义……充满情感的弦外之音，因为《公约》的创始

237

---

[16]　T. R. H. Davenport and C. Saunders, *South Africa: A Modern History* (5th edn, Macmillan Press Ltd, 2000).

[17]　Population Registration Act 1950, No. 30 of 1950, "该法规定编制联邦人口登记册；向登记册中所列人员发放身份证"；该法被 1991 年的一项法令废除。

[18]　Group Areas Act, No. 41 of 1950.

[19]　Prohibition of Mixed Marriages Act, No. 55 of 1949, 该法规定"禁止欧洲人和非欧洲人通婚"，1968 年修订，1985 年废除。

[20]　1927 年的《不道德行为法》（Immorality Act）禁止"欧洲人"和"当地人"之间的性关系，该法于 1950 年修订，禁止"欧洲人"和"非欧洲人"之间的性关系；1957 年的第二部《不道德行为法》（后来被命名为 1957 年《性犯罪法》）继续这一禁令。这些法律于 1985 年被《不道德和禁止混合婚姻修正法》废除。

[21]　Promotion of Bantu Self-Government Act, No. 46 of 1959; Bantu Homelands Citizenship Act, No. 26 of 1970.

[22]　人口分为四组：黑人、白人、印度人和有色人种。"有色人种"包括混血血统的人，其中有班图族（Bantu）、科伊桑族（Khoisan）、马来族（Malay）和欧洲血统的人。

[23]　1950 年 12 月 2 日，联大关于南非联邦印度裔待遇的第 395（Ⅴ）号决议的序言部分宣布，种族隔离政策"必然基于种族歧视理论"；联合国随后对南非的许多活动都是基于这一前提。

[24]　南非与联合国关系中事件的基本年表载于 <http://www.un.org/en/events/mandeladay/apartheid.shtml>。

303

受到该国种族隔离的残忍、不人道和有辱人格的后果的强烈影响"。[25]

（一）分隔 *

"分隔"是一个常用的术语，意思是"与他人或彼此分开"，或"沿着种族、性别或宗教的界线分开"，可以在主动或被动的意义上定义——"分隔的行为或被分隔的状态"。[26] 实践也区分了法律上的分隔与事实上的分隔。在国际人权领域，"分隔"在各种情况下出现，尽管主要人权文书中鲜有明确提及。《残疾人权利公约》运用了这一术语，其第19条提到避免"同社区隔绝或隔离（segregation）"，第23条则提到确保防止在家庭生活中隔离残疾儿童。国际文书中的一些用法与歧视有关，而其他情况，例如《公民及政治权利国际公约》第10条提到将被定罪者与被告分隔，以及将未成年人与成年人分隔，则可能本身与歧视无关。

在联合国一级，各条约机构多次提到令人不快的歧视性分隔形式，包括关于妇女在职业分隔、教育分隔和类似方面的权利的声明，[27] 在残疾人权利方面[28]以及许多其他领域中的声明。经济、社会和文化权利委员会在其第20号一般性意见中，根据《经济社会文化权利国际公约》第2条的一般性歧视

---

[25] CERD/C/ZAF/CO/3，para. 2. 委员会还表示满意的是南非"从种族隔离的和平过渡"和1996年通过《宪法》（1997年2月4日生效），其《人权法》庄严载入了人的尊严、平等和非种族主义的价值观（ibid., para. 6）。

* 与《公约》第3条英文本中的"racial segregation and apartheid"相对应的，在其作准中文本中为"种族隔离及阿柏特黑特"。由于（1）目前联合国人权文件中通行以"种族隔离"为"apartheid"的对应用词（"阿柏特黑特"系该词的音译且在字面上完全无意义），以及（2）以"种族隔离"为"apartheid"的对应用词将难以与作准中文本中和"racial segregation"相对应的"种族隔离"区分，因此本章中译文采用《消除种族歧视宣言》中文本的用词，将"种族隔离、分隔和分离"作为"apartheid, segregation and separation"的对应用词。

[26] Concise Oxford English Dictionary（11th edn, Oxford University Press, 2004），p. 1303.

[27] 消除对妇女歧视委员会特别关注分隔问题，并在关于"同工同酬"的第13号一般性建议中讨论了这一问题，还在向缔约国提出的大量结论性意见中提出了这一问题：在"segregation"的关键词下搜索"消除对妇女一切形式歧视公约"，<http://www.universalhumanrightsindex.org>。另见《第四次世界妇女大会北京宣言》，A/CONF. 177/20/Add. 1（1995），para. 24。

[28] 经济、社会和文化权利委员会第5号一般性意见：残疾人的权利，E/C. 12/GC/5。

理由讨论了"系统性歧视"和分隔问题。[29] 在"歧视"之下对分隔的经常性吸纳在部分程度上解释了分隔的有限能见度，包括在人权数据库中作为搜索词的能见度。"融混"是根据《公约》得到普遍认可的政策立场，也是分隔的一个通用反义词，该词通过在各种国际人权文书中的明确提及，在搜索中表现得更加突出。[30]

即使具体就种族/族裔分隔而言，明确提及也不多。除了关于消除种族歧视的《宣言》和《公约》之外，主要的参考点是联合国教科文组织1978年的《关于种族和种族偏见的宣言》，该宣言在序言和第1、4、6、10条中分别和共同提到分隔和种族隔离。第1条第2款将种族隔离称为"种族主义的极端形式"，并在第4条中将其比作灭绝种族这样一种危害人类的罪行，[31] 而分隔则有别于种族隔离，与歧视一道被视为构成了一种"危害人类良知和尊严"的罪行。[32] 《关于种族和种族偏见的宣言》对"分隔"和"种族隔离"都未作界定，就种族隔离，也没有提及南非。联合国教科文组织《反对教育歧视宣言》在"歧视""为个人或群体建立或维持单独的教育系统或机构"的标题下，列入了一项据声明受该宣言第2条约束的规定，其中规定，某些情况不应被视为构成歧视，包括：

> 基于宗教或语言原因而设立或维持单独的教育系统或机构，提供符合学生家长或……监护人意愿的教育，如果参加这种系统或入读这种机构是任选的，而且所提供的教育符合主管当局可能制定或批准的标准，特别是对于同一级别的教育。

29　经济、社会和文化权利委员会第20号一般性意见：经济、社会和文化权利中的不歧视，E/C.12/GC/20，第39段。

30　《儿童权利公约》第23条，《移徙工人权利公约》第45条；以及区域文书，如《非洲人权和民族权宪章关于妇女权利的议定书》第6条，《非洲儿童权利和福利宪章》第13、17和30条，《欧洲社会宪章》序言和第15条。荷兰人权研究所数据库列出了22处此等提及。（在《儿童权利公约》第23条和《移徙工人权利公约》第45条的中文本中，与各该英文本中的"integration"相对应的用词，分别为"参与"和"进入"。原书此注还提到《残疾人权利公约》第42~45条及其任择议定书第10~13条含有"integration"一词。但是，在这两项文书中，"integration"实际上出现在"regional integration"即"区域一体化"中，与此处所称的"融混"无关，因此经联系作者核实，予以删除。——译者注）

31　第4条第2款。

32　第4条第3款。

该宣言第 4 条 （c） 项补充了这项规定，该项规定了少数民族成员的一项有条件权利，即"开展自己的教育活动，包括维持学校，以及视各国的教育政策而定的使用或教授他们自己的语言"。[33] 因此，分离本身并不等同于不可允许的"分隔"。[34]

人权条约机构的一般做法，以及联合国特别程序的做法，特别是当代形式种族主义问题特别报告员、少数群体问题独立专家[35]、受教育权问题特别报告员[36]的做法，都大量提到了在卫生、教育以及其他活动领域中的种族/族裔分隔；基于种姓或世系的分隔在档案中也占有突出地位。[37] 种族主义问题特别报告员除其他外，对"重新分隔"现象，特别是在住房和教育领域的这种现象，提出了意见，[38] 这表明分隔做法不是一成不变的，而是能够变异和发展的，这一特点扩大了国家打击分隔现象的必要警惕的范围。

仅以教育分隔为例，在各种联合国机构（包括条约机构）、特别程序和普遍定期审议面前，都出现了关于分隔班级或学校的问题，尤其是在罗姆人方面。[39] 在区域性机构特别是欧洲人权法院和其他欧洲机构的做法中，对罗姆人的教育分隔问题也出现了基本相似的关切；欧洲反对种族主义和不容忍

---

[33] 行使这项权利的方式不得妨碍少数群体的成员了解整个社群的文化和语言并参与其活动，不得损害国家主权；这类学校的标准也不应低于一般标准。这些规定总体上反映了一种强烈的融混观点。

[34] 见本书第五章。

[35] 该独立专家就匈牙利发表评论说，"父母的自由选择制度和学校能够自由选择或排斥学生是造成分隔的引擎"，A/HRC/4/9/Add. 2 （2007），para. 95。该分析所依据的要素载于"教育中的分隔"标题下的第 61~72 段。

[36] 样本包括该特别报告员就"一个屋顶下两所学校"制度向波斯尼亚和黑塞哥维那政府提出的意见，A/HRC/8/10/Add. 4 （2008），paras 104 and 106。特别报告员将"分隔和同化做法"同等地列在"歧视"的标题下：*Ibid.*，para. 109。

[37] Human Rights Watch, *Broken People: Caste Violence against India's 'Untouchables'* (Human Rights Watch, 1999)；K. Nakano, M. J. Yutzis and R. Onoyama (eds), *Descent-Based Discrimination* (IMADR, 2004). 关于联合国人权机构对于分隔对待和其他形式种姓歧视的全面说明，见 International Dalit Solidarity Network, *Caste Discrimination and Human Rights* (9th edn, November 2014), <http://www.idsn.org/fileadmin/user_folder/pdf/New_files/UN/UNcompilation.pdf>。就"世系"，另见本书第六章。

[38] 该特别报告员对美国的访问，A/HRC/11/36/Add. 3 （2009），paras 91 and 97。

[39] 使用"分隔、罗姆"作为搜索词得来的资料：<http://www.universalhumanrightsindex.org>。

委员会建议，国家立法应界定各种歧视形式中的分隔。[40] 欧洲人权法院审理的有关罗姆人教育分隔的知名案件包括 D. H. 和其他人诉捷克共和国案[41]、奥尔苏斯诉克罗地亚案[42]以及霍瓦特和基斯诉匈牙利案[43]。

（二）种族隔离

种族隔离是第 3 条的第二项内容。从 1946 年到《公约》起草之时，南非就一直被列在联合国的议程之上。[44] 1946 年 6 月 22 日，即《联合国宪章》生效 9 个月后，印度提请联大注意在南非的印度裔的待遇问题，要求将此事列入联大议程。促使印度采取行动的主要情况是《亚洲人土地保有权和印度人代表法》的通过及其对印度裔的歧视性措施。[45] 联大在第 44（Ⅰ）号决议中宣布，南非的行动应"符合……根据〔印度和南非〕两国政府缔结的协定所承担的国际义务和《〔联合国〕宪章》的有关规定"。[46] 该决议请两国政府向下届联大报告为解决这一问题而采取的措施。两国政府之间没有解决问题。联大在随后一届会议上宣布，"种族分隔（种族隔离）政策必然以种族歧视为基础"。[47] 印度的倡议于 1952 年扩大到涉及整个种族隔离制度，这一制度成为联合国具有阶段性意义的优先事项之一。

到 1954 年，联大决定，"种族隔离对世界各族裔群体之间的和平关系构

240

40　European Commission against Racism and Intolerance（ECRI）General Policy Recommendation No. 7: Key Elements of National Legislation against Racism and Racial Discrimination，para. 6. 对该建议的解释性备忘录第 16 段的阐释是："分隔是指一个自然人或法人根据所列举的理由之一，在没有客观与合理理由的情况下，符合……歧视定义的将其他人分开的行为。因此，基于所列举的理由之一将自己与其他人分开的自愿行为不构成分隔。"所述歧视的基本定义载于该建议第 1 段：<http://www. coe. int/t/dghl/monitoring/ecri/activities/gpr/en/recommendation_n7/Recommendation_7_en. asp>。

41　*D. H. and Others v Czech Republic*，App. No. 57325/00（2007）.

42　*Orsus v Croatia*，App. No. 15766/03（2010）.

43　*Horvath and Kiss v Hungary*，App. No. 11146/11（2013）.

44　*The United Nations and Apartheid, 1948-1994*（UN Department of Public Information，1995）. 这一文件对于联合国如何应对种族隔离提供了详细的大事记。

45　Asian Land Tenure and Indian Representation Act，No. 28 of 1946. 这一法律后来改名为《亚洲人土地保有权法》（Asian Land Tenure Act），其意图包括将亚洲人拥有和占用土地限于划定的区域。

46　联大 1946 年 12 月 8 日第 44（Ⅰ）号决议。

47　联大 1950 年 12 月 2 日第 395（Ⅴ）号决议。

成严重威胁"。[48] 即便《联合国宪章》第 2 条第 7 项起到了阻止某些国家以"国内管辖"为由对南非政权采取国际行动的作用；但在 1960 年 3 月 21日——后来作为消除种族歧视国际日而纪念[49]——的夏普维尔（Sharpeville）屠杀事件之后，联合国的行动变得更加强硬坚决。联大 1962 年 11 月第 1761号决议谴责南非的种族隔离政策违反《联合国宪章》、威胁国际和平与安全，呼吁各国断绝与南非的外交关系、停止与南非的贸易，并建立了联合国反对种族隔离特别委员会，[50] 该委员会的任务直到南非于 1994 年恢复其联合国席位后才终止。[51] 联大于 1966 年将种族隔离定为危害人类罪，[52] 联合国安全理事会（安理会）[53] 和《禁止并惩治种族隔离罪行国际公约》（下称《种族隔离公约》）[54] 后来核准了该定性——后者的序言回顾了《消除种族歧视公约》第 3 条。

241 　　《种族隔离公约》第 1 条宣布种族隔离是一项国际罪行；第 2 条规定，为该公约的目的，

　　　　"种族隔离的罪行"，应包括与南部非洲所推行的种族分离和种族歧视类似的政策和办法，是指为建立和维持一个种族团体对任何其他种族团体的主宰地位，并且有系统地压迫他们，而作出的下列不人道行为……

48　Banton, *International Action*, p. 26.

49　由联大 1966 年 10 月 26 日第 2142（XXI）号决议宣布。

50　该委员会的原名是"南非共和国种族隔离政策特别委员会"。这一名称在 1971 年被简化为"种族隔离特别委员会"，1974 年修改为"反对种族隔离特别委员会"：<http：www. aluka. org>。

51　对情况发展的简要回顾载于 R. Schifter, 'Human Rights at the United Nations：The South Africa Precedent', *American University Journal of International Law and Policy* 8（1993），361–372。

52　联大 1966 年 12 月 16 日第 2202（XXI）号决议。

53　安理会 1984 年 10 月 23 日第 556 号决议。

54　根据联大 1973 年 11 月 30 日第 3068（XXVIII）号决议开放供签署。该决议以 91 票赞成、26票弃权通过。葡萄牙、南非、英国和美国对该决议投了反对票。美国出于该公约多余的原因而表示反对，因为"鉴于《消除种族歧视公约》的宽泛、包罗万象的规定，[《种族隔离公约》] 是不必要的"：I. Brownlie（ed.）, *Basic Documents in Human Rights*（3rd edn, Clarendon Press, 1992）, p. 162。109 个国家已成为《种族隔离公约》缔约国，但主要的西方国家包括法国、德国、斯堪的纳维亚国家、芬兰、意大利、西班牙、英国和美国仍然没有加入；巴勒斯坦已成为该公约的缔约国：<https：treaties. un. org/Pages/ViewDetails. aspx？src＝UNTSONLINE&tabid＝2&mtdsg_ no＝IV-7&chapter＝4&lang＝en#Participants>。（按联合国的条约记录，德国——应指德国统一之前的德意志联邦共和国——于 1974 年 8 月 12 日批准了该公约。——译者注）

《种族隔离公约》定为犯罪的"不人道行为"继承了《防止及惩治灭绝种族罪公约》中关于杀害、故意施以旨在使其全部或局部灭绝的生活条件的提法，还增加了任意逮捕、剥夺参与权和发展、剥削劳力、迫害种族隔离反对者等侵犯权利的行为，以及任何措施（包括立法措施），只要其，

> 旨在用下列方法按照种族界线分化人民者：为一个或一个以上的种族团体的成员建立单独的保留区或居住区，禁止不同种族团体的成员互相通婚，没收属于一个或一个以上种族团体或其成员的地产。[55]

据称，国际刑事责任适用于"不论出于什么动机"的个人、组织或机构的成员或国家代表，"不论是住在行为发生地的国家的领土内或其他国家"，[56] "触犯、参与、直接煽动或共同策划……罪行"的情况；直接教唆怂恿或帮同触犯种族隔离的罪行也被定为犯罪。[57] 《种族隔离公约》虽然主要指向南非，但能够得到更广泛的适用：缔约国承诺采取必要措施，"禁止并预防对于种族隔离罪行和类似的分隔主义政策或其表现的鼓励，并惩治触犯此种罪行的人"。[58]

1949 年日内瓦四公约的 1977 年第一附加议定书承认种族隔离是对该议定书的严重违反，没有将其适用限于任何特定国家。[59] 《国际刑事法院罗马规约》第 7 条将"种族隔离罪"列为一种危害人类罪行，将其定义为"一个种族团体对任何其他一个或多个种族团体，在一个有计划地实行压迫和统治的体制化制度下，实施性质与第一款所述行为相同的不人道行为，[60] 目的是维持该制度的存在"。杜嘉德写道，"可以得出结论，就其产生的最初起因

242

55　《种族隔离公约》第 2 条（d）项。

56　《种族隔离公约》第 3 条。

57　同上注。1980 年时考虑设立一个特别国际刑事法院，以审判被控实行种族隔离的人，但这样的法院并未建立：杜嘉德（Dugard）的评论，<http://legal.un.org/avl/ha/cспоа/cспоа.html>。

58　《种族隔离公约》第 4 条（a）项。强调为本书作者所加。第 4 条（b）项包括承诺采取措施"起诉、审判和惩罚"有罪者，"不论这些人是否住在罪行发生的国家的领土内，也不论他们是该国国民抑或其他国家的国民，抑或是无国籍人士"。

59　《一九四九年八月十二日日内瓦四公约关于保护国际性武装冲突受难者的附加议定书》第 85 条第 4 款第（3）项。

60　《国际刑事法院罗马规约》第 7 条第 1 款列出的危害人类罪，是指"在广泛或有系统地针对任何平民人口进行的攻击中，在明知这一攻击的情况下，作为攻击的一部分而实施的下列任何一种行为"，包括谋杀、灭绝、驱逐出境等。

即南非的种族隔离而言,《种族隔离公约》已经死亡,但这种罪行根据习惯国际法和《国际刑事法院罗马规约》,仍作为危害人类罪的一种而存续下去"。[61]

在《反对体育领域种族隔离国际公约》中,种族隔离被赋予了一个不那么激烈的定义,并没有明确回顾其罪犯性质:[62]

"种族隔离"一词是指象南非所实行的为了建立和维持一个种族的人对另一个种族的人统治并一贯压迫他们的那样一种体制化种族分隔和歧视制度,"体育领域的种族隔离"是指在专业或业余体育领域实行这种制度的政策和作法。[63]

另一方面,该公约的序言将其条款与《种族隔离公约》的条款联系起来,与后者保持一致,规定参加同在种族隔离基础上选拔的体育队进行体育交流的活动属于"直接教唆并鼓励违反……种族隔离之罪"。

消除种族隔离的国际行动是国际社会反对种族主义和种族歧视的头20年的一个主要项目,在这20年里,种族隔离也在一系列国际会议上受到谴责。第一次与第二次反对种族主义和种族歧视世界会议的支配主题就是种族隔离问题——在"南部非洲的各种族主义政权"[64] 标题之下的"制度化种族主义的极端形式",[65] 而关于以色列和巴勒斯坦人的问题成为第二个主题。在后种族隔离时代,《德班宣言》回顾了种族隔离构成危害人类罪,是种族主义、种族歧视、仇外心理和有关不容忍行为的一个主要根源和表现,申明种族隔离行为"无论何时何地发生……都必须受到谴责,并防止其再次发生"。[66] 按照《德班宣言和行动纲领》的序言所称,德班会议除其他外,从

61　J. Dugard, Commentary on the Convention against Apartheid, UN Audiovisual Library of International Law, <http://untreaty. un. org/cod/avl/ha/cspca/cspca. html>.

62　联大 1985 年 12 月 10 日第 40/64 号决议通过。

63　《反对体育领域种族隔离国际公约》第 1 条 (a) 项。

64　这一措辞及其变体在两次反对种族主义世界会议的文件中反复出现。1978 年和 1983 年头两次反对种族主义和种族歧视世界会议的宣言和行动纲领载于 UN Doc. E/CN. 4/1999/WG. 1/BP. 1, 9 March 1999, 这是联合国秘书处为反对种族主义、种族歧视、仇外心理和相关不容忍现象世界会议 (德班, 2001 年) 编写的汇编本的一部分。

65　《第一次反对种族主义世界会议宣言》第 4 段。

66　《德班宣言》第 15 段。

"南非人民反对制度化种族隔离制度的英勇斗争"中获得了灵感。种族隔离在 2009 年德班审查会议的最后文件中隐退，但文件中包括了沉痛的回顾："奴隶制和奴隶贸易（包括跨大西洋奴隶贸易）、种族隔离、殖民主义和灭绝种族，绝不得被遗忘。"[67]

二　准备工作

《消除种族歧视宣言》大力谴责种族隔离和分隔：其序言将分隔的做法与殖民主义联系起来，并对各国政府"以种族隔离、分隔和分离等形式"实施种族歧视的表现表示震惊；第 5 条宣布应毫无迟延地终止"政府方面及其他公共方面之种族分隔政策，尤其'种族隔离'（apartheid）政策，以及因此等政策而产生之所有各种形式之种族歧视及分隔*"。《宣言》中的一些措辞被《公约》序言所吸收，并被纳入了第 3 条。虽然《宣言》的目标最终比反对种族隔离和（西方）殖民主义更广泛，但它明确指出了这两种制度是种族歧视的主要根源。在起草《公约》时，阿布拉姆向小组委员会提出了一份关于结束种族分隔特别是种族隔离的案文：[68]

> 每一缔约国均应毫无迟延地终止政府方面及其他公共方面之种族分隔政策，尤其种族隔离政策，以及因此等政策而产生之所有各种形式之种族歧视及分离。

随后，一份工作组案文编写了出来，[69] 然后口头修正如下："缔约国特别谴责种族分隔及种族隔离并承诺在受其管辖领土内防止、禁止并根除具有此种性质之一切习例。"[70] "在受其管辖的领土内"（in territories subject to their

---

67　Outcome document of the Durban Review Conference，para. 62. 人权理事会第 7/34 号决议规定的种族主义问题特别报告员的任务没有明确提到种族隔离，而人权委员会第 1993/20 号决议规定的最初任务却提到了种族隔离。最新的任务授权提到了德班文件。

*　在《宣言》英文本中，与"分隔"相对应的用词为"separation"；对于下文所引和《宣言》第 5 条基本相同的阿布拉姆案文，则将"separation"译为"分离"，以便与本章其他部分的译法一致。

68　E/CN. 4/Sub. 2/L. 308，Article Ⅲ，para. 2.

69　E/CN. 4/Sub. 2/L. 338.

70　E/CN. 4/Sub. 2/241，para. 71. 该条草案获得一致通过：Ibid.，para. 72。

jurisdiction）的措辞是由阿布拉姆提出的，[71] 卡尔沃克雷西对此回应说，"由于种族隔离可以被解释为只适用于南非的局势，……阿布拉姆先生的修正案将有助于表明，各国没有义务在不受其管辖的任何地区采取行动"。[72]

人权委员会第789次和第790次会议讨论了该案文。有两项口头修正案提交，第一项来自美国，提出以"种族分隔、种族隔离和反犹太主义"取代"种族分隔和种族隔离"。[73] 苏联提出了对美国修正案的次级修正案，在"种族隔离"之后加上了"纳粹主义"，在"反犹太主义"之后加上了"以及基于种族优越论的其他仇恨表达"。[74] 这些讨论——在起草过程的其他地方有反响——显示出强烈的分歧，有关哪些是最普遍的、局部的、永久的、持续的或暂时的种族歧视表现。荷兰代表反对提及种族隔离，因为它"只是一种暂时现象，只在一个国家实行"。[75]

尽管反犹太主义受到代表们的广泛谴责，但是否应将其列入第3条所列歧视的基本形式的词库的问题，在哪种形式的种族歧视在类别上（*ejusdem generis*）最接近种族隔离的方面，引起了相互矛盾的提议。在美国代表看来，反犹太主义"是一种邪恶，应该与种族隔离并列提及，而且在第二次世界大战之后还远远没有消失"。[76] 东正教以色列世界组织（Agudas Israel World Organization）的一名代表的一项实质性声明包括一个关于德国反犹太主义的结论，主张纳入对反犹太主义之提及，依据是，尽管"可以说反犹太主义包括在对一切种族歧视的普遍谴责之中"，[77] 但它有多种形式，其中一些很容易逃脱法律的约束。[78] 此外，

> 犹太民族有权期望，在纽伦堡法案通过后不到30年、在新一轮纳

244

71　E/CN. 4/Sub. 2/SR. 425, p. 3.

72　*Ibid.*

73　E/3873；E/CN. 4/874, para. 138.

74　*Ibid.*, para. 139.

75　E/CN. 4/SR. 789, p. 11.

76　*Ibid.*, p. 10.

77　*Ibid.*, p. 9.

78　包括"民族学反犹太主义"（威廉·马尔/Wilhelm Marr）、"形而上学反犹太主义"（叔本华）和"伦理反犹太主义"（尼采）——最后一个"可能是纳粹'统治民族'（*Herrenvolk*）概念的精神之父"：E/CN. 4/SR. 789, pp. 9–10.

粹宣传浪潮后不到5年，在一项国际公约中公开和毫不含糊地谴责反犹太主义。正义要求反犹太主义的罪恶应被视为不亚于种族隔离的罪恶。[79]

苏联提出了相反的论点：其代表比较了种族隔离和反犹太主义，声称前者是"一种种族歧视的普遍形式，可以在任何时期、针对任何种族适用，而后者仅仅是某一特定情况中种族歧视的一种表现"。[80] 英国代表颇有戏剧性地提到了纳入反犹太主义提法的可能（荒谬？）后果，他指出，该条草案"不仅谴责种族分隔和种族隔离，而且也谴责所有这种性质的做法"，而如果将反犹太主义包括在内，那么这种禁止做法究竟涉及什么可能远不明确："那随之而来的，是不是各国应该……禁止出版像是尼采和叔本华的作品？"[81]

反对在第3条中提及反犹太主义的意见表面上是基于这样一种感觉，即它不容易"贴合"被视为密切相关的种族分隔和种族隔离。因此，厄瓜多尔代表认为，该条草案处理的"不是一般的种族歧视，而是种族分隔。提到种族隔离是有道理的，因为这个词……意味着分隔。另一方面，反犹太主义应在与一般歧视相关的意义上受到谴责"。[82] 苏联代表辩称，反犹太主义是一种针对某一特定种族的歧视表现，而种族隔离可能对任何人、任何种族适用。[83] 美国在人权委员会第790次会议上，撤回了对第3条的关于反犹太主义的修正案。[84]

鉴于苏联代表有关殖民国家过去试图将其"管辖权"扩大到其领土以外，以包括其夺取的土地的批评意见，"在受其管辖的领土内"的措辞成为讨论的主题。[85] 然而，其他国家认为，只要殖民地和非自治领土存在，"负责管理这些领土的国家就有义务消除这些领土上的种族分隔和歧视，特别是种

245

79　E/CN.4/SR.789, pp.8–10.

80　*Ibid.*, p.12.

81　*Ibid.*, p.11.

82　*Ibid.*, p.10. 他后来补充说，反犹太主义是一种一般的歧视形式，而不是一种分隔形式（*ibid.*, p.12）。

83　*Ibid.*

84　E/CN.4/874, para.142.

85　E/CN.4/SR.790, p.4：他补充说，殖民国家对这些领土没有主权权利，"《公约》不应看起来准予这些权利"。

族隔离",[86] 以及"《公约》签署国根据第 3 条承担了在非自治领土以及在宗主国消除种族歧视的责任"。[87]

联大第三委员会面前的案文如下：

> 缔约国特别谴责种族分隔和种族隔离，并承诺在受其管辖的领土内防止、禁止并根除具有此种性质之一切习例。[88]

只有一项修正案提交，以"在其所辖［下］"（under their jurisdiction）取代"受其管辖"（subject totheir jurisdiction）。[89] 经修正案修改的第 3 条获得联大第三委员会一致通过。[90] 讨论主要限于语言的翻译问题，法国和摩洛哥代表表示倾向于在法文本中以 *relevant de* 取代 *placés sous*；[91] 根据摩洛哥代表的说法，*placés sous* 的用词"提醒注意托管安排"。[92] 在起草《公约》时，关于《公约》域外适用的主张尚未形成目前的形式。[93] 讨论中的"外展"内容涉及殖民地局势，并充满了"非自治领土""管理国""非殖民化"等提法。苏联的言论表明了一种担心，即在殖民地局势中，殖民国家所宣称的责任不会轻易脱离对权利的主张。

联大第三委员会中的尼日利亚代表后来在讨论种族歧视的形式时，又回到种族隔离问题上来：

> 据称，第 3 条提到种族隔离……证明有理由明确提到种族歧视的其他形式。但是，种族隔离不仅是最暴烈的种族歧视类型；它与其他形式的不同还在于，它是一个联合国会员国的官方政策。南非政府从未否认存在这种声名狼藉的种族歧视形式。……其性质和后果已无可争辩。由于没有其他国家实行这种形式的种族歧视，因此提到种族隔离专门针对

86　黎巴嫩代表的发言，E/CN.4/SR.790，p.5。

87　厄瓜多尔代表的发言，*ibid.*，p.5。达荷美（贝宁的曾用名——译者注）的代表指出，殖民国家承诺将《公约》的适用范围延及其管辖的领土，已有许多先例；他不明白，为什么提到受缔约国管辖的领土"会引起苏联代表的警觉"（*ibid.*）。

88　A/6181，para.57。

89　A/C.3/L.1226 and Corr.1。

90　A/6181，para.59。

91　A/C.3/SR.1308，paras 43 and 44。

92　*Ibid.*，para.44。

93　见本书关于第 2 条的第八章。

南非政府。[94]

这番话和其他一些评论揭示了一种矛盾，即第 3 条中提到的种族隔离究竟是专门针对南非的，还是具有更广泛的意义。施韦布回顾说，南非"没有在第三委员会或联大全体会议上参加与《公约》有关的辩论或任何唱名表决"。[95] 联大第三委员会全体一致通过了第 3 条。[96] 在投票表决排除对种族歧视具体形式之提及前三天，第 3 条的起草工作完成。[97]

246

三　实践

（一）保留和声明

正如可能从第 3 条结合种族隔离罪行与分隔概念所预期的，以及鉴于其国际历史，对第 3 条的保留往往是零碎和间接的、有限和谨慎的。[98] 斐济有关学校制度的保留[99]除其他外牵涉了第 3 条，该保留于 2012 年撤回。美国有关私人行为的保留特别提到了第 3 条，尽管分隔并不是其重点：该保留是基于《公约》对私人生活和公共生活的更广泛区分。土耳其的保留将义务限于"适用《土耳其共和国宪法》以及法律和行政命令的国家领土"，该保留以及消除种族歧视委员会对其撤回的请求，都曾在本书第八章有关第 2 条的部分讨论过；[100] 该保留不针对任何具体条款，而是适用于整个《公约》。

94　A/C. 3/SR. 1313, para. 18.

95　E. Schwelb, *The International Convention on the Elimination of All Forms of Racial Discrimination*, *International and Comparatice Law Quarterly* 15（1966），996–1068，1021.

96　在其第 1308 次会议上，A/6181，para. 59。

97　*Ibid.*, para. 7；A/C. 3/SR. 1312 and 1313.

98　<https://treaties. un. org/pages/ViewDetails. aspx? src = TREATY&mtdsg _ no = IV – 2&chapter = 4&lang = en>.

99　委员会注意到保留是从殖民时代继承的，并请斐济撤回该保留：A/58/18，para. 81；also A/63/18，para. 164。

100　在对土耳其初次报告的结论性意见中，消除种族歧视委员会鼓励该缔约国考虑撤回保留和声明，"包括取消对适用《公约》的领土限制"：A/64/18，p. 97，para. 8。见本书第十八章关于保留的进一步讨论。

（二）准则

消除种族歧视委员会的《具体报告准则》关于第 3 条的准则相当广泛，包括回顾一般性建议；[101] 就在该准则前面的准则却都很短。[102] 该准则阐述了第 19 号一般性建议提出的一点，即虽然提及种族隔离可能专门针对南非，但反分隔的规范适用于所有国家。因此，该准则要求缔约国提供资料，说明"在受报告国管辖的领土内"，特别是"在居住模式可能由低收入和种族、肤色、世系、民族或族裔本源的多重歧视造成的城市内"的情况。[103] 该准则还要求各国提供资料，说明监督会引起"种族分隔和聚居区化"的趋势的情况，[104] 以及为尽可能避免《公约》所保护的群体和个人——特别提到了罗姆人、基于世系的社群和非公民——受到分隔而采取的措施，特别是在教育和住房领域。[105]

（三）特别谴责

《消除种族歧视宣言》全面谴责"殖民主义及与之并行之各种分隔及歧视办法"，[106] 认为"任何种族差别或种族优越之学说……在道德上应受谴责"，[107] 并普遍地谴责种族歧视。[108] 《公约》第 3 条体现了这些情绪，并就约文其他地方已经作出的谴责，强化了语言，这些谴责包括有关"殖民主义及与之并行之所有分隔及歧视习例"的序言第 4 段，以及序言第 6 段对种族理论的道德谴责。第 2 条第 1 款重申"缔约国谴责种族歧视"，第 4 条的开头也同样谴责"一切宣传及一切组织，凡以……优越性之思想或理论为根据者"，等等。可以认为，针对分隔和种族隔离的做法使人们注意到，它们在

101　CERD/C/2007/1.

102　HRI/GEN/2/Rev.4，p.56. 先前准则的一个脚注回顾了 2000 年对准则的修订，其中除其他外，取消了提供与南部非洲种族主义政权相关的状况的资料的要求。

103　《具体报告准则》第 1 段。

104　《具体报告准则》第 2 段。

105　《具体报告准则》第 3 段。

106　《消除种族歧视宣言》序言第 4 段。见本书第三章和第五章关于《宣言》的更详细讨论。

107　《消除种族歧视宣言》序言第 5 段。

108　《消除种族歧视宣言》第 1 条。

起草者的眼中令人发指，这符合国际社会对种族隔离国际罪行的长期和严厉谴责状况。《公约》的严厉措辞表明，各缔约国对第3条所谴责的行为在公共和私人领域中的表现形式加强审查，并对其采取有效行动。这些"谴责"在以明显的用语认定不得允许的做法方面，也具有一种伦理上的*共鸣。

（四）分隔

如上所述，关于种族"分隔"的做法并不总是明显的，部分原因是这一现象经常被《公约》的其他条款吸收；进一步的混淆源于分隔与种族隔离之间的密切关系，这些现象在消除种族歧视委员会的结论性意见中通常没有被理清。部分地由于委员会给予种族隔离问题的关注程度，因此经过一段时间，才出现委员会的一项明确声明来强调分隔问题——从报告这一问题的义务开始。班顿注意到，在委员会对缔约国报告的处理中，在1989年审查瑞典和德国的报告之前，第3条被认为是专门针对种族隔离的。[109] 在委员会的工作过程中，班顿作为委员会委员，提到了缔约国有义务报告外籍工人的居住分隔等情况，并有义务在这些情况造成种族歧视时予以监督。在审查联邦德国的报告时，他指出，在该国，

> 存在外籍工人的居住和其他集中，这种集中在任何统计分析中都会符合分隔甚至自我分隔的模式……。这种分隔形式肯定不是当局强加的，……但《公约》第3条仍然要求该缔约国就此提出报告。[110]

消除种族歧视委员会的委员们对"此种性质之习例"的措辞在分隔方面的范围持不同意见。班顿在委员会的会议中总结了他们的立场：

> 委员们对第3条的适用范围存在分歧，……根据该条，各缔约国谴责分隔和种族隔离，并承诺根除这种"性质"的习例。对一些赞成狭义解释的人来说，这种"性质"的习例意味着国家实行分隔的情况，这样就不需要国家报告其他分隔形式，例如居住分隔。对于主张更广泛解释的其他人来说，分隔采取了多种形式，从完全由国家自己设想和实行的

---

* 原书此处作"ethnical"（族裔的）。经联系作者核实，实为"ethical"（伦理的）之笔误。

109 Banton, *International Action*, pp. 200-202.

110 CERD/C/SR. 844, para. 62.

形式到某些实行自我分隔的宗教社群所体现的形式。[111]

从最后一种说法大致可以看出，种族隔离模式通过其与国家政策的联系，对解释分隔继续发挥巨大的作用。然而，对第 3 条的基本上有关种族隔离的早期解释没有一直得到委员会的维持，随之而来的关于分隔必须由国家支持或"类似种族隔离"的主张也没有得到维持。委员会在 1995 年即南非恢复其在联合国的席位一年后通过的第 19 号一般性建议[112]中解决了这两个问题，并试图强调分隔概念的一种独立概念空间。委员会委员在赞扬通过这项建议之时，评论了各缔约国在其关于第 3 条的报告中摆脱专注于种族隔离的重要性，同时要铭记有证据表明，在许多国家存在分隔的习例或类似的歧视形式。[113] 在第 19 号一般性建议之后，将第 3 条解读为具有最广的范围反映在委员会的标准实践中。

第 19 号一般性建议有力地强调了第 3 条提到分隔的重要性，回顾称，尽管其中提到的种族隔离可能专门针对南非，但"所通过的条款禁止所有国家的一切形式的种族分隔"。[114] 该建议第 2 段在回顾各缔约国纠正目前的分隔状况的义务时，将历史的影响放在具体的背景中考虑："根除具有此种性质之一切习例的义务包括根除一国前政府采取、允许或国外势力强加的这种习例的影响。"[115] 第 3 段将重点从国家直接造成的分隔转移到其间接的、私人造

249

---

[111] CERD/C/SR. 850, para. 46.

[112] A/50/18, Annex Ⅶ.

[113] CERD/C/SR. 1125, paras 92-97, 消除种族歧视委员会委员范博文（van Boven）、沃尔夫鲁姆、尤奇斯（Yutzis）、艾哈迈杜（Ahmadu）、夏希（Shahi）和谢里菲斯（Sherifis）的评论。尤奇斯在通过第 19 号一般性建议时评论说，考虑到后来许多其他形式的发展，南非的种族隔离不能再被视为种族主义的典型（ibid., para. 94）。

[114] 第 19 号一般性建议第 1 段。另见委员会委员在讨论前南斯拉夫马其顿共和国的报告时对"积极分隔"一词——与"积极歧视"一道——表示的明显关切：CERD/C/SR. 2365, paras 23, 24, 26, and 31；CERD/C/SR. 2366, para. 44；以及委员会的结论性意见，CERD/C/MKD/CO/8-10, paras 16 and 17，其中对罗姆学生的"自我分隔"表示关切。缔约国代表团回应称，"在教育系统中存在积极歧视，但没有积极分隔"（CERD/C/SR. 2366, para. 50）。关于"积极歧视"的进一步（批判性）评论，见本书第六章和第九章。

[115] 结束种族隔离后的南非本身就是对委员会所表示关切的一个接收者，这一关切有关事实上的分隔："尽管缔约国采取了措施结束这种状况，特别是在财产所有权、获得资金以及保健、教育和住房等社会服务方面，但这种分隔作为种族隔离的遗留仍顽固存在"：CERD/C/ZAF/CO/3, para. 13。

成的表现形式：

> 委员会注意到，虽然在某些国家中全面或部分种族分隔的情况也许是由政府政策造成的，但部分分隔的情况也有可能作为私人行动的无意副产品出现。在许多城市，居住区划模式受收入的群体差别的影响，这些差别有时与种族、肤色、世系、民族或族裔本源的差别相结合，因此一些居民可能会被污名化，某些个人会遭受一种种族理由和其他理由混合在一起的形式的歧视。

第19号一般性建议的最后一段强调了这一点，申明"种族分隔的情况也可能在没有公共当局的任何主动措施或直接参与的情况下出现"，并请各缔约国"监测所有可能造成种族分隔的倾向，努力根除因此而产生的任何消极影响，并在其定期报告中描述这类行动"。

第3条对种族分隔的提及也提出了一个问题，即"种族"是应狭义地理解为只涉及第1条所列五个理由中的第一个（"种族"），还是应涉及所有五个理由（或第5条所列四个理由）加上"交叉情况"。大致可以看出，在第19号一般性建议中，"种族分隔"被理解为涉及《公约》第1条的所有五个理由，这一印象得到后来实践的强化。关于基于世系的歧视的第29号一般性建议[116]在"种族"分隔方面值得注意的是，它明确地将这一概念扩展到包括种姓和类似社群，关注重点是这些社群在住房、教育和就业方面的分隔。第29号一般性建议中关于分隔的叙述很深刻，因为分隔的存在被编入了承认基于世系的社群存在的一系列标准中。关于确定社群的声明提到了"私人和官方分隔，包括在住房和教育、进出公共场所和礼拜场所、食物及水的公共来源等方面"。[117] 第29号一般性建议第3节专门阐述了有关分隔的原则，并建议采取行动来，

> （n）监测和报告造成基于世系社群的分隔的趋势，并努力根除这种分隔引起的消极后果；

> （o）着手防止、禁止和消除在住房、教育和就业等方面针对基于世

116　A/57/18, Chapter XI. F.

117　第（a）段。

系社群的成员实行分隔的做法；

（p）保证人人有权在平等和不歧视的基础上进出或获得任何供公众使用的场所或服务；

（q）采取步骤促进社群混合——其中受影响社群的成员与其他社会组成者融混，并确保为这些住区提供的服务在平等基础上人人可及。

这项行动建议提出了第 3 条根据《公约》的整体形成的适当政策：监测趋势、努力消除分隔、确保获得公共服务和促进融混。消除种族歧视委员会对印度[118]、尼日利亚和[119]尼泊尔[120]等国的问题，已经采取了后续行动。对非公民实行分隔据称被《公约》所禁止，第 30 号一般性建议（在教育和住房方面）以及对单个国家的结论性意见都提到了这一点。[121]

也许关于分隔的最一贯的系列做法出自消除种族歧视委员会对一系列国家的罗姆人问题的反应。这表明对罗姆人实行分隔的做法已经跨越了人权的各个领域。三个标志性领域是：进入对公众开放的场所、教育、住房和居住。在来文程序中，根据申诉者强调第 3 条的指控，出现了阐述分隔概念的机会，但委员会基本没有抓住这些机会。在第 9 条规定的报告程序中，更容易查明第 3 条所关注的问题，但即使在这里，各项结论性意见也没有一致地具体指明被视为可适用于所涉行为的《公约》条款。

在根据第 14 条提出的案件中，罗姆申诉人援引了第 3 条，当消除种族歧视委员会的认定基于其他条款时，这起到背景叙述的一部分的作用。有关

---

[118] 委员会的结论性意见：印度，CERD/C/IND/CO/19，para. 13，其中，关于贱民，委员会建议印度除其他外，"采取有效措施，反对公立学校的分隔和居住分隔"。

[119] 委员会的结论性意见：尼日利亚，CERD/C/NGA/CO/18，para. 15，有关对奥苏人和类似社群的"社会排斥、分隔和虐待"的指控，尽管 1958 年的《奥苏废除法》正式废除了基于工作和世系的歧视。

[120] 委员会的结论性意见：尼泊尔，CERD/C/64/CO/5，para. 12，其中委员会表示关切"有关以下情况的资料：存在贱民的分隔居住区、对不同种姓夫妇的社会排斥、限制某些类型的就业、禁止进入公共场所和礼拜场所、拒绝提供公共食物和水资源"。

[121] 第 30 号一般性建议，第 31、32 段。另见委员会的结论性意见：日本，CERD/C/304/Add. 114，para. 15；瑞士，CERD/C/60/CO/14，para. 9；法国，CERD/C/FRA/CO/16，para. 12（明确引用第 30 号一般性建议）；爱尔兰，CERD/C/IRL/CO/2，para. 13；安提瓜和巴布达，CERD/C/ATG/CO/9，para. 15。

250

进入向公众开放的场所的来文——拉科诉斯洛伐克案[122]、杜米奇诉塞尔维亚和黑山案[123]以及 L. A. 诉斯洛伐克案[124]，都有很强的分隔成分，都将根据第 5 条（巳）项讨论。[125] 在科普托娃诉斯洛伐克案中，某一地方当局的决议永久禁止罗姆人家庭进入一个村庄或在其中定居。[126] 在一项复杂的申诉中，第 3 条的规定被援引，大意是这些决议"公开和正式地"以"推定他们具有的种族/族裔身份"提及提交人和其他人，将他们单独挑选出来给予特别对待，因此明确赞同了"种族分隔和种族隔离"。[127] 委员会在认定《公约》第 5 条（卯）项（i）目被违反时，又一次对根据第 3 条提出的申诉不予评论。根据第 3 条提出问题的其他案件包括 Z. U. B. S. 诉澳大利亚案，其中缔约国反驳了一项对分隔的申诉，这来自提交人对在一次工作旅行和培训课程中对于讲英语的人员的分隔的抱怨。缔约国对此的答复是简单地声称"澳大利亚没有种族分隔制度"。[128] 在 D. S. 诉瑞典案中，申诉人指控的是基于民族本源的歧视，并将第 3 条列入申诉理由。申诉人或委员会都没有作进一步阐述，该申诉因未用尽国内救济而被宣布为不可受理。[129]

251

消除种族歧视委员会在关于歧视罗姆人的一般性声明即第 27 号一般性建议中，在住房和教育方面特别提到了分隔。第 27 号一般性建议第 18 段提出：

> 尽可能防止和避免分隔罗姆学生，保持提供双语或母语教学的可能性；为此目的，努力提高各学校的教育质量和少数社群学校的成绩水平，从罗姆社群成员中招聘学校工作人员，促进跨文化教育。

第 30 段建议制定和执行"旨在避免罗姆社群在住房方面被分隔的政策和项目"，以及吸收"罗姆社群和协会与其他人一起参与住房项目的建设、回迁和维护"。第 31 段除其他外并在没有具体提及"分隔"的情况下，提到

---

[122] *Lacko v Slovakia*，CERD/C/59/D/11/1998（2001）.

[123] *Durmic v Serbia and Montenegro*，CERD/C/68/D/29/2003（2006）；进一步讨论见本书第四章。

[124] *L. A. v Slovakia*，CERD/C/85/D/49/2011（2014）.

[125] 本书第十四章。

[126] *Koptova v Slovakia*，CERD/C/57/D/13/1998（2000）.

[127] *Koptova v Slovakia*，para. 3. 1.

[128] *Z. U. B. S. v Australia*，CERD/C/55/D/6/1995（1999），para. 4. 4.

[129] *D. S. v Sweden*，CERD/C/53/D/9/1997（1998）.

了将罗姆人安置在居民区以外、处于孤立状态、没有保健和其他设施的营地中的做法。第32段以实例阐明了上一段的含义，呼吁缔约国为游走的罗姆人或漂泊者提供具有必要设施的营地。这一建议加深了对分隔如何错误的理解：暗示构成分隔的不仅是分离的事实，还有与蓄意的、指向他者的定位有关却与目标群体所作选择无关的污名。关于罗姆人平等获得保健和社会保障服务的第33段表明，缺乏这种获得也是该一般性建议所述分隔概念的一个因素。在这些连续的段落中，我们可以察觉分隔和一般歧视之间的重叠，解读整个建议强化了这种印象。

鉴于消除种族歧视委员会对教育中的分隔（包括"一个屋顶下两所学校"的制度[130]）表示了范围更广的关切，以及法院裁决限制解决事实上的分隔问题的能力[131]等情况，对分隔罗姆学生的关切产生了一系列建议，有些以强有力的语言表达。对于波兰，2003年，委员会在注意到该缔约国为满足罗姆学生的教育需要所作努力的同时，表示的关切是，"在某些情况下，这些努力导致分隔班的教育水平低于对应的波兰学生班"。[132] 因此，委员会建议，"新的方案应尽可能将罗姆儿童纳入主流学校……并……从罗姆少数群体中招聘更多的教师和教学助理"。[133] 委员会在2009年与波兰的对话中，表示乐于看到其引进罗姆人教学助理，以及逐步取消单独教育，同时指出罗姆学生辍学率高，罗姆儿童由于缺乏波兰语教学设施而处于不利境地。在这种情况下，建议的补救措施包括增加获得主流教育的机会和提高提供双语教育的可能性。[134]

252

在消除种族歧视委员会表示反感对罗姆学生作单独教育规定的框架内，对罗姆人学生被安置在为智力障碍儿童所设的"特殊学校"或"特殊班"的关切达到了极点；同样的问题以及类似问题，也被提交到欧洲人权法院。对于捷克共和国，委员会对教育分隔表示深为关切之后，在结束此等做法方

---

[130]　委员会的结论性意见：波斯尼亚和黑塞哥维那，CERD/C/BIH/CO/7-8（2010），para. 11。

[131]　委员会的结论性意见：美国，CERD/C/USA/CO/6，para. 17。

[132]　委员会的结论性意见：波兰，CERD/C/62/CO/6，para. 13。（原书此处为"para. 12"，作者后来告知译者应为"para. 13"。——译者注）

[133]　同上注。

[134]　委员会的结论性意见：波兰，CERD/C/POL/CO/19，para. 5。

面提出的建议包括，"审查用于确定儿童要入读特殊学校的情况的方法性工具，以避免基于罗姆儿童的文化身份特征而产生的对他们的间接歧视"。[135] 在对俄罗斯联邦的结论性意见中，安置的方法和标准也引人关注：委员会建议该国予以认真审查，同时提醒其注意将少数族裔儿童纳入普通教育系统的重要性。[136] 委员会关于斯洛伐克局势的建议也很广泛：要求结束分隔做法；建议评估将罗姆儿童安置在特殊学校的情况，以期将没有精神障碍的学生带离学校；提出审查入学标准以及取消分隔的行动计划。委员会还强调了教育分隔与住房和就业方面的歧视之间的联系。[137] 委员会在对斯洛伐克提出的结论性建议中，采用了联合国少数群体问题论坛关于"少数群体与受教育权"的一段建议，并将其作为适当政策的指南，其中综合了一系列当前规定——包括联合国教科文组织《取缔教育歧视公约》：[138]

> 国家或地方政策和做法，若法律上或事实上在歧视性基础上造成少数群体学生被编成单独的班级或置于单独的学校，或者学校或班级的少数群体学生比例畸高，……是被禁止的。特别是，在儿童入读小学时滥用心理或学习能力测试的做法，必须就其造成歧视性结果的可能受到密切监督。建立和发展以少数群体语言提供教育的班级和学校，不应被视为不可允许的分隔，只要分配到此类班级和学校出于自愿。然而，在出于语言、宗教或文化原因而为少数群体设立单独的教育机构的情况下，不应设置任何障碍，防止少数群体成员在通常教育机构学习，只要他们或其家人愿意这样做。[139]

消除种族歧视委员会后来的建议在"教育系统中继续存在的事实上分隔"的通用标题下，继续关注分隔的主题，例如提到了"仅收罗姆人的学校或班级的实践"。[140] 委员会建议斯洛伐克采取一切必要措施，根除学校系统中

---

[135]　委员会的结论性意见：捷克共和国，CERD/C/CZE/CO/7，para. 17。

[136]　CERD/C/RUS/CO/19，para. 27；比较委员会的结论性意见：爱沙尼亚，CERD/C/EST/CO/8-9，para. 17。

[137]　CERD/C/SVK/CO/6-8，para. 16.

[138]　*Ibid.*

[139]　A/HRC/10/11/Add. 1，para. 27.

[140]　委员会在对斯洛伐克的结论性意见中，表示关切有关以下情况的资料——罗姆儿童"在给智力障碍儿童设置的特殊班级和特殊学校中的人数比例过高"：CERD/C/SVK/CO/9-10，para. 11。

对罗姆儿童的分隔，"确保他们在获得优质教育方面享有平等机会"，以及，

253

规定途径和方法，通过解决这种做法的根源来消除罗姆学生在特殊班级中人数过多的情况，将罗姆学生纳入主流教育，除了为教师和社会工作人员组织有关罗姆人权利的培训外，还要增加对罗姆人教育的人力和财政资源投入。[141]

关于居住分隔，涉及罗姆人的案件一直是消除种族歧视委员会思考的重点，即使委员会关于住房的主要案件 L. R. 诉斯洛伐克案并没有具体涉及第 3 条，也是如此。[142] 但是，在委员会的实践中却有大量的重要描述，例如"在类似分隔区的居住区"孤立罗姆人社群，[143] 将罗姆人安置在居民区以外、处于孤立状态、没有保健和其他设施的营地中，[144] 事实上的分隔和强迫迁离或驱逐，[145] 以及分隔的居住区的恶劣住房条件。[146] 关切的问题包括建造主要由罗姆人居住的住房单元等政策；委员会认为，一项在短期内也许可以接受的政策长期来讲，可能会使分隔永久化。[147] 较可取的补救措施和处理办法除了消除恶劣做法外，还包括对住房领域的法律规定得更加明晰以及遵守法律，[148] 研究总体情况，[149] 让罗姆人社群作为伙伴参与住房项目，[150] 推进有助于促进社会包容的项目，[151] 密切关注住房机构的工作，[152] 在发生强迫迁离时提供替代性住房。[153] 在特定领域中，罗姆人的情况作为分隔加剧的情况突出地表现

---

[141]　*Ibid.*

[142]　*L. R. v Slovakia*，CERD/C/66/D/31/2003（2005）. 申诉人反而选择依据第 2、4、5 和 6 条主张，委员会对该案件的处理则依据第 2、5 和 6 条。关于住房部分，本书第十四章对该案作了更充分的讨论；另见本书第八章。

[143]　委员会的结论性意见：斯洛伐克，CERD/C/65/CO/7，para. 10。

[144]　委员会的结论性意见：意大利，CERD/C/ITA/CO/15，para. 14。

[145]　委员会曾多次提及这一点，包括在结论性意见中：捷克共和国，CERD/C/CZE/CO/7，para. 16；斯洛伐克，CERD/C/SVK/CO/6-8，para. 17。

[146]　委员会的结论性意见：斯洛伐克，CERD/C/SVK/CO/6-8，para. 17。

[147]　委员会的结论性意见：捷克共和国，CERD/C/63/CO/4，para. 13。

[148]　委员会的结论性意见：捷克共和国，CERD/C/CZE/CO/7，para. 16。

[149]　委员会的结论性意见：爱沙尼亚，CERD/C/EST/CO/8-9，para. 17。

[150]　委员会的结论性意见：意大利，CERD/C/ITA/CO/15，para. 14。

[151]　同上注。

[152]　委员会的结论性意见：德国，CERD/C/DEU/CO/18，para. 17。

[153]　委员会的结论性意见：俄罗斯联邦，CERD/C/RUS/CO/19，para. 26。

出来。

消除种族歧视委员会还对一般情况下的分隔表示了关切，但没有指明具体的族裔或其他群体。委员会对于埃塞俄比亚的族裔联邦制的情况，援引了第 3 条，认为这可能导致族裔紧张关系。[154] 委员会仿效第 19 号一般性建议的规定，在多个场合建议监测导致分隔的一切趋势，以及通过适当立法和采取其他行动。事实上的分隔目前和政策驱动的分隔形式一样，是委员会的关切对象。[155] 与歧视的其他方面一样，委员会并不认同这样的主张，即因为某一缔约国声称其领土上不存在种族歧视，就没有必要就第 3 条采取行动。[156]

（五）种族隔离

254

上文已经指出，在消除种族歧视委员会工作的早期阶段，关于第 3 条的国家报告只是关注种族隔离，而不考虑如何处理该条中的其他内容。这种做法部分源于委员会关于各缔约国与南非之间关系的早期建议。"关于缔约国报告"的第 3 号一般性建议[157]影响了缔约国报告其如何实施第 3 条的方式。这一建议将根据该条规定采取的国内/内部行动与国际一级所需的行动联系起来，认为"为落实《公约》规定而在国内一级采取的措施和为促进各地尊重《公约》原则而在国际一级采取的措施是互相关联的"。这一在 1972 年通过的建议引用了联大第 2784（XXVI）号决议，其中呼吁"南非的所有贸易伙伴避免任何足以鼓励南非及南罗德西亚非法政权继续违反《消除一切形式种族歧视国际公约》原则和目标的行动"。[158] 因此，委员会乐于看到"任何如此选择的缔约国……在根据第 9 条提交的报告中，列入有关它们和南部非洲的种族主义政权在外交、经济和其他方面的关系的状况的资料"。委员会 1975 年的第 2（XI）号决定[159]是对第 3 号一般性建议的后续行动，有力地宣

154　委员会的结论性意见：埃塞俄比亚，CERD/C/ETH/CO/15，para. 16。

155　在许多可能的例子中，见委员会对巴巴多斯的结论性意见中提到的基于社会的分隔问题，CERD/C/BRB/CO/16，para. 13。

156　委员会的结论性意见：卡塔尔，CERD/C/60/CO/11，para. 8。

157　A/8718，Chapter IX. B.

158　第 III. 3 段。

159　A/10018，Chapter VII. A. 这项决定的标题是"与种族主义政权的关系"。

布："一切足以支持、维持或鼓励种族主义政权的政策、行为或关系，均与批准或加入《消除一切形式种族歧视国际公约》的行为所蕴含的从事消除种族歧视事业的承诺不相容。"[160] 因此，各缔约国应重新考虑任何这种关系。[161]

消除种族歧视委员会主席 1985 年的一项声明称，委员会"协调和支持了各种活动"来打击种族隔离的恶劣祸害；[162] 而且如班顿所重申的，委员们也坚持认为"反对种族隔离的行动必须是他们的最高优先事项之一"。[163] 这种情况并未理会这样的疑虑，即向缔约国索取有关其与南非政权之政治关系的资料是否妥当。1979 年委员会某些委员向比利时代表提出的有关该国与南非关系的问题，突出显示了一些委员会委员和缔约国的这种疑虑。一些委员逼问比利时其与南非的关系，并坚称不能剥夺委员会查问缔约国履行其根据第 3 条所承担义务的方式的权利；[164] 其他委员则认为，"法律义务仅限于各缔约国所管辖的领土"。[165] 比利时答复称，它与南非的关系问题"具有高度的政治性"，属于联大、安理会等的职权范围。[166] 比利时还澄清，它没有批准《种族隔离公约》是"出于法律原因"。[167]

目前的情况仍然是，某些缔约国关于第 3 条的报告仍然简单地回顾它们如何反对南非的种族隔离政策，尽管早期建议所针对的政治关系已经成为历史。第 19 号一般性建议并没有完全成功地纠正这些有限的方法。即使那些在成为《公约》缔约国方面属于"后来者"的国家，也无法免受简单历史回顾的诱惑。例如，土耳其的初次报告回顾说：

> 在南非实行种族隔离制度期间，土耳其和南非之间没有正式接触。土耳其一直积极参与联合国消除任何形式种族主义和种族歧视的努力。它强烈反对种族隔离制度，并一贯投票赞成联合国所有谴责该制度的相关决议。这一立场一直持续到可以明显看出种族隔离即将被抛弃之时，

160　*Ibid.*, para. 1.

161　*Ibid.*, para. 2.

162　A/40/18, Annex Ⅳ, para. 4.

163　Banton, *International Action*, p. 127.

164　A/34/18, para. 225.

165　*Ibid.*

166　*Ibid.*, para. 231.

167　*Ibid.*

取而代之的是一个以多数人统治为基础的民主政府。[168]

该报告还补充说：

> 土耳其是联合国纳米比亚理事会的积极成员，支持反对种族隔离和殖民主义的每一国际行动。土耳其还定期向联合国南非信托基金和联合国纳米比亚基金捐款，土耳其是后一基金的受托人之一。[169]

对有关第 3 条的较近国家报告的简短浏览揭示了其他类似的情况。例如，喀麦隆"谴责南非当时的种族隔离做法，这种做法在实行人人平等投票时正式结束"。[170] 古巴将其对安哥拉的"兄弟式的和国际主义的援助"与其保护安哥拉以使其免受"南非种族隔离政权的扩张主义"的愿望联系起来。[171] 印度指出，它"有幸在支持结束非洲特别是南非的种族隔离所象征的殖民主义和歧视的长期和艰难斗争中，发挥了特殊作用"。[172] 有关第 3 条的报告包括的这类资料还可能提到德班反对种族主义世界会议和（或）回顾缔约国遵守《种族隔离公约》及有关文书的情况。[173] 在某些情况下，对种族隔离的回顾是在关于第 3 条的较长论述中体现的，[174] 而在另一些情况下，这一提法是作为对该条规定的义务的全面说明提出的。

（六）承诺防止、禁止并根除

"防止、禁止并根除"分隔和类似做法的义务范围很广，包括针对私人和公共分隔做法采取行动。在歧视和分隔的大量当代表现形式中，重点已决定性地从公共模式转移到私人模式，从来自国家机构的歧视转向未能充分地规范私人活动。就第 3 条中的承诺而言，这些义务与《公约》其他条款一样

256

---

[168]　CERD/C/TUR/3，para. 89.

[169]　*Ibid.*，para. 91.

[170]　CERD/C/CMR/115-118，para. 116 (2009).

[171]　CERD/C/CUB/14-18，para. 120 (2010).

[172]　CERD/C/IND/19，para. 55 (2006).

[173]　喀麦隆、古巴和印度（同上）；例子也出现在以下国家的报告中：安提瓜和巴布达，CERD/C/ATG/9，para. 37 (2006)；柬埔寨，CERD/C/KHM/18，para. 72 (2009)；刚果民主共和国，CERD/C/COD/15，para. 59 (2006)；萨尔瓦多，CERD/C/SLV/14-15，para. 31 (2009)；埃塞俄比亚，CERD/C/ETH/7-16，para. 49 (2009).

[174]　菲律宾的报告就是一个很好的例子，CERD/C/PHL/20，paras 102-115 (2008).

具有硬性：根据"消除"一切形式种族歧视的总体工程，防止、禁止并根除是在整个《公约》中重复的义务，或根据其他替代性术语承担的义务。从消除种族歧视委员会的工作记录中可以清楚地看到，私营部门中经常出现分隔问题。涉及国家机构的分隔也很明显，不一定采取像行政区域划分或明确的种族分类那样的极端形式：国家在教育领域的供给就引起了许多关注。履行第3条规定的义务——"承诺"，与第2条更为一般的规定一样，要求自我审查国家的或国家赞助的行动，以及审查包括公司在内的私人机构的行动。鉴于与分隔和种族隔离相连的歧视准则中存在的特别谴责，对分隔情况的必要审查、评估和补救行动构成一系列特别苛刻的义务。

（七）具有此种性质之一切习例

《公约》第3条要求缔约国处理"具有此种性质之一切习例"，即具有分隔或种族隔离"性质"的习例。消除种族歧视委员会工作中确定的分隔做法的范围已经很广，第19号一般性建议将该条的适用范围扩大到多种私人行为至关重要。从委员会的工作来看，尚不清楚什么可能构成"类似分隔"但还不是分隔的做法。同样，在当前世界秩序中需要回答的根本问题是什么构成种族隔离，而不是什么构成种族隔离性质的做法。委员会没有像探讨分隔的影响一样，探讨什么算是种族隔离的可能影响。以分离方式阐述种族隔离概念的可能，鉴于其对表面上更宽泛的分隔概念的紧密依附而没有实现——这两个概念在《公约》中都没有定义。

综合《种族隔离公约》和《国际刑事法院规约》中对种族隔离的定义，种族隔离可以被定义为：无论发现于何处，涉及由其他人统治一个或多个种族群体、实行不人道行为，与统治的系统化、制度化的过程相联系。福克（Falk）将禁止种族隔离运用于这样的种族做法："权利和义务的双重结构由……法律强加给某一从属民族。"[175]《种族隔离公约》对于压制一系列非人

---

[175] *Report of the Special Rapporteur on the Situation of Human Rights in the Palestinian Territories Occupied since 1967*, A/65/331, 30 August 2010, para. 5. 另见，A/HRC/14/17, Special Rapporteur Dugard, paras 58-62，其中建议就以色列在被占领土上的做法是否相当于种族隔离或殖民主义寻求获得国际法院的咨询意见。

道行为的要求，结合《国际刑事法院规约》中有关规模、认知、系统和意图的标准，共同设定了识别种族隔离政体或解决个人罪责的高标准。将某种制度定性为种族隔离或类似种族隔离，鉴于《种族隔离公约》中提到的"类似的政策和做法"指的是南非之前的政策和做法，这在某种程度上是比较的和历史的。然而，在所列的不人道行为实例中，[176] 以下做法，如通过建立保留地和集中居住区按种族划分人口、禁止种族通婚、没收土地财产，在作为某种全面的种族统治制度的组成部分时，看来就最接近一种可恰当地描述为种族隔离的政体的核心。

虽然消除种族歧视委员会的实践基本上没有说明在目前情况下什么构成种族隔离政体，但关注的重点是以色列的局势，特别是有关被其占领的领土的局势。委员会在 2007 年与以色列对话后，指出其"深为关切的是，为犹太人和阿拉伯人保留了分离的'部门'（sector），特别是在住房和教育领域，而且根据一些资料，这种分离造成了不平等的待遇和资助"；[177] 委员会请以色列评估维持这些部门可能构成种族歧视的程度。[178] 以色列泛泛地拒绝了委员会的立场，[179] 提出："'部门'一词……仅用于区分信仰不同宗教的人口。这个词既不具有任何法律含义，也不反映任何分离形式的不平等待遇。"[180] 随后作为补充的，是对以色列案例的大量引用、对混合社区之存在的叙述以及跨文化倡议。引起委员会注意的其他分隔形式包括可能被排除在以色列国家控制的土地之外，[181] 同时还有一些关于被占巴勒斯坦领土的段落表达了对修建隔离墙和限制迁徙自由的关切。[182]

消除种族歧视委员会 2012 年关于被占领土的结论性意见注意到"两套完全不同的法律制度和机构：一套是给在非法的定居点组成的犹太人社区，……另一套是给居住在巴勒斯坦村镇的巴勒斯坦居民"，还提到了"分离的隔绝

---

[176]　《种族隔离公约》第2条的用语表明，所列行为只是说明性的，并非穷尽无遗的。

[177]　委员会的结论性意见：以色列，CERD/C/ISR/CO/13，para. 22。这一意见涉及以色列国内局势，而不是被占领土。见本书第八章关于适用地域的讨论。

[178]　*Ibid.*

[179]　CERD/C/ISR/CO/13/Add. 1.

[180]　*Ibid.*, para. 19.

[181]　委员会的结论性意见：以色列，CERD/C/ISR/CO/13，para. 23。

[182]　*Ibid.*, paras 33 and 34.

性",这一切导致委员会得出的结论是,这些做法"违反……《公约》第3条"。[183] 在答复中,以色列提到了与委员会的对话以及在该国开场发言中对"关于以色列的种族隔离或种族分隔的任何虚假主张"的质疑。[184] 委员会在关于以色列占领领土的结论性意见中,提及第3条的次数异常之多,[185] 其中使用了严重关切或深为关切的说法,以及更为罕见地提到了违反,虽然没有将该条的内容具体化。[186] 在一项单独的建议中,以色列的"人口平衡"概念也根据第3条等受到了质疑。[187] 以色列在激烈的回应中,提到了它的开场发言和答复——该答复"强烈质疑关于以色列的种族隔离或种族分隔的任何虚假主张。使用这些术语或描述是冥顽不化、极不适当的";[188] 补充这一声明的,是进一步的细节以及这样一种说法——委员会没有适当地回应该缔约国提出的资料和论点。[189]

(八)其所辖领土

如本书对于第2条的评注所述,虽然该条未提及领土或管辖权,但第3条同时提及了两者。还可以指出,在实践中对《公约》的管辖范围的解释很广泛,重点是其通过有效控制而扩展的观点,这是一种得到其他国际机构广泛认可的理解。[190] 就《公民及政治权利国际公约》而言,人权事务委员会以

---

[183]　委员会的结论性意见:以色列,CERD/C/ISR/CO/14-16,para.24。

[184]　A/68/18,Annex Ⅶ,para.12.

[185]　CERD/C/ISR/CO/14-16,paras 24,25,26,and 27.

[186]　*Ibid.*,para.24.

[187]　*Ibid.*,para.25. 该结论性意见中的其他段落(第26和27段)援引了第3条以及其他几条。

[188]　A/68/18/Annex Ⅶ,para.12,以色列对委员会通过的结论性意见的评论。以色列代表团的开场发言载于 CERD/C/SR.2131。

[189]　关于被占领土的局势是否可以被定性为种族隔离,而不仅仅是占领,有大量文献,见 J. Dugard and J. Reynolds,'Apartheid,International Law and the Occupied Palestinian Territory',*European Journal of International Law* 24(2013),867-913。在 2012 年消除种族歧视委员会与以色列的对话中,委员会在口头简报中,明确将被占领土的局势定性为种族隔离:<http://tbinternet. ohchr. org/_ layouts/treatybodyexternal/SessionDetails1. aspx? SessionID=397&Lang=en>。另见 V. Tilley,*Beyond Occupation*:*Apartheid*,*Colonialism and International Law in the Occupied Palestinian Territories*(Pluto Press,2012);维基百科用约 61 页的篇幅专门展开种族隔离的类比,详细讨论了赞成和反对的意见:<http://en. wikipedia. org/wiki/Israel_ and_ the_ apartheid_ analogy>。

[190]　见本书第八章。

一种宽松的方式解读了该公约第 2 条第 1 款中缔约国尊重并确保"境内受其管辖"的个人的权利的类似义务[191]：

> 这就意味着缔约国必须尊重并确保在其权力范围内或者有效控制下的任何人——即使不在缔约国领土上——享有《公约》所规定的权利。……这项原则也适用于在境外行动的缔约国武装部队的权力范围内或者有效控制下的所有人，而不论这种权力或者有效控制是在何种情况下获得的……[192]

这实际上是将这一规定解读为转折式的，不允许"领土"盖过广义理解下的"管辖"。

关于《消除种族歧视公约》，联合国工商业与人权特别代表约翰·鲁吉（John Ruggie）报告说：

> 第 3 条规定的领土限制适用于特定类型的种族歧视，即种族分隔和种族隔离。就其他种族歧视形式而言，是否存在任何领土限制，《公约》保持沉默。因此可以得出结论，《公约》不排除域外管辖。但是，委员会没有对领土限制或域外管辖事项提供任何进一步的指导。[193]

该特别代表提到的缺乏指导可能指在《公约》的域外适用方面缺少一项一般性建议，而不是缺乏实践：确实存在实践，就算不存在详细说明委员会如何理解原则的"指导"。无论如何，"其所辖领土"在表面上不像《公民及政治权利国际公约》中的"境内受其管辖"那么有限。因此，根据第 3 条

---

[191] "《公约》第 2 条第 1 款的约文看来明确排除缔约国对发生在其领土外的行为负责。不过，[人权事务] 委员会对于一国在《公民及政治权利国际公约》义务下的管辖范围，采取了一种自由宽松的解释，确认各国确有一定程度的域外责任。" S. Joseph, J. Schultz, and M. Castan, *The International Covenant on Civil and Political Rights* (2nd edn, Oxford University Press, 2004), p. 88. (《公约》英文本中与"境内受其管辖"相对应的表述"within its territory and subject to its jurisdiction"，也可理解为"在其领土内并受其管辖"。——译者注)

[192] 人权事务委员会第 31 号一般性意见：《［公民及政治权利国际］公约》缔约国承担的一般法律义务的性质（2004 年），HRI/GEN/1Rev. 9 (vol. I), pp. 242-247, para. 10。See also International Court of Justice, *Armed Activities on the Territory of the Congo (Democratic Republic of Congo v Uganda)*, 19 December 2005, *Advisory Opinion on the Legal Consequences of the Construction of a Wall in the Occupied Palestinian Territory*, 9 July 2004, paras 107-109.

[193] *Mapping State obligations for corporate acts: An examination of the UN Human Rights Treaty System*, Report No. 1, prepared for the Special Representative of the Secretary General on Human Rights and Transnational Corporations and other Business Enterprises (18 December 2006), para. 16.

采取的做法并入了消除种族歧视委员会有关《公约》域外适用的更广泛实践，特别是在占领或控制领土这种《公约》的"空间"延伸的情况中。委员会 2012 年就在"包括东耶路撒冷和被占领的戈兰高地在内的被占领巴勒斯坦领土"上的活动向以色列提出的建议，给将第 3 条延伸到处于某一缔约国管辖下但超出其国际公认边界的领土提供了一个明显例子。

四　评论

第 3 条的规定在《公约》的历史和伦理方面提供了一个简短的教程，溯及《公约》在拒绝南非种族隔离政策和拒绝美国实行的种族分隔方面的创始动力；反思这些情况有助于查明种族分隔中的"祸害"。南非为其分离发展的政策辩护而主张的理由包括，需要在复杂的多种族社区中区分群体，以之为实现社会进步的一种中立的、理想的策略。[194] 田中（Tanaka）法官在西南非洲案第二阶段（1966 年）的反对意见中，[195] 对南非的观点做了广泛解构，其中尤其是区分了基于种族原因施行的分离制度与这样的可能情况——一些群体培养自己的宗教、教育或语言价值观，以此为他们享有人权和基本自由的一个方面。在后一类中，可能包括国际联盟的少数民族制度的积极的、允许性的规定，以及联合国教科文组织《取缔教育歧视公约》确立的单独教育规定的标准——其因素已被纳入《消除种族歧视公约》序言。田中法官的结论是，即使种族隔离制度中的某些区分是有道理的，[196] 其总的动机也是邪恶的，[197] 并且差别和不同待遇之间不存在必要的逻辑和实质联系：种族隔离根本上是不合理、不公正的。

194　H. J. Richardson, 'Self-Determination, International Law and the South African Bantustan Policy', *Columbia Journal of Transnational Law* 17 (1978), 185–219.

195　ICJ Reports 1966, 4, at 284–316. 对这一观点更全面的阐述载于 P. Thornberry, *International Law and the Rights of Minorities* (Clarendon Press, 1991), pp. 314–318。

196　例如，在与少数群体权利规定相当的单独教育和学校领域；但在分开使用公共设施等方面，情况并非如此。

197　田中法官将南非提到的"文化人口群体"形容为"掩饰背后的种族意图"。

通过在布朗诉教育委员会案[198]中否定普雷西诉弗格森案（*Plessy v Ferguson*）和随后的案件都接受的"分离但平等"的学说，[199]美国也遵循了类似的轨迹。麦基恩指出，审理布朗诉教育委员会案的法院与田中法官不同，没有对平等的概念做冗长探究，而是问是否在公立学校中仅仅基于种族将儿童分隔就剥夺了儿童的平等教育机会，[200]并对这一问题做了肯定回答。在认定存在违反平等的情况的同时，布朗诉教育委员会案还补充了令人沉痛的一点，"仅仅因为种族就把儿童与其他年龄和资历相似的人分离，会产生一种有关他们在社会中的地位的低劣感，这种低劣感可能会以一种不太可能消除的方式影响他们的头脑和心灵"。[201]布朗诉教育委员会案有关"社会中的地位"和"低劣"的认识会引起《公约》的特殊共鸣，因为《公约》坚决反对种族或族裔优越的学说、思想和理论。即使没有明确的优越或低劣的"学说"，种族分隔政策也强烈暗示群体低劣的污点，通过暗示该群体不适合属于他人的社会来损害其尊严。[202]一些评论，就像拉科诉斯洛伐克案的原告对与分隔有关的"羞辱和贬低"的评论，进一步说明了这种做法对受害者的心理影响。[203]

由于种族分隔出自有关平等和歧视之争论的矩阵，它基本上被视为一种

---

[198] *Brown v the Board of Education for Topeka County*, 347 US 483（1954）；see also *Sweatt v Painter*, 339 US 629（1950）.

[199] 163 US 537, 41（1893）. 讨论见 McKean, *Equality and Discrimination*, pp. 228-257。关于《公约》第 1 条，梅隆讨论了"在平等地位上"的表述是否会使"分开但平等"的理论正当化的问题，并回答说，除了分开的设施从来都不完全平等的论点之外，"无形的考量因素，例如自卑感或为少数群体所设的单独设施带来的耻辱感，就足以使分开的设施和服务不平等，甚至本质上就不平等"——脚注中提到了布朗诉教育委员会案：T. Meron, 'The Meaning and Reach of the International Convention on the Elimination of All Forms of Racial Discrimination', *American Journal of International Law* 79（1985），285-318，290。见本书第六章对"平等地位"的措辞的进一步讨论。

[200] W. A. McKean, *Equality and Discrimination under International Law*（Clarendon Press, 1983），p. 232.

[201] Ibid.

[202] J. Waldron, *The Harm in Hate Speech*（Harvard University Press, 2012），esp. Chapters 4 and 5. 联合国教科文组织《关于种族和种族偏见的宣言》第 4 条第 1 款也暗示了分隔的"伤害"，规定："基于种族或族裔考虑而对人之全面自我实现和彼此之间自由交流的任何限制都有违尊严和权利平等的原则，不能被接受。"

[203] 对于歧视之影响的简明和揭示性叙述，见 T. Makkonen, *Equal in Law*, *Unequal in Fact*（Martinus Nijhoff, 2012），pp. 83-90。

集中的歧视形式，方式是排斥和对民众的隐性或显性排序，其心理可能与"种族清洗"相去不远，尽管通常并未采取如此激烈的形式。种族隔离表现了分隔现象的进一步集中，在统治、强加等级制度、以法令指定种族身份等方面都具有额外的特点，所有这些都在整体上被整合为一项确定的公共政策。如前所述，《公约》对于分隔和种族隔离都没有定义。在非洲的官方种族隔离制度消亡之后，消除种族歧视委员会在实践中几乎没有对种族隔离的含义作出更明确的说明；另一方面，它还提出了大量对反分隔的规范的分析。缺乏有关南非结束种族隔离后明确具体的国际实践的情况，无助于委员会查明适合谴责的当代"种族隔离"情况。此外，将种族隔离列为臭名昭著的、违反国际习惯法和强制性规范的危害人类罪，可能是妨碍公开比较种族隔离与现代国家公共政策的额外原因。在最近的实践中，虽然关于以色列在被占领土上的行为的一系列结论性意见都诉诸第3条，该条作为委员会对这些领土的治理情况的一般性描述的一部分，但委员会没有将该条"劈分"成不同组成部分，也没有向该缔约国提出其存在种族隔离的明确"指控"。而以色列则毫不含糊地拒绝在该国存在任何种族隔离或种族分隔的说法。[204]

由于《公约》作为反殖民项目的一部分在历史上所处的中心地位，许多国家仍然难以将第3条向内转，来处理国内的种族和族裔问题，而是倾向于追溯其反对种族隔离和相关邪恶中对外的、外交的和历史的路径。虽然将第3条限于回顾反对种族隔离政策的国家的数目有所减少，但定期报告的内容仍然表明，各国对该条的范围缺乏共识，用来说明各国对《公约》的反应的材料大相径庭就是明证。消除种族歧视委员会2004年关于德班进程的一份文件称：

> 缔约国履行《公约》第3条规定的义务受到了以下事实的妨碍：许多缔约国将该条的范围解释为专门针对南非的种族隔离，而没有审查在其本国领土上是否发生了事实上的种族分隔。按《公约》第3条所界定的分隔在一些国家仍然以各种形式发生，特别是在住房和教育方面，而

---

[204] A/68/18, Annex Ⅶ, para. 12, 以色列的评论。

其根除应被《公约》所有缔约国视为一个优先事项。[205]

许多国家提到其有关灭绝种族罪和危害人类罪的立法，将之作为有关第3条的规定的例子；这与注重种族隔离的报告一道，仍然是对报告要求的最常见反应，古巴的报告就体现了一种扩展版本。[206] 也有国家根据第3条报告了关于种族大屠杀（Holocaust）的教学方案。[207] 作为注重种族隔离和/或危害人类罪的报告的替代方式，一些国家否认第3条有任何积极作用，声称其法律制度排除了种族分隔，在其国家内部实际上不存在种族分隔，也不存在种族隔离，[208] 以及/或者没有必要根据该条采取法律、行政或司法措施。[209] 其他报告干脆省略了对第3条的任何提及。[210] 对于最后这种情况，省略可能出自报告的结构的要求，例如当报告集中于回应消除种族歧视委员会先前的建议之时；在其他情况下，该条被含蓄地视为对缔约国的情况不适用或不相关。

虽然对于报告国来说，侧重于过去对种族隔离的反应、提及危害人类罪和否认第3条的相关性可能代表着更容易的途径，但在对国家的情况进行自我批评式叙述的情形下，报告内容涉及第3条的国家数量略有增加，尽管赋予该条的具体含义可能并不十分清楚。在玻利维亚，各种加剧种族歧视和分隔的零散事件被认为属于第3条的范畴，包括禁止土著人的着装、羞辱土著人、对人权维护者的人身攻击和种族仇恨言论；[211] 玻利维亚还使用了"煽动种族分隔、暴力、歧视和全国各地的分裂主义"的一般性论题，涉及《公

262

205　"消除种族歧视委员会关于《消除一切形式种族歧视国际公约》实施情况及效力的意见"，E./CN. 4/WG. 21/10, 17 September 2004。

206　CERD/C/CUB/14-18, paras 106-111；另见秘鲁对国际人道法的详细说明，CERD/C/PER/18-21, paras 100-102。

207　爱沙尼亚就是这样一个例子：CERD/C/EST/8-9, paras 43-45。

208　例如见以下国家的报告：亚美尼亚，CERD/C/ARM/5-6, para. 72；柬埔寨，CERD/C/KHM/18, para. 72；萨尔瓦多，CERD/C/SLV/16-17, para. 35；爱沙尼亚，CERD/C/EST/10-11, para. 84；日本，CERD/C/JPN/3-6, para. 36；立陶宛，CERD/C/LTU/4-5, para. 93；巴拿马，CERD/C/PAN/15-20, para. 23；美国，CERD/C/USA/7-9, para. 34；乌兹别克斯坦，CERD/C/UZB/6-7, para. 330。

209　冰岛的报告，CERD/C/ISL/20, para. 75。

210　例如尼加拉瓜的报告，CERD/C/NIC/14 (2007)；荷兰的报告，CERD/C/NLD/18 (2008)。

211　玻利维亚的报告，CERD/C/BOL/17-20, paras 64-65。

约》中的若干条款。[212] 其他一些国家努力在该条中找到实质性内容，方式是关注其对区域发展的影响，[213] 土著民族的自由、事先和知情同意的重要性[214] 以及移民社群的情况。[215] 有些缔约国还关注部门歧视，包括教育、住房[216]和劳动力市场[217]。一些报告提出了融混问题，英国的报告则长篇论述了"社区凝聚力"规划。[218] 罗马尼亚的报告回顾了委员会第 19 号一般性建议在制定打击分隔的措施方面的重要性。[219]

消除种族歧视委员会根据第 3 条提出的批评可能会引起某些缔约国的强烈反应，即使委员会没有认定该条中的任何具体内容为有待打击的恶行，也是如此。多米尼加共和国的定期报告在回应委员会的评论时，用多少有些尖刻的措辞提到了"假定 [由委员会?] 的分隔，主要是海地人被限制在榨糖厂的工作营地，被视为南非的种族隔离或更早的纳粹隔离居住区（ghettos）在热带的表现"。[220] 该报告补充说，该缔约国完全赞同第 3 条，这就是为什么它"没有任何隔离居住区、贫民窟、偏僻后巷、统建住宅区、公共和/或私人场地、地理区域或其他类型的被设计成或用作根据人们的种族和/或民族而分隔他们之方式的城乡定居地"；没有任何区域是"专门留给特定群体的

263

212　*Ibid.*，para. 65.

213　伊拉克的报告，CERD/C/IRQ/15-21，paras 54-55；摩洛哥的报告，CERD/C/MAR/17-18，paras 93-100。

214　菲律宾的报告，CERD/C/PHL/20，paras 102-115，列举了从《联合国宪章》开始的一系列国际文书、《菲律宾宪法》中的平等保护原则以及该国 1997 年《土著民族权利法》对这些义务和原则的体现。

215　爱尔兰的报告，CERD/C/IRL/3-4，paras 205-207。

216　罗马尼亚的报告，CERD/C/ROU/16-19，paras 180-186；美国的报告，CERD/C/USA/7-9，paras 34-46。

217　丹麦的报告，CERD/C/DEN/18-19，paras 36-37。日本的报告回顾《日本宪法》第 22 条第 1 款规定，每个人"在不妨碍公共福利的限度内，应有选择和改变……住所和选择……职业的自由"；第 26 条第 1 款规定，所有人"应有权按照法律之规定，接受与其能力相当的平等教育"：CERD/C/JPN/7-9，para. 82。

218　CERD/C/GBR/18-20，paras 85-102，回顾在英国法律中（1976 年《种族关系法》第 1 节第 2 款），基于种族的分隔是非法的，并补充说："即便如此，政府仍认识到，为了建立一个真正有凝聚力的社会，其他的非立法的措施是必要的。"

219　CERD/C/ROU/16-19，para. 179. 美国的报告呼应了第 19 号一般性建议中的措辞，提到了"适当监测可能引起种族歧视的所有趋势"：CERD/C/USA/7-9，para. 35。

220　CERD/C/DOM/13-14，para. 228（2012）。

成员而有意排斥其他成员的"。[221] 该国的声明中拒绝的分隔范式是沿着种族隔离制度的思路的蓄意、有计划的排斥：第 19 号一般性建议关于非正式的、私人的分隔模式的信息似乎在"传译中丢失了"。上文已经指出了该国对于委员会根据第 3 条如何划定以色列在被占领土上的政策的类型的反应；在这种情况下，委员会大力强调了有意计划的政策和做法。[222]

第 3 条是以谴责和禁止的方式表达的，而没有列述反对种族分隔的具体政策导向；消除种族歧视委员会第 19 号一般性建议的内容本身提到了努力"消除"这种分隔倾向的"任何消极后果"。[223] 委员会对关于第 3 条的国家报告的答复经常侧重于促进融混。虽然实施整个《公约》是对种族分隔的适当回应，但从《公约》的文法和委员会对"融混"的偏爱来看，值得就其与分隔以及一般意义上的不歧视的关系审视一番。《公约》序言所述的对"种族壁垒"的厌恶以及第 2 条第 1 款（辰）项鼓励种族混合主义（integrationist）的多种族组织与运动的规定，都属于更进一步将《公约》描述为一种"混合主义"文书的因素。像对社会包容一样，委员会没有提出融混的定义，尽管其参数可以从一般实践中估算出来。在某些情况下，这一术语被宽泛地使用，例如，委员会对加拿大的建议就有关"通过有效确保实施其非歧视立法，使非洲裔加拿大人……融入加拿大社会"。[224] 对于融混的更具体叙述也引人注目。对于受《公约》保护的各类群体，融混都是建议的策略。关于非公民、难民和寻求庇护者的融混的建议在委员会的实践中一直存在，也许是考虑到这样的融混概念，即以就地融混为难民"持久解决办法"之一。[225] 考虑到《公约》作为整体具有的集体维度，值得注意的是：委员会使用

221　*Ibid.*, paras 61 and 62. 支持关于分隔问题声明的，是关于包括住房权在内的各种权利的声明（*ibid.*, para.194）。

222　委员会的结论性意见：以色列，CERD/C/ISR/CO/14-16, paras 24, 25, and 27；另见关于以色列本国领土的第 11 和 15 段。

223　第 4 段。

224　CERD/C/CAN/CO/19-20, para.16.

225　R. da Costa（consultant）, *Rights of Refugees in the Context of Integration：Legal Standards and Recommendations*（UNHCR, June 2006, POLAS/2006/2）.

"融混"这一词语来描述个人的融混以及集体的融混;[226] 建议与群体对话以促进融混,[227] 以及建议他们参与融混政策的设计和实施。[228]

264 与融混有关的概念,如社会包容,越来越多地出现在国家报告中。就《公约》而言,重点是族裔融混以及与族裔有关的社会包容政策,以便纠正社会排斥现象,同时要铭记社会排斥和补救性包容策略可能基于种族/族裔以外的因素。[229] 因此,消除种族歧视委员会建议各国强化社会包容议程的"种族和文化层面"。[230] 许多维持、发展或改善包容策略和社会发展方案的建议,在很大程度上集中于欧洲的缔约国,特别是有关对罗姆人的包容。委员会向各参与国提出的建议中,提到了"包容罗姆人十年"[231] 和与欧盟有关的政策及方案(包括包容罗姆人的国家行动计划)。[232] 然而,委员会对社会包容的进路的范围很广泛,涉及所有区域和受《公约》保护的所有群体。[233] 委员会的实践没有定义社会包容,[234] 尽管它被认为符合例如委员会关于对罗姆人歧视的第 27 号一般性建议,并且通常被视为"融混"政策的一个子集或应用。委员会在对塞浦路斯的结论性意见中,建议该国确保其包容罗姆人的国家战略不会"使罗姆人社群事实上的分隔状况永久化,而是确保他们融入

---

226 委员会的结论性意见:哈萨克斯坦,CERD/C/KAZ/CO/4-5,para. 8;荷兰,CERD/C/64/CO/7,para. 10。

227 委员会的结论性意见:格鲁吉亚,CERD/C/GEO/CO/4-5,para. 15。

228 委员会的结论性意见:丹麦,CERD/C/DEN/CO/17,para. 22;希腊,CERD/C/GRC/CO/19,para. 16。

229 M. Bell, *Racism and Equality in the European Union* (Oxford University Press, 2008), Chapter 6 'Social Inclusion: Education, Health, and Housing'.

230 委员会的结论性意见:澳大利亚,CERD/C/AUS/CO/15-17,para. 14。

231 "包容罗姆人十年"是 12 个有可观数量罗姆少数民族人口的国家的倡议。委员会的答复实例包括对以下国家的结论性意见:波斯尼亚和黑塞哥维那,CERD/C/BIH/CO/7-8,para. 12;保加利亚,CERD/C/BGR/CO/19,para. 15;斯洛伐克,CERD/C/SVK/CO/9-10,para. 11。

232 例如见委员会的结论性意见:意大利,CERD/C/ITA/CO/16-18,para. 19;葡萄牙,CERD/C/PRT/CO/12-14,para. 119(其中提到了欧盟的要求)。

233 委员会的结论性意见:澳大利亚,CERD/C/AUS/CO/15-17,para. 14;墨西哥,CERD/C/MEX/CO/16-17,para. 18;委内瑞拉,CERD/C/VEN/CO/19-21,para. 10。

234 关于从欧盟获得的一般性的在族裔意义上不明确的定义,见 Bell, *Racismand Equality*, p. 117; also, *ibid.*, pp. 123-127 on 'Mainstreaming ethnic equality into socialinclusion policy'.

社会，解决他们遭受的污名化、边缘化和种族歧视问题"。[235]

消除种族歧视委员会对待社会包容政策的方式反映了其对待发展战略和减贫方案的思路，因为它强调必须关注各种战略和方案的族裔/种族层面、贫穷与种族主义之间的联系，[236] 建议提高受影响群体参与方案设计和执行的程度。例如，委员会在对意大利的结论性意见中提出的建议是，鉴于其"包容罗姆人、辛提人和卡米南蒂人（Camminanti）社群的国家战略"，应"就这一战略的执行、监测和评估，启动与这些社群及其代表组织的协商"。[237] 委员会在最后这一方面的做法受到了《公约》第5条（辰）项（vi）目和《经济社会文化权利国际公约》第15条所述概念的影响，这要针对这样的背景解读，即故《联合国少数人权利宣言》和其他地方所述，少数群体成员有权参加文化、宗教、社会、经济和公共生活[238]并参与影响他们的决定[239]。对这一政策偏好的简短描述是"通过参与实现融混"。

对建议的融混方案或政策的描述往往取决于信息和部门，[240] 而且必要时，"文化"因素影响并限制这些建议。消除种族歧视委员会在对爱沙尼亚的结论性意见中批评其融混战略，认为该战略"过分强调"语言，其背后就有文化因素；委员会除其他外，要求该缔约国审查这样的限制立法，即"在公共服务中使用少数民族语言仅限于少数民族占人口一半的县"。[241] 委员会在对纳米比亚的结论性意见中表示关切的是，"融混政策和方案可能有损于对族裔和文化多样性的保护"，并回顾称，"不歧视原则要求考虑……有关群体的文

---

[235] CERD/C/CYP/CO/17-22, para. 16；另见委员会的结论性意见：瑞典，CERD/C/SWE/CO/19-21, para. 14。

[236] 委员会在对洪都拉斯的结论性意见中，"敦促该缔约国继续执行减少不平等和贫穷的社会包容和基于身份的发展方案……。委员会建议采取行动，打破贫穷与种族主义之间的联系"：CERD/C/HND/CO/1-5, para. 7（该段着重讨论土著民族和非洲裔洪都拉斯社群的情况）。

[237] CERD/C/ITA/CO/16-18, para. 19. 另见委员会的结论性意见：爱沙尼亚，CERD/C/EST/CO/8-9, para. 14。

[238] 《联合国少数人权利宣言》第2条第2款。

[239] 《联合国少数人权利宣言》第2条第3款。

[240] 例如，委员会向比利时提出的关于外国血统的人在劳动力市场的建议，CERD/C/BEL/CO/16-19, para. 15；该段的最后一句话提到了便利获得住房的问题。

[241] CERD/C/EST/CO/8-9, para. 13.

化特征"，最后敦促该缔约国"确保其融混政策和方案尊重和保护属于少数民族或族裔的人的文化特性"。[242] 关于"隔离居住区"这样一个描述被分隔社区的典型范式术语，委员会声称，虽然它赞赏丹麦在其"反隔离居住区化法"中的目标是防止"边缘化分组"而不是"族裔分组"，但它建议评估该政策"对不同族裔群体践行其文化的权利的影响，并确保这不会具有导致受影响者丧失文化特征的同化作用"。[243]

　　虽然在消除种族歧视委员会的实践中可能并非总是如此，但很明显，委员会目前将融混与同化区分开来，并没有将《公约》视为一项同化文书。[244] 近几十年来，少数群体和相关文化权利的参数过于明确，并以多种方式被纳入委员会实践，以至于不允许在承认和保护群体文化权利方面松懈。[245] 迪亚科务将这一问题放到了历史视角中：

> 　　《公约》的约文反映了在《公约》缔结之时，种族隔离和分隔是最严重的种族歧视形式……然而，后来的实践表明，这种担心［同化少数群体等］是没有道理的：《公约》的这些规定从未被用来对付……族裔群体，来反对他们让自己的身份特征得到尊重、被承认为少数群体的心思。[246]

　　"融混"对于土著民族来说并不是一个特别有用的引申义，对他们来说，这个词在历史上等于同化，而用于表面上为他们的利益而起草的国际文书中

266

---

[242]　CERD/C/NAM/CO/12, para. 24.

[243]　委员会的结论性意见：丹麦，CERD/C/DNK/CO/18-19，para. 15。丹麦的报告概述了这项政策，CERE/C/DNK/18-19，paras 131-135；解释见于 CERD/C/SR. 2035，paras 16 and 48，以及委员会委员的评论，*ibid.*, paras 36 and 39 (Crickley)。

[244]　关于根据《公约》的早期实践的反思，见 Thornberry, *International Law and the Rights of Minorities*, pp. 276-280。早期的连续几届委员会会议，对《公约》有关少数群体的政策和原则，以及"融混"是否意味着少数群体的族裔身份特征的消失（被主流民族同化），表现出明显的意见分歧（或混乱）；缔约国对这些问题也表达了各异的意见。正如本书各章所指出的，与有关种族歧视的标准体系并行的人权标准体系，特别是与土著民族以及族裔和宗教群体有关的标准体系的出现，影响了委员会将《公约》解读为一项"活的文书"。本书最后一章总结了这一问题。

[245]　See *inter alios*, F. Lenzerini, *The Culturalization of Human Rights Law* (Oxford University Press, 2014), esp. Chapter 3, pp. 116-212.

[246]　I. Diaconu, *Racial Discrimination* (Eleven International Publishing, 2011), p. 202.

时，甚至更糟。[247] 在《联合国土著人民权利宣言》中，在要求防止"任何形式的强迫同化或融合"的语境中，这个词是以负面形象出现的，[248] 并且很难适应在自决、自治和控制的准则下贯通的权利框架。总之，"融混"的概念需要仔细的构建和文化上的细微区分，才能作为对"分隔"的恰当回应。土著群体可能认为融混政策只不过是伪装的同化。

实践并没有完全阐明第3条的所有方面，包括反分隔是否以及在多大程度上在《公约》中占据一个明显的、使之有别于一般意义上的歧视的规范空间。第3条被解释为已经深入社会实践，这提出了一个问题，即由于私人活动而产生的分隔在多大程度上适宜在《公约》的框架下解决，同时考虑到第3条与《公约》的"自由"条款——包括集会、结社自由或居住自由——的关系。[249]《公约》将歧视限于"公共生活"是解释的另一个语境因素。

反分隔规范的禁止方面与少数人或土著人权利的分离因素之间的关系提出了进一步的问题，尽管消除种族歧视委员会几十年来一直在努力协调这些概念，并利用国际人权法的发展情况来作为其意见的参考。从这个意义上说，分隔已被部分"文化化"（culturalized），并被融入接受由有关族裔群体或民族自由选择而不是强加的权利的有效性之中。[250] 如同推动《公约》出现的其他驱动力一样，反种族隔离和反融混的潮流对《公约》的伦理道德仍然很重要，即使它们已经失去了一些最初的冲力，而且融合进了一种更广泛的概念潮流之中。

---

[247] 国际劳工组织1957年第107号公约的运作就是一个例子；目前仍有效的该文书被土著民族视为高度同化主义的，对其文化的生存和繁荣是危险的，这一立场最终被国际劳工组织所接受，进而于1989年通过了第169号公约：国际劳工组织的一个专家委员会在1988年"一致得出结论认为，第107号公约的融混主义语言已经过时，而且……在现代世界适用这一原则具有破坏性"，引用情况见 P. Thornberry, *Indigenous Peoples and Human Rights*（Manchester University Press, 2002）, p. 338。本书第二十章进一步讨论了融混与同化的关系。

[248] 第8条第2款（d）项。（该宣言英文本中，与"融合"相对应的用词即本章译为"融混"的"integration"。——译者注）

[249] 关于丹麦的"反隔离居住区化"（anti-ghettoization）法律，委员会对该国的结论性意见除了强调文化方面的问题外，还问到该法如何影响"受影响之人的居住自由权"：CERD/C/DNK/CO/18-19, para. 15。

[250] Lenzerini, *The Culturalization of Human Rights Law*, passim.

第十一章 第4条：种族仇恨言论

第 4 条

缔约国对于一切宣传及一切组织，凡以某一种族或属于某一肤色或民族本源之人群具有优越性之思想或理论为根据者，或试图辩护或提倡任何形式之种族仇恨及歧视者，概予谴责，并承诺立即采取旨在根除对此种歧视之一切煽动或歧视行为之积极措施，又为此目的，在充分顾及世界人权宣言所载原则及本公约第五条明文规定之权利之条件下，除其他事项外：

（子）应宣告凡传播以种族优越或仇恨为根据之思想，煽动种族歧视，以及对任何种族或属于另一肤色或民族本源之人群实施强暴行为或煽动此种行为者，又凡对种族主义者之活动给予任何协助者，包括筹供经费在内，概为犯罪行为，依法惩处；

（丑）应宣告凡组织及有组织之宣传活动与所有其他宣传活动之提倡与煽动种族歧视者，概为非法，加以禁止，并确认参加此等组织或活动为犯罪行为，依法惩处；

（寅）应不准全国性或地方性公共当局或公共机关提倡或煽动种族歧视。

一 导言

第 4 条是《消除种族歧视公约》通过使用刑法规定来处理"种族仇恨言

论"的主要焦点。"仇恨言论"一词没有用于《公约》第 4 条或其他条款，尽管消除种族歧视委员会对该词的使用一直在稳步推进：委员会在先前使用的基础上，2012 年举行了关于"种族仇恨言论"的专题讨论，接着是 2013 年通过了关于"打击种族仇恨言论"的第 35 号一般性建议。[1] 委员会将种族仇恨言论理解为——有别于出于种族动机的"仇恨罪行"——"一种指向他人的言论形式，它否认人的尊严和平等的核心人权原则，力求降低社会对个人和群体的评价"。[2] 除了这一笼统的说法外，委员会的做法是在《公约》本身中找到种族仇恨言论的含义，《公约》各项规定的"累计效果使识别构成仇恨言论的表达方式成为可能"。[3] 第 35 号一般性建议还明确指出，打击种族仇恨言论的责任不单单落在第 4 条上，同时要铭记"有效地打击种族仇恨言论涉及调动《公约》的全面规范和程序资源"，[4] 各国在实行反对仇恨言论的政策时可以援用这些资源。这项建议在这些"资源"中，给予第 5 条——特别是关于主张和表达自由的第 5 条（卯）项（ⅷ）目——和第 7 条突出地位，同时重申第 4 条仍然是反对种族歧视斗争的核心。[5]

消除种族歧视委员会的工作记录显示出，尽管第 35 号一般性建议在提炼、重新审视和阐述委员会的做法方面作出了新的说明，但其在处理第 4 条

1　"仇恨言论"的术语被欧洲理事会部长委员会认定为"涵盖传播、煽动、提倡或辩解种族仇恨、仇外心理、反犹太主义或基于不容忍的其他形式的仇恨的一切表达形式，包括侵略性民族主义和种族中心主义的不容忍，对少数人、移民和移民出身的人的歧视和敌意"：Appendix to Council of Europe Committee of Ministers Recommendation No. R（97）20；欧洲人权法院曾提到这一定义：*Gündüz v Turkey*, App. No. 35071/97；ECHR 2003-Ⅺ［2003］, paras 22 and 43。在大量的文献中，有一本文集中的论文提供了各种批评性评价：I. Hare and J. Weinstein（eds）, *Extreme Speech and Democracy*（Oxford University Press, 2009）［henceforth *Extreme Speech*］；另见 J. Waldron, *The Harm in Hate Speech*（Harvard University Press, 2012）［henceforth *The Harm in Hate Speech*］。有人认为，禁止仇恨言论是"禁止'极端'不容忍或'极端'不喜欢的表达"，将"极端"这一限定作为前提是"因为，不容忍和不喜欢是必然的人类情感，没有任何法律制度能自称对其予以消除"：R. Post, 'Hate Speech', in Hare and Weinstein, *Extreme Speech*, pp. 123–138, p. 123。另一方面，对许多罪行来说，言论挑衅可能以温和的语言表达，但意在以随之而来的后果激起"极端"仇恨。

2　第 35 号一般性建议第 10 段。沃尔德伦主张，尊严"正是反仇恨言论法旨在保护的，……尊严的含义是，一个人被视为社会的合格成员、其作为某一少数群体的成员不会导致……正常社交活动被剥夺的基本资格"：Waldron, *The Harm in Hate Speech*, p. 104。

3　第 35 号一般性建议第 5 段。

4　第 35 号一般性建议第 3 段。

5　第 35 号一般性建议第 10 段，引用第 15 号一般性建议第 1 段。

的方法中，仍具有贯穿不稳定操作环境的显著连续性。虽然所有国家都宽泛地支持禁止"种族主义"仇恨言论，但关于仇恨言论与基本自由特别是表达和集会自由之间关系的"重叠共识"[6] 则较窄。各国和各种非政府行为者对仇恨言论持有不同的看法，视场合需要把自己表现为争取自由的斗士或对禁止的热衷者；这一问题很少有助于实现良性中立。哲学、政治和文化因素影响着自由—禁止轴线上的定位。在起草《公约》时，西方国家采取了捍卫表达自由的激烈姿态，而其他国家，特别是共产主义国家和新独立国家，则对压制种族主义言论采取了更强硬的立场。所有"保护自由"的保留都来自西方国家、与西方结盟的国家或继承了殖民立法的国家，其中西方国家仍然最不愿意吸收委员会在这方面的规定；仍有待查验的是，第 35 号一般性建议的出现是否会鼓励这些国家重新评估迄今为止对保留的顽固维持。

与《消除种族歧视公约》第 4 条有关的问题产生了一系列国际人权规定。想一想第 4 条的帽段具体提到了《世界人权宣言》"所载原则"，《世界人权宣言》中特别相关的内容分别包括关于意见和表达自由的第 19 条，关于集会自由的第 20 条，第 7 条——特别是其关于平等保护不受歧视及煽动此种歧视之任何行为的第二句话，以及第 12 条——该条除其他外提到"侵害……荣誉及信用"；第 29 条和第 30 条对人权规定的一般限制在原则网络中也很突出。源自《世界人权宣言》的"核心"条约中的相关声明包括《公民及政治权利国际公约》第 19 条，其中纳入了一项一般性声明，即表达自由权的行使"附有特别责任及义务"，并可能受到限制，但仅限于"经法律规定，且为下列各项所必要者为限：（子）尊重他人权利或名誉；（丑）保障国家安全或公共秩序、或公共卫生或风化"。[7] 紧跟《公民及政治权利国际公约》的这一"自由条款"的是第 20 条，规定缔约国有义务以法律禁

6　J. Rawls, *Political Liberalism* (Columbia University Press, 1993 and 1996), Lecture Ⅳ.

7　另一方面，见解自由权没有被表述为可以受到限制的。人权事务委员会在早期的一般性意见和根据《公民及政治权利国际公约任择议定书》处理的大量案例的基础上，于 2011 年发布了关于见解和表达自由的第 34 号一般性意见。消除种族歧视委员会第 35 号一般性建议具体提及和引用人权事务委员会第 34 号一般性意见表明，人权事务委员会采取的方法影响了消除种族歧视委员会的意见的形成。

止"任何鼓吹战争之宣传"，[8]　以及任何鼓吹"民族、种族或宗教仇恨之主张，构成煽动歧视、敌视或强暴者"。[9]

除此之外，《移徙工人权利公约》第13条、《非洲人权和民族权宪章》第9条第2款、《美洲人的权利和义务宣言》第4条、《美洲人权公约》第13条和《欧洲人权公约》第10条也都纳入了表达自由原则。这些原则表述通常都包括限制，或者是针对所涉权利的特别限制，或者是适用于所涉文书中所有权利以及/或者与仇恨言论条款交叉的一般限制。《移徙工人权利公约》第13条是将表达自由与有关仇恨言论的规定相结合的"复合条款"的一个例子。[10]

《美洲禁止种族主义公约》第4条在国家责任的标题之下，提到了"防止、消除、禁止和惩治"种族主义各种表现形式的承诺，包括：

以任何形式和/或通信手段，包括互联网，出版、传播或散布任何种族主义或种族歧视材料，这些材料：（a）鼓吹、宣扬或煽动仇恨、歧视和不容忍；（b）纵容、辩解或辩护会构成或已构成国际法所界定的灭绝种族或危害人类罪的行为，或者宣扬或煽动实施此类行为。

对于表达自由和仇恨言论的更多说明，载于一系列范围较窄的有关少数人权利的文本中。[11]　在有关土著民族的文本中，《联合国土著人民权利宣言》突出地将表达自由与有关仇恨言论的保护结合在一起。[12]　在国际刑法领域也

270

8　人权事务委员会第11号一般性意见第2段称，"战争宣传"并不禁止关于自卫或符合《联合国宪章》的民族自决和独立权利的主张，大概也不禁止根据《联合国宪章》的规定得到联合国安理会赞同的战争：HRI/GEN/1/Rev. 9（Vol. I），p. 182。

9　大约14个国家维持着对《公民及政治权利国际公约》第20条的保留、声明等：<https://treaties. un. org/pages/viewdetails. aspx? chapter＝4&src＝treaty&mtdsg_ no＝iv-4&lang＝en>。（与《消除种族歧视公约》第4条［子］项、第5条［丑］项以及《公民及政治权利国际公约》第20条第2款中文本中的"强暴"相对应的用词，在各该英文本中为"violence"，也可理解为暴力［行为］，本中译本将视情况采用这一译法。——译者注）

10　另请注意《美洲人权公约》第13条第5款——该条在对表达自由作长篇叙述之后，包括一个第5款，内容如下："任何战争宣传和任何民族、种族或宗教仇恨的鼓吹，构成煽动对任何人或人群，基于种族、肤色、宗教、语言或民族本源等理由的非法暴力或任何其他类似行为的，均应被视为可依法惩处的罪行。"

11　*National Minority Standards*：*A Compilation of OSCE and Council of Europe Texts*（Council of Europe Publishing，2007），*passim*；特别见欧洲理事会《保护少数民族框架公约》第9条。

12　《联合国土著人民权利宣言》序言第4段、第8条（e）项、第15条第2款、第16条第2款。

有强有力的仇恨言论规定，包括《防止及惩治灭绝种族罪公约》，其中将
"直接公然煽动灭绝种族之行为"列为禁止行为。[13] 国内法中的许多做法都
禁止否认灭绝种族和危害人类的罪行，[14] 欧洲理事会的《网络犯罪公约附加
议定书》第 6 条也是如此。[15]

　　关于第 4 条（丑）项禁止中涉及的集会和结社自由，一般标准载于一系
列文书中。如同《消除种族歧视公约》第 5 条一样，这两项自由同时出现在
《世界人权宣言》第 20 条中，而《公民及政治权利国际公约》将它们分为
和平集会的权利（第 21 条）和包括工会权利在内的结社自由（第 22 条）。[16]

13　第 3 条。对这一禁止的阐述见卢旺达国际刑事法庭的案件，*Prosecutor v Nahimana*，*Barayag-wiza and Ngeze*，Case No. ICTR-99-52-T（ICTR Trial Chamber，2003），该案通常被称为"媒体案"；卢旺达国际刑事法庭上诉庭于 2007 年对该案作出上诉判决：*Nahimana et al. v The Prosecutor*，Case No. ICTR-99-52-A。上诉庭参考《公民及政治权利国际公约》和《消除种族歧视公约》，在判决第 692 段阐明了一般仇恨言论（或煽动歧视和暴力）与直接公然煽动实施灭绝种族之间的区别："在大多数情况下，在直接公然煽动实施灭绝种族之前或与其同时，会有仇恨言论，但是，只有直接公然煽动实施灭绝种族才是被本法庭规约所禁止的。"

14　R. A. Kahn，*Holocaust Denial and the Law*：*A Comparative Study*（Palgrave Macmillan，2004）；M. Whine，'Expanding Holocaust Denial and Legislation Against It'，in Hare and Weinstein，*Extreme Speech*，pp. 538-556，其中指出，14 个不同的欧洲国家将否认种族大屠杀规定为犯罪；就欧洲人权委员会和欧洲人权法院支持禁止否认种族大屠杀，除其他外，见 Commission decisions，in *X. v F. R. G.*，App. No. 9235/81（1982）；*Honsik v Austria*，App. No. 25062/94（1995）；*Marais v France*，App. No. 31159/96（1996）；*Garaudy v France*，App. No. 65831/01（2003），在最后这一案件中，欧洲人权法院提出，因为种族大屠杀是"明显确证的历史事实"，因此予以否认已经不在规定表达自由的《欧洲人权公约》第 10 条的保护范围之内。可对比一起加拿大的案件中有人提出的主张，即错误言论作为一种表达形式仍可能具有某种价值：*R. v Zundel*［1992］2 SCR 731。对于根据《欧洲人权公约》如何对待"否认者"的概览，见 P. Lobba，'Holocaust Denial before the European Court of Human Rights'，*European Journal of International Law*（2015）26，237-253。本章之后探讨联合国各机构的意见。

15　Council of Europe，Additional Protocol to the Convention on Cybercrime，2003，ETS No. 189. 另见欧洲理事会《关于用刑法打击种族主义和仇外心理的某些形式和表现的框架决定》（European Council Framework Decision on Combating Certain Forms and Expressions of Racism and Xenophobia by Means of Criminal Law，008/913/JHA，28 November 2008），其中规定以下行为应予处罚："公开纵容、否认或极度轻视《国际刑事法院规约》（第 6、7 和 8 条）所界定的、针对依据种族、肤色、宗教、世系、民族或族裔本源所界定的人群或其成员的灭绝种族罪、危害人类罪和战争罪，以及纽伦堡法庭（1945 年《伦敦协定》通过的《国际军事法庭宪章》第 6 条）所界定的、针对依据种族、肤色、宗教、世系、民族或族裔本源所界定的人群或其成员的罪行……。提及宗教意在涵盖至少是作为以下情况之借口的行为，即针对依据种族、肤色、世系、民族或族裔本源所界定的人群或其成员的行为。"

16　《经济社会文化权利国际公约》第 8 条和国际劳工组织及其结社自由委员会主持通过的一系列文书更详细地阐述了工会权利。见本书第十四章。

区域性文书也包括这些权利，[17] 《人权维护者宣言》也涉及结社自由。[18] 在 271 《公民及政治权利国际公约》中，限制任何一项权利的可能性都很小，尽管这两项权利都没有被列为不可克减的。

《消除种族歧视宣言》注意到煽动歧视的情况和消除歧视的措施，其第9条规定：

> 一、一切宣传及组织，凡以某一种族或属于某一肤色或族源人之群为优越之思想或理论作根据，而意图为任何形式之种族歧视辩解或鼓吹者，概应严加谴责。
>
> 二、一切使人为强暴之煽动或一切强暴行为以反对任何种族或反对属于另一肤色或族源之人群者，不问出于个人抑出于组织所为，概应视为妨害社会之行为，依法惩处。
>
> 三、为实施本宣言之宗旨与原则起见，所有国家应立即采取积极措施，包括立法及其他措施在内，对于各组织之怂恿或煽动种族歧视，或煽动强暴或使用强暴以达基于种族、肤色或族源之歧视为目的者，予以诉究并（或）宣告其为非法。

虽然这一文本与《公约》存在重大差异，但《宣言》谴责宣传、思想以及对种族歧视的煽动和强暴行为，成为后一份文书的出发点。

二　准备工作

第4条的准备工作范围很广，该条规定的是一种衡量标准（这从讨论一开始就具有强烈的争议性质），这些讨论中种族主义言论的主题带来了广泛

17　《美洲人权公约》第16条、《非洲人权和民族权宪章》第10条、《阿拉伯人权宪章》第24条、《欧洲人权公约》第11条。

18　1998年12月9日联大第53/144号决议通过。（该宣言的正式标题为《关于个人群体和社会机构在促进和保护普遍公认的人权和基本自由方面的权利和义务宣言》。——译者注）

的建议。[19] 提交了包含煽动条款的文本的有阿布拉姆[20]、伊万诺夫和克钦斯基联名[21]、库瓦斯-坎奇诺和英格尔斯联名[22]以及克钦斯基[23]。阿布拉姆草案的开头一款规定，煽动种族仇恨和歧视应被宣布为"妨害社会、依法应受惩处之罪行"，[24] 这句话是从《消除种族歧视宣言》中择出来的。该款后面的各款中，包括规定缔约国不得允许"其官员或任何得到……政府资助之机构或组织"宣扬或煽动种族仇恨和歧视；还有一款有关制定"旨在消除一切煽动种族歧视和仇恨行为"的国家政策。阿布拉姆草案将宣布煽动为犯罪的规定与救济联系起来："对于因种族强暴、仇恨或歧视而遭受重大伤害的任何个人，每一缔约国均应提供补救性救济。"伊万诺夫和克钦斯基草案注重的是"种族主义、法西斯主义和其他实行或煽动……种族歧视的组织"，缔约国将承诺"禁止和解散"这些组织。[25] 与这一严厉规定相伴的，是这样的规定，即国家承诺将参加这些组织的活动以及因个人或群体之种族、民族或族裔本源而对之煽动或实施强暴行为认作"违反社会利益、依法应受惩处的刑事罪行，并起诉犯有该等罪行者"。[26] 该草案还提出了一项具体承诺，即不承认"一个种族或民族群体优于另一个种族或民族群体的任何形式的宣传"，或者意在辩护或提倡任何形式的种族歧视的宣传。[27]

272

库瓦斯-坎奇诺和英格尔斯随后提交了一份文本，纳入了伊万诺夫和克钦斯基草案提出的有关宣传的要点，即缔约国将"严厉谴责"辩护或提倡种族歧视的宣传，并承诺启用"即时且积极"措施，根除一切煽动种族歧视的

19　成为《公约》第4条标题的，在小组委员会的报告中，是"各国采取积极措施根除煽动种族歧视的义务"：Report of the Sixteenth Session of the Sub-Commission，E/CN. 4/873，p. 29。

20　E/CN. 4/Sub. 2/L. 308/Add. 1/Rev. 1/Corr. 1.

21　E/CN. 4/Sub. 2/L. 314.

22　E/CN. 4/Sub. 2/L. 330.

23　E/CN. 4/Sub. 2/L. 331.

24　E/CN. 4/873, para. 74.

25　*Ibid.*，para. 75.

26　*Ibid.*

27　*Ibid.*

行为。[28] 为此目的采取的措施，除其他外，包括将"导致或可能引起强暴行为"的煽动种族歧视行为规定为犯罪，[29] 禁止或取缔提倡或煽动种族歧视的组织，[30] 禁止政府官员或国家支持的组织提倡或煽动种族歧视；还包括一项类似于阿布拉姆草案的"补救性救济"的规定。在讨论最后这一个文本时，克钦斯基提交了一份新的文本，[31] 其中所载各项有关采取适当措施对以下人员提起司法诉讼：煽动或实施针对"不同肤色或民族本源的种族或群体"的强暴行为的人，参与旨在煽动种族仇恨等的人，以及旨在煽动强暴或种族歧视的组织（"包括法西斯运动"）。[32] 该草案还提到了"根除基于种族间差异或不平等观念的一切偏见"的国家政策。库瓦斯-坎奇诺和英格尔斯的一份新的订正案文引起了进一步的讨论和修正，并经小组委员会一致通过。[33]

因此，人权委员会面前的第4条的文本如下：

273

> 缔约国对于一切宣传及一切组织，凡辩护或提倡种族仇恨及歧视者，概予谴责，并承诺立即采取旨在根除对此种歧视之一切煽动之积极措施，又为此目的，除其他事项外：
>
> （子）应宣告凡煽动种族歧视，导致或可能引起强暴行为者，概为

28　*Ibid.*, para. 77.

29　*Ibid.*

30　*Ibid.* 阿布拉姆在评论这一案文的意见时主张——这一意见预示了有关第4条的讨论的大部分内容，"为了制止某一种族主义组织的活动，予以镇压并不总是必要的……禁止被视为攻击性的东西可能被证明是一柄双刃剑……，规定各国基于其宣扬种族歧视的唯一理由而禁止这些组织，将是危险且无用的"：E/CN. 4/Sub. 2/SR. 420, pp. 4-5。作为一个例子，他提到了三K党。美国许多州都通过了关于三K党活动的法律，要求其成员除符合其他要求外，在示威活动中不得蒙住脸。另一方面，伊万诺夫强调必须采取预防措施，以便"在种族主义组织通过向年轻人灌输对某些种族的仇恨来毒害他们的思想之前，就采取行动；否则，情况很快就会超出当局的控制范围。对于希特勒主义的种族学说，发生的就是这种情况。如果尽快通过法律来禁止这些有害思想的传播，也许就能避免这种吞噬了现代世界的灾难"：*Ibid.*, p. 6。

31　E/CN. 4/Sub. 2/L. 331.

32　E/CN. 4/873, para. 79. 克钦斯基曾经"提到法西斯运动，因为尽管对该术语有各种解释，但没有一个人会否认所有的法西斯运动都是种族主义的"：E/CN. 4/Sub. 2/SR. 420, p. 9。卡波托蒂认为提及法西斯运动是不合适的，理由是，"某些国家与意大利不一样，并不具有关于这一主题的非常具体的法律和宪法规定，有可能将这一约文用作其不加入《公约》的理由"（Capotorti, *ibid.*, p. 11）。

33　E/CN. 4/Sub. 2/L. 330/Rev. 1；E/CN. 4/873, para. 81.

犯罪行为，依法惩处；[34]

（丑）应宣告凡提倡与煽动种族歧视之组织及有组织之宣传活动，概为非法，加以禁止；

（寅）应不准全国性或地方性公共当局或公共机关提倡或煽动种族歧视。

苏联[35]、美国[36]、波兰[37]、哥斯达黎加[38]和丹麦[39]对小组委员会的案文提出了修正案，此外还有一些口头修正案。[40] 苏联提议在帽段的"谴责"之前加上"严厉"一词的修正案引起了评论，大意是这只会通过提出谴责程度的问题而削弱公约草案其他地方对种族歧视的谴责，而对该条的法律强度并无增益。[41] 苏联的一项更具实质性的修正案提议在"组织"之后加上"凡以某一种族或属于某一肤色或民族本源之人群具有优越性之思想或理论为根据者"，[42] 这引起了大量评论。为支持这项提议，苏联回顾了《消除种族歧视宣言》第9条第1款的文本，并主张，即使各组织没有将这些"思想或理论"付诸实践，也应予以谴责，这符合整个《公约》的精神。反对者声称，若要予以谴责，这些组织必须满足两个条件，而不是一个，[43] 这限制了本条的适用性。厄瓜多尔代表针对"思想或理论"的讨论补充的看法是，"许多种族主义行为不是以理论或系统化的思想为基础的，而是以情感为基础，以根深蒂固的偏见所产生的仇恨为基础的"。[44] 辩论还涉及这样的问题，即种族

34　最终的《公约》第4条并没有按照这一草案所提出的方式将煽动与暴力联系起来。

35　E/CN. 4/L. 681.

36　E/CN. 4/L. 688.

37　E/CN. 4/L. 699.

38　E/CN. 4/L. 702.

39　E/CN. 4/L. 704.

40　Commission on Human Rights, Report on the Twentieth Session, February-March 1964, E/CN. 4/874, paras 144–171.

41　该修正以5票赞成、6票反对、10票弃权被否决：E/CN. 4/874, para. 173。一些代表对加入"严厉"一词提出了负面评论，包括菲律宾代表，该代表声称"加入'严厉'一词……可能会破坏《公约》各条之间的平衡"，以及达荷美，对该国代表来说，这一加入"不仅是多余的，而且会预断国家主管机关将要施加的刑罚的性质"：E/CN. 4/SR. 791, pp. 7–8。

42　经印度的口头修改：E/CN. 4/874, para. 147。

43　*Ibid.*, para. 158. 见意大利的评论，E/CN. 4/SR. 792, p. 13。

44　E/CN. 4/SR. 791, p. 10.

歧视"是否必然建立在明示或暗示的种族优越概念的基础上"，[45] 这是苏联提出而印度表示异议的问题。[46] 一项印度的口头修正案将小组委员会案文中的"或可能引起强暴行为"改为"对任何种族或属于另一肤色或民族本源之人群实施强暴行为或煽动此种行为"。[47]

关于（丑）项，美国提出的在"组织"之后加上"活动"一词的修正案再次提出了禁止种族主义组织本身的问题，因为据称，根据许多国家的法律，不能禁止组织本身，而可以起诉从事非法活动的人。[48] 还有人声称，在没有"行为"的情况下取缔"言论"的做法可能会遭到滥用，这使当局能够决定对某些特定表达的意见是否可以惩罚。[49] 其他代表提出的微妙一点是，建立组织构成了行为，而不仅仅是思想；如果组织提倡了歧视，则必须予以取缔。[50] 还有人支持不仅要取缔危险组织，而且要取缔提供协助的组织的领导人和个人。[51] 哥斯达黎加提出在"组织"之后加上"或酌情之组织活动"以软化案文，但这一修正案遭到了反对，依据是这将为缔约国的主观选择打开大门。[52]

有两项声明使有关言论自由和组织自由的两极分化的辩论有了一种特别意味。在美国看来，"无法通过将有害思想逼入地下来消除它们……一个秘密运作的组织的思想恰恰由于不受审查而变得具有颠覆性"。[53] 苏联代表提出

274

45　E/CN.4/SR.792，p.6.

46　*Ibid.*，pp.7-8. 印度代表举了一个日常例子：一家建筑公司建造了一些房子，"可能发现，如果不加区别地向所有买主提供住房，价格往往会下降。为了保护自己的利益，这家公司可能决定只允许某些种族群体购买……。在这种情况下，很难说该公司是出于种族优越感的考虑；它只是想尽可能地获取最大利润"。

47　E/CN.4/874，para.149；该修正以全票通过：*Ibid.*，para.177。

48　以下国家的评论：加拿大，E/CN.4/SR.791，pp.5-6；英国，*ibid.*，p.9；厄瓜多尔，*ibid.*，p.10；法国，E/CN.4/SR.792，pp.11-12；意大利，*ibid.*，p.14。

49　英国，E/CN.4/SR.793，p.5。

50　乌克兰苏维埃社会主义共和国的评论，E/CN.4/SR.792，pp.12-13。

51　苏联的意见，E/CN.4/SR.794，pp.6-7。

52　E/CN.4/874，para.169. 对"酌情"的用词，应苏联的要求进行了单独唱名表决，并以15票赞成、3票反对、3票弃权保留在案文中，波兰、乌克兰苏维埃社会主义共和国和苏联投了反对票：E/3873；E/CN.4/874，para.180。经唱名表决，哥斯达黎加的整个修正案以15票赞成、4票反对、2票弃权通过：E/CN.4/874，para.181。再一次，苏联集团加上印度投了反对票。

53　E/CN.4/SR.792，p.10。

了一个精彩的反类比，他回顾说：

> 曾经有一些收费杀人的组织；臭名昭著的"谋杀公司"就是一个例子。该组织的设立有一个明确的目标：犯罪。如果认为，只要它没有真正犯下谋杀罪，它就有权存在，或者在禁止这样一个组织之前必须等着谋杀发生，这是一种奇怪的逻辑。[54]

在其他修正案中，苏联提出的用"或"取代"提倡"和"煽动"之间的"与"的提议也引起了大量讨论。苏联回顾了《消除种族歧视宣言》第9条第3款——其中使用了"提倡或煽动"一词，然后问道，如果显而易见的答案是只需要一个词，那么是否"煽动"和"促进"种族歧视对于处理各组织及其活动都是必要的。人权委员会的报告总结了这次讨论：

> 一些代表反对该修正案，理由是，煽动是一种有意识和有动机的行为，而提倡表现出一种程度较低的动机，而且即使没有任何煽动的真正意图或努力，其也有可能发生。因此，由于这两个词有不同的含义……应该或者保留"与"一词（因为没有提倡就不可能有煽动），或者删除"提倡"一词。[55]

苏联还提议在（丑）项末尾加上"对此等组织及其活动给予任何协助者，包括筹供经费在内"，回顾了纳粹得到工商业和垄断企业的资助，以及法西斯组织兴起并获得资金支持。[56] 对于波兰的修正案——在（丑）项中增加"并应宣布参加此等组织或活动为犯罪行为，依法惩处"，既有支持者，也有批评者。[57] 赞成的意见是，应说明参加这种组织的后果，而其他人则认为这太过分了。[58] 小组委员会提交的（寅）项和整个第4条一样，获得一致

54　E/CN.4/SR.794, p.10. "谋杀公司"（Murder incorporated 或 Murder Inc.）是媒体赋予一个在20世纪三四十年代在美国从事谋杀的有组织犯罪团伙的名称，这一称谓是记者的创造。

55　E/CN.4/874, para.169. 该修正案以8票赞成、12票反对、1票弃权被否决：*Ibid.*, para.178. 反对票主要来自西方国家。

56　*Ibid.*, para.170. 经修改的该修正案（E/CN.4/L.703, para.1）以5票赞成、9票反对、7票弃权被否决：E/3873；E/CN.4/874, para.183。反对票主要来自西方国家。

57　E/CN.4/L.699. 该修正案以4票赞成、10票反对、7票弃权被否决：E/CN.4/874, para.184。

58　例如，意大利代表"无法接受波兰的修正案……按照这一修正案，一个人可能仅仅因为他属于一个部分其他成员有歧视行为的组织而受到惩罚"：E/CN.4/SR.792, p.15。

通过。[59]

联大第三委员会面前的第4条案文如下：

> 缔约国对于一切宣传及组织，凡以某一种族或属于某一肤色或民族本源之人群具有优越性之思想或理论为根据者，或辩护或提倡任何形式之种族仇恨及歧视者，概予谴责，并承诺立即采取旨在根除对此种歧视之一切煽动之积极措施，又为此目的，除其他事项外：

> （子）应宣告凡煽动种族歧视，导致强暴行为，以及对任何种族或属于另一肤色或民族本源之人群实施强暴行为或煽动此种行为者，概为犯罪行为，依法惩处；

> （丑）应宣告凡提倡与煽动种族歧视之组织、酌情之组织活动及有组织之宣传活动，概为非法，加以禁止；

> （寅）应不准全国性或地方性公共当局或公共机关提倡或煽动种族歧视。

在对该条进行实质性讨论之前，英国代表作出强有力的发言，声称该条涉及《公约》的核心，因为言论自由，

> 是许多其他人权建立的基石……。［英国］……正在采取法律和现实步骤来解决种族歧视问题，但是……也捍卫所有组织甚至是持极右或极左意识形态的组织存在和表明它们的观点的权利……。这些组织的观点被容忍，而只服从一条规定，即它们的表达不涉及煽动种族强暴行为。[60]

一些代表对英国的声明作出了同样强烈的反应。对捷克斯洛伐克来说，表达自由"并非完全不受限制"，[61] 并且"没有民主制度的证据表明，允许存在以仇恨和歧视为导向的运动。其代表团对言论自由满腔热忱，但不是在其被滥用而为仇恨、战争和死亡助纣为虐之时"。[62] 对波兰来说，"每一项自

59　E/CN.4/874, paras 187 and 188.

60　A/C.3/SR.1315, para.1. 该代表补充说，"言论应该自由，但煽动暴力应该受到压制"：*Ibid.*, para.2。

61　*Ibid.*, para.5. 该国代表除其他外，引用了《世界人权宣言》第29条第2款。

62　*Ibid.*, para.6.

由都受到某些限制"。[63] 锡兰代表区分了言论自由的使用和滥用,声明个人
"不能仅仅因为反对某一种族而受到惩罚"。[64]

在联大第三委员会第1316次会议上,尼日利亚提交了一份全文,以取
代第4条的全部内容:

> 缔约国对于一切宣传及组织,凡以某一种族或属于某一肤色或民族本
> 源之人群具有优越性之思想或理论为根据者,或试图辩护或提倡任何形式
> 之种族仇恨及歧视者,概予谴责,并承诺立即采取旨在根除对此种歧视之
> 一切煽动或歧视行为之积极措施,又为此目的,在充分顾及世界人权宣言
> 所载原则及本公约第五条明文规定之权利之条件下,除其他事项外:
>
> (子)应宣告凡传播以种族优越或仇恨为根据之思想,煽动种族歧
> 视,以及对任何种族或属于另一肤色或民族本源之人群实施强暴行为或
> 煽动此种行为者,又凡对种族主义者之活动给予任何协助者,包括筹供
> 经费在内,概为犯罪行为,依法惩处;
>
> (丑)应宣告凡提倡与煽动种族歧视之组织及有组织之宣传活动与
> 所有其他宣传活动者,概为非法,加以禁止,并确认参加此等组织或活
> 动为犯罪行为,依法惩处;
>
> (寅)应不准全国性或地方性公共当局或公共机关提倡或煽动种族
> 歧视。[65]

阿根廷试图为(子)项和(丑)项提供进一步的替代文本,但遭到拒
绝。[66] 为(子)项所拟案文本想省略传播种族主义思想的提法,而仅限于宣
布以下情况为应受惩处的犯罪行为:对种族歧视的"一切煽动"和"一切
提倡",以及种族主义强暴行为或煽动此种强暴的"一切行为"。然而,"思
想"要素在所拟(丑)项中重新出现:"对于一切宣传及组织,凡以某一种
族或属于某一肤色、民族或族裔本源之人群具有优越性之理论为根据者,或

63　*Ibid.*, para. 16.

64　*Ibid.*, para. 21. 法国代表还提到了使用和滥用自由之间的区别,认为人权委员会的案文已经
充分明确了这一区别:*Ibid.*, para. 19。

65　A/C. 3/L. 1250, A/6181, para. 72.

66　A/C. 3/L. 1253,该国代表的介绍见 A/C. 3/SR. 1318, para. 7。投票情况见 A/6181, para. 74,
sub-paragraphs(c)and(g)。

者其目的为辩护或提倡任何形式之种族仇恨者，应宣布其非法，加以禁止，并宣布其为可依法惩处之犯罪行为。"虽然阿根廷的提议获得了一些支持，[67]　277
但尼日利亚的提议获得的支持更多，尽管有些人认识到该提议并不完美。[68]
对有关传播思想的规定，仍有人表示怀疑：

> 尽管种族优越的思想是负面的和有害的，但对其传播运用刑法……并不是打击这类思想的最好办法。最好的办法是教育。其代表团虽然可以同意应要求各国禁止种族歧视，但怀疑是否值得规定应依法惩处思想，而不管其令人懊悔的程度如何。[69]

然而，另一些代表认为，人权委员会对"传播种族主义思想这一非常重要的问题"，采取了过于胆怯的态度。[70]

应埃塞俄比亚的请求，对"充分顾及"条款进行了单独表决，该条款以76票赞同、1票反对、14票弃权获得通过。应哥伦比亚的请求，还对（子）项中的思想传播问题进行了单独表决，[71] 应奥地利的请求，对该项中提到的协助种族主义活动等问题进行了单独表决。[72] 对尼日利亚的文本所投的赞成票"最清楚地表达了多数意见"，[73] 虽然对具体问题的弃权票票数很高，但整个第4条以88票赞成、0票反对、5票弃权获得通过。[74] 在解释投票时，一些代表团认为，"充分顾及"条款代表了"在确立新罪行的要求与结社自由的基本权利之间的合理变通"。[75] 美国基于这样的理解解释该条，即它"没有施予缔约国采取任何损害言论自由权和结社自由权的行动的义务"。[76] 阿根廷、哥伦比亚、厄瓜多尔、巴拿马和秘鲁在联大全体会议上最后一次尝

67　例如见奥地利代表的评论，A/C. 3/SR. 1318，para. 13。

68　例如见阿根廷代表的评论，*ibid.*，para. 7；意大利代表的评论，*ibid.*，para. 18。

69　意大利代表的评论，*ibid.*，para. 20。

70　塞内加尔代表的评论，*ibid.*，para. 31。

71　以57票赞成、0票反对、35票弃权通过。

72　以57票赞成、1票反对、33票弃权通过。奥地利代表主张，"提到种族主义的行为缺乏在任何刑事法律中都应有的精确性"：A/C/3/SR.1318，para. 46。

73　叙利亚代表的评论，*ibid.*，para. 58。

74　A/6181，para. 74.

75　加拿大代表的评论，A/C. 3/SR. 1318，para. 52。另见荷兰、智利、英国、西班牙、法国、奥地利、美国和新西兰代表的评论，*ibid.*，paras 47，49，51，53，54，57，59，60。

76　*Ibid.*，para. 59.

试将第 4 条（子）项的开头改为缔约国"应宣告一切煽动种族歧视之行为，尤其以种族优越或仇恨为根据之煽动，概为犯罪行为，依法惩处"，但被否决。[77] 按阿根廷代表的话来说，该提案的目的是确保这样一点，即"只是表达思想本身，若不伴以煽动歧视或种族仇恨，是不可惩处的"。[78] 哥伦比亚代表在对投票的冗长解释中评论说，"惩罚思想，而不管其性质如何，是为暴政和滥权铺平道路……对思想是用思想和理性斗争的；对理论是用论证驳斥的，而不是诉诸绞刑架、监狱、流放、没收或罚款"；因此，该条当时形式的支持者在投票时，"没有认真考虑根据刑法授权对意识形态犯罪予以处罚所涉及的危险"。[79]

准备工作表明，与《消除种族歧视宣言》采取的严格做法大体一致，大多数政府赞成在限制仇恨言论方面采取"强硬路线"。这两项有关种族歧视的文书对种族主义组织都采取了严格立场。《宣言》中对种族主义组织的谴责在《公约》中转化为要求禁止这种组织，这一要求被表述为不取决于它们是否从事种族主义活动，只要是"谋杀公司"就足以。对种族优越性的"宣传""思想""理论"的谴责贯穿于这两个文本中，尽管反对将思想表达定为犯罪总是很明显的。在讨论过程中，"传播"种族主义思想被添加到禁止行为的词库中，因此煽动和强暴并不是要受制裁的唯一行为形式。煽动应作为一种行为处理，而将其定为刑事犯罪并没有被表述为取决于煽动行为的任何后果。准备工作还表明了该条的最终形式的广泛范围，即如同整个《公约》一样且除了在第 3 条中提到种族隔离外，没有任何特殊的"主义"——纳粹主义、法西斯主义——被确定为对启用该条所必要，所必要的只有族裔/种族框架。它们也有助于表明，惩处所指责的活动本身不仅是目的，而且具有一种根本性的预防理由。关于教育作为一项长期预防措施至少等同于刑事制裁的论点并没有扰乱《公约》文本的总方向。关于表达自由，"充分顾及"条款对于为这种自由提供了更有力保护的草案，是一个软化版本。大多数人认为"充分顾及"指向整个《世界人权宣言》，包括但不限于其关于

---

77 A/L. 480.

78 A/PV. 1406, para. 49.

79 *Ibid.*, paras 70 and 72；该代表认为这一条"倒行逆施"：*Ibid.*, para. 74。

表达和结社自由的原则。

三　实践

（一）保留和声明

保留和声明以各种不同的称谓自指：[80] 安提瓜和巴布达的称为"声明"；斐济对第4条的解释是其"保留和声明"的一部分，但被具体称为对该条的"解释"；爱尔兰对第4条作出的是"保留/解释性声明"，意大利作出的是"声明"；日本提到的是其"保留"，摩纳哥、瑞士、泰国和巴布亚新几内亚也是如此；汤加对第4条的解读是其"声明"的一部分；英国提出的是"保留和解释性声明"；美国参议院批准《公约》的建议和同意以"保留"为条件。英国在与消除种族歧视委员会的讨论中解释了其选用术语的理由：

> 一项解释性声明不是一项保留，而是明确记录了联合王国一贯理解的对第4条的正确法律解释。政府认识到……委员会的许多委员持不同观点……。然而，实际上，这些立场相差不大。联合王国没有断言表达自由权是绝对的。[81]

对于安提瓜和巴布达以及泰国来说，只有在认为"出现必要"的情况下，才会制定采取第4条规定的法律或措施；[82] 澳大利亚宣布，它当时无法将第4条（子）项所涵盖的事项视为犯罪，但会"在适当机会第一次出现时"寻求制定这类法律：[83] 这样的保留实际上从第4条中减去了采取"立即

279

---

[80]　<https：//treaties.un.org/pages/ViewDetails.aspx？src＝TREATY&mtdsg_no＝IV-2&chapter＝4&lang＝en>.

[81]　CERD/C/SR.1589，paras 31 and 32.

[82]　按马耳他代表的措辞是"临时"（Ad hoc）立法；另见尼泊尔、巴布亚新几内亚、汤加和英国的声明（ibid.）。

[83]　澳大利亚于1975年成为《公约》缔约国。澳大利亚2009年报告（CERD/C/AUS/15-17）的第26段作出如下声明："澳大利亚在批准时对第4条（子）项提具保留，因为它无法将第4条所涵盖的所有情况都视为犯罪。《种族歧视法》禁止基于种族的歧视和诽谤，并包含民事救济。所有州和地区都制定了禁止歧视和在某些情况下禁止诽谤的法律。"

和积极措施"的要求。大多数保留国提到了不应受第 4 条损害的表达自由原则，并一再提到《世界人权宣言》第 19 条和第 20 条、《消除种族歧视公约》第 5 条[84]以及《公民及政治权利国际公约》第 19 条和第 21 条。[85] 这些保留的实质是，只有在保留国认为符合表达、集会和结社自由原则的情况下，才会采取履行第 4 条的措施。就声明的范围而言，大多数声明涉及整个第 4 条，而澳大利亚的声明仅涉及第 4 条（子）项，而意大利（含糊地）和日本的声明涉及第 4 条（子）（丑）项。尽管委员会一再要求撤回保留或缩小其范围，但一些缔约国已明确表示打算维持其保留。例如，日本在其第三次至第六次合并报告中声明：

> 第 4 条可涵盖在各种情况下以各种方式作出的极为广泛的行为。用超越日本现行法律制度的惩罚性法律限制所有这些行为，可能与《日本宪法》保障的内容相冲突，包括严格要求限制的必要性和理由的表达自由，以及在确定可惩处的行为和刑罚时，要求具体性和明确性的罪刑法定原则。正是基于这一判断，日本政府提出了保留……。消除种族歧视委员会的结论性意见给日本的建议是撤回其对第 4 条（子）（丑）项所作的保留……。但是，出于上述原因，日本不打算撤回上述保留。[86]

虽然由于官僚主义的惯性，一些保留也可能留在"账面上"，但有待观察的是，在第 35 号一般性建议之后，这些保留是否会被撤回：

> 作为其标准做法的一部分，委员会建议对《公约》提出保留的缔约国撤回其保留。在对《公约》有关种族主义言论的规定继续作保留的情况下，请缔约国提供资料，说明为什么这种保留被认为有必要，保留的性质和范围，其在国家法律和政策方面的确切影响，以及任何在具体时限内限制或撤销保留的计划。[87]

---

[84] 意大利还提到了《世界人权宣言》第 29 条第 2 款。
[85] 比利时还提到了《欧洲人权公约》第 10、11 条。
[86] CERD/C/JPN/3-6, para. 38.
[87] 第 35 号一般性建议第 23 段，该段是对有关特别措施的第 32 号一般性建议第 38 段的改编。

（二）准则

消除种族歧视委员会的《具体报告准则》关于第 4 条的准则没有详细阐述第 4 条的措辞，尽管该条与增加了一些内容的准则之间存在细微差别。[88]该条帽段对宣传和组织的谴责被转化为要求缔约国提供资料，说明关于"公开谴责"宣传的措施等情况。[89]在没有制定具体法律实施第 4 条的情况下，缔约国应解释这种缺失的原因及其在实施该条方面的困难，并向委员会通报适用现行法律有效履行其义务的"方式和程度"。最后，缔约国需要提供资料，说明与第 4 条（子）项和（丑）项有关的法庭裁决以及其他决定的情况，以及相关申诉、起诉和判决的统计数据（有待定性评估）。这些准则回顾了委员会第 7 号和第 15 号一般性建议，适当的时候，也会从与第 35 号一般性建议的一致性中受益。

（三）第 4 条的特性

第 4 条是一系列一般性建议的主题，这些建议累积起来能让人了解种族歧视委员会如何认识其特性和功能。在第 1 号一般性建议（1972 年）中，委员会基于其第五届会议上对报告的审议指出，一些缔约国的立法没有列入《公约》第 4 条（子）项和（丑）项的规定，而"根据《公约》，这些规定对所有缔约国都是强制性的"。因此，委员会建议各缔约国考虑用符合第 4 条（子）项和（丑）项的规定补充这类"不足的"立法。[90]委员会在第 7 号一般性建议（1985 年）中重新讨论了这一问题，[91]其中提出的一点是"该条对阻遏种族主义和种族歧视以及旨在对其予以提倡或煽动的活动具有的防范方面"，[92]建议缔约国除其他外，采取必要步骤来"满足该条的强制性要求"。[93]

第 15 号一般性建议（1993 年）分析了第 4 条的要求，并提供了解释性

---

88   CERD/C/2007/1, section C（CERD-Specific Guidelines）.

89   CERD-Specific Guidelines, Article 4, para. A, sub-para. 2（强调为本书作者所加）.

90   A/8718, Chapter IX, section A.

91   A/40/18, Chapter VII, section B.

92   第 7 号一般性建议序言最后一段。

93   第 7 号一般性建议第 1 段。

理由。该建议将《公约》的准备工作解读为，鉴于"对集权思想意识会死灰复燃的普遍担心"，起草者认为第4条对于反对种族歧视的斗争具有核心作用；[94] 基于族裔本源的有组织暴力和对民族差异的政治利用只增强了第4条的相关性。[95] 将第4条描述为对反对种族歧视斗争具有"核心"和"重要作用"被认为优于将其描述为"关键条款"，因为后者可能会引起对其他条款效力的误解。[96] 第15号一般性建议回顾了该条的"强制性"，其实施不仅需要颁布适当的法律，而且需要有效执行这些法律。[97] 后一点在格勒诉丹麦案中非常明确：

> 委员会认为，就《公约》第4条而言，仅仅在纸面上宣布种族歧视行为应予惩处是不够的。相反，禁止种族歧视的刑法和其他法律规定必须由主管国家法院和其他国家机构有效执行。这一义务暗含在第4条中……也反映在《公约》的其他条款中。[98]

消除种族歧视委员会认为第4条具有预防功能。第15号一般性建议第2段指出，由于"种族暴力的威胁和行动很容易导致其他这类行动，并且会造成一种敌对环境，因此只有立即干预才能履行有效作出反应的义务"。此外，关于第4条（丑）项，该建议拒绝"一些国家"的说法，即"在一个组织的成员提倡或煽动种族歧视以前宣布该组织为非法是不适当的"；[99] 相反，必须立即禁止种族主义组织，尽早对其采取行动。因此，各国"有义务制定执行性法律……即使它们声称在其各自管辖范围内，不知道有种族歧视存在或者没有种族主义组织"。[100] "在有人发出种族暴力威胁时，特别是在公开和由一个团体发出威胁时"，这些威胁情况需要消除，而"国家有责任开展适当

94　第15号一般性建议第1段。

95　同上注。

96　对草案的讨论载于 CERD/C/SR.980，paras 77–98。有关删除这一术语，另见 CERD/C/SR.981，para.79。

97　第15号一般性建议第1段。

98　*Gelle v Denmark*，CERD/C/68/D/34/2004（2006），para.7.3. 本书第八章介绍了该案的案情。

99　第15号一般性建议第6段。

100　委员会关于"旨在根除所有种族歧视煽动或行为的积极措施"的研究（United Nations，1986，para.221）（该研究下称"CERD 1986 Study"）。该研究是为1983年的第二次世界反种族主义大会编写的，A/CONF.119/10。

审慎的、迅速的调查"。[101]

消除种族歧视委员会在 2005 年通过的"系统和大规模种族歧视模式"指标中，也注意到种族主义言论在激起仇恨方面的危险和防止这种言论的必要性。[102] 这些指标包括"系统和广泛地使用和接受提倡仇恨和/或煽动对少数群体的强暴行为的言论或宣传，特别是在媒体上"，以及"政治领导人/知名人士发表的严重声明，表示支持肯定一个种族或族裔群体的优越性，将少数群体非人化和妖魔化，宽恕或辩护对少数群体的强暴行为"；这些指标还提到了"基于种族主义纲领的极端政治团体"。这些指标中的概念接近于委员会为采用预警和紧急行动程序而制定的标准。[103]

第 35 号一般性建议讨论和扩展了上述主题。该一般性建议第 10 段重申了第 4 条的重要性，然后扩大解读了其功能："第 4 条包括与言论有关的因素以及形成言论的组织背景，起到预防和威慑作用，并规定在威慑失败时的制裁。这一条还有一种传达功能，即强调国际社会对种族主义仇恨言论深恶痛绝"。[104] 格勒诉丹麦案中的要点也得到了扩展解读：

　　委员会重申，声明第 4 条规定的行为形式为犯罪是不够的；该条的规定也必须得到有效实施。做到有效实施的典型方式是调查《公约》所规定的罪行，并在必要时起诉违犯者。委员会认识到起诉嫌疑违犯者的权宜原则，并注意到在每个案件中，这一原则必须根据《公约》和其他国际法文书规定的保障而适用。在这一方面和《公约》所涉的其他方面，委员会忆及，审查国内当局对事实和国内法的解释并不是它的职能，除非所作决定显然荒谬或不合理。[105]

该一般性建议加强了预防的论点，将第 4 条中关于传播思想的规定解释为这是"对《公约》预防功能的直率表达"，是对有关煽动的规定的"一种重要补充"。[106] 该建议第 10 段针对第 4 条，在"预防"功能上增加了"威

101　*L. K. v The Netherlands*，CERD/C/42/D/4/1991（1993），para. 6. 6.

102　A/60/18, para. 20.

103　有关早期预警和紧急行动程度的经修正的指标（2007 年）载于 A/62/18, Annex Ⅲ。

104　第 35 号一般性建议第 10 段。

105　*Gelle v Denmark*, para. 17.

106　第 35 号一般性建议第 11 段。

慢"功能，还认定了"一种传达功能，即强调国际社会对种族主义仇恨言论深恶痛绝"。

消除种族歧视委员会认为，第4条是非自执行的，[107] 第35号一般性建议重申了这一立场，提醒各缔约国"必须根据第4条的规定，通过立法来打击属于其范围内的种族主义仇恨言论"；[108] 立法应涵盖第4条的所有内容。[109] 第35号一般性建议提出了在将某些行为形式定为犯罪时，应考虑的"情境因素"[110]：该建议第15段的帽段指出，虽然第4条要求宣布某些行为形式为可依法惩处的罪行，但它对于可构成刑事罪行的行为形式未提供详细的指导。

（四）受保护群体和个人

第4条的帽段谴责"以某一种族或属于某一肤色或民族本源之人群具有优越性之思想或理论为根据"的任何宣传和组织。委员会指出，"根据"（帽段和第4条［子］项）一词在与第1条的关系上，被理解为等同于"基于"，原则上在第4条中具有与其相同的含义。[111] 种族、肤色和族裔本源的清单中省略了"世系"和"民族本源"这两个出现在第1条中的用词。准备工作在这方面没有什么说明，但这不应被解读为指示某些特定类别不受免于仇恨言论的保护。在格勒诉丹麦案中，针对索马里人的言论被理解为"由于其民族或族裔本源……而对整个群体的贬低或侮辱"。[112] 实践也清楚地表明，基于世系的群体也包括在内：第29号一般性建议第4节设想各缔约国采取措施"取缔对种姓优越论和低劣论的任何传播，或企图为针对基于世系的社群的强暴行为、仇恨或歧视辩护的言论"，以及"采取严格措施，取缔……对某些社群予以歧视或施加强暴行为的任何煽动"。[113]

283

107　CERD 1986 Study, para. 216.

108　第35号一般性建议第13段。

109　第35号一般性建议第9段称，"作为最低限度的要求并在不妨碍进一步措施的情况下，禁止种族歧视的全面立法，包括刑法以及民法和行政法，对于有效打击种族主义仇恨言论不可或缺"。

110　第35号一般性建议第15段。

111　第35号一般性建议第11段。

112　*Gelle v Denmark*，para. 7.4（强调为本书作者所加）。

113　A/57/18, Chapter XI. F, paras（r）and（s）.

关于"交叉性"，[114] 实践按照对待第 1 条的思路同样地对待第 4 条。在种族主义仇恨言论的受害者中，第 35 号一般性建议第 6 段概述了受影响群体的名单，并挑选出"针对这些和其他弱势群体的女性成员的言论"作为一个特别的关注主题。在认识到族裔和宗教之间存在重叠的情况下，如歧视犹太人和锡克教徒，[115] 或歧视被称为"穆斯林少数族裔"的鞑靼人等方面，[116] 消除种族歧视委员会在适用《公约》方面没有遇到什么困难。例如，在奥斯陆犹太人社团等诉挪威案[117]中，第 4 条的范围涵盖"皮靴男孩"（Bootboys）的反犹太仇恨言论的问题并没有困扰委员会。在一些实践领域，结论性意见中的宽松做法与在第 14 条规定的来文程序中的更严格做法形成了对比。

因此，尽管消除种族歧视委员会在结论性意见中提到仇视伊斯兰教的现象（Islamophobia）[118] 以及对"穆斯林"的不容忍和仇恨——即使没有与族裔的明显"交叉"，[119] 但案例法表现出更大的谨慎。P. S. N. 诉丹麦案涉及对《公约》第 1 条（卯）项、第 4 条和第 6 条的据称违反，因为一名议员在一个网站上以《无人敢发表的文章》为题，发表了针对移民和穆斯林的声明。[120] 该议员在接受一家报纸的采访时，重申了其所表达的意见，其中有些以前已经在一本书中发表过。申诉人根据禁止种族言论的《丹麦刑法典》第 266 条 b 项提出申诉，理由是网站上的这些声明针对的是一个特定群体即穆斯林，是侮辱性和宣传性的，并向大量受众发表；对相关书籍和采访其也提出了类似的申诉。缔约国丹麦反对来文可予受理，声称该案在提及穆斯林时

114　N. Ghanea, 'Intersectionality and the Spectrum of Racist Hate Speech: Proposals to the UN Committee on the Elimination of Racial Discrimination', *Human Rights Quarterly* (2013) 25, 935 – 954 [henceforth 'Intersectionality'].

115　委员会的结论性意见：英国，A/58/18, para. 539。

116　委员会的结论性意见：摩尔多瓦，A/63/18, para. 267。

117　*Jewish Community of Oslo et al. v Norway*, CERD/C/67/D/30/2003 (2005).

118　委员会的结论性意见：英国，CERD/C/63/CO/11, para. 21。这一意见的第 20、21 段针对"移民社群"的具体语境，这是一种隐含的族裔连接点。

119　例证包括委员会对以下国家的结论性意见：澳大利亚，CERD/C/AUS/CO/14, para. 13；加拿大，CERD/C/61/CO/3, para. 24；瑞士，CERD/C/60/CO/14, para. 9。

120　*P. S. N. v Denmark*, CERD/C/71/D/36/2006 (2007), para. 1. 1.

不属于《公约》第 1 条的范围，但同时承认，"有可能在一定程度上辩称，这些声明涉及第二代移民，并造成他们和'丹麦人'之间的冲突，从而在某种程度上在《公约》的范围之内"。[121] 申诉人争辩说，"仇视伊斯兰教的现象和攻击犹太人一样，在许多欧洲国家表现为一种种族主义形式"。[122] 据称，针对阿拉伯和穆斯林背景的人的仇恨被激起，而"在伊斯兰教中，文化和宗教是有联系的"。[123]

284

消除种族歧视委员会在对 P. S. N. 诉丹麦案的受理决定中指出，"被指责的声明具体提到了《古兰经》、伊斯兰教并一般性地提到了穆斯林"，而没有提到《公约》第 1 条所述的五个理由。[124] 另外，虽然案件档案中的内容无法使委员会确定这些声明的意图，"但情况仍然是，并无任何特定的民族或族裔群体被直接针对"，以及"目前居住在该缔约国的穆斯林有着不同的原籍"。[125] 委员会承认"种族和宗教之间相互作用的重要性"，并表示"它将有权审议基于宗教和第 1 条具体规定的其他理由提出的'双重'歧视的主张"，但这并非所涉申诉的情况。[126] 委员会认为，该申诉仅基于宗教，而"伊斯兰教不是仅某一特定群体躬行的宗教"。[127] 因此，来文被宣布为不可受理。对仇视伊斯兰教的情况的提及再次出现在第 35 号一般性建议中，建议中列出了引起委员会注意的仇恨言论所针对的社群的部分名单；[128] 另一段提到使用间接语言来掩盖言论的针对目标的情况。[129] 还有待观察的是，在委

---

[121] *P. S. N. v Denmark*，para. 4. 1. 该缔约国还辩称，"表达自由权对一个民选代表尤为重要"（*ibid.*，para. 4. 12）。

[122] *Ibid.*，para. 5. 3.

[123] *Ibid.* 申诉人引用了委员会 2002 年、2006 年对丹麦的结论性意见，其中提到了"阿拉伯和穆斯林"背景的人。

[124] *Ibid.*，para. 6. 2.

[125] *Ibid.*

[126] *Ibid.*，para. 6. 3. 对于将"双重歧视"作为申诉理由的可能性的分析，也将适用于以例如种族/族裔和性别的结合为前提的仇恨言论。

[127] *Ibid.*，para. 6. 3. See also *AWRAP v Denmark*，CERD/C/71/D/37/2006（2007）.

[128] 第 35 号一般性建议第 6 段。

[129] 第 35 号一般性建议第 7 段。

员会的实践中是否会包括对"种族化的"社群的更多意识。[130]

在仇恨言论领域，公民身份不是标定应得到第 4 条保护的权利的一个相关因素，尽管根据源自第 1 条的惯例，笼统地提及"外国人"作为仇恨言论的针对目标不足以启用《公约》。[131] 第 30 号一般性建议第 11 段提到了采取步骤来"解决仇视非公民的态度和行为，尤其是煽动仇恨的言论和种族强暴行为"；第 12 段建议"采取坚决行动，抵制任何这样的倾向，即……根据种族、肤色、世系和民族或族裔本源，将非公民居民群体的成员树为目标，加以污名化、刻板化或脸谱化"。[132] 从伊尔马兹－多甘诉荷兰案以来的一些案件中，仇恨言论受害者的国籍并不是一个问题。[133] 防止遭受仇外仇恨言论的保护支持《公约》的总休规则，这符合国际人权标准的整体，包括在德班进程中对仇外观象的强烈谴责。[134] 第 35 号 般性建议在一个可被认为代表了消除种族歧视委员会立场的简明段落中，总结了委员会过去有关交叉性、公民身份、种姓等情况的实践：

> 在委员会实践中处理的种族主义仇恨言论包括《公约》第 4 条提到的、针对第 1 条——该条禁止基于种族、肤色、世系、民族或族裔本源的歧视——所确认的群体如土著民族、基于世系的群体和移民或非公民（包括移徙家庭佣工、难民和寻求庇护者）的特定言论形式，以及针对

285

---

[130]　对委员会在针对丹麦的仇恨言论案件中的立场的批评，见 S. Berry, 'Bringing Muslim Minorities within the ICERD—Square Peg in a Round Hole?', *Human Rights Law Review* 11.3 (2011), 423-450；该文章的讨论引用了国内法中的实例，其中在与 P. S. N. 诉丹麦案并非不相似的情况中，认定了间接歧视（pp. 447-449）。加尼亚对该文章的观点提出了质疑："对某一特定地区的某一少数群体整体，可以正当地得出一般性结论，即不管具体事实如何，'对穆斯林的歧视构成《公约》所指的间接歧视'。"（Ghanea, 'Intersectionality', 951）无论批评和回应的价值如何，委员会在作出评估时显然注意到了事实和背景，而且如前所述，这为今后评估"双重歧视"敞开了大门。该案的解决与委员会的标准观点相联系，即没有充分明确指出歧视对象的一般性贬损提法并不受《公约》规制：*Quereshi v Denmark*, CERD/C/66/D/33/2003 (2005)。这类案件是在具体情境中解决的，很难从中得出关于确定为启用《公约》的禁令所需的具体程度的一般性结论。

[131]　*Quereshi v Denmark*，对该案的讨论见本书第七章。

[132]　A/59/18, Chapter Ⅷ.

[133]　*Yilmaz-Dogan v The Netherlands*, CERD/C/36/D/1/1984 (1988)；*L. K. v The Netherlands*, CERD/C/42/D/4/1991 (1993). 有关非国民的一般性论述，见本书第七章。

[134]　就此可以回顾 2001 年"反对种族主义、种族歧视、仇外心理和相关的不容忍现象德班世界会议"的标题。

这些和其他弱势群体的女性成员的言论。根据交叉性原则，并铭记"批评宗教领袖、评论宗教教义或信仰原则"不应受到禁止或惩罚，[135] 委员会也一直在关注针对某些族裔群体——他们信奉或躬行不同于大多数人的某一宗教——的仇恨言论，包括仇恨伊斯兰教、反犹太主义的表达和其他仇恨民族宗教群体的类似表现，以及煽动灭绝种族和恐怖主义等极端仇恨表现。对受保护群体成员的刻板印象和污名化也一直是委员会表示的关切和通过的建议的对象。[136]

从所引用的段落中可以清楚地看出，消除种族歧视委员会认为，将仇恨言论罪行限于种族、肤色和族裔本源这三个理由的任何建议，都通过将第 4 条所述的大部分罪行描述为基于"种族、肤色、世系、民族或族裔本源"而被超越，这是一份以实践为基础的清单，复制了《公约》第 1 条对理由的最广泛陈述。

（五）帽段

在第 4 条的帽段中，"优越性之思想或理论"本身在表面上并没有受到谴责；帽段复述了对以这类思想或理论为根据的宣传或组织的谴责。《公约》整体表明了对种族优越性思想的更广泛"谴责"，这是考虑到序言谴责优越性理论并且第 4 条（子）项要求惩罚基于种族优越或仇恨的"所有思想传播"——这一说法不一定意味着一种组织背景。要打击的种族主义宣传包括试图为种族仇恨和歧视"辩护"，而不仅仅是宣传。在第 35 号一般性建议中，对仇恨的辩护等从帽段跳到了第 4 条的操作方面——可依法惩处的罪行，但仅当其相当于煽动时才是如此。[137] 将"辩护"重新划归可依法惩处的罪行类别也影响了灭绝种族和危害人类罪："公开否认或企图辩护国际法所定义的灭绝种族罪和危害人类罪，应被宣布为可依法惩处的罪行，但它们必须显然构成煽动种族强暴行为或仇恨之行为。"消除种族歧视委员会还强

---

[135]　人权事务委员会第 34 号一般性意见第 48 段。（该注为第 35 号一般性建议原文所有。——译者注）

[136]　第 35 号一般性建议第 6 段。

[137]　第 35 号一般性建议第 13、14 段。

调，"'表达对历史事实的意见'不应被禁止或受惩罚"。[138]

对辩护的谴责表明，应区分对种族仇恨和歧视的辩护与解释，包括"科学"性质的解释。第 35 号一般性建议在一个以《公约》第 5 条为重点的段落中，间接提到了需要保障对种族问题的严肃讨论：

> 委员会认为，在学术辩论、政治参与或类似的活动中表达思想和意见，只要没有煽动仇恨、蔑视、暴力或歧视，就应视为在正当行使表达自由的权利，即使这些思想是有争议的。[139]

帽段中的"宣传"一词取自《消除种族歧视宣言》，也出现在第 4 条（丑）项中，[140] 虽然从词源上讲，"宣传"不是一个贬义词，但它因为在战争中和为政治因素（各种主义）使用，而获得了一种负面含义。[141] 有一个缔约国的评价是，"宣传"意味着规模、系统的行动和广泛的传播。[142] 宣传[143]可以被描述为诉诸情感而非理性，而且旨在令人信服某种观点。虽然宣传被描述为"在认识论上是有缺陷的"，[144] 但消除种族歧视委员会在奥斯陆犹太人社团等诉挪威案中评论说，"特定评论缺乏逻辑与评估它们是否违反第 4 条无关"；[145] 不过，表述的含混性被视为与此类评估有关。[146]

消除种族歧视委员会在其意见中经常将"宣传"一词与媒体和互联网联

138　第 35 号一般性建议第 14 段。该句单引号中的内容来自人权事务委员会第 34 号一般性意见第 49 段。

139　第 35 号一般性建议第 25 段。

140　对于人权事务委员会有关第 20 条的第 11 号一般性意见，有学者评论说，"很不幸，人权事务委员会没有在该一般性意见中抓住机会界定战争'宣传'的含义"：S. Joseph and M. Castan, *The International Covenant on Civil and Political Rights*（3rd edn, Oxford University Press, 2014），p. 628 [henceforth *The International Covenant*]。

141　E. S. Herman and N. Chomsky, *Manufacturing Consent：The Political Economy of the Mass Media*（Pantheon Books, 1988）.

142　丹麦第十三次报告中的声明，引自 *POEM and FASM v Denmark*，CERD/C/62/D/22/2002（2003），para. 3. 7。

143　来自拉丁语的动名词"*propagare*"，意思是传播。

144　S. T. Ross, 'Understanding propaganda：The epistemic merit model and its application to art', *Journal of Aesthetic Education*, 3/1（2002），16—30.

145　*Jewish Community of Oslo et al. v Norway*, para. 10. 4.

146　在一起涉及某一丹麦政客对一家夜总会外的事件的口头反应的案件中，"声明尽管含糊其辞，但并不一定能被解释为索马里裔人士应对有关袭击事件负责。因此……委员会不能断定她的陈述属于……第 4 条的范围"：*Jama v Denmark*，CERD/C/75/D/41/2008（2009），para. 7. 4。

系起来，[147] 要铭记帽段提到"一切宣传"，以及第 4 条（丑）项提到"有组织之宣传活动与所有其他宣传活动"。[148] 委员会还建议一些国家酌情批准《网络犯罪公约附加议定书》。第 35 号一般性建议扩大了对仇恨言论的关注范围，除了互联网以外，还包括一般电子媒体和社交网站。[149] 就仇恨言论的程度或范围而言，在互联网上的传播被列为在认定言论为犯罪时应考虑的语境因素之一，[150] 互联网对促进传播思想中的责任感的潜在贡献也得到了强调。[151]

（六）"充分顾及"条款

第 4 条的帽段包含了著名的"充分顾及"条款，该条款将随后各项以及其他内容中为实现该条的目标而设想的具体行动形式情境化。第 4 条（子）项和（丑）项所述措施具有广泛的刑罚性质，这并不一定穷尽帽段提到的"立即采取积极措施"，而是留下了在具体情况下可能需要采取哪些进一步措施的问题。"立即采取积极措施"的性质和意义在第 35 号一般性建议中有部分解释：

> 第 4 条的帽段包含了"立即采取积极措施"根除煽动和歧视的义务，这项规定补充和强化了《公约》其他条款规定的将尽可能广泛的资源用于根除仇恨言论的义务。委员会在关于《公约》中的特别措施的含义和范围的第 32 号一般性建议（2009 年）中，将"措施"总结为包括"立法、执法、行政、预算和监管的工具……计划、政策、方案和制度"。[152]

从对第 4 条的保留中可以明显看出，对"充分顾及"条款的解释是一个重要问题，因为该条款将缔约国要针对种族主义言论和组织采取的措施情境

---

147 例证包括委员会对以下国家的结论性意见：加拿大，CERD/C/CAN/CO/18, para.8；芬兰，CERD/C/FIN/CO/19, para.16；德国，CERD/C/DEU/CO/18, para.16；俄罗斯联邦，CERD/C/RUS/CO/19, para.16。

148 强调为本书作者所加。

149 第 35 号一般性建议第 7 段。

150 第 35 号一般性建议第 15 段。

151 第 35 号一般性建议第 39 段。关于互联网对表达自由的重要性，见欧洲人权法院的案例：*Yildirim v Turkey*, App. No. 3111/10 (2012), para.54。

152 第 35 号一般性建议第 10 段，其参考了第 32 号一般性建议第 13 段。

化。由于第 4 条针对禁止煽动和暴力的规定在法律上司空见惯，注意力就转移到传播与考虑到表达和结社自由原则的相关规定之间的关系上。关于"充分顾及"条款，消除种族歧视委员会 1986 年对第 4 条的研究表明：

> 妨碍充分适用第 4 条的另一个因素……是这样一种解释，即实施该条可能损害或危及见解和表达自由以及……集会和结社自由。这是一种极端立场。中间路线的主张是，必须在第 4 条（子）项和表达自由之间、在第 4 条（丑）项和结社自由之间，达成一种"平衡"。大部分意见倾向于认为，言论自由和结社自由的权利不是绝对的，而是受到限制的。[153]

这一解读中的"极端立场"，是允许在最低程度上侵扰表达自由等的立场。班顿认为，这项研究捍卫了这样一种观点，即各国"不得援引保护公民权利作为不实施《公约》的理由"。[154] 帕尔奇的一项分析概述了对"充分顾及"条款的效果的三种不同观点：第一种观点是各国无权采取会损害"各项自由"的行动，第二种观点是必须在《公约》规定的各项自由和义务之间取得平衡，第三种观点是班顿对消除种族歧视委员会的研究所作的上述解读。[155] 不完全清楚这种做法是否可以简化为"平衡"权利和限制的息事宁人的隐喻；[156] 还有一种因素，即委员会通过一种取决于局势或情境的解释形式以及尊重缔约国和委员会不同责任的解释，对所审查的情况作出回应。[157] 在某些情况下，对表达自由的说明在委员会的意见中具有最重要的地位。例

288

---

153 CERD 1986 Study, para. 225.

154 M. Banton, *International Action against Racial Discrimination* (Clarendon Press, 1996), p. 203.

155 K. J. Partsch, 'Racial speech and human rights: Article 4 of the Convention on the Elimination of All Forms of Racial Discrimination', in S. Coliver (ed.), *Striking a Balance: Hate Speech, Freedom of Expression and Non-Discrimination* (Article 19, 1992), pp. 21-28. 帕尔奇赞同自由与国家义务之间的"平衡"立场。

156 有人试图将这一辩论改头换面为自由的冲突，这基于这样一种观念，即防止仇恨言论是促进参与公共讨论的自由的一种方法，而不是一种限制：O. Fiss, *The Irony of Free Speech* (Harvard University Press, 1996)。

157 例如见，沃尔夫鲁姆在讨论丹麦的第八次和第九次报告时的评论："不能援用第 4 条来断言防止种族歧视优先于见解自由。从该条可以看出，应该由国家而不是委员会来判断尊重意见和……信息自由……是否应优先于禁止煽动种族歧视。"（Wolfrum, CERD/C/SR. 864, para. 64）可以比较以下委员的评论：Aboul-Nasr, CERD/C/SR. 865, para. 8, and Lamptey, *ibid.*, para. 9. 讨论的摘要载于 A/45/18, para. 56。

如，委员会曾提醒一个缔约国"在实施第 4 条时有义务尊重见解和表达自由权"，[158] 还建议另一个缔约国"在实施第 4 条（子）项和（丑）项时保证尊重表达自由和结社自由"。[159] 在另一些情况下，委员会以不同的重点应对局势，关切即将提起的质疑禁止仇恨言论的诉讼是否会侵犯表达自由。[160]

在针对"皮靴男孩"的一名领导人公开发表反犹太言论的奥斯陆犹太人社团等诉挪威案中，消除种族歧视委员会指出，"在其他国际机构处理的种族主义和仇恨言论案件中，言论自由原则受到较低程度的保护"，[161] 并评论说：

> "充分顾及"条款一般涉及《世界人权宣言》所载的所有原则，而不仅仅是言论自由。因此，在第 4 条的语境内给予言论自由权更为有限的作用，并未取消"充分顾及"条款的重要意义，考虑到所有保障表达自由的国际文书都规定了在某些情况下限制行使这项权利的可能性，则更是如此。[162]

289　　因此，通过从限制行使这些自由的国际法的文本（包括《世界人权宣言》）外推，这些自由在种族主义语境中的作用降低了。虽然消除种族歧视委员会在"充分顾及"条款中找到了意义和实用性，但全面援用《世界人权宣言》而不仅是有关表达自由的规定，使得论证倾向于在种族主义语境中允许对仇恨言论的更大程度限制。第 35 号一般性建议与奥斯陆犹太人社团

158　委员会的结论性意见：白俄罗斯，CERD/C/65/CO/2，para. 8。

159　委员会的结论性意见：毛里塔尼亚，CERD/C/65/CO/5，para. 13。

160　委员会的结论性意见：比利时，CERD/C/BEL/CO/15，para. 11。

161　*Jewish Community of Oslo et al. v Norway*，para. 10. 5.

162　*Ibid.*，para. 10. 5. 在《欧洲人权公约》的情况中，在斯特拉斯堡的欧洲人权机构不时使用"滥用条款"即《欧洲人权公约》第 17 条："本公约不得解释为暗示任何国家、团体或者个人有权进行任何活动或者实施任何行动，旨在损害本公约所规定的任何权利与自由或者是在最大程度上限制本公约所规定的权利与自由。"有关申诉特别是有关右翼或新纳粹运动的申诉，见 ECommHR, *Glimmerveen and Hagenbeek v The Netherlands*, App. Nos 8348/78 and 8406/78 (1979)；*Kühnen v Germany*, App. No. 112194/86 (1988)；ECtHR, *Norwood v UK*, App. No. 23131/03 (2004)；also *Garaudy v France*. Comment in D. Keane, 'Attacking Hate Speech under Article 17 of the European Convention on Human Rights', *Netherlands Quarterly of Human Rights* 25 (2007), 641-663；H. Cannie and D. Voorhoff, 'The Abuse Clause and Freedom of Expression in the European Human Rights Convention: An Added Value for Democracy and Human Rights Protection?' *Netherlands Quarterly of Human Rights* 29 (2011), 54-83。

等诉挪威案中对"充分顾及"条款的声明形成了对比：

> 第 4 条要求，消除煽动和歧视的措施必须充分顾及《世界人权宣言》所载原则及《公约》第 5 条明文规定的权利。"充分顾及"这个短语意味着，在确立和适用各项罪行以及满足第 4 条的其他要求时，在决策过程中必须适当重视《世界人权宣言》所载原则和第 5 条规定的权利。委员会已将充分顾及条款解释为其适用于作为整体的人权和自由，而不仅仅是见解和表达自由，然而应该铭记，这些自由是衡量限制言论的正当性的最相关参考原则。[163]

尽管第 4 条明确援引了《世界人权宣言》，但可以提出，与消除种族歧视委员会的其他做法一样，《公约》施予缔约国的限制的程度可以通过阐释作为整体的、参考更广泛的国际标准和惯例的《公约》文本来衡量。《公约》与更广泛的言论自由原则之间的相互关系在第 35 号一般性建议中因解释性目的而得到了有力肯定：

> 由于其工作是将《公约》作为一项"活的文书"实施，委员会在更广泛的人权环境中工作，这种意识充斥着整个《公约》。在衡量表达自由的范围时，应该回顾该权利已被纳入《公约》，而不是简单地在《公约》之外阐明：《公约》的各项原则有助于更充分地了解这一权利在当代国际人权法中的尺度。委员会已将这一表达自由权纳入其打击仇恨言论的工作，在适当情况下对其缺乏有效执行作出评论，并在必要时借鉴其姐妹人权机构的阐述。[164]

第 4 条一直有某种困难，即它似乎相比于《公约》的其他各条具有较少"渗透性"——"第 4 条的约文非常清楚"，[165] 而且也许更难与更广泛的标准相结合。消除种族歧视委员会在 2013 年通过第 35 号一般性建议表明了一种坚定的尝试，将第 4 条的文本"纳入"人权原则的洪流，使委员会早先在种族主义言论这一持续存在争议的问题上的一些立场得到缓和。

163　第 35 号一般性建议第 19 段。

164　第 35 号一般性建议第 4 段。

165　I. Diaconu, *Racial Discrimination*（UNDP Romania, 2007），p. 192.

（七）第 4 条（子）项

在多切尔诉德国案中，消除种族歧视委员会显然将"传播思想"归入
"宣传"项下，指出第 4 条（子）项中的清单"并没有列举所有可以想象的
歧视行为，而是列举了使用暴力或目标是种族主义宣传的行为"。[166] 对第 4 条
（子）项的字面分析揭示，缔约国应宣告的应受法律惩处的犯罪行为是：传
播以种族优越为根据的思想；传播以种族仇恨为根据的思想；煽动种族歧
视；对任何种族或者属于另一肤色或民族本源的人群实施强暴行为；煽动上
述强暴行为；对种族主义者的活动给予协助，包括筹供经费。这一分类省略
了"煽动种族仇恨"，[167] 第 15 号一般性建议将其作为该项的组成内容提出，[168]
因此偏离了第 4 条（子）项的字面含义：该项提到的不是煽动种族仇恨，而
是煽动种族歧视。[169] 委员会的结论性意见中充满了对煽动种族仇恨的提及，
乐于看到更加严格地处理煽动种族仇恨的情况，对此形成补充的是提到"族
裔"[170] 或"部落"[171] 仇恨。委员会还建议扩大煽动种族仇恨罪行的范围，以
涵盖出于对移民社群的宗教仇恨的动机的罪行。[172] 委员会援引《公约》的预
防目的作为其将第 4 条解释为包括煽动种族仇恨的理由。[173]

第 35 号一般性建议将煽动仇恨纳入其对第 4 条规定的罪行的分类，并
在消除种族歧视委员会进一步实践的基础上增加了更多术语。委员会综合第
4 条各项，建议各缔约国"宣布和有效制裁应依法惩处的犯罪行为"：

166　*Zentralrat Deutscher Sinti und Roma（on behalf of Zentralrat Deutscher Sinti und Roma and Others）v Germany*，CERD/C/72/D/38/2006（2008），para. 4. 3.

167　另见委员会第 31 号一般性建议第 4（a）段，其中提到了煽动种族仇恨：HRI/GEN/Rev. 9（Vol. II），p. 309。

168　头四项载于第 15 号一般性建议第 3 段，第五项（资助活动）载于第 5 段。

169　第 15 号一般性建议第 4 段提到了煽动歧视，其参考了《公民及政治权利国际公约》第 20 条，第 6 段则联系了《消除种族歧视公约》第 4 条（丑）项。

170　委员会的结论性意见：克罗地亚，CERD/C/60/CO/4，para. 12。

171　委员会的结论性意见：马达加斯加，CERD/C/65/CO/4，para. 13。

172　委员会的结论性意见：英国，CERD/C/63/CO/11，para. 21。

173　非政府组织"第十九条"2009 年《关于表达自由和平等的卡姆登原则》（*Camden Principles on Freedom of Expression and Equality*）中的第 12 项原则将"仇恨"和"敌视"界定为"对目标群体怀有强烈而非理性的蔑视、敌意和厌恶情绪"。在煽动种族仇恨的语境下提到非理性是恰当的，但在其他语境下，对犯下重大错误的人的仇恨可能有完全理性的理由。

（a）以任何手段传播以种族或族裔优越为根据的思想的一切行为；

（b）基于其种族、肤色、世系、民族或族裔本源，煽动对一个群体的成员的仇恨、蔑视或歧视；

（c）基于上文（b）项的理由，威胁或煽动对个人或群体的强暴行为；

（d）表达对个人或群体的侮辱、嘲笑或诽谤，或辩护基于上文（b）项的理由的仇恨、蔑视或歧视的行为，当其显然相当于煽动仇恨或歧视之时；

（c）参与提倡和煽动种族歧视的组织和活动。[174]

要予宣告的犯罪行为清单，包括该条并未述及的"侮辱""嘲笑""诽谤""蔑视"等术语，将后来的实践和观点的要素嫁接到该条的骨架上。其结果是扩大了第 4 条的范围，除非新的术语被理解为源于约文，而不仅是创新性的。在实践中，对要予宣告的犯罪行为范围的任何隐性扩大，都可能受到特别是第 35 号一般性建议第 12、14、15、16、18、20 和 25 段对法律实施提出的更严格要求的制约。

第 4 条通过提到"应依法惩处的犯罪行为"，似乎表现出对处理种族歧视问题的惩罚性办法的一种神化。[175] 尽管有可能解释说，"应依法惩处的犯罪行为"可以指使用行政或其他制裁等，但据称，很少有消除种族歧视委员会委员"相信，替代刑事处罚的办法就第 4 条（子）项而言是合适的"。[176] 委员会倾向于对该项采取一种严格的刑法进路："在说某些行为应受惩处时，《公约》要求根据刑法进行制裁。《公约》其他条款禁止的行动可由其他部门法（行政法、宪法、民法、劳动法等）处理，但与第 4 条（子）项和（丑）项有关的情况除外。"[177] 第 35 号一般性建议第 12 段虽然通过提及"规

291

174　第 35 号一般性建议第 13 段。

175　《消除种族歧视公约》第 4 条和《美洲人权公约》第 13 条第 5 款提到了"可依法惩处"的冒犯性言论，而《公民及政治权利国际公约》第 20 条要求"以法律禁止"这种言论。人权事务委员会关于《公民及政治权利国际公约》第 20 条的第 11 号一般性意见第 2 段提到了"在出现违反情况时适当的制裁措施"，而非简单的"惩罚"：HRI/GEN/1/Rev. 9（Vol. I），p. 182。

176　D. Mahalic and J. G. Mahalic, 'The limitation of provisions of the International Convention on the Elimination of All Forms of Racial Discrimination', *Human Rights Quarterly* 9（1987），74–101，94.

177　Banton, *International Action*，p. 205，其中摘引了委员会另一名委员沃尔夫鲁姆的意见。

定为犯罪行为"保持了刑法在适用第 4 条方面的中心地位,但提出了一些重要的细微差别:"将各种形式的种族主义表达规定为犯罪行为,应保留给经证明超出合理怀疑的严重案件,而不太严重的案件则应通过刑法以外的手段处理,对此,除其他外,应考虑到对目标个人和群体的影响的性质和程度";并补充说,作为一项"最低要求,并且不损害采取进一步措施的可能,全面立法——包括刑法以及民法和行政法——禁止种族歧视,对有效打击种族主义仇恨言论不可或缺"。[178]

(八) 传播和煽动

禁止"传播"基于种族优越或仇恨的思想一直是消除种族歧视委员会极力敦促的主题;"传播"一词从意思是散布的拉丁语单词"disseminare"而来,并简单地定义为"广泛播发"。[179] 各国需要以搜集其他数据所要求的方式,提供有关在传播项下形成的案件、提出的起诉和施加的处罚的统计数字。委员会一直批评这样一种"传播"的刑事条款,即局限于禁止在公众中传播,[180] 尽管委员会也曾评论"在公共领域……公正地发表的声明,这是……《公约》的核心关注点"。[181] 对于传播思想,第 35 号一般性建议中关于否认灭绝种族罪和危害人类罪的内容,应参照以往的做法来理解。[182] 委员会没有批评反对否认种族大屠杀(holocaust)的法律,并进一步支持法国将以下情况规定为犯罪行为,即"企图否认《国际刑事法院规约》所界定的,而不仅是在第二次世界大战期间犯下的战争罪和危害人类罪",[183] 以及欣然接受关于种族大屠杀与"对犹太人和罗姆人的灭绝种族的原因"的教育。[184] 第 35 号一般性建议没有提到《国际刑事法院规约》,而是选择了更宽泛的表述。

---

[178]   第 35 号一般性建议第 9 段。

[179]   *Concise Oxford English Dictionary* (11th edn, Oxford University Press, 2004), p. 414.

[180]   A/58/18, para. 474 (Norway).

[181]   *Gelle v Denmark*, para. 6.5; also *Jama v Denmark*, para. 6.5. 进一步见本书第六章、第八章有关"公""私"的讨论。

[182]   第 35 号一般性建议第 14 段。

[183]   委员会的结论性意见:法国,CERD/C/FRA/CO/16, para. 20。

[184]   委员会的结论性意见:摩尔多瓦,CERD/C/MDA/CO/15, para. 6。

在特定情况下，基于种族优越的言论可以被视为煽动，[185] "否认种族大屠杀"也可以作为煽动歧视的框架起作用；第 35 号一般性建议没有具体提及种族大屠杀，但明确规定，只有当否认构成煽动时，才允许对其予以刑事处罚。[186]

　　禁止煽动或者——通常是——激起暴力或非法行为，是刑法制度的一个主要部分。虽然将刑法适用于煽动种族歧视和仇恨，更不要说适用于种族暴力再平常不过，但将刑法适用于传播思想却引起了更多的问题。消除种族歧视委员会有时对支持传播和煽动的刑事责任的心理因素采取严格的态度。联合国 1986 年发表的消除种族歧视委员会的研究报告大胆地指出：

　　　　法律禁止和惩罚传播两件事……基于种族优越的思想和基于种族仇恨的思想。同样清楚的是，仅仅是传播行为就会受到惩罚，哪怕没有犯罪的意图，也不论传播的后果轻重。[187]

　　这种立场接近于严格或绝对责任的范畴，而这种除了传播行为之外不存在可追究罪责因素的情况，将破坏许多法律制度（即使不是大多数制度）的

185　在奥斯陆犹太人社团等诉挪威案中，委员会认定，"皮靴男孩"所作言论"包含基于种族优越或仇恨的思想；对希特勒及其原则和'脚步'的遵从必须……被视为至少是煽动种族歧视，就算不是煽动暴力"：*Jewish Community of Oslo et al. v Norway*，para. 10. 4。

186　第 35 号一般性建议第 14 段，其脚注提到了人权事务委员会第 34 号一般性意见第 49 段，该段称："处罚对历史事实发表见解的法律不符合《[公民及政治权利国际] 公约》在尊重意见自由和表达自由方面赋予缔约国的义务。……《公约》不允许全面禁止表达错误意见或对以往事件作出错误解释。持有意见自由的权利不应受到任何限制，而对表达自由的限制不应超出 [第 19 条] 第 3 款允许或者第 20 条规定的范围。"人权事务委员会第 34 号一般性意见第 49 段引用了弗里森诉法国案（*Robert Faurisson v France*，CCPR/C/58/D/550/1993，1996），该案中的提交人否认纳粹集中营中存在灭绝犹太人的毒气室，并声称，1990 年的法国《盖索法》（Gayssot Act）通过施加于那些质疑纽伦堡法庭的认定和前提的人以刑事制裁，将纽伦堡审判和判决提升到教条的地位。人权事务委员会根据有关尊重他人的权利和声誉的《公民及政治权利国际公约》第 19 条第 3 款支持了法国对提交人的禁止，因为"施加限制是为了尊重犹太社群免受反犹太主义的恐惧气氛而生活的自由"。人权事务委员会关于《盖索法》的意见专门针对该案的案情，但第 34 号一般性意见第 49 段中的意见"似乎表明，禁止否认种族大屠杀的法律，或实际上禁止否认任何特定历史事实的法律，都不符合第 19 条"：Joseph and Castan，*The International Covenant*，p. 643。另见罗斯诉加拿大案，其中人权事务委员会回顾了弗里森诉法国案，并补充说，后一案件认可的禁止"也得到《[公民及政治权利国际] 公约》第 20 条第 2 款中所反映的原则的支持"：*Ross v Canada*，CCPR/C/70/D/736/1997（2000），para. 11. 5。

187　CERD 1986 Study，para. 83.

293　刑事责任的基本原则。[188] 同样，对于第 4 条（子）项中煽动的定义，同一份研究报告的结论是，"受到刑事处罚的……仅仅是煽动行为，而没有提及违犯者的任何意图或这种煽动的结果（如果有的话）"。[189]

无论对"传播"种族主义思想与犯罪意识之间的因果关系可以发表何种评论，[190] 努力带来某种特定结果或造成某种迫在眉睫的危险的要素——无论结果或后果是否随之而来，通常都被纳入煽动的概念。将《公约》解读为这些规定的当地适用会被纳入标准刑法原则中，这一点并非没有道理。[191] 消除种族歧视委员会作出了否定需要提供煽动和传播的犯意的"强硬"声明，这与第 35 号一般性建议形成鲜明对比——其第 16 段拒绝了"严格责任"：

> 煽动典型地力图通过宣传或威胁，影响他人从事某种形式的行为，包括犯罪。煽动可能是明示的，也可能是暗示的，通过显示种族主义符号或分发材料以及言语刺激等行动来实施。煽动行为作为一种初始罪的概念并没有要求煽动从事的行为已经付诸行动，但在规制第 4 条提到的煽动形式方面，各缔约国应考虑到，除了上文第 15 段所述的考虑，煽动罪行的一个重要因素就是发言者的意图，以及发言者的有关言论将产生其所期望或意图产生的行为的紧迫危险或可能性，这种考虑也适用于

188　关于委员会实践的样本，见 T. Meron, 'The meaning and reach of the International Convention on the Elimination of All Forms of Racial Discrimination', *American Journal of International Law* 79（1985），283-318, Banton, *International Action*, pp. 202-209；S. Farrior, 'Moulding the matrix: The historical and theoretical foundations of international law concerning hate speech', *Berkeley Journal of International Law* 14（1996），1-98。

189　CERD 1986 Study, para. 96. 将传播和煽动合在一起，该报告称："一些缔约国的立法为［传播和煽动］……规定了某些条件，例如，传播或煽动必须是故意的，或必须具有某些目标，例如'煽动仇恨'，或必须是'威胁性的、辱骂性的或侮辱性的'……这些条件是限制性的，而且忽视了这样的事实，即《公约》第 4 条（子）项宣布，仅传播或煽动行为即可予以惩处，而无任何条件。"（*ibid.*, para. 235）

190　*Ibid.*, para. 231："禁止煽动种族歧视或仇恨的法律是……为保护公共秩序和他人权利所必需。委员会多数委员相信，这一点不加区别地适用于传播基于种族优越的思想。"这一提法表明，即使在 1983 年为世界会议编写报告时，委员会在这个问题上也没有取得一致意见。

191　准备工作在这个问题上并不十分清楚。人权委员会的报告提到第 4 条（丑）项中的禁止，总结了关于"煽动"和"促进"之间的区别的讨论，即煽动是"一种有意识和有动机的行为"，而促进的发生可能"没有煽动的任何真正意图或努力"：E/CN.4/874, para. 169。这表明，对煽动的标准刑法特征，已有充分理解。

第 13 段所列的其他罪行。

第 35 号一般性建议第 15 段提到了确定传播和煽动为可依法惩处之犯罪行为的一系列"情境因素"，包括言论的内容和形式，经济、社会和政治氛围，发言者的位置或地位，言论的范围以及言论的目的，每一个又细分为更小因素的子集。第 15 段和第 16 段的内容相结合，限制了对言论犯罪的刑事起诉的自由做法。消除种族歧视委员会敦促缔约国考虑放宽对煽动种族歧视的意图（故意行为）的严格要求,[192] 并支持对刑法典的修正，以便没有必要再规定煽动种族仇恨是故意的才能被解释为犯罪。[193] 这些情况目前已经不符合第 35 号一般性建议所代表的现行做法。可以期望以传播意图为中心的结论性意见和对个人来文的意见会对第 35 号一般性建议对第 4 条的解读作出回应。

关于第 4 条的一般性讨论也涉及种族和族裔刻板化和污名化。第 35 号一般性建议提到了这些言语形式，但未将其列为可依法惩处的罪行，仅指出"对受保护群体的成员的刻板印象和污名化也一直是委员会表达的关切和通过的建议的对象"。[194] 该建议还指出了言论自由本身"在解构种族刻板印象方面"的力量,[195] 并将"避免刻板印象"视为对媒体在表现族裔、土著和其他群体方面的一种要求。[196]

在根据第 4 条（子）项应以法律宣告的罪行中，协助种族主义活动是最后一项。第 15 号一般性建议提醒各缔约国，第 4 条（子）项也将为种族主义行为筹供经费规定为罪行，消除种族歧视委员会认为这些行为包括了第 4 条（子）项宣告的所有罪行。委员会建议缔约国修订法律或进行立法，使这种协助成为一种单独的刑事罪行。[197] 虽然"给予任何协助"可能符合协助犯罪的一般概念，但筹供经费的方面也可能与指向组织的第 4 条（丑）项有

294

---

[192] 委员会的结论性意见：乌克兰，CERD/C/UKR/CO/18，para. 9。

[193] 委员会的结论性意见：塞浦路斯，A/56/18，para. 262。

[194] 第 35 号一般性建议第 6 段。

[195] 第 35 号一般性建议第 29 段。

[196] 第 35 号一般性建议第 40 段。

[197] 委员会对多哥的结论性意见，CERD/C/TGO/CO/17，para. 12："委员会建议该缔约国制定规范，将第 4 条有关款项中提到的每一种犯罪行为……都定为刑事犯罪，包括协助和资助种族主义活动。"

关。第 35 条第 13 段的犯罪清单没有明确提到协助种族主义活动。

(九) 第 4 条 (丑) 项

第 4 条 (丑) 项对组织的禁止,与第 4 条 (子) 项中禁止的"传播"一道,是第 4 条中有强烈争议的规定。依据第 4 条 (丑) 项禁止种族主义组织的要求促成了消除种族歧视委员会与各缔约国的许多交流。如果说一些国家不愿意禁止种族主义团体的情况没有明显减轻,那么委员会同样也没有下决心逼迫其采取这种行动。第 4 条 (丑) 项要求各缔约国宣告提倡与煽动种族歧视的组织、提倡与煽动种族歧视的有组织的宣传活动以及提倡与煽动种族歧视的所有其他宣传活动为非法,加以禁止。另外,应规定参加此等组织为可依法惩处的犯罪行为,参加所有其他 (种族主义) 宣传活动也一样。第 15 号一般性建议富有斗争精神地指出:

> 有些国家一直认为,在它们的法律体制内,在一个组织的成员提倡或煽动种族歧视以前就宣布该组织为非法,是不恰当的。委员会认为,第 4 条 (丑) 项规定这样的国家有更大的责任保持警醒、及早对这类组织采取行动。必须宣告这些组织以及有组织的活动和其他宣传活动为非法,加以禁止。参加这些组织本身应受惩处。[198]

295 消除种族歧视委员会坚持认为,在某一组织企图从事邪恶活动之前,即应根据其性质——宗旨、目的和目标——加以禁止,不得有任何间断。第 35 号一般性建议重申了第 4 条 (丑) 项的要素:

> 委员会强调,第 4 条 (丑) 项要求宣布提倡和煽动种族歧视的种族主义组织为非法,加以禁止。委员会理解,"有组织之宣传活动"的提法意指简易的组织或网络形式,而"所有其他宣传活动"则是指无组织或自发地提倡和煽动种族歧视的行为。[199]

每一种情况中的参与都要依法受到惩处,这一要求与第 4 条 (子) 项中提到的协助 (包括筹供经费) 相重叠。第 4 条 (丑) 项的重点大概是私

198　第 15 号一般性建议第 6 段。
199　第 35 号一般性建议第 21 段。

人行为者，因为第4条（寅）项涉及公共当局促进或煽动种族歧视的可能性。

因此，消除种族歧视委员会对有些国家没有禁止种族主义组织的立法表示关切，因为这些国家的法律侧重于禁止种族主义组织从事的活动，而不是禁止此类组织本身。[200] 委员会除其他外，坚持各国要有"具体的"[201]、"明确的"[202] 或"具体和明确的"[203] 禁止种族主义组织的刑事立法。委员会不接受这样的论点，即形式上禁止组织没有用，因为所涉及的团体是松散的网络而不是正式的组织，[204] 也不接受这样的论点，即禁止组织会产生不利影响。[205] 在这种情况下，会令人想到禁止组织只会"把它们驱赶到地下"的论点，"一个被压制性措施驱赶到地下的组织可能比一个被允许公开行动的组织危险得多"。[206]

（十）第4条（寅）项

第4条（寅）项强调了与公共当局有关的法律和政策义务，并将义务扩大到适用刑法的范围以外。勒纳指出，第4条（寅）项没有规定国内刑法方面的义务，"而只是敦促各国根据《公约》的原则调整其政策，并注意国家和地方各级的政府官员不要背离这些政策。从这个意义上说，该项补充了第2条第1款"。[207] 另一名学者评论说，第4条（寅）项对第4条其他两项没什么补充，尽管它确实"起到了说明从事种族主义活动的政府官员和机构的特

200　委员会的结论性意见：加拿大，CERD/C/61/CO/3，para. 21。

201　委员会的结论性意见：牙买加，CERD/C/60/CO/6，para. 6。

202　委员会的结论性意见：乌干达，CERD/C/62/CO/11，para. 12。

203　委员会的结论性意见：斐济，CERD/C/FJI/CO/17，para. 20。

204　委员会的结论性意见：挪威，CERD/C/63/CO/9，para. 13。挪威代表指出，挪威政府"没有规定对种族主义组织的禁止，因为这样的禁止可能间接地使非正式的种族主义网络看起来合法"（CERD/C/SR. 1603，para. 36）。

205　委员会的结论性意见：特立尼达和多巴哥，A/56/18，para. 349。

206　K. Boyle and A. Baldaccini, 'A Critical Evaluation of International Human Rights Approaches to Racism', in S. Fredman (ed.), *Discrimination and Human Rights: The Case of Racism* (Oxford University Press, 2001), Baldaccini, pp. 135–191, p. 162.

207　N. Lerner, *The U. N. Convention on the Elimination of All Forms of Racial Discrimination* (Sijthoff and Noordhoff, 1980), p. 51.（此注由译者补全。——译者注）

296 殊邪恶的作用"。[208] 消除种族歧视委员会以更笼统的方式判断,鉴于公共人物或官员具有的影响力或权力,他们的种族主义言论特别令人关切。例如,对土库曼斯坦,委员会"深表关切的是,有报告称,存在针对民族和族裔少数的仇恨言论,包括政府高级官员和公共人物的言论……,这些情况据称对民众有重大不利影响"。[209] 就公共和私人当局/机关而言,在多切尔诉德国案中,申诉人根据第4条(寅)项等,针对一封发表在专业警察杂志上的信提出申诉,因为信中含有对罗姆人和辛提人的诋毁意见。该缔约国认为,这封信是作者以私人身份而不是以官方身份发表的,并补充说,"公诉机关没有提起公诉也没有定罪不能被认为是违反了这一规定,因为提倡和煽动所要求的远远不止是避免进一步的刑事起诉"。[210] 委员会没有详细阐述"不准"一词中"准"的含义,但同意这样的论点,即发表这封信的专业协会不是一个国家机关,而且这封信是以私人身份写的,因此委员会宣布申诉的这一部分不可受理。[211]

第35号一般性建议仅有限地提及第4条的这一项,重点是在公共当局和机关中工作的个人:

> 根据有关公共当局或公共机关的第4条(寅)项的规定,委员会认为来自这种当局或机关的种族主义表达值得特别关注,尤其是高级官员的发言。在不妨碍适用于公职人员以及所有其他人的第4条(子)项和(丑)项规定的罪行适用的情况下,该条帽段所指"立即采取……之积极措施"在适当情况下,还可能包括免职一类的纪律性措施,以及为受害人提供有效救济。[212]

公共人物在反种族主义和倡导宽容方面起到领导作用的特殊责任是消除种族歧视委员会工作中经常出现的主题。

---

[208] T. Mendel, Equality and freedom of expression: an accommodative framework, Background Paper for 11 December 2008 Meeting for Promoting Equality within a Free Speech Framework.

[209] 委员会的结论性意见:土库曼斯坦,CERD/C/TKM/CO/5, para. 11。

[210] *Deutscher v Germany*, para. 4. 6.

[211] *Deutscher v Germany*, para. 7. 5.

[212] 第35号一般性建议,第22段。

四　评论

消除种族歧视委员会认为有义务"确保对第 4 条各项规定的解释连贯一致"。[213] 该条的用语、措辞和内部概念安排提出了自己的问题，就如其与整个《公约》以及人权规则中姊妹条款的关系提出的问题一样。从历史上看，委员会的实践在淡化仇恨言论中的心理、动机因素以及其产生的环境和后果方面，倾向于拘泥于文本。这些拘泥于文本的倾向从来都不全面，因为实践包括了对比第 4 条严格要求的范围更广的仇恨言论受害者的范围的承认，增强了《公约》以受害者为导向的精神，[214] 而该条对国家义务的强调并没有排除将其从概念上理解为个人受到保护的权利。[215] 尽管如此，认为《公约》是一种对言论自由原则不够宽容的"严厉"监管模式的想法很普遍，而且这在某些方面是有道理的，特别是在传播基于优越和仇恨的思想的罪行方面，[216] 以及在对禁止种族主义组织采取严厉态度方面——其中"谋杀公司"范式保留了其荣光。对于以下情况，第 35 号一般性建议回顾了《公约》原则性结构的逻辑：传播和煽动罪行被划分为处理种族主义言论的"上游"和"下游"表现形式，[217] 以及思想传播条款被理解为"直接表达《公约》的预防功能"。[218]

第 35 号一般性建议的出现似乎标志着对第 4 条和种族主义仇恨言论一

297

213　*Jewish Community of Oslo et al. v Norway*, para. 10. 3.

214　P. Thornberry, 'Bringing the victims to light under the International Convention on the Elimination of All Forms of Racial Discrimination', in M. A. Jovanovic and I. Krstic (eds), *Human Rights Today—60 Years of the Universal Declaration* (Eleven International Publishing), pp. 145–170.

215　*Jewish Community of Oslo et al. v Norway*, para. 10. 6："第 4 条是以缔约国的责任而不是个人固有的权利来表述的，这一事实并不意味着这些问题应留给缔约国的国内管辖……。如果情况如此，则《公约》确立的保护制度将被大大削弱……。《公约》的'权利'并不局限于第 5 条。"进一步见本书第十六章有关第 6 条的讨论。

216　传播思想的规定"在人权文书中不常见，人权文书提到了对言论的惩罚，而没有明确联系这种言论会煽动仇恨、暴力或歧视的可能性"：*TBB-Turkish Union in Berlin/Brandenburg v Germany*, CERD/C/82/D/48/2010 (2013), Vázquez dissent, para. 5。

217　第 35 号一般性建议第 30 段。

218　第 35 号一般性建议第 11 段。

般情况的总体进路的现代化更新（*aggiornamento*）。[219] 与《公约》实施中的其他情况一样，并鉴于其作为"活的文书"的概念理解，新的舆论潮流促使消除种族歧视委员会重新评估禁止仇恨言论和尊重表达自由之间的关系，[220] 这些标准"应被视为相辅相成的，而不是表现出一种必然会厚此薄彼的零和博弈"。[221] 该建议除了补充"哲学"和第 4 条的细节外，还将这一条放在"《公约》资源"的更广泛背景中，这种呼唤削弱了"从尽可能少的原则中解释所有现象"的倾向。[222] 因此，将第 4 条视为《公约》的其他内容都围绕其旋转的核心的设想多少有些弱化。该建议纳入了第 5 条和第 7 条，强调自由言论和教育在打击仇恨言论方面的潜力。刑法在反对仇恨言论的法律武器库中有着适当地位，其本身可能具有教育意义，不过，将其与法律和政策的更广泛能力结合也会有益处：如前所述，第 35 号一般性建议提出，"将……种族主义表达规定为犯罪行为应保留给……严重案件，而不太严重的案件则应通过刑法以外的手段处理"。[223] 该建议从人权事务委员会和对言论自由原则的更广泛国际理解中获得了提示，坚持"适用刑事制裁应受到合法性[224]、比例性和必要性原则的规范"。[225] 另外，根据"充分顾及"条款，还应考虑到以模糊不清的方式起草的法律和过分热衷于刑事起诉的方式对言论自由造成的"寒蝉效应"。[226]

对于第 4 条的细节，第 35 号一般性建议巧妙地扩大了罪行清单，同时围绕其实施安排了更强的言论自由保障。就煽动而言，有关犯罪定义的心理

---

[219]　虽然第 4 条中的"仇恨言论"主要涉及犯罪，但它与"仇恨犯罪"这一更广泛的问题，即由于种族主义动机而加重的一般罪行有区别：见本书第八章对《公约》第 2 条的评注。

[220]　该建议的脚注突出了人权事务委员会第 34 号一般性意见以及《关于禁止鼓吹构成煽动歧视、敌对或暴力的民族、种族或宗教仇恨的拉巴特行动计划》（The Rabat Plan of Action on the Prohibition of the Advocacy of National, Racial or Religious Hatred that Constitutes Incitement to Discrimination, Hostility or Violence, 下称《拉巴特行动计划》）。

[221]　第 35 号一般性建议第 45 段。

[222]　Smith, *The Theory of Moral Sentiments* (1790), Ⅶ. ii. 2. 14, cited in A. Sen, *The Idea of Justice* (Penguin Books, 2010), 394.

[223]　第 35 号一般性建议第 12 段，另见，*TBB-Turkish Union*, Vázquez dissent, para. 13。

[224]　"由法律规定"的本质是法律应制定得足够精确，这样才能对行为予以适当的事先规范。

[225]　第 35 号一般性建议第 12 段。

[226]　第 35 号一般性建议第 20 段。

方面和结果方面的建议——根据意图和危险的紧迫性提出，对于起诉将施加比以前更大的限制。[227] 不过，煽动的定义似乎标志着相对于以前声明的某种偏离，正如该建议第 15 段清楚表明的那样，理解这些罪行的定义和适用中的具体情境始终至关重要。第 15 段提出的"情境"要点，除其他外，回顾称，"在一种情境下无害的话语，在另一种情境下可能具有危险的意义"：灭绝种族话语是这一点的最有力例证。关于否认灭绝种族罪的规定表明要谨慎制定例如针对否认种族大屠杀的法律，尽管否认者的公开言论很可能在特定情况下具有刺激和煽动的能力。

传播罪行也受第 35 号一般性建议中的修饰语的制约，因其明确规定保护学术和政治言论免受压制性行动，条件是不构成煽动。[228] 无须赘言，人权维护者也不应受到言论压制。关于种族问题的严肃讨论原则上不会被第 4 条所束缚；它们表面上不会等同于"宣传"或说教，除非我们奇妙地联系到并屈从奥利弗·温德尔·霍姆斯的经典说法："每一个想法都是一种煽动……。雄辩可能会使理智燃烧。"[229] 在少数民族伞式组织（POEM）和穆斯林学生协会（FASM）诉丹麦案中，缔约国认为，第 4 条并没有质疑"就种族、民族或族裔的差异提出的科学理论……，可能也［没有质疑］……不是在严格科学背景下作出但作为客观辩论一部分的陈述"。[230] 在"科学背景"和"客观辩论"作为一方面，与对意见的种族主义操纵作为另一方面之间，并不总是容易作出区分，而消除种族歧视委员会可能不会对某一作者或出版物的文化或学术资格太感兴趣。在土耳其人联盟诉德国案中，对作者萨拉津（Sarrazin）的受到指责的访谈以《阶级而不是群众》为题发表在德国文化杂志《国际通信》（*Lettre International*）上，随后又被收录在一本书中。这一事实并没有使他不被起诉的情况免受委员会的批评，尽管德国评论说，这些

227　对罪行的列举在第 35 号一般性建议第 13 段。

228　第 35 号一般性建议第 25 段。

229　Oliver Wendell Holmes in *Gitlow v New York*, 268 U.S. (1925). 也许不那么为人所知的是他的这一说法，即"一个新的、有效的想法比一个团更有价值，而且比能指挥一个团的人少得多的人，就能提供这种想法"，H. C. Shriver（ed.），*Justice Oliver Wendell Holmes: His Book Notices and Uncollected Papers*（Central Book Co., 1936），p. 181。

230　*POEM and FASM v Denmark*, para. 4. 10.

299 评论是在关于对柏林的"经济和社会问题的批判性讨论"的情境下作出的。[231] 委员会委员瓦兹克兹在异议意见中提到了隐含的话语类型问题,认为"各缔约国应考虑作出这样发言的讨论的语境和类型……无论这些发言是对人不对事的恶意攻击的一部分,还是……如缔约国所认定的作为对于公众关切的问题的合理辩论的一种贡献提出的"。[232] 不幸的是,种族理论的历史表明,极端观点经常通过学术讨论这种最好的发布工具来表达。相比之下,在阿克苏诉土耳其案中——其中一本书和两本词典被指称含有对罗姆人的实质性攻击,对某一特定族裔群体进行科学研究的背景拯救了作者和缔约国。[233] 在上述土耳其人联盟诉德国案中,"学术"的设定却没有拯救萨拉津。[234]

逻辑表明,在揭露种族主义论点(在"传播"这些论点的意义上)和赞同这些言论之间,应该画出一条界线,尽管这种区别可能非常细微。丹麦法院因为一名记者耶希尔德(Jersild)发布一个含有种族主义言论(该言论来自一个被称为"绿夹克"的团体)的电视节目而将其定罪,这就是一个很好的例子。欧洲人权法院在耶希尔德诉丹麦案[235]中认为,该记者无意提倡种族主义,而是要揭露种族主义,这一定罪侵犯了耶希尔德根据《欧洲人权公约》第10条享有的表达自由权。该案的指导意义在于,丹麦通过了相关法律以遵守其根据《消除种族歧视公约》承担的义务,而欧洲人权法院认为,

---

231　*TBB-Turkish Union v Germany*,para. 4. 4. 在意见第 8. 1 段中申诉人引用了一个"科学观点",将萨拉津在采访中的声明定性为种族主义的:参照斯威夫特(Swift)的说法,似乎存在异常"书本之战"。

232　*TBB-Turkish Union v Germany*,Vázquez dissent,para. 14.

233　ECtHR,*Aksu v Turkey*,App. Nos. 4149/04 和 41029/04(2012). 关于这本书,欧洲人权法院表示,"符合……判例法的是,对学术界人士开展研究和对发表他们的成果的自由的任何限制,都要接受仔细审查"(para. 71);"不是孤立地审查那些受到指责的段落,而是把这本书作为一个整体的语境来审查这些段落,并考虑研究方法"也是一致的做法(para. 72). 另见人权事务委员会审议的弗里森诉法国案中伊瓦特(Evatt)和克雷茨梅尔(Kretzmer)提出、克莱因(Klein)共同签署的同意意见,其第 10 段指出,尽管"有充分的理由保护善意的历史研究不受限制,即使质疑了公认的历史事实……时也是如此,但提交人所作的那种侵犯了他人权利的反犹太主义的指责,就不受同样的保护。对提交人施加的限制并没有约束其表达自由权的核心,也绝没有影响他的研究自由;它们是与……免受种族主义或反犹太主义的煽动的权利密切关联的"。*Faurisson v France*,concurring opinion of Evatt and Kretzmer,co-signed by Klein,para. 10.

234　关于另一科学分支的做法,见《美洲禁止种族主义公约》第 4 条(xiii)项。

235　*Jersild v Denmark*,ECtHR App. No. 15890/89(1994).

它自己对《欧洲人权公约》第 10 条的解释也符合《消除种族歧视公约》。[236]

　　土耳其人联盟诉德国案中，传播的是什么样的种族优越模式（如果有的话）这一点，引起了消除种族歧视委员会的注意。第 4 条的帽段提到了"某一种族或属于某一肤色或民族本源之人群具有优越性之⋯⋯理论"，而第 4 条（子）项简略地提到了"以种族优越或仇恨为根据之思想"。对委员会多数委员来说，萨拉津所表达的思想是"种族优越的思想，否定人应得的尊重并描绘土耳其民众普遍的消极特性"。[237] 另一方面，对于持异议意见的瓦兹克兹来说，问题事关"基于民族或族裔的优越声明"之一，以及这种声明是否落入第 4 条（子）项的适用范围，是否应被宣布为第 4 条（子）项规定的罪行；他没有认定萨拉津断言"土耳其文化或者作为一个民族或族裔群体的土耳其人的低劣"。[238] 多数委员没有阐释种族/族裔之间的复杂联系，没有回答他们所断言的优越的程度或质量。然而，第 4 条（子）项在同一句话中使用了"种族优越"和"种族歧视"，这使得多少有些不可信的是，主张"种族优越"应被狭义地理解为只涉及"种族"，而"种族歧视"具有第 1 条所载的通常的广泛含义；此外，第 4 条（子）项中确定的仇恨言论的对象不仅包括种族，而且包括"属于某一肤色或民族本源"的人群。多数委员在总结提交人的说法，即土耳其人"既无能力也不愿意"融混，而且表现出"一种侵略性和祖传性的集体心态"时，可能也探查到了一种生物种族主义的暗示；[239] 额外提到一个群体的智力也没有帮助；对其他群体智力的积极评价可能只会加深而不是减弱对于一种侵略性种族主义话语的印象。多数委员还认定，在受质疑的话语中存在煽动因素，根据第 35 号一般性建议——其中将优越感的形式综合为"以种族或族裔优越或仇恨为根据的思想"、将帽段中的各项因素折叠成应依法宣告的罪行，[240] 这是一个重要的考量因素。

　　"优越"的思想和理论应与一般性的民族中心主义表达相区别，更不要

300

---

[236]　*Jersild v Denmark*，para. 30.

[237]　*TBB-Turkish Union*，para. 12. 6.

[238]　*TBB-Turkish Union*，Vázquez dissent，para. 8.

[239]　*TBB-Turkish Union*，para. 12. 6.

[240]　第 35 号一般性建议第 13（a）段。

说应与寻求社会地位的群体所实行的防御性"承认"或"认同"政治相区别:"优越"不是简单地等同于"差异"。虽然这似乎是要重复的明显一点,但不应将《公约》理解为一种同质化的力量,而应理解为一种支持多样性和自我表达的力量,只对某些话语类别持敌对态度。如果把对主张种族等级的种族主义仇恨的批判扩展到对各种表现性的民族主义的普遍批判,那么反对种族主义思想的反应的正当性就会失去力量。

上述对第 4 条的解读可能会提供一种视角,用以看待《消除种族歧视公约》在言论自由领域的国际文书中是一个"离群者"的主张,[241] 以及尤其是该公约与《公民及政治权利国际公约》第 19 条和第 20 条是否"兼容"的问题。人权事务委员会在其第 11 号一般性意见[242]中认为,《公民及政治权利国际公约》第 20 条中的禁止符合表达自由。[243] 人权事务委员会第 34 号一般性意见第 50 段认为,"第 19 条和第 20 条相互兼容和补充";第 52 段补充说:"缔约国只在第 20 条述及的具体表达形式方面,才有义务以法律加以禁止。在国家限制表达自由的所有情况下,都必须证明这些限制及其规定完全符合第 19 条。"这一表述要求按照第 19 条第 3 款解释第 20 条,而这限缩了限制这一权利的理由的范围。[244] 这种限制性情况的要素(他人的权利和名誉、公

301

241　See, *inter alia*, T. McGonagle, 'The Council of Europe against online hate speech: Conundrums and Challenges: Expert Paper': <http://hub.coe.int/c/document_library/get_file? uuid=62fab806-724e-435a-b7a5-153ce2b57c18&groupId=10227>.

242　"禁止宣传战争和鼓吹民族、种族或宗教仇恨",HRI/GEN/1/Rev.9(Vol.I),p.182。

243　对于《公民及政治权利国际公约》第 20 条中的禁止,该一般性意见第 2 段称:"〔人权事务〕委员会认为,所要求的这些禁止完全符合第 19 条所载的表达自由的权利——这一权利的行使带有特殊的义务和责任。第 1 款禁止可能导致或实际导致侵略行动或有违《联合国宪章》之破坏和平的一切形式的宣传,第 2 款则直接反对对民族、种族或宗教仇恨的任何鼓吹——这些鼓吹构成对歧视、敌视或强暴行为的煽动,而不问此类宣传或鼓吹的目的是针对有关国家内部还是外部。第 20 条第 1 款的规定并不禁止关于自卫的主权权利或符合《联合国宪章》的关于人民自决和独立权利的主张。第 20 条要充分有效,就必须有一项法律明确规定第 20 条所列宣传和主张均违反公共政策,并规定出现违反情况时适当的制裁措施。因此,〔人权事务〕委员会认为,尚未这么做的缔约国应采取必要措施,履行第 20 条所载义务,并且本身应不进行此类宣传或鼓吹此类主张。"

244　除了人权事务委员会第 11 号一般性意见和第 34 号一般性意见提到的内容外,在缔约国被指控没有针对种族诽谤提供充分保护的案件中,人权事务委员会没有阐发《公民及政治权利国际公约》第 20 条的内容。在瓦希拉里诉希腊案中,罗姆族的申诉人受到威胁,一旦他们不服从一项呼吁迁走他们的申请,就对他们采取激烈行动,*Vassilari v Greece*, CCPR/C/95/D/1570/2007(2009)。(转下页注)

共秩序等）符合《消除种族歧视公约》第 4 条关于煽动歧视和强暴行为的刑事法律规定，特别是如第 35 号一般性建议所作的限制性解释，其中除其他外，犯意的要求被"升级",[245] 起诉被设想为保留给严重案件,[246] "充分顾及"原则与言论自由的联系比以往实践更为密切。[247] 关于"他人的权利"（《公民及政治权利国际公约》第 19 条第 3 款），第 35 号一般性建议传达了这样一个信息，即《消除种族歧视公约》的概念联系是复杂的，不能简化为在禁止和自由之间的简单选择，这是因为：

> 保护人们不受种族主义仇恨言论的侵害，并不仅仅是一个表达自由权与为了受保护群体的利益而对该权利施加的限制相对立的问题：有权得到《公约》保护的个人和群体也享有表达自由权以及在行使这种权利时免受歧视的自由。种族主义仇恨言论可能使它的受害者无法自由发表言论。[248]

另一方面，学者们察觉到消除种族歧视委员会和人权事务委员会在否认灭绝种族罪等方面存在不一致的因素。坦珀曼辩称，第 35 号一般性建议第 14 段（要求各国在否认灭绝种族罪等情况构成煽动时宣告其为犯罪行为）尽管从人权事务委员会的第 34 号一般性意见中"引入"了"不应禁止或惩罚表达对历史事实的意见"的表述，但"未能转移人们对一个事实的注意

（接上页注 244）该案被宣布为不可受理，因为事实没有得到足够证实。在安德森诉丹麦案中，申诉人的申诉有关一名政客将伊斯兰头巾与纳粹万字符相比较，该申诉未获受理，因为提交人没有受到个人影响，*Anderson v Denmark*，CCPR/C/99/D/1868/2009（2010）。根据这些判例性的限制，约瑟夫和卡斯坦提出了"根据第 20 条第 2 款提出的申诉究竟能否得到受理"的问题：Joseph and Castan, *The International Covenant*, p. 629。

[245]　第 35 号一般性建议第 16 段。

[246]　第 35 号一般性建议第 12 段。

[247]　第 35 号一般性建议第 19 段。

[248]　第 35 号一般性建议第 28 段。另见 *Sangathan v Union of India*，Indian Supreme Court，March 2014，印度最高法院在该案中称："仇恨言论试图在多数人眼中剥夺某团体成员的正当性，降低他们的社会地位和在社会中的接受度……。仇恨言论……影响受保护群体对辩论中的实质性想法作出反应的能力，从而对他们充分参与……民主设置严重障碍。"引自 S. Benesch, 'Defining and Diminishing Hate Speech', in P. Grant（ed.），*State of the World's Minorities and Indigenous Peoples* 2014（Minority Rights Group，2014），pp. 18-25, p. 21。

力，即消除种族歧视委员会走上了与其联合国同行截然不同的道路"。[249] 如上所述，人权事务委员会第 34 号一般性意见对于否认情况采取了一种极为顽固的立场。[250]

《公民及政治权利国际公约》与《消除种族歧视公约》将"传播思想"规定为刑事罪行走向"趋同"，这也提出了难题。《消除种族歧视公约》第 4 条的规定比《公民及政治权利国际公约》第 20 条更为严格——后者提到"鼓吹……构成煽动"应以"法律禁止"，而不一定被规定为刑事罪行。[251] 对于传播思想和煽动犯罪，重新解读第 4 条使《消除种族歧视公约》更接近《公民及政治权利国际公约》；情境同样也渗入对传播犯罪的界定中，以及由言论引起的后果的"风险或可能性"中。[252] 总体上，可以说第 35 号一般性建议使消除种族歧视委员会的做法更接近于有关起诉仇恨言论犯罪的"自由主义"潮流；建议的刑法要求——煽动必须有"立即"后果，可能比许多法域中的要求更为严格。[253]

与第 4 条（丑）项相关的主要权利是《消除种族歧视公约》第 5 条（卯）项（ix）目中的"和平集会及结社自由之权"。[254] 结社自由权的实质是为了追求共同利益而联合起来的自由，它牵涉政党、非政府组织、工会、专业协会、公司等团体。关于对结社的限制，提交国际机构的许多诉讼都围绕着政党的情况展开。[255] 在沃纳诉匈牙利案中，[256] 该案涉及"匈牙利卫队运动"，该运动的许多言辞都集中围绕防止"吉普赛人犯罪"，欧洲人权法院

---

[249] J. Temperman, 'Laws against the Denial of Historical Atrocities: A Human Rights Analysis', *Religion and Human Rights* 9 (2014), 151–180, 162.

[250] 约瑟夫和卡斯坦的评论，Joseph and Castan, *The International Covenant*, p. 643。

[251] 《公民及政治权利国际公约》第 20 条中的"鼓吹"包括"宗教仇恨"，而《消除种族歧视公约》第 4 条却明确没有这种规定。不过，对此可以注意第 35 号一般性建议第 6 段。

[252] 第 35 号一般性建议第 16 段将刑事定罪限于具有"发言者所期望或意图产生"的、言论所导致的一种风险或（负面）后果可能性的情况。虽然该规定的句法更适合于煽动而不是"传播思想"，但限制性做法将第 4 条中的所有罪行置于一个共同的标题之下。

[253] 就标准的更广泛"融合"，见本章前面讨论的第 35 号一般性建议第 4 段。

[254] 见本书对第 5 条的评注。

[255] See, *inter alia*, ECtHR, *Refah Partisi and Others v Turkey* (2003), 37 EHRR 1; *United Communist Party of Turkey and Others v Turkey* (1998), 26 EHRR 121.

[256] ECtHR, *Vona v Hungary*, App. No. 35943 (2013).

支持解散该运动，因为其基于种族而将罗姆少数人与占多数的匈牙利族裔相对立，这超出了和平表达政治观点的范围。[257] 鉴于经常得到强调的第 4 条（丑）项的预防功能，欧洲人权法院在该案中还指出，《欧洲人权公约》并不要求当局一直等到有人采取了反民主行动或爆发了暴力行为才进行干预；[258] 一项附议判决更加有力地表明了这一点。[259] 如上所述，对《消除种族歧视公约》第 4 条（丑）项的解释很严格，而且这一线索似乎没有跟随第 35 号一般性建议；在一些段落中可以找到对社团地位的明示或暗示提及。[260]

除了文本解释的技术问题之外，对当地情况的适用问题又给复杂情况增加了一个层面。对地方情况的关注包括国家、地区以及所牵涉的压迫者和受害者的群体的历史。正如奥斯陆犹太人社团等诉挪威案所表明的，地方情况也可能有助于认定煽动及可能的否定，并渗透到什么算是"仇恨"的建构中。地方情况也是文化，要铭记不同的社会对尊严和自由、可接受和不可接受的言论有不同的看法，而且所有的社会，甚至是最"自由"的社会，都有自己的禁忌。在这种场景中，尽管对于和"思想市场"相关的言论自由的自由式辩护有着内在的吸引力，但强调言论自由允许滥用、嘲笑、发表"冒犯、震惊或扰乱"的言论等，[261] 可能只适用于某些类型的社会，而其他社会可能并不广泛地具有这些社会的特性。至于该建议中对言论自由与禁止仇恨言论之间的关系的重申是否适用于跨越了广阔文化范围的仇恨言论现象，只有时间才能说明。

种族优越、非人化、诋毁和蔑视的话语继续积极地指向《公约》实践中确认的人的类别，我们可以在恶意泛滥的嘈杂声中识别出各种新出炉的"惧

303

---

[257] *Ibid.*, para. 62, and paras 13 and 14.

[258] *Ibid.*, paras 57 and 68. 欧洲人权法院援引了《消除种族歧视公约》第 1、2 和 4 条作为匈牙利国内法律框架的一部分。

[259] 欧洲人权法院的平托·德阿尔伯科克（Pinto de Albuquerque）法官在广泛引用《消除种族歧视公约》和其他法律材料之后指出："《［欧洲人权］公约》缔约国有义务将种族主义、仇外或族裔不容忍的言论或者任何其他形式的传播定为刑事犯罪，禁止每一次集会，解散每一个提倡这些情况的团体、组织、协会和党派……。这样一种国际积极义务必须被承认为……习惯国际法的一项原则，对所有国家都有约束力，是一项强制性规范。"

[260] *Vona v Hungary*, paras 24, 39, 40, 41, 43, and 44.

[261] EctHR, *Handyside v UK*（1976），1 EHRR 737, para. 49.

恨”和“主义”。[262] 在《公约》通过半世纪以后，令人沮丧的是，很明显，种族主义仇恨言论仍然是一种明显的社会现象，因此解决这一问题的基本《公约》框架仍然保留着其存在理由。认真对待种族主义言论的理由，可以通过反思作为灭绝种族过程的特征要素的将人非人化的话语来理解；或者不那么激烈地说，可以通过反思这样一种压迫性气氛来理解：这种气氛如果不受阻遏，就会通过将种族低劣和优越的话语正常化或平庸化而针对弱势少数群体盛行。目标群体认识得很清楚，思想、公共话语和压迫行动之间的隔墙可能很单薄。

最后还要讨论诋毁宗教的问题。

与消除种族歧视委员会内部思考如何根据《公约》对待基于宗教的歧视同时，1999 年以来的联合国一系列决议也讨论了“诋毁宗教”的问题；[263] 人权理事会第 7/19 号决议可作为这一系列决议的例证。[264] 这些决议没有试图定义“诋毁宗教”，但诋毁的方面包括对宗教及其信众和神圣人物进行负面刻画、将伊斯兰教与恐怖主义等同、2001 年 9 月 11 日之后对穆斯林进行样貌定性、控制和污名化穆斯林少数人的法律以及对穆斯林商业、文化中心和礼拜场所的攻击。人权理事会的决议敦促各国采取行动，禁止“传播……针对任何宗教或其信徒的，构成煽动种族或宗教仇恨、敌视或强暴的种族主义和仇外思想及材料”，[265] 并提供保护以防止“由诋毁宗教而引起的仇恨、歧视、恐吓和胁迫行为”。[266] 关于“诋毁宗教”与表达自由之间的关系，该决议强有力地称，“尊重宗教和保护宗教不受轻蔑，是一项基本要素，有利于所有人行使思想、良心和宗教自由权”。[267] 对“宗教”未作定义：强调的是宗教

304

262　N. Ghanea, ‘ “Phobias” and “Isms”: Recognition of Difference or the Slippery Slope of Particularisms?’ in N. Ghanea, A. Stephens, and R. Walden (eds), *Does God Believe in Human Rights?* (Martinus Nijhoff Publishers, 2007), pp. 211-232.

263　E/CN. 4/RES/1999/82.

264　在 2008 年 4 月 27 日人权理事会第四十届会议上，以 21 票赞成、10 票反对、14 票弃权通过；另见 A/HRC/RES/4/9 (2007), A/HRC/RES/10/22 (2009), A/HRC/RES/13/16 (2010)。

265　人权理事会第 7/19 号决议第 8 段。

266　人权理事会第 7/19 号决议第 9 段。

267　人权理事会第 7/19 号决议第 10 段。(原书此处对该决议的引用有误，经联系作者核实，予以更正。——译者注)

的复数形式。这一问题与有关《公约》的可能修正的讨论交织在一起。

如前所述,《公约》将其保护范围扩展到某些特定情况下的宗教社群,即使有国家批评说,扩展到"有文件记录的"宗教——它们将信仰、神学和权利行动原则与更广泛的社会实践分开,超出了消除种族歧视委员会的职权范围。[268] 虽然 P. S. N. 案[269]和 A. W. R. A. P. 案[270]对于针对宗教社群(并不与族裔社群一致)的言论设定了界线,但第 35 号一般性建议仍然因为种族/宗教的交叉情况而触及"仇视伊斯兰教的现象"和"族裔—宗教群体"。[271]

对于那些试图打击"诋毁宗教"的人来说,因为《公约》对法律要宣告的罪行的列举、它在传播思想方面的强硬立场、它对种族主义组织的持续敌意以及使《公约》之规定落到实处的不懈要求,《公约》表面上提供了一种有吸引力的模式。吸引人的部分原因是该条可能具有的清晰性和抗渗性,但这一立场受到了消除种族歧视委员会最近实践的挑战。针对诋毁的决议中概述的敌意言论的范围包括比通常在民法"侵权"的意义上理解的"诋毁"更具侵略性的行为。[272] 然而,它确实包括委员会实践中令人熟悉的要素,如传播、煽动、刻板印象、样貌定性和污名化。委员会赞成宽容教育并提倡宗教之间和宗教之内[273]、文化之间[274]、政府与族裔或土著群体之间[275]、政府与宗教群体之间[276]对话的精神,这同样不应在这些决议设想的背景下被遗忘。

---

[268]　见伊朗对委员会对其第十六次、第十七次定期报告的结论性意见的评论,A/58/18,Annex Ⅶ。

[269]　*P. S. N. v Denmark*,CERD/C/711/D/36/2006(2007)。

[270]　*A. W. R. A. P. v Denmark*,CERD/C/71/D/37/2006(2007)。

[271]　第 35 号一般性建议第 6 段。

[272]　破坏名誉在某些法律制度中被当作一种犯罪,例如被规定为刑事诽谤。有关这样的法律制度的分布"地图",见<http://www. Article19. org/advocacy/defamationmap/map/>。

[273]　委员会的结论性意见:罗马教廷,CERD/C/304/Add. 89,para. 6。

[274]　委员会的结论性意见:圭亚那,CERD/C/GUY/CO/14,para. 22。

[275]　例如,包括在委员会对以下国家的决定和结论性意见中:新西兰,CERD/C/DEC/NZL/1,para. 7;加拿大,CERD/C/CAN/CO/18,para. 6。

[276]　委员会在对比利时的结论性意见中,欢迎选举一个代表穆斯林社群的机构,以期与公共当局保持和开展对话:CERD/C/60/CO/2,para. 9。委员会在对德国的结论性意见中,欢迎"设立伊斯兰会议作为一种论坛,其中生活在德国的穆斯林社群……的代表与德国当局代表会晤,目的是确立持续的对话,以解决仇视伊斯兰教的倾向,并讨论相关的政策应对措施":CERD/C/DEU/CO/18,para. 13。

这些决议中"诋毁"的范围与第 4 条的范围大致相同,但有一个主要的不匹配领域,即受到有关保护的主体。[277] 这些决议虽然提到宗教、宗教信徒、某些族裔和宗教背景的人、少数群体、宗教的拥护者等,但保护"宗教"仍然是主要关注点。讨论社群与讨论社群的信仰和践行之间的区别可能很微妙。[278]《公约》的中心是保护个人和社群,使人有能力维持他们认为与其身份特性不可分割的准则和信仰。这不等同于肯定这些可能相互竞争和矛盾的准则本身的真实性。[279] 第 35 号一般性建议援引人权事务委员会第 34 号一般性意见,请其所针对者铭记,"'批评宗教领袖或评论宗教教义和信仰原则'不应受到禁止或惩罚"。[280] 人权理事会第 16/18 号决议将重点从诋毁宗教转向打击宗教不容忍和歧视、煽动暴力和由于某些人的宗教信仰而针对他们的暴力,[281] 但勒纳指出,"诋毁和煽动之间的界线难以确定"。[282] 他的观点主要集中在《公民及政治权利国际公约》第 20 条上;关于"诋毁宗教",他提到的困难对于消除种族歧视委员会来说更加复杂,因为它主要关注种族而不是宗教。

---

[277] 对诽谤概念最根本的批评是"宗教根本没有不受到批评的'权利'本身":T. McGonagle, *Minority Rights*, *Freedom of Expression and of the Media*: *Dynamics and Dilemmas*(Intersentia, 2011), p. 365。

[278] 这可以解释为对某一社群的种族主义攻击本身,以声称或暗示其支持反人权做法:*Gelle v Denmark*, para. 7. 4。

[279] Waldron, *The Harm in Hate Speech*, p. 133:"一个群体成员的公民尊严与他们信仰的地位是分开的"。

[280] 第 35 号一般性建议第 6 段。另见人权事务委员会第 34 号一般性意见第 48 段,其中称亵渎法不符合表达自由。比较:*I. A. v Turkey* App. No. 2560/94/(2002), paras 29 and 32, commentary in T. McGonagle, 'An Ode to Contextualization: I. A. v Turkey', *Irish Human Rights Law Review* 1(2010), 237-251。

[281] 人权理事会:《打击基于宗教或信仰原因对他人不容忍、进行丑化和侮辱及歧视的行为,以及煽动暴力和暴力侵害他人的行为》,2011 年 4 月 12 日,A/HRC/RES/16/18;S. Berry, 'Is Defamation of Religions Passé?', *George Washington International Law Review* 44(2012), 431 – 539;L. B. Graham, 'Defamation of Religions: The End of Pluralism', *Emory Journal of International Law* 23(2009), 69-84;L. Langer, 'The Rise (and Fall?) of Defamation of Religions', *Yale Journal of International Law* 35(2010), 257-533;S. Parmar, 'Uprooting "Defamation of Religions" and Planting a New Approach to Freedom of Expression at the United Nations', in T. McGonagle and Y. Donders (eds), *The United Nations and Freedom of Expression and Information*(Cambridge University Press, 2015), pp. 373-427。对于包括"诋毁宗教"在内的问题的广泛讨论,见 I. Cismas, *Religious Actors and International Law*(Oxford University Press, 2014)。

[282] N. Lerner, 'Freedom of Expression and Advocacy of Group Hatred, Incitement to Hate Crimes and Religious Hatred', *Religion and Human Rights* 5(2010), 137-145, 143.

第十二章 第5条：简介和起草

第5条

缔约国依本公约第一条所规定之基本义务承诺禁止并消除一切形式种族歧视，保证人人有不分种族、肤色、或原属国或民族本源在法律上一律平等之权，尤得享受下列权利：

（子）在法庭上及其他一切司法裁判机关中平等待遇之权；

（丑）人身安全及国家保护之权以防强暴或身体上之伤害，不问其为政府官员所加抑为任何私人、团体或机关所加；

（寅）政治权利，其尤著者为依据普遍平等投票权参与选举——选举与竞选——参加政府以及参加处理任何等级之公务与同等服公务之权利；

（卯）其他公民权利，其尤著者为：

（i）在国境内自由迁徙及居住之权；

（ii）有权离去任何国家，连其本国在内，并有权归返其本国；

（iii）享有国籍之权；

（iv）缔结婚姻及选择配偶之权；

（v）单独占有及与他人合有财产之权；

（vi）继承权；

（vii）思想、良心与宗教自由之权；

（viii）主张及表达自由之权；

（ix）和平集会及结社自由之权；

（辰）经济、社会及文化权利，其尤著者为：

> （i） 工作、自由选择职业、享受公平优裕之工作条件、免于
> 失业之保障、同工同酬、获得公平优裕报酬之权；
>
> （ii） 组织与参加工会之权；
>
> （iii） 住宅权；
>
> （iv） 享受公共卫生、医药照顾、社会保障及社会服务之权；
>
> （v） 享受教育与训练之权；
>
> （vi） 平等参加文化活动之权；

（巳） 进入或利用任何供公众使用之地方或服务之权，如交通工具、旅馆、餐馆、咖啡馆、戏院、公园等。

首先需要介绍如何组织对第5条的评注。鉴于《消除种族歧视公约》第5条的篇幅和复杂性，本章和以下各章不同于对《公约》各条的一般表现方式。本章简要介绍第5条、其准备工作、对该条的保留以及消除种族歧视委员会《具体报告准则》中关于第5条的准则的一般方面，随后的第十三章和第十四章依次评注该条的各项和各目。对每一项或每一目的讨论都包括对相关的背景性国际标准的简要、概略说明，然后是经适当选择的、突出说明委员会在适用有关权利方面的主要关切的实践。这几章并不旨在深入探讨《公约》之外人权实践的背景方面。第十五章以《公约》第5条的准备工作、文本和委员会的实践情况为出发点，反思了第十二章和第十三章所强调的歧视证据，并对解释第5条作出了批评性评论。

一　导言

第5条是《公约》的主力军，也是实质性各条中最长的一条。它包含一套复杂的义务，即禁止和消除一切形式的种族歧视，并保证以非歧视为基础的法律上的平等。平等保证适用于享有一系列广泛的、开放的权利——这体现在"尤得享受下列权利"的提法中；因此，其他未指名的权利也受其保护。第5条对权利的明确指名在《公约》中是独一无二的。《公约》序言和其他各条笼统地提及人权、权利和自由，或者人权和基本自由，而第5条指

出了第 1 条提及之权利和自由的含义，并明确了其与第 2 条相联系。正如奥斯陆犹太人社团等诉挪威案所表明的那样，第 5 条并不是《公约》中援用权利观念的唯一一条，虽然《公约》的特色是其要消除种族歧视的义务和承诺的框架，以及通过谴责、保证和禁止的语言来实现这些目标[1]——本评注中的讨论详细阐述了《公约》权利框架的整体情况，特别是与第 2、4、6 和 7 条有关的情况。

第 5 条没有仿效《消除种族歧视宣言》的风格，后者没有载列关于权利的单独一条，而是将有限的一系列权利分散在若干条中。[2] 同样，第 5 条虽然循着《世界人权宣言》的轮廓和灵感，但不是它的复印本，而是集中于对要受到不受歧视之保护的权利的积极声明，这些权利包括《世界人权宣言》中没有的权利，例如继承权以及进入或利用任何供公众使用之地方的权利。[3] 最后提到的这项权利源于对种族隔离时代分隔公共设施的做法的反应，对于一项在反对种族分隔的国际和国内行动的光芒下制定的公约具有特别的共鸣性；对婚姻权利中歧视的象征性禁止同样令人忆及反异族通婚法规的历史。[4] 这样一些政府制度的要素——致力于种族上专属性和排他性的政治以及种族上分隔的住房和教育——同样受到第 5 条的平等/非歧视批判。该条的文本论述范围通过一个更黑暗的透镜体现了《世界人权宣言》关于人权相互依存和不可分割的原则，因为对不同权利的具有歧视性的否认相互交叉和加强，造成人权侵犯的螺旋式下降。

第 5 条中的权利清单涵盖了权利的所有主要"类别"：公民、政治、经济、社会和文化权利。每一项权利都以简洁的形式被提出，而没有像在《世界人权宣言》本身、《消除对妇女歧视公约》和其他人权文书中见到的那样，得到进一步阐述。第 5 条所载的权利是用简约和松散的语言制定的，这

308

1　*Jewish Community of Oslo et al. v Norway*，CERD/C/67/D/30/2003（2005），para. 10.6，见本书第十一章的讨论。

2　N. Lerner，*Group Rights and Discrimination in International Law*（Martinus Nijhoff, 1991），pp. 55-56.

3　《消除种族歧视宣言》第 3 条第 2 款规定，人人应"不分种族、肤色或族源（ethnic origin），皆有利用任何供公众使用之地方或便利之平等机会"。

4　见本书第十章对第 3 条的讨论。

使得该条的解释和适用几乎不可避免地会受到与之存在有机联系的更广泛国际人权准则的发展的影响。这些权利，是描述性的而非界定性的，没有见于大多数其他人权文书的对于限制或限定条款的详细规定以及对于可予允许和不得允许的减免的具体细节。它们也是开放的，这一特点给消除种族歧视委员会这一监督机构带来了持续的挑战，即哪一版本的权利受到根据《公约》进行的严格评估。

进一步的解释复杂性来自该条范围内文本界限的模糊，以及与《公约》其他要素的重叠和差异。消除种族歧视委员会的意见、决定和结论性意见经常将第 5 条与其他条款结合或合并，因此，即使在一款或一项的基础上对实践作严格的个别化分析，也可能无法完全确定其含义的范围。

虽然消除种族歧视委员会的做法可能没有阐明第 5 条所明确或隐含的权利的每一个角落，但它起到的作用是，通过其种族歧视的衡量标准，突出对个人和社群造成严重人权损害的领域。一种查明歧视在何处产生影响的做法有助于阐明一般人权的重要方面，揭露种族歧视的面目，并证明其对人类事务的有害影响。

二　准备工作

小组委员会收到的阿布拉姆文本注重采取有效措施、必要步骤等，确保平等进入或利用"任何供公众使用之地方或设施"，并禁止其中的种族歧视；防止"在享有政治和公民身份权利（citizenship rights）方面"的种族歧视，这些权利包括"通过普遍平等投票权参与选举以及同等服公务*"；确保"其管辖范围内的所有人在法律上一律平等和享有法律规定之平等公正的权利"，以及"人身安全及国家保护之权以防强暴或身体上之伤害，不问其为

---

　　*　在《公约》英文本中，与"公务"对应的用词为"public service"，亦可理解为公职（参见《公民及政治权利国际公约》作准中文本第 25 条），本中译本视情况将该词译为"公职"，将"access to public service"译为"担任公职"。

政府官员所加抑为任何私人、团体或机关所加"。[5]

卡尔沃克雷西文本则关注法律上的平等、人身安全不受伤害、平等进入公共场所、参加选举和担任公职的资格。[6] 伊万诺夫和克钦斯基文本包括广泛的权利：以类似于卡尔沃克雷西和阿布拉姆的方式吸收了政治参与的公民权利、法律上的平等以及进入公共场所的权利，增加了反对婚姻权、"准予和享受组织和参加工会的权利"中的歧视的规定以及在"经济权利"领域不承认种族歧视的规定。这里的"经济权利"包括"就业和同工同酬的权利"、教育和培训、住房、健康以及社会保障方面的权利。[7]

小组委员会工作组提交了一份案文，从中可以窥见《公约》第 5 条的最终结构和内容，[8] 其帽段提到承诺不承认——并消除[9]——"尤其在享受下列权利方面"的种族歧视；随后是一份未穷尽的清单。小组委员会委员辩论的一点是应该有一份取自《世界人权宣言》的权利清单，还是应该有一项一般性的公式，因为有些委员建议，如果通过一份清单，遗漏某项特定权利可能会导致误解。[10] 不过，在克钦斯基看来，"没有理由担心，如果《世界人权宣言》中的所有权利……并没有被列入，《公约》的范围可能就会缩小……；序言部分……非常清楚地表明……《公约》的规定适用于《世界人权宣言》中规定的所有权利"。[11] 工作组的该案文将其他草案中的平等、安全和进入条款与一系列公民权利——包括思想、良心、宗教自由，意见和表达自由，国籍权——以及经济、社会和文化权利相结合，并给伊万诺夫和克钦斯基的清

309

5　E/CN. 4/Sub. 2/308, extracted in E/CN. 4/873, para. 85.

6　E/CN. 4/Sub. 2/L. 309.

7　E/CN. 4/Sub. 2/L. 334 克里什纳斯瓦米提交了对阿布拉姆文本的修正案（E/CN. 4/Sub. 2/L. 310），其中包括一项复合规定："每一国家应防止在公民权利，获得公民身份、教育、宗教、就业、职业和住房等领域的种族歧视。"

8　E/CN. 4/Sub. 2/L. 334.

9　关于不"允许"种族歧视和不"承认"种族歧视之间的区别，有相当多的讨论。卡波托蒂认为，"消除"同时包括两个术语：E/CN. 4/Sub. 2/SR. 423, p. 4。

10　弗格森认为，"列举这些权利是危险的，因为担心会遗漏其中某些权利"（Ferguson, *ibid.*, p. 4），他更倾向于采用卡波托蒂的公式，因为该条草案的一部分内容提出，该条应提及"在享有《世界人权宣言》所规定的公民、经济、社会和文化权利方面"消除种族歧视。

11　*Ibid.*, pp. 4–5.

单增加了"平等参加文化活动"的内容。[12] 伊万诺夫曾提出一项意义深远、富有创新性的建议,即在工作组案文有关"治理"的要素中添加"人口中的种族、民族和族裔群体真正平等地参与立法和行政机关的工作的权利",但这一提议后来被撤回。[13] 小组委员会委员弗格森反对这一提议,认为添加群体权利可能会造成严重困难,"有关权利来自某一群体之成员的身份而不是个人成员的性质本身",因此"该提议偏离了个人权利,可能导致相反的歧视"。[14]

310

因此,人权委员会面前的案文如下:

> 缔约国依第二条所规定之基本义务承诺禁止并消除一切形式种族歧视,尤其在享受下列权利方面:
>
> (子)在法律上一律平等和享有法律规定之平等公正的权利;
>
> (丑)人身安全及国家保护之权以防强暴或身体上之伤害,不问其为政府官员所加抑为任何私人、团体或机关所加;
>
> (寅)政治权利,其尤著者为通过普遍平等投票权参与选举、参加政府以及参加处理任何等级之公务与同等服公务之权利;
>
> (卯)其他公民权利,其尤著者为:
>
> (i)在国境内自由迁徙及居住之权;
>
> (ii)有权离去任何国家,连其本国在内,并有权归返其本国;
>
> (iii)享有国籍之权;
>
> (iv)缔结婚姻之权;
>
> (v)单独占有及与他人合有财产之权;
>
> (vi)思想、良心与宗教自由之权;

---

12 工作组草案将政治权利解释为"准予本国任何人"。萨里奥提议删除"准予"一词,主席圣克鲁斯支持这一提议,声称"'准予'并不令人满意,因为它似乎意味着这些权利实际上是必须授予的后天获得的权利"(E/CN.4/ Sub. 2/SR. 424, p. 5)。穆达维建议,所讨论的有关政治权利的一款"有必要有一个限制条款,明确在东道国的外国人不能利用有关规定"(Mudawi, *ibid.*)。

13 E/CN. 4/Sub. 2/L. 335. 除其他反对意见外,卡尔沃克雷西认为,"通过引入群体权利的概念,该提议可能会导致小组委员会进行长期辩论"(E/CN. 4/Sub. 2/SR. 423, p. 7)。在撤回这项提议时,伊万诺夫仍然认为,"这些群体有权参加立法和行政机关的工作"(E/CN. 4/Sub. 2/SR. 424, p. 6)。

14 E/CN. 4/Sub. 2/SR. 423, p. 7.

   （vii）主张及表达自由之权；

   （viii）和平集会及结社自由之权；

  （辰）经济、社会及文化权利，其尤著者为：

   （i）工作、自由选择职业、享受公平优裕之工作条件、免于失业之保障、同工同酬、获得公平优裕报酬之权；

   （ii）组织与参加工会之权；

   （iii）住宅；

   （iv）公共卫生、医药照顾、社会保障及社会服务；

   （v）教育与训练；

   （vi）平等参加文化活动；

  （巳）进入或利用任何供公众使用之地方或服务，如交通工具、旅馆、餐馆、咖啡馆、戏院、公园等。

  人权委员会第 796 次至第 800 次会议讨论了第 5 条。人权委员会中的普遍共识是，该条的结构令人满意，[15] 尽管有些代表倾向于用一般性的表述，而不是一份详细的权利清单。[16] 人权委员会的报告概述了讨论情况："《世界人权宣言》宣布的许多权利未被列入。但是，权利清单前面的'尤其'一词意味着选择的是一些应当予以特别注意的权利。另一方面，据称，这一选择范围之广，足以使这一做法无效。"[17] 荷兰代表提到了一些代表团遇到的困难，认为这些困难的出现"主要是由于这些国家的国内立法未能使它们充分保障所列举的权利……但该条的目的不是要宣布……所宣示的权利必须得到充分尊重，而仅仅是禁止与其享受有关的种族歧视"。[18]

311

---

 15 菲律宾代表的意见是，"虽然该清单没有涵盖《世界人权宣言》所载的所有权利，但第 5 条仍然提到了因种族主义而最常遭难的所有权利"（E/CN.4/SR.796, p.9）。

 16 意大利代表赞同一些代表团的观点，特别是丹麦、法国和英国代表团的观点，并"倾向于一份更简短、更宽泛的约文"；列举若干权利具有遗漏重要权利和糟糕地界定其他权利的双重风险（ibid., p.12）。该代表建议，"委员会应扪心自问，是否有任何社会生活领域，例如（巳）项所述的领域，没有得到现有国际文书针对种族歧视的充分保护，因此应采取特别措施保护它们"（ibid.）。

 17 Commission on Human Rights, report on the twentieth session, E/CN.4/874, para.200. 英国代表认为，"不幸的是，在这么长的权利目录中……只有 10 项《世界人权宣言》宣布的权利被排除在外。这当然不是很好的起草工作"（E/CN.4/SR.797, p.3）。

 18 E/CN.4/SR.796, p.15.

在导言段中，波兰（法国加入）提议在"一切形式种族歧视"之后加上"保证人人有不分种族、肤色或族裔本源在法律上一律平等之权"的用语。[19] 赞成波兰所提案文的一个主要论点是，在导言段列入法律上平等的权利是适当的，因为这一权利，

> 是一项一般原则，其他人权仅起到说明作用；在行使其他各款项所载权利方面重要的一点是，不应存在法律上的不平等。因此，最好在这些其他权利之前声明该项一般原则，这些权利是重要例证，但绝非详尽列举。[20]

在处理波兰的提案时，第一个版本中的"公民"[21] 一词被改为"人人"[22]。对于（子）项，波兰提议将其重新起草为"[享受]法律规定之平等公正的权利"，[23] 这随后被法国、意大利和波兰的一项联合修正案取代，即经口头修订，[24] 改为"[享受]在法庭上及其他一切司法裁判机关中平等待遇之权"；[25] 修订后的该项保留在《公约》文本中。小组委员会案文和波兰修正案中使用的表述"法律规定之平等公正"最终被认为过于含糊。一项提及"在法院前的平等待遇"的提议也引起了疑虑，而最终的被接受的措辞"法庭上及其他一切司法裁判机关中"旨在扩大《公约》的范围，以既包括在法院也包括例如在行政机构前的平等。[26] 波兰的在（卯）项加入"继承权"

19　E/CN. 4/L. 699，E/CN. 4/L. 699/Rev. 1，E/CN. 4/874，paras 192-195.

20　波兰立场的摘要载于 E/CN. 4/SR. 796，pp. 6-7。

21　E/CN. 4/L. 699.

22　黎巴嫩代表的意见是，"《公约》要有效，它不仅必须保护公民，而且必须保护外国人和非公民不受种族歧视"（E/CN. 4/SR. 796，p. 9）。另一方面，意大利认为，"公民"一词对于涉及政治权利的（寅）项是恰当的（ibid.，p. 11）。《公约》关于公民身份的规定主要在本书第七章讨论。

23　E/CN. 4/L. 699 and E/CN. 4/699/Rev. 1.

24　E/CN. 4/L. 708.

25　E/CN. 4/874，para. 198.

26　Ibid.，para. 207. 经修正的（子）项获得一致通过。该案文的一度包括"法律规定之平等公正"（droit a une justice egale devant la loi）的措辞的法文本受到意大利的批评，"因为公正要么是平等的，要么就不是公正的"（E/CN. 4/ SR. 798，p. 11）。关于法庭和国家机构的进一步讨论，见本书关于第6条的第十六章。

的修正案以 19 票赞成、0 票反对、2 票弃权获得通过。[27]

法国对第 5 条投了赞成票，但同时在解释投票时认为，该条所列清单 312 "不一定涉及严格意义上的权利"。法国代表声称，以（辰）项为例，"在法国法中并无对应词语的住房权（*droit au logement*）一词显然必须以相当大的自由度解释"。[28] 意大利认为在（卯）项中，在列举政治权利之后，在"公民权利"之前使用"其他"一词是不适当的；意大利也难以接受国籍权，建议代之以"诸如'在获得公民身份的条件方面平等'之类的表述"。[29]

第三委员会面前的案文如下：

缔约国依本公约第二条所规定之基本义务承诺禁止并消除一切形式种族歧视，保证人人有不分种族、肤色或族裔本源在法律上一律平等之权，尤得享受下列权利：

（子）在法庭上及其他一切司法裁判机关中平等待遇之权；

（丑）人身安全及国家保护之权以防强暴或身体上之伤害，不问其为政府官员所加抑为任何私人、团体或机关所加；

（寅）政治权利，其尤著者为通过普遍平等投票权参与选举、参加政府以及参加处理任何等级之公务与同等服公务之权利；

（卯）其他公民权利，其尤著者为：

（i）在国境内自由迁徙及居住之权；

（ii）有权离去任何国家，连其本国在内，并有权归返其本国；

（iii）享有国籍之权；

（iv）缔结婚姻之权；

（v）单独占有及与他人合有财产之权；

（vi）继承权；

（vii）思想、良心与宗教自由之权；

27　E/CN.4/874, paras 199 and 211. 英国在对继承权的投票中弃权，因为据其代表说，进一步扩大权利清单是不可取的，而且"列入这项权利是没有道理的，因为在继承问题上，基于肤色或种族的歧视肯定极为罕见"（E/CN.4/SR. 800, p.4）。

28　*Ibid.*，p. 4. 关于住房权的讨论见本书第十章和第十四章。

29　*Ibid.*

（viii）主张及表达自由之权；

（ix）和平集会及结社自由之权；

（辰）经济、社会及文化权利，其尤著者为：

（i）工作、自由选择职业、享受公平优裕之工作条件、免于失业之保障、同工同酬、获得公平优裕报酬之权；

（ii）组织与参加工会之权；

（iii）住宅权；

（iv）享受公共卫生、医药照顾、社会保障及社会服务之权；

（v）享受教育与训练之权；

（vi）平等参加文化活动之权；

（巳）进入或利用任何供公众使用之地方或服务之权，如交通工具、旅馆、餐馆、咖啡馆、戏院、公园等。[30]

在联大第三委员会中，对第 5 条草案提出的修正案相对较少。加纳代表指出，"《公约》的意图在于消除种族歧视，而不是准予在某些国家可能未获承认的权利"[31]。捷克斯洛伐克代表试图协调第 5 条帽段的措辞与第 1 条，即以口头方式提议在"或族裔本源"之前加上"世系、民族［本源］"。[32] 奥地利代表请求"不要坚持在导言段中列入'世系'一词"，[33] 捷克斯洛伐克予以接受，[34] 而"民族［本源］"则得以保留。简要记录没有说明撤回提及"世系"的理由。这一省略的结果是，第 5 条中的禁止歧视理由清单比第 1 条短。虽然印度曾担心将"人人"列入帽段"可能会被视为包括公民以及非公民"，但让该代表心安的是"第 1 条中这样的规定，即《公约》不适用于缔约国对公民和非公民所作的区别"。[35] 在讨论过程中，根据保加利亚的建议，（寅）项中参加选举的权利得到详细阐述，列入了"选举与竞

313

30　A/6181, para. 76. 在（巳）项中出现的"咖啡馆"是单数（café）而非复数（cafés）。

31　A/C. 3/SR. 1306, para. 16.

32　A/C. 3/SR. 1309, para. 3.

33　Ibid., para. 4.

34　Ibid., para. 5.

35　Ibid., para. 2. 见本书第六章和第七章的讨论。

选"；[36] 婚姻权则被澄清为包括选择配偶的权利。[37]

人权委员会案文中平等参加文化活动的权利引起了毛里塔尼亚、尼日利亚和乌干达的一项（被否决的）[38] 提议——将其改为"组织文化协会和参加各种文化活动的平等权利"。[39] 该提议引起了评论，大意是提及文化协会"忽略了每个人通过组织以外的其他方式参加文化活动的权利"，[40] 以及这种提法"引入了一个集体概念"，而现有的措辞指向个人权利。[41] 玻利维亚代表补充说，应注意确保关于文化协会的条款"不具有限制个人参加现有文化活动的权利的效果"。[42] 印度代表指出，个人参加文化活动的权利和组织文化协会的权利之间存在着真实差别，修正案提议国的意见应当得到考虑。[43] 最终，人权委员会关于文化参与的原始文本得以保留。

第 5 条的约文作为整体获得一致通过。[44] 鉴于该条经常被解读为没有创造权利，而只是禁止在享受权利方面的歧视，加拿大代表的评论，即该条"试图既准予某些权利，又保证在行使这些权利时不受歧视"，有其道理。[45]

314

36　A/6181，para. 80，以 86 票赞成、0 票反对、10 票弃权通过。法国代表指出，"参加选举的权利和选举的权利不完全相同，而且……参加选举而不实际选举任何人也是可能的"（A/C. 3/SR. 1308，para. 61）。

37　A/6181，para. 82，以 90 票赞成、0 票反对、3 票弃权通过。加纳代表解释说，选择配偶的提法应当得到支持，因为"有些国家的法律禁止异族通婚"（A/C. 3/SR. 1306，para. 16）。本书关于第 3 条的第十章提到了对异族婚姻的限制。

38　A/6181，para. 84，以 33 票赞成、37 票反对、24 票弃权的微弱差距被否决。

39　A/C. 3/L. 1225，A/6181，para. 83.

40　A/C. 3/SR. 1309，para. 16（Italy）。

41　*Ibid.*，para. 18（Chile）。阿根廷代表辩称，无论如何，结社自由权已经涵盖了文化结社权（*ibid.*，para. 19）。利比里亚代表认为该修正案是多余的，因为"参加的概念包括组织"（*ibid.*，para. 21）。

42　*Ibid.*，para. 24.

43　*Ibid.*，para. 22.

44　A/6181，para. 84.

45　A/C. 3/SR. 1309，para. 6. 该代表还认为，"法律上一律平等"的措辞有限，回顾了罗马尼亚对《公约》序言的修正案（A/C. 3/L. 1219）中的提法——"法律上一律平等并有权享受法律之平等保护"，即出现在《公约》最后文本中的版本。

三 实践

（一）保留和声明

第 5 条尽管涉及面很广，但引起的保留极少。美国所提保留——拒绝《公约》规范私人行为，但 "美国宪法和法律规定的除外" ——包括第 5 条和其他几条。[46] 也门维持着一项对第 5 条（寅）项以及（卯）项（iv）目、（vi）目和（vii）目的遭到许多反对的保留[47]（包括芬兰的长篇反对[48]）。同对其他保留的情况一样，消除种族歧视委员会请缔约国考虑撤销这些保留。[49]

（二）《具体报告准则》的一般部分

消除种族歧视委员会的《具体报告准则》中关于第 5 条的准则总体上比其他实质性条款的准则更为详细，[50] 要求缔约国提供（甲）与特定权利有关的分类信息，以及（乙）按受害者或潜在受害者群体分类的信息。[51] 就妇女的情况，各缔约国需要 "尽量从定量和定性的角度描述，在确保妇女……平等享受《公约》规定的权利方面，存在的影响因素和遇到的困难"。[52] 因此，它们还应注意 "复杂的处境不利形式，其中种族歧视与其他歧视原因混在一起"，《具体报告准则》在这一方面提到了基于年龄、性和性别（sex and gender）、宗教、残疾和低下经济地位的歧视。[53] 《具体报告准则》有关第 5

46　斐济于 2012 年撤回了一项关于选举和土地转让的复杂保留；汤加也撤回了对第 5 条的保留。

47　对《公约》的保留和反对等，载于 < https://treaties. un. org/Pages/ViewDetails. aspx? src = treaty&mtdsg_ no = iv-2&chapter = 4&lang = en>。

48　见本书第十八章关于第 20 条规定的保留事项的评注。

49　委员会对也门的结论性意见提出，该国对第 5 条的保留的 "效果是忽视了《公约》的核心宗旨和目标"：CERD/C/YEM/ CO/17-18，para. 13（2011）。

50　CERD/C/2007/1，pp. 8-13.

51　*Ibid.*，pp. 12-13. 第 12 页 A 段提到了难民、流离失所者、非公民（包括移民、难民、寻求庇护者和无国籍者）、土著民族、少数群体（包括罗姆人）和基于世系的社群。

52　*Ibid.*，p. 12，para. A.

53　*Ibid.*，p. 13，para. B.

条的部分最后建议，"如果没有关于享受这些权利的量化数据，缔约国仍应提供从社会调查中得出的相关资料，并报告处境不利群体的代表的意见"。[54]以下有关具体权利的两章概述了《具体报告准则》的其他方面。

54　*Ibid.*，p. 13，para. C.

第十三章　第 5 条：公民权利和政治权利

315　　《消除种族歧视公约》第 5 条中的前三组权利没有置于"公民的"或
"公民的和政治的"的标题之下；不过，（卯）项在提及"其他公民权利"
时，表明了适当的命名方式。

一　帽段

根据第 5 条的帽段，《公约》缔约国承诺"禁止并消除一切形式种族歧
视，保证人人有不分种族、肤色、或原属国或民族本源在法律上一律平等之
权"。贯穿本书，都提到了有关平等和不歧视的国际标准。从《世界人权宣
言》开始，《经济社会文化权利国际公约》和《公民及政治权利国际公约》
的具体规定、《消除对妇女歧视公约》的实质性条款以及序言，都提到了平
等；平等的概念同样融入了《残疾人权利公约》。[1] 这些标准在区域文书中
得到复制和发展，包括《非洲人权和民族权宪章》《美洲人权公约》《阿拉
伯人权宪章》《欧洲人权公约》。[2]《美洲禁止种族主义公约》中对平等的阐
述是国际准则中较为广泛的，包括法律上的平等与"免受种族主义、种族歧
视和相关不容忍形式的平等保护"，[3] 以及人权和基本自由"在个人和集体

1　　另见《儿童权利公约》第 2 条和第 28 条，以及《移徙工人权利公约》中大约共 12 条的规
定。关于基本标准的更详细说明，见本书第六章。

2　　见本书第六章的文书清单。

3　　《美洲禁止种族主义公约》第 2 条。

两级"得到平等"承认、享受、行使和保护"的权利。[4] 有关消除种族歧视委员会通常关注的各种群体的专门文书，如国际劳工组织第 169 号公约、《联合国土著人民权利宣言》、《联合国少数人权利宣言》和欧洲理事会《保护少数民族框架公约》，也以平等和不歧视的概念为基础，正如对致力于促进自我认定的民族和社群的权利的文书可以期望的那样。

第 5 条帽段中的"法律上一律平等"可与《公约》其他部分中的措辞形成对比，例如序言中的"法律之平等保护"、第 1 条中的"平等地位"、第 2 条中的"完全并同等享受人权"以及其他提法，而且可能意味着对概念的某种缩小。德舒特评论说，"法律上一律平等"是"针对执行当局的"，[5] 无论是行政当局还是司法当局，而"法律之平等保护"是针对立法者的。[6] 另一方面，"法律上一律平等"的范围——其采用在一定程度上是为了掩盖"法律上的平等公正"据称的含糊不清，并没有得到很多讨论，而且似乎已被接受为一项不应作狭义解释的原则。[7] 实际上，"法律上一律平等"似乎没有被消除种族歧视委员会频繁强调，而且无论如何，表现的都只是第 5 条的平等观的一个方面，因为该条还阐述了"法庭上的平等""平等投票权""同等服公务之权利""同工同酬""平等参加文化活动"。一种解读是，在第 5 条中多次提及平等所可能表现的，只不过是同义反复的积累；另一种更具说服力的解读是，其平等信息牵涉更广泛、更宽松的含义，而不只是简单地关注司法制度。

在本书的其他地方已经有足够的内容强调一点，即消除种族歧视委员会在其关于第 5 条和其他条款的工作中，运用了对平等的广泛理解，总体上关注超越了形式上的原则声明的主动、积极的平等观念。委员会提到过平等主

316

---

[4]　《美洲禁止种族主义公约》第 3 条，另见第 10 条。

[5]　O. de Schutter, *International Human Rights Law* (Cambridge University Press, 2012), p. 577. "法律的平等保护"的措辞包含了"对基于所禁止理由的歧视的普遍禁止……只要歧视体现在法律中之时"；P. Thornberry, *International Law and the Rights of Minorities* (Clarendon Press, 1991), p. 285, 以及其中的参考资料。See also W. Vandenhole, *Non-Discrimination and Equality in the View of the UN Human Rights Treaty Bodies* (Intersentia, 2005), Chapter Ⅱ [henceforth *Non-Discrimination and Equality*].

[6]　Vandenhole, *Non-Discrimination and Equality*, p. 596. 参见《公民及政治权利国际公约》第 26 条。

[7]　见本书第十二章的讨论。

题的许多变体，包括"形式平等"、"事实上的平等"[8]、"权利平等"[9]、各群体"享受权利的平等"[10]、"有效平等"[11]、"平等和不歧视的价值"[12]、"种族平等"[13]、"妇女和女童平等"[14] 和"实质性平等"[15] 等。

与第 1 条相比，第 5 条帽段清单中的"理由"从 5 个减为 4 个，省略了"世系"，这一省略并没有妨碍消除种族歧视委员会将第 5 条的框架适用于基于世系的群体，或基于交叉性适用于其他群体。关于基于世系的歧视的第 29 号一般性建议列举了从第 5 条中抽取的，对有关群体具有特别影响的一系列公民、政治、经济、社会和文化权利。[16] 如本书第十二章所述，第 5 条的起草记录没有表明从理由清单中删去"世系"的原因。第 5 条还使用了"区别"而不是"歧视"，而"区别"只是第 1 条列举的歧视类型中的一个。[17] 实践中，"歧视"和"区别"被当作可以互换的：关于"权利和自由之非歧视性落实"的第 20 号一般性建议仅提到了各国根据第 5 条承担的保障权利之享受"不受种族歧视"的义务。[18]

二　第 5 条（子）项

第 5 条（子）项规定了"在法庭上及其他一切司法裁判机关中的平等待

8　第 32 号一般性建议第 6 段。更多讨论见本书第六章、第七章和第九章。

9　委员会的结论性意见：玻利维亚，CERD/C/BOL/CO/17-20，para. 14；危地马拉，CERD/C/GTM/CO/12-13，para. 5。

10　委员会的结论性意见：老挝，CERD/C/LAO/CO/16-20，para. 15（性别平等）；葡萄牙，CERD/C/PRT/CO/12-14，para. 18（性别平等）；阿联酋，CERD/C/ARE/CO/17，para. 11（公民与非公民之间的平等）。

11　委员会的结论性意见：塞尔维亚，CERD/C/SRB/CO/1，para. 16（罗姆人、阿什卡利人和埃及人）。

12　委员会的结论性意见：摩尔多瓦，CERD/C/MDA/CO/8-9，para. 17。

13　委员会的结论性意见：乌拉圭，CERD/C/URU/CO/16-20，para. 16。

14　委员会的结论性意见：捷克共和国，CERD/C/CZE/CO/8-9，para. 18。

15　委员会的结论性意见：毛里求斯，CERD/C/MUS/CO/15-19，para. 14。旨在实现实质性平等的特别措施另见第 32 号一般性建议第 6 段。

16　见本书第六章。

17　见本书第六章。

18　第 20 号一般性建议第 1 段。

遇"的权利。消除种族歧视委员会的《具体报告准则》中关于第 5 条（子）项的准则要求缔约国提供资料，说明为确保打击恐怖主义的行动不涉及种族歧视以及个人"不受种族或族裔样貌定性或刻板印象的影响"而采取的措施。[19] 这一要求附加说明了委员会 2002 年有关种族歧视与打击恐怖主义措施的声明，其中除其他外指出，应遵守不歧视原则，"特别是就有关人的自由、安全和尊严，法院前的平等和正当法律程序的事项，以及在这些领域中司法和警察事务方面的国际合作"。[20]

公正审判的背景标准包括《世界人权宣言》第 10 条和第 11 条、《公民及政治权利国际公约》第 14 条以及许多联合国人权条约，包括《禁止酷刑公约》[21]、《儿童权利公约》[22]、《移徙工人权利公约》[23]、《残疾人权利公约》[24] 及主要的区域人权条约。[25] 这些标准得到人权事务委员会的第 32 号一般性意见等的丰富，并被视为具有强行法性质；就《公民及政治权利国际公约》规定的可克减性而言，公正审判的标准尽管没有被明确列为不可克减的，但"为那些明确列出的规范确立了保障……例如生命权和禁止酷刑"。[26] 在平等方面，沙阿总结了《公民及政治权利国际公约》之下的源自第 26 条并暗示平等诉诸法院、诉讼手段平等和受到不歧视待遇的权利的类似情况。[27]

消除种族歧视委员会自其成立以来，就为司法制度中的种族差异操透了

---

[19]　CERD/C/2007/1.《具体报告准则》关于第 5 条（a）项的准则还要求各缔约国确保对种族歧视的指控得到彻底调查，对公职人员的申诉受到独立和有效的审查，以及第 31 号一般性建议得到执行。

[20]　A/57/18, Chapter XI. C, para. 6.

[21]　第 15 条。

[22]　第 40 条。

[23]　第 18 条。

[24]　第 13 条。

[25]　更完整的清单见 S. Shah, 'Detention and Trial', in D. Moeckli, S. Shah, and S. Sivakumaran (eds), *International Human Rights Law* (2nd edn, Oxford University Press, 2014), pp. 259 - 285, pp. 270-271。

[26]　*Ibid.*, p. 271.

[27]　*Ibid.*, p. 273.

318 心，存在差异的方面包括判刑[28]、死刑[29]、年轻罪犯的待遇、贫穷被告的困境[30]、结构性歧视造成的监狱系统中少数群体成员的人数过多[31]等。司法制度的种族化问题不仅限于刑事司法工作，而且扩展到民事司法工作和司法工作的其他领域，尽管委员会给予审判刑事案件的法庭更大的空间。可以忆及，第 35 号一般性建议说明了司法制度中独立、公正无私和知情的司法机构的重要性；[32] 在打击种族主义仇恨言论的背景下提出的这一建议可适用于处理种族歧视问题所需的各种权利和机构。

消除种族歧视委员会 2005 年通过的关于刑事司法制度中种族歧视问题的第 31 号一般性建议代表了委员会对司法问题最广泛的处理意见。[33] 该建议涉及第 5 条，但也涉及第 1 条和第 6 条，并呼吁铭记委员会的其他一般性建议[34]和一系列人权文书。[35] 除了倡导在司法制度中处理种族主义的立法和政策战略外，该建议还概述了一系列应在各个阶段采取的重要步骤，从诉诸法律和司法、报告种族主义事件、启动司法程序、逮捕和拘留，直至审理和判决、判刑和处罚。[36]

国家对恐怖主义威胁的反应所引起的问题一直令人关切，自 2001 年 9 月 11 日发生的事件以后尤其如此。消除种族歧视委员会承认各国对国家安全的关切，但坚持认为，人权义务对安全对策构成制约条件。反恐立法规定的非公民的待遇引起了许多评论。第 30 号一般性建议——其中的建议跨越

---

[28]　委员会的结论性意见：美国，CERD/C/USA/CO/6，paras 20 and 21，第 21 段涉及对种族、族裔和民族少数群体的少年犯过分地使用终身监禁的问题；CERD/C/USA/CO/7-9，paras 20-23，更广泛地涉及刑事司法问题。

[29]　委员会的结论性意见：美国，CERD/C/USA/CO/6，para. 23；CERD/C/USA/CO/7-9，para. 20。

[30]　委员会的结论性意见：美国，CERD/C/USA/CO/7-9，para. 22。

[31]　委员会的结论性意见：哥伦比亚，CERD/C/COL/CO/14，para. 21，有关非洲裔哥伦比亚人和土著人。另见委员会对墨西哥的结论性意见，其中将大量土著人被监禁与司法系统的缺陷联系起来，特别是在缺乏口译员和合格的双语司法官员方面：CERD/C/MEX/CO/16-17，para. 14。

[32]　第 35 号一般性建议第 18 段。在本书第十一章进一步讨论。

[33]　A/60/18，Chapter IX. 在本书第十六章进一步讨论。

[34]　三项一般性建议（第 27、29 和 30 号）分别涉及罗姆人、基于世系的群体和非公民。

[35]　《具体报告准则》设想全面实施第 31 号一般性建议。

[36]　委员会在对比利时的结论性意见中突出评论了该国的判刑做法，即依法被判定犯罪的外国人比比利时人受到更严厉的刑罚：CERD/C/BEL/CO/15，para. 14。

第 5 条各项——建议缔约国确保"反恐斗争中拘禁或逮捕的非公民得到符合国际人权法、难民法和人道法的国内法的适当保护"。[37] 认为某些群体与恐怖主义有关联的刻板印象一直受到批评。[38] 对外国人的身份、入境和居留检查，引渡[39]和禁止推回等做法都引起了关注；[40] 受到关注的，还有规定不经指控或审判即无限期拘禁涉嫌恐怖主义的非国民的立法。[41] 针对族裔和土著群体适用松散地拟定的反恐立法也是令人关切的问题。[42] 委员会建议，在反恐立法中加入具体的反歧视条款。[43] 委员会乐于看到英国设立审查反恐立法规定的管制令的新制度，但同时，根据有关穆斯林成为针对目标的资料，建议该缔约国确保这一制度"包括防止滥用与针对某些族裔和宗教群体的保障措施"，并请英国提供按宗教信仰和族裔本源分列的关于该制度影响的数据。[44]

在消除种族歧视委员会中，有关种族样貌定性做法的问题时常出现，这一问题超出了反恐的范畴。第 31 号一般性建议回应了这一做法：缔约国应采取一切必要步骤，"防范实际上单凭某人的外表、某人的肤色或特征或者属于某一种族或族裔群体，或者使他/她受到更多怀疑的任何样貌定性，而对此人提问、逮捕和搜查"。[45] 种族或族裔样貌定性被认为是危险的，因为它

319

37　A/59/18，Chapter Ⅷ，第 30 号一般性建议第 20 段。另见本书第七章。

38　委员会的结论性意见：澳大利亚，CERD/C/AUS/CO/15-17，para. 12，关于在某些国家收集申请澳大利亚签证的人的生物特征数据。

39　委员会的结论性意见：阿尔巴尼亚，CERD/C/ALB/CO/1，para. 25。

40　见下文有关第 5 条（丑）项的讨论。

41　委员会的结论性意见：英国，CERD/C/63/CO/11，para. 17。委员会的结论性意见还建议避免任意拘禁：澳大利亚，CERD/C/AUS/CO/15-17，para. 24；新西兰，CERD/C/NZL/CO/18-20，para. 20。对以色列，委员会声称行政拘禁的做法违反了"国际人权法"，CERD/C/ISR/CO/14-16，para. 27。

42　委员会的结论性意见：智利，CERD/C/CHL/CO/15-18，para. 15，有关对参与抗议的马普切社群成员适用反恐怖活动立法。

43　委员会的结论性意见：加拿大，CERD/C/CAN/CO/18，para. 14。

44　委员会的结论性意见：英国，CERD/C/GBR/CO/18-20，para. 21。

45　第 31 号一般性建议第 20 段。比较一下欧洲反对种族主义和不容忍委员会的定义："警察在没有客观、合理理由的情况下，在控制、监视或调查活动中使用种族、肤色、语言、宗教、国籍、民族或族裔本源等理由。"CRI（2007）39，General Policy Recommendation No. 11 on Combating Racism and Racial Discrimination in Policing，para. 1. 关于该建议的解释性报告第 27 段指出，种族样貌定性"构成种族歧视的一种特殊形式"，在第 29 段补充说，为了使警察"避免种族样貌定性，控制、监视或调查活动应严格基于个人行为和/或积累的情报"。

助长了种族偏见和刻板印象，[46] 委员会在结论性意见中对其提出了抗议，涉及一系列目标群体，包括非洲人后裔[47]、"阿拉伯人、穆斯林和南亚人"[48]、"移民、寻求庇护者和难民"[49]、罗姆人和漂泊者[50]、"外国人或'可见的少数群体'的成员"[51] 以及其他人[52]。

与消除种族歧视委员会的一般做法一致，《具体报告准则》还要求各国确保彻底调查对种族歧视的指控，并确保对公职人员的种族主义行为的指控受到"独立和有效"的审查。[53] 在纳莱南诉挪威案中，来文提交人是泰米尔裔，他因为与毒品犯罪有关而被捕入狱。他声称，两名陪审员的种族偏见影响了审判过程的公正性。虽然提交人没有援引《公约》的具体规定，但委员会认为，主要问题是第 5 条（子）项规定的在法庭上享有平等待遇的权利，"第 5 条（子）项适用于所有类型的司法程序，包括陪审团审判"。[54] 在这种情况下，委员会认为，挪威的主管司法机构已经审查了这一问题，不应由委员会解释取消陪审员资格的有关规则，而且没有可能得出结论：发生了违反《公约》的情况。[55] 尽管如此，委员会还是建议挪威"应尽一切努力防止任何形式的种族偏见进入司法程序"，以及在刑事案件中，"应适当注意陪审团的公正无私"。[56] 这些约束从逻辑上讲也扩展到对战争罪的诉讼，这些罪行应得到"有

320

---

[46] 委员会的结论性意见：爱尔兰，CERD/C/IRL/CO/3-4，para. 18。

[47] 委员会的结论性意见：巴拿马，CERD/C/PAN/CO/15-20，para. 21。

[48] 委员会的结论性意见：美国，CERD/C/USA/CO/6，para. 14。

[49] 委员会的结论性意见：加拿大，CERD/C/61/CO/3，para. 24。

[50] 委员会的结论性意见：丹麦，CERD/C/DNK/CO/18-19，para. 10。

[51] 委员会的结论性意见：乌克兰，CERD/C/UKR/CO/19-21，para. 10。在这方面使用"可见的少数群体"一语并非没有讽刺意味，因为委员会在对加拿大的结论性意见中一再批评该国当局使用这一术语：CERD/C/CAN/CO/18，para. 13；CERD/C/CAN/CO/19-20，para. 8。

[52] 委员会的结论性意见：加拿大，CERD/C/CAN/CO/19-20，para. 11（非洲裔加拿大人）；俄罗斯联邦，CERD/C/RUS/CO/20-22，para. 14（车臣人和其他来自高加索、中亚或非洲的人以及罗姆人）；瑞典，CERD/C/SW/CO/19-21，para. 16（少数人社群）；泰国，CERD/C/THA/CO/1-3，para. 21（南部边境省份的特别法律，影响到包括马来人在内的群体）。

[53] CERD/C/2007/1，p. 12，section Ⅰ，para. A. 2。

[54] *Narrainen v Norway*，CERD/C/44/D/3/1991（1994），para. 9. 2。

[55] *Ibid.*，para. 9. 5。

[56] *Ibid.*，para. 10。

效调查和起诉，而不论受害者或所牵扯的违犯者的族裔情况"。[57]

诉诸司法公正还牵扯法律援助和支持澄清少数群体和其他处境不利群体的权利的测试案件方案。[58] 消除种族歧视委员会在有关司法问题的结论性意见中，对土著请求人在土地权利诉讼中要达到的高证明标准表示关切，因为这限制了他们确保其权利获得承认的能力。[59] 对一些案件，委员会表示赞赏运用其他替代性的争端机制和谈判来取得可为土著群体和各国接受的结果，[60] 委员会还批评了各国在这种情况下采取的攻击性的、过于对抗性的诉讼策略。[61]

文化完整性规范的发展对司法机制产生了和对其他行动领域同样多的影响。[62] 传统权威和司法制度以及习惯法从不歧视的角度受到了批评："对习惯法律和做法的尊重不应通过不歧视原则的一般例外来确保，反而应该通过积极承认文化权利来落实。"[63] 在有关制度有可能使妇女遭受的歧视形式倍增的情况下，要求习惯制度和宗教制度尊重不歧视标准的原则可能特别突出。消除种族歧视委员会在多个场合坚持认为，必须适用自由选择制度的原则，以便除其他外，保护"传统社会中特别边缘化和脆弱的人，如妇女"。[64] 这一思路与人权理事会土著民族权利专家机制（EMRIP）在一项研究中采取的思路相呼应，该研究指出，土著人的司法制度不是静态的、一成不变的，而是动态的，能够显示出对"土著民族的法律自治和国际人权法"的尊重，[65] 包

321

57　委员会的结论性意见：克罗地亚，CERD/C/HRV/CO/8，para. 15。

58　委员会的结论性意见：加拿大，CERD/C/CAN/CO/18，para. 26；CERD/C/CAN/CO/19-20，para. 21。

59　委员会的结论性意见：澳大利亚，CERD/C/AUS/CO/15-17，para. 18。

60　委员会的结论性意见：加拿大，CERD/C/CAN/CO/18，para. 22。

61　委员会的结论性意见：加拿大，CERD/C/CAN/CO/19-20，para. 20。

62　本书关于第6条的第十六章讨论了与土著民族和其他群体有关的"传统"司法机制。

63　委员会的结论性意见：赞比亚，CERD/C/ZMB/CO/16，para. 9。

64　委员会的结论性意见：埃塞俄比亚，CERD/C/ETH/CO/7-16，para. 12。在同一段中，委员会"欣见……有资料表明，适用某些族裔群体实行的宗教法和习惯法须经有关个人或群体同意"。对纳米比亚，委员会建议该缔约国确立"一种制度，允许个人在习惯法制度和国家法之间选择，同时确保习惯法的歧视性方面不适用"：CERD/C/NAM/CO/12，para. 11。

65　*Study of Access to Justice in the Promotion and Protection of the Rights of Indigenous Peoples*，A/HRC/27/65，para. 23.

括要求"尊重妇女的尊严和身体完整"。[66]

三 第5条（丑）项

第5条（丑）项规定了"人身安全及国家保护之权以防强暴或身体上之伤害，不问其为政府官员所加抑为任何私人、团体或机关所加"。关于强暴和身体伤害的背景标准在国际人权法中内容很多、种类各异，都源于《世界人权宣言》第3条——生命、自由和人身安全的权利，和第5条——任何人"不能加以酷刑，或施以残忍不人道或侮慢之待遇或处罚"。核心保护包括生命权和免受酷刑和虐待的自由，以及免受与灭绝种族罪、危害人类罪和战争罪有关的暴力行为。生命权受到条约和习惯国际法的保护，并涉及适用死刑的问题。禁止酷刑产生了一项具体公约即《禁止酷刑公约》和一个防止酷刑小组委员会，并被视为应根据习惯国际法和强行法予以遵守的禁令。[67]《美洲禁止种族主义公约》简要规定了暴力问题。[68] 在消除种族歧视委员会的建议涉及的群体中，《联合国土著人民权利宣言》第7条处理了"生命、自由和安全"的问题，而"武力"则是在禁止强迫同化或转移人口以及强行从土地上迁离的背景中提及的；[69] 国际劳工组织第169号公约也提供了相关标准。[70] 对妇女的暴力行为也是目前在国际一级受到相当多关注的问题，特别是在联大于1993年通过《消除对妇女的暴力行为宣言》和人权委员会于1994年设立暴力侵害妇女问题特别报告员的职位之后；消除对妇女歧视委员会通过第19号一般性建议也是一个里程碑式的发展。具体文书也涉及这一

66　*Ibid.*，citing R. Sieder and M. T. Sierra，'Indigenous Women's Access to Justice in Latin America'，Christian Michelsen Institute Working Paper No. 2010. 2（CMI，2010）.

67　对相关国际规范和标准的简要回顾，见 N. Rodley，'Integrity of the Person'，in Moeckli *et al.*，*International Human Rights Law*，pp. 174-194；书中这一章对"硬"和"软"法律规定作了广泛说明，并提供了简明的阅读清单和相关网站清单。

68　特别是第4条。

69　特别见第8条和第10条。（此分句的文法有些问题，但原书的表述如此，照译。——译者注）

70　特别是第9、10和11条。关于少数民族，见欧洲理事会《保护少数民族框架公约》第6条。

问题，包括 1994 年《美洲防止、惩治和消除对妇女暴力行为公约》（"贝伦杜帕拉公约"）[71] 和欧洲理事会《防止和打击对妇女暴力行为和家庭暴力公约》。[72]

第 5 条（丑）项的宽泛范围涵盖了无论是公共还是私人来源的暴力行为；勒纳认为，其目的是"避免在保护个人免受无论何人施予的任何暴力行为方面存在任何区别"。[73] 第 5 条在这方面得到第 4 条的补充，根据后者，暴力行为应被宣布为犯罪。[74] 对受保护权利的全面审查还回应了第 2 条中对个人、团体和组织所为之歧视的提及。《具体报告准则》中关于第 5 条（丑）项的准则要求缔约国提供广泛的资料，包括说明以下措施的资料：防止暴力行为和确保违犯者不享有任何程度的有罪不罚，防止警察非法使用武力，并鼓励警察与种族歧视的受害者或潜在受害者之间的交流和对话；《具体报告准则》还提到了鼓励从受《公约》保护的群体中招募警务人员，以及确保非公民"不被送回他们可能遭受包括酷刑的……严重侵犯人权行为的国家或领土"。[75]

在消除种族歧视委员会的实践中搜索"安全"一词，将出现多种提法：国家安全关切——特别是在反恐措施方面[76]、社会保障[77]甚至"私人安保人员"[78]。正如鉴于针对群体的歧视的日常性质——这种歧视导致了暴力行为并挫败了《公约》序言所表达的对"民族间之和平与安全"的愿望——所可以预计的，存在着有关人身安全的丰富实践。委员会在许多场合都曾提及

71 *Inter-American Convention on the Prevention，Punishment and Eradication of Violence against* Women（Convention of Belém do Pará），33 ILM 1534（1994）.

72 *Council of Europe Convention on Preventing and Combating Violence against Women and Domestic Violence*，CETS No. 210（2011）.

73 N. Lerner, *The International Convention on the Elimination of All Forms of Racial Discrimination*（Sijthoff and Noordhoff，1980），p. 57.

74 见本书第十一章。

75 CERD/C/2007/1，p. 9，section B.

76 见本章对第 5 条（子）项的讨论。

77 见下文对第 5 条（辰）项（iv）目的讨论。

78 委员会的结论性意见：尼日利亚，CERD/C/NGA/CO/18，para. 19。（英文中的"security"兼有安全、保障、安保之义。——译者注）

"人身安全"[79] "安全与完整"[80] "法律安全"[81] "安全与自由"[82]，其中一些情况处于暴力行为的范围之外。[83] 除了《具体报告准则》中规定的措施，保障礼拜自由的措施、法律文件记录、移民方案的正规化、大规模恢复和平与安全、警察部队的培训以及采取坚决行动以惩罚暴力施行者等，都是委员会的标准建议。这种做法是整体性的，因为人身安全可能受到各种歧视性做法的威胁，这些做法需要国家当局作出复杂、多方面的反应。

关于杀戮和暴力的指控，包括关于酷刑的指控，[84] 在消除种族歧视委员会的记录中不时出现，这些行为不仅通过种族间暴力或其他方式针对特定族裔群体的成员，也针对人权维护者。[85] 委员会所表达的关切大致可分为对以下方面的关切：国家行为者、非国家行为者，以及在某些分类中本身就值得占有单独位置的寻求庇护者和非正规移民的待遇。就国家工作人员的暴力行为等情况而言，第 31 号一般性建议概述的共同参照点包括"警察和军人，海关当局人员，在机场、刑事机构以及社会、医疗及精神治疗机构工作的人员"。[86] 该建议要求各缔约国"预防并……惩罚"国家工作人员对《公约》所涵盖群体的成员实施的"任何暴力行为，酷刑，残忍、不人道或侮辱性待遇"。[87] 该建议进一步援引了有关国家工作人员行为的支持性国际标准的准

79　委员会的结论性意见：韩国，CERD/C/63/CO/9，para. 10，有关移徙工人。

80　委员会的结论性意见：意大利，CERD/C/ITA/CO/16-18，para. 18，有关非公民、罗姆人和辛提人。

81　委员会的结论性意见：卢旺达，CERD/C/RWA/CO/13-17，para. 14，刑法所要求的可预见性和法律安全性，有关"灭绝种族意识形态"的立法。

82　委员会的结论性意见：也门，CERD/C/YEM/CO/17-18，para. 16，礼拜的安全与自由。

83　包括委员会在对危地马拉的结论性意见中提到的"营养安全"，CERD/C/GTM/CO/12-13，para. 12。

84　委员会的结论性意见：吉尔吉斯斯坦，CERD/C/KGZ/CO/5-7，para. 7。

85　各种各样的例子包括委员会对以下国家的结论性意见：委内瑞拉，CERD/C/VEN/CO/19-21，para. 17，谋害和杀死尤普卡人（Yupka people）；墨西哥，CERD/C/MEX/CO/16-17，para. 12，人权维护者；肯尼亚，CERD/C/KEN/CO/1-4，para. 15，选举后暴力；澳大利亚，CERD/C/AUS/CO/15-17，para. 23，袭击印度裔学生；巴基斯坦，CERD/C/PAK/CO/20，paras 16 and 17，针对外国人、俾路支族妇女和少数民族妇女；中国，CERD/C/CHN/CO/13，para. 17，族裔间暴力。

86　第 31 号一般性建议第 21 段。

87　同上注。

则，包括"诉诸武力时的比例性和严格必要性的一般原则"。[88] 对于警察针对罗姆人[89]、寻求庇护者和非洲人后裔的暴力或不当行为的指控继续困扰着委员会，[90] 委员会批评有些国家缺乏独立的监督机制，无权调查对警察不当行为的投诉。监狱中某些族裔群体成员的人数按比例来说过多，甚至"惊人得过多"，[91] 对委员会来说，这是种族歧视可能在司法程序中有影响的另一个指标。羁押期间死亡这一令人痛心的问题也一直是委员会质疑和评论的主题。[92]

在非国家行为者方面，涉及"光头党"、新纳粹[93]、哥萨克[94]、"定居者暴力"[95] 和更大规模的种族间或类似冲突[96]的种族主义事件，可同样纳入第 5 条（丑）项的框架。体育赛事中的种族主义也一直是个焦点，[97] 导致第 35 号一般性建议普遍地鼓励各缔约国"与体育协会合作，根除所有体育领域中的种族主义"。[98]

对《公约》范围内所有群体的暴力行为是一种令人遗憾的、影响对作为

---

[88]　第 31 号一般性建议第 22 段。该段回顾了第八届联合国预防犯罪和罪犯待遇大会于 1990 年通过的《执法人员使用武力和火器的基本原则》。

[89]　比较欧洲人权法院根据《欧洲人权公约》审理的案件，包括：*Angueluova v Bulgaria*，App. No. 38361/97（2002）；*Mižigárova v Slovakia*，App. No. 74832/01（2010）；*Velikova v Bulgaria*，App. No. 41488/98（2000）。

[90]　例证可见于委员会对以下国家的结论性意见：意大利，CERD/C/ITA/CO/15，para. 19；罗马尼亚，CERD/C/ROU/CO/16-19，para. 15；俄罗斯联邦，CERD/C/RUS/CO/19，para. 13（针对格鲁吉亚人）；斯洛伐克，CERD/C/SVK/CO/6-8，para. 14；乌克兰，CERD/C/UKR/CO/18，para. 12。

[91]　委员会的结论性意见：澳大利亚，CERD/C/AUS/CO/14，para. 21。这一意见与"土著妇女是增长最快的监狱人群"的评论形成了交叉性的注意点。

[92]　见上注，另见委员会的结论性意见：英国，CERD/C/63/CO/11，para. 18。

[93]　甚至是"新纳粹光头党团体"——委员会的结论性意见：保加利亚，CERD/C/BGR/CO/19，para. 18；斯洛伐克，CERD/C/SVK/CO/6-8/Add. 1，para. 12。

[94]　委员会的结论性意见：俄罗斯联邦，CERD/C/62/CO/7，para. 16；CERD/C/RUS/CO/19，para. 18。

[95]　委员会的结论性意见：以色列，CERD/C/ISR/CO/14-16，para. 28。

[96]　委员会的结论性意见：吉尔吉斯斯坦，CERD/C/KGZ/CO/4，para. 10。

[97]　委员会的结论性意见：罗马尼亚，CERD/C/ROU/CO/16-19，para. 17，"体育特别是足球运动中的种族主义"；塞尔维亚，CERD/C/SRB/CO/1，para. 13。

[98]　第 35 号一般性建议第 43 段。

一种全球现象的"歧视"的理解的司空见惯的现象。[99] 在各种受害者中，对族裔群体妇女成员的暴力行为已得到明显重视；第 25 号一般性建议专门用一段来讨论这个问题：

324

> 由于妇女的性别，某些形式的种族歧视可能是专门针对她们的，例如，在拘禁或武装冲突期间，对特定种族或族裔群体妇女成员的性暴力；强迫土著妇女绝育；在非正式经济部门对女工或雇主对外国女性家庭佣工的性侵犯。种族歧视的后果可能主要影响或只影响妇女，如种族偏见驱使的强奸所造成的怀孕；在某些社会中，遭这种强奸的妇女受害者还可能被驱逐。由于与性别有关的障碍，如法律制度中的性别偏向和私人生活领域中对妇女的歧视，妇女还可能遭遇进一步阻碍，即无法利用针对种族歧视的救济和申诉机制。[100]

根据第 5 条（丑）项，对妇女的家庭暴力，包括"配偶暴力"，[101] 一直是强有力建议的对象。[102] 引起注意的其他恶劣的暴力形式包括强迫绝育和对属于某些族裔群体的妇女的女性生殖器残割（FGM）过程。对于前者，消除种族歧视委员会建议向这一做法的受害者提供全面的补偿，提高对国际准则（包括有关知情同意的准则）的认识，放弃任何时效规定，并监测有关机构。[103] 对于斯洛伐克，消除种族歧视委员会列出了欧洲人权法院的三项判决作为支持，[104] 建议全面执行这些判决，确保充分赔偿和补偿并起诉违犯者；委员会还鼓励该缔约国采取适当措施，包括"为所有医务人员组织专门培训，有关如何在进行绝育手术之前获得知情同意，以及获得有关尊重多样性……的

99　见本书第六章（关于"交叉性"）和第二十章的评论和讨论。

100　第 25 号一般性建议第 2 段。

101　委员会的结论性意见：日本，CERD/C/JPN/CO/3-6，para. 17。需要记住，虽然并不是完全"由性别决定的"（gendered），但配偶暴力主要由女性遭遇。

102　委员会的结论性意见：丹麦，CERD/C/DNK/CO/18-19，para. 13；日本，CERD/C/JPN/CO/3-6，para. 17；巴基斯坦，CERD/C/PAK/CO/20，para. 17。这些建议有关"外国妇女"（丹麦和日本）和"特别是少数民族背景的妇女"（巴基斯坦）。

103　委员会的结论性意见：捷克共和国，CERD/C/CZE/CO/8-9，para. 19；斯洛伐克，CERD/C/SVK/CO/6-8/Add. 1，para. 19。

104　ECtHR, *I. G. and Others v Slovakia*，App. No. 15966/04 (2012)；*V. C. v Slovakia*，App. No. 18968/07 (2011)；*N. B. v Slovakia*，App. No. 29518/10 (2012).

敏锐认识"。[105]

　　关于女性生殖器残割，国家的责任是根除这种做法。[106] 具体的参照点包括第 25 号一般性建议，其背景则是不断发展的国际标准和关切。[107] 对于挪威，消除种族歧视委员会要求评估禁止女性生殖器残割的行动计划和打击强迫婚姻的计划，"并评估这些计划如何促进某些少数群体的妇女和女童的权利实现，同时又不使她们蒙受耻辱"。[108] 最后一项意见表明，在落实主要有关人口中的弱势群体的政策时，要小心注意，同时要忠实于不歧视原则。[109] 对于相关习俗存在于"传统社群"中的情况，委员会的建议除其他外强调了"加强敏锐认识的方案，方向是与这些社群协商，促进改变对这一习俗的态度"。[110]

325

　　在许多情况下，人口贩运本身就表现为"交叉"歧视的又一个例子。贩运人口现象得到了消除种族歧视委员会的相当重视，[111] 有时是明确地与暴力行为一道。[112] 国际人口贩运的强烈性别内涵可能掩盖与种族歧视的"交叉性"：

　　　　人口贩运通常被认为是一个性别问题，是基于性别的歧视的结果。从种族歧视角度的分析很少见……。然而，当注意哪些妇女有被贩运的最大风险时，这种风险与她们的种族的、社会的边缘化的联系就变得很

105　委员会的结论性意见：斯洛伐克，CERD/C/SVK/CO/9-10，para. 13。

106　委员会的结论性意见：坦桑尼亚，CERD/C/TZA/CO/16，para. 13。

107　除其他外，见消除对妇女歧视委员会第 14、19 和 24 号一般性建议；人权事务委员会第 28 号一般性意见（男女平等）；妇女地位委员会文件《终结女性生殖器残割》，E/CN. 6/2010/L. 6，2010 年 3 月 10 日；联大《消除对妇女的暴力行为宣言》，A/RES/48/104，1993 年 12 月 20 日，第 2 条；联大决议《加强全球消除残割女性生殖器做法的努力》，A/RES/67/146，2012 年 12 月 20 日；人权委员会 1994 年 3 月 4 日第 1994/40 号决议启动、2003 年 4 月 23 日第 2003/45 号决议确认的暴力侵害妇女问题特别报告员的报告。在区域范围内，特别见 2003 年《非洲人权和民族权宪章关于妇女权利的议定书》第 2、4 和 5 条；1990 年《非洲儿童权利和福利宪章》第 21 条；1994 年《美洲防止、惩治和消除对妇女暴力行为公约》。

108　委员会的结论性意见：挪威，CERD/C/NOR/CO/19-20，para. 15。

109　委员会在对挪威的结论性意见中，还提到了对这些问题的"过分关注可能被视为对属于某些少数群体的妇女和女孩的污名化"。

110　委员会的结论性意见：坦桑尼亚，CERD/C/TZA/CO/16，para. 13。

111　A. T. Gallagher, *The International Law of Human Trafficking* (Cambridge University Press, 2010)，广泛评论了贩运问题。另见联合国人权高专办（A. T. Gallagher 为顾问）：*Commentary on the Recommended Principles and Guidelines on Human Rights and Human Trafficking* (UN Publication: Sales No. E. 10. XIV. 1, 2010)。

112　委员会的结论性意见：坦桑尼亚，CERD/C/TZA/CO/16，para. 16。

明显。此外，种族和种族歧视不仅可能构成贩运人口的风险中的一个因素，还可能决定妇女在目的地国受到的待遇。此外，种族主义意识形态以及种族、族裔和性别歧视可能在目的地区域或国家造成需求，从而助长贩运妇女和女童的行为。[113]

消除种族歧视委员会鼓励各缔约国批准关于贩运人口，特别是贩运妇女和儿童的相关文书。[114] 通过提到针对非公民、包括罗姆人在内的少数族裔、移徙工人等的贩运做法，种族层面也被间接提及。

关于寻求庇护者——或者有时只是在"非公民"的标题下，[115] 不推回原则经常被提到，[116] 有时联系到对第 5 条（丑）项的具体摘引，[117] 有时联系到有关非公民的第 30 号一般性建议[118]——其第 27 段称，缔约国应"确保非公民不被遣返或移送至有遭受严重践踏人权危险，包括有酷刑和残忍、不人道或侮辱性待遇或处罚危险的国家或领土"。在某些情况下，消除种族歧视委员会的建议只是重复国际难民法的规定，建议批准有关文书并在必要时与联合国难民事务高级专员合作。在许多情况下，这一领域的建议指向一般性地保护非公民不受虐待，并支持他们根据难民法享有的权利；在其他情况下，重点是不同非公民之间的歧视。在对日本的建议中，委员会提到了歧视以及对使用武力的严格要求，指出有报告称，"优惠标准适用于来自某些国家的寻

113　*The Race Dimensions of Trafficking in Persons—Especially Women and Children*，background paper for the World Conference against Racism，Xenophobia and Related intolerance：<http://www.un.org/WCAR/e.kit/trafficking_e.pdf>.

114　委员会对马尔代夫的结论性意见建议该国批准 2000 年《联合国打击跨国有组织犯罪公约关于预防、禁止和惩治贩运人口特别是妇女和儿童行为的补充议定书》：CERD/C/MDV/CO/5-12，para.12。

115　《具体报告准则》，CERD/C/2007/1，p.9，要求缔约国提供资料，说明为确保"非公民不被遣返或移送到可能遭受严重人权侵犯，包括酷刑和残忍、不人道或侮辱性待遇的国家或领土"而采取的措施。

116　委员会的结论性意见：澳大利亚，CERD/C/AUS/CO/15-17，para.24；柬埔寨，CERD/C/KHM/CO/8-13，para.14；意大利，CERD/C/ITA/CO/16-18，para.22；韩国，CERD/C/KOR/CO/15-16，para.13；摩洛哥，CERD/C/MAR/CO/17-18，para.14。

117　委员会的结论性意见：澳大利亚，CERD/C/AUS/CO/15-17，para.24。

118　第 30 号一般性建议第 27 段规定了一般标准，例证如委员会的结论性意见：阿塞拜疆，CERD/C/AZE/CO/4/Add.1，para.13；吉尔吉斯斯坦，CERD/C/KGZ/CO/4，para.9。另可参见本书第七章对第 22 号一般性建议的评论。

求庇护者，而来源不同并需要国际保护的寻求庇护者则被迫返回危险境地"。[119]

四　第 5 条（寅）项

第 5 条（寅）项规定的是选举、政府、公务与公职等方面的政治权利。第 5 条（寅）项引起的保留极少，其中一项导致消除种族歧视委员会评论称，"对第 5 条的保留具有否定《公约》核心宗旨的效果"，应予撤回。[120] 委员会的《具体报告准则》丰富了该项的范围：除了要求缔约国提供关于在实践中政治权利如何被保障和享有的资料外，还询问，"土著民族成员和不同族裔或民族本源的人是否在与其他民众同等的程度上行使这些权利"，以及"他们在所有国家公职和治理机构中是否有成比例的代表"。缔约国还需要提供资料，说明各群体参与影响它们的政策和方案的程度，说明提高对"它们积极参加公共和政治生活的重要性"的认识的措施；缔约国还需要消除妨碍这种参加的障碍。[121]

政治参与权有着复杂的血统，在联合国时代则源于《世界人权宣言》第 21 条，该条涉及政治代表、担任公职的机会和"选举权普及而平等"的定期选举，并规定"人民意志应为政府权力之基础"。第 5 条（寅）项的另一个主要参照物是《公民及政治权利国际公约》第 25 条，该条采用了《世界人权宣言》的语言，并将其作为"每一公民"的权利来适用。[122] 极其类似的

---

[119]　委员会的结论性意见：日本，CERD/C/JPN/CO/3-6，para. 23。

[120]　委员会的结论性意见：也门，CERD/C/YEM/CO/17-18，para. 13。委员会在对斐济的结论性意见中表示欣然见到该国在 2012 年撤回一项类似的保留：CERD/C/FJI/CO/18-20，para. 4。

[121]　CERD/C/2007/1，pp. 9-10.

[122]　在吉洛特等诉法国案中，人权事务委员会指出，"投票权不是一项绝对权利，只要不是歧视性或不合理的，就可以对其施加限制"：*Gillot and Others v France*，CCPR/C/75/D/932/2000（2002），para. 12. 2. 消除种族歧视委员会注意到美国剥夺选举权的法律的不成比例影响，敦促"剥夺投票权只适用于被判犯有最严重罪行的人"：CERD/C/USA/CO/6，para. 27。美国关于禁止被定罪的重犯投票的案例，见 US Supreme Court，*Richardson v Ramirez* 418 US 24（1974）。另见消除种族歧视委员会的结论性意见：美国，CERD/C/USA/CO/7-9，para. 11，有关塞尔比诉霍尔德案（*Shelby v Holder*，570 US _2013）。消除种族歧视委员会将该案理解为作废了某些程序性保障措施——"联邦预许可"，以防止对投票条例产生潜在的歧视性影响；消除种族歧视委员会的该段意见还提到了拒绝哥伦比亚特区的居民——"一半是非裔美国人"——的投票权情况。

政治参与权也见于《消除对妇女歧视公约》（第 7 条）、《残疾人权利公约》
（第 29 条）以及区域层次上的《非洲人权和民族权宪章》（第 13 条）、《美
洲人权公约》（第 23 条）、《阿拉伯人权宪章》（第 24 条）和《欧洲人权公
约第一议定书》（第 3 条）。《美洲禁止种族主义公约》为缔约国规定的承诺
包括，其法律和政治制度根据该公约的范围，"恰当地反映其社会中的多样
性，以满足各阶层民众的正当需求"。[123] 参与权的一些重要方面也出现在关于
少数群体和土著民族的文书中，包括《联合国少数人权利宣言》[124]、国际劳
工组织第 169 号公约[125]和《联合国土著人民权利宣言》[126]。

关于政治权利的争议从《公约》起草时就很明显，其中拟议的第 8 条，
在关于非国民和不同族裔群体的政治权利的争论之后，被删除。[127] 第 5 条将
"政治"权利与"其他公民"权利区分开来，这种语法表明"政治"权利是
"公民"权利的一个子集。虽然"公民的"（civil）没有被包括在要免受第 1
条所规定的歧视的领域之内，而"政治"权利却被包括在内，但鉴于第 5 条
在"公民"和"政治"权利之间所作出的联系以及纯粹的常识，可以假定
"公民"领域被包括在第 1 条和整个《公约》的保护之中。[128]

与第 5 条的其他规定一样，（寅）项所述的政治活动领域是指示性的，
按照"政治权利，其尤著者"的表述模式，并不是穷尽性的；该项开启了要
予以平等和无歧视地保障的治理活动的最广泛章程。迪亚科努的看法中有这
么一点，即第 5 条所列的许多公民权利"具有高度的政治性，很难和……参
与公共事务分开"。[129] 因此，往往很难将狭义的"政治"参与建议与其他领

123　第 9 条。

124　第 2 条。更宽泛的情况，见 Organization for Security and Co-operation in Europe（OSCE），*Lund Recommendations on the Effective Participation of National Minorities in Public Life*，*and the Commentary on the Effective Participation of Persons Belonging to National Minorities in Cultural*，*Social and Economic Life and in Public Affairs* by the Advisory Committee on the FCNM，Appendix Ⅰ and Ⅱ，respectively，to M. Weller（ed.），and K. Nobbs（assistant ed.），*Political Participation of Minorities*（Oxford University Press，2010）。

125　特别是第 5、6 和 7 条。

126　见下文关于同意等条件的评论。

127　就非公民，在本书第七章讨论。

128　公民领域"绝没有"被排除在第 1 条第 1 款的定义之外：I. Diaconu，*Racial Discrimination*（Eleven International Publishing，2011），p. 38。

129　*Ibid.*，p. 37.

域的参与建议分开。[130] 考虑到当代人权准则中参与概念的广泛潮流和范围,[131] 包括如前所述,它出现在关于少数群体和土著民族的主要文本中,[132] 也许不应该试图进行区分。因此,本节中关于参与的评论可被视为涉及第 5 条(寅)项,并经适当调整后更广泛地涉及第 5 条。[133]

328

　　消除种族歧视委员会在具体建议中,充实了对公共事务中成比例或"大致成比例"[134] 的代表性的强调。[135] 这些提法表明,委员会的设想是,平等和不歧视原则意味着各群体应得到在数量上成比例的代表。这一推论并不完全令人信服:提及比例性在"不成比例"的背景下也可以理解为指向委员会有义务质疑的一种潜在歧视情况;还可以忆及实践中对平等的灵活理解,来反对代表性的纯粹统计上的概念。在其他情况下,重点是确保"适当代表"[136] "充分代表"[137] "公平和充分代表"[138] "合适代表"[139] "公平的族裔代表"[140]。在这些方面,委员会的做法类似于《美洲禁止种族主义公约》,就

130　无论如何,"政治"已经将其定义从涉及公民的定义扩大到这样的定义,即"实现并行使对社会的治理或有组织的控制……政治是对给定社群内权力和资源的分配……以及社群之间的相互关系的研究或实践":<https://en.wikipedia.org/?title=Politics>。

131　荷兰人权研究所数据库记录了"有约束力的"人权文书 61 处提到"参与",这一数字不包括"软法"文本。

132　见篇章众多的文集,Weller and Nobbs, *Political Participation of Minorities*（Oxford University Press, 2010）,特别是导言,Weller, 'introduction', lvii to lxiii,以及以下文章:Machnyikova and Hollo, 'The Principles of Non-discrimination and Full and Effective Equality and Political Participation', pp. 95–149;Melansek, 'Universal and European Standards of Political Participation', pp. 345–362. 有几篇文章也讨论了与本评注相关的问题:Verstichel, 'Understanding Minority Participation and Representation and the Issue of Citizenship', pp. 72–94;Bird, 'Gendering Minority Participation in Public Life', pp. 150–173; and Rodríguez-Piñero Royo, 'Political Participation Systems Applicable to Indigenous Peoples', pp. 308–342。

133　见本书第十四章关于第 5 条（辰）项（vi）目规定的平等参加文化活动的权利的讨论。

134　委员会的结论性意见:摩尔多瓦,CERD/C/MDA/CO/7, para. 16,有关罗姆人。

135　例如,委员会建议约旦促进所有族裔的约旦人以及非本国居民在其政治和决策中的比例代表性;CERD/C/JOR/CO/13–17, para. 13;另见委员会的结论性意见;吉尔吉斯斯坦,CERD/C/KGZ/CO/5–7, para. 9。

136　委员会的结论性意见:亚美尼亚,CERD/C/ARM/CO/5–6, para. 13;尼泊尔,CERD/C/64/CO/5, para. 17。

137　委员会的结论性意见:克罗地亚,CERD/C/HRV/CO/8, para. 14;毛里求斯,CERED/C/MUS/CO/15–19, para. 18。

138　委员会的结论性意见:中国,CERD/C/CHN/CO/10–13, para. 18。

139　委员会的结论性意见:阿尔巴尼亚,CERD/C/ALB/CO/5–8, para. 9。

140　委员会的结论性意见:肯尼亚,CERD/C/KEN/CO/1–4, para. 20。

后者而言，如上所述，政治安排应"适当反映多样性"。[141] 委员会对于塞浦路斯就如何界定"少数群体"和属于少数群体的人的权利提出建议时，将自我认同权与"自由行使……政治权利"联系起来：这种情况部分源于1960年《塞浦路斯宪法》的规定，其中亚美尼亚人、马龙派教徒和拉丁人被迫认同自己归属希腊族塞浦路斯人社群或土耳其族塞浦路斯人社群，并被狭义地当作"宗教社群"，损害其政治参与权和相关权利。[142]

  政治安排的极大多样性也不利于从具体案件中得出广泛的结论。因此，虽然消除种族歧视委员会曾建议将立法机构中的保证席位和强制性配额作为确保有效参与的手段，[143] 由此超出了第32号一般性建议关于优惠计划的谨慎措辞，但是，这些措施可能不适合在特别弱势群体的情况之外普遍化。[144]《公约》及由其而来的一系列建议都没有指向特定的治理结构形式，只要平等和不歧视规定得到尊重即可。[145] 过度的"民主"热情似乎会构成关切的理由，哪怕不是在与关切压迫性的专制结构相同的程度上。例如，委员会曾表示关切的一个情况，是遏制移民、驱逐外国罪犯等的"大众倡议"所具有的仇外语气。[146] 在另一个情况下，加强地方决策的提议使委员会形成了这样的建议，即易受种族歧视的群体应参与设计、实施以及监督实施"地方性"项目的程序。[147] 第5条（寅）项在《世界人权宣言》和《公民及政治权利国际公

---

141 第9条。

142 委员会的结论性意见：塞浦路斯，CERD/C/CYP/CO/17-22，para. 14。关于剥夺公民个人投票权的问题，见 European Court of Human Rights（ECtHR），*Aziz v Cyprus*，App. No. 69949/01（2004），欧洲人权法院在该案中裁定存在对《欧洲人权公约第一议定书》第3条——结合《欧洲人权公约》关于不歧视的第14条——的违反。（原书此注不完全准确，经联系作者核实，予以更正。——译者注）

143 例如见委员会对俄罗斯联邦关于北方、西伯利亚和俄罗斯远东地区小规模土著民族在联邦议会国家杜马中缺乏代表性的结论性意见，CERD/C/RUS/CO/19，para. 20。

144 如果已经制定了这类计划，包括保留席位，委员会将努力确保法律的适用不存在对特定群体的歧视。委员会对印度关于在册种姓和在册部落成员的结论性意见建议，让他们享有"自由和安全地投票和被选举的权利，如果当选……保留席位，则充分行使其任务"，CERD/C/IND/CO/19，para. 17；进一步见本书第九章。

145 见本章对人权事务委员会在米克马克诉加拿大案中的意见的评论，Human Rights Committee，*Mikmaq Tribal Society v Canada*，CCPR/C/43/D/205/1986，4 November 1991。

146 委员会的结论性意见：瑞士，CERD/C/CHE/CO/7-9，para. 12。

147 委员会的结论性意见：英国，CERD/C/GBR/CO/18-20，para. 14。

约》的相关提法中，增加了"任何等级"的说法，将民主保障的概念扩展到各区域和各地方，呼应了第 2 条第 1 款（子）项和（寅）项中的地方背景。[148]

总体上，消除种族歧视委员会实践中对参与和代表的主要强调是有效参与，并提醒各国，"在少数群体的政治参与方面，平等被选举权的法律保障是不够的"：[149] 与其他方面一样，必须使法律保障生效，以确保实现非歧视的目标。对于投票，同样的原则也适用，例如委员会就曾呼吁法国确保在投票权方面的平等待遇。[150] 确保族裔群体在政府部门有更好的代表性，可能需要采取一系列行动支持这种代表性，包括消除聘用和晋升方面的障碍，例如对国家语言不够熟练。[151] 可建议采取特别措施，支持代表程度不足的群体的政治参与，[152] 并在积极协商框架的基础上实施。[153]

关于社群参与的建议可进一步分解为关注妇女在政治和公共生活中的代表性——通常是不足。[154] 对于非公民参与政治过程，有关第 5 条的第 20 号一般性建议回顾称，参加选举、投票和竞选的权利是公民的权利，[155] 这是一种对于限制第 5 条（寅）项适用于非公民的国际标准的解读。如本书第七章所述，消除种族歧视委员会关于非公民的第 30 号一般性建议改进了第 20 号一般性建议的立场，认为虽然某些权利，"如参加选举、投票和竞选的权利，可能只限于公民，但人权在原则上应该是人人享有的"，这就形成了"保障

148　关于政党本身，欧洲反对种族主义和不容忍委员会 2014 年的《欧洲非种族主义社会政党宪章》仍有其有益之处：*Charter of European Political Parties for a Non-Racist Society*, <http://www.coe.int/t/dghl/monitoring/ecri/activities/38-seminar_ankara_2011/Charter.asp>。

149　委员会的结论性意见：亚美尼亚，CERD/C/ARM/CO/5-6，para. 13。

150　委员会的结论性意见：法国，CERD/C/FRA/CO/17-19，para. 16。

151　委员会的结论性意见：吉尔吉斯斯坦，CERD/C/KGZ/CO/4，para. 11。委员会认为，将识字标准作为选民参与的条件的规定不符合第 5 条（寅）项. Λ/31/18 (1976), paras 78 and 80。

152　包括罗姆人，见第 27 号一般性建议第 41 段；以及种姓/世系群体，见第 29 号一般性建议第 6（aa）段。

153　见本书第九章讨论的关于社群协商和参与的第 32 号一般性建议。

154　委员会的结论性意见：中国，CERD/C/CHN/CO/10-13，para. 18；克罗地亚，CERD/C/HRV/CO/8，para. 16；墨西哥，CERD/C/MEX/CO/16-17，para. 16；塔吉克斯坦，CERD/C/TJK/CO/6-8，para. 12。另见消除对妇女歧视委员会关于"政治和公共生活中的妇女"的第 23 号一般性建议。

155　第 20 号一般性建议第 3 段。

330   这些权利在国际法承认的范围内得到平等享有的义务"。[156] 委员会几十年来一直关注非公民的投票权问题。[157] 委员会建议促进作为永久居民的非公民参加地方选举,[158] 并允许非公民参加政党[159]——这是大体上符合国际标准的非公民的政治参与的方面。[160]

在和平协定的更广泛方面,消除种族歧视委员会对一些冲突结束后基于族裔的权力分享安排表示不安,同时承认,这些安排在特定情况下可能是正当合理的。委员会在对波斯尼亚和黑塞哥维那的结论性意见中深表关切的是,现有的法律结构将"所有被称为'其他民族'的人,即属于波斯尼亚人、克罗地亚人或塞尔维亚人以外的少数民族或族裔群体的人,排除在人民院和总统职位之外",并补充说:

> 尽管缔约国主要政治机构的三方结构可能是正当合理的,甚至一开始是为了在缔约国领土内的武装冲突结束后建立和平所必需的,但委员会指出,有利于赋予某些族裔群体特权和优惠的法律区别不符合《公约》第1条和第5条(寅)项。委员会还指出,在实行特权和优惠的紧迫性减弱时,情况尤其如此。[161]

---

156   第30号一般性建议第3段。因此,该建议没有为非公民阐述一份有关适当政治权利的纲领。Diaconu, *Racial Discrimination*, p. 147, 区分了在一国领土上享有永久居留权的非公民——可能享有某些政治权利,以及非公民临时居民——没有这种权利。可比较 D. Weissbrodt, *The Human Rights of Non-Citizens* (Oxford University Press, 2008), Chapter 3。

157   K. J. Partsch, 'Elimination of Racial Discrimination in the Enjoyment of Civil and Political Rights', *Texas International Law Journal* 14 (1979), 191–250, 237–238.

158   委员会的结论性意见:拉脱维亚, CERD/C/63/CO/7, para. 12。

159   委员会在对爱沙尼亚的结论性意见中,表示赞许非公民有权参加地方选举;并建议,针对非公民和政党,鉴于"爱沙尼亚的无国籍长期居民人数众多"的情况,该缔约国应适当考虑允许非公民参加政党:CERD/C/EST/CO/7, para. 6, 14。

160   虽然《公民及政治权利国际公约》只提到公民的政治权利,但人权事务委员会要求缔约国提供资料,说明在地方选举和特定的公职职位方面,是否给予非公民有限的政治参与权:第25号一般性意见第3段。另见欧洲理事会《关于外国人参与地方层级公共生活的公约》(Convention on Participation of Foreigners in Public Life at Local Level), CETS 144 (1992)。

161   CERD/C/BIH/CO/6, para. 11. 委员会在该结论性意见第4段还指出,《代顿协定》的结构"可能在临时基础上为确保和平是必需的",但"宪法……基于族裔分配重要权利"可能妨碍《公约》的充分实施;另见第5段,委员会注意到缔约国承认有必要修改宪法。委员会后来对波斯尼亚和黑塞哥维那的结论性意见重申了先前处理这一情况的建议 (CERD/C/BIH/CO/7-8, para. 7)。委员会的意见与欧洲人权法院在如下案件中的观点一致:European Court of Human Rights, (转下页注)

在这种情况下，考虑到委员会对于该缔约国提交的第一次至第六次合并报告所建议的救济行动，消除歧视的行动速度优先于在该国"临时"维持"种族平衡"；鉴于委员会的初步结论，后面的结论性意见没有提到《代顿协定》的安排。

331

五 协商与同意

特别是在领土资源开发领域，对于土著民族和非洲裔居民而言，关于不歧视、自决和参与的背景国际标准已经结合成了一项似乎有着自己生命的原则，即"自由、事先和知情的同意"（FPIC），"目前几乎为所有处理土著民族权利的机构所援用"。[162] 根据一份联合国文件的说法，"自由"意味着没有胁迫、恐吓或操纵，"事先"意味着在授权或活动开始之前充分征求同意，"知情"意味着提供涵盖一系列主题的一系列信息，协商和参与被视为"同意"过程的一部分。[163]

（接上页注 161）*Sejdicand Finci v Bosnia and Herzegovina*，App. No. 27996/06，34836/06（2009）。委员会的意见和欧洲人权法院的案件都是在 1995 年《代顿和平协定》（即《代顿协定》——译者注）所附《波斯尼亚宪法》的背景材料下提出的。根据《代顿和平协定》的安排，人民院只对组成民族即波斯尼亚族人、克罗地亚族人和塞尔维亚族人的代表开放（总统职位也一样），因此不包括欧洲人权法院审理的这两起案件的原告，他们分别是罗姆人和犹太人，而且都曾参与公共事务。欧洲人权法院裁定，这一限制不成比例，缺乏客观合理的理由。波内洛（Bonello）法官强烈反对欧洲人权法院的裁决，该法官提到《代顿协定》的安排被一个人权法院所破坏，这"播撒的是理想，收获的是屠杀"。

162　Barelli，'Free, Prior and Informed Consent in the Aftermath of the UN Declaration on the Rights of Indigenous Peoples: Developments and Challenges Ahead'，*International Journal of Human Rights* 16.1.（2012），1–24，2. See also J. Gilbert and C. Doyle，'A New Dawn over the Land: Shedding Light on Collective Ownership and Consent'，in S. Allen and A. Xanthaki（eds），*Reflections on the UN Declaration on the Rights of Indigenous Peoples*（Hart Publishing，2011），pp. 289–328.

163　United Nations High Commissioner for Human Rights，*Free, Prior and Informed Consent of Indigenous Peoples*：<http://www.ohchr.org/Documents/Issues/IPeoples/FreePriorandInformedConsent.pdf>. 满足 FPIC 标准所需的信息范围包括："任何拟议项目或活动的性质、规模、进度、可逆性和范围；项目的目的及持续时间；受影响的地点和区域；对可能的经济、社会、文化和环境影响的初步评估……。该过程可以包含不同意的选择。" Barelli，*Free, Prior and Informed Consent*，将信息方面的一部分总结为，要求信息"应该是准确的、形式是可及的，这意味着土著民族应该完全理解所使（转下页注）

427

在有关联合国一般性人权文书的方面，经济、社会和文化权利委员会已表示，FPIC 标准作为人人有权参加文化生活的一个方面适用。[164] 人权事务委员会的主要参考案例包括伊尔马里·兰斯曼等诉芬兰案[165]和珀马·珀马诉秘鲁案[166]。在伊尔马里·兰斯曼等诉芬兰案中，人权事务委员会在认定芬兰没有违反《公民及政治权利国际公约》时，提到芬兰与萨米驯鹿牧民就采石对其放牧区域的影响进行了协商，这表明未达到 FPIC 的标准也符合《公民及政治权利国际公约》的要求，尽管"文化损害"的总量是有限的，但更严重的干预可能使某种更接近同意标准的东西成为必要。在珀马·珀马诉秘鲁案中，人权事务委员会在认定秘鲁违反《公民及政治权利国际公约》第 27条时，对于分流地下水的措施——这严重干扰了被视为"具有文化意义的经济活动"的传统羊驼和美洲驼养殖生计，认为参与的基本概念要求的"不仅是协商，而且是社群的自由、事先和知情的同意"。[167] 这些案件表明了一种"滑尺"方式，对社群造成的损害威胁越严重，取得同意而不"仅仅是"协商的需要就越迫切，这种做法也反映在美洲人权制度的萨拉马卡民族诉苏里南案和非洲人权制度的恩多罗伊斯诉肯尼亚案的判例中。[168]

就有关土著民族的具体文书而言，FPIC 的来源可以以国际劳工组织第

（接上页注 163）用的语言"。See also Permanent Forum on Indigenous Issues, *Report of the International Workshop on Methodologies regarding Free*, *Prior and Informed Consent and Indigenous Peoples*, E/C.19/ 2005/3（17 February 2005）; Expert Mechanism Advice No. 2（2011）, *Indigenous Peoples and the Right to Participate in Decision-Making*, A/HCR/18/42, Annex, para.25 [henceforth EMRIP Advice No.2].

164 经济、社会和文化权利委员会的第 21 号一般性意见：人人有权参加文化生活，E/C.12/ GC/21，2009 年 12 月 21 日，第 37 段。

165 Human Right Committee, *Ilmari Länsman et al. v Finland*, CCPR/C/52/D/511/1992, 8 November 1994.

166 Human Right Committee, *Poma Poma v Peru*, CCPR/C/95/D/1457/2006, 27 March 2009.

167 *Poma Poma v Peru*, para.7.6.

168 美洲人权法院在萨拉马卡民族诉苏里南案中指出，对于会对土著民族造成重大影响的项目，协商的义务转变为获得有关民族"按照其习俗和传统作出的"自由、事先和知情同意的义务：*Saramaka People v Suriname*, IACtHR, Ser. C 172（2007）, para.134. 非洲人权和民族权委员会在恩多罗伊斯诉肯尼亚案中，也作出了类似的判断，这有关在对领地有重大影响的发展或投资项目中 FPIC 的必要性：*Centre for Minority Rights development（Kenya）v Kenya*, 276/2003（2010）[henceforth *Endorois v Kenya*] para.291.（有关这两案的进一步信息，可参见〔澳〕本·索尔、戴维·金利、杰奎琳·莫布雷《〈经济社会文化权利国际公约〉评注、案例与资料》，孙世彦译，法律出版社，2019，第二章。——译者注）

169 号公约中的参与原则为起点。不过，这些原则明确指向在一般情况下以及在诸如勘探或开发自然资源的具体情况下与土著民族协商，同时，有一个例外（重新安置）有意回避了更强烈的同意概念。[169]《联合国土著人民权利宣言》由于普遍赞同使边缘案件倾向于要求充分同意的自决原则而变得更加硬朗有力。该宣言第 32 条提到了本着诚意与土著人民协商与合作，"在批准任何影响到土著人民土地或领土和其他资源的项目……前，……征得他们的自由、知情同意"，这一规定取代了先前的一项更严格的要求，即各国只需"获得"自由和知情的同意。[170] 任何对同意要求的放松都应服从萨拉马卡民族诉苏里南案给予该第 32 条的"滑尺"说明，其中特别提到了《联合国土著人民权利宣言》以及消除种族歧视委员会对厄瓜多尔的结论性意见。[171] 在某些情况下，《联合国土著人民权利宣言》表明，不允许放松同意要求。[172] 关于确立一项一般原则，美洲人权法院在萨拉亚库诉厄瓜多尔案中将协商权视为国际法的一项一般原则，[173] 这一立场与在适当情况下关于同意的必要性的更有力主张并不矛盾。

消除种族歧视委员会以第 5 条（寅）项为基础，强调缔约国有义务就一系列政治、社会、环境和土地问题与土著民族的代表协商，提出了就影响土著民族权利和利益的项目获得知情同意的问题，这些项目包括资源开采活

333

---

[169]　国际劳工组织第 169 号公约中关于参与和协商的规定一直是国际劳工组织公约和建议适用问题专家委员会（CEACR）的"一般性意见"的主题。在 2010 年的一项一般性意见中，CEACR 指出，第 169 号公约第 6、15、17、27 和 28 条特别要求与土著和部落民族协商，而在将民众从其占用的土地上迁移的情况下，需要各民族自由和知情的同意，这被视为一项例外措施，而根据一系列规定（第 2、5、6、7、15 和 23 条），参与是必需的。关于作为第 169 号公约基础的协商原则，CEACR 强调："形式上的协商或仅仅提供信息不符合《公约》的要求。同时，这种协商并不意味着有否决权，这种协商的结果也不一定是达成协议或同意。"*CEACR General Observation*, Indigenous and Tribal Peoples, eighty-first Session, 2010, pp. 8–9.

[170]　Barelli, *Free, Prior and Informed Consent*, p. 10.

[171]　CERD/C/ECU/CO/19, para. 16.

[172]　具体见第 10 条，未经 FPIC 不得搬迁；第 29 条，关于危险材料的储存。

[173]　*Kichwa Indigenous Community of Sarayaku v Ecuador*, IACtHR, Ser. C No. 245, 27 June 2012, para. 164；评论载于 L. Brunner and K. Quintana, 'The Duty to Consult in the Inter-American System: Legal Standards after Sarayaku': <http://www.asil.org/insights/volume/16/issue/35/duty-consult-inter-american-system-legal-standards-after-sarayaku>。

动[174]、建造水坝[175]、建立保护区或逐出领地以便为游乐场或类似业务让路[176]。就协商的形式而言，委员会强调，各缔约国应适当考虑相关的土著习惯法。[177]正如美洲人权法院在萨拉马卡民族诉苏里南案中提到消除种族歧视委员会的意见所表明的，委员会的做法有助于在国际法中对 FPIC 的一般理解，并受到这些发展的影响，特别是自《联合国土著人民权利宣言》出现以来。在某些情况中，诉诸国际标准很明确，例如委员会在 2012 年对加拿大的结论性意见中，建议该国"在土著民族的权利可能受到在其土地上开展的项目影响的任何时候，秉承善意落实土著民族的协商权与自由、事先和知情的同意权，就如国际标准所确定的那样"。[178]加拿大对这一做法提出了疑问：

> 在加拿大的情境中，自由、事先和知情的同意……［是］……一个协调进程，土著民族的权利和利益通过这个进程……得到考虑。土著民族问题特别报告员在 2009 年指出，这种同意并没有赋予土著民族一种"否决权"，而是规定有必要制定协商程序，以便达成共识。加拿大赞同这一观点……，土著民族没有权利否决政府为公共利益作出的合法决定。这一概念……应侧重于……促成伙伴关系，以确保土著民族在直接影响其权利和利益的……决策中，得到更充分参与、协商以及酌情便利。[179]

澳大利亚在答复消除种族歧视委员会时（在《联合国土著人民权利宣言》通过之前）辩称，其在行使行政或立法权力方面，并没有获得"知情同意"的国际义务，[180]"个人和民族没有权利以某种特定方式参与一个国家

---

[174] 委员会引用国际劳工组织第 169 号公约第 5 条，在对巴拿马的结论性建议中建议该国"与可能受发展项目和自然资源开发影响的社群协商，以获得它们事先、知情和自愿的同意"；委员会还建议该国停止将其在这方面的责任下放给私营公司：CERD/C/PAN/CO/15-20，para. 14。

[175] 委员会的结论性意见：印度，CERD/C/IND/CO/19，para. 19，建议印度寻求受影响社群的"事先知情同意"；还建议印度保护社群领地免受侵犯。

[176] 委员会在对埃塞俄比亚的结论性意见中请该国提供资料，说明"土著社群有效参与直接涉及其权利和利益的决定，包括它们对建立国家公园的知情同意"的情况：CERD/C/ETH/CO/15，para. 22。

[177] 委员会的结论性意见：纳米比亚，CERD/C/NAM/CO/12，para. 18。

[178] CERD/C/CAN/CO/19-20，para. 20.

[179] CERD/C/SR. 2142，para. 42.

[180] 委员会的结论性意见：澳大利亚，CERD/C/AUS/CO/14/Add. 1，para. 23。

的政治进程"。[181] 委员会呼应《联合国土著人民权利宣言》第 32 条，主张发

展"适当机制"处理土著人的权利要求；从范式上看，这种机制有望将传统
的争端解决和代表机制作为起点。[182]

消除种族歧视委员会使用"自由、事先和知情同意"的基础是委员会先
前提到的"同意"，不管有无限定词。第 23 号一般性建议呼吁土著民族切实
参与公共生活，"未经他们的知情同意，不得作出与他们的权利和利益直接
有关的决定"，并设想归还"未经他们的自由和知情同意"而剥夺的土地和
领地。* 自那以后，委员会的建议在涉及土著人的情况下，越来越大胆地赞
同"自由、事先和知情的同意"，通常有关"影响他们的决定"[183] "他们作为
一个群体的永久权利"[184]，以及在零星情况中涉及土地和资源的使用，包括他
们"拥有或在传统上使用的"土地和资源。[185] 在某些情况下，"自由、事先
和知情同意"的公式被改变：有一次，对于"可能对……健康和生计产生负
面影响"的投资项目，变成了自由、事先和知情的"协商，以期获得同
意"；[186] 委员会还曾建议一个缔约国为族裔群体提供"以自己的方式定义发
展"的机会。[187] 用法并不总是一致的，但在《公约》的解释框架内，逐步走
向标准化的 FPIC。鉴于委员会认可美洲人权法院在萨拉马卡民族诉苏里南

---

181 *Ibid.*, para. 19. 该声明看起来呼应了人权事务委员会在米克马克诉加拿大案中的观点，即
《公民及政治权利国际公约》第 25 条的参与权并不意味着"任何受直接影响的群体，不论大小，都
有选择参与公共事务的模式的无条件权利"（*Mikmaq Tribal Society v Canada*, para. 5. 5），这一主张几
乎不适用于符合各种体制结构的协商进程，也不适用于与某一不确定的"群体"形成对比的土著民
族的具体情况。对米克马克诉加拿大案的评论，见 M. E. Turpel, ' "Indigenous Peoples" Rights of Polit-
ical Participation and Self-Determination: Recent International Legal Developments and the Continuing Struggle
for Recognition', *Cornell International Law Journal* 25 (1992), 579–602。

182 委员会的结论性意见：斐济，CERD/C/FJI/CO/18-20, para. 14；新西兰，CERD/C/NZL/
CO/18-20, para. 18. 另见国际劳工组织第 169 号公约第 6 条；*Yatama v Nicaragua*, IACtHR, Ser. C
No. 127 (2005)；EMRIP Advice No. 2, 关于妇女在传统机制中的作用的第 9、30 和 32 段。

* 第 23 号一般性建议第 4 (d)、5 段。

183 委员会的结论性意见：泰国，CERD/C/THA/CO/11-13, para. 16。

184 委员会的结论性意见：斐济，CERD/C/FJI/CO/18-20, para. 14。

185 委员会的结论性意见：新西兰，CERD/C/NZL/CO/18-20, para. 18。

186 委员会的结论性意见：智利，CERD/C/CHL/CO/19-21, para. 13。

187 委员会的结论性意见：老挝，CERD/C/LAO/CO/16-18, para. 18。

案中的裁决,[188] 委员会对 FPIC 的进路也延及非洲裔人口。

六　自决

　　消除种族歧视委员会 1996 年的第 21 号一般性建议将第 5 条（寅）项与自决权的"对内方面"联系起来:[189]"如……《公约》第 5 条（寅）项所述,每个公民参加处理各任何等级之公务的权利。"[190] 委员会的自决版本的反殖民主义起源十分清楚,因为该一般性建议的措辞呼应了 1960 年的《殖民地独立宣言》和 1970 年的《友好关系宣言》,[191] 尽管只有后者被特别援引。这项建议还呼应了《联合国宪章》《公民及政治权利国际公约》《经济社会文化权利国际公约》《联合国少数人权利宣言》。与对内和对外自决的区别相联系的,是委员会这样的主张,即"国际法并没有承认民族单方面宣布分离的一般权利",[192] 以及这样的结论（参考联合国秘书长的《和平纲领》[193]）,即"国家分裂可能对保护人权以及维护和平与安全有害",[194] 因此重点是第 5 条（寅）项和参加国家生活。

　　第 21 号一般性建议确认,自决权可在独立国家之内适用,并与"属于族裔群体的人的权利,特别是他们过有尊严的生活、维护其文化、公平地分享国家发展的成果并在他们是公民的国家的政府中发挥作用的权利"相联

335

　　188　委员会的结论性意见：苏里南, CERD/C/SUR/CO/12, para. 13; 第 18 段提到了萨拉马卡民族诉苏里南案。就有关迟延履行法院判决的问题, 还提到了莫伊瓦纳诉苏里南案, *Moiwana Community, Members of the Moiwana Village v Suriname*, IACtHR Ser. C No. 124 (2005), 以及萨拉马卡民族诉苏里南案, 并包括一项"与有关土著和马龙（Maroon）社区协商"的建议。

　　189　见本书第五章的讨论。

　　190　第 21 号一般性建议第 4 段。引用第 5 条（寅）项只是近似的, 因为该项没有明确提到公民身份是享有权利的一种条件。如上所述, 委员会根据国际法承认的一般限制, 谨慎地对待非公民的政治权利; 本书第七章讨论的第 30 号一般性建议举例说明了一般做法。

　　191　分别载于联大第 1514（XV）号和第 2625（XXV）号决议。

　　192　第 21 号一般性建议第 6 段。对自由地达成的安排有一个例外, 见本书第五章的讨论。

　　193　全称为《和平纲领：预防性外交、建立和平与维持和平》, 秘书长的报告, A/47/277 - S/ 24111, 1992 年 6 月 17 日。

　　194　第 21 号一般性建议第 6 段。

系。* 该建议在第 5 条（寅）项、更广泛的人权和"族裔群体"的权利之间建立的联系，表面上受到了它呼吁发挥作用的《联合国少数人权利宣言》等文书的影响。该宣言载有一系列权利，包括生存权、身份认同权和参与权，这些权利在土著民族方面都得到了扩大和丰富。

特别是考虑到自决在起草《公约》时作为非殖民化进程的动力的重要性，消除种族歧视委员会在目前的实践中不常提及自决。[195] 自决可能通过引用《联合国土著人民权利宣言》而间接得到认可：该宣言的整个文本都充斥着自决的概念，其序言、第 3 条和第 4 条还明确提到了自决。[196] 加拿大辩称，该宣言是"一份并没有反映习惯国际法的、无法律约束力的文件"，[197] 而委员会却将其解释为它所参考的标准体系的一部分，并用它来"充实"适用于土著民族的《公约》要求。自 2007 年联大通过《联合国土著人民权利宣言》以来，委员会不时引用该宣言：支持其通过得到委员会赞扬，而不执行则遭到委员会批评。[198] 委员会在对美国的结论性意见中，甚至建议使用该宣言"作为解释缔约国根据《公约》在土著民族方面承担的义务的指导"；[199] 在对加拿大的结论性意见中，则建议该国考虑通过一项落实该宣言的国家行动计划。[200]

《联合国土著人民权利宣言》中的自决和参与概念超越了第 21 号一般性建议中的有限公式。伦泽里尼将土著人自决的要求总结为：

> 不歧视和文化完整……保持拥有其传统土地和自然资源的权利；社会福利和发展权；自治权——就其自治（即保留自己的制度和传统法律的权利）和参与……影响他们的决定的权利的双重特征而言。[201]

336

---

* 第 21 号一般性建议第 5 段。

195 委员会的结论性意见：苏里南，CERD/C/SUR/CO/12，para. 18。

196 See H. Quane, 'The UN Declaration on the Rights of Indigenous Peoples：New Directions for Self-Determination and Participatory Rights?' in S. Allen and A. Xanthaki（eds），*Reflections on the UN Declaration on the Rights of Indigenous Peoples*（Hart Publishing，2011），pp. 259–287.

197 *Ibid.*，para. 39.

198 委员会的结论性意见：日本，CERD/C/JPN/CO/3-6，para. 20。

199 CERD/C/USA/CO/6，para. 29.

200 CERD/C/CAN/CO/19-20，para. 19.

201 F. Lenzerini, 'The Trail of Broken Dreams：The Status of Indigenous Peoples in International Law'，in F. Lenzerini（ed.），*Reparations for Indigenous Peoples：International and Comparative Perspectives*（Oxford University Press，2008），pp. 73–116，p. 101.

消除种族歧视委员会一般避免就自决权发表广泛的声明，而是集中注意力于实际应用，主要是在土著民族方面，包括在自我身份认同方面。对于芬兰，委员会建议该缔约国"适当重视萨米人的如下权利：有关他们在芬兰的地位的自决、决定他们自己的成员资格和不被强迫同化"。[202] 对于执行美洲人权法院在萨拉马卡民族诉苏里南案和莫伊瓦纳诉苏里南案中所作判决的情况，委员会敦促苏里南"尤其要承认萨拉马卡民族的社群权利和自决权利"。[203] 委员会对自决的进路与包括实际终结西方殖民制度在内的地缘政治制度的变化相一致，着重关注该原则在各国内部的适用，即该原则的"对内性"（internality），同时注意分离行为对人权可能产生的消极后果等情况。

七　第5条（卯）项

第5条（卯）项规定了一系列其他公民权利。

（一）第5条（卯）项（i）目：在国境内自由迁徙及居住之权

《世界人权宣言》第13条第1款代表着"在一国境内"的迁徙和居住自由权的源头——"在一国境内"（within the borders of each State）在《公约》第5条（卯）项（i）目中被"在国境内"（within the border of the State）所取代。其他背景标准包括《公民及政治权利国际公约》第12条、《移徙工人权利公约》第39条和《残疾人权利公约》第18条。就《公民及政治权利国际公约》而言，这项权利包括在一国全境内迁徙往来的自由、选择居所的自由[204]

---

[202]　委员会的结论性意见：芬兰，CERD/C/FIN/CO/20-22（2013），para.12。另见本书第九章的讨论。

[203]　委员会的结论性意见：苏里南，CERD/C/SUR/CO/12，para.18。

[204]　作为个人选择的个人居住权，除了受到公私权利限制的明显情况外，例如在向土著群体提供土地时也受到限制，例如见人权事务委员会审议的来文，*Lovelace v Canada*，CCPR/C/13/D/24/1977（1981）。该来文涉及在保留地居住的权利，人权事务委员会的决定基于另外的理由即《公民及政治权利国际公约》第27条，有利于申诉人。

和离开的自由，这在《消除种族歧视公约》中是分别规定的。[205] 区域性人权公约也规定了这项权利。[206]《消除对妇女歧视公约》第 15 条第 4 款规定，在"有关人身移动和自由择居的法律方面"，男女应享有相同的权利。有关少数群体和土著民族的文书纳入了根据其文化含义调整的对迁徙自由的解读。例如，国际劳工组织第 169 号公约第 14 条第 1 款提到要特别注意"游牧民族和流动种植者"与土地权利有关的情况，并纳入了防止迁移和重新安置的保护措施；还设想对未经许可侵入土著土地的行为予以处罚。《联合国土著人民权利宣言》第 7、8 和 10 条也反映了类似的一系列规定，为有关迁徙之文化的其他条款的含义以及自决原则所补充。[207] 可以从《联合国少数人权利宣言》第 2 条第 5 款、国际劳工组织第 169 号公约第 32 条以及《联合国土著人民权利宣言》第 36 条关于在文化和相关背景下跨边界联络的权利声明中，推断出对于将其范围限制在国家边界内的迁徙框架的某种扩展。[208]

消除种族歧视委员会的《具体报告准则》没有详细说明这项权利，侵犯这项权利的情况已在第 14 条规定的来文程序中出现。在科普托娃诉斯洛伐克案[209] 中，委员会决定，在市政条例禁止提交人和其他罗姆人进入两个市镇的情况下，迁徙和居住自由权受到了侵犯。虽然条例的措辞明确提到以前在这两个市镇居住的罗姆人以及有关永久居留权等问题，但显然其他罗姆人也同样被

337

205　人权事务委员会第 27 号一般性意见阐述了这项权利：HRI/GEN/1/Rev. 9（Vol. I），pp. 223-227；该权利适用于"合法处在某一国家领土内"的所有人，不得加以限制（《公民及政治权利国际公约》第 12 条第 3 款），除非限制由法律所规定，基于国家安全、公共秩序、公共卫生或道德以及他人的权利和自由的理由，而且与《公民及政治权利国际公约》中承认的其他权利相一致。

206　《非洲人权和民族权宪章》第 12 条、《美洲人权公约》第 22 条、《阿拉伯人权宪章》第 26 条、《欧洲人权公约第四议定书》第 2 条。

207　《联合国土著人民权利宣言》第 8 条有关强制性人口迁移和"其文化被毁灭"的提法呼应了《防止及惩治灭绝种族罪公约》第 2 条中的灭绝种族定义的要素。

208　另见类似的欧洲理事会《保护少数民族框架公约》第 17 条，其解释性说明表明，在一国之内迁徙的权利实际上被该公约其他条款所覆盖，使得该权利如此明显，以至于不需要作单独规定。

209　*Koptova v Slovakia*，CERD/C/57/D/13/1998（2000）. 见本书关于第 2 条和第 3 条的评注。这项权利在其他地方也有争议，例如见 *L. K. v The Netherlands*，CERD/C/42/D/4/1991（1993），尽管委员会对该案的处理并没有依赖于认定这一特定权利受到侵犯。曾有申诉人诉称，阻碍进入特定地区构成对第 3 条的违反：*Dawas and Shawva v Denmark*，CERD/C/80/D/46/2009（2012）. 委员会在该案中认定，虽然《公约》被违反，但有关第 3 条的申诉没有得到证实（para. 6. 2）。

禁止定居。[210] 身为罗姆族裔的来文提交人是一名"受害者","因为她属于这些条例直接针对的人口群体"。[211] 委员会建议斯洛伐克采取必要措施,确保"充分和迅速地消除"限制在其管辖下的罗姆人的迁徙和居住自由的做法。[212]

对迁徙和居住的关切引起了对许多方面的注意,涉及国家实践的各个方面,例如限制获得社会住房和公共土地的语言要求,[213] 或利用规划和分区法律实现"人口平衡"。[214] 在居住登记或批准制度方面对某些族裔群体的歧视,包括但不限于对罗姆人的歧视,引起了评论和建议。这个问题与许多国家的

338

情况有关。消除种族歧视委员会对俄罗斯联邦的结论性意见明确概述了各缔约国需要作出的答复:建议缔约国"监督其居住登记制度的执行情况,惩处那些由于族裔上的歧视理由而拒绝登记的官员,并为受害者提供有效救济,以期消除登记制度对少数族裔的任何歧视性影响"。[215] 委员会注意到,在俄罗斯联邦的情况下,虽然联邦立法规定登记不应成为行使公民的权利(citizens' rights)的先决条件,但在实践中,能否享受许多权利和惠益有赖于此。[216] 委员会还呼吁尊重难民和寻求庇护者在国境内自由迁徙的权利,这一建议可能与提供身份证件有关。国内流离失所者在居住问题上的待遇是另一个令人关切的问题,委员会对此经常回顾关于国内流离失所问题的各项指导原则,[217] 建议遵守这些原则。[218] 委员会在对科威特的结论性意见中,对贝

---

[210] *Koptova v Slovakia*,para. 10. 1. 见本书第四章关于"受害者"的讨论。

[211] *Ibid.*,para. 6. 5.

[212] *Ibid.*,para. 10. 3. 进一步见本书第十章的讨论。

[213] 委员会的结论性意见:比利时,CERD/C/BEL/CO/15,para. 16。

[214] 委员会的结论性意见:以色列,CERD/C/ISR/CO/14-16,para. 25。在委员会对以色列的各项结论性意见中,出现了许多其他广泛涉及迁徙自由的问题,哪怕没有这种具体指向,例如见CERD/C/ISR/CO/14-16,第15、18、20、24、25段(人口平衡)和第29段(明确提到迁徙自由);CERD/C/ISR/CO/13,第33和34段,后一段明确列举了"在被占巴勒斯坦领土上针对特定民族或族裔群体的对迁徙自由的严重限制,特别是通过隔离墙、检查站、限行道路和许可证制度"。这些建议表明,尽管这项权利是以领土内表述的,但它也要适用于域外;人权事务委员会也采取了类似的路径,见其对以色列的结论性意见:CCPR/C/ISR/CO/3(2010)。

[215] CERD/C/RUS/CO/19,para. 22;另见该意见第23段,有关前苏联公民获得居住登记的问题。

[216] *Ibid.*,para. 22. See also CERD/C/RUS/CO/20-22,para. 16.

[217] UN Doc. E/CN. 4/1998/53/Add. 2.

[218] 委员会的结论性意见:印度尼西亚,CERD/C/IDN/CO/3,para. 18;菲律宾,CERD/C/PHL/CO/20,para. 19。

都因人（无国籍人）——其中许多在科威特居住了很长时间——表示关切的是，除其他外，他们"并不总是能够返回科威特，这有违迁徙自由的权利"，委员会引用了第 2、5 和 6 条以及第 30 号一般性建议以支持其总体建议。[219]

对于文化与迁徙密切相关的群体——游牧或半游牧群体、漂泊者等，消除种族歧视委员会的建议往往将迁徙问题与土地权、住房权、获得教育权和参与影响他们的决定的权利联系起来。[220] 在其他情况下，主要强调的是迁徙自由本身。在委员会对法国的结论性意见中，有一项有关迁徙自由的建议提出取消对漂泊者的旅行许可，以"确保该缔约国所有公民享有平等待遇"。[221] 委员会在对坦桑尼亚的结论性建议中请该国提供详细资料，说明游牧和半游牧族裔群体的状况，以及为确保其享受《公约》规定的权利，特别是迁徙自由和参与影响他们的决定的权利而采取的特别措施。[222]

消除种族歧视委员会一直批评这样的情况：搬迁和类似国家政策违反国际标准，被设计或用以使狩猎采集者或其他游牧群体等"定居"（sedentarize），并实际上妨碍他们将自己的文化传给后代。[223] 强迫定居和相关的驱逐政策不可避免地涉及侵犯一系列无区别或有区别（针对具体群体）的人权，既有公民权利和政治权利，经济、社会和文化权利，也有个人权利和集体权利。委员会建议的指向是遵守关于搬迁的国际标准，通常将文化影响、协商和同意等方面用作对歧视的全面分析的一部分，[224] 在此之前或同时呼吁根据国际标准承认这些群体。[225]

339

---

[219]　CERD/C/KWT/CO/15-20，para. 17.

[220]　第 27 号一般性建议（第 32 段）建议各缔约国"视情况采取必要措施为罗姆游牧群体或漂泊者提供具有必要设施的放置拖车的营地"。

[221]　CERD/C/FRA/CO/17-19，para. 16（2010）.

[222]　CERD/C/TZA/CO/16，para. 16. 提到的群体是巴百格人（Barbaig）、马赛人（Maasai）和哈格扎比人（Haqdzabe）。

[223]　委员会的结论性意见：博茨瓦纳，CERD/C/61/CO/2，para. 13；以色列，CERD/C/ISR/CO/14-16，paras 20 and 25（有关贝都因人）。关于定居和相关政策的一般观点，见 J. Gilbert, *Nomadic Peoples and Human Rights*（Routledge，2014）。

[224]　委员会的结论性意见：危地马拉，CERD/C/GTM/CO/12-13，para. 11；老挝，CERD/C/LAO/CO/16-18，para. 18；墨西哥，CERD/C/MEX/CO/16-17，para. 17. 对危地马拉的非常广泛的意见建议该缔约国确保遵守国际劳工组织第 169 号公约第 16 条第 2 款和《联合国土著人民权利宣言》第 10 条。

[225]　见本书第六章的讨论。

（二）第 5 条（卯）项（ii）目：有权离去任何国家，连其本国在内，并有权归返其本国

离开和返回的权利借鉴了《世界人权宣言》第 13 条第 2 款，也见于其他国际文书，包括《公民及政治权利国际公约》第 12 条、《移徙工人权利公约》第 8 条和《儿童权利公约》第 10 条。这一权利也得到区域文书的承认，包括《非洲人权和民族权宪章》第 12 条、《美洲人权公约》第 22 条、《阿拉伯人权宪章》第 27 条和《欧洲人权公约第四议定书》。这项权利（在部分程度上）是人权事务委员会的一项广泛的一般性意见的主题，其解释了一个人"进入其本国的权利承认了这个人与该国家之间的特殊关系"，其中包括留在该国的权利和返回该国的权利——后一权利被视为"对于寻求自愿遣返的难民至关重要"；这项权利还意味着禁止强迫转移人口或向其他国家大规模驱逐人员。[226]

消除种族歧视委员会没有广泛地讨论这一权利。参考人权事务委员会有关难民和寻求庇护者的各项意见，消除种族歧视委员会"有关第 5 条和难民"的第 22 号一般性建议回顾了第 20 号一般性建议，将消除歧视的义务适用于整个人权范围。在一些情况下，消除种族歧视委员会对遣返的条件和情况提出了问题，并对遣返不出于自愿进行表示了关切。[227]

消除种族歧视委员会在结论性意见中，提及了可能具有种族动机的集体驱逐的隐患。委员会在对法国的结论性意见中，使用了"集体遣返"（罗姆人）而不是"驱逐"的说法。[228]委员会对此表示关切的是，"罗姆人群体未经所有有关个人的自由、充分和知情的同意就被送回原籍国"。[229]委员会在对

---

[226]　人权事务委员会第 27 号一般性意见第 19 和 20 段。

[227]　委员会的结论性意见：古巴，CERD/C/CUB/CO/14-18，para. 20；老挝，CERD/C/LAO/CO/16-18，para. 12（有关苗族人）；摩尔多瓦，CERD/C/MDA/CO/8-9，para. 13。

[228]　委员会注意到有报告称，罗姆人群体"未经所有有关个人的自由、充分和知情的同意，被送回了原籍国"，并特别建议该缔约国避免"集体遣返"：CERD/C/FRA/CO/17-19，para. 14。《欧洲人权公约第四议定书》第 4 条禁止集体驱逐外国人。见欧洲人权法院关于罗姆人的案件：*Čonka v Belgium*，App. No. 51564/99（2002）。

[229]　CERD/C/FRA/CO/17-19，para. 14.

意大利的结论性意见中明确提到了"违反关于保护难民或寻求庇护者的国际准则的情况"；[230] 欧洲人权法院裁决的一个案件证明了这一点，[231] 因为该案忆及，"根据……国际人权法，该缔约国有义务尊重不推回原则，并确保移民不受集体驱逐"。在委员会对多米尼加共和国的结论性意见提出的建议中，能发现对递解出境领域所需的非歧视性框架的更详细说明，其中委员会关切的是，有资料表明，海地籍移民被拘禁，在未经正当程序的情况下被集体递解出境。委员会建议该缔约国确保：

340

> 关于递解出境或移除非公民的其他形式的法律没有基于种族等原因的歧视性；
>
> 非公民不受集体驱逐，"特别是在没有充分保障每一有关人员的个人情况已得到考虑的情况下"；
>
> 应避免可能对家庭生活权造成不成比例侵扰的驱逐；
>
> 非公民具有平等机会获得有效救济，包括有权对驱逐令提出疑问；
>
> 在处理无证件移民问题上，采取"人道和国际公认的"措施。[232]

(三) 第 5 条（卯）项（iii）目：享有国籍之权

消除种族歧视委员会的《具体报告准则》要求缔约国提供资料，说明为确保"特定非公民群体在获得公民身份或入籍方面不受歧视"而采取的措施。[233] 缔约国还要提供资料，说明长期或永久居民的具体情况，说明"对于公民的非公民配偶（女性和男性），是否就获得公民身份的待遇适用不同的标准"，[234] 并说明为减少无国籍状态而采取的行动。

国际法从一开始就关注"外国人"或非国民的权利和利益，因为现实情

230　CERD/C/ITA/CO/16-18，para. 22.

231　所提到但未指名的案件是：*Hirsi Jamaa and Others v Italy*，App. No. 27765/09（2012），有关索马里和厄立特里亚移民在海上被意大利当局拦截后返回利比亚。欧洲人权法院认定这违反了有关集体驱逐的《欧洲人权公约第四议定书》第 4 条以及其他一些条款，包括有关不人道和有辱人格待遇的《欧洲人权公约》第 3 条，但没有同时认定种族歧视或其他歧视。

232　CERD/C/DOM/CO/12，para. 13.

233　另见本书关于非公民的第七章。

234　见本书第七章。

况是，虐待另一国国民极有可能引起国际反响；[235] 关于保护"少数群体"的特别条约和宣言代表了实用主义的类似做法。[236] 在国际法院审理的诺特鲍姆案中，国籍被定义为"一种法律纽带，其基础是关联的社会事实，存在、利益和情感的真正联系，以及对等的权利和义务的存在"。[237]《欧洲国籍公约》将国籍概括为"人与国家之间的法律纽带"，并补充说，这个意义上的国籍"并不表明该人的族裔本源"。[238] 虽然国籍问题一般被视为属于国家的国内管辖事项，[239] 但1930年《关于国籍法冲突的若干问题的海牙公约》以一般性措辞预示了限制国家的这一自由的法律可能性；[240] 该公约规定，虽然应由每个国家确定谁是其国民，但"只有符合国际公约、国际习惯和关于国籍的普遍公认的法律原则"，这种确定才会得到承认。在伊安和博西科诉多米尼加共和国案中，美洲人权法院声明，虽然"确定谁有权成为一国国民仍然属于一国的国内管辖事项……但随着国际法的演变，国家在这方面的自由裁量权正逐渐受到限制"。[241] 享有国籍权这种观念，以及在国籍授予、拒绝和剥夺方面避免种族歧视，起到的作用是当代对国家行使自由裁量权的重大限制。

关于国籍的背景标准散见于人权文书中。[242]《世界人权宣言》第15条明确宣布拥有国籍的权利，任何人不得被任意剥夺国籍，其更改国籍的权利不得被否认。莫辛克认为起草《世界人权宣言》中这一权利的背景，在一定程度上是对剥夺犹太人公民身份的纳粹政策的一种反应，并援引了科诺特（Conot）的说法，即剥夺公民身份对于扼杀犹太人的命运，比纽伦堡法更重

235　简要的历史回顾和参考文献，见 R. Kolb, 'The Protection of the Individual in Times of War and Peace', in B. Fassbender and A. Peters (eds), *The Oxford Handbook of the History of International Law* (Oxford University Press, 2012), pp. 317–337。

236　P. Thornberry, *International Law and the Rights of Minorities* (Clarendon Press, 1991).

237　*Nottebohm (Liechtenstein v Guatemala)*, ICJ Reports 1955, p. 23.

238　*European Convention on Nationality*, ETS 166 (1997), Article 2.

239　*Tunis and Morocco Nationality Decrees*, PCIJ Reports (1923), Series B, No. 4.

240　*Hague Convention on Certain Questions relating to the Conflict of Nationality Laws*, 179 LNTS 80.

241　*Dilcia Yean and Violeta Bosico v Dominican Republic*, IACtHR, Ser. C, No. 130 (2005), para. 140.

242　Weissbrodt, *The Human Rights of Non-Citizens*, *passim*.

要。[243]《世界人权宣言》中这一权利的不完善法（lex imperfecta）方面——它没有指明授予公民身份的义务的承载者，在后来的文书中得到一定程度的弥补，特别是《美洲人权公约》第20条提到了出生在一国的人有权获得该国的国籍，但条件是他们没有权利获得任何其他国籍。《公民及政治权利国际公约》第24条第3款确认每个儿童都有权获得一个国籍，《儿童权利公约》第7条和第8条进一步发展了这项规定，涵盖了包括国籍权在内的身份权，缔约国应确保这项权利得到实施，"尤应注意不如此儿童即无国籍之情形"；《移徙工人权利公约》第29条亦如此。《残疾人权利公约》第18条也规定了国籍权，而《消除对妇女歧视公约》第9条旨在确保国籍权平等地适用于男子和妇女。关于国籍权的区域性规定包括《美洲人权公约》第20条和《阿拉伯人权宪章》第29条。应当忆及，国籍出现在国际联盟的少数民族条约规定的权利中，[244] 却没有出现在1992年《联合国少数人权利宣言》中；《联合国土著人民权利宣言》则干脆规定："每个土著个人都有权拥有国籍。"[245]

一般人权文本中的规定由关于无国籍状态的两项主要公约补充：1954年《关于无国籍人地位的公约》和1961年《减少无国籍状态公约》。前者侧重于保护无国籍人，后者则侧重于减少无国籍状态。如本书第七章所述，只在为数极少的文书中，国籍才是一种被禁止的歧视理由，[246] 但可以在"民族本源"或"其他身份"项下处理。[247] 虽然在普遍人权的语境内，将国籍权视为"享有权利的权利"并不绝对准确，[248] 但国籍和公民身份在实践中是通向享受人权的一扇门，而国籍权被美洲人权委员会认为是"继生命权之后"最重

342

---

[243] Morsink, *The Universal Declaration*, p. 80, citing R. E. Conot, *Justice at Nuremburg* (Harper and Row, 1983). 莫辛克补充说，就无国籍状态而言，"没有国籍或根本不是任何国家的公民，就是全无遮挡地处于充斥着国际事务的世界之中。这是一个人孤零零地面对国家侵害而没有保护的状态……。正如……纳粹的实践所表明的那样，拥有国籍的权利并不是一些人所认为的奢侈品"。

[244] 见本书第二章。

[245] 第6条。第33条涉及土著公民身份。

[246] 例如《移徙工人权利公约》第1条和第7条。

[247] Vandenhole, *Non-Discrimination and Equality*, Chapter III.

[248] Justice Warren in *Perez v Brownell* (1958) 356 US 44, 64, cited in Weissbrodt, *The Human Rights of Non-Citizens*, p. 81.

要的人权之一。[249] 在《消除种族歧视公约》的语境中，第 5 条对国籍权的表述与第 1 条第 2、3 款的规定形成了对比。

不歧视的作用是限制国家在国籍问题上的自由，适用于国籍的取得、继受或改变以及剥夺；歧视也是"任意剥夺"国籍的组成部分。对《消除种族歧视公约》的规定形成补充的，是 1954 年《关于无国籍人地位的公约》第 3 条，其中规定该公约的条款适用于无国籍人，"无分种族、宗教或原籍国（country of origin）"，以及 1961 年《减少无国籍状态公约》第 9 条，其中规定缔约国"不得根据种族、人种（ethnic）、宗教或政治理由而剥夺任何人或任何一类人的国籍"。

消除种族歧视委员会关于对非公民的歧视的第 30 号一般性建议包括有关"取得公民身份"的重要一节（第四节），这一节除了涉及不受歧视地"取得"的问题外，还涉及剥夺和拒绝公民身份、减少无国籍状态以及使缔约国管辖范围内被继承国的前公民的地位正规化。[250] 关于剥夺的规定很简洁，承认基于种族等理由剥夺公民身份"违反缔约国确保非歧视性享有国籍权的义务"。[251]

就国籍的取得而言，缔约国之内长期居民的地位以及使他们的状态正常化的必要性引起了一些推理，这些推理呼应了"真实和有效的联系"等国际法的一般概念。针对科威特的贝都因人，消除种族歧视委员会建议该国考虑"特别是将长期居住在科威特、能够证明具有与该国真实和有效的联系或者曾在或正在警察、军队和其他国家机构服务的人"归化入籍为公民。[252] 当某些特定群体由于其民族本源[253]或某些情况下由于其宗教而难以获得居住国公民身份时，也出现了类似问题：就马尔代夫而言，有关"民族或族裔本源"

249　Inter-American Commission on Human Rights, *Third Report on the Situation of Human Rights in Chile*, cited in *Written Comments on the Case of Dilcia Yean and Violeta Bosico v Dominican Republic*, Open Society Justice Initiative, April 2005, p. 20.

250　第 30 号一般性建议第 4 段。更多讨论见本书第七章。

251　第 30 号一般性建议第 14 段。

252　委员会的结论性意见：科威特，CERD/C/KWT/CO/15-20，para. 17。

253　委员会的结论性意见：意大利，CERD/C/ITA/CO/16-18，para. 24，有关在南斯拉夫解体后抵达意大利但未被允许获得公民身份的罗姆人。

的关切与有关宗教归属的关切相互交叉。[254] 确保归化入籍程序不歧视"特定
非公民群体"的建议反映了标准做法，并呼应了第1条第3款。[255]

对于成功归化入籍的语言障碍是一个有关门槛的问题；在大多数情况
下，消除种族歧视委员会建议降低语言标准，以便使这项权利确能切实实
现。[256] 看来主要适用于某一群体的、获得公民身份证件的烦冗行政程序也引
起了委员会的批评。[257] 为获得公民身份而改名的压力引起了委员会的评论——
委员会借此机会回顾称，"个人的名字是文化身份特性的一个基本方面"，[258]
这一命题使《公约》在族裔/文化语境中向姓名权展开。[259] 无国籍问题明确
地与享有权利相联系，[260] 包括承认无国籍人可能因其处境而"实际被剥夺人
权和自由"。[261]

关于性别交叉情况，奥托指出，第25号一般性建议主要侧重于对妇女
的暴力，[262] 就该一般性建议而言，这一评论是准确的，因为其第2段中的性
别/种族交叉情况的例子集中于强迫绝育、种族偏见驱动的强奸等情况。消

---

[254] 委员会在对该国的一项直截了当的结论性意见中，表示特别关切"宪法中的歧视性规定，
即所有马尔代夫人都应该是穆斯林……这主要影响具有不同民族或族裔本源的人"。委员会在其批评
性的意见中特别提到了第30号一般性建议和第5条（卯）项（vii）目：CERD/C/MDV/CO/5-12，
para. 10。

[255] 委员会的结论性意见：塞浦路斯，CERD/C/CYP/CO/17-22，para. 18；马尔代夫，CERD/
C/MDV/CO/5-12，para. 10。

[256] 委员会的结论性意见：爱沙尼亚，CERD/C/EST/CO/8-9，para. 13。

[257] 委员会的结论性意见：柬埔寨，CERD/C/KHM/CO/8-13，para. 18，有关下高棉人（Khmer
Krom）。

[258] 委员会的结论性意见：日本，CERD/C/JPN/CO/3-6，para. 16。

[259] 关于姓名的一般情况，见《公民及政治权利国际公约》第24条、《儿童权利公约》第7条
和第8条；关于少数群体的具体情况，见欧洲理事会《保护少数民族框架公约》第11条第1款。另
见人权事务委员会和欧洲人权法院的如下案件：*Müller and Engelhard v Namibia*，CCPR/C/24/D/919/
2000（2002）；*Coeriel and Aurik v The Netherlands*，CCPR/C/52/D/433/1991；*Stjerna v Finland*，App.
No. 18131/91（1994）。

[260] 委员会的结论性意见：塞尔维亚，CERD/C/SRB/CO/1，para. 19。对爱沙尼亚、拉脱维
亚和斯洛文尼亚等国的结论性意见提到了自各该国独立后一直有关缔约国领土上的群体的无国
籍问题。

[261] 委员会的结论性意见：土库曼斯坦，CERD/C/TKM/CO/6-7，para. 118。

[262] D. Otto, 'Women's Rights', in D. Moeckli, S. Shah, and S. Sivakumaran（eds），*International
Human Rights Law*（2nd edn，Oxford University Press，2011），pp. 316-332，at pp. 329-330. 另见本书
有关"交叉性"的第六章。

除种族歧视委员会对国籍继受的关切为这一评论增添了另一个视角，因为几乎在所有情况中，都限制妇女在与男子平等的基础上将其国籍传给配偶和子女的权利，因此委员会的建议中充斥着取消限制、使相关情况在性别意义上平等的内容。[263]

（四）第 5 条（卯）项（iv）目：缔结婚姻及选择配偶之权

消除种族歧视委员会的《具体报告准则》没有详细说明这项权利。

344　背景性人权文书规定，只有经有意双方自由和完全的同意，才能缔结婚姻；[264] 关于选择配偶的规定还出现在《消除对妇女歧视公约》第 16 条中。考虑到在跨种族婚姻方面《公约》背后的动机，[265] 施韦布直截了当地声称："禁止不同种族的人之间通婚，即所谓的反种族通婚法……不符合《公约》。"[266] 只有一个国家（也门）维持着一项对第 5 条（卯）项（iv）目的具体保留。

目前并不存在对种族通婚的正式法律禁止，尽管婚姻法律和惯例在某些人员和社群类别方面继续引起消除种族歧视委员会的关注。对结婚权利的限

---

[263] 所述情况例如见委员会的结论性意见：约旦，CERD/C/JOR/CO/13-17, para. 11；科威特，CERD/C/KWT/CO/15-20, para. 18；阿曼，CERD/C/OMN/CO/1, para. 18；卡塔尔，CERD/C/QAT/CO/13-16, para. 16。

[264] 《世界人权宣言》第 16 条作为主要的背景，启示了《公约》，因为该条规定："一、成年男女，不受种族、国籍或宗教之任何限制，有权婚嫁及成立家庭。男女在婚姻方面，在结合期间及在解除婚约时，俱有平等权利。二、婚约之缔订仅能以男女双方之自由完全承诺为之。三、家庭为社会之当然基本团体单位，并应受社会及国家之保护。"另见《消除对妇女歧视公约》第 16 条关于结婚、配偶选择、婚姻期间和解除婚姻时的权利和责任等的规定，以及消除对妇女歧视委员会关于婚姻平等的第 21 号一般性建议（1994 年）。另见，除其他外，《非洲人权和民族权宪章关于妇女权利的议定书》第 6 和 7 条。《美洲人权公约》第 17 条、《阿拉伯人权宪章》第 33 条和《欧洲人权公约》第 12 条也包括关于婚姻和家庭的规定。

[265] 见本书关于第 3 条的第十章；另见 P. Pascoe, *What Comes Naturally: Miscegenation Laws and the Making of Race in America* (Oxford University Press, 2010). 反种族通婚法在相当多的国家普遍存在，简单概要见 <http://en.wikipedia.org/wiki/Racial_segregation>，以及本书第十章的讨论。

[266] E. Schwelb, 'The International Convention on the Elimination of All Forms of Racial Discrimination', *International and Comparative Law Quarterly* 15/4 (1966), 1026. 他没有提到不同国籍或宗教的人之间结婚的"障碍"，大概是因为第 1 条第 2 款中的限制性规定，还因为"宗教"没有在第 1 条或第 5 条中被明确列为禁止歧视的理由。Partsch, 'Elimination of Racial Discrimination in the Enjoyment of Civil and Political Rights', 245, 也明确指出，提到选择配偶是"为了使一些国家现行的禁止种族通婚的法律无效"。

制，例如要求国民和非国民之间的婚姻事先获得部长批准，引起了委员会的关切；引起关切的还有，除非非国民是某一特定区域国家集团的国民，否则这类婚姻得不到保障。[267] 处理虚假或强迫婚姻的立法也在歧视的角度引起了注意。委员会虽然不质疑这类立法的积极人权动机，但表示，在打击强迫婚姻方面过于热心，例如在有年轻外国配偶的情况下进行"特别调查"，[268] 可能会引起对特定社群的歧视问题。委员会在对挪威的结论性意见中表示赞许该缔约国的《反对强迫婚姻行动计划》，但表示关切的是，过分关注这一问题可能被视为"对属于某些少数群体的妇女和女孩的污名化"。[269] 委员会在对英国的结论性意见中表示关切的是，为防止强迫婚姻而提高家庭团聚的婚姻签证年龄；委员会异乎寻常地直接表示，这种提高侵犯了"达到法定最低结婚年龄的人的权利，因为它主要影响族裔少数"以及其他人。[270]

婚姻自由的社会或文化障碍也引起了一些问题。对于基于世系的群体，第 29 号一般性建议要求各缔约国采取"坚决措施，以保障愿与社群外的人通婚的……社群成员的婚姻权利"。[271] 消除种族歧视委员会在对印度的结论性意见中表示关切的是，"持续存在事实上排除达利特人（贱民）和非达利特人之间婚姻的有关纯洁和玷污的社会规范"，以及对跨种姓夫妇的暴力和社会制裁。[272] 委员会在对日本的结论性意见中，就"部落民"（Burakumin）的情况，建议禁止出于歧视目的使用家庭登记制度。[273] 委员会在对加拿大的结论性意见中，敦促该缔约国与包括土著妇女组织在内的"第一民族"（First Nations）组织和社群协商，"切实解决《印第安人法》对土著妇女……结

345

267　委员会的结论性意见：卡塔尔，CERD/C/60/CO/11，paras 13 and 14。对后一种情况，委员会认为这种区分是基于民族本源的。

268　委员会的结论性意见：冰岛，CERD/C/ISL/CO/20，para. 17；丹麦，CERD/C/DNK/CO/18-19，para. 14。对丹麦，委员会建议该国评估其家庭团聚立法对家庭生活权、婚姻权和择偶权的种族影响；该立法要求，出于家庭团聚的目的，夫妻双方都必须年满 24 岁，而且他们与丹麦的联系必须强于与任何其他国家的联系。同时，委员会请丹麦考虑，除其他外，"对受影响权利的限制"是否超过了"它试图防止的危害，即强迫婚姻和早婚"。

269　CERD/C/NOR/CO/19-20，para. 15.

270　CERD/C/GBR/CO/18-20，para. 26.

271　第 29 号一般性建议第 6 (ff) 段。

272　CERD/C/IND/CO/19，para. 18.

273　CERD/C/JPN/CO/3-6，para. 18.

婚、择偶、拥有财产和继承权利的歧视性影响"。[274]

　　除了社群外力量造成的法律或社会障碍外，消除种族歧视委员会的各项建议还涉及据称在某些群体中普遍存在的早婚或童婚问题。[275] 这一方面建议的总趋势是提出与有关社群协商后坚决处理这些做法。[276] 委员会在对克罗地亚的结论性意见中关切地注意到，尽管法律禁止早婚，但罗姆族女孩往往年纪很小就结婚；委员会建议该缔约国"与受影响的社群协商，确保有效实施其关于法定结婚年龄的法律，并在有关群体中开展运动，提高对这种婚姻非法性的认识"，其中还提请该缔约国注意第 25 号和第 27 号一般性建议。[277] 在另一个场合，委员会要求一国提供详细资料，说明"适用于土著和部落社群的婚姻规则和惯例"，以确保"妇女的权利得到尊重，不论她们属于哪个社群"。[278] 委员会对习惯法可能在婚姻和继承领域对女性不利所表达的关切，确认了在国家立法和国家支持的行动的正式方面之外适用第 5 条的广泛做法。所提出的与婚姻习俗有关的大部分问题完全是"性别化"（gendered）的。[279]

　　虽然《公约》没有提及"家庭"本身，但消除种族歧视委员会简明扼要地提到了"家庭生活、缔结婚姻和选择配偶的权利"，[280] 并多次对家庭团

346

---

[274] CERD/C/CAN/CO/18，para. 15. 比较人权事务委员会根据《公民及政治权利国际公约》处理的案件：*Lovelace v Canada*，A/36/40，166（1981）。

[275] 委员会的结论性意见：意大利，CERD/C/ITA/CO/15，para. 20，有关"早婚，特别是罗姆女童的早婚"。

[276] 委员会在对印度的结论性意见中只是建议该缔约国应"切实执行禁止童婚的规定"：CERD/C/IND/CO/19，para. 18。

[277] CERD/C/HRV/CO/8，para. 18。除其他外，见人权理事会 2015 年的决议《加大力度防止和消除童婚、早婚和强迫婚姻》，A/HRC/29/L. 15；消除对妇女歧视委员会第 31 号以及儿童权利委员会第 18 号关于有害习俗的联合一般性建议/意见。

[278] 委员会的结论性意见：苏里南，CERD/C/64/CO/9，para. 25。

[279] 关于国籍继受基于性别规则的情况，见对第 5 条（卯）项（iii）目的讨论。

[280] 委员会的结论性意见：丹麦，CERD/C/DNK/CO/18-19，para. 14。关于人权背景，除上述《世界人权宣言》第 16 条及其他规定外，见《公民及政治权利国际公约》第 23 条，《经济社会文化权利国际公约》第 10 条，《消除对妇女歧视公约》第 16 条，《儿童权利公约》第 5、10 条，《移徙工人权利公约》第 44、50 条，《残疾人权利公约》第 23 条。对家庭的进一步提及也散见于这些文书。关于家庭、文化、族裔性之间的联系，见人权事务委员会审议的来文：*Hopu and Bessert v France*，CCPR/C/60/D/549/1993（1997）。

聚受到阻碍表示关切，这体现在一些决定中。[281] 家庭状况可能产生各种各样的人权关切。委员会在对捷克共和国的结论性意见中提出的侧重于教育权和"特殊学校"的建议进一步引起的关切是，不成比例的罗姆儿童从其家庭中被带走、被安置在国家机构中，这导致了委员会建议该国确保儿童"不被剥夺家庭生活的权利"和受教育的权利。[282]

（五）第 5 条（卯）项（v）目：单独占有或与他人合有财产之权 *

汤加的一项保留（很具体地就叫"保留"）反对这一规定，保留权利在如下限度内不适用《公约》："禁止或限制土著居民转让土地"的任何法律可能无法满足第 5 条（卯）项（v）目规定的义务。没有对这一保留提出反对的记录。

消除种族歧视委员会的《具体报告准则》没有阐明这项权利。

第 5 条（卯）项（v）目的表述（部分）重复了《世界人权宣言》第 17 条第 1 款的公式。[283] 财产权没有出现在《公民及政治权利国际公约》或《经济社会文化权利国际公约》中，但在《消除对妇女歧视公约》[284]、《移徙

281　Decision 2（65），A/59/18，para. 17，有关以色列暂停以色列公民与居住在约旦河西岸的人之间的家庭团聚（为期一年、可能延长）。后来对这项立法的评论见委员会的结论性意见：以色列，CERD/C/ISR/CO/14-16，para. 18，其中委员会鉴于对将巴勒斯坦裔以色列公民作为目标的关切，敦促该缔约国"废止《公民身份和进入以色列（暂行规定）》"，并促进所有公民的家庭团聚，不论其族裔或者民族或其他本源"。

282　CERD/C/CZE/CO/7，para. 17.

*　该小标题与《公约》文本不同，后者的表述为"单独占有及（as well as）与他人合有财产之权"。

283　《公约》没有提及剥夺财产；《世界人权宣言》第 17 条规定，人人"有权单独占有或与他人合有财产"，任何人"之财产不容无理剥夺"。原则上，这项权利同时适用于个人和集体所有权形式：C. Krause and G. Alfredsson，'Article 17'，in G. Alfredsson and A. Eide（eds），*The Universal Declaration of Human Rights: A Common Standard of Achievement*（Martinus Nijhoff Publishers，1999），pp. 359-378。（该书已有中译本。〔瑞典〕格德门德尔·阿尔弗雷德松、〔挪威〕阿斯布佐恩·艾德编《〈世界人权宣言〉：努力实现的共同标准》，中国人权研究会组织翻译，四川人民出版社，1999。——译者注）提到剥夺的可能性表明这项权利不是绝对的。一般性探讨见 T. R. G. van Banning，*The Human Right to Property*（Intersentia，2002）。

284　第 15 条和第 16 条。

工人权利公约》[285]、《残疾人权利公约》[286] 和区域性人权文书中被提到，[287] 也在联合国"核心"人权文书和其他文件中作为一项禁止歧视的理由发挥作用。[288] 就《消除种族歧视公约》的现实范围内的群体而言，《关于难民地位的公约》第 13 条和第 14 条涉及各种财产类别——动产、不动产、工业财产。[289] 财产主题在国际劳工组织第 169 号公约中也很突出，主要集中于土地和领地的集体所有权、"有关民族对其传统占有的土地的所有权和占有权应得到承认"等方面。[290]《联合国土著人民权利宣言》提到了涉及土著民族的各种各样的财产——"文化的、知识的、宗教的和精神的"，[291] 对此还可以提到该文书对土著土地、领地和资源的总体关切。[292] 在一般人权法中，对"财产"的解读很广泛，与法语用词"*biens*"相一致，从而包括动产和不动产。

消除种族歧视委员会强调，在冲突后返回[293]或递解出境后（对于"以前被递解出境的"群体）返回、试图收回财产时，以及在恢复原状和赔偿时，应给予平等待遇；并呼吁尊重财产权利，不论所有人的族裔或民族本源如何。第 22 号一般性建议规定了冲突后的标准，其中根据族裔标准处理了造成难民潮和流离失所情况的冲突结束后的问题。该建议第 2（c）段强调，所有这些难民和流离失所者"在回到原籍地后，均有权收回在冲突期间被剥

285　第 15 条。

286　第 12 条和第 30 条。

287　《非洲人权和民族权宪章》第 14 条和第 21 条，后者提到各民族自由处置财富和自然资源权利的个人和集体方面；《美洲人的权利和义务宣言》第 23 条；《美洲人权公约》第 21 条；《阿拉伯人权宪章》第 31 条；《欧洲人权公约第一议定书》第 1 条（在"和平享有财产"的标题下）——被欧洲人权法院解释为反映了财产权：*Marckx v Belgium*，App. No. 6833/74（1979），para. 63。

288　《世界人权宣言》第 2 条，《经济社会文化权利国际公约》第 2 条，《公民及政治权利国际公约》第 2 条、第 24 条和第 26 条，《儿童权利公约》第 2 条以及《移徙工人权利公约》第 1 条和第 7 条。

289　另见 *Housing and Property Restitution in the Context of the Return of Refugees and Displaced Persons*：*Final Report of the Special Rapporteur*（The Pinheiro Principles），E/CN. 3/Sub. 2/2005/17, 28 June 2005, 以及本书第十四章。

290　第 14 条。另见第 4 条和第 15~19 条。

291　第 11 条和第 31 条。

292　非洲人权和民族权委员会承认，根据《非洲人权和民族权宪章》第 14 条，土地构成财产：*Malawi African Association and Others v Mauritania*，ACHPR Comm. Nos. 54/91，61/91，98/93，164/97，196/97，2110/98，para. 128；also *Endorois v Kenya*，para. 187。

293　委员会的结论性意见：克罗地亚，CERD/C/60/CO/4, paras 13 and 15。

夺的财产，就不能收回部分得到适当赔偿"。委员会在一些情况中讨论了收回和赔偿问题，特别是对于苏联和南斯拉夫解体后形成的国家。[294] 委员会在对乌克兰的结论性意见中，呼吁恢复鞑靼人的政治、社会和经济权利，"特别是归还包括土地在内的财产或……赔偿财产损失"。[295] 委员会也以类似的方式在对格鲁吉亚的结论性意见中针对梅斯赫特突厥裔（Meshketian Turks）提出了建议。[296] 委员会还试图批评限制移徙工人和外国居民购买和拥有财产的情况，[297] 并使用第 30 号一般性建议来加强这一点。

　　"单独占有或与他人合有"这一说法指向一项具有集体维度的权利。第 5 条（卯）项（v）目的措辞在结构上类似于《世界人权宣言》所表达的财产权，也大致类似于《公民及政治权利国际公约》第 27 条中属于少数群体的人"与团体中其他分子共同"享受的权利。少数人的权利通常表述为要集体行使的个人权利；例如，在《联合国少数人权利宣言》的短短文本中，"属于少数群体的人"这一措辞使用了 25 次。这样的措辞并不完全等同于"硬的"集体或群体权利，后者允许基于权利针对组成群体的个人的集体行动以及对外部世界的防御。土著民族权利的构建是同时在"硬"和"软"的群体权利的意义上的，这表明在许多情况下，一种权利之社群主义观念的主导性（而不是个人权利的集合）在《联合国土著人民权利宣言》等情况中都被吸收进了自决权这一总括性权利中。[298]

348

　　虽然社群主义的、集体的概念最广泛地反映在有关土著民族权利的国际文书中，但在像《消除种族歧视公约》这样没有具体提到土著民族的文书中，集体财产权的概念有了一种显著的、理论上的扩展，这突出表现在美洲人权制度的机构中，这些机构尤其集中关注开头就称"人人有权使用和享受其财产"的《美洲人权公约》第 21 条。一个关键的参照是玛雅格纳·阿瓦

294　就后者而言，见委员会第 1（55）号决定，A/54/18, p. 10（1999）。

295　CERD/C/UKR/CO/19-21, para. 17.

296　CERD/C/GEO/CO/4-5, para. 18.

297　委员会的结论性意见：卡塔尔，CERD/C/QAT/CO/13-16, para. 18。

298　见本书第十五章的进一步讨论。

斯·廷尼社群诉尼加拉瓜案。[299] 在不存在该社群声称的土地所有权契约的情况下，[300] 美洲人权法院将《美洲人权公约》解释为包含了一种财产权的自主含义，这种含义不同于土地的正式所有权，但对于土著民族，其基础是"关于土地集体财产共同形式的一种社群主义传统，即土地所有权不是以个人为中心的，而是以群体为中心的"，社群在其土地上生活的权利源于"它们存在的事实本身"。[301] 在承认集体财产权的独特性和自主性的判例潮流中，除萨拉马卡民族诉苏里南案外，美洲人权机构的其他案件还包括莫伊瓦纳诉苏里南案、雅克耶·阿萨诉巴拉圭案[302]、索霍亚马萨诉巴拉圭案[303]、玛丽和卡丽·达恩诉美国案[304]。可以注意到，美洲人权机构采用的解释程序与消除种族歧视委员会采用的解释方式平行，因为《美洲人权公约》的有关条款是参考对国际法中人权的演变式理解来理解的。[305] 反过来，消除种族歧视委员会又利用了美洲和其他区域制度的发展情况，将其作为自己解读免受种族歧视的权利的基础。[306]

　　因此，在消除种族歧视委员会的定期报告制度、预警和紧急行动程序下，集体持有财产，特别是土著民族和非洲裔社群持有财产，引起了一系列建议和重大关切。委员会的观点是，应将个人和集体所有权视为有权根据《公约》得到平等尊重。委员会在回应澳大利亚对其 1993 年《原住民所有权

---

[299]　*Mayagna (Sumo) Awas Tingni Community v Nicaragua*，IACtHR，Ser. C No. 79（2001）.

[300]　比较欧洲人权法院的案件：*Doğan and Others v Turkey*，App. No. 8803-11/02，8813/02，8815-19/02（2004）。

[301]　*Mayagna (Sumo) Awas Tingni Community v Nicaragua*，para. 149. 比较消除种族歧视委员会关于澳大利亚的第 2（54）号决定，A/54/18，pp. 5-7，para. 4："委员会认识到……土著民族的土地权是独特的，包括已得到普遍承认的土著民族对其土地的传统的、文化的认同。"

[302]　*Yakye Axa v Paraguay*，IACtHR Ser. C No. 125（2005）.

[303]　*Sawhoyamaxa v Paraguay*，IACtHR Ser. C No. 146（2006）.

[304]　*Mary and Carrie Dann v the US*，IACommHR，Case No. 11. 140（2002）.

[305]　*Yakye Axa v Paraguay*，para. 125："人权是活的文书，其解释必须与时代和当前生活条件的演变同步。"另见本书第五章和第二十章。

[306]　委员会关于美国的第 1（68）号决定——有关西肖肖尼人（Western Shoshone），援引了玛丽和卡丽·达恩诉美国案（*Mary and Carrie Dann v The US*），特别是援引了这样的声明，即缔约国的立场是根据"不符合规制对土著财产利益之判断的当代国际人权规范、原则和标准"的过程提出的；委员会回顾了关于土著民族权利的第 23 号一般性建议，"特别是他们拥有、开发、控制和使用其公共土地、领地和资源的权利"：A/61/18，pp. 7-10。

法》提出的法律修改建议时，设置了早期的标尺。该法在开创性的马波诉昆士兰案（*Mabo v Queensland*）后通过，而该案拒绝了无主地这种种族上具有歧视性的理论。[307] 尽管与完全保有相比，土著人的所有权很脆弱，但这种不平衡能够引起平等和非歧视的争论；[308] 委员会认为《原住民所有权法》是可以接受的，因为它是与土著居民进行真正谈判并征得他们知情同意的产物。另一方面，《原住民所有权修正法》促使委员会的国家报告员质疑，相关修正是否"干扰了土著所有权持有人和非土著所有权持有人的权利之间的妥协，给予了非土著人所有权更大的分量"。[309] 委员会的有力声明强化了这样一种印象，即无论土著所有权在普通法上或根据《原住民所有权法》有何缺陷，《原住民所有权修正法》都以一种从第2条和第5条来看引起关注的方式，将保护性条款降低标准，而缔约国就这些变化的正当性和比例性，却质疑这样的暗示。委员会在就立法改变是否符合《公约》和察觉到的权利减少形成判断时，受到了对以下事项的关切的影响：土著民族的有效参与和确保其知情同意的重要性。[310]

349

　　消除种族歧视委员会关于土著民族土地的社群或集体所有权的建议数量很多，参考了各大洲土著民族的全部资料。可以忆及第23号一般性建议中关于"承认并保护土著民族拥有、开发、控制和使用自己的社群土地、领地和资源的权利"的一般性禁令，这得到关于归还、恢复原状和赔偿的建议的支持。[311] 除了第23号和第34号一般性建议提到以外，对于土著和其他群体而言，土地与文化之间的关联还在委员会的实践中得到了明确承认，[312] 土地的精神意义也得到了承认。[313] 作为基本要求，委员会呼吁各缔约国通过法律

---

[307]　见本书第二章。

[308]　CERD/C/SR.1323，paras 26 and 33，委员会委员兼国家报告员麦克杜格尔（McDougall）。

[309]　*Ibid.*，para.30.

[310]　CERD/C/304/Add.101，paras 9，10，and 11；Decision 2（54）on Australia，para.9，A/54/18，pp.5-7.

[311]　第23号一般性建议第5段。

[312]　委员会的结论性意见：老挝，CERD/C/LAO/CO/16-18，para.16。其中要求该缔约国"审查其土地制度，以期承认土地的文化方面是某些族裔群体身份特性的一个组成部分"。

[313]　关于西肖肖尼人，见委员会的决定：美国，CERD/C/USA/DEC 1（2006），para.7（b），有关"在对西肖肖尼人具有精神和文化意义的地区进行和/或计划的破坏性活动"。

承认来确认祖传土地的社群的、习惯的所有权，[314] 为领地划界，[315] 保护那些寻求行使对这些土地的权利的人，[316] 除非基于协商和知情同意的原则，否则不得利用或"开发"土著民族的土地，并确保这些民族参与相关自然资源的开发、管理和养护。[317] 鉴于政府和土著诉讼者之间经常存在资源不平衡的情况，委员会建议将调解作为替代诉讼的争端解决办法。在土地纠纷中也出现了举证责任和证据问题，在此方面委员会对缔约国提出的问题有关如下事项：土著人提出的书面证据中的不足，考虑到这些群体的口头传统，在多大程度上可以得到补救。[318]

350

与美洲人权制度关于萨拉马卡和其他群体的判例一样，消除种族歧视委员会已将非洲裔社群的权利的一些方面吸收为土著民族权利的一部分。关于针对非洲人后裔的种族歧视的第 34 号一般性建议提到了他们有资格"单独或与其群体的其他成员一起，在适当时"行使一系列权利，包括财产权"以及使用、养护和保护他们传统占有的土地的权利，以及在其生活方式和文化与其利用土地和资源相联系的情况下，对于自然资源的权利"。[319] 对于土地和资源而运用社群财产概念的非洲裔社群在美洲的许多国家都获得确认，而与这些社群和土著民族有关的问题往往是在一项共同的建议中联系在一起的。哥伦比亚的情况就表明了这一点：该缔约国尽管因为承认非洲裔哥伦比亚人和土著社群的集体土地所有权而受到赞扬，但仍需"确保非洲裔哥伦比亚人社群和土著民族的集体土地所有权得到承认和尊重，并能切实行使"。[320]

消除种族歧视委员会与缔约国就土地权利问题所展开的讨论经常导致批

314　委员会的结论性意见：柬埔寨，CERD/C/KHM/CO/8 - 13，para.16；苏里南，CERD/C/SUR/CO/12，para.12。

315　委员会的结论性意见：阿根廷，CERD/C/65/CO/1，para.16；圭亚那，CERD/C/GUY/CO/14，para.16；尼加拉瓜，CERD/C/NIC/CO/14，para.21；委内瑞拉，CERD/C/VEN/CO/19 - 21，para.17。

316　委员会的结论性意见：柬埔寨，CERD/C/KHM/CO/8-13，para.17。

317　委员会的结论性意见：老挝，CERD/C/LAO/CO/16-18，para.17。

318　委员会的结论性意见：瑞典，CERD/C/SWE/CO/18，para.19。

319　第 34 号一般性建议第 4 段。

320　委员会的结论性意见：哥伦比亚，CERD/C/COL/CO/14，para.19。另见巴拉圭，CERD/C/PRY/CO/1-3，para.15。

准或支持相关国际文书的建议。在自然资源被说成整个国家（nation）的财产、用于国家发展的情况下，可能跟着作出一个提醒，即发展之进行必须与土著权利保持一致。最后这项原则主要针对土著群体提出，但也适用于其他群体和财产权以外的权利：委员会坚决强调，"经济发展不能以牺牲"《公约》所涵盖的"弱势个人和弱势群体的权利为代价"，而是必须与这些权利保持一致。[321] 换言之，"发展"或"国家发展"的迫切性并不提供歧视许可证。这里可以指出，"发展"不是国家（States）的特权；根据联合国《发展权利宣言》，它是对于"每个人和所有各国"（every human person and all peo-ples）都得到承认的一项权利，而人"是发展的核心主体"。[322] 除其他外，发展也是《非洲人权和民族权宪章》所规定的"所有民族"的一项权利，[323] 非洲人权和民族权委员会在恩多罗伊斯诉肯尼亚案和其他案件中认定这一权利受到了侵犯。[324]

（六）第 5 条（卯）项（vi）目：继承权

可以忆及，也门提出的保留包括对第 5 条（卯）项（vi）目的保留，而且有国家对这一保留提出了反对。[325] 消除种族歧视委员会的《具体报告准则》没有详细说明这项权利。

消除种族歧视委员会曾偶尔援用继承权。通常引用的背景标准包括关于财产权的国际规定，特别是《世界人权宣言》第 17 条、《消除对妇女歧视公约》第 16 条[326]和《非洲人权和民族权宪章关于妇女权利的议定书》第 21 条（突出了基于性别的继承歧视情况）。对妇女继承权的歧视和剥夺也与其他权

351

---

[321]　委员会的结论性意见：柬埔寨，CERD/C/KHM/CO/8-13，para. 16。

[322]　《发展权利宣言》第 1、2 条，A/RES/41/128，1986 年 12 月 4 日。

[323]　《非洲人权和民族权宪章》第 22 条。

[324]　*Centre for Minority Rights Development（Kenya）and Minority Rights Group International on behalf of the Endorois Welfare Council v Kenya*；see also *Sudan Human Rights Organization on Centre on Housing Rights and Evictions（COHRE）v Sudan*，Comm. Nos. 279/03-296/05（2009）。

[325]　委员会的结论性意见：也门，CERD/C/YEM/CO/17-18，para. 13，重申先前对这个问题的结论性意见。

[326]　就此，另见消除对妇女歧视委员会关于婚姻、家庭关系及其解体的经济后果的第 29 号一般性建议，2013 年 2 月 26 日。

利有关，包括适当生活水准权、健康权和发展权。

目前关于这项权利的建议主要关注其性别维度，可能涉及合在一起的继承权、婚姻权和财产权。重点关注性别的例子如下。对于加拿大，消除种族歧视委员会针对属于"第一民族"的妇女的权利，敦促该国通过立法来纠正有关继承的情况。[327] 对于乍得和纳米比亚，一些族裔群体的具有性别偏向的习惯继承做法被确定为歧视的根源。对于乍得，委员会提出的补救办法有两方面：采取措施，通过提高认识和教育有关民众来消除这种做法；通过一部关于个人和家庭的法典。[328] 在后来的一项结论性意见中，委员会回顾了有关基于性别的歧视的第 25 号一般性建议以及妇女权利"特别是拥有或继承土地的权利"。[329] 对于纳米比亚，委员会请该缔约国除了审查法律之外，还要"考虑采取一种制度，允许个人在习惯法制度和国家法之间选择，同时确保习惯法的歧视性方面"不得适用。[330]

旧的态度和法律的残余影响造成了某些格陵兰人的不寻常情况，他们被认为是"'在法律中即无父的'，因为他们是 20 世纪五六十年代丹麦男子的非婚生子女——这一状态对家庭法、土地所有和继承事务有影响"；消除种族歧视委员会请缔约国解决处于这一状态的人所面临的问题。[331] 在"继承"的更广泛的社会意义上，委员会提到了克里米亚鞑靼人、喀拉特人和罗姆人等群体的"文化遗产"，[332] 提到了"族裔群体"，[333] 或泛泛地提到了少数群体。[334]

327　委员会的结论性意见：加拿大，CERD/C/CAN/CO/19-20，para. 18。

328　委员会的结论性意见：乍得，CERD/C/TCD/CO/15，para. 17。委员会向老挝提出的建议强调，必须解决歧视性习俗，"主要通过教育和其他文化上敏感的战略"：CERD/C/LAO/CO/16-18。

329　委员会的结论性意见：乍得，CERD/C/TCD/CO/16-18，para. 13，标题是"关于妇女的有害传统习俗"，与"一些族裔群体"有关。

330　委员会的结论性意见：纳米比亚，CERD/C/NAM/CO/12，para. 11。《非洲人权和民族权宪章关于妇女权利的议定书》第 21 条规定："1. 寡妇／鳏夫有权继承已故配偶的财产。一旦死亡，尚存的配偶有权继续住在婚房里，不论婚姻制度如何。2. 妇女和女童享有与男子和男童同样的、以同等份额继承其父母财产的权利。"

331　委员会的结论性意见：丹麦，CERD/C/DNK/CO/18-19，para. 17。

332　委员会的结论性意见：乌克兰，CERD/C/UKR/CO/18，para. 18。

333　委员会的结论性意见：老挝，CERD/C/LAO/CO/16-18，para. 21。

334　委员会的结论性意见：格鲁吉亚，CERD/C/GEO/CO/4-5，para. 16，特别提到亚美尼亚人和阿塞拜疆人社群。

（七）第 5 条（卯）项（vii）目：思想、良心与宗教自由之权

消除种族歧视委员会的《具体报告准则》对于第 5 条（卯）项（vii）目的骨干没有什么增添，只是忆及"种族和宗教歧视的可能交叉情况，包括在反恐措施的影响方面——这些措施可能导致基于族裔理由对特定宗教社群成员的歧视"。[335] 随后一段要求报告国特别注意"种族歧视与其他歧视原因（如……宗教……）混合在一起的不利处境的复杂形式，并提及可能与种族歧视有关联的不利处境形式的任何现有社会指标"。[336] 如前所述，对种族歧视的评估要求考虑到族裔、文化和宗教群体的具体特点。[337]

有关宗教的背景人权标准很广泛，始于国际联盟时代，即其少数民族制度—— 保证有关保护不因宗教等而有任何区别，以及有关"种族、宗教或语言上的少数人"的权利的规定。[338] 在当今时代，《联合国宪章》禁止基于"种族、性别、语言或宗教"的区别，随之而来的是一系列人权文书，包括《世界人权宣言》和国际人权两公约，而且这在《消除种族歧视公约》的序言中得到重申。遵循《世界人权宣言》第 18 条所确立的标准，[339] 宗教自由在一系列联合国和区域性文书，尤其包括《公民及政治权利国际公约》第 18 条中呈现为一项实质性权利，并得到这一公约关于族裔、宗教和语言少数群体权利的第 27 条的补充。人权事务委员会就第 18 条发布的第 22 号一般性意见没有试图从历史性等来界定宗教，[340] 而是指出，该第 18 条提供的保护

352

---

[335]　CERD/C/2007/1，5. I. D.

[336]　*Ibid.*，5. Ⅱ. B.

[337]　曾在本书第六章讨论。

[338]　见本书第二章。

[339]　《世界人权宣言》第 18 条："人人有思想、良心与宗教自由之权；此项权利包括其改变宗教或信仰之自由，及其单独或集体、公开或私自以教义、躬行、礼拜及戒律表示其宗教或信仰之自由。"《公民及政治权利国际公约》第 18 条第 1 款在礼拜、戒律上增加了"躬行及讲授"，引入了禁止在宗教问题上胁迫的条款（第 18 条第 2 款），并指出有可能以公共安全、秩序、卫生或道德或者他人的权利和自由为由限制宗教的表示（第 18 条第 3 款），还包括在对子女的宗教和道德教育中尊重父母和监护人的自由的承诺。该公约第 4 条第 2 款将思想、信念和宗教自由列为不可克减的条款。

[340]　这并没有妨碍人权事务委员会排除对于以大麻的培育、种植等为基础的"宗教"的保护：*M. A. B.*，*W. A. T.*，*J. -A. Y. T. v Canada*，CCPR/C/50/D/570/1993（1994）；比较另一起案件，*Prince v South Africa*，CCPR/C/91/D/1474/2006（2007）。

455

"不限于……传统宗教",而且还包括非多数人的宗教即宗教少数群体。[341] 人权事务委员会指出,"礼拜"包括仪式和典礼,"戒律和躬行"除其他外包括遵守饮食规定、穿戴独特服饰、使用为某一群体所惯用的某种特定语言等习俗,而"躬行及讲授"包括选择宗教领袖、开设神学院以及分发宗教文书出版物的自由。[342] 在一般性的区域性人权文书中,《非洲人权和民族权宪章》第 8 条保障良心自由和自由躬行宗教,《美洲人权公约》第 12 条、《欧洲人权公约》第 9 条和《阿拉伯人权宪章》第 30 条也是如此。

353　　虽然在联合国关于种族和宗教问题的工作"分裂"之后,没有出现一项关于宗教自由、不容忍或歧视的全球公约,[343] 但联合国《消除基于宗教或信仰原因的一切形式的不容忍和歧视宣言》实际上是《消除种族歧视公约》的"软法"对应物,[344] 而且其对不容忍和歧视的概念理解借鉴了《消除种族歧视公约》。[345] 该宣言除阐述容忍和不歧视原则外,还确定了宗教自由的概念的、体制的、教育的、财政的和庆典的参数,[346] 并申明,宗教自由应有助于"消除……种族歧视的意识形态或做法"。[347]

　　消除种族歧视委员会在这一领域中关于歧视的认定在很大程度上侧重于少数群体、土著民族和非公民的信仰和践行的待遇,而不是一般性地有关宗教。在少数人领域,《联合国少数人权利宣言》将属于宗教少数群体的人纳入其范围,而欧洲理事会《保护少数民族框架公约》涉及少数民族的宗教特性的零散方面。国际劳工组织第 169 号公约在各个方面论述了民族的精神价值观和习俗,[348] 而精神性的概念——传统、财产、宗教传统、精神发展、与土地和领地等的精神关系、开发活动的精神影响等——充斥着《联合国土著

341　人权事务委员会第 22 号一般性意见:"思想、信念和宗教自由",HRI/GEN/1/Rev. 9(Vol. I),pp. 204-207,第 2 段。

342　人权事务委员会第 22 号一般性意见第 4 段。

343　曾在本书第三章讨论。

344　联大 1981 年 11 月 25 日第 36/55 号决议通过。

345　《消除基于宗教或信仰原因的一切形式的不容忍和歧视宣言》第 2 条第 2 款。

346　特别是第 6 条。

347　序言第 6 段。

348　国际劳工组织第 169 号公约序言,第 5、7 和 13 条。

人民权利宣言》。[349] 而思想和良心超出了宗教，委员会（尚）没有认定声称基于种族原因而遭受歧视的无神论者或不可知论者、和平主义者、纯素主义者或素食者的社群。

鉴于关于种族歧视的文书和关于宗教不容忍的文书在起草中分裂，《公约》第 1 条和第 5 条均未在歧视理由中包括宗教；[350] 对此，可回顾关于宗教与《公约》中明确禁止的理由的"交叉情况"的讨论。[351] 根据对《公约》的严格解释，如果宗教自由因第 1 条和第 5 条列举的理由而"无效或受损"，即宗教自由基于"种族"理由被拒绝或剥夺，则应处理宗教因素问题。消除种族歧视委员会实践的特点是，将宗教自由与身份特性联系起来——这些身份特性与歧视理由中暗含的社群的类型有关。例如，委员会呼应第 1 条和第 5 条中的歧视理由，将巴林的什叶派描述为"根据部落或民族本源、世系、文化或语言"而有独特性。[352] 在委员会处理基于族裔/种族理由的歧视宗教做法的大多数情况下，应注意支持相关建议的"交叉情况"的论题。[353]

消除种族歧视委员会一直高度批评将宗教视为获得一揽子权利的必要条件的情况。在对马尔代夫的结论性意见中，委员会表示关切"宪法中的歧视性规定，即所有马尔代夫人都应该是穆斯林，使非穆斯林无法获得公民身份或担任公职"，[354] 认为这种情况影响了"具有不同民族本源的人"。[355] 委员会

354

---

349 《联合国土著人民权利宣言》序言，第 11、12、17、25、32、34 和 36 条。

350 曾在本书第三章讨论。

351 本书第六章。

352 委员会的结论性意见：巴林，CERD/C/BHR/CO/7，para. 16。

353 在 2010 年委员会讨论法国的报告时，出现了一个对交叉性论据的有趣确认。在讨论中，法国代表虽然辩称穿罩袍（Burka）不属于委员会的职权范围，以及讨论它会"涉及将种族和宗教的危险等同"，但承认，"歧视行为可能由不同的伴随因素引起，例如种族和宗教、种族和性别或种族和残疾"：CERD/C/SR. 2027，para. 36。参见欧洲人权法院的案件，*S. A. S, v France*，App. No. 43835/11 (2014)；*Dogru v France*，App. No. 27058/05 (2008)；*Kervanci v France*，App. No. 31645/04 (2008)；*Leyla Şahin v Turkey*，App. No. 44774/98 (2005)；*Ahmet Arslan v Turkey*，App. No. 41135/98 (2010)；以及人权事务委员会的案件，*Raihon Hudoyberganova v Uzbekistan*，CCPR/C/82/D/931/2000 (2004)；*Singh Bhinder v Canada*，CCPR/C/37/D/208/1986 (1989)；*Ranjit Singh v France*，CCPR/C/102/D/1876/2009 (2011)。

354 CERD/C/MDV/CO/5-12，para. 10 (2011)。参见 M. Evans，*Manual on the Wearing of Religious Symbols in Public Areas* (Martinus Nijhoff, 2008)。

355 CERD/C/MDV/CO/5-12，para. 10 (2011)。

认定，歧视的核心是宗教规定对非公民的潜在负面影响，重申第 30 号一般
性建议要求各缔约国确保特定的非公民群体在获得公民身份或归化入籍方面
不受歧视。[356]

关于更具体或更本地化的歧视表现，登记宗教或宗教组织的做法经常引
起注意，因为登记可能被用来阻挠某些群体享有宗教自由。委员会在对摩尔
多瓦的结论性意见中，鉴于特别有关"穆斯林群体"的关切，敦促该缔约国
尊重"已登记和未登记宗教的成员自由行使其宗教自由的权利，审查现有的
登记条例和做法"，并登记"希望登记的宗教团体"。[357] 委员会在对越南的结
论性意见中，关切对宗教习俗的限制，包括登记问题，这些限制影响了"高
棉族、高地民族（Degar/Montagnard）和苗族中的一些基督教和佛教教派"，
认为这是"属于未被承认的宗教群体的族裔少数面临的一种双重歧视现
象"。[358] 虽然对登记做法的批评可能基于对受欢迎宗教与其他宗教所受的待遇
的比较，而且对属于少数社群的信仰者和财产的攻击和掠夺本身就被当作应
予谴责的，但在关于歧视的论说中提到的"比较因素"对推演歧视可能几乎
或完全没有增益。

关于破坏和掠夺属于少数群体的宗教场所[359]或妨碍进入这些场所[360]以及
攻击或掠夺宗教人员或财产[361]的报道，都引起了消除种族歧视委员会的建议。
委员会在结论性意见中讨论了教育领域中歧视的可能性，例如对爱尔兰，委
员会在考虑到少数群体和移民社群的状态的情况下，表示倾向于推广非教派

355

356　*Ibid*. See also para. 9.

357　CERD/C/MDA/CO/8-9, para. 14. 该结论性意见除其他外，援引了联合国人权委员会第
2005/40（2005）号决议，其中严重关切"滥用登记程序作为限制某些宗教社群成员的宗教或信仰自
由权利的手段"。

358　CERD/C/VNM/CO/10-14, para. 16. 相关段落列出的冗长问题还包括对宗教团体和活动的
"暴力攻击和威胁"，以及禁止被视为违反国家安全和"对民族团结或国家优良文化传统产生消极影
响"的宗教活动；另见第 17 段。

359　委员会的结论性意见：乌克兰，CERD/C/UKR/CO/18, para. 8。

360　委员会的结论性意见：以色列，CERD/C/ISR/CO/13, para. 36。

361　委员会的结论性意见：摩尔多瓦，CERD/C/MDA/CO/8-9, para. 14。简明扼要的建议提到
的问题包括恐吓、登记障碍、对未登记的宗教组织的成员的制裁、对未经事先通知在公共场所举行
的宗教活动的制裁、对穆斯林的身份检查、对反犹太事件和破坏宗教场所行为的反应不足。

或多教派学校。[362] 对爱尔兰教育安排的批评在后来的结论性意见中被放大：委员会提到，在该国的制度中，替代性的非教派学校数量不足，以及天主教学生在名额不足的情况下可优先进入天主教学校。[363] 在后来的意见中，提到了种族和宗教歧视的"交叉情况"，而没有提到受立法影响的任何特定社群，尽管其中明确摘引了先前的指明有关社群的结论。

"宗教"作为一个不同于文化实践的单独实体并不是《公约》所理解的每个社会的特征。对社群文化习俗的歧视可能确实涉及第 5 条（卯）项（vii）目中的权利（与涉及其他权利一道），即使没有辨识出具体的"宗教"，也是如此。因此，包括财产权在内的一系列权利都围绕着土著民族与其土地和领地的精神关系，而且可能牵扯第 5 条的一系列规定。消除种族歧视委员会在对美国的结论性意见中，除了重申其对西肖肖尼案的决定外，[364] 还建议该国"采取一切适当措施，与有关土著民族协商……确保在对美洲原住民具有文化和精神意义的地区开展的活动不会对他们享受《公约》规定的权利产生负面影响"。[365] 委员会在对阿根廷的结论性意见中，提到了祖传土地与圣地之间的联系；[366] 委员会在对印度尼西亚的结论性意见中提到的建议则是"平等对待所有宗教和信仰"，并确保族裔少数和土著民族享有权利。[367] 委员会在对菲律宾的结论性意见中，对在苏巴农人的圣地卡纳图安山进行的、未经他们事先同意的采矿活动表示关切，[368] 这一问题曾经在预警程序下被涉及。[369]

宗教和文化一样，有多种形式。对于许多社群，包括但不限于土著民

---

[362]　委员会的结论性意见：爱尔兰，CERD/C/IRL/CO/2，para. 18。

[363]　委员会的结论性意见：爱尔兰，CERD/C/IRL/CO/3-4，para. 26。见人权事务委员会第 22 条一般性意见第 6 段和第 9 段。

[364]　第 1（68）号决定。

[365]　CERD/C/USA/CO/6, para. 29.

[366]　CERD/C/65/CO/1, para. 16.

[367]　CERD/C/IDN/CO/3, para. 21. 所表示的关切涉及"得到承认"和"未被承认"宗教之间的区别，后者包括不在"伊斯兰教、新教、天主教、印度教和佛教"框架内的少数族裔和土著民族的宗教。委员会并没有质疑承认的类别，令其不安的，是身份证件、婚姻登记和出生证明方面的区别可能产生的"不利影响"。

[368]　CERD/C/PHL/CO/20, para. 25.

[369]　A/63/18, para. 27.

族，可能不存在文化或传统与"宗教"之间的明确界线，而划定这些界线可能等于试图将异族通婚的概念和结构嫁接到这些社群及其生活项目上。[370]
356 许多社会通过一种自我理解的整体叙事，而非一系列具有明确概念边界或物理边界的文化子集来唤起宗教和灵性。土著的和类似形式的精神活动完全有权得到第5条（卯）项（vii）目的保护，以及《公约》和更广泛的国际法所载的一切形式的文化保护，包括防止强迫同化。宗教、精神、文化和族裔性之间的联系在一般国际法包括《防止及惩治灭绝种族罪公约》中得到了很好的理解，即便在人权方面的评价可能会明显缩小，并以"传统的"和"非传统的"信仰体系或者"世界宗教"的语言来表述，也是如此。

（八）第5条（卯）项（viii）目：主张及表达自由之权

消除种族歧视委员会的《具体报告准则》反映了第4条和第5条之间的关系，但没有阐述主张及表达自由的权利，并在脚注中提到了第15号一般性建议的"相容性论题"——禁止传播基于种族优越或仇恨的思想符合主张及表达自由的权利。[371]

主张及表达自由的国际人权框架的要素载于先前对《消除种族歧视公约》第4条（特别有关《世界人权宣言》第19条中的"主张及发表自由"）和《公民及政治权利国际公约》第19条（"保持意见不受干预"的自由和"发表自由"）[372]的评论中；进一步的全球性和区域性规定也被考虑在内。还应忆及，对于第4条的众多保留和解释性声明主要侧重于保护《世

370　M. Blaser, H. A Feit, and G. McRae (eds), *In the Way of Development: Indigenous Peoples, Life Projects and Globalization* (Zed Books, 2004).

371　见本书第十一章。

372　该第19条第2款规定，表达自由"包括以语言、文字或出版物、艺术或自己选择之其他方式，不分国界，寻求、接受及传播各种消息及思想之自由"。在本书第十一章有进一步讨论。（与《消除种族歧视公约》中的"主张""表达"、《世界人权宣言》通过时的中文本中的"主张""发表"以及《公民及政治权利国际公约》作准中文本中的"意见""发表"相对应的，在各该文书英文本中均为"opinion""expression"。本中译本中，除了在直接引用后两项文书的约文之处，均按《消除种族歧视公约》中的用法，以"主张""表达"为"opinion""expression"的对应用词。——译者注）

界人权宣言》第19条和《公民及政治权利国际公约》第19条所规定的、与第4条"充分顾及"条款有关的权利。[373] 主要条款还提到对表达自由（如果不是主张自由）的潜在限制，[374] 而无论是就尊重他人的权利和声誉而言，还是在与公共秩序、卫生和道德有关的因素方面；[375] 限制应由法律规定，在民主社会中必要，并且是出于正当且合乎比例的目的；与表达自由有关的"义务和责任"概念也出现在法律基础中。给予表达的多种可能形式的保护的程度是一个变量，其中政治言论受到的保护程度比商业言论等更高。[376] 这些自由与多元性的、参与性的民主的概念有着内在联系。[377] 保证表达自由权的积极义务也得到了确认，[378] 类似于第5条中保证不歧视地享有权利的承诺。

除了对这些权利作单独规定的一般性文书外，有关少数群体和土著民族的文书还通过使用关于文化和语言表达的复杂规定，以及关于媒体所有或控制的标准来纳入主张及表达自由的权利，即使并不总是以明确的方式。[379] 欧洲理事会的《保护少数民族框架公约》非常特殊，因为它阐明，属于少数民族的人的表达自由权"包括以少数语言持有主张、接受和传递信息和思想的自由"，以及这些人"在接触利用媒体方面不受歧视"。[380] 就实践而言，也有相当多有关在言论自由领域限制少数群体的案件的国际资料，这些案件的特

357

---

[373]　见本书第十一章和第十八章。

[374]　人权事务委员会第34号一般性意见第9段和第10段；*Kang v Republic of Korea*，CCPR/C/78/D/878/1999（2003）。

[375]　除其他外，见《公民及政治权利国际公约》第19条第3款、《欧洲人权公约》第10条第2款。

[376]　*Ballantyne，Davidson and McIntyre v Canada*，CCPR/C/47/D/359/1989 and 385/1989/Rev. 1（1993）。

[377]　See，*inter alia*，ACHPR，*Media Rights Agenda and Constitutional Rights Project v Nigeria*，ACHPR，Comm. No. 105/93，128/94，130/94，152/96，cited in G. Gilbert，'Expression, Assembly, Association'，in M. Weller（ed.），*Universal Minority Rights*（Oxford University Press，2007），pp. 149–177，p. 160［henceforth 'Expression, Assembly, Association'］；also ECtHR cases of *Arslan v Turkey*，App. No. 23462/94（1999），para. 44；*Handyside v the United Kingdom*，App. No. 5493/72（1976），para. 48；also *Fressoz and Roirev France*，App. No. 29183/95（1999）；*Zana v Turkey*，App. No. 118954/91（1997）。

[378]　*Dink v Turkey*，ECtHR App. No. 2668/07（2010）。

[379]　关于国际劳工组织第169号公约，见其第六节"教育和通讯手段"；关于《联合国土著人民权利宣言》，特别见其第12、13、16和31条。

[380]　第9条；在广泛的语言权利外，另见第7条，以及Gilbert，'Expression, Assembly, Association'，*passim*。

点（尽管并不总是如此）与使用少数语言和以其他方式表达身份[381]以及和平倡导一个单独的国家实体等相联系。[382]

通过 J. S. 穆勒等人的著作，[383] 表达自由的概念被认为是"启蒙运动"和自由式民主制的核心。[384] 自由与其限制之间的紧张关系在历史上也很明显，[385]同以下两种权利概念之间的紧张关系交织在一起：作为服务于某种更大的意识形态的——无论是民族主义的[386]、宗教的、反殖民主义的还是马克思主义的——一种工具性概念，以及作为以主观自治、尊严和平等为前提的自我确证的人权。正如就第 4 条的起草已经指出的，[387] 在以下两类国家代表之间措辞和主张都十分激烈的辩论中，体现出一种根本的认知性紧张：苏联圈子国家的代表普遍赞成限制言论，而西方国家的代表很典型地赋予言论自由更高的价值，其他国家的代表则提供了介于苏联和西方两极之间的一系列观点。

---

[381] *Egitim ve Bilim Emekçileri Sendikasi v Turkey*，ECtHR App. No. 20641/05 (2012)。该案中，对于某一工会促进库尔德语教育的情况，欧洲人权法院认为，《欧洲人权公约》第 10 条包括"以任何语言接收和传递信息和思想的自由，这种语言提供参与各种文化、社会和政治信息和思想的公开交流的机会"（判决第 71 段）；另见人权事务委员会审议的个人来文，*Singer v Canada*，CCPR/C/51/D/455/1991 (1994)。

[382] *Ozgür Gündem v Turkey*，ECtHR App. No. 23144/93 (2000)，para. 70.

[383] J. S. Mill, *On Liberty* (Longman, Roberts and Green, 1869; Hackett Publishing, 1978)。穆勒认为，"作为一种伦理信念，应该存在宣称和讨论任何学说的最充分自由，无论其被认为是多么不道德"：Mill, *On Liberty* (1978), p. 15。

[384] 许多可进一步阅读的资料包括：E. C. Baker, *Human Liberty and Freedom of Speech* (Oxford University Press, 1989); I. Hare and J. Weinstein (eds), *Extreme Speech and Democracy* (Oxford University Press, 2009); S. Hayman, *Free Speech and Human Dignity* (Yale University Press, 2008); J. D. Peters, *Courting the Abyss: Free Speech and the Liberal Tradition* (University of Chicago Press, 2010); see the general summary by D. van Mill, 'Freedom of Speech', in E. N. Zalta (ed.), *The Stanford Encyclopaedia of Philosophy* (Spring 2015), <http://plato. stanford. edu/cgi-bin/encyclopedia/archinfo. cgi? entry = freedomspeech>。

[385] Mill, *On Liberty* (1978), p. 5："凡一切使存在对任何人有价值的，都依赖于执行约束。"另见，除其他外，S. Fish, *There's No Such Thing as Free Speech, and It's a Good Thing Too* (Oxford University Press, 1994)。

[386] 对于赫兰特·丁克（Hrant Dink）案——这个人因为质疑亚美尼亚大屠杀的官方版本而被民族主义极端分子杀害，怀特评论说，"将历史的官方版本圈护起来的过程既可笑又危险，这引起的未来图景是，各个国家会追求它们自己的历史观，方式是要求作者、记者和……公民遵守……一种政府批准的……版本，从而使表达自由屈服于民族主义议程"：A. White, 'A New Vision of Values, Accountability and Mission for Journalism', in T. McGonagle and Y. Donders (eds), *The United Nations and Freedom of Expression and Information* (Cambridge University Press, 2015), pp. 350-372, p. 364。

[387] 见本书第十一章。

结果是，《公约》在第 4 条中载有一项关于限制言论的详细规定，在第 5 条中载有对于主张及表达自由的轻描淡写的提及。与第 5 条中的主张及表达自由相比，第 4 条中更加详细和严格的"仇恨言论"规定受到了消除种族歧视委员会更多的关注，这一对比也适用于关于种族主义组织的第 4 条（丑）项和第 5 条中的集会和结社自由。结果是，委员会对第 5 条（卯）项（viii）目和（ix）目的范围，只作了有限的阐述。

因此，提出通过一种"逆向工程"过程来更好地理解消除种族歧视委员会实践中对主张及表达自由的处理，并不是没有道理的，因为第 5 条规定的自由的轮廓在很大程度上是通过有关第 4 条的实践形成的。[388] 换言之，委员会的重点既放在确认言论上，也在同等程度上放在压制言论上：委员会的体制文化在很大程度上由打击仇恨言论（特别是通过适用刑法）的战略所主导。因此，和《具体报告准则》一样，委员会各种资料中的"表达和主张自由"与"相容性理论"有着典型的联系。[389] 还有待观察的是，第 35 号一般性建议中对表达自由的更全面但不完整的阐述是否会对委员会各种声明的基调产生显著影响。

第 35 号一般性建议除了根据消除种族歧视委员会对刑事禁令和教育在打击仇恨言论方面的作用的评估，提出适用第 4 条和第 7 条的框架外，还对第 5 条进行了反思。该建议主要关注主张及表达自由对打击仇恨言论的贡献，所借鉴的，除《公约》文本外，还有来自人权事务委员会第 34 号一般性意见和《拉巴特行动计划》等文书的概念和语言。[390] 一般地就表达自由而言，第 35 号一般性建议第 4 段声称，"《公约》的原则有助于更充分地了解这项权利在当代国际人权法中的各项数值"。[391]

---

[388]　对于第 14 条规定的来文程序和第 9 条规定的报告程序，也都是如此。在哈甘诉澳大利亚案中，第 5 条（卯）项（viii）目被列入申诉理由，但缔约国有力地反驳了这一申诉（意见第 4.16 段），委员会在受理阶段和审查实质案情阶段也未作进一步审议：*Hagan v Australia*，CERD/C/62/D/26/2002（2003）。

[389]　在"普世人权索引"中搜索委员会工作中的"表达自由"，其总量令人回想起"相容性理论"。

[390]　*Rabat Plan of Action on the Prohibition of Advocacy of National，Racial or Religious Hatred that Constitutes Incitement to Discrimination，Hostility or Violence*，5 Oct 2012，<http://www.ohchr.org/Documents/Issues/Opinion/SeminarRabat/Rabat_draft_outcome.pdf>.

[391]　第 35 号一般性建议第 4 段全文见本书第十一章。

　　第 35 号一般性建议中关于第 5 条的具体一节很短，以对第 5 条结构的回顾开始。消除种族歧视委员会申明，在 "学术辩论、政治参与或类似活动" 的情境中表达的 "并没有煽动仇恨、蔑视、暴力或歧视" 的思想和主张是正当行使表达自由权，"即使这些思想有争议时" 也一样。[392] 如前所述，[393] 可能难以在这个领域画出一条界线。虽然第 35 号一般性建议涉及一般性言论，但是，对于在土耳其人联盟诉德国案中出现的尖锐问题——有关不可接受的种族主义言论形式和对种族、文化及相关事项的正当讨论之间的区别，委员会认定（有一项异议意见），诉讼中审查的言论超出了学术的或表达的范围，而属于根据第 4 条应受谴责的言论。[394]

　　第 35 号一般性建议对主张及表达自由权的有限阐述[395]以标准方式强调了自由所附带的 "义务和责任" 以及限制的可能性，虽然声明 "只有在经法律规定并为保护他人的权利或名誉，为保护国家安全或公共秩序、公共卫生或道德所必要的情况下"，限制才是可予允许的，这令人想起《公民及政治权利国际公约》第 19 条第 3 款。[396] 该建议还提出了一个注意事项，即自由不应 "旨在破坏他人的权利和自由，包括平等和不受歧视的权利"。[397]

　　392　第 35 号一般性建议第 25 段。另见第 14、15、20 和 35 段。比较《拉巴特行动计划》第 11 段："表达自由权意味着应当有可能审查、公开辩论以及批评信仰体系、意见和制度，包括宗教性的。"

　　393　见本书第十一章的讨论。

　　394　委员会委员巴斯克斯的异议意见怀疑委员会对被审查声明的定性，提出这些声明 "不在合理论述的范围之外"（第 7 段）。

　　395　《世界人权宣言》第 19 条提到了一种复合的 "主张及发表意见自由之权利"，《消除种族歧视公约》遵循了这一模式，《公民及政治权利国际公约》第 19 则分别规定了意见权和表达权。

　　396　第 35 号一般性建议第 26 段。人权事务委员会第 34 号一般性意见解释说："'他人'涉及其他的个人或者社区成员。因此这可以指按照宗教信仰或族裔界定的某一社群的成员等。"（第 28 段）就 "族裔" 的情境，见 Ballantyne, Davidson and McIntyre v Canada, CCPR/C/47/D/359/1989, 385/1989/Rev. 1 (1993)，该案中，限制商业言论的加拿大语言立法被视为违反了《公民及政治权利国际公约》第 19 条：他人即加拿大境内讲法语的少数群体的权利，并没有因为以法语以外的语言所作的户外商业广告而受到损害。

　　397　第 35 号一般性建议第 26 段。非政府组织 "第十九条" 提出的《关于表达自由和平等的卡姆登原则》的序言部分包括这样的说法，即经常的情况是，"表达自由权和平等权被解释为相互对立或直接冲突的，注意力集中在它们之间的可能紧张关系上。本原则申明表达自由与平等之间的肯定关系，确认它们对保障和维护人的尊严所作的补充性和实质性贡献，以及它们共同是人权不可分割性和普遍性的关键。遵守和维护这些原则促进并加强对所有人之人权的尊重。" <https://www.article19.org/data/files/pdfs/standards/the-camdenprinciples-on-freedom-of-expression-and-equality.pdf>.

在确认主张及表达自由在打击种族仇恨方面的积极作用的《德班宣言和行动纲领》的基础上，[398] 第 35 号一般性建议有力地说明了表达自由在维护受《公约》保护的个人和群体的权利方面的复合优点：

> 表达自由——其对于阐明人权以及传播有关……公民、政治、经济、社会和文化权利的知识必不可少——协助弱势群体纠正社会各组成部分之间的权力不平衡，促进文化间的理解和宽容，协助解构种族刻板印象，促进思想自由交流，并提供替代性的意见和反对观点。缔约国应采取赋权政策，使《公约》范围内的所有群体都能够行使其表达自由权。[399]

如同在对第 4 条的评注中所讨论的，该一般性建议中还有一段强调了最后一点，即指出，那些处于《公约》保护伞之下的人的主张及表达自由权需要得到保护，免受种族主义言论的可能迫使人沉默的影响。[400]

由于消除种族歧视委员会处理第 4 条的方式至今仍具有精雕细琢的特性，对第 5 条（卯）项（viii）目的范围和意义的实际说明有限。少数群体通过国家当局过分热心地禁止种族主义仇恨言论而受到威胁的情况形成了大多数例子，尽管行使这一自由也可能受到私人行为的威胁。因此，对于土库曼斯坦，委员会表示关切"刑法典中关于'仇恨'或'伤害民族自豪感'的过于宽泛的规定，这些规定可能导致对……表达自由的不必要或不成比例的干涉"，并建议更明确地界定这类罪行。在此过程中，消除种族歧视委员会提请该国注意人权事务委员会 2011 年的第 34 号一般性意见。[401] 消除种族歧视委员会在对卢旺达的结论性意见中，对该国 2008 年《灭绝种族意识形态法》提出了批评意见，因为对这一应受惩处的罪行的界定过于宽泛，而且意图不是犯罪的构成要件之一。[402] 虽然侧重于法律确定性和可预见性的结论

360

---

398   《德班宣言》第 90 段；《德班审查会议成果文件》第 54 段和第 58 段。

399   第 35 号一般性建议第 29 段，另见第 28 段（曾在本书第十一章讨论）。

400   第 35 号一般性建议第 28 段。

401   委员会的结论性意见：土库曼斯坦，CERD/C/TKM/CO/6-7, para. 16。另见第 25 段，该段有关限制人权非政府组织使用互联网的问题，"主要涉及少数群体"，委员会建议该缔约国避免"无理阻碍"使用互联网，"并避免违反国际法规定的表达自由，而限制网站、博客的使用或任何其他基于互联网的信息的流动"。

402   CERD/C/RWA/CO/13-17, para. 14。

性意见没有提到表达自由，但这可以从中推断出来。[403]

博伊尔和沙赫强调了表达自由作为"所有权利的试金石"的基本性质："表达自由不仅与思想、结社和集会自由密不可分，而且对于享有一切权利都至关重要。"[404] 对于消除种族歧视委员会的实践中承认的人和社群的语言、文化、信息、参与、教育、健康领域中的权利，思想、良心和宗教自由，集会自由和结社自由，其有效落实都有赖于不受歧视地享有表达自由。虽然对作为人权事业之基础的平等和不歧视原则以及受教育权等其他原则，也可以提出同样的主张，但最好强调权利的相互依存性和不可分割性，而不是建立一个竞争性的等级。歧视的影响同时或顺序地流入不同的生活领域，而这些领域不容易被分成整齐的权利篮子。

在第 5 条的语境内，表达自由和平等这两项原则在理论上结合在一起，因此实践的理想情况应该是表明它们的融合，特别是在受《公约》保护的社群的多元化场景中。在这种多元化的背景下，并与一般的文化和语言权利相结合，消除种族歧视委员会已逐步走向更全面地理解表达自由作为保护社群的手段的优点，即使这项权利并不总是这样被定义或命名。

（九）第 5 条（卯）项（ix）目：和平集会及结社自由之权

《消除种族歧视公约》按照《世界人权宣言》第 20 条的模式，将和平集会自由和结社自由合并为一项权利声明，[405] 然而，如本书第十一章所述，《公民及政治权利国际公约》将其分为关于和平集会和结社的不同两条，其他文书遵循了该公约的模式。[406] 结社自由的根源在于工会运动；组织与参加工会的权利也是《消除种族歧视公约》第 5 条的一部分，列在"经济、社会

403　最近关于这一权利的评论见委员会的结论性意见：乌克兰，CERD/C/UKR/CO/19-21，para. 13，有关确保不受歧视和表达自由的必要性；越南，CERD/C/VNM/CO/10-14，para. 17，有关对"根据国际标准将构成和平行使"表达自由权、和平集会和结社权的活动采取拘禁的做法。

404　K. Boyle and S. Shah, 'Thought, Expression, Association and Assembly', in Moeckli *et al.*, *International Human Rights Law*, pp. 217-237, p. 225.

405　另见《欧洲人权公约》第 11 条。

406　见本书第十一章。《公民及政治权利国际公约》规定的其他类型的集会包括第 18 条规定的宗教集会和第 17 条规定的家庭集会。

及文化权利"项下，这进一步说明了受保护权利之间的相互联系，超越了任何限制性分类。集会自由与表达自由密切相关，[407] 在特定情况下，还与身份权密切相关。[408] 除《美洲人权公约》以外的所有国际文书都要求和平行使这一权利。[409] 从逻辑上讲，集会由一人以上进行。[410] 结社自由在历史上也与工会权利有关，但被理解为更广泛的权利，而不仅限于工会权利。[411] 在组织与参加工会的权利方面得到不受歧视的保护在《消除种族歧视公约》第 5 条（卯）项（ii）目中的"经济、社会和文化权利"项下另行处理。结社自由也暗含在国际联盟时代所概述的社群概念中，[412] 因此"从一开始就被视为对少数群体的国际保护具有核心作用"。[413]

虽然《世界人权宣言》《公民及政治权利国际公约》《消除种族歧视公约》没有明确这项权利的任何目的论基础，但《美洲人权公约》第 16 条提到了为"思想、宗教、政治、经济、劳工、社会、文化、体育或其他目的"建立社团的权利。[414] 关于少数群体和土著民族，《公民及政治权利国际公约》第 27 条通过提及"共同"* 享有的权利而暗示了结社权；《联合国少数人权利宣言》明确规定，"属于少数群体的人有权成立和保持他们自己的社团"，[415]

---

[407]　*Rassemblement Jurassien and Unité Jurassien v Switzerland*，17 DR 93（1979）；因此，不应禁止支持自治或分离的和平集会：*Stankov United Macedonian Organization 'ILINDEN' v Bulgaria*，ECtHR App. Nos. 29221 and 29225/95（2001）。

[408]　吉尔伯特认为，"属于少数群体的人私下或公开集会的权利……对于保护该群体的存在和身份是根本性的"：Gilbert, 'Expression, Assembly, Association', pp. 172 – 173, citing *Djavit An v Turkey*, ECtHR App. No. 20652/92（2003）；同样确定了保障有效享有该权利之积极义务的一个案件是，*Platform Ärtzte für das Leben v Austria*, Ser. A No. 139（1991）。

[409]　《非洲人权和民族权宪章》第 11 条以一个简单的声明开头，即"人人有权与他人自由集会"。

[410]　*Coleman v Australia*，CCPR/C/87/D/1157/2003（2006）。

[411]　*United Communist Party of Turkey v Turkey*，ECtHR App. No. 19392/92（1998）。

[412]　*Greco-Bulgarian Communities Case*，PCIJ Ser. B No. 17（1930）。

[413]　Gilbert, 'Expression, Assembly, Association', p. 152。

[414]　博伊尔和沙赫评论说，结社自由"对人权维护者的活动至关重要"，这引用了联大第 53/144 号决议通过的《人权维护者宣言》（1999 年 3 月 8 日）：Moeckli *et al.*，*International Human Rights Law*，p. 232。

*　原书此处作"individually or in community"，这并非《公民及政治权利国际公约》第 27 条的表述，经联系作者核实，予以更正。

[415]　第 2 条第 4 款。

而贯穿《联合国土著人民权利宣言》的，是对这样的权利的表述：其以结社
自由为前提并超越结社自由，从而涉及更大形式的政治社团、社群或国家，
直至包括自决权。用博伊尔和沙赫的话说，和平集会的权利"保护公开的和
私下的非暴力、有组织的聚集"，包括抗议和反抗议，而集会则包括"政治、
经济、艺术和社会"聚集。[416] 结社自由是一个有联系但不同的概念，它保护
"不受政府干预，为共同目的结成社团"的权利。[417] 这些权利不是无限的：
根据《公民及政治权利国际公约》第 21 条第二句话和第 22 条第 2 款，可对
集会和结社施加限制。对于《消除种族歧视公约》，主要的限制来自第 4 条
（丑）项，而其他国际标准中常见的共同限制则被消除种族歧视委员会默示
接受，只要它们不涉及种族歧视。

应当忆及，消除种族歧视委员会认为，第 5 条（卯）项（ix）目规定的
自由并不延及种族主义组织；第 35 号一般性建议第 21 段进一步阐述了这一
立场。保障集会和结社自由的权利，在与第 4 条特别是第 4 条（丑）项（该
项要求各缔约国禁止种族主义组织并惩处参加这些组织的行为）有关的保留
中仍然是一个问题。

根据《公约》第 14 条审议的案件未能进一步解释第 5 条（卯）项（ix）
目，也很少提及该规定。[418] 实践通常将第 5 条（卯）项（ix）目的两个方面
放在一起；与其他权利一样，要引起《公约》规定之适用暗含的种族或族裔
联系涉及受《公约》保护的所有群体。关于"和平"行使这项权利，消除
种族歧视委员会的结论性意见中的提及为数极少，其中包括呼吁一起自然资
源争端中的土著抗议者"以和平方式提出其要求、举行其示威，尊重他人的
人权"。[419] 在复杂局势的另一端，委员会建议，反恐立法不应适用于和平抗议
和正当主张权利。[420] 来自公共或私人来源的对人权维护者（包括致力于消除

---

[416] Moeckli *et al.*, *International Human Rights Law*, p. 234.

[417] *Ibid.*, p. 231.

[418] *Hagan v Australia*, paras 1, 3.1, 4.16.

[419] 委员会的结论性意见：秘鲁，CERD/C/PER/CO/14-17, para. 15, 从而反映了对享有权利
的共同限制以及对他人权利和自由的尊重。

[420] 委员会的结论性意见：智利，CERD/C/CHL/CO/19-21, para. 14。

种族歧视的维护者）的威胁，是经常令人关切的问题。[421] 有一次，委员会呼吁一个缔约国"考虑释放这样的人——他们因开展某些活动而被拘禁，但这些活动根据国际标准属于和平行使权利"。[422]

享有文化权利与结社自由之间的联系也引起了评论。消除种族歧视委员会在对希腊的结论性意见中表示的关切有关一些族裔群体在行使这项权利方面遇到的障碍，委员会注意到有资料表明，"某些社团被强迫解散和拒绝登记，因为使用了'少数人'、'土耳其人'或'马其顿人'等词"，[423] 还注意到希腊对这种拒绝的解释。[424] 委员会因此建议希腊采取措施，使"属于每一个社群或群体的人切实享有其结社自由权和文化权利"。[425] 委员会在对利比亚的结论性意见中，建议该国加强结社权，"以保护和促进阿马齐格（Amazigh）文化"，作为对其语言和文化特性被否认的救济之一。[426] 结社自由在工作权方面也得到强调，同时应铭记劳动市场上的集体谈判和工会问题，以及移徙工人的待遇引发的担忧。

同样，鼓励各政党向族裔少数开放其成员资格，或增强其对国家的不同社群的吸引力；多样化的政党将满足第 2 条第 1 款（辰）项所述的混合主义多种族组织的标准。虽然政党被视为对民主进程至关重要，但这种评价并不延及种族主义政党：委员会将禁止这样的政党当作第 4 条（丑）项和第 2 条的杂项规定的一项义务。

---

[421] 委员会的结论性意见：白俄罗斯，CERD/C/BLR/CO/18-19，para. 10；玻利维亚，CERD/C/BOL/CO/17-20，para. 19；危地马拉，CERD/C/GTM/CO/12-13，para. 9；墨西哥，CERD/C/MEX/CO/16-17，para. 15。对于危地马拉，包括谋杀社会活动家和人权维护者在内的严重袭击事件，导致委员会要求制定保护人权维护者的具体法律，"同时考虑《个人、团体和社会机构促进和保护普遍公认的人权和基本自由的权利和责任宣言》"。

[422] 委员会的结论性意见：越南，CERD/C/VNM/CO/10-14，para. 17。

[423] CERD/C/GRC/CO/16-19，para. 15（2009）. Compare *Sidiropoulos and Others v Greece*，ECtHR App. No. 26695/95（1998）；*United Macedonian Organization ILINDEN v Bulgaria*.

[424] 希腊的解释见 CERD/C/SR. 1944 and 1945。另见索恩伯里的评论，CERD/C/SR. 1944，para. 46；迪亚科努的评论，*ibid.*，paras 55-58。

[425] CERD/C/GRC/CO/16-19，para. 15.

[426] CERD/C/64/CO/4，para. 15（2004）.（阿马齐格人是北非的一个族群，一般被称为"柏柏尔人"［Berber］，但后者并非阿马齐格人的自称，而且具有一定的贬义。——译者注）

第十四章　第5条：经济、社会
和文化权利

除了具体说明《消除种族歧视公约》第5条所列的经济、社会和文化权利外，消除种族歧视委员会还向各缔约国表明其普遍赞同这些权利。委员会的结论性意见要求各国提供的数据通常侧重于人口中各群体或类别享有经济、社会和文化权利的程度，还要求其提供社会经济统计数据和指标。[1] 关于这类权利的其他一般性问题侧重于是否已采取和落实了特别措施，以促进权利的享有；[2] 对于特定群体，是否有必要的文件可用，以使其事实上而不仅仅是在法律上确实利用经济、社会和文化权利，[3] 以及是否存在结构性的歧视形式（包括语言障碍）对享有此等权利有消极影响。[4] 委员会一直提倡批准《经济社会文化权利国际公约》等对种族歧视问题有直接影响的文书，以及国际劳工组织制定的文书。[5] 紧缩政策[6]以及经济和金融危机对享受（主要但不限于）经济、社会和文化权利的影响一直是委员会的提问和建议

1　委员会的结论性意见：塞浦路斯，CERD/C/CYP/CO/17-22，para.19；摩纳哥，CERD/C/MCO/CO/6，para.6；卢旺达，CERD/C/RWA/CO/13-17，para.10。

2　委员会的结论性意见：瑞典，CERD/C/SWE/CO/19-21，para.20，关于罗姆人。

3　委员会的结论性意见：阿尔巴尼亚，CERD/C/ALB/CO/5-8，para.14；波斯尼亚和黑塞哥维那，CERD/C/BIH/CO/7-8，para.12。这两段都涉及罗姆人获得必要个人证件的问题。

4　委员会的结论性意见：毛里求斯，CERD/C/MUS/CO/15-19，para.20。另见委员会对日本的结论性意见，CERD/C/JPN/CO/3-6，para.21：对于其中阻碍性的"结构"即冲绳的军事基地，委员会"重申关于当代形式种族主义问题特别报告员的分析"，即"冲绳军事基地的过度集中对居民享有经济、社会和文化权利产生了消极影响"。

5　委员会的结论性意见：斐济，CERD/C/FJI/CO/18-20，para.17。

6　委员会的结论性意见：英国，CERD/C/GBR/CO/18-20，para.13。

的主题，同样的还有影响到边缘化群体的贫困或赤贫状况，[7] 以及必要的减贫战略。[8] 这些建议和其他建议强调贫穷与种族歧视之间的联系，[9] 这被确定为一种"交叉情况"。[10] 上一章中的意见也强调了经济、社会和文化权利与受《公约》保护的所有其他权利之间的相互关系。

365

一 第 5 条（辰）项（i）目

第 5 条（辰）项（i）目规定了"工作、自由选择职业、享受公平优裕之工作条件、免于失业之保障、同工同酬、获得公平优裕报酬之权"。该目对权利的复杂声明重新组合和编辑了《世界人权宣言》第 23 条的主要内容，只是没有提及社会保护。[11]《经济社会文化权利国际公约》第 6~8 条极为详细地阐述了《世界人权宣言》关于工作的规定，而《公民及政治权利国际公约》第 8 条包括了禁止强迫劳动。《消除对妇女歧视公约》第 11 条列举了有关消除对妇女的就业歧视的义务。《残疾人权利公约》涉及工作和就业领域中的不歧视、参与和机会平等；除其他外，合理便利原则适用于工作场所

7　委员会敦促墨西哥采取措施，消除历史和结构性歧视，方式是采取社会包容政策，以减少不平等和"贫困程度以及极端贫困"，并充分保障"所有墨西哥人，特别是土著人，在教育、保健、社会保障、住房、基本服务和食品方面的权利，同时尊重其文化渊源，并与可能受这些举措影响的民族协商"：CERD/C/MEX/CO/16-17, para. 18。委员会还曾表示许多类似关切，例如见其结论性意见：卢旺达，CERD/C/RWA/CO/13-17, para. 14；越南，CERD/C/VNM/CO/10-14, para. 13。另见第 27 号一般性建议第 34 段，其中提到了罗姆人中的"赤贫"发生率。

8　委员会的结论性意见：厄瓜多尔，CERD/C/ECU/20-22, para. 20；肯尼亚，CERD/C/KEN/CO/1-4, para. 23。

9　另见委员会的结论性意见：葡萄牙，CERD/C/PRT/CO/12-14, para. 20。可持续发展目标（SDG）的显著特点是将一系列经济、社会和文化目标，包括平等和不歧视，纳入《2030 年可持续发展议程》：A/RES/70/1, 2015 年 10 月 21 日。

10　委员会的结论性意见：圣文森特和格林纳丁斯，CERD/C/63/CO/10, para. 10。在这个例子中，"交叉"这一术语使用得很轻率。按本书作者的理解，"交叉"意味着承认一个人内在具有两种身份特性，例如种族/族裔和性别。罗马教廷对"交叉性"的评论在本书第二十章讨论。

11　《公约》分别规定组织和加入工会的权利；《世界人权宣言》第 23 条第 3 款提到的确保"生活足以维持人类尊严"的报酬，在《公约》中也没有规定，尽管对尊严的考虑贯穿于《公约》序言和委员会的工作（委员会使用"尊严"的情况主要在本书第五章讨论）。

中的残疾人的情况。[12] 劳工移徙领域——其影响和应对是消除种族歧视委员会十分关切的标准情况，在很大程度上由《移徙工人权利公约》调整，而国际劳工组织自国际联盟时期开始就一直在设定劳工标准，并且是委员会的定期对话者；委员会的标准做法，是在对种族歧视具有直接影响的文书的一般标题下，建议批准《移徙工人权利公约》和国际劳工组织的相关文书。在引用国际劳工组织文书方面，委员会在一般性地涉及土著权利的方面，经常回顾国际劳工组织第 169 号公约，该文书还包括有关土著和部落民族的"就业招聘和条件"一节；国际劳工组织第 111 号公约以及后来的关于家庭佣工体面劳动的第 189 号公约[13]也很突出，就像国际劳工组织的一般劳工标准一样。经济、社会和文化权利委员会第 18 号一般性意见阐述了《经济社会文化权利国际公约》第 6 条规定的工作权，将其解释为既是一项集体权利，也是一项个人权利——"自由决定接受或选择工作"，并将其进一步具体化为"体面的工作"；[14] 集体因素主要与工会的作用有关。[15] 经济、社会和文化权利委员会将《经济社会文化权利国际公约》第 6 条的"核心义务"确定为"确保非歧视和平等保护就业的义务"。[16]

356

没有国家提出具体针对该目的保留，尽管范围更广的、有关非公民准入的保留可能会对劳动力市场产生影响。消除种族歧视委员会的《具体报告准则》建议，缔约国报告应该"（甲）说明属于受《公约》保护的群体的成员，在某些职业或活动以及在失业情况中是否比例过高或过低；（乙）描述政府为在享受工作权方面防止种族歧视而采取的行动"等。[17] 为了遵循有关

12　《残疾人权利公约》第 27 条。该公约第 3 条和第 4 条规定了一般原则和义务，第 5 条涉及平等和不歧视问题。关于工作权的区域标准包括《非洲人权和民族权宪章》第 15 条、《美洲人权公约在经济、社会和文化权利领域中的附加议定书》第 6 条和第 7 条、《阿拉伯人权宪章》第 34 条以及《经修订的欧洲社会宪章》第 1、2 和 3 条——其中载有关于工作者权利的各种进一步措施。

13　委员会的结论性意见：塞浦路斯，CERD/C/CYP/CO/17-22，para. 21；约旦，CERD/C/JOR/CO/13-17，para. 14；科威特，CERD/C/KUW/CO/15-20，para. 16；卡塔尔，CERD/C/QAT/CO/13-16，para. 13；俄罗斯联邦，CERD/C/RUS/CO/20-22，para. 22。

14　经济、社会和文化权利委员会第 18 号一般性意见，"工作权"，E/C.12/GC/18，第 6 段和第 7 段。

15　特别是第 2、51 和 54 段。

16　经济、社会和文化权利委员会第 18 号一般性意见第 31 段。

17　CERD/C/2007/1，Article 5，I，E 1.

群体在劳动力市场中的代表性的指导意见，存在充分数据是一个重要考量因素，没有这种数据将受到批评，即无此数据就无法推行有效的反歧视政策。有关数据的要求全面适用于就业和失业的所有领域，包括但不限于移徙工人的情况。[18] 统计概况可能表明，歧视在就业市场、劳动力构成和失业者登记方面，起到一种结构性因素的作用。

消除种族歧视委员会的《具体报告准则》暗示的一项基本要求是，必须以一种非歧视的方式确立进入劳动力市场的机会：工作权适用于受《公约》保护的各种群体的整个范围。[19] 劳工法典也应反映这一义务，方式是制定包括禁止直接和间接歧视的规定的法律，以及修订不向家庭佣工（通常是外籍佣工）提供保护的法律；[20] 劳工法典的规定还应确保以移徙工人的语言提供就业合同。[21] 除了提高立法质量、承认和消除参与就业的"正式"法律障碍外，委员会还建议采取综合办法，包括提高认识，以应对种族偏见和刻板印象，并采取措施促进"雇主心态的转变"。[22] 第 29 号一般性建议提到了获得就业机会的潜在障碍，其中建议各缔约国采取措施，"禁止公共机构、私营公司和其他协会调查申请就业者的世系背景"。[23]

消除种族歧视委员会还曾提出促进进入劳动力市场的培训和学徒方案，其中要包括但不限于罗姆人和基于世系的社群的成员，第 27 号和第 29 号一般性建议呼吁在就业方面对他们采取特别措施；[24] 就后一方面而言，委员会建议印度扩展保留工作的政策，以增加达利特人进入劳动力市场的机会，[25] 这项建议也涉及关于特别措施的第 1 条第 4 款和第 2 条第 2 款。禁止种族歧视适用于就业过程的各个阶段，包括终止就业、获得就业机会以及就业条件。在伊尔马兹-多甘诉荷兰案中，荷兰当局未能充分处理一名雇主终止合

367

18　委员会的结论性意见：卡塔尔，CERD/C/QAT/CO/13-16，para. 9。

19　委员会对韩国的结论性意见明确指出，这项权利同样适用于难民和寻求庇护者：CERD/C/KOR/CO/15-16，para. 13。

20　*Ibid.*

21　*Ibid.*，para. 12。另见委员会的结论性意见：科威特，CERD/C/KWT/CO/15-20，para. 16。

22　委员会的结论性意见：丹麦，CERD/C/DNK/CO/18-19，para. 11。

23　第（ll）段。

24　第 27 号一般性建议第 29 段和第 29 号一般性建议第（jj）段。

25　委员会的结论性意见：印度，CERD/C/IND/CO/19，para. 23。

同的信函中存在的种族歧视问题，这意味着申诉人根据第 5 条（辰）项（i）目享有的工作权利"没有得到保护"。[26] 根据《公约》第 14 条提出的其他就业方面的案件则没有这样申诉成功，或是因为未能证实种族歧视，[27] 或是因为在《公约》要求的程序方面存在缺陷。[28]

在与就业有关的具体做法方面，消除种族歧视委员会对债役劳工和童工表示关切，[29] 这包括在这样的情况中："大量达利特人"被迫从事"体力拾荒者以及童工"的工作，"遭受极不健康的工作条件和剥削性的劳动安排，包括债役"。[30] 有关其他强迫劳动做法的报告也引起了关注。对于巴拉圭的查科（Chaco）土著社群，委员会建议该国加紧努力，"防止、调查和适当起诉强迫劳动案件，并保证有关社群能够诉诸司法公正"；还建议采取一项行动计划，其中涉及提高认识和设立一个劳动监察局。[31] 对于玻利维亚的瓜拉尼（Guaraní）民族，委员会广泛地建议该国制定一项国家发展计划来满足他们的需要，并在此背景下建议提高公众对强迫劳动和奴役问题的敏感认识。[32]

消除种族歧视委员会在实践中广泛地涉及移民背景中的家庭佣工的情况。委员会建议塞浦路斯修订标准雇佣合同，以便除其他外，"防止强迫劳动"，在这一方面和其他方面支持监察专员 2013 年报告中的建议。[33] 在许多此类情况中，对女工的双重歧视——性别和民族本源结合在一起——也引起

---

[26] *Yilmaz-Dogan v The Netherlands*，CERD/C/36/D/1/1984（1988），para. 9. 3. 另见 *L. G. v Republic of Korea*，CERD/C/86/D/511/2012（2015），对该案的详细讨论见本书第七章。

[27] *Z. U. B. S. v Australia*，CERD/C/55/D/6/1995（1999），其中国内程序评估了该案，并"以一种彻底和公平的方式"适用（委员会意见的第 9.3 段）；*B. M. S. v Australia*，CERD/C/54/D/8/1996（1999），鉴于所有在海外受训的医生都受到同一配额制度的限制，并不存在歧视。

[28] *D. S. v Sweden*，CERD/C/53/D/9/1997（1998）；*Barbaro v Australia*，CERD/C/57/D/12/1998（2000），有关未能用尽国内救济。

[29] 委员会的结论性意见：尼泊尔，CERD/C/64/CO/5，para. 18；巴基斯坦，CERD/C/PAK/CO/20，para. 21，其中敦促该缔约国"加紧努力，实施通过的法律和方案，以结束债役和对在册种姓等边缘群体的歧视"，以及除其他外，继续与国际劳工组织合作，打击这一现象。

[30] 委员会的结论性意见：印度，CERD/C/IND/CO/19，para. 23。

[31] 委员会的结论性意见：巴拉圭，CERD/C/PRY/CO/1-3，para. 16。

[32] 委员会的结论性意见：玻利维亚，CERD/C/BOL/CO/17-20，para. 18。

[33] 委员会的结论性意见：塞浦路斯，CERD/C/CYP/CO/17-22，para. 21。

了建议，即便没有明确提到这种联系。[34] 国际劳工组织的标准和做法在委员会的意见形成方面具有很大的影响力，所达到的程度是，建议缔约国与该组织合作或继续合作，以解决就业和劳工问题。贩运人口问题也可能与劳工问题包括强迫劳动有关。[35]

对于许多群体或类别，特别是移徙工人、种姓群体和罗姆人，消除种族歧视委员会的建议结合了就业歧视与住房、保健和教育方面的歧视，揭示了种族歧视的系统性质：这种歧视横跨并无限制的人权范围，一个领域中的剥夺导致另一个领域中的剥夺。

二 第 5 条（辰）项（ii）目

第 5 条（辰）项（ii）目规定了"组织与参加工会之权"。在上一章即第十三章讨论的结社自由的语境中，工会被简短地提及。有关工会的背景标准包括《世界人权宣言》关于工作和就业权利的第 23 条，其中包括组织和加入工会的一项独立权利（第 23 条第 4 款），《公民及政治权利国际公约》第 22 条在结社自由方面也是如此。[36]《经济社会文化权利国际公约》第 8 条规定"人人有权组织工会"以促进其社会和经济利益，以及这些工会有权结成联合会，有权"自由行使职权，除依法律之规定，且为民主社会维护国家安全或公共秩序、或保障他人权利自由所必要者外，不得限制此种权利之行使"；[37]

34　委员会的结论性意见：卡塔尔，CERD/C/QAT/CO/13-16，para.14，明确提到了家政服务工作的性别层面，回顾第 25 号一般性建议，并强烈敦促该缔约国"采取有效措施，解决对女性家庭佣工的多重歧视，包括在她们的工作场所"。

35　见本书对第 5 条（丑）项的讨论。

36　第 22 条第 1 款。该条第 3 款规定，其中任何规定并不授权加入国际劳工组织 1948 年《结社自由及保护组织权公约》的缔约国"采取足以损害该公约中所规定的保证的立法措施，或在应用法律时损害这种保证"。

37　第 8 条第 1 款（寅）项。区域标准包括《美洲人权公约在经济、社会和文化权利领域中的附加议定书》第 8 条、《阿拉伯人权宪章》第 35 条和《经修订的欧洲社会宪章》第 6 条（集体谈判权）。

该条还规定了罢工权，"但以其行使符合国家法律为限"。[38] 国际劳工组织的文书为工会权利提供了更广泛的保护。[39] 消除种族歧视委员会的《具体报告准则》建议，缔约国应提供有关两个主要问题的资料：向非公民开放工会，以及"组织和参加工会的权利是否限于特定职业或特定类型的合同"——在这样的情况中，属于受《公约》保护的群体的人可能代表比例过高。[40]

369　　　很少有消除种族歧视委员会关于工会的实践。委员会曾对玛雅基彻（Maya Quiche）土著民族遭受的贫穷和社会排斥表示关切，这对其享有权利，包括组织和参加工会的权利产生了不利影响。[41] 在委员会对丹麦的结论性意见中，"雇主联合会和工会"被列为更好地传播《公约》的适当对象之一。[42] 关于工会的最广泛评论来自委员会对韩国的结论性意见，其中表示的关切是，有资料称，"移徙工人，特别是那些没有证件的移徙工人，无法享有组织和参加工会的权利，一些工会执行成员已被驱逐"；委员会敦促该缔约国"保障所有人自由组织和参加工会的权利"；[43] 消除种族歧视委员会宣布，它完全赞同经济、社会和文化权利委员会的同等建议。[44]

38　第 8 条第 1 款（卯）项。对于《公民及政治权利国际公约》，人权事务委员会认为该公约不包括罢工权：*J. B. et al. v Canada*，No. 118/82（1986）。另见 S. Joseph and M. Castan, *The International Covenant on Civil and Political Rights: Cases, Materials and Commentary*（3rd edn, Oxford University Press, 2013），pp. 657-661，该书指出了人权事务委员会近期对限制罢工权的批评性意见，认为这是委员会"心态转变"的证据（p. 661）。

39　尤其是 1948 年《结社自由及保护组织权公约》（第 87 号公约）和 1949 年《关于组织权和集体谈判权公约》（第 98 号公约）。

40　CERD/C/2007/1, p. 11.

41　A/50/18, para. 310.

42　CERD/C/304/Add. 93, para. 14.

43　CERD/C/KOR/CO/15-16, para. 11.

44　经济、社会和文化权利委员会对韩国的结论性意见（E/C. 12/KOR/CO/3），该意见第 19 段提请该国注意宪法对公职人员加入工会的权利的限制，以及法律禁止私立和公立大学中的工会。经济、社会和文化权利委员会接着赞同国际劳工组织专家委员会 2001 年对这一情况所作的评论。经济、社会和文化权利委员会认为，这些限制"直接违反了"《经济社会文化权利国际公约》第 8 条。

三 第 5 条（辰）项（iii）目

第 5 条（辰）项（iii）目规定了"住宅权"。住宅权*或"适足住房权"这一被经济、社会和文化权利委员会广泛解释为"安全、和平、有尊严地在某处居住的权利"[45] 在国际文书中被广泛使用，要么作为一项独立的权利，要么与适足生活水准权相联系，就像《世界人权宣言》和《经济社会文化权利国际公约》那样。[46] 在一般性文书中，《消除对妇女歧视公约》[47]《儿童权利公约》[48]《移徙工人权利公约》[49]《残疾人权利公约》[50] 中都有关于住房的规定。其他提到该权利的文书包括《联合国土著人民权利宣言》（第 21 条和第 23 条）。经济、社会和文化权利委员会以七个因素界定"适足性"：使

---

* 与《公约》第 5 条（辰）项（iii）目中文本中的"住宅权"相对应的用语，在其英文本中为"right to housing"。目前在联合国和中国与此英文用语对应的中文用语通常都是"住房权"。本中译本以下将"right to housing"译为"住房权"。

45 经济、社会和文化权利委员会第 4 号一般性意见，"适足住房权"（1991 年），第 7 段。另见关于强迫迁离的第 7 号一般性意见（1997 年）。对经济、社会和文化权利委员会工作的详细讨论，见 B. Saul, D. Kinley, and J. Mowbray, *The International Covenant on Economic, Social and Cultural Rights: Commentary, Cases, and Materials* (Oxford University Press, 2014), pp. 926-976, under 'The Right to an Adequate Standard of Living' [henceforth *The International Covenant on Economic, Social and Cultural Rights*].

46 《世界人权宣言》第 25 条、《经济社会文化权利国际公约》第 11 条。后一条除其他外，承认"人人有权享受……适当生活程度，包括适当之衣食住及不断改善之生活环境"。另见《阿拉伯人权宪章》第 38 条。

47 第 14 条。

48 第 27 条。

49 第 43 条第 1 款（d）项。

50 第 9 条和第 28 条。主要的区域性人权文书保护源自隐私权和财产权等其他权利的住房权；在 2001 年裁决的社会和经济权利行动中心诉尼日利亚案中，非洲人权和民族权委员会将财产权、健康权和家庭生活权一并解读为"禁止肆意破坏容身之处"：*Social and Economic Rights Action Centre (SERAC) v Nigeria*, <http://www.chr.up.ac.za/index.php/browse-by-subject/410-nigeria-social-and-economic-rights-action-centre-serac-and-another-v-ni>。《经修订的欧洲社会宪章》是个例外，在第 31 条中明确提到这一权利，见 European Committee on Social Rights, *FEANTSA v France*, Complaint No. 39/2006 (2007)。2000 年，联合国人权委员会设置了适当生活水准权所含适足住房问题特别报告员的职位，Commission on Human Rights resolution 2000/9, 17 April 2000；这一特别报告员的任务和工作的发展情况，见<http://www.ohchr.org/EN/Issues/Housing/Pages/HousingIndex.aspx>。

用权（tenure）的法律保障、服务的可用性、可负担性、适居性、可及性、地点和文化适足性，住房的建造、材料和支持政策"必须能恰当地体现住房的文化特性"。[51]

370

消除种族歧视委员会的《具体报告准则》中关于第 5 条的准则提供了一些例子，以协助确定实施程度。缔约国应"（甲）说明种族歧视的受害者或潜在受害者群体是否集中在某些区域，或者倾向于集中在某些特定地点；（乙）描述政府为防止出租或出售房屋、公寓者的种族歧视而采取的行动；以及（丙）描述在充分尊重其文化特性的同时，为落实游牧或半游牧民族的住房权而采取的措施"。[52]

这一权利的一些方面已经在本书对第 3 条的评注中有关分隔的部分讨论过。[53] 关于罗姆人的第 27 号一般性建议讨论了分隔问题。有关基于世系的歧视的第 29 号一般性建议对避免种族分隔[54]和"获得适足住房"[55] 作了类似规定。在第 30 号一般性建议中，基本规定被调整适用于非公民。[56] 土著民族在关于住房的建议中占有重要地位，非洲人后裔也一样：第 34 号一般性建议提倡，发展和落实旨在避免非洲人后裔在住房方面被分隔的政策和项目，以及"促使非洲人后裔社群作为伙伴参与住房项目的建设、复原和维修"。[57] 这项权利与一系列实践中为维护该权利而必要的其他权利相交叉，这些权利包括——在第 5 条所列的权利中——居住自由和结社自由、拥有财产的权利、参与决策的权利和人身安全的权利。委员会强调了住房权对其他权利得以享受的重要性。[58]

51　经济、社会和文化权利委员会第 4 号一般性意见第 8 段。

52　CERD/C/2007/1, p. 11.

53　见本书第十章。

54　第 29 号一般性建议第（o）段。

55　第 29 号一般性建议第（mm）段。

56　第 30 号一般性建议第 32 段。

57　第 34 号一般性建议第 60 段。

58　关于罗姆人，委员会在对斯洛伐克的结论性意见中，建议该国"强化旨在改善罗姆人住房条件的措施，因为这些条件对罗姆人享受《公约》所载其他权利至关重要"：CERD/C/SVK/CO/6-8, para. 17。

消除种族歧视委员会在 L. R. 诉斯洛伐克案[59]中的意见讨论并认定了对第 5 条（辰）项（iii）目以及其他条款的违反。在该案中，某市市政理事会通过了一项决议，批准了一项建设低成本住房的计划，但后来在当地居民请愿之后，该计划被第二项决议撤销：这些居民反对这一计划，说其将导致"一批无法本地化的吉普赛裔公民的涌入"。[60] 尽管被质疑的决议表面上没有提到罗姆人，但委员会根据决议的背景和情况认定，罗姆人受到了间接歧视。[61] 关于第 5 条，申诉人辩称，缔约国未能保障他们的适足住房权；委员会的意见提到罗姆人的生活条件恶劣，"大多数居所是茅草屋或纸板房，没有饮用水、厕所、排水或污水处理系统"。[62] 虽然该案中的大部分论点涉及市政当局作为公共机构的法律性质，但申诉人对于"住房权"在斯洛伐克法律中的有争议地位所主张的是，当一缔约国给予它可能没有义务给予的某种惠益时，就不能以歧视的方式给予这种惠益。[63] 另一方面，缔约国辩称，市政理事会的决议没有赋予一种可强制执行的住房权，而只是相当于住房领域中复杂政策制定过程的一个步骤。这一论点的含义是，"有关市政理事会的第二项决议，即使出于种族裔方面的理由……也不等于一项［歧视性］措施"。[64] 委员会在否认该缔约国的论点时，将市政理事会的一系列决议放在一起处理，认定斯洛伐克法律中存在受《消除种族歧视公约》第 5 条和《经济社会文化权利国际公约》第 11 条保护的住房权，而且这一权利受到了损害。[65] 鉴于申诉人在事实陈述中所描述的严重剥夺情况，可以大致参考《经

59　*L. R. v Slovakia*，CERD/C/66/D/31/2003（2005）；进一步讨论见本书第八章。

60　*L. R. v Slovakia*，para. 2. 2. 该缔约国对如此解释原决议的性质，提出了疑问（委员会意见的第 7. 6 段）。另见委员会意见的第 7. 7、7. 8 段。

61　*L. R. v Slovakia*，para. 10. 4

62　*Ibid.*，para. 2. 1.

63　*Ibid.*，para. 5. 5. 申诉人援引欧洲人权法院裁决的比利时语言案作为这一主张的权威证明以及补充原则，即"缔约国在已经决定实施某项措施——在本案中是推行住房计划后，就不能后来决定不实施该计划，并以歧视性考虑为依据"（委员会意见的第 8. 4 段）。比利时语言案，见 ECtHR，*Case relating to Certain Aspects of the Laws on the Use of Languages in Education in Belgium*，App. Nos. 1474/62，1677/62，1691/62，1769/63，1994/63，2126/64（1968）。

64　*L. R. v Slovakia*，para. 10. 6.

65　*Ibid.*，para. 10. 7. 本书第八章更全面地引用了委员会意见的该段。

济社会文化权利国际公约》第 11 条来说明这项权利的各项指标。[66] 该案表明，一些问题是由影响居民区组成的政策举措引起的。在委员会对德国的结论性意见中，德国通过允许房东拒绝出租公寓来创造社会稳定的住宅结构和平衡的住宅产业的尝试，因为"从间接歧视来看可能存在的负面影响"而受到了审查。[67] 哈立克和丘吉尔更广泛地将 L. R. 诉斯洛伐克案解读为，各缔约国"必须确保与任何实质性权利有关的政策的通过和执行方式，不得具有基于第 1 条禁止的理由的歧视"；此外，"委员会……采取的办法对各缔约国产生重大后果，而且这项义务如果得到认真对待，就应该证明，其对于努力确保在消除经济和社会权利情境中的歧视意图是有效的"。[68]

消除种族歧视委员会的一项持续关切，是针对广泛受害者群体的住房歧视或潜在歧视，包括针对"弱势群体，如非国民、难民和寻求庇护者"[69] 和无证移民[70]的歧视。在许多实例中，住房条件只是总体上体现为糟糕生活条件的情况的一个要素：移民和寻求庇护者的拘留和收容中心的条件也受到了严格的评价。[71] 在实践中，罗姆人住房权受到侵犯的情况一直得到强调。关于罗姆人和漂泊者，第 27 号一般性建议就住房政策的紧迫性发表了一系列声明。委员会除了对社群分隔表示关切外，[72] 还建议采取坚决行动，制止公共和私营当局在住房领域可能采取的一系列行动，包括拒绝罗姆人居住和非

372

---

66 *Ibid.*, paras 2. 1, 5. 4, and 5. 5. 关于该来文后续情况的资料，载于 A/62/18, Annex Ⅵ (2007)。缔约国与委员会之间的对话，见 A/63/18, Annex Ⅶ (2008)。委员会在 2010 年对斯洛伐克的结论性意见中表示，其注意到缔约国代表团保证该国致力于跟进 L. R. 诉斯洛伐克案中的建议：CERD/C/SVK/CO/6-8, para. 20。

67 CERD/C/DEU/CO/18, para. 17.

68 U. Khaliq and R. Churchill, 'The Protection of Economic and Social Rights: A Particular Challenge?', in H. Keller and G. Ulfstein (eds), *UN Human Rights Treaty Bodies: Law and Legitimacy* (Cambridge University Press, 2012), pp. 199-260, p. 240 [henceforth 'The Protection of Economic and Social Rights'].

69 委员会在对卢森堡的结论性意见中，强调了住房机构对这类群体的潜在歧视：CERD/C/LUX/CO/13, para. 17。

70 委员会的结论性意见：匈牙利，CERD/C/61/CO/6, para. 14。

71 委员会的结论性意见：马耳他，CERD/C/MLT/CO/15-20, para. 13；西班牙，CERD/C/ESP/CO/18-20, para. 13。

72 第 27 号一般性建议第 30 段。

法驱逐他们，或将他们安置在无法获得医疗保健和其他设施的居民区以外的营地。[73] 委员会还铭记一些罗姆人践行漂泊的生活方式，建议提供"有一切必要设施"的露营场地。[74] 委员会在对英国的关于迁离戴尔农场（Dale Farm）的吉普赛人和漂泊者社群的结论性意见中建议，在实施任何迁离之前，向社群提供"文化上适当的替代性住房"。[75] 委员会除其他外，敦促重新安置罗姆人不应涉及强迫迁离，并"应有尊重正当程序和人的尊严的程序性保护"；[76] 在英国的戴尔农场驱逐案中，对"尊严"的考虑同样得到援用。[77]

　　强迫迁离问题在消除种族歧视委员会的实践记录中占有突出地位。经济、社会和文化权利委员会将强迫迁离的做法定义为，"在违背个人、家庭以及/或者社群意愿的情况下，将其长期或临时驱逐出他们的住宅以及/或者占有的土地，而没有得到或不能援引适当的法律或其他形式的保护"。[78] 在经济、社会和文化权利委员会看来，这样一种保护应立即适用，不受"逐渐发展"的限制。[79] 将某些做法归类为侵犯"住房权"，可能足以把握一些剥夺财产案件的实质；[80] 其他侵犯行为可能与诸如"种族清洗"这样极端的政策有关；对此，标准权利词汇可能是必要的，但几乎不足以反映所造成损害的规模。大规模剥夺、异地安置、迁离和分隔的做法，属于触发消除种族歧视

73　第 27 号一般性建议第 31 段。

74　第 27 号一般性建议第 32 段。

75　CERD/C/GBR/CO/18-20，para. 28（2011）. 比较经济、社会和文化权利委员会 1991 年第 4 号一般性意见"适足住房权"第 8 段所述的与住房有关的"文化适足性"概念。

76　委员会的结论性意见：塞尔维亚，CERD/C/SRB/CO/1，para. 14。

77　委员会的结论性意见：英国，CERD/C/GBR/CO/18-20，para. 28。

78　经济、社会和文化权利委员会第 7 号一般性意见，"适足住房权（第 11 条第 1 款）：强迫迁离"（1997 年），第 3 段。

79　经济、社会和文化权利委员会第 7 号一般性意见第 8 段。

80　作为对侵犯住房权的更严肃解释的一个例子，见禁止酷刑委员会的一个案例：*Hajrizi Dzemajl v Serbia and Montenegro*，CAT/C/29/D/161/2000（2002），该案由对罗姆人居住点的大规模袭击而引起，禁止酷刑委员会认为《禁止酷刑公约》第 16 条被违反，该条涉及"残忍、不人道或有辱人格的待遇"；该案中个别委员的单独意见认为这种袭击相当于酷刑。另见 *Sesana et al. v Attorney-General*，Botswana High Court 2006，在该案中，针对巴萨瓦（Basarwa）土著民族采取的行动侵犯了《博茨瓦纳宪法》保护的生命权，<http://www.chr.up.ac.za/index.php/browse-bycountry/botswana/1118.html>；另见 *Mosetlhanyana v Attorney General*：<https://www.escr-net.org/docs/i/1620112>，Botswana Court of Appeal at Lobatse（2011）。

委员会早期预警/紧急行动程序的因素,[81] 在其"系统和大规模种族歧视模式的指标"中也尤为突出。[82] 如同可以从消除种族歧视委员会各种一般性建议提及的情况中看出的,《公约》规定的所有"标准"受害者群体,在强迫迁离和剥夺财产的令人沮丧的名录上,都有体现。[83]

消除种族歧视委员会在住房/住宿方面,在狭义上运用"迁离"一词,但也将其运用于驱逐出土地和领地;在这样的情况中,委员会查明情况的主要法律参照点可能是第 5 条(卯)项(v)目规定的财产权,这与第 5 条(辰)项(iii)目重叠。委员会查明的许多大规模没收或搬迁的案件涉及土著民族。关于土著民族的背景国际标准和决定有助于委员会完善迁离情况中应遵守并可具体援引的相关规范和程序的分类。[84] 委员会在结论性意见中告知危地马拉,在认为有必要搬迁土著民族的特殊情况下,它必须确保遵守国际劳工组织第 169 号公约第 16 条第 2 款和《联合国土著人民权利宣言》第 10 条,"这要求自由和知情的同意与公正和公平的补偿",并为搬迁地点提供基本的设施。[85] 委员会就应当遵循的适当机制和程序,在对阿根廷的结论性意见中提出了类似的建议,包括为获得同意而进行的协商、补偿、设施齐全的搬迁地点以及对违反法律规范者的惩罚。[86] 委员会在对以色列的结论性意见中表示的关切有关贝都因人社群,"尤其有关拆毁住家和其他建筑的政策",以及他们在与犹太居民平等的基础上获得土地、住房、教育和其他权利的问题;委员会除其他外,建议该缔约国撤销一项拟议的关于在内格夫的

81　A/62/18, Annex Ⅲ (2007).

82　CERD/C/67/1 (2005).

83　欧洲人权法院裁决的涉及迁离罗姆人和漂泊者的案件包括:*Buckley v UK*, App. No. 20348/92 (1996);*Chapman v UK*, App. No. 27238/95 (2001);*Connors v UK*, App. No. 66746/01 (2004);*Yordanova v Bulgaria*, App. No. 25446/06 (2012);*Winterstein v France*, App. No. 27013/07 (2013)。

84　例如,委员会在对肯尼亚的结论性意见中敦促该国对非洲人权和民族权委员会关于将恩多罗瓦人和奥吉克人强行迁离其土地的决定作出回应,"并确保所有被边缘化的社群和有关民族得到所指令的补救":CERD/C/KEN/CO/1-4, para. 17. 见本书第十三章对两起案件的评论,*Endorois v Kenya*, and *COHRE v Sudan*;其中援引的其他案件对所讨论的权利有明确的影响,这样的案件如:*Yakye Axa v Paraguay*, IACtHR Ser. C No. 125 (2005);*Sawhoyamaxa v Paraguay*, IACtHR Ser. C No. 146 (2006)。

85　CERD/C/GTM/CO/12-13, para. 11, 根据第 5 条(卯)项(v)目提出。

86　CERD/C/ARG/CO/19-20, para. 26.

贝都因人定居点的法律，"这项法律会将现行的拆毁住家和强迫土著贝都因人社群流离失所的政策合法化"。[87]

发生自然灾害后的后续行动也促使消除种族歧视委员会根据第5条（辰）项（iii）目提出建议。委员会在对美国的结论性意见中表示的关切有关2005年卡特里娜飓风对"低收入非洲裔美国居民"造成的不同影响，其中许多人在飓风发生两年后仍流离失所。委员会随后提出的建议结合了委员会的若干优先关注事项：促成流离失所者返回家园，"或在其惯常居住地可能的情况下，保证其获得适足的、可负担的住房"。委员会还呼吁该缔约国尽一切努力，"确保在制定和执行影响……流离失所者的所有决定时，与他们进行真正磋商，使他们能真正参与"。[88]

374

四 第5条（辰）项（iv）目

第5条（辰）项（iv）目规定了"享受公共卫生、医药照顾、社会保障及社会服务之权"。该目对得到保护的权利的规定将《世界人权宣言》第22条和第25条分别列出的权利（社会保障和健康）以及《经济社会文化权利国际公约》第9条和第12条分别列出的权利（社会保障和健康）合并在一起。[89] 经济、社会和文化权利委员会分别通过了有关健康的第14号一般性意见和有关社会保障的第19号一般性意见。[90] 正如经济、社会和文化权利委员

87　CERD/C/ISR/CO/14-16，para.20；委员会没有明确结论所依据的具体款项。

88　CERD/C/USA/CO/6，para.31.

89　合并的还有《经济社会文化权利国际公约》第10条第2款。

90　关于社会保障权，另见《消除对妇女歧视公约》第11条第1款（e）项和第14条第2款（c）项、《儿童权利公约》第26条、《移徙工人权利公约》第61条。在区域性文书中，《美洲人的权利和义务宣言》第16条和第35条提到了社会保障，《美洲人权公约在经济、社会和文化权利领域中的附加议定书》第9条和《经修订的欧洲社会宪章》第12条也提到了社会保障。关于健康，荷兰人权研究所数据库列出了100处提及，其中许多谈到的并不是健康权，而是基于"公共卫生"对权利的限制。（"健康"和"卫生"在英语中是同一个词"health"。——译者注）提及这些权利的主要规定包括：《消除对妇女歧视公约》第12条；《儿童权利公约》第24条（也包括第3条）；《残疾人权利公约》第22、25和26条；《移徙工人权利公约》的若干条，特别是第43条和第45条。这项权利被广泛列入区域文书，其中包括《非洲人权和民族权宪章》（第16条和第18条）及其（转下页注）

会所述，享有"可能达到之最高标准之身体与精神健康"的权利被解释为一种权利复合体，包含了"多方面的、使人民可以享有健康生活的条件的社会—经济因素"，包括食物、营养和卫生、住房、工作条件以及有益健康的环境。[91] 这项权利也被认为"有关并依赖于"一系列其他人权的实现，[92] 并被理解为"一项享有为实现可能达到的最高健康标准所必需的各种设施、商品、服务和条件的权利"。[93] 另一方面，社会保障权被理解为保留惠益的权利，以便在因为疾病、残疾等情况而缺乏工作收入、无法承担医疗费用或无力养家的情况中，确保某种形式的保护。[94]

消除种族歧视委员会的《具体报告准则》首先确认，"民众中种族歧视的受害者或潜在受害者的不同群体可能对保健和社会服务有不同的需求"。因此，"缔约国应（甲）说明任何此类差异，（乙）说明政府为确保平等提供这些服务而采取的行动"。[95]

消除种族歧视委员会尚未充分阐述其对第 5 条（辰）项（iv）目中的权利的理解，尽管与群体有关的一般性建议（有关性别的第 27 号一般性建议、有关基于世系的歧视的第 29 号一般性建议、有关针对非洲人后裔的种族歧视的第 34 号一般性建议）提到了健康和社会保障：对于罗姆人和基于世系／种姓的社群，委员会特别强调了获得保健和社会保障的平等机会，以及让受

375

（接上页注 90）关于妇女权利的议定书（第 1 条）、《非洲儿童权利和福利宪章》（第 20 条）、《美洲人的权利和义务宣言》（第 11 条）以及《美洲人权公约在经济、社会和文化权利领域中的附加议定书》（第 10 条）。《经修订的欧洲社会宪章》第 11 条规定了"健康受保护的权利"。值得注意的是，《非洲儿童权利和福利宪章》在关于保护儿童免遭有害社会或文化习俗之害的第 21 条中列入了一项保健条款。

91　经济、社会和文化权利委员会第 14 号一般性意见，"享有可能达到之最高标准之健康的权利"，E/C.12/2000/4，第 4 段。

92　经济、社会和文化权利委员会第 14 号一般性意见第 3 段。

93　经济、社会和文化权利委员会第 14 号一般性意见第 9 段。对经济、社会和文化权利委员会和其他机构的工作形成补充的，是人人有权享有可能达到之最高标准身心健康问题特别报告员的工作：<http://www.ohchr.org/EN/Issues/Health/Pages/SRRightHealthIndex.aspx>。

94　经济、社会和文化权利委员会第 19 号一般性意见，"社会保障权"，E/C.12/GC/19（2008），para.2。

95　CERD/C/2007/1，p.11.

影响的社群参与方案和项目的设计和执行。[96] 第 27 号一般性建议对于这一基本安排增加了一项关于罗姆人——"主要是妇女和儿童"——的建议，重点关注"他们由于赤贫和低教育水平以及文化差异而遭遇的不利处境"，[97] 这一关注发展了《具体报告准则》中关于需求差异的说法。[98] 在实践中，处于《公约》范围之内的所有群体都被带入该目规定的范围之内，即少数群体、土著民族、基于世系的社群以及包括难民和国内流离失所者在内的各种非公民；在许多提到妇女地位的建议中，也存在着明显的交叉因素。涉及属于罗姆人社群的妇女和土著妇女的案件促成了委员会有关强迫绝育做法的建议。[99]

根据来文程序作出的决定很少涉及这一目：D. F. 诉澳大利亚案是针对一项基于民族本源的歧视的申诉，提出了获得社会保障的问题，但没有得到消除种族歧视委员会的支持。[100] 肯尼斯·莫伊兰诉澳大利亚案尽管被认定为不可受理，但广泛地以第 2 条第 2 款、第 5 条和第 6 条为根据，在更大程度上利用了第 5 条（辰）项（iv）目。[101] 申诉人是一名澳大利亚土著男子，他声称，鉴于澳大利亚土著人的预期寿命较低，他本来应该能够以低于一般的为澳大利亚人确定的 65~67 岁的年龄，获得澳大利亚《社会保障法》规定的养老金。[102] 他主张，《公约》要求采取特别措施，以缩小澳大利亚土著人与

96　第 27 号一般性建议第 33、34 段，第 29 号一般性建议第（nn）、（oo）段，第 34 号一般性建议第 55、56 段。

97　第 27 号一般性建议第 34 段；这句话的句法表明，罗姆人的不利处境等情况遍及整个社群；另见关于种族歧视与性别相关方面的第 25 号一般性建议第 2 段。

98　委员会后来关于罗姆人健康问题的建议包括对以下国家的结论性意见：阿尔巴尼亚，CERD/C/ALB/CO/5-8，para. 11；波斯尼亚和黑塞哥维那，CERD/C/BIH/CO/7-8，para. 12；斯洛文尼亚，CERD/C/SVN/CO/6-7，para. 10；英国，CERD/C/GBR/CO/18-20，para. 27（吉普赛人和漂泊者）。

99　委员会的结论性意见：墨西哥，CERD/C/MEX/CO/15，para. 17；斯洛伐克，CERD/C/SVK/CO/9-10，para. 13；越南，CERD/C/304/Add. 127，para. 10。

100　*D. F. v Australia*，CERD/C/72/D/39/2006（2008）.

101　*Kenneth Moylan v Australia*，CERD/C/83/D/D/47/2010（2013）. 在本书第九章中，曾联系特别措施讨论该案。

102　除其他外，申诉人援引了经济、社会和文化权利委员会关于社会保障权的第 19 号一般性意见，"其中指出，男女平均预期寿命的差异也可能直接或间接地导致在提供福利方面的歧视"：*Moylan v Australia*，para. 3. 2。

其他人之间的差距。[103] 对此，澳大利亚提出了对第 5 条（辰）项（iv）目的一种狭义解释，认为享受养老金"有别于更普遍的社会保障"，并不需要履行《公约》规定的义务，而且澳大利亚的社会保障法并不具有直接或间接歧视性。[104] 此外，鉴于第 5 条（辰）项（iv）目"要求的是社会保障的平等而非普遍享有"，缔约国有权确立标准来决定何时提供社会保障以满足那些最有需要者。[105]

376　　　　如前所述，莫伊兰诉澳大利亚案因未能用尽国内救济而被宣布为不可受理，但"这不影响……与养老金权利有关的所谓结构性歧视的问题"。[106] 从第 5 条来看，该案提出的问题涉及：解释"社会保障"的自由度，受第 5 条保护的权利的范围，以及特别是该条是否通过保证平等而指向保障基本权利的实质性义务。消除种族歧视委员会对于有关结构性歧视的说法的谨慎回顾可能表明，虽然期望对养老金制度进行全盘修订可能不切实际，但有充分的理由采取更有力的措施，来解决已经认识到的健康和预期寿命方面的差距问题。

　　　　消除种族歧视委员会提及第 5 条（辰）项（iv）目往往是一般性的，重复其表述而不单独分析其构成要素。在对要素作单独处理的情况中，社会保障领域中的绝大多数建议针对的是获得社会保障以及消除其中的障碍的问题，这些障碍包括不提供适当的个人证件[107]或对享受该制度的惠益的其他行政障碍（例如烦琐的登记制度）[108]：在这方面施予受影响群体的成员的负担覆盖了全部经济、社会和文化权利。

　　　　令人遗憾的是，少数群体和土著民族获得的保健服务低劣、健康和预期

103　缔约国以及后来申诉人都广泛提到了委员会关于特别措施的第 32 号一般性建议。

104　*Moylan v Australia*，para. 4. 10.

105　*Ibid.*，para. 4. 11. 申诉人对缔约国的解释的大多数方面提出了异议，除其他外，声称鉴于澳大利亚土著人与其他人口在客观上的不同情况，仅仅有法律上的平等是不够的，为解决间接歧视而采取的措施将提供对有关权利的平等享受（委员会意见的第 5.9 段）。

106　*Moylan v Australia*，para. 6. 6. 参见本书第九章。

107　委员会的结论性意见：阿尔巴尼亚，CERD/C/ALB/CO/5-8，para. 14。

108　委员会的结论性意见：中国，CERD/C/CHN/CO/13，para. 14。

寿命状况很差，是提请消除种族歧视委员会注意的情况的经常主题。在第 5
条（辰）项（iv）目规定的复合权利中，健康问题是最经常被单独处理的问
题，其中包括生殖健康和性健康[109]、艾滋病毒/艾滋病——在这方面的测试
"不应违反不歧视原则"。[110] 委员会不断敦促在必要时通过特别措施方案来缩
小健康差距。[111] 委员会提到了疟疾和霍乱等疾病的具体发生情况，提到疟疾
的背景是环境污染以及与影响土著民族的采矿活动有关的汞污染。[112]

健康问题也可归入对影响土著民族和其他人生活的环境退化的普遍关切之
中。[113] 对于西肖肖尼人的情况，消除种族歧视委员会根据以下方面的资料——
预计开办一个核废料储存场所、进行露天金矿采掘活动以及据称的在对肖肖
尼人具有精神和文化意义的地区签订地热开发租约，敦促美国"特别注意西
肖肖尼人的健康权利和文化权利，这些权利可能因威胁其环境和/或无视他
们给予其祖先土地的精神和文化意义的活动而受到侵犯"。[114] 对于健康权和相
关权利的潜在危险引起了对环境影响报告的强烈呼吁。与其他权利的情况一
样，可以提出，适当的指标至为必要，对确保充分落实不可或缺。还可要求

377

---

[109] 委员会已经在结论性意见中向包括如下国家在内的许多国家提出了关于性健康和生殖健康
的详细建议：美国，CERD/C/USA/CO/6/Add. 1，para. 33；印度，CERD/C/IND/CO/19，para. 24。

[110] 委员会的结论性意见：摩尔多瓦，CERD/C/MDA/CO/8-9，para. 13，其中委员会表示"深
为关切"的是，非公民必须接受强制性艾滋病毒/艾滋病检测，如果检测结果呈阳性，就不能在缔约
国居住。另见本书第七章讨论的 L. G. 诉韩国案（*L. G. v Republic of Korea*），其中委员会认定，为就业
目的进行艾滋病毒/艾滋病检测违反了第 2 条第 1 款（寅）项和（卯）项、第 5 条（辰）项（i）目
以及第 6 条；委员会没有单独审查申诉人关于第 5 条（辰）项（iv）目的指控（委员会意见的第
7.5、8 段）。

[111] 见委员会在莫伊兰诉澳大利亚案中的评论以及委员会的结论性意见：澳大利亚，CERD/ C/
AUS/CO/14，para. 19。

[112] 委员会对苏里南根据预警程序作出的第 3（62）号决定，A/58/18，para. 18，以及结论性意
见，CERD/C/64/CO/9，para. 15；委员会的结论性意见：圭亚那，CERD/C/GUY/CO/14，para. 19。

[113] 对于在尼日尔河三角洲地区和其他国家，特别是在奥戈尼（Ogoni）地区，大规模开采自然
资源对环境造成的不利影响，委员会强烈敦促采取措施打击"环境种族主义"和退化；委员会的结
论性意见：尼日利亚，CERD/C/NGA/CO/18，para. 19。参见 *SERAC v Nigeria*，African Commission on
Human and Peoples' Rights（2002），有关对健康有长期影响的土壤、水和空气污染。

[114] Decision 1（68）A/61/18，Chapter Ⅱ. A，para. 8. 随后委员会对美国的结论性意见中有关肖
肖尼人的部分也强调了健康问题，CERD/C/USA/CO/6，para. 29："在对土著美国人具有精神和文化
意义的地区进行或计划进行的"核试验、有毒废物储存、采矿和伐木，引起对在拥有财产权、健康
权和平等参与文化活动权方面产生负面影响的担忧。

采取补救措施。[115] 健康问题还与有关影响特定社群的贫困和营养不良的关切相结合：在这些方面，委员会扩大了《公约》的词汇范围，提到了"食物权"。[116] 与住房的情况一样，有关群体的"生活条件"的建议经常包括有关健康权的意见。

消除种族歧视委员会的结论性意见还关注卫生政策的文化维度，包括语言方面。对于土著民族，《联合国土著人民权利宣言》中的一些条款涉及对于传统医药、保健做法、动植物等的权利，以及不受歧视地获得社会和保健服务。[117] 委员会在其结论性意见中吸收了该宣言的一些内容，尽管在该宣言于 2007 年出台之前，《具体报告准则》中包括文化需求在内的"需求"方面已经是委员会的做法的一部分。保健问题的杂项在委员会向墨西哥提出的简要建议中得到了总结：

> 与有关社群密切合作，拟定一个全面的、文化上敏感的战略，以确保土著民族获得优质卫生保健。应通过划拨充足的资源、收集各项指标和对进度的透明监督来保障该战略的实施。应特别注意改善土著妇女儿童获得卫生保健服务的情况。委员会强调，这一领域也需要翻译人员……。重要的是，卫生体系应承认、协调、支持并加强各种土著卫生体系，并以之为实现更有效、文化上更敏感之覆盖面的基础。[118]

该建议提出的重要内容包括强调文化敏感性、提供卫生保健服务的语言条件、协调卫生保健的土著系统与国家系统（意味着相互尊重和承认）以及强调国家当局和土著民族之间的"密切合作"：这强烈地提示有关社群参与

115　后来提出的建议，可参见委员会的结论性意见：智利，CERD/C/CHL/CO/19-21，para. 13，关于祖传土地；CERD/C/CHL/CO/15-18，para. 21，重申和发展了先前的建议。

116　特别见委员会在结论性意见中向危地马拉提出的一套相互关联的建议：CERD/C/GTM/CO/12-13，paras 11，12，13，and 14。

117　特别是第 21、24、29 和 31 条。

118　委员会的结论性意见：墨西哥，CERD/C/MEX/CO/16-17，para. 19。另见委员会的结论性意见：哥伦比亚，CERD/C/COL/CO/14，para. 21，有关非裔哥伦比亚人和土著人；厄瓜多尔，CERD/C/ECU/CO/20-22，para. 21，简明扼要地阐述了享受这项权利的迫切要求，建议该国"采取必要步骤，确保获得适当的基本服务和制度性的保健……这些服务和保健应适应土著民族的不同语言和文化特点"。

提供护理服务。为"跨文化卫生"单位分配资源也是建议的主题。[119]

　　社会保障和更广泛的社会服务问题也引起了关注。消除种族歧视委员会许多有关获得社会保障的问题都涉及罗姆申诉人；[120] 有时也涉及其他群体。[121] 关于更一般的社会服务，委员会非常强调其提供的文化层面。对于芬兰，委员会建议该缔约国"有效地确保在其祖传土地上以萨米语向萨米人提供社会和保健服务"。[122] 对于老挝，委员会首先对部分语言障碍导致的获得公共服务的机会不平等表示关切，然后建议该国提供并使人能够获得"文化上适足的"的公共服务，以及提供资料说明"为克服语言障碍"而采取的措施。[123] 对于墨西哥，委员会的建议是保障所有墨西哥人，特别是土著人，享有"教育、保健、社会保障、住房、基本服务和食物"的权利，同时"尊重他们的文化渊源，并与可能受这些国家举措影响的民族协商"。[124] 如同第 5 条中的其他权利一样，参与和文化适宜性的主题贯穿关于健康权的各项建议。

五　第 5 条（辰）项（v）目

　　第 5 条（辰）项（v）目规定了"享受教育与训练之权"。有关少数社群成员的教育问题在国际联盟的少数民族制度中十分突出；阿尔巴尼亚的少数民族学校案扩展了对教育领域中平等和歧视的理解，[125] 并更广泛地阐述了

378

---

[119]　委员会的结论性意见：厄瓜多尔，CERD/C/ECU/CO/19，para. 20；危地马拉，CERD/C/GTM/CO/12-13，para. 13。

[120]　后来的例子包括委员会的结论性意见：阿尔巴尼亚，CERD/C/ALB/CO/5-8，para. 11；白俄罗斯，CERD/C/BLR/CO/18-19，para. 16；波斯尼亚和黑塞哥维那，CERD/C/BIH/CO/7-8，para. 12；乌克兰，CERD/C/UKR/CO/19-21，para. 15。

[121]　委员会的结论性意见：科威特，CERD/C/KWT/CO/15-20（贝都因人）；墨西哥，CERD/C/MEX/CO/16-17，para. 18（土著民族）；也门，CERD/C/YEM/CO/17-18，para. 15（阿哈丹人 [Al-Akhdam]）。

[122]　委员会的结论性意见：芬兰，CERD/C/FIN/CO/20-22，para. 14。

[123]　委员会的结论性意见：老挝，CERD/C/LAO/CO/16-18，para. 19。其中委员会还注意到缔约国"减少农村地区的贫困、改善少数民族群体对经济和社会权利的享有"的政治意愿。

[124]　委员会的结论性意见：墨西哥，CERD/C/MEX/CO/16-17，para. 18。

[125]　*Minority Schools in Albania*，Advisory Opinion，[1935] PCIJ，Ser. A/B No. 64.

形式上或表面上的平等与事实上和实质上的平等之间的区别。[126] 在国际联盟
模式中对教育权利的关注证明了教育对少数群体的持续存在和其文化的巩固
绵延的重要性，这些关注在全球化的压力下不但没有减少，反而更多。对于
受《公约》保护的一系列群体，教育——表现为各种形式、复杂的受教育
权——继续在社群文化的代际传承中发挥关键作用。用联合国少数群体问题
论坛的话来说：

379

> 教育是一项不可剥夺的人权，而不仅仅是一种商品或服务……教育
> 是这样一项人权：对实现范围广泛的其他人权至关重要，是增强人的能
> 力、提升人的尊严的不可或缺的力量。教育在民主公民身份的社会化中
> 起着形成作用，并表现出对社会身份认同的重要支持。[127]

同样，对于经济、社会和文化权利委员会来说，教育"本身就是一项人
权，也是实现其他人权不可或缺的手段"；[128] 一些评论还提到相互联系的教育
的"工具性"和"原生性"方面，前者涉及教育实现其他目标的必要性，
后者则与身份特性的基本方面相联系。[129]

在《消除种族歧视公约》规定的权利中，受教育权借用了《世界人权
宣言》第 26 条；[130]《世界人权宣言》第 26 条并不包括作为这一权利之一部
分的"训练"，尽管它提到了"技术与职业教育"。《世界人权宣言》第 26
条包括一项关于教育目的的规定，"教育应谋促进各国、各种族或宗教团体
间之谅解、容恕及友好关系"，这一表述经必要修改后，被吸收进《消除种
族歧视公约》第 7 条。[131]《世界人权宣言》规定的这一权利被转化为条约形

---

[126] P. Thornberry, *International Law and the Rights of Minorities* (Clarendon Press, 1991), Chapter 3.

[127] *Minorities and the Right to Education*, Recommendations of the First Session of the Forum on Minority Issues, para. 1, A/HRC/10/11/Add. 1 (2009).

[128] 经济、社会和文化权利委员会第 13 号一般性意见，"受教育权"，E/C. 12. 1999/10，第 1 段。

[129] 咨询委员会针对欧洲理事会《保护少数民族框架公约》的有关教育的评注，ACFC/25Doc (2006) 002, section 1. 3；该评注接着声明，这种区别在某种程度上是人为的，因此添加性双语主义 (additive bilingualism) 既加强了认知和情感能力，也发展了一种语言认同感。

[130] P. Thornberry, 'Education', in M. Weller (ed.), *Universal Minority Rights: A Commentary on the Jurisprudence of International Courts and Treaty Bodies* (Oxford University Press, 2007), pp. 325 – 362 [henceforth 'Education'].

[131] 在本书第十七章讨论。

式，成为《经济社会文化权利国际公约》第 13 条，也是经济、社会和文化权利委员会的一项广泛的一般性意见的主题。[132] 关于不歧视和平等待遇原则，该一般性意见借鉴了《消除种族歧视公约》、《消除对妇女歧视公约》、《儿童权利公约》、国际劳工组织第 169 号公约[133]和联合国教科文组织 1960 年《取缔教育歧视公约》（该公约把歧视包括剥夺受教育的机会和将教育限制在低劣水平上）。[134] 在关于少数群体和土著民族的文件中，教育是一个关键组成部分，而且得到了监督机构的详细说明。《联合国少数人权利宣言》涉及母语教育以及有关促进对少数群体历史和传统等情况的了解的教育。[135] 国际劳工组织第 169 号公约用大量篇幅论述"教育和交流方式"，[136] 而《联合国土著人民权利宣言》包含了有关获得各种形式的公共教育的大量规定，并宣称"建立和掌管他们的教育制度和机构、以自己的语言和适合其文化教学方法的方式提供教育的权利"，[137] 这几点除其他外，在联合国土著民族权利专家机制的第一项"建议"中得到了进一步发展。[138]

消除种族歧视委员会的《具体报告准则》简短地建议缔约国，"（甲）说明受《公约》保护的群体成员之间教育和训练程度的各种差异；（乙）就学

380

---

[132] 经济、社会和文化权利委员会第 13 号一般性意见第 6.6 段。消除种族歧视委员会于 1993 年提出了一项一般性建议即第 13 号一般性建议，涉及对执法人员开展保护人权方面的培训。

[133] 经济、社会和文化权利委员会第 13 号一般性意见第 31~37 段。区域性文书中关于教育的标准包括《非洲人权和民族权宪章》第 17 条、《美洲人权公约在经济、社会和文化权利领域中的附加议定书》第 13 条、《阿拉伯人权宪章》第 30 条和《欧洲人权公约第一议定书》第 2 条。

[134] 联合国教科文组织 1960 年《取缔教育歧视公约》，429 UNTS 93。另一方面，《取缔教育歧视公约》第 2 条（b）项规定，"出于宗教或语言原因"而设立的单独制度不具有歧视性，前提是入读这些机构是可选的，并且它们符合同等教育水平的标准。

[135] 第 4 条。

[136] 第 26 条至第 31 条，这些规定体现了一种多轨道和高要求的教育方法，将平等、参与、建立自己的（土著和部落）机构、文化适宜性、语言发展以及对公众进行有关土著文化和传统的教育等概念结合起来。

[137] 第 14 条。另见第 12、13 和 15 条。该宣言大量提到的自主、自我决定的文化发展对教育进程具有影响，暗示了一种综合各种考量的整体式方法。

[138] "土著民族的受教育权包括通过自己传统的教学和学习方法提供和接受教育的权利，以及将其自己的观点、文化、信仰、价值和语言纳入主流教育的权利。土著民族的受教育权……是一个整体概念，包括心理、身体、精神、文化和环境维度。" Expert Mechanism Advice No. 1 (2009) on *The Rights of Indigenous Peoples to Education*, annexed to the *Study on Lessons Learned and Challenges to Achieve the Implementation of the Right of Indigenous Peoples to Education*, A/HRC/12/33, Annex, para. 3.

校中所说和所教的语言提供信息；以及（丙）描述政府为在享有这项权利方面防止种族歧视而采取的行动"。[139] 考虑到与第 7 条规定的"讲授、教育、文化及新闻方面"的义务的重叠，以及第 3 条规定的有关分隔的约束，关于受教育权的实践很难逐条分别展开。[140] 教育问题很少出现在来文程序中，虽然在穆拉特·厄尔诉丹麦案中，委员会认定了对受教育和训练权的具体侵犯。[141] 国家报告和委员会的典型做法是关注教育机构的准入框架以及教育经验的反种族主义和支持容忍方面。前者主要涉及第 5 条，后者主要涉及第 7 条，但复杂和多层次的受教育权使任何将其限制在精确的概念和分析界限内的企图注定徒劳。

实践比《具体报告准则》中提到的问题范围更广。消除种族歧视委员会的一般性建议，特别是第 27 号（有关罗姆人）、第 29 号（有关世系/种姓）、第 34 号[142]和第 35 号（有关打击种族主义仇恨言论）一般性建议探讨了该权利的各个方面，而不必一定区分第 5 条和第 7 条。关于罗姆人的第 27 号一般性建议有 10 段涉及了如下问题：包容、分隔、骚扰、游牧群体的教育、妇女和女孩的状况、教师培训、学校与罗姆人父母和社群之间的对话、成人识字情况以及提高整个社会对罗姆人历史和文化的认识等。在关于基于世系的歧视的第 29 号一般性建议中，分隔呈现为一个单独问题，而关于教育的一节则再次涉及入学率和辍学率、骚扰、对全体人口的教育、消除对基于世系的社群的刻板提法和印象（要代之以"宣扬所有人固有尊严的信息"）。[143] 第 35 号一般性建议在第 7 条的范围内处理教育问题，尽管提及"跨文化双语教育"和"培训"也符合第 5 条的框架。[144]

---

[139] CERD/C/2007/1，p. 11.

[140] 在本书第十章和第十七章进一步讨论。

[141] *Murat Er v Denmark*，CERD/C/71/D/40/2007（2007）.

[142] 第 34 号一般性建议第 12 部分包括与第 5 条和第 7 条有关的内容；就第 5 条，该建议提到非洲裔学生的辍学率（第 63 段）、保障接受教育的平等机会（第 64 段），以及普遍避免接受教育方面的歧视（第 62 段和第 64 段）。另见关于非公民的第 30 号一般性建议第 7 部分、关于司法工作的第 31 号一般性建议第 2B 部分、关于特别措施的第 32 号一般性建议。

[143] 第 29 号一般性建议第（vv）段。

[144] 第 35 号一般性建议第 33 段。

缔约国收到的有关少数群体教育的建议汇编涉及资源、员工配置和课程
内容,[145] 对这些方面的建议可能非常具体。[146] 消除种族歧视委员会提出了许
多批准联合国教科文组织《取缔教育歧视公约》的建议，还建议各国遵循联
合国少数群体问题论坛[147]和土著民族权利专家机制[148]关于教育的指导方针。
这些文书强调各群体应有效参与教育政策和战略的制定，这一得到国际标准
充分证实的内容，在委员会向各缔约国提出的一系列建议中，得到了回应。[149]
委员会一贯关注在《公约》保护伞下的群体获得教育、分隔[150]以及教育实践
的文化/语言组成部分的情况。[151]

委员会特别关注入学障碍问题，而且正如其对《公约》的整个规范范围
所作的那样，坚持"有效获得"各级教育,[152] 这是一项在涉及罗姆人时一再
提到的命题。[153] 障碍可能源自各种因素,[154] 包括贫困,[155] 而对国家的请求是，

---

[145] 委员会对哈萨克斯坦的结论性意见建议该国确保少数群体的学校有良好的质量、充足的资
金和资源，"特别是对于使用规模较小的族裔群体的语言的学校"，提供"足够的专业人员和少数语
言教科书"，以及"无所歧视地促进所有族裔群体学生接受大学教育的机会，包括通过采取特别措
施"；"学校教科书应适当考虑少数群体的文化、传统和历史及对哈萨克斯坦社会的贡献"的建议也
来自第 7 条（CERD/C/KAZ/CO/4-5, para. 9）。

[146] 例如，委员会对新西兰的结论性意见建议在《新西兰课程大纲》定稿中提到《怀唐伊条
约》（CERD/C/NZL/CO/17, para. 20）。该课程大纲后来包含了有关一章, <http://nzcurriculum. tki.
org. nz/The-New-ZealandCurriculum>。

[147] 委员会的结论性意见：斯洛伐克，CERD/C/SVK/CO/6-8, para. 16。

[148] 委员会的结论性意见：巴拉圭，CERD/C/PRY/CO/1-3, para. 14。

[149] 各种协商/参与建议的例子包括委员会在对如下国家的结论性意见中的建议：阿根廷，
CERD/C/65/CO/1, para. 19；澳大利亚，CERD/C/AUS/CO/15-17, para. 21；哥伦比亚，CERD/C/
COL/CO/14, para. 22；捷克共和国，CERD/C/CZE/CO/8-9, para. 12；乌克兰，CERD/C/UKR/CO/
19-21, para. 14, 可以使用与利益相关者协商的语言和文化调停者。

[150] 见本书第十章对第 3 条的讨论。

[151] 鉴于双重歧视现象，对属于少数群体的妇女和女童的教育是经常性的建议主题，见委员会
的结论性意见：布基纳法索，CERD/C/BFA/CO/12-19, para. 9；土库曼斯坦，CERD/C/CO/12-19,
para. 20。

[152] 委员会的结论性意见：阿尔巴尼亚，CERD/C/ALB/5-8, para. 16。

[153] 委员会的结论性意见：白俄罗斯，CERD/C/BLR/CO/18-19, para. 16；俄罗斯联邦，CERD/
C/RUS/CO/20-22, para. 17。

[154] 联合国少数群体问题论坛关于教育的建议提到了入学的三个相互重叠的方面：歧视、物理
可及情况和经济可及情况。这些建议还提到了"文化、性别和语言障碍"，这些障碍可能具有同等的
拒绝入学的作用：A/HRC/10/11/Add. 1, 5 March 2009, section Ⅳ, 'Equal Access to Quality Education
for Minorities'。这些建议在这一方面是由经济、社会和文化权利委员会第 13 号一般性意见改编而成的。

[155] 委员会的结论性意见：南非，CERD/C/ZAF/CO/3, para. 20。

通过向较贫穷的人口提供学校补贴、奖学金或使用其他手段来解决这种贫穷给教育造成的后果。[156] 文盲也被确定为一个障碍，需要采取强有力的措施来减少或消除。[157] 与入学概念有关的是教育分隔。[158] 在某些情况中，委员会呼吁采取积极办法来消除分隔，[159] 而分隔的政策，无论是事实上的还是其他形式的，都因其与人人平等接受优质教育的机会不相容而受到严厉批评。如前所述，[160] 在专门班级或学校中罗姆人人数过多是一个需要大力解决的问题，即以融入主流教育取代分隔。[161] 委员会还提出了针对分隔主义的指责，在有些情况中是针对单一族裔学校，有时则针对在同一学校有两个（基于族裔的）班级的情况，这些班级在物理上分开并讲授不同的课程。[162] 对于罗姆人和其他人的漂泊家庭的情况，可以实现融混的方法是：建议缔约国对漂泊社群的儿童的融混"找到适当的解决办法"，"考虑社群的生活方式"，或者更准确地说是他们的文化；[163] 委员会还承认"文化上敏感的教育"的重要性。[164]

将教学媒介局限于某一或某些特定语言，也可能造成教育障碍。[165] 关于特殊需求学校，消除种族歧视委员会含蓄地批评使用语言作为分配到这些学校的标准，支持国家反对这种标准的举措，并要求国家提供关于举措落实情况的资料。[166] 在教学实践没有充分考虑少数语言或土著语言的情况下，语言媒介也可能起到限制获得教育的作用，不利于来自这些社群的儿童或其他学

156　委员会的结论性意见：印度，CERD/C/IND/CO/19，para. 25。

157　委员会的结论性意见：中国，CERD/C/CHN/CO/13，para. 23。

158　见本书第十章。

159　委员会的结论性意见：纳米比亚，CERD/C/NAM/CO/12，para. 13；美国，CERD/C/USA/CO/6，para. 17。

160　见本书关于第 3 条的第十章对"分隔"的讨论。

161　委员会的结论性意见：斯洛伐克，CERD/C/SVK/CO/9-10，para. 11。除了本书第十章讨论的两个案件（*D. H. v Czech Republic* and *Orsus v Croatia*）外，欧洲人权法院的类似案例还包括：*Horvath and Kiss v Hungary*，App. No. 11146/11（2013）；*Lavida and Others v Greece*，App. No. 7923/10（2013）；*Sampanis and Others v Greece*，App. No. 32526/05（2008）；*Sampanis and Others v Greece*，App. No. 59608/09（2012）。

162　委员会的结论性意见：波斯尼亚和黑塞哥维那，CERD/C/BIH/CO/6/Add. 1，para. 23。

163　委员会的结论性意见：挪威，CERD/C/NOR/CO/19-20，para. 20。

164　委员会的结论性意见：哥伦比亚，CERD/C/COL/CO/14，para. 23，有关非洲裔哥伦比亚人和土著人的儿童。

165　委员会的结论性意见：毛里求斯，CERD/C/MUS/CO/15-19，para. 20。

166　委员会的结论性意见：奥地利，CERD/C/AUT/CO/18-20，para. 17。

习者。正如《具体报告准则》所示，对教育中的语言的关切比入学问题更广泛。委员会对双语种和多语种教育以及多元文化和文化间教育，一直在提出建议。[167] 典型的情况是为少数群体或土著群体找到一条前进的道路，使其在使用多数人的语言（通常就是国语或官方语言）的同时，保护和维持自己的语言和文化。有鉴于此，双语教育可能是实现非同化目标的一种机制，而废除双语教育，特别是对于受到威胁的语言的教育，则被视为一个令人严重关切的问题。[168]

上述情况证明，教育问题在消除种族歧视委员会的工作中十分突出，委员会的各项建议内容丰富而且越来越详细。虽然相关实践比大量的单一实例更为连贯，但委员会尚未提出一项专门的一般性建议，求将主要问题纳入一个综合文本。

六　第5条（辰）项（vi）目

第5条（辰）项（vi）目规定了"平等参加文化活动之权"。《消除种族歧视公约》中的文化参加权 * 与《世界人权宣言》关于"参加社会之文化生活"的第27条密切相关。《经济社会文化权利国际公约》第15条、《消除对妇女歧视公约》第13条、《儿童权利公约》第31条以及《移徙工人权利公约》第43条和第45条都将《世界人权宣言》关于文化参加的标准向前推进，使"参加"从《世界人权宣言》中的"社会生活"（"社会"为单数）延伸到"文化生活"；《消除种族歧视公约》在提到"文化活动"时也同样

167　委员会对术语的简要讨论，见 Thornberry，'Education'，pp. 328–330。

168　委员会的结论性意见：澳大利亚，CERD/C/AUS/CO/15–17，para. 21。针对澳北区废除双语教育的问题，委员会建议采取"振兴土著语言以及针对土著民族的双语和跨文化教育的方案，其中尊重文化特性和历史"。参见委员会对萨尔瓦多的结论性意见中有关振兴语言的建议，CERD/C/SLV/CO/14–15，para. 21。

＊　与第5条（辰）项（vi）目中的"参加"相对应的用词，在其英文本中为"participation"。尽管"participation"也可理解为"参与"，但鉴于《公约》中文本本身的用词为"参加"（《世界人权宣言》第27条和《经济社会文化权利国际公约》第15条中也一样），本节一律将"participate/participation"译为"参加"，尽管有些情况下，将其理解为"参与"可能更合适。

宽泛。关于文化和参加文化的区域性规定包括《非洲人权和民族权宪章》第
17 条和第 22 条、《美洲人权公约在经济、社会和文化权利领域中的附加议定
书》第 14 条、《阿拉伯人权宪章》第 25 条和第 42 条。承认特定群体身份权
的关键文书充满了与对"少数群体"和"土著民族"的基本理解相一致的
文化内容。[169]

如《公约》第 5 条所述,有关文化的(辰)项(vi)目与第 7 条和第 5
条前面关于教育的规定有很大重叠,以及除其他外,与"公民权利",特别
是参加的政治权利,思想、良心与宗教自由,主张及表达自由有很大重叠。
虽然消除种族歧视委员会还没有就参加文化活动发布一般性建议,但广义上
的文化是以族裔性和相关概念为重点的《公约》的知识框架的一部分,并影
响所有的一般性建议和结论性意见。[170]

消除种族歧视委员会的《具体报告准则》中关于第 5 条的准则要求缔约
国提供资料,说明"参加文化生活,同时尊重和保护文化多样性"的情况,
"鼓励"属于受保护群体的人的"创造性活动"的措施,以及使这些人能够
"维护和发展其文化"的措施;还要求缔约国提供资料,说明促进对媒体的
利用和建立自己的媒体的情况,"防止竞技体育中的种族仇恨和偏见"的措

---

[169]　本书第六章援引的联合国特别报告员卡波托蒂对"少数人"的定义,是国际准则中许多非
正式定义之一,这些定义侧重于文化、传统、宗教和语言。卡波托蒂的定义,见 Francesco Caportorti,
Study on the Rights of Persons belonging to Ethnic,*Religious and Linguistic Minorities*(United Nations,1991),
para. 568。这种对文化的反映被纳入《公民及政治权利国际公约》第 27 条,其中包括属于少数群体
的人"享受其固有文化……之权利",以及《联合国土著人民权利宣言》,其中除了在第 1 条中提到
对特征(基本上是文化特征)的保护之外,还一直提到要得到承认和享有的文化要素;欧洲理事会
的《保护少数民族框架公约》在整体上同样充满了文化关切。同样,土著权利基本与离散和独特群
体的生存相关,这些群体的权利在国际劳工组织第 169 号公约或《联合国土著人民权利宣言》中被
表达为以文化为基础的;土著性的概念本身是以文化为导向的。在大量出版物中,对于有关少数群
体的国际标准的发展情况的基本阐述,见 Thornberry,*International Law and the Rights of Minorities*;
Weller(ed.),*Universal Minority Rights*(Oxford University Press,2007);有关土著民族的研究,例如见
S. J. Anaya,*Indigenous Peoples in International Law*(Oxford University Press,1996),and P. Thornberry,
Indigenous Peoples and Human Rights(Manchester University Press,2002)。本书的参考文献列出了大量
进一步的参考资料。

[170]　在委员会的一般性建议中,特别见第 5、21、27、30、32、34 和 35 号一般性建议。罕见而
明确地提及这一权利的案件,见 *Hagan v Australia*,CERD/C/62/D/26/2002(2002),paras 1,4. 16,
and 5. 7。

施，以及"少数语言、土著语言和其他语言在国内法和媒体中的地位"。[171]
所需信息一览表显示，文化是一种创造性活动、机构和关乎多样社群的生活
方式的综合体，而语言呈现为社群身份特征的一个显著标志。[172] 就"文化活
动"可能仅仅意味着文化的"表现"或文化"事件"（有组织或其他形式）
而言，委员会已将任何此类限定纳入"文化生活"的更广泛、有机的隐
喻中。

在第 14 条规定的来文程序中，第 5 条（辰）项（vi）目的发展程度有
限。据哈甘诉澳大利亚案中的申诉人称，在一个足球场地上展示具有种族冒
犯性的标志所带来的后果是，他和他的家人无法去这一场地，这损害了他们
平等参加文化活动的权利；[173] 消除种族歧视委员会没有评论这一特定问题。

尽管第 5 条（寅）项中的"参加"表面上侧重于政治过程和公职（尽
管解释得更为广泛），[174] 但第 5 条（辰）项（vi）目与未获定义的"文化活
动"相关联。经济、社会和文化权利委员会第 21 号一般性意见对"参加"
（participation）和"参与"（taking part in）的理解，指向通过使用诸如"自
由行动"、"选择"、"认同或不认同"（对社群）、"参与"、"接触"、"表达
自己"（以选择的语言）、"了解和理解"、"学习"、"遵循生活方式"和
"卷入"的措辞进行的活动和参与；获得文化生活以及对其贡献的问题也被
视为这一概念的固有内容。[175] 在《经济社会文化权利国际公约》和《消除种
族歧视公约》中，所设想的政治生活中的积极公民身份与文化生活中的选
择、自由和机会是并行的。必须假定"平等"参加在实践中具有其标准含

---

[171]　CERD/C/2007/1, pp. 11−12.

[172]　章枝体育中的种族仇恨与第 4 条和第 7 条更为合拍；委员会第 35 号一般性建议第 43 段。

[173]　*Hagan v Australia*, para. 5.7. 该案在本书第十七章有更详细的讨论。对于有关第 5 条（辰）
项（v）目的论点，缔约国指出，确保这项权利的确立超出了委员会的职权范围；其职权只不过是，
一旦这一权利被平等地准予，就监督其落实情况（委员会意见的第 4.16 段）。

[174]　见本书第十三章。

[175]　经济、社会和文化权利委员会第 21 号一般性意见："人人有权参加文化生活（第 15 条第 1
款［丑］项）"，E/C.12/GC/21（2009），第 14 段和第 15 段。另见欧洲理事会《保护少数民族框架
公约》咨询委员会的评注：Advisory Committee on the Framework Convention for the Protection of National
Minorities, Commentary on the Effective Participation of Persons belonging to National Minorities in Cultural,
Social and Economic Life and in Public Affairs, ACFC/31DOC（2008）001。

义，要求国家采取行动确保这项权利被有效享受。在特定情况下，参加可能成为对各国政府特别苛刻的一项义务，并因土著民族的自决权以及各种文书承认的、属于少数群体的人参加影响他们的决定的权利而得到强化。[176]从本章和上一章可以明显看出，"参加"这一主题贯穿了第 5 条的整个权利范围。

经济、社会和文化权利委员会的工作对消除种族歧视委员会在这方面的做法的影响很明显。用经济、社会和文化权利委员会的话来说："文化是一个广泛的、包容性的概念，包括人类生存的一切表现。'文化生活'一词明确提到文化是一个历史的、动态的和不断演变的生长过程，有过去、现在和将来。"[177]联合国教科文组织《世界文化多样性宣言》的序言同样将文化视为"某个社会或某个社会群体特有的精神与物质、智力与情感方面的不同特点之总和；除了文学和艺术外，……还包括生活方式、共处的方式、价值观体系、传统和信仰"。[178]"文化"这一复杂的术语可分为三个部分：（也许是以西方为中心的）"高级"文化、大众文化或全球化文化、作为一种生活方式或人类学意义上的文化。[179]《公约》第 5 条（辰）项（vi）目中关于参加文化活动的权利，只是消除种族歧视委员会实践记录中对"文化"之大量提及的一种表现。委员会广泛地承认，文化的扩展意义是激发社群精神的文化。对文化的理解是沿着这样一条轨迹发展的，即从文化作为一种智力和道德提升或艺术卓越的概念，到广义的人类学观点——文化作为生活方式，但

---

[176] 曾在本书第十三章讨论。

[177] 经济、社会和文化权利委员会第 21 号一般性意见第 11 段。另见第 12 段和第 13 段。

[178] 联合国教科文组织《世界文化多样性宣言》，2001 年 11 月 2 日，<http://portal. unesco. org/en/ev. phpURL_ID = 13179&URL_DO = DO_TOPIC&URL_SECTION = 201. html>。

[179] 比较下书中的词条，R. Williams, *Keywords* (Fontana Press, 1988), pp. 87–93。该书把文化描述为"英语中最复杂的两三个词之一"，对此可以加上"其他语言也一样"。文化权利领域的独立专家在其 2010 年 6 月提交人权理事会的第一份报告（A/HRC/14/36）中，在没有给文化权利下一般性定义的情况下，强调这些权利"涉及广泛的问题，例如表达和创造……信息和交流，语言，身份特性和归属具有共同文化价值观的多元、多样化和不断变化的社群，发展具体的世界观和追求具体的生活方式，教育和培训，对文化生活的获得、贡献和参与，开展文化活动和获得有形与非物质文化遗产。文化权利保护每个人……以及各群体通过价值观、信仰、信念、语言、知识和艺术、生活制度和方式等，发展和表达它们的人性、它们的世界观以及它们赋予其生存和发展的意义的权利。这也可以被视为保护获得文化遗产和资源的机会"。

前提是各种意义同时并存。[180]

"文化"被视为一个活生生过程的发展性和普遍性（经济、社会和文化权利委员会），其包罗万象的性质，以及对一项活动能否被确定地归类为文化活动的疑问，都使得很难准确地确定某一权利持有者何时或如何受到不平等或歧视性待遇。文化权利的评论者建议，与其把人权建立在这样一种变幻莫测的观念上，并适用某种像是辅助性原则的东西，还不如将权利分解成教育和语言等分立的片段；它们比"文化"更容易理解，也更适合实际地实现。[181] 如上所述，文化因素已经广泛分布在整个《公约》中，至少在一定程度上证明了批评者的论点。消除种族歧视委员会实践中"文化"因素的普遍性，对有关人权的文化嵌入性的更广泛主张作出了自己的贡献。[182]

386

消除种族歧视委员会进一步解构了这项权利，方式是主要关注该权利在媒体，教育以及官方语言、国家语言和少数民族语言制度等重叠的体制背景下的个性化应用，尽管其保留着文化的一般概念。[183] "文化活动"已经进一步多元化，超越了《世界人权宣言》第 27 条所述的"社会"（community）

---

[180] See J. Ringelheim, 'Cultural Rights', in D. Moeckli, S. Shah, and S. Sivakumaran (eds), and D. Harris (Consulting editor), *International Human Rights Law* (2nd edn, Oxford University Press, 2014), pp. 286–302.

[181] 语言、教育等方面的具体权利广泛规定在有关少数群体尤其是土著民族的相关国际文书中，关于土著民族的文书明确将具有文化属性的权利，例如《联合国土著人民权利宣言》所规定的权利，扩展到对土地和领地的保护，对群体归属的文化理解，"古迹和历史遗址、手工艺品、图案设计、典礼仪式、技术、视觉和表演艺术、文学作品"（第 11 条），"其精神和宗教传统、习俗和礼仪"以及礼仪物品（第 12 条），"语言、口述传统、思想体系、书写方式和文学作品，有权自行为社区、地方和个人取名并保有这些名字"（第 13 条），等等。一名学者回顾了这样的论点："使用文化通常是误导性的，指明具体权利，例如表达、结社、宗教、特定少数群体权利，会更好、更准确。" D. McGoldrick, 'Culture, Cultures and Human Rights', in M. Baderin and R. McCorquodale (eds), *Economic, Social and Cultural Rights in Action* (Oxford University Press, 2007), pp. 447–472, at pp. 450–451 [henceforth 'Culture, Cultures and Human Rights']; McGoldrick, *ibid.*, p. 451, citing T. Eriksson, 'Between Universalism and Relativism: A Critique of the UNESCO Concepts of Culture', in J. Cowan, M. Dembour, and R. Wilson (eds), *Culture and Rights: Anthropological Perspectives* (Cambridge University Press, 2001). 比援用"文化"这种说法更合适的是，"如果一个人谈论……地方艺术，就可以简单地说地方艺术；如果一个人指的是语言、意识、父权制、儿童权利、饮食习惯、宗教习俗或地方政治结构，就可以使用这些相应的术语，而不是用看似舒适的文化的毯子来掩盖它们"。

[182] F. Lenzerini, *The Culturalization of Human Rights Law* (Oxford University Press, 2014). 具体见本书第二十章。

[183] 见本书对第 7 条的评注。

的文化，成为《公约》保护伞下的"各个社群"（communities）的文化。[184]
文化的多元化促成了对"多元文化主义"的讨论，以及在教育和其他语境中
反复使用"跨文化"这种对话过程性的术语。[185]

多元化还促进了参加"自己的社群"的文化活动和参加民族和国家的更
大社群的双重概念。因此，对第5条（辰）项（vi）目的理解是要求对少数
社群、土著社群和其他自我界定的社群提供文化支持，包括支持维护文化身
份和特性，[186] 在教育过程中发展母语知识[187]和社群历史，[188] 以及赋予在平等机
会基础上接受国家文化背景的权利。[189] 承认各国的一系列社群也不利于《公
约》被用作同化的工具；[190] 相反，多元化的概念严重倾向于支持各种群体的
文化维持和繁荣，包括适当情况下的特别措施。正如一名学者所评论的：

387

184　就众多可能提及这一点之处，见委员会最近对如下国家的结论性意见：阿根廷，CERD/C/
65/CO/1，para. 16，土著社群；厄瓜多尔，CERD/C/ECU/CO/19，para. 13，土著民族和非洲裔厄瓜
多尔人；伊朗，CERD/C/IRN/CO/18 - 19，para. 17，阿拉伯阿泽尔人（Arab Azeri）、俾路支人
（Balochi）、库尔德人（Kurdish）、巴哈伊（Baha'i）和其他社群；前南斯拉夫马其顿共和国，CERD/
C/MKD/CO/7，para. 18，罗姆人社群；挪威，CERD/C/NOR/CO/19-20，para. 18，萨米人社群的文
化认同。

185　对于委员会有关"多元文化主义"的理解及讨论的简要评论，见 P. Thornberry, 'Multicultu-
ralism, Minority Rights, and the Committee on the Elimination of Racial Discrimination', in K. Thürer and
Z. Kędzia (eds), *Managing Diversity: Protection of Minorities in International Law* (Schulthess, 2009),
pp. 79-94. 委员会于 2005 年举行了一次关于多元文化主义的一般性辩论，但没有结果，CERD/C/
SR. 1694，其抄本已送交秘书处存档；另见 CERD/C/SR. 1724。

186　委员会的许多结论性建议只是提到尊重有关缔约国内所有族裔群体的存在和文化特性，例
如：博茨瓦纳，CERD/C/BWT/CO/16，para. 9；刚果民主共和国，CERD/C/COD/CO/15，para. 14；
越南，CERD/C/VNM/CO/10-14，para. 12。委员会可能建议缔约国在国家建设（nation-building）的
过程中适当考虑族裔多样性：例如委员会对博茨瓦纳表示关切的是，"缔约国在人人平等原则基础上
建设一个国家的目标的实施方式损害了对民族和文化多样性的保护"。同样，委员会注意到，《刚果
民主共和国宪法》设想建立一个以人人平等原则为基础、保障民族和文化多样性的国家；委员会将
这一值得称赞的目标与该缔约国不承认其领土上的土著民族作了对照。

187　见本章关于受教育和训练权的评论。

188　见本书关于第 7 条的第十七章。

189　在许多情况下，委员会在结论性意见中强调少数群体的文化对"多元化的"国族身份特性
的贡献，例如：博茨瓦纳，CERD/C/61/CO/2，para. 14；挪威，CERD/C/NOR/CO/18，para. 17；乌
拉圭，CERD/C/URY/CO/16-20，para. 19。

190　对于强迫同化的评论，见委员会的结论性意见：芬兰，CERD/C/FIN/CO/20-22，para. 12；
土库曼斯坦，CERD/C/TKM/CO/5，para. 12，其中委员会回顾说，"强迫同化政策相当于种族歧视，
构成对《公约》的严重违反"。

"参加一种文化的权利，只有在存在一种文化的情况下，才能存在"。[191]

关于对一般性的文化权利和相应的"文化活动"的限制，有关辩论可以用普遍主义和文化相对主义的语言或文化权利和人权的普遍性来表述。[192] 关于消除种族歧视委员会参考族裔和文化多样性的实际人口情况处理一些传统做法的进路，[193] 委员会委员德古特在委员会2005年关于多元文化主义的辩论中简洁地表达了一个两难问题：

> 虽然委员会需要承认每种文化的固有价值，但仍有必要对这种承认加以限制。这一限制可以理解为人权的普遍性，即必须确保对基本人权的普遍尊重，而不论……文化、传统等。这意味着，委员会不应走到这样一步，即支持那些具有违背联合国人权条约所定义的核心人权的做法或习俗的文化。他相信所有委员会委员都能同意这样一种限制。[194]

"有害习俗"，种姓歧视和基于种姓的卖淫，或对诸如部落民、"奥苏"、"特罗科西"（trokosi）群体的类似社会歧视，残割女性生殖器官，婚姻习俗等问题，都不时困扰并将继续困扰消除种族歧视委员会。这些问题往往与妇女权利有关，尽管其范围更广。委员会在面对有关某些做法的证据时的决策取决于两个相互关联的步骤：（甲）核实某一做法存在或根据人权标准质疑该做法；（乙）决定如何处理委员会认为挑战人权基本原则的做法。决定什么侵犯或不侵犯人权的步骤基本上是解释性的，同时也考虑到上文论述过的不歧视原则的灵活性。在某些情况下，一项关于该原则已被违反的特定判断自身就可以说明问题；在另一些情况下，情况可能不那么清楚。在委员会或其他人权机构判断某种做法违反某一人权规范之后，困难并没有消失。从以下意见中期望产生的结果究竟是什么并不总是很清楚：建议缔约国努力确保妇女权利得到尊重，而不论她们属于哪个社群，特别是在婚姻方面，以及要

191　McGoldrick, 'Culture, Cultures and Human Rights', p. 454.

192　关于背景标准，除其他外，见世界人权会议《维也纳宣言和行动纲领》第5段、《消除对妇女歧视公约》第5条（a）项、联合国教科文组织《世界文化多样性宣言》第4条、联合国教科文组织《保护和促进文化表现形式多样性公约》第2条；以及就特定群体，《联合国少数人权利宣言》第4条第2款、《联合国土著人民权利宣言》第46条。

193　见本书对第1条的讨论。

194　CERD/C/SR. 1724, para. 23.

求缔约国提供详细资料，说明在土著和部落社群中适用的婚姻规则和惯例——委员会却同时表示注意到缔约国希望尊重各个群体的婚姻习俗。[195]

388 　　具体建议通常源于具体情境。消除种族歧视委员会有时采取权宜之计，即笼统地提及第 25 号一般性建议[196]或其他相关的一般性建议。[197] 在大多数情况下，委员会表示一般性地倾向于非强制性的、教育性的策略，实际上设想委员会所重视的"建设性对话"不仅应在委员会和报告国之间，而且应在各国内部进行。文化主张受到削弱的情况——当有大规模背离人权标准的证据和文化"归属"的概念受到挑战时，使委员会大胆地对其认为不符合人权的文化惯例采取最强硬的路线。

七　第 5 条（巳）项

　　第 5 条（巳）项规定的是"进入或利用任何供公众使用之地方或服务之权"。这项权利在《世界人权宣言》中没有对应的权利，但由于它与分隔和种族隔离有关，因此在种族歧视的语境中引起了特别敏感的问题。《公约》中的这项权利是在实例的基础上阐述的：向公众开放的场所和服务清单以"如"为引导，因此类似场所或服务很可能是与所列情况同类的场所或服务。[198]《消除种族歧视宣言》以更一般说法宣称，"人人……皆有利用任何供公众使用之地方或便利之平等机会"。[199] 进入公共场所的问题在许多一般性建议中都有体现，包括关于罗姆人的第 27 号一般性建议、关于基于世系的歧

195　*Ibid.* 进一步的思考见本书第二十章。

196　委员会的结论性意见：加纳，A/58/18，para. 114。

197　特别是与社群有关的问题：土著民族、罗姆人、种姓群体。

198　委员会关于对罗姆人歧视的第 27 号一般性建议第 35 段提供了不同的供公众使用的场所之清单，包括"餐厅、旅店、剧院、音乐厅、迪斯科舞厅等"。虽然场所的列表会随着时间的推移而发生社会和文化变化，但无所歧视地向"公众"开放的空间和设施的基本原则保持不变；第 5 条（巳）项否定了在种族上分隔的公共设施的概念。

199　第 3 条第 2 款。从《消除种族歧视公约》汲取的内容出现在《残疾人权利公约》中，后者是在"可及/无障碍"问题上最发达的联合国"核心"人权文书，包括确保残疾人在与其他人平等的基础上，"无障碍地进出物质环境，使用交通工具，……以及享用……向公众开放或提供的其他设施和服务"（第 9 条第 1 款）。

视的第 29 号一般性建议[200]和关于非公民的第 30 号一般性建议[201]。

第 5 条（巳）项规定的权利也出现在根据第 14 条提出的若干来文中。[202]在 B.J. 诉丹麦案中，[203] 来文提交人与其一名同事被拒绝进入迪斯科舞厅，理由是他们是"外国人"。[204] 尽管消除种族歧视委员会根据第 6 条处理了此案，而且没有认定有违反《公约》的情况，但委员会指出，对于侵犯第 5 条（巳）项规定的权利的情况，除了对实施种族歧视行为者处以罚款外，赔偿尤其适合：

> 仅仅以一个人的民族或族裔背景为由，拒绝其进入一个供公众使用的服务场所是一种羞辱性经历，这种经历……可能值得给予经济赔偿，而不能仅仅通过施予违犯者刑事制裁就充分地被弥补或抵偿。[205]

在 M.B. 诉丹麦案[206]这一关于公众进入餐厅的案件中，就第 5 条（巳）项，有一点被特别提了出来，有关缔约国有义务确保，"特别是通过对申诉的迅速和有效的警方调查，所有人不受歧视地享有……这项权利，无论是国民还是外国人"。[207] 拉科诉斯洛伐克案[208]以及杜米奇诉塞尔维亚和黑山案[209]提出了有关罗姆人进入有关场所的问题。拉科诉斯洛伐克案涉及进入斯洛伐克科西奇的一家铁路餐馆。申诉人和其他罗姆人被告知离开，根据是公司的政策，即不得为罗姆人服务或只为"有礼貌的"罗姆人服务。申诉人的律师声称，缔约国"没有提供任何救济，也没有任何法律规范明确禁止在进入公共设施方面的歧视，这构成未遵守第 3 条的情况"。[210] 律师还提到了有关事件的后果，即申诉人遭受的"羞辱和侮辱"，[211] 这表明心理后果对理解分隔的概

389

200　第 3（o）节。

201　第 38 段。

202　见本书对根据第 3 条处理的案件的讨论。

203　*B.J. v Denmark*，CERD/C/56/D/17/1999（2000）.

204　*Ibid.*，para. 2.1.

205　*Ibid.*，para. 6.3.

206　*M.B. v Denmark*，CERD/C/60/D/20/2000（2002）.

207　*Ibid.*，para. 10.

208　*Lacko v Slovaia*，CERD/C/59/D/11/1998（2001）.

209　*Durmic v Serbia and Montenegro*，CERD/C/68/D/29/2003（2006）.

210　*Lacko v Slovakia*，para. 3.4.

211　*Ibid.*，para. 3.6.

念有一定相关性。消除种族歧视委员会在其决定中，没有就第 3 条发表意见，而只提到了第 5 条（巳）项。[212] 在杜米奇诉塞尔维亚和黑山案中，一个人权机构在塞尔维亚全国进行了一系列 "测试"，以检查罗姆人在试图进入俱乐部、迪斯科舞厅、餐厅等时是否受到歧视。[213] 在这项活动中，包括该案申诉人在内的两名罗姆人被拒绝进入一家迪斯科舞厅，理由是这是一个需要邀请的私人聚会，而他们的非罗姆人同伴则在没有任何此类邀请的情况下被允许进入。申诉人援引了《公约》的一些条款，包括第 3 条，其中规定缔约国有义务 "防止、禁止并根除具有此种性质之一切习例"。[214] 委员会没有深究有关第 3 条的论点，而是选择将第 5 条（巳）项和第 6 条作为其认定违反的依据。

在拉科诉斯洛伐克案中，就第 5 条（巳）项，消除种族歧视委员会请缔约国立法，以保障进入公共场所的权利，并制裁拒绝进入的行为；[215] 在杜米奇诉塞尔维亚和黑山案中，缔约国未能彻底调查根据第 5 条（巳）项提出的申诉，因此违反了第 6 条。[216] 就 L. A. 诉斯洛伐克案[217]——又一个关于进入迪斯科舞厅的 "测试" 案，有关第 2 条和第 5 条被违反的指控集中到对第 6 条的争论上，但委员会没有认定该条被违反。有争论的是，是否可以认为公开展示的贬损性或冒犯性语言基于种族原因而禁止或损害了进入公共空间的权利。申诉人在哈甘诉澳大利亚案中提到了这一点，[218] 但没有引起委员会的评论。

尽管体现在国家的立法和公共政策中的、国家支持的公共设施中的分隔（就像种族隔离时期的南非）已经过去了一段时间，但消除种族歧视委员会在结论性意见中援引第 5 条（巳）项并不少见。没有得到国家当局的充分约

212　*Ibid.*，para. 11. 鉴于缔约国已经制裁该餐馆的经理，委员会没有认定有任何违反行为。

213　*Durmic v Serbia and Montenegro*，para. 2. 1. 见本书第四章、第九章和第十六章的进一步讨论。

214　*Ibid.*，para. 3. 10.

215　*Lacko v Slovakia*，para. 11.

216　*Durmic v Serbia and Montenegro*，para. 10.

217　*L. A. v Slovakia*，CERD/C/85/D/49/2011（2014）.

218　*Hagan v Australia*，para. 5. 7. 据申诉人称，申诉人及其家人因为一个运动场的具有种族冒犯性的绰号而无法到那里去，这 "损害了他们根据第 5 条享有的权利，包括平等参加文化活动的权利"；另见委员会意见的第 3. 1 段。

束的个人行为，是当前局势的特点。对于日本，委员会表示关切的是，就进
入对公众开放的场所，"如餐馆、家庭公共浴室、商店和旅馆"，存在"基
于种族和民族而拒绝进入"的情况[219]；委员会据此建议日本，通过一项教育
方案以及"一项将拒绝进入向公众开放的场所定为非法的国内法律"。[220] 委
员会对达利特人[221]、罗姆人[222]、非公民或有移民背景的人[223]和非洲人后裔[224]被
拒绝进入公共场所表示了关切。

八　结束语

在2002年发表的一篇鼓舞人心的文章中，费利斯写道："对消除种族歧
视委员会过去五年的结论性意见的回顾揭示，它们在对待少数种族群体的经
济和社会权利方面表现出明显的温顺。经济和社会权利显然不是委员会的优
先事项。"[225] 批评的一部分——"温顺"这一方面——与委员会表示"关切"
或呼吁"监督"有关，而在该作者看来，鉴于已查明的社群的困境，需要使
用更强硬、更有力的语言。该作者在列举了一长串"没有任何内容"的建议
的国家例证之后，得出结论说，委员会"擅长于查明《消除种族歧视公约》
缔约国内部少数种族面临的问题，但是……在确定这些国家为解决这些问题

---

[219]　关于禁止在公共场所睡觉的评论，见委员会委员库特和巴斯克斯对挪威定期报告的评论，CERD/C/SR. 2373，paras 19 and 29，and SR. 2374，para. 53。

[220]　委员会的结论性意见：日本，CERD/C/JPN/CO/3-6，para. 24。对其实质内容的重复载于CERD/C/JPN/CO/7-9，para. 15。

[221]　委员会的结论性意见：印度，CERD/C/IND/CO/19，para. 13。

[222]　委员会的结论性意见：阿尔巴尼亚，CERD/C/ALB/CO/5-8，para. 11；白俄罗斯，CERD/C/BLR/CO/18-19，para 16；挪威，CERD/C/NOR/CO/19-20，para. 20；罗马尼亚，CERD/C/ROU/CO/16-19，para. 14。

[223]　委员会的结论性意见：奥地利，CERD/C/AUT/CO/18-20，para. 14，提到"有移民背景的人根据其外貌，被任意拒绝进入公共场所"。

[224]　委员会的结论性意见：多米尼加共和国，CERD/C/DOM/CO/13-14，para. 15，有关基于肤色或民族本源的歧视，提到了"黑皮肤的非洲裔"。

[225]　W. F. Felice, 'The UN Committee on the Elimination of All Forms of Racial Discrimination: Race, and Economic, Social and Cultural Rights', *Human Rights Quarterly* 24 (2002), 205-236, 217.

所需采取的行动方面，没有太多的主意"。[226] 该作者的总体倾向是，委员会应建议采取具体的政策，以结束卫生和教育等领域中的种族歧视。[227]

作为回应，并铭记本章列举的大量建议，看来消除种族歧视委员会在21世纪的做法在经济、社会和文化权利方面经历了重大扩展，正如它在其他工作领域一样。虽然表达关切和要求提供资料仍然嵌在委员会的词汇表中，但是它们得到了在不断扩大的建议范围内更具体、更直接的建议的补充。委员会对工作、住房、保健和教育等领域的关注程度，证明对委员会存在忽视的任何指控都是不成立的。哈立克和丘吉尔将他们的立场与费利斯的立场区分开来，认定委员会目前的态度"代表着对经济和社会权利的一种进步的、坚定的态度"。[228] 他们补充说，委员会的工作促进了经济和社会权利的可诉性概念，尽管它没有详细说明其含义是什么。在目前的实践中，同样引人注目的还有受种族歧视影响的人权问题的交叉性质。在委员会的实践中，没有将某一特定类别的权利降低到次要地位的情况。

虽然《经济社会文化权利国际公约》纳入了要逐渐实施的权利，但经济、社会和文化权利委员会将不歧视的义务视为具有即时效力的义务："《公约》中一项即时和全面的义务"。学者区分了消除法律上的歧视的"即时"义务和"尽速"消除事实上的歧视的义务。[229]《消除种族歧视公约》第5条中的义务是"消除种族歧视"和"保证……在法律上一律平等"，对此还可

---

226 *Ibid*., 224. 该作者补充说，对委员会工作的批评"针对的是缔约国……而不是委员会的专家成员的自鸣得意"，这一点难以理解，因为受到指责的建议是由委员会而不是缔约国提出的。该作者对人权落实情况提出了更广泛的批评，特别是针对报告机制，因此批评意见包含了委员会的做法，但不限于此；他的补救办法是让委员会采用阿马蒂亚·森（Amartya Sen）提出的"能力方法"（capabilities approach），将其转化为委员会要采取的一系列措施，包括制定准确的社会指标，致力于保健、教育等方面，据推测这些措施将被纳入委员会的建议。

227 *Ibid*., 236.

228 Khaliq and Churchill, 'The Protection of Economic and Social Rights', p. 241; 他们补充说，"很明显，消除种族歧视委员会没有将经济和社会权利视为低于或以任何方式不同于公民权利和政治权利……经济和社会权利对消除种族歧视委员会的职权非常重要，是其表明……明确和坚定承诺的一个方面"（pp. 242-243）。

229 Saul *et al*., *The International Covenant on Economic, Social and Cultural Rights*, pp. 203-205, p. 204.

以加上第 2 条帽段中"立即"实行消除种族歧视的政策和第 2 条第 1 款（卯）项中"终止"歧视的强制性要求。这些要求涵盖了"一切形式"的种族歧视。在来文中，曾有逐渐实施的论点被提出，但消除种族歧视委员会未予评论。

第十五章 第5条：评论和结论

《消除种族歧视公约》第 5 条的帽段明确了与第 2 条规定的义务的联系，并继续重申消除种族歧视的承诺——有学者认为这是不必要的重复。[1] 有评论者注意到，第 5 条和第 1 条之间缺少"适配"，[2] 包括第 5 条提及"公民权利"，而第 1 条却没有，而且如前所述，第 5 条中禁止歧视的"理由"省去了"世系"。事实证明，第 5 条中缺少有关非公民的限制，这有助于对《公约》的范围作出——与第 1 条第 2 款相对而言的——更宽松的解释。在 D. R. 诉澳大利亚案中，消除种族歧视委员会考虑到第 30 号一般性建议"以及特别是参照第 5 条解释《公约》第 1 条第 2 款的必要性"，驳回了缔约国关于来文不可受理的主张。[3]

关于解释第 5 条，三个相互关联的问题特别引起了讨论：（1）权利究竟是由《公约》"确立"的，还是只在它们出现在国家的法律制度中并需要得到不受歧视的保护的情况中得到承认；（2）第 5 条保护哪些权利不受歧视，同时要铭记权利清单并不是封闭的；以及（3）从帽段有关歧视和平等的陈述而来的要求。消除种族歧视委员会 1973 年的一份初步解释记录了各种观点，但对如何解释这一条——其被描述为在不止一点上模糊，没有达成共识。[4] 帕

---

1 N. Lerner, *The U. N. Convention on the Elimination of All Forms of Racial Discrimination* (Sijthoff and Noordhoff, 1980), p. 55.

2 E. Schwelb, 'The International Convention on the Elimination of All Forms of Racial Discrimination', *International and Comparative Law Quarterly* 15/4 (1966), p. 1004.

3 *D. R. v Australia*, para. 6. 3.

4 A/9018, Chapter V, paras 55 and 61.

特什根据三个视角总结了初步解释中表达的观点：[5] 第一个视角 "极其广泛的概念"[6] 是，第 5 条将所列权利规定为法律义务，因此不遵守这些权利将违反《公约》；第二个视角 "极其狭隘的概念"[7] 认为，权利清单确立了不歧视原则的适用范围；第三个视角 "中间概念"[8] 表示的立场是，第 5 条禁止歧视并保障在法律上人人平等的权利。[9] 梅隆指出，存在一种广泛的承认：

> 第 5 条中的人权目录并没有创建这些权利，而只是使得一国有义务在有人行使其已承认的权利时防止种族歧视。第 5 条本来可以以明确界定这一限制的方式写成。但是，一种更明确的表述将会强调各国有权拒绝所列的某些权利，这可能会削弱……《世界人权宣言》……的权威，并损害某些权利作为习惯法的地位。[10]

393

在起草《公约》时，已经有人注意到梅隆所暗示的《公约》的含糊不清之处：可以回顾加拿大代表的评论，即将第 5 条解读为既赋予权利，也保证在行使权利时不受歧视。[11]

消除种族歧视委员会在 1996 年的第 20 号一般性建议中进一步讨论了解释问题。该建议开头即声明，"第 5 条提到的权利和自由并不构成详尽无遗之清单"，[12] 并回顾称，《联合国宪章》和《世界人权宣言》"排在这些权利

5　K. J. Partsch, 'Elimination of Racial Discrimination in the Enjoyment of Civil and Political Rights', *Texas International Law Journal* 14 (1979), 191-250.

6　*Ibid.*, 215. 据帕特什说，这一概念 "是由报告员（赛义格［Sayegh］）提出的，目的是表明它是不可接受的"。

7　*Ibid.*, 216.

8　*Ibid.*, 216.

9　委员会委员哈斯特鲁普称："第 5 条的基本要素是人人在法律上一律平等的权利。"（Haastrup, A/9018, para. 53）另一方面，阿布勒·纳赛尔认为，该条只涉及有关其中所列权利的歧视（Aboul Nasr, *ibid.*, para. 53）。另见赛义格对辩论的介绍（*ibid.*, paras 40-44），以及委员会委员查洛夫斯基（Calovski）、麦克唐纳（Macdonald）、奥蒂斯－马丁（Ortiz-Martin）、帕特什、索勒尔（Soler）和托姆科（Tomko）的评论。赛义格指出，"不应假装第 5 条等同于一项关于公民、政治、经济、社会、文化权利和其他权利的公约，……第 5 条赋予强制效力的唯一人权是人人有权得到不受种族歧视的保护以及在享受基本人权方面获益于法律上的平等"（*ibid.*, para. 42）。

10　T. Meron, 'The Meaning and Reach of the International Convention on the Elimination of All Forms of Racial Discrimination', *American Journal of International Law* 79 (1985), 283-318, 294.

11　见本书第十二章。

12　第 1 段。

和自由的首位"，以及这些权利和自由在国际人权两公约中有详细阐述。该建议指出，各缔约国"有义务承认和保护人权的享受"，而"将这些义务转入缔约国的法律制度的方式，则可能各有不同"。[13] 该建议第 1 段提出了一项一般性的立场声明：

> 《公约》第 5 条除了要求保证行使人权不得遭受种族歧视之外，本身并不创制公民、政治、经济、社会或文化权利，而是假设这些权利已经存在、得到承认。《公约》规定缔约国有义务禁止和消除在享受此等人权方面的种族歧视。

关于第 5 条"假设"权利已经存在、得到承认的说法的含义并不完全清楚，因为这种"假设"可能带有某种规范性的力量，这有助于以第 5 条批评缔约国的宪法或法律中缺失某些权利的情况。范登霍尔回想起消除种族歧视委员会在对马拉维的结论性意见中所作的一种更广泛解释：委员会提醒该缔约国，第 5 条意味着公民、政治、经济、社会和文化权利的存在，而且"充分尊重人权对于为打击种族歧视而采取的措施的有效性，是必要的框架"。[14] 虽然委员会对于各缔约国扩大其人权承诺范围的明确建议表明，第 5 条并没有"确立"这种承诺，但第 5 条所列的权利及其可能隐含或衍生的权利似乎越来越被当作标准的、典范式的要求。委员会并不会因为得知这项或那项权利没有在有关缔约国的国内或国际规定中得到保障，就限制其审查报告的范围；相反，委员会将请该缔约国弥补其对此等权利之规定的缺失，并确保这些权利不受歧视地被享有。

394　　　　"赋予"还是"承认"权利的争论与对受保护权利范围的解释相互交叉。第 20 号一般性建议的最后一段根据第 5 条帽段的"尤得"一词主张说，第 5 条提到的权利和自由以及"任何类似权利"都应受到保护。对第 5 条的准备工作，勒纳评论说，"使用'尤得'一词是为了避免对所列述权利作出限制性的解释……一些代表团倾向于采用更笼统而不太详细的措辞，以避免

13　第 1 段。

14　CERD/C/63/CO/13, para. 7, cited in W. Vandenhole, *Non-Discrimination and Equality in the View of the UN Human Rights Treaty Bodies* (Intersentia, 2005), p. 10.

这样一种解释"。[15] 第 20 号一般性建议提及"类似权利",这为没有列入清单但显现出与所列人权具有类似特征的人权打开了通道。评论者们更进一步。奥弗莱厄蒂提出,《公约》处理所有权利,而无论其来源为何;[16] 而迪亚科努认为,第 5 条"扩展到所有权利",如果"某项权利被赋予,无论是在国际 [文书] 中还是通过国内立法,则就其行使而言不允许有任何歧视";他将第 5 条与《欧洲人权公约第十二议定书》作了类比,后者禁止与"法律规定"的权利有关的歧视。[17]《美洲禁止种族主义公约》具有比《消除种族歧视公约》晚得多通过 (2013 年) 的优势,其第 1 条将种族歧视定义为取消或限制对"适用于缔约国的国际文书所载人权和基本自由"的享受,第 3 条将反歧视的范围扩大到"国内法和适用于缔约国的国际法所载的所有人权和基本自由"。

　　如果对于受到来自平等/歧视的批评的得到保护权利的范围作扩展理解,那么关于第 5 条是"确立"还是"假设"这些权利的分析点就变得不那么重要了,尽管在那些专门承认有限权利组合的国家,这一点并非没有实际后果。关于《公约》的大部分评论,符合有关受到第 5 条的承诺规制的权利范围的更广泛看法,因此,第 5 条可以描述为规定了权利的下限,而不是上限,这一描述与《公约》解决一切形式种族歧视的承诺相一致。消除种族歧视委员会的实践表明,适用于各缔约国并被视为对受到免受歧视之保护的权利提供背景标准的相关国际法,已超出条约法的范围,而扩大到通过习惯国际法的运作而推定产生的权利。因此,例如,委员会经常认可《联合国土著人民权利宣言》,将其视为对于土著人民权利的最佳当代标准,特别是就其有关土著人自决的概念而言。

　　第 5 条未指明但在本书第十三章和第十四章概述的实践中提及的权利包括语言权利,显而易见的姓名权和身份权,超出"政治"领域而扩展的参与

15　N. Lerner, *The U. N. Convention on the Elimination of All Forms of Racial Discrimination*, p. 56.

16　M. O'Flaherty, 'Substantive Provisions of the International Convention on the Elimination of All Forms of Racial Discrimination', in S. Pritchard (ed.), *Indigenous Peoples*, *the United Nations and Human Rights* (Zed Books and the Federation Press, 1998), pp. 162 - 183, p. 179.

17　I. Diaconu, *Racial Discrimination* (Eleven International Publishing, 2011), pp. 217 - 219, at p. 218.

权，生殖权，家庭生活权，食物权，与难民和寻求庇护者相关的一系列权利（包括不推回、受庇护权和就拒绝难民地位上诉的权利），经济、社会和文化权利（包括适当生活水准权、水权和儿童出生登记权）。这些权利源自在普遍性（即不分类别的）文书和有关具体群体的文书中发展起来的当代国际惯例以及习惯法。歧视过程可能同时影响若干权利。公民权利与经济、社会和文化权利的内部类别是相互关联和不可分割的，因此，侵犯一项权利几乎不可避免地侵犯其他权利。种族歧视对个人和社群的典型针对或影响，无关一丝不苟地标明的权利，而是贯穿个人和社群权利和利益的整个范围。

如本书第十二章所述，第5条中的权利并不是通过包括一种核心权利声明的综合体（以允许的限制和减免为条件）而得到"充实"的。在实践中，第5条被视为涵盖了权利及其限制的表现的各个未说明的方面。关于对享有权利的限制，消除种族歧视委员会第20号一般性建议称：

> 当一缔约国对表面上适用于其管辖范围内的所有人的《公约》第5条所列权利之一施予限制的任何时候，它必须确保，无论是就意图还是就效果而言，这种限制均不得不符合作为国际人权标准的有机组成部分的《公约》第1条。为了查明其是否做到了这一点，委员会有义务进一步查询，以确保任何此等限制不带有种族歧视。[18]

也可以记住 L. R. 诉斯洛伐克案中的告诫，即使某一人权落实过程中的某些阶段不受种族歧视的审查，是不可接受的。[19] 尽管如此，第5条对权利的近似的、粗略的陈述，加上多个来源对这些权利的认可，具有一种潜在可能，即在将第5条保护的权利交付标准的歧视分析时，会产生不确定性。消除种族歧视委员会对接受歧视分析的权利的声明，来自从委员会的视角来看的、国际法所表现的内容。委员会表明了一种倾向，优化受到不歧视之保护的权利的范围和标准，这实际上发展了它自己的观点，即认为这些权利是从多种来源（包括《公约》对这些权利的阐述）综合而来的一种整体建构。

对于根据《公约》第5条要保护的权利，经济、社会和文化权利委员会

18　第2段。

19　*L. R. v Slovakia*，CERD/C/66/D/31/2003（2005），para. 10.7. 见本书第八章的进一步讨论。

的一些一般性意见遵循"4A 方案"，即将权利转化为分立但相互关联的要素，以澄清由此产生的义务，促进其分析，并衡量其落实程度。这样的一种"4A"表述出现在关于受教育权的第 13 号一般性意见中，[20] 从教育的可用性、可及性、可接受性和可调适性来衡量这一权利。[21] 就教育而言，"可用性"是指在缔约国存在正常运作的教育机构，包括私人机构有权建立学校；"可及性"关注对享有权利的歧视性障碍；"可接受性"要求缔约国提供相关的、文化上适当的和高质量的课程，包括安全和健康的学校环境；"可调适性"意味着灵活性和对多样文化背景下学生需求的回应。经过细微改变，"4A"公式在后来的一般性意见中被反复使用，并在经济、社会和文化权利委员会有关参与文化生活的权利的第 21 号一般性意见[22]中被重新表述为"5A"，即添加了"适当性"（appropriateness），这小幅增强了各种权利的文化层面，因为提到了"一种具体人权的实现方式应贴切和适合特定的文化模式或情况，即要尊重个人和社群——包括少数人和土著民族——的文化和文化权利。"[23]

396

　　尽管如本书第十二章所述，消除种族歧视委员会没有明确采用经济、社会和文化权利委员会的"4A"或"5A"公式，但第 5 条下的实践基本上遵循了这些轮廓。实践的主要焦点是权利的提供，相关联的是以下方面的主张：第 5 条"确立"的权利的情况或它们在"4A"公式中的"可用性"、权利的获得和文化适当性。[24] 对列出的权利、从这些权利中派生出来的权利以及背景国际法标准的期望是，根据第 20 号一般性建议中的用词——"假设"权利存在，它们应"可用"。在享受权利的机会方面，对此等享受的种族、

20　E/C. 12/1999/10.

21　该一般性意见的脚注 2 指出，这一方法"符合［经济、社会和文化权利］委员会在关于获得适当住房和食物的权利方面采用的分析框架，以及联合国受教育权利特别报告员的工作"；该脚注还提到经济、社会和文化权利委员会的第 4 号一般性意见（适足住房权）和第 12 号一般性意见（适足食物权）。

22　E/C. 12/GC/21（2009）.

23　经济、社会和文化权利委员会第 21 号一般性意见第 16（e）段，其中补充说："委员会希望强调，有必要尽量考虑涉及食物和食物消费、水的使用、卫生和教育服务提供的方式、住房的设计和建造方式的文化价值观。"

24　关于权利的"可用性"及其必要基础设施，具体见本书第八章和第十六章。

族裔和种姓障碍的例子贯穿于第 5 条之下的实践，解决种族"障碍"的必要性同序言中关于它们与任何人类社会理想相悖的声明之间存在联系。"文化"因素超出了经济、社会和文化权利的范畴，并增添了对一般权利的理解。[25]例如，公民权利和政治权利适用于司法和安全领域，这与受教育权、住房权或参加文化活动的概念本身一样，可能受到文化影响。从人权的角度强调"文化"的局限性——这已经在本书其他地方讨论[26]——并不影响其在地方背景多样的情况下为解释和适用权利提供模板的广泛性。

特别是，消除种族歧视委员会的做法认可了与特定社群有关的受文化影响的集体权利的概念，这些呈现出对人权的共享性看法的社群尤其指土著民族，但也包括非洲后裔和其他社群。[27] 包括但不限于土著权利的国际和国内人权标准既包括个人权利，也包括集体权利。[28] 虽然实践中涉及的集体权利超出了第 5 条的清单，但委员会认为，对这些权利的承认由平等和不歧视原则来规范。其他人权机构，特别是美洲人权委员会和美洲人权法院在这一领域中的工作被借鉴，它们从关于个人权利的组成文书中理解集体权利的内容，将其有限的文本标准适用于社群特殊性和文化多样性的现实。[29]《公约》第 5 条保护"人人"的权利。消除种族歧视委员会解释"人人"的权利的实

397

---

[25] 进一步见本书第二十章。

[26] 特别是本书第六章、第十四章和第二十章。

[27] 见本书第十三章引用的各项判决，包括 *Saramaka People v Suriname*，IACtHR Ser. C No. 172 (2007)；另见消除种族歧视委员会第 34 号一般性建议；进一步见本书第二十章。

[28] G. Pentassuglia, *Minority Groups and Judicial Discourse in International Law* (Martinus Nijhoff Publishers, 2009).

[29] 委员会的结论性意见：尼加拉瓜，CERD/C/NIC/CO/14，para. 21，提到了美洲人权法院的判决，*Awas Tingni* case，IACtHR Ser. C No. 79 (2001)。委员会的结论性意见：巴拉圭，CERD/C/PRY/CO/11-3，para. 17，提到了美洲人权法院的判决，*Yakye Axa v Paraguay*，IACtHR Ser. C No. 125 (2005)；*Sawhoyamaxa v Paraguay*，IACtHR Ser. C No. 146 (2006)；and *Xákmok Kásek v Paraguay*，IACtHR (2010)。消除种族歧视委员会的一项决定，Decision 1 (68) on the Western Shoshone，A/61/18，Chapter Ⅱ，运用了美洲人权委员会的一个案件的某些方面，*Mary and Carrie Dann v United States*，Case 11. 140, 27 December 2002。消除种族歧视委员会在对肯尼亚的结论性意见（CERD/C/KEN/CO/1-4，para. 17）中，支持了非洲人权和民族权委员会的裁决，Communication 276/2003，*Centre for Minority Rights Development (Kenya) and Minority Rights Group International on behalf of the Endorois Welfare Council v Kenya* (2010)。另见奥吉克案（*Ogiek* cases），该案后来被提交非洲人权和民族权法院（App. No. 006/2012, *African Commission on Human and Peoples' Rights v. Republic of Kenya*），法院于 2017 年 5 月 26 日作出了判决。（译者对该脚注有补充。——译者注）

践符合经济、社会和文化权利委员会第 21 号一般性意见中关于文化权利的立场，即该词可表示"个人或集体；换言之，文化权利可由一个人（a）作为个人行使，（b）与其他人联合行使，或（c）在一个社群或群体本身之内行使"。[30] 消除种族歧视委员会也认同的这种灵活性有助于这样的理解，即人权如果要追求一种"普遍的"使命，就不能与范式性地或独特地只适用于"个人"的原教旨主义的自由主义权利观不可动摇地捆绑在一起。

强调一般国际法下集体人权的发展对消除种族歧视委员会实践的影响，不应减损《公约》固有的集体因素，根据 1982 年一名委员会委员的说法，这些内容代表了"国际人权文书中的一种独特情况"。[31] 对独特性的判断从长久来讲是准确的，但对《公约》固有性质的评论仍然有效。无论《公约》背后的最初起草意图是什么，《公约》序言提到联大第 1514（ⅩⅤ）号决议（《殖民地独立宣言》）都有助于消除任何关于《公约》与集体权利相疏离的论调，即便是在权利为一个社群所固有这样一种"硬"的意义上，也是如此。考虑到范式性的歧视做法，即因为种族/族裔群体的实际或想象中的附属物，或者因为他们的实际的或感知的种族/族裔群体的成员资格，而针对群体或个人的歧视做法，推广到权利的集体概念具有功能意义上的手段性。《公约》的整个文本在其叙述中并不是无情的"个人主义式的"，[32] 也不应被视为一种文化意义上同化的工具，尽管在（一些）过去的实践中，它被如此理解。[33] 从整体上评价针对群体的歧视，而不仅仅是评价针对个人的歧视，是委员会工作的一个突出特点。身份标准的提高，特别是自 20 世纪八九十年代以后，进一步廓清了平等和不歧视原则的适用范围，将注意力转向严重的集体伤害。[34]

第 5 条所产生的做法呈现了种族歧视的复杂情况，说明了歧视和否认平

30　经济、社会和文化权利委员会第 21 号一般性意见第 9 段。

31　Devetak，A/37/18，para. 468.

32　除其他外，可以忆及第 5 条（卯）项（ⅴ）目中提到的"单独占有及与他人合有"财产的权利。

33　P. Thornberry, *International Law and the Rights of Minorities*（Clarendon Press，1991），第 30 章，特别是关于在保加利亚的土耳其人社群的状况。

34　在本书第二十章讨论。

398　　等、其制度设定以及当代目标的多样形式和背景。第 1 条规定的歧视的抽象理由，其范围在实践中并没有因为第 5 条而缩小（尽管该条省略了"世系"），但在复杂的、相互关联的叙事（这是维护和剥夺权利方面的全球实践的特征）中，这些理由演变成了人的形式。少数族裔（特别包括许多国家而不仅仅是欧洲国家的罗姆人）、土著民族、非洲裔、种姓群体、非公民的多种类型、通过交叉情况确定的群体和个人（特别是妇女和宗教群体），首先受到歧视，正如有关第 5 条的档案充满的对于权利及其所受侵犯的"关切"的令人郁闷的记录所显示的。

　　大规模的人类脆弱情况也暴露在人们的视野中，无论是历史上排斥和剥夺的结果、偏见和反感的作用、包括种族在内的等级分类的残余（也许转变成对文化的诋毁），[35] 还是选择或被迫离开原籍国。在《公约》的普遍主义框架内对歧视的潜在受害者的识别已经逐渐演化为对受威胁者类别的微观识别，这一过程是通过利用法律分类和人权法典中的权利声明，包括在起草过程中基本上被忽视在一边的少数人和非公民来促进和构建的。虽然消除种族歧视委员会采用的这些类别往往是近似的，而且它们的描述相互重叠，但它们有助于查明歧视在哪里起作用，并促进判断它们是否符合法律标准。公民、政治、经济、社会和文化权利在各个方面的享有和行使都可能受到国家、个人、社群和公司的种族歧视做法的削弱。

35　　见本书第六章。

第十六章　第6条：对种族歧视的救济

第6条　

缔约国应保证在其管辖范围内，人人均能经由国内主管法庭及其他国家机关对违反本公约侵害其人权及基本自由之任何种族歧视行为，获得有效保护与救济，并有权就因此种歧视而遭受之任何损失，向此等法庭请求公允充分之赔偿或补偿。*

一　导言

在一般国际法中，"违反某一约定即关系到以适足形式作出赔偿的义务"：[1]

---

* 在《公约》英文本中，与"赔偿或补偿"对应的用词为"reparation or satisfaction"。对于"reparation""satisfaction"以及相关的"remedy""redress""compensation"等英文用词，联合国人权公约、有关文件（如《严重违反国际人权法和严重违反国际人道法行为受害人获得补救和赔偿的权利基本原则和导则》《国家对国际不法行为的责任条款草案》）以及消除种族歧视委员会的若干一般性建议的中文本中的对应用词不尽一致。本中译本综合《公约》中文本的用词以及联合国文件中文本的用词，将"救济""补救""赔偿""补偿""抵偿"作为"remedy""redress""reparation""compensation""satisfaction"的对应用词（由于"compensation"译为"补偿"，因此与《公约》中的"补偿"相对应的"satisfaction"译为"抵偿"——该词采自《国家对国际不法行为的责任条款草案》，即使在引用《公约》约文时亦然）。但在引用有关人权公约或联合国文件时，仍将使用其中文本的用词，并以括注标出其对应英文用词。需要注意的是，国际人权法语境中的"赔偿/reparation"——大致等同于"救济/remedy"——和"补偿/compensation"具有自主含义，因此不同于中国国内法意义上的"赔偿"和"补偿"。

1　*Chorzów Factory*，Claim for Indemnity，Jurisdiction（*Germany v Poland*）[1927] PCIJ，Ser. A，No. 9，p. 21，reaffirmed in *Reparations for Injuries Suffered in the Service of the United Nations*，Advisory Opinion，ICJ rep. 1949，para. 184.

对每一违反国际义务的情况，都要作出赔偿。[2] 国际法有关赔偿的传统规则适用于国家间诉求，而且，虽然"在诉求者是个人、群体或组织时"，这些规则可能具有"有限的作用"，但它们不得损害"直接归属于国家以外的个人或实体"的权利，[3] 而留由初级规则来界定这些权利。[4] 国际人权法的内容包含了大量此类"初级规则"，包括《消除种族歧视公约》第 6 条中的规则。1993 年世界人权会议通过的《维也纳宣言和行动纲领》有力地表达了国际人权法中救济制度的作用：

400

> 每个国家均应提供一个有效的补救（remedies）框架，解决人权方面的冤屈或人权遭受侵犯的问题。司法工作，包括执法和检察机关、特别是独立的司法和法律专业部门，完全符合国际人权文书所载的适用标准，是充分和不歧视地实现人权的关键，也是民主和可持久的发展进程所不可或缺的。[5]

获得救济的权利是国际人权法的一个关键方面，[6] 反映在各种各样的全

2　这种"赔偿必须尽可能消除非法行为的所有后果，并恢复未实施该行为的情况下完全可能存在的情势"：*Chorzów Factory*，Merits［1928］PCIJ，Ser. A，No. 17，p. 47。另见联合国国际法委员会 2001 年《国家对国际不法行为的责任条款草案》，联大 2001 年 12 月 21 日第 56/83 号决议向各国推荐：第 30 条（停止和不重复）、第 31 条（赔偿）、第 34 条（对国际不法行为造成的损害的充分赔偿，"应……采取恢复原状、补偿和抵偿的方式"）、第 35 条（恢复原状）、第 36 条（补偿）。第 37 条将抵偿定义为"承认不法行为、表示遗憾、正式道歉，或另一种合适的方式"，加上"如果这种损失不能以恢复原状或补偿的方式得到赔偿"。

3　D. Shelton，'Reparations for Indigenous Peoples：The Present Value of Past Wrongs'，in F. Lenzerini（ed.），*Reparations for Indigenous Peoples：International and Comparative Perspectives*（Oxford University Press，2008），pp. 47-72，at p. 59。

4　尽管如此，在安特科维亚克看来，人权文书"并没有就各国应如何弥补侵犯情况提供具体指导。在没有多少明确的参数的情况下，为人权侵害的受害者制定救济的国际机构最初转向了国家责任原则"：T. M. Antkowiak，'A Dark Side of Virtue：The Inter-American Court and Reparations for Indigenous Peoples'，*Duke Journal of Comparative and International Law* 25（2014），1-80，6［henceforth 'The Inter-American Court and Reparations'］。

5　《维也纳宣言和行动纲领》，维也纳世界人权会议，1993 年 6 月 25 日，第 27 段，<http://www.ohchr.org/EN/ProfessionalInterest/Pages/Vienna. aspx>。

6　D. Shelton，*Remedies in International Human Rights Law*（2nd edn，Oxford University Press，2005）. 其他的一般性分析见 M. Evans and S. Konstadinides（eds），*Remedies in International Law：The Institutional Dilemma*（Hart Publishing，1998）；C. Gray，*Judicial Remedies in International Law*（Clarendon Press，1987）。

球和区域性文书以及国际人道法和国际刑法文书中。[7] "救济"条款可能被列入一般性规定或关于具体权利的规定。《世界人权宣言》第 8 条规定，"人人于其宪法或法律所赋予之基本权利被侵害时，有权享受国家管辖法庭之有效救济"。在联合国的"核心"条约中，《公民及政治权利国际公约》载有关于救济的一般性规定以及与逮捕、拘禁和定罪有关的具体规定，[8] 而《消除对妇女歧视公约》包括关于救济的一般性措辞，[9]《移徙工人权利公约》也一样。[10]《禁止酷刑公约》也提到了对酷刑受害者的补偿（redress）和赔偿（compensation）。[11] 一些条约也想到了保护隐私、家庭、住宅等以及名誉和声誉不受侵扰。[12]《免遭强迫失踪公约》包括一些关于救济的规定，特别是全面的第 24 条，其中"获得补救（reparation）的权利"被认为涵盖"物质和精神损害，以及视情况而定的其他形式的补救，如：（一）复原；（二）康复；（三）平反，包括恢复尊严和名誉；（四）保证不再重演"。《残疾人权利公约》第 16 条第 4 款*要求采取措施促进"残疾人的身体、认知功能和心理的恢复、康复及回归社会"；第 26 条阐述了康复和回归社会。纳入了赔偿原则的主要区域性文书包括《非洲人权和民族权宪章》[13]《美洲人权公约》[14]

401

7　除其他外，见《国际刑事法院规约》第 75 条，该条要求法院"制定赔偿……的原则……包括归还（restitution）、补偿和恢复原状（rehabilitation）"。对这些问题的广泛讨论，见 E-C. Gillard, 'Reparation for Violationsof International Humanitarian Law', *International Review of the Red Cross* 85 (2003), 529−553；L. Zegveld, 'Remedies for Victims of Violations of International Humanitarian Law', *International Review of the Red Cross*, 497−526。

8　第 2 条第 3 款、第 9 条第 5 款和第 14 条第 6 款。见人权事务委员会第 31 号一般性意见：《[公民及政治权利公约] 公约》缔约国承担的一般法律义务的性质（2004 年），第 15~16 段。人权事务委员会在该意见第 16 段中指出，"补救可以酌情涉及恢复原状、复原（rehabilitation）以及以下抵偿措施，如公开道歉、公开纪念、保证不再重犯、改变有关法律和惯例以及将侵犯人权的肇事者绳之以法"。

9　第 2 条（c）项。

10　第 83 条。

11　第 14 条。

12　包括《世界人权宣言》第 12 条、《公民及政治权利国际公约》第 17 条、《儿童权利公约》第 16 条。

*　原书此处作"第 24 条"，有误，经联系作者核实，予以更正。

13　第 7、21 和 26 条。第 21 条对于因掠夺而失去财产者，设想了"合法收回其财产"以及"适当赔偿"的救济。

14　第 8、10 和 25 条。

《阿拉伯人权宪章》[15]《欧洲人权公约》[16]。

在种族主义和相关的不容忍现象的领域，《消除种族歧视宣言》规定，"人人因种族、肤色或族源（ethnic origin）关系致其基本权利与自由受歧视时，有权经由独立之国被主管法庭，取得有效之救济与保护"。[17]《美洲禁止种族主义公约》包括承诺确保"种族主义、种族歧视和相关形式的不容忍行为的受害者得到公平和非歧视的待遇、平等诉诸司法制度、迅速有效的诉讼程序以及民事或刑事领域中的公平补偿"。[18]

《德班宣言》关于救济等内容的章节提出了一套章程，这套章程处理历史记忆以及了解以下情况的重要性的问题：种族主义造成的凌虐的真相，向种族主义行为的受害者包括跨大西洋贩奴贸易的受害者致敬，以及对与种族有关的大规模侵犯人权行为表示道歉和予以赔偿。[19]《德班宣言》注意到这样的事实，即国际社会的一些成员已经对"历史中的那些黑暗篇章"道歉或表示遗憾和悔恨，并呼吁"尚未帮助恢复受害者尊严的所有有关方找到这样做的适当方法"。[20]虽然《德班宣言》关于救济的一节中有许多段落侧重于过去的罪恶，但该宣言也着眼于当今，并纳入了《消除种族歧视公约》第6条的内容，申明这是正义的迫切要求：

> 种族主义［等情况］造成的人权侵犯的受害者，特别考虑到其社会、文化和经济上易受损害的状况，应该如众多国际和区域性人权文件……的规定，得到诉诸正义的保证，包括酌情得到法律帮助以及有效和适当的

15　第12条。

16　第13条。

17　第7条第2款。

18　第10条。

19　联大宣布3月24日为"了解严重侵犯人权行为真相和维护受害者尊严国际日"，A/RES/65/196，21 December 2010；另见人权理事会决议中的声明，A/HRC/RES/14/7，23 June 2010；联合国人权事务高级专员办事处《了解真相权利的研究报告》，E/CN.4/2006/91，8 February 2006。选定3月24日是为了纪念萨尔瓦多大主教奥斯卡·罗梅罗（Oscar Romero）遇刺，他曾谴责侵犯包括土著民族在内的弱势群体的人权的行为。联合国设立了一个寻求真相、正义、赔偿和保证不再发生问题的特别报告员，其任务规定见<http://www.ohchr.org/EN/Issues/TruthJusticeReparation/Pages/Mandate.aspx>。

20　《德班宣言》第101段。（此处及以下所引《德班宣言》《德班行动纲领》的内容，系译者参考其官方中文本从英文本译得，与其官方中文本中的相应表述略有差别。——译者注）

保护和救济，包括对于因此种歧视所遭受的任何伤害，寻求公正且充分的赔偿和抵偿的权利。[21]

《德班宣言》中宽泛和狭义的规定在《德班行动纲领》中得到了贯彻，其中建议各国立法框架除其他外，应"提供有效的司法和其他补救的救济，包括通过指定全国性的、独立的、专门的机构"，[22] 并且"应在不歧视和平等的基础上广泛提供"这些救济。[23] 《德班行动纲领》在总的补救框架内，强调了诉诸法律和法院、针对种族主义和种族歧视提出申诉的重要性，并提请注意"需要使司法和其他救济广为人知、容易获得、迅速且不过分复杂"。[24] 随后一段补充了救济措施列表，提到设计"有效措施，以防止……种族歧视行为再次发生"。[25]

为了土著民族等特定组成部分的利益，赔偿原则被专门制定。[26] 国际劳工组织第 169 号公约涉及土著民族在搬迁后返回其土地和领地的权利，[27] 以及赔偿的各种问题。[28] 《联合国土著人民权利宣言》载有关于赔偿、补救、恢复原状、补偿和归还仪式物品和遗骸的丰富规定。[29] 最广泛的规定载于第 28 条：

> 1. 土著人民传统上拥有或以其他方式占有或使用的土地、领土和资源，未事先获得他们自由知情同意而被没收、拿走、占有、使用或损坏

---

[21]　《德班宣言》第 104 段。

[22]　《德班行动纲领》第 163 段。

[23]　《德班行动纲领》第 164 段。

[24]　《德班行动纲领》第 165 段。

[25]　《德班行动纲领》第 166 段。

[26]　见范围广泛的文集：F. Lenzerini（ed.），*Reparations for Indigenous Peoples：International and Comparative Perspectives*（Oxford University Press，2008）。参考了不止一个学术流派，以群体为导向的讨论赔偿的情况，载于 R. L. Brooks，*Atonement and Forgiveness：A New Model for Black Reparation*（University of California Press，2004）；M. du Plessis，'Historical Justice and International Law：An Exploratory Discussion of Reparation for Slavery'，*Human Rights Quarterly* 25（2003），624–659；R. E. Howard-Hassmann and A. P. Lombardo，*Reparations to Africa*（University of Pennsylvania Press，2008）；J. Miller and R. Kumar（eds），*Reparations：Interdisciplinary Perspectives*（Oxford University Press，2007）。

[27]　第 16 条第 3 款。

[28]　第 15 条第 2 款和第 16 条第 4 款、第 5 款。

[29]　第 8、10、11、12、20、27、28、32 和 40 条，涉及救济程序的各个方面。

的，有权获得补偿（redress），办式*可包括归还原物，或在不可能这样做时，获得公正、公平、合理的赔偿（compensation）。

2. 除非有关的土著人民另外自由同意，赔偿（compensation）方式应为相同质量、大小和法律地位的土地、领土和资源，或金钱赔偿（compensation），或其他适当补偿（redress）。[30]

一系列关于赔偿的实质性人权规定被综合纳入了联大于 2005 年通过的《严重违反国际人权法和严重违反国际人道法行为受害人获得补救和赔偿的权利基本原则和导则》（下称《基本原则和导则》）中，[31] 其序言重申了确认"尊重受害人得到补救（remedy）和赔偿（reparation）的权利，信守其对受害人、幸存者以及子孙后代所作的承诺，并重申问责、公正和法治的国际法律原则"。这一套《基本原则和导则》阐述了尊重人权法的基本义务等，涉及采取适当措施防止侵犯情况、迅速调查侵犯情况、对侵犯的负责者采取行动、诉诸司法和有效补救（remedy）。[32] 受害者被认为有权平等和有效地诉诸司法，获得对所受伤害的充分、有效和迅速的赔偿，并有权获得有关侵权行为和赔偿机制的信息。[33]

阐述这些概念的方式呼应了国际法委员会《国家对国际不法行为的责任条款草案》中规定的国家责任的国家间原则。赔偿被理解为旨在促进公正，并应与侵权行为和所受损害的严重程度在比例上相称。[34] 赔偿分为恢复原状

（左侧页码）403

---

* "办式"系联合国发布的该宣言正式中文本所用，疑为"方式"之笔误。

30　更广泛的评论见 International Law Association, The Hague Conference（2010）, *Rights of Indigenous Peoples*, pp. 39 - 43, < http://www.ila-hq.org/⋯cfm/⋯9E2AEDE9 - BB41 - 42BA - 9999F0359E 79F62D>。

31　联大 2005 年 12 月 16 日第 60/147 号决议通过并宣布。另见严重侵犯人权和基本自由行为受害者权利问题特别报告员的报告：*The Right to Restitution, Compensation and Rehabilitation for Victims of Gross Violations of Human Rights and Fundamental Freedoms*, *Final Report*, E/CN. 4/2000/62（18 January, 2000）。关于《基本原则和导则》的发展，包括范博文的开创性工作（T. van Boven, *Study Concerning the Right to Restitution, Compensation and Rehabilitationfor Victims of Gross Violations of Human Rights and Fundamental Freedoms*, E/CN. 4/Sub. 2/1993/8, 2 July 1993），见论文集：K. de Feyter, S. Parmentier, M. Bossuyt, and P. Lemmens（eds）, *Out of the Ashes*：*Reparation for Victims of Gross and Systematic Human Rights Violations*（Intersentia, 2006）。

32　《基本原则和导则》第 3 段。

33　《基本原则和导则》第 11 段。

34　《基本原则和导则》第 15 段。

（旨在使受害人恢复到侵权行为前的原有状态）、[35] 补偿（与可从经济上评估的损害有关，包括心理、身体和精神上的伤害以及物质损失）[36] 和抵偿（包括旨在停止侵权行为、核实事实、道歉、制裁、纪念和悼念受害者的措施）。[37]《基本原则和导则》还详细阐述了受害者康复[38]和保证不再发生等事项，后一概念涉及一个复杂的"结构性"章程，包括强化司法机构的独立和加强人权教育。[39] 集中关注严重侵犯人权的情况并不排除这些措施经调整适用于较小规模的侵犯情况。什么情况算是严重侵犯人权一直考验着消除种族歧视委员会，特别是在根据紧急程序采取行动的标准方面。[40] 强调适于触发程序的侵犯情况的严重性和规模并不排除它适用于较少的人口，因为侵犯情况的影响可能非常过分。[41]

除了本章所摘引的、从第 6 条规定的"在其管辖范围内的人人"阐述各国提供保护和救济义务的规定外，可以指出的是，一些国际公约在具有约束力的法院判决的语境中，赋予其监测机构重要的救济权力。[42] 例如，关于美洲人权法院的管辖权和职能，《美洲人权公约》第 63 条第 1 款规定，该法院可在适当情况中下令，对侵害该公约所保护的权利或自由所造成的后果，予以救济和支付赔偿。美洲人权法院尤其在扩展救济的法理词汇（jurisprudential lexicon）方面具有很强的创造性，[43] 其规定影响了包括消除种族歧

404

---

[35]　《基本原则和导则》第 19 段。

[36]　《基本原则和导则》第 20 段。

[37]　《基本原则和导则》第 22 段。

[38]　《基本原则和导则》第 21 段。

[39]　《基本原则和导则》第 23 段。

[40]　在本书第四章讨论。

[41]　本书第四章提到了这一点。

[42]　《欧洲人权公约》第 41 条在"公正抵偿"标题下规定，如果欧洲人权法院"判定发生了违反公约或者是议定书的情况，且有关缔约国的国内法仅仅允许部分赔偿，法院应当根据需要，给予受损害方公正抵偿"。

[43]　Antkowiak, 'The Inter-American Court and Reparations', 10："就美洲人权法院而言，它是唯一具有下令采取所有……救济措施的约束性管辖权的国际法庭。其赔偿判例的深度和广度都前所未有。法院往往在强有力的组合中，下令采取广泛的措施，如金钱补偿、恢复原状、停止侵害、医疗和心理康复、道歉、纪念、立法改革和国家官员培训方案……这种做法与……欧洲人权法院形成了鲜明对比。欧洲人权法院历来只赞成货币补偿和宣告性补救，尽管近年来出现了……例外情况。"
另见 J. Pasqualucci, 'The Americas', in D. Moeckli, S. Shah, and S. Sivakumaran (eds), （转下页注）

视委员会在内的其他机构的工作。[44]

二　准备工作

在小组委员会中，阿布拉姆的案文提议，每一缔约国"应保证在其管辖范围内的人人"均有权利"经由主管处理此等事项的独立国内法庭"得到对种族歧视行为的有效救济，以及"因种族暴力、仇恨或歧视之结果而遭受实质性伤害的任何个人"得到"救济性补救"（remedial relief）。[45] 卡尔沃克雷西的案文[46]以及后来阿布拉姆、卡尔沃克雷西和卡波托蒂的联合案文也提到了有效救济。[47] 在讨论中，卡波托蒂提到条款草案的目的是"确保因实行种族歧视而造成伤害的责任方，无论是国家本身还是私人个人或组织，都应为受害者提供有效救济"。[48] 库瓦斯-坎奇诺和英格尔斯编写的案文也纳入了救济性补救的提法，"包括支付损害赔偿"。[49] "支付损害赔偿"的提法没有保留在提交人权委员会的案文中：

（接上页注43）*International Human Rights Law*（2nd edn, Oxford University Press, 2014），398–415，408–410。其中指出，在美洲人权法院"加强赔偿概念"的背景下，"该法院已下令进行以受害者为中心的赔偿以及……有利于特定社群或整个社会的赔偿"（p.408）。后一方面的例子包括：归还祖传土地，*Yakye Axa v Paraguay*，IACtHR Ser. C No.125（2005）；关于环境活动者工作的教育运动，*Kawas Fernándes v Honduras*，IACtHR Ser. C No.196（2009）；重新开设学校和医疗诊所，*Aloeboetoe v Suriname*，IACtHR Ser. C No.15（1993）；为社群利益投资集体服务，*Awas Tingni v Nicaragua*，IACtHR Ser. C No.79（2001）；以及在卫生、住房和教育领域制定方案，*Moiwana Village v Suriname*，IACtHR Ser. C No.125（2005）。本书讨论了这些案件的各个方面，主要是联系第5条。

44　委员会提到美洲人权机构的情况，除其他外，见其结论性意见：厄瓜多尔，CERD/C/ECU/CO/20–22，para.8，欣然接受该国承诺遵行美洲人权法院在以下案件中的裁决，*Sarayaku* case（*Kichwa Indigenous People of Sarayaku v Ecuador*，IACtHR，27 June 2012）；巴拉圭，CERD/C/PRY/CO/1–3，para.17，有关一些土著社群（Yakye Axa, Sawhoyamaxa, and Xamok Kasek）；苏里南，CERD/C/SUR/CO/12，para.18，有关执行美洲人权法院在一起案件中的判决，*Moiwana and Saramaka*（*Saramaka People v Suriname*），IACtHR Ser. C No.185（2008）cases, and para.19，有关对美洲人权机构的分析的答复，这些分析有关在为集体权利提供充分救济方面存在的缺陷。另见本书第十三章。

45　E/CN.4/Sub.2/L.308.

46　E/CN.4/Sub.2/L.309.

47　E/CN.4/Sub.2/L.339.

48　E/CN.4/Sub.2/SR.425, pp.3–4.

49　E/CN.4/Sub.2/L.330.

　　缔约国应保证在其管辖范围内，人人均能经由独立法庭对任何种族歧视行为，获得有效救济与保护，并有权就因种族歧视而遭受之任何损失，从此等法庭获得赔偿。[50]

对于小组委员会的案文，有若干修正案提出，特别是英国提出在"种族歧视"前增加"违反本公约的"，[51] 奥地利将"赔偿"改为"公正抵偿"。[52] 苏联提议在"独立法庭"前加上"主管审理此类案件的"。[53] 黎巴嫩的一项修正提议将小组委员会的案文改写为：

　　缔约国应保证在其管辖范围内，人人均能经由主管审理此类案件的独立法庭对违反本公约侵害其人权及基本自由之任何种族歧视行为，获得有效救济与保护，并有权就因此种歧视而遭受之任何损失，从此等法庭获得赔偿之救济决定。

有人指出，提到"国内"法庭很重要，而小组委员会的案文无意中省略了对于法庭性质的这一限定。[54] 苏联提出的关于法庭问题的修正案使一些人认为，只有特别召集的法庭才能处理种族歧视案件，[55] 但是"主管"也可能仅仅意味着根据国内立法是有权主管的。[56] 建议在法庭资质中增加"公正无

50　Commission on Human Rights, Report on the Twentieth Session, E/CN. 4/874, para. 213.

51　E/CN. 4/L. 700.

52　E/CN. 4/L. 711. 该修正案后来被撤回，以支持哥斯达黎加对黎巴嫩的修订提议（E/CN. 4/874, para. 220）的一项修正，即在"赔偿"之后加上"或抵偿"：Ibid., para. 221. 哥斯达黎加的修正以 19 票赞成、0 票反对、2 票弃权通过：Ibid., para. 228。

53　E/CN. 4/L. 681.

54　苏联代表指出，小组委员会得到的阿布拉姆案文（E/CN. 4/Sub. 2/L. 308）也提到了"国内法庭"（E/CN. 4/SR. 800, pp. 10-11）。卡尔沃克雷西案文也提到了"国内当局或法庭"（E/CN. 4/Sub. 2/L. 309）。

55　厄瓜多尔代表，E/CN. 4/SR. 800, p. 14. 对此，苏联的答复是，苏联修正案"不是为了设立新的法庭，而是为了确保利用已经存在的主管国内法庭"（ibid.）。一些代表接受了"主管国内法庭"的概念，条件是"其使用绝不损害种族歧视受害者向国际机构求助的权利"：奥地利代表，E/CN. 4/SR. 801, p. 5. 另见意大利代表，ibid., p. 8。

56　据英国代表说，"'主管'一词……是必要的，以表明有关法庭是自然处理有关案件类型的法庭"：Ibid., p. 7. 应奥地利代表的请求，对"主管"一词单独表决；该词以 20 票赞成、0 票反对、1 票弃权通过：E/CN. 4/874, para. 230. 参见《世界人权宣言》第 8 条，其中使用了"国家管辖法庭"一词，而"独立无私法庭"（independendand impartial tribunal）的措辞出现在其第 10 条中。（与《世界人权宣言》第 8 条中的"国家管辖法庭"和《公约》第 6 条中的"国内主管法庭"相对应的英文用语，均为"competent national tribunals"。——译者注）

私"（impartial）一词没有得到赞成：一名代表认为，在约文中坚持公正无私

406 可能被视为对某些国家的司法工作的诋毁。[57] 据英国代表称，该国提出的一项修正旨在表明，法庭将有权处理有关《公约》其他条款所规定的义务的歧视问题；[58] 对此，有人争辩说，不应给人留下这样的印象：《公约》的范围很窄，不可能有超出《公约》的救济。[59] 最后包括了这样的建议，即提及"种族歧视行为"而不是一般的歧视，以及提及侵害人权及基本自由的"行为"：据一名代表说，"救济不是针对抽象原则，而是针对具体行为"。[60]

关于一般的赔偿问题，有代表质疑小组委员会案文提到获得赔偿的权利是否正确，因为要保证的是有权与法庭接洽，然后由法庭决定案件的是非曲直；[61] 因此，更好的提法是"请求赔偿的权利"。[62] 奥地利关于增加"公正抵偿"的建议被一些讨论者理解为旨在满足金钱损害赔偿不充分的情况，因此引入了公允赔偿的想法。[63] 相关讨论为奥地利的提案增加了术语，因此有关措辞成为"公允充分之赔偿或抵偿"，尽管有人怀疑这是否会对法庭造成不适当的负担，以及是否在所有种族歧视案件中都能找到此等救济。[64] 扩大的术语得到接受。[65] 有人指出，对获得赔偿的权利应作广义说明，因为它不仅

57　黎巴嫩代表，E/CN. 4/SR. 800, p. 8。意大利代表认为，公约草案"同任何其他联合国公约一样，应将成员国法院的独立和公正当作理所当然"：E/CN. 4/SR. 801, p. 8。

58　"虽然'种族歧视'一词已在第 1 条中定义，但英国代表团认为，最好更清楚地表明，缔约国根据本条承担的义务与它们根据第 2、3、4 和 5 条承担的义务有关"：英国代表的评论，E/CN. 4/SR. 800, p. 5。

59　特别见菲律宾代表的发言（ibid., pp. 5-6）和苏联代表的发言（ibid., p. 11）：英国修正案"可能给人一种印象，即只有在发生违反《公约》的歧视性行为时，才会有有效的救济与保护可用，好像《公约》的范围很窄，不可能有超出《公约》范围的救济。此等限制……是不可思议的。种族歧视已经在原则上被宣布为非法"。

60　法国代表，ibid., p. 12。

61　英国代表，E/CN. 4/SR. 801, p. 7。

62　哥斯达黎加代表，ibid., p. 6。法国起初建议最好提及获得赔偿的"可能"，而不是这样做的"权利"：E/CN. 4/SR. 800, p. 12。

63　E/CN. 4/SR. 801, p. 5. 准备工作表明，对"赔偿"的含义有不同的看法，一些代表认为它有关货币赔偿，而其他代表则主张更广泛的含义；例如见波兰、奥地利和黎巴嫩的评论，ibid., pp. 4-5。

64　例如英国的评论，ibid., pp. 6-7。

65　应英国的请求，对黎巴嫩修正案中的"充分"一词进行了单独表决；该词以 13 票赞成、4 票反对、4 票弃权得以保留：E/CN. 4/874, para. 229。

涉及对经济损害的赔偿，而且涉及恢复受害者的权利。[66]

人权委员会对"保护"一词没有多作讨论。利比里亚代表提出了一个实质性的观点，即应当保留这一用词，因为"即使一个人在其根据《公约》享有的权利受侵犯或被剥夺的情况下，在试图从法庭获得赔偿裁决之前，就已经得到了救济，他也必须得到法庭会保护他的保证"。[67] 另一方面，意大利认为，"保护"是多余的，因为救济要有效，就必须确保保护。[68]

联大第三委员会审议了如下案文：

> 缔约国应保证在其管辖范围内，人人均能经由国内主管法庭对违反本公约侵害其人权及基本自由之任何种族歧视行为，获得有效保护与救济，并有权就因此种歧视而遭受之任何损失，向此等法庭请求公允充分之赔偿或抵偿。[69]

第一项修正案提议在"法庭"和"对"之间增加"及其他国家机关"，[70] 这以压倒性多数通过。[71] 第二项修正案试图在"公允赔偿"之前加上"在适当情况下"，但后来撤销：[72] 该修正案的发起者解释说，"可能会有金钱补偿不充分或不适当的情况，例如，一个人因其种族而被酒店拒绝住宿"。"在适当情况下"的用词会表明在这种情况下，其他形式的补救是必要的。[73] 关于"赔偿"，英国代表补充说："对她的代表团来说，'赔偿'只是指金钱，而在她的国家，任何法院都不能对歧视行为定价。在离婚或丧失肢体的情况下，就已经难以确定价格；在种族歧视的情况下，不可能有任何价格。"[74] 对

66　波兰代表的评论，E/CN.4/SR.800，p.9。意大利代表指出："'抵偿'主要涉及非货币赔偿，而'赔偿'是一个非常宽泛的术语，包括非金钱和金钱损害赔偿。……应加上'充分'，以表明赔偿金额必须反映所受损害的严重性。"（E/CN.4/SR.801，p.8）同样，黎巴嫩代表的"理解是，'赔偿'一词不仅包括金钱赔偿，而且包括所有形式的救济"（*ibid.*）。

67　E/CN.4/SR.802，p.4。

68　E/CN.4/SR.801，p.7。

69　A/6181，para.86。

70　保加利亚的修正，A/C.3/L.1218，A/6181，para.87。

71　*Ibid.*，para.89：表决结果是88票赞成、1票反对、9票弃权。

72　毛里塔尼亚、尼日利亚和乌干达，A/C.3/L.1225，A/6181，para.88。

73　尼日利亚代表，A/C.3/SR.1309，para.34。

74　*Ibid.*，para.40。

此，有人指出，该条草案提到的是"赔偿或抵偿"。[75]

三 实践

（一）保留和声明

六个缔约国即法国、意大利、马耳他、尼泊尔、汤加和英国维持着对第6条的声明和解释，[76] 其中大多数是以统一的措辞提出的：马耳他政府表示，它"将第6条关于'赔偿或抵偿'的要求解释为，如果提供了这些补救形式中的某一种，即告达成，并将'抵偿'解释为包括有效终结歧视行为的任何补救"；尼泊尔、汤加和英国也采用了同样的公式。法国的声明很简短，"法国声明，就法国而言，通过法庭救济的问题由通常的法律规则来调整"；而意大利补充说，对损害的索赔请求，必须针对造成损害的恶意或犯罪行为的负责任者提出。

408

（二）准则

《协调报告准则》中关于"共同核心文件"的准则要求各国提供有关保护人权的机制的资料。这包括关于"个人如果声称其任何权利受到侵犯，能诉诸何种救济，以及是否存在任何给受害人的赔偿、补偿和康复制度"。[77] 对此形成补充的一段，要求各国提供"一般资料，说明其国内立法中针对侵犯人权情况规定的救济的性质和范围，以及受害人能否切实诉诸这些救济"。[78]

消除种族歧视委员会的《具体报告准则》中关于第6条的准则要求缔约国提供资料，说明落实该条的"立法、司法、行政或其他措施"，[79] 以及法

---

75   *Ibid.*, para. 41；墨西哥代表作为主席的发言。

76   <https：//treaties. un. org/Pages/ViewDetails. aspx？ src＝treaty&mtdsg_no＝iv-2&chapter＝4&lang＝en>.

77   HRI/GEN/2/Rev. 5，p. 11，para. 42（e）.

78   *Ibid.*，para. 59.

79   CERD/C/2007/1，p. 13.

院与其他司法和行政机关有关"种族歧视案件"的做法和决定。该准则还总结了与"有效保护与救济"相关的重要考量因素。有关第 6 条准则的第 2 段要求各国提供资料，说明为确保以下方面而采取的措施："（甲）让受害者就他们的权利得到充分的信息；（乙）让他们不用担心社会责难或报复；（丙）让资源有限的受害者不用担心司法程序的费用和复杂性；（丁）对警察和司法当局不乏信任；以及（戊）让当局对出于种族动机的犯罪行为有充分的警惕或认知。"关于"国家人权机构和监察专员及其他类似机构"的第 3 段提到了处理种族歧视申诉的体制背景，而第 4 段和第 5 段要求缔约国提供资料，说明国内法认为适当的"赔偿和抵偿类型"，以及种族歧视案件的民事诉讼中的举证责任；该准则中的脚注提到了第 23、26、30 和 31 号一般性建议。该准则最后提到了第 14 条规定的来文程序，提出各国应表明是否打算接受该程序，对于已选择接受该程序的国家，则应表明它们是否指定了一个主管机构，以接收声称是种族歧视受害者的个人和群体的申诉。[80]

（三）在其管辖范围内的人人／有效保护与救济

所述有效保护与救济必须向一国管辖范围内的每一个人保证：第 6 条是提及管辖权的第二个实质性条款（另一条是第 3 条）。[81] 前几章讨论的第 2 条在域外管辖方面的开放性文本和根据第 3 条对扩大的管辖权的接受，表明类似的原则可比照适用于第 6 条——该条没有提及领土。对于被占领的巴勒斯坦领土，消除种族歧视委员会就犹太定居者的暴力行为发表评论说，缔约国"应确保以迅速、透明和独立的方式调查此类事件，起诉违犯者，将其判刑，并向受害者提供补救渠道"。[82] 委员会表示关切的情况有：行政拘留的做法、

409

80　*Ibid.*, pp. 13-14. 见本书第四章的讨论。

81　第 6 条具有某种单质性，使得难以分节来说明具体做法；下面的意见涉及相互关联和重叠的问题。第 6 条是《公约》中唯一使用了性别语言的实质性条款。（所谓"性别语言"指的是《公约》英文本中"his human rights"的用词，与其对应的中文用词是"其权利"，并无性别指向。——译者注）

82　委员会的结论性意见：以色列，CERD/C/ISR/CO/13，para. 37。该意见的第 35 段建议，尽管不同的法律制度可能适用于被占领土上的以色列公民和巴勒斯坦人，但"该缔约国应确保同样罪行得到同等审判，而不考虑违犯者的公民身份如何"。

军事法庭审判巴勒斯坦儿童的职权以及"巴勒斯坦人对于遭受的损失在向以色列法庭寻求补偿时面临的财力和物力障碍"。[83] 因此，委员会除其他外，援引了第 6 条，建议"该缔约国确保居住在其实际控制领土上的所有人能平等诉诸司法"，并敦促结束目前的行政拘留做法，因为"这种做法是歧视性的，构成国际人权法所规定的无理拘禁"。[84]

第 6 条是以强制性方式表述的——所使用的"应保证"统领着整条。与第 5 条一样，"人人"这种普遍主义语言被视为适合包括非公民在内的多样群体的情况。[85] 虽然第 6 条包含一项独立的义务，但根据来文程序提出的意见经常将其与其他各条连同解读，以作为决定的依据。[86]

《具体报告准则》中对资料的要求表明了施予缔约国的"有效性"要求的一些内容。如果缔约国的救济制度要有效运作，公众必须知晓这一点，并对其运行有信心。在某一法律制度中没有对种族歧视的申诉，一般不被视为是否发生了种族歧视的积极迹象或准确衡量标准：这一在向缔约国提出的许多建议中反复出现的警告的标准化版本，体现在消除种族歧视委员会关于刑事司法工作的第 31 号一般性建议中：

> 与种族歧视行为相关的申诉、检控或定罪缺乏或数量小的情况……不应被认为是当然正面的。这可能……揭示出，或者受害者对其权利缺乏充分的了解，或者他们害怕社会责难或报复，或者资源有限的受害者担心司法程序的费用或复杂性，或者对警察和司法当局的信任是缺乏的，或者当局对涉及种族主义的违犯行为没有充分警惕或认知。[87]

对于有关种族歧视的国内案件数量很少的关切，在消除种族歧视委员会连续的结论性意见中反复出现；对于申诉数量很少的关切反映了委员会对（偶尔出现的）缔约国没有种族歧视或其发生率低的说法所持的怀疑态

83　委员会的结论性意见：以色列，CERD/C/ISR/CO/14-16，para. 27。

84　*Ibid.*

85　见本书关于非公民的第七章；可以回顾，根据第 14 条提出的许多来文都涉及非公民。

86　例如见，*L. R. v Slovakia*，CERD/C/66/D/31/2003（2005）；*Gelle v Denmark*，CERD/C/68/D/34/2004（2006）；*Murat Er v Denmark*，CERD/C/71/D/40/2007（2007）。

87　第 1（b）段。

度。[88] 委员会表示关切的，还有大量中止的案件，[89] 其中包括涉及警察或公众人物的案件，以及有罪不罚的案件。[90] 对于玻利维亚的冲突、种族主义暴力行为和有关农耕（campesino）民族的事件（其中一些导致了死亡），以及围绕这些事件的有罪不罚的气氛——对此委员会重申"缔约国有义务终止这些有罪不罚的现象"，委员会回顾了这些基本原则，并敦促该国"推进司法工作，调查各项申诉……查明和起诉违犯者并……保证受害者及其家人得到有效救济"。[91] 对于案件数量少的情况，委员会还建议培训司法机构，以使其识别和处理种族歧视问题。[92] 正如第 31 号一般性建议所示，种族歧视申诉的不明显可能与人权维护者害怕报复有关，或者与非政府组织和其他行为者没有社会空间（civil space）来接手涉及"种族"因素的案件有关。[93] 虽然委员会要求提供数据，以便促进与各缔约国的对话，但有关向法庭和其他机构提出的申诉的数据，与所要求的其他数据一样，被视为对制定有效的国家反歧视政策至关重要。

考虑到准备工作中提到法庭的权限和独立性之间的关系，缔约国具有一个独立的司法机构对实现第 6 条的目标和对《公约》的其他方面同样重要。第 35 号一般性建议认为：

> 独立、公正和知情的司法机构，对确保对于每一案件的事实和法律性质的评估与国际人权标准一致至关重要。在这方面，司法基础设施应得到符合《关于促进和保护人权的国家机构的地位的原则》（《巴黎原则》）的国家人权机构的补充。[94]

88　在第 31 号一般性建议所列种族歧视的"事实指标"中，对这一点作了广泛表述。怀疑可以适当地延及根据第 14 条提请委员会注意的案件数目少、国家分布稀疏的情况，这些案件大多来自 50 多个接受该程序的国家中的一小部分。

89　委员会的结论性意见：比利时，CERD/C/BEL/CO/15，para. 13。

90　委员会的结论性意见：玻利维亚，CERD/C/BOL/CO/17-20，para. 17；丹麦，CERD/C/DNK/CO/18-19，para. 9；塞尔维亚，CERD/C/SRB/1，para. 22；另见委员会《防止灭绝种族罪行宣言》，A/60/18，Chapter Ⅷ，para. 11。

91　CERD/C/BOL/CO/17-20，para. 17。

92　第 31 号一般性建议第 4、5 段。

93　第 31 号一般性建议第 1 段。

94　第 18 段。

（四）有效调查的义务

提供有效保护和救济的体制性基础设施的实际运作意味着，必须适当调查有关种族歧视的案件；消除种族歧视委员会根据第 14 条规定的程序对来文作出的许多决定都围绕这一基本点。在 L. K. 诉荷兰案中，争论的焦点是，对提交人的申诉——在有些居民申诉市政住房开发存在反对外国人的情况和暴力威胁的情况之后提出，警方和司法当局是否适当地予以了处理。委员会认为，警察和司法当局的应对不全面、不充分，而且没有提供有效的保护，并补充说，"当有人提出种族暴力威胁时，特别是在公开和由一个群体提出时，国家有责任开展适当审慎的、迅速的调查"。[95]

411　　在卡希夫·艾哈迈德诉丹麦案中提出的申诉是，在一所学校考场外等候的申诉人、家人和朋友遭受了种族侮辱，但警方没有对此进行适当调查。鉴于诉讼程序中止，而且检察官无法进一步起诉，提交人"被剥夺了任何机会"来确定他根据《公约》享有的权利是否受到了侵犯，因此，缔约国"剥夺了他免受种族歧视的有效保护和相应的救济"。[96]哈巴西诉丹麦案遵循同样的模式：缔约国本应调查一家银行拒绝向外国人贷款的政策背后的"真正原因"，看其是否涉及种族歧视。[97]缺乏有效的调查也是消除种族歧视委员会对以下案件的决定中的动机之一：杜米奇诉塞尔维亚和黑山案[98]、格勒诉丹麦案[99]、阿丹诉丹麦案[100]、柏林/勃兰登堡的土耳其人联盟诉德国案[101]以及达瓦斯和肖瓦诉丹麦案[102]。在最后一个案件中，一伙青年袭击了两名申诉者（他们都是被承认为难民的伊拉克公民）的住宅；对此，委员会认定，除其他外，缔约国没有调查这次袭击的种族主义性质，认为：

---

[95]　*L. K. v The Netherlands*，CERD/C/42/D/4/1991（1993），para. 6. 6.

[96]　*Kashif Ahmad v Denmark*，CERD/C/56/D/16/1999（2000），para. 6. 4；see also para. 9.

[97]　*Habassi v Denmark*，CERD/C/54/D/10/1997（1999），para. 9. 3.

[98]　*Durmic v Serbia and Montenegro*，CERD/C/68/D/29/2003（2006），para. 10.

[99]　*Gelle v Denmark*，para. 7. 6.

[100]　*Adan v Denmark*，CERD/C/77/D/43/2008（2010），para. 7. 7.

[101]　*TBB-Turkish Union in Berlin/Brandenburg v Germany*，CERD/C/82/D/48/2010（2013），paras 12. 8 and 12. 9 [henceforth *TBB-Turkish Union v Germany*].

[102]　*Dawas and Shawva v Denmark*，CERD/C/80/D/46/2009（2012），para. 7. 5.

　　像在和本案的情况一样严重的情况中——申诉人在自己的住宅中遭到 35 名犯事者的暴力攻击（其中一些人是持枪的），有足够的因素使公共当局有必要彻底调查对该家庭的攻击的可能种族主义性质。相反，这一可能性在刑事调查层面上即被排除，从而使这一问题无法在刑事审判中得到裁决。委员会认为，缔约国有责任启动有效的刑事调查，而不是在民事诉讼中让申诉人承担举证责任。委员会回顾其判例，即当发生暴力威胁时，缔约国有责任开展适当审慎的、迅速的调查。这项义务毫无疑问适用于本案，因为有 35 人实际参与了对该家庭的攻击。[103]

　　缔约国丹麦在事实和法律问题上都不同意消除种族歧视委员会的结论，除其他外辩称，没有能证明种族主义动机的必要证据，证人对 35 人的数目有不同说法，而且申诉者在其原始陈述中没有提到任何种族动机。此外，对于委员会的结论，即对该事件的调查不全面，缔约国不知道还可以采取什么进一步调查措施来弄清这一事件，此时要考虑到所有已查明身份的证人都已被约谈。[104] 在其他案件中，委员会认为国内当局进行的调查令人满意，因此没有认定存在违反的情况。[105] 有一个缔约国指出，《公约》"没有具体规定应由哪个机关决定提起诉讼，或者在什么层级上作出决定"，[106] 对此的答案大概是根据有效原则由最有能力处理这些问题的当局处理。

412

　　"有效调查"的原则也贯穿于消除种族歧视委员会对国家报告的结论性意见。委员会呼吁有效调查出于种族动机的罪行[107]以及对族裔和种族群体权利的侵犯，还呼吁"对调查进行调查"，以确保对恐怖主义等罪行的调查方

103　*Dawas and Shawva v Denmark*，para. 7. 4. 关于救济，委员会建议，该缔约国对申诉人遭受的物质和精神伤害给予充分补偿，并审查在涉嫌种族歧视或暴力案件中起诉的政策和程序（*ibid.*, paras 9 and 10）。

104　A/67/18，Annex Ⅳ，160-165. 来文报告员在与丹麦代表举行的一次会议上转达了委员会的立场，即鉴于委员会《议事规则》中没有任何此类规定，不得重新审议该意见；据称对话正在进行中。虽然委员会没有重新审议，但丹麦后来提供了资料，重申委员会的意见是基于误解的，支付补偿的建议将不适用，而审查政策和程序的建议促进了丹麦法律与实践的发展。委员会认为缔约国的答复部分令人满意，并中止了后续程序：A/70/18，Annex Ⅱ，26-27。

105　例如见 *Quereshi v Denmark*，CERD/C/63/D/27/2002（2003），para. 7. 4；*Jama v Denmark*，CERD/C/75/D/41/2008（2009），para. 7. 4。

106　*POEM and FASM v Denmark*，CERD/C/62/D/22/2002（2003），para. 4. 6。

107　委员会的结论性意见：越南，CERD/C/VNM/CO/10-14，para. 10。

法本身不是"种族化"的，而且正当程序和法治得到有效利用。[108] 除了一般性声明，包括关于种族主义政治言论的一般性声明外，[109]《公约》所保护的各种群体也是建议的对象——建议调查针对他们的罪行的指控，这些群体包括少数族裔[110]、土著民族和非洲人后裔[111]、移徙工人和"外国人"[112]、种姓群体[113]以及特定的指定的民族和族裔群体[114]。

（五）便宜行事原则

关于调查后的起诉，消除种族歧视委员会提到了便宜行事原则（expediency principle）：起诉或不起诉刑事罪行的酌处权或自由。[115] 在伊尔马兹-多甘诉荷兰案中，委员会称：

> 起诉刑事罪行的自由——通常被称为便宜行事原则——受到对公共政策之考量的制约。……《公约》不能被解释为挑战这一原则的理由。尽管如此，它应根据《公约》规定的保障适用于每一个指称的种族歧视案件。[116]

413 土耳其人联盟诉德国案提出的问题包括消除种族歧视委员会的审查、有效调查和便宜行事原则。[117] 委员会经常回顾，它的职能不是审查国内当局对

---

[108] 委员会在对英国的结论性意见中，建议该缔约国"确保新的恐怖主义预防和调查制度包括防止虐待和蓄意针对某些族裔和宗教群体的保障措施"：CERD/C/GBR/CO/18-20，para. 21。另见第9段，调查和起诉与暴乱有关的案件。

[109] 委员会的结论性意见：斯洛文尼亚，CERD/C/SVN/CO/6-7，para. 11。

[110] 同上注。

[111] 委员会的结论性意见：巴拉圭，CERD/C/PRY/CO/1-3，paras 15 and 16。

[112] 委员会的结论性意见：哈萨克斯坦，CERD/C/KAZ/CO/4-5，para. 16；毛里求斯，CERD/C/MUS/CO/15-19，para. 22。

[113] 委员会的结论性意见：印度，CERD//IND/CO/19，para. 26。

[114] 委员会的结论性意见：俄罗斯联邦，CERD/C/RUS/CO/19，paras 12 and 13，车臣人、罗姆人、非洲人、格鲁吉亚国民和格鲁吉亚后裔；斯洛伐克，CERD/C/SV/CO/6-8，paras 15 and 16，罗姆人、犹太人、匈牙利人；委内瑞拉，CERD/C/VEN/CO/19-21，paras 16 and 17，亚诺马米人（Yanomami）和尤普卡人。

[115] *L. K. v The Netherlands*，para. 3. 3.

[116] *Yilmaz-Dogan v The Netherlands*，CERD/C/36/D/1/1984（1988），para. 9. 4.

[117] *TBB-Turkish Unionv Germany*. 对于该意见中"仇恨言论"方面的进一步审查，见本书第十一章。

事实和国内法的解释，除非这些裁决明显荒谬或不合理。[118] 对于这一案件，委员会回顾了其关于审查的标准立场，以及缔约国的意见，即作者萨拉津针对土耳其裔人口的有争议的言论不能被评估为扰乱和平，以及不存在申诉人或其成员成为未来犯罪行为受害者的更多风险。然而，关于第 4 条（子）项的内容（煽动、传播思想），委员会认定，缔约国通过关注这样的事实，即这些言论"并不构成煽动种族仇恨，也不能够扰乱公共和平"，而"未能尽到其义务，即对萨拉津的言论是否构成传播基于种族优越或仇恨的思想开展有效调查"。[119] 换言之，根据这一观点，缔约国对受到指责的言论的评价只狭隘地关注煽动，从而使第 4 条的"传播思想"的内容逃脱了有效审查。没有开展有效调查就等于违反了第 6 条、第 2 条第 1 款（卯）项和第 4 条。

对于消除种族歧视委员会在土耳其人联盟诉德国案中的意见，委员会委员巴斯克斯就便宜行事原则的适用等问题提出了强烈而广泛的异议意见。他断言，《公约》"并不要求对种族优越思想的每一种表达或煽动种族歧视的每一种言论都提出刑事起诉，而是留由缔约国酌情决定哪些起诉最符合《公约》的目标"。[120] 他认为，考虑到刑事处罚是各国可以施加的最严厉的惩罚形式，即使某些言论不受表达自由的保护，这也不意味着起诉不构成风险；对《公约》的目标，刑事起诉可能比应对冒犯性言论的其他形式造成更大的损害。此外，《公约》"不排除各国采取只起诉最严重案件的政策……这种政策似乎是这样一项原则所要求的，即对表达自由权的任何限制必须符合……必要性和比例性的检验"。[121] 委员会对缔约国德国注重扰乱和平问题的关切也被认为是处置不当，因为这只是不起诉决定中的一个要素，而且无论如何，对公共秩序的考虑与第 4 条的适用并非无关。[122]

土耳其人联盟诉德国案是在第 35 号一般性建议通过之前作出决定的，而在该建议中，多数委员的意见和异议意见的内容都有显现。该建议重申，

[118] *Murat Er v Denmark*, para. 7. 2；*TBB-Turkish Union v Germany*, para. 12. 5.

[119] *TBB-Turkish Union v Germany*, para. 12. 8.

[120] *Ibid.*, Appendix, para. 10.

[121] *Ibid.*, Appendix, para. 13.

[122] *Ibid.*, Appendix, para. 15.

根据《公约》"和其他国际法文书"所规定的保障，关于便宜行事原则的标准公式可予适用。另外的措辞是创新性的，将适用该原则置于更广泛的规范领域。该建议还回顾了尊重国内对法律和事实的解释的原则，"除非裁决明显荒谬或不合理"。[123] 似乎与巴斯克斯的异议意见相近的观点出现在这样的陈述中："将某些种族主义表达形式规定为犯罪，应保留给……严重情况，不太严重的情况则应通过刑法以外的手段处理。"[124] 这一段中对什么情况应规定为犯罪的强调可以比照适用于起诉问题，同一段中的一句话表明了这一点，即"适用刑事制裁应受到合法性、比例性和必要性原则的规范"。此外，该建议第 15 段在某种程度上含糊其辞地提到了某些行为形式基于一系列背景因素而成为刑事罪行的"条件"，这些因素可转用到是否起诉的问题上。

（六）关于民法和刑法

从上述内容可以看出，除了提供民事救济外，提供"有效保护与救济"所需的基础设施必然包括刑事司法机构。第 31 号一般性建议中关于"在刑事司法制度的工作和运行中防止种族歧视"的部分详细阐述了对这些问题的看法。[125] 该建议的长篇序言包括提及《公约》第 1、5 和 6 条，以及第 27 号一般性建议（有关罗姆人）、第 29 号一般性建议（有关世系）和第 30 号一般性建议（有关非公民）、《关于难民地位的公约》第 16 条和《德班宣言》第 25 段——该段对以下情况表示深恶痛绝：在一些国家的刑事制度运行和法律适用中持续存在的种族主义、种族歧视、仇外心理和相关的不容忍；负责执法的机构和个人的行为和态度，尤其是这些行为和态度导致某些群体在被拘留或被监禁的人中的比例过高的情况。该建议将司法工作中的种族歧视定性为对《公约》各项原则和一般的平等原则的特别严重违反。

系统失灵的事实标志，除了前面提到的案件数量较少的情况外，还包括属于《公约》第 1 条所列举的群体、遭受侵害（特别是遭受警察和国家官员侵害）的人的数目和百分比，将高犯罪率归咎于这类群体，他们在司法制度

123　第 35 号一般性建议第 17 段。

124　第 35 号一般性建议第 12 段。见本书第十一章的进一步讨论。

125　A/60/18, Chapter IX.

中的代表性不足以及被拘禁的百分比。[126] 第31号一般性建议广泛涉及如下相关问题：有关司法制度运行的信息、人权和容忍培训策略、消除结构性歧视的行动计划（其中除其他外，应包括在结构性歧视的背景下，"各项指导方针，用以预防、记录、调查和检控种族主义或仇外事件，评估所有社群对与警察和司法制度打交道的满意程度"）。[127] 在该建议开头几部分的一般考虑之后，是关于诉诸司法、报告和法律程序的部分，最后是关于审判、判刑和惩罚的建议，其中包括如下方面的意见：纠正偏见和腐败以及在所有处理阶段促进对种族/文化的敏感认识。对于法律机构被削弱或摧毁的冲突后局势，该建议提到了制定重建计划以及各缔约国利用国际技术援助。[128] 该建议广泛使用了来自各种条约机构和其他来源的硬法和软法规范。[129]

在申诉指控刑事犯罪的情况下，民事救济被视为不充分。在拉科诉斯洛伐克案中，[130] 一家餐馆要求身为罗姆人的申诉人离开，因为其政策是不服务罗姆人。随后的调查没有认定发生刑事犯罪。缔约国辩称，申诉人没有用尽各种行政和民事申诉渠道，而提交消除种族歧视委员会处理的事项应该因为没有用尽国内救济而被驳回。委员会在宣布来文可予受理时指出，对于某些类型的行为，只有刑事救济是适当的，并指出：

> 缔约国未能证明，申请复查（这将是针对裁决是否合法的一种救济）在本案中可能导致对申诉进行新的审查。此外，委员会认定，申诉所涉事实具有这样的性质，即只有刑事救济才能构成适当的补救途径。可能通过刑事调查实现的目标无法通过该缔约国提议的那种民事或行政救济来实现。因此，委员会认定，申诉人没有其他有效的救济可用。[131]

在某些情况下，法律补救的替代形式，即由声称是受害者的人提起的诉讼以及民事诉讼程序，可用作救济。在萨迪奇诉丹麦案中，申诉人与其雇主

415

---

[126]　第31号一般性建议第1、2、3段。

[127]　第31号一般性建议第5（i）段。

[128]　第31号一般性建议第5（h）段。

[129]　第31号一般性建议第14、22、33和38段提到了《公约》之外的准则和原则。

[130]　*Lacko v Slovakia*，CERD/C/59/D/11/1998（2001）.

[131]　*Lacko v Slovakia*，para.6.3. 在这起事件中，斯洛伐克当局复查了起诉情况，结果是将餐馆经理定罪。尽管这一定罪和制裁拖延了3年多，但委员会没有认定《公约》被违反。

发生口角，遭受了后者一连串的种族主义辱骂。丹麦《刑法》中的特定条款——依其只能提起公诉——没有被启用，因为对于口角是否已经足够公开以至于需要启用这一法律，缺乏证据。申诉人可以采用起诉诽谤性言论（并非专门针对种族歧视）这一替代形式以及民事诉讼。该案中，消除种族歧视委员会承认诽谤诉讼能够构成一种有效的救济。[132] 格勒诉丹麦案与萨迪奇诉丹麦案有别，涉及一名政治家所写的关于索马里人的侮辱性信件，对这种情况，以"诽谤途径"诉讼不被认为是一项有效的救济。在格勒诉丹麦案中，委员会将萨迪奇诉丹麦案解读为有关"基本上属于私人性的"的个人纠纷，[133] 而在格勒诉丹麦案中，"声明完全是在公共场合作出的，这是《公约》的核心焦点"，也是相关丹麦立法的核心焦点。[134] 在格勒诉丹麦案中，民事诉讼也被视为无效，因为申诉人要求对这名政治家的言论开展全面的刑事调查。[135]

消除种族歧视委员会认为，第 6 条并没有"规定缔约国有义务在被指称为种族歧视的案件中，启动直到包括最高法院层级的连续救济机制"。[136] 在奎勒什诉丹麦案中，委员会对这一限制作了细致入微的解读：委员会在该案中援引了伊尔马兹-多甘诉澳大利亚案并表明，第 6 条"可以被解释为要求，对于在某一指控种族歧视的具体案件中不提起刑事诉讼的决定，存在司法审查的可能"，但同时指出了缔约国的陈述，即根据国内法，有可能从司法途径质疑检控官的决定。[137]

（七）传统司法机制

消除种族歧视委员会工作的一个显著特点是，除了关于必须有机会利用

---

132 *Sadic v Denmark*，CERD/C/62/D/25/2002（2003），paras 6.3，6.4.

133 *Gelle v Denmark*，para. 6.5. 在第 2 号奎勒什诉丹麦案中，萨迪奇诉丹麦案的情况被进一步区分为有关"基本上是私人的或……在非常有限的圈子内发表的评论"：*Quereshi v Denmark* No.2，CERD/C/66/D/33/2003（2005），para. 6.3。

134 *Gelle v Denmark*，para. 6.5.

135 *Ibid.*，para. 6.6. See also *Jama v Denmark*，para. 6.5；*Adan v Denmark*，para. 6.3.

136 *Yilmaz-Dogan v The Netherlands*，para. 9.4.

137 *Quereshi v Denmark*，CERD/C/63/D/27/2002（2003），para. 7.5.

国家司法机构的要点外，还承认传统司法机制，特别是土著民族的传统司法机制。[138] 关于土著司法机制的背景标准包括国际劳工组织第 169 号公约第 8~12 条和《联合国土著人民权利宣言》，特别是其第 34 条。虽然委员会第 31 号一般性建议主要侧重于"正式"的国家司法制度，但它也建议"尊重和承认土著人民的符合国际人权法的传统司法制度"。[139] 例如委员会在对墨西哥的结论性意见中敦促该缔约国"尊重土著民族符合国际人权标准的传统司法制度，包括建立特别的土著法院"。[140] 委员会在对澳大利亚的结论性意见中援引第 31 号一般性建议，鼓励该缔约国采取司法再投资战略，"继续并加倍利用土著法院和调解机制、分流和预防方案以及恢复性司法战略"。[141] 在正式的国家法庭方面，对法官和检察官开展关于土著权利的培训也是许多建议的主题。[142]

司法制度之间的协调问题也引起了消除种族歧视委员会的注意。[143] 不承认土著制度对土著民族的司法造成的连锁反应是另一个方面。例如，对于危地马拉和厄瓜多尔，委员会提出的关切有关"土著民族在诉诸司法制度方面遇到的问题……因为土著法律制度得不到承认和适用"。[144] 委员会还提出了关于强化土著法庭的建议，对这些法庭的裁决在国家法律中不具约束力的性质提出了批评意见，并建议巩固约束力。[145] 在建议中提到国际人权标准也涉及

417

138　见本书第八章"评论"部分中的讨论。对这些制度的要点的阐述，见 Expert Mechanism Advice No. 6（2014）：Restorative Justice, Indigenous Juridical Systems and Access to Justice for Indigenous Women, Childrenand Youth, and Persons with Disabilities, A/HRC/EMRIP/2014/3/Rev. 1, 作为对同一问题的背景研究，被列入同一文件（下文称 EMRIP Advice No. 6；EMRIP Study on Restorative Justice）。

139　第 31 号一般性建议第 5（e）段。

140　CERD/C/MEX/CO/16-17, para. 12. 另见委员会的结论性意见：尼加拉瓜，CERD/C/NIC/CO/14，para. 18；委内瑞拉，CERD/C/VEN/CO/19-21，para 18。

141　CERD/C/AUS/CO/15-17, para. 20.

142　委员会的结论性意见：印度，CERD/C/IND/CO/19, para. 12。

143　委员会在对委内瑞拉的结论性意见中，建议确保一项法律草案的主要目标是"规范和协调土著民族的司法系统和国家系统的职能、权力和责任"（CERD/C/VEN/CO/19-21, para. 18）。

144　委员会的结论性意见：危地马拉，CERD/C/GTM/CO/11, para. 15；厄瓜多尔，CERD/C/ECU/CO/19, para. 12, and CERD/C/ECU/CO/20-22, para. 19。

145　委员会的结论性意见：新西兰，CERD/C/NZL/CO/17, para. 18；CERD/C/NZL/CO/18-20, para. 7。

对传统司法机制的理念和运用不应低于人权标准的关切。[146] 除了承认土著民族的制度这一要素外，这方面的建议还指出国家机构对特定群体在诉诸司法方面的有限性，这一问题不仅限于土著民族。[147]

（八）歧视"行为"

提到针对"歧视行为"的保护和救济似乎引入了一种含糊不清的说法，即在得到保护之前，种族歧视行为必须在法律上得到确定。《消除种族歧视宣言》偏离了这种解释，规定"人人因种族、肤色或族源关系致其基本权利与自由受［任何］歧视时，有权经由独立之国内主管法庭，取得有效之救济与保护"。[148] 在 L.R. 诉斯洛伐克案中，消除种族歧视委员会认为：

> 关于根据第6条提出的申诉，委员会认为，这项义务至少要求缔约国的法律制度在发生种族歧视行为的情况下提供救济，无论是在国内法院还是在委员会（如在本案中）。委员会在确定存在种族歧视行为之后，必须得出的结论是，缔约国法院未能提供有效救济揭示了违反《公约》第6条的结果。[149]

在杜米奇诉塞尔维亚和黑山案中，消除种族歧视委员会对第6条的限制性解释加上了条件：

> 虽然从该规定的字面上解读，在申诉人有权得到保护和救济之前，似乎种族歧视行为必须得到确认，但委员会指出，缔约国必须规定，能

146　《联合国土著人民权利宣言》第34条规定，促进土著司法制度等工作必须"根据国际人权标准"进行。消除对妇女歧视委员会对土著妇女在墨西哥社会中的地位表示关切：CEDAW/C/MEX/CO/7-8，para. 34。人权事务委员会对玻利维亚社群司法制度中的体罚情况表示关切：CCPR/C/BOL/CO/3，para. 16。消除种族歧视委员会提到传统社会中对妇女的待遇，常常采用"多重、跨部门歧视"这一不具体的术语，这可能不一定具体说明歧视的确切来源。EMRIP 第6号建议（EMRIP Advice No.6）第16段规定，土著司法制度"应确保土著妇女、儿童和青年以及残疾人不受任何形式的歧视。应尊重和促进土著妇女、儿童和青年以及残疾人参与土著司法制度。应确保土著残疾人的无障碍便利"。另见本书第十三章。

147　委员会的结论性意见：乌克兰，CERD/C/UKR/CO/19-21，para. 15，有关向罗姆人发放身份证件，以便利于他们诉诸法庭。

148　第7条第2款（强调为本书作者所加）。（该《宣言》中文本中并无"任何"一词，该词系译者根据该《宣言》英文本表述所加，以体现作者要强调之处。——译者注）

149　*L.R. v Slovakia*，para. 10.10.

通过国内法庭和其他机构判定这一权利，如果在违犯尚未得到确认的情况下就没有这种保障可用，该保障即属无效。尽管不能合理地要求缔约国对于无论多么没有道理的诉求，都要规定根据《公约》判定权利，但第 6 条对所有据称的受害者都提供保护，只要他们的诉求从《公约》来看有据可言。[150]

418

（九） 必须考虑赔偿

第 6 条的第二个要素是一个更加突出重点的关于救济的"反应性"规定，运用了对因歧视而遭受的损害了以赔偿和抵偿的传统国际法语言。第 6 条中与"赔偿"一道使用"抵偿"同《基本原则和导则》（其中"抵偿"是"赔偿"的一个方面）不相匹配。第 6 条不是一个清晰的模式，因此有必要认真思考其细节；权利的集体层面使其适用更加复杂。消除种族歧视委员会在关于第 6 条的第 26 号一般性建议[151]中认为，种族歧视和种族侮辱"损害受伤害方对自我价值和声誉的认识的程度往往被低估"。[152] 因此，委员会告知缔约国：

> 对于因此种歧视而遭受的任何损害请求公允充分之赔偿或抵偿的权利……不一定只是通过惩罚歧视的肇事者来保证；同时，法院和其他主管当局在情况适当时应当考虑对受害者所遭受的物质或精神损害准予金钱补偿。[153]

在 B. J. 诉丹麦案中，[154] 来文提交人是一名伊朗裔丹麦国民，他进入迪斯

150　*Durmic v Serbia and Montenegro*，para. 9. 6. 法国代表在人权委员会中的提议草案提到"不受任何……会侵犯其基本权利和自由的种族歧视行为"（强调为本书作者所加）的有效保护和救济，以减少第 6 条最后版本中的模糊性（E/CN. 4/SR. 800）。关于根据《欧洲人权公约》第 13 条提出的有争议的诉求，见欧洲人权法院，*Klass v Germany*，App. No. 5029/71（1978）；*Boyle and Rice v UK*，App. Nos 9659/82 and 9658/82（1988）；*Powell and Rayner v UK*，App. No. 9310/81（1990）。

151　A/55/18，p. 153.

152　关于从种族歧视的消极社会和经济影响、对个人和群体认同感和道德价值感的影响后果以及心理和健康效果来看种族歧视所造成的损害，简短思考见 T. Makkonen，*Equal in Law*，*Unequal in Fact：Racial and Ethnic Discrimination and the Legal Response Thereto in Europe*（Martinus Nijhoff，2012），pp. 83-90；关于"仇恨言论"，见 J. Waldron，*The Harm in Hate Speech*（Harvard University Press，2012）。

153　第 26 号一般性建议第 2 段。

154　*B. J. v Denmark*，CERD/C/56/D/17/1999（2000）.

科舞厅被一名看门人拒绝，看门人随后被罚款。该案是根据《公约》第 6 条和其他条款提出的，[155] 涉及据称国家当局未能提供有效的抵偿和赔偿：提交人的金钱补偿请求被法院驳回，因为所涉情况不具有严重的或侮辱的性质以足够作为准予金钱补偿的理由。消除种族歧视委员会虽然同意没有发生违反《公约》的情况，但认为：

> 对从事犯罪行为的肇事者的定罪和惩罚与下令给予受害者经济补偿是具有不同功能和目的的法律制裁。受害者不一定有权获得肇事者受到刑事制裁以外的补偿。然而，根据《公约》第 6 条，在每一案件中都必须考虑受害者的补偿请求，包括没有造成人身伤害，但受害者遭受侮辱、诽谤或其声誉和自尊受到其他破坏的案件。[156]

这种"在每一案件中"考虑补偿方面的提法，是比第 26 号一般性建议中的告诫更强有力的对国家义务的表述，后者只是称，当局"在情况适当时应当考虑"补偿。

在阿丹诉丹麦案中，消除种族歧视委员会建议，对暗指索马里人与残割女性生殖器官做法有关联的言论给申诉人带来的精神伤害，提供充分补偿。[157] 在后续诉讼中，丹麦宣布愿意补偿金钱损失（并没有这种损失），但不补偿非金钱损失，因为受到指责的政治言论没有直接针对申诉人，[158] 并回顾了格勒诉丹麦案中的类似拒绝——委员会对此表示同意。丹麦辩称，尽管如此，它仍认为支付律师费用是合理的，但委员会拒绝了这一做法，因为它认为，"法律援助不能被视为支付补偿"。在有些情况下，委员会建议的救济是修改法律以确保更严格地遵守《公约》，还建议采取更有效和不那么烦冗的调查程序，[159] 以及宣传委员会的意见。[160]

关于基于世系的歧视的第 29 号一般性建议设想了综合刑事和民事救济

---

[155] 第 2 条第 1 款（子）项、（丑）项和（卯）项，其中（卯）项似乎与涉及私人歧视的案件最相关；第 5 条（巳）项，进入公共场所的权利。

[156] *B. J. v Denmark*，para. 6. 2.

[157] *Adan v Denmark*，CERD/C/77/D/43/2008 (2010)，para. 9.

[158] A/68/18，Annex IV；委员会与丹麦之间的对话据说正在进行。

[159] *Lacko v Slovakia*，para. 11：对于一项违法行为——由于罗姆人的出身而拒绝其进入餐馆，已经适用刑事处罚。

[160] *Murat Er v Denmark*，para. 9.

要素，其中除其他外，要求各国确保"起诉对基于世系的社群的成员犯下罪行者并对这种罪行的受害者给予充分补偿"。[161] 该建议还设想了针对歧视性做法的施行者的措施，包括"禁止公共机构、私营公司和其他协会调查申请就业者的世系背景"。[162]

（十）赔偿和抵偿：第 14 条

消除种族歧视委员会实践中阐述的"赔偿或抵偿"的形式多种多样，呼应了国际法原则和国际人权法声明中表现出的复杂性。[163] 委员会对国家报告的结论性意见很广泛，而在第 14 条程序之下建议的救济的范围则较小，这种情况在很大程度上是由申请的来源和使人提交来文的损害的性质决定的。[164] 因此，应将第 14 条下的做法理解为不影响根据第 9 条提出的结论性意见中为土著民族和其他群体建议的其他赔偿概念，特别是关于"抵偿"这一要素。不过，这种情况解释了根据第 14 条对停止侵权行为等提出的建议。

420

在第 14 条规定的来文程序下提出的建议涉及利用斡旋为申诉人争取其他就业机会，[165] 充分注意陪审团的公正性，[166] 审查政策，[167] 提供与精神损害相称的补救，[168] 简化处理种族歧视的国内程序，[169] 采取措施消除国内贷款市场上的种族歧视，[170] 完成保障进入公共场所的立法，[171] 重新考虑立法，[172] 采取必

161　第 29 号一般性建议第（w）段。

162　第 29 号一般性建议第（ll）段；委员会对日本的结论性意见为这项规定提供了一个参照点：CERD/C/JPN/CO/3-6，para. 19。

163　除其他外，见国际法学家委员会的一项声明：International Commission of Jurists, Declaration on Access to Justice and Right to a Remedy inInternational Human Rights Systems, Geneva 2012, <http://icj.wpengine.netdna-cdn.com/wp-content/uploads/2012/12/Congress-Declaration-adoptedFINAL.pdf>。

164　见本书第四章。

165　*Yilmaz-Dogan v The Netherlands*, para. 10.

166　*Narrainen v Norway*, CERD/C/44/D/3/1991 (1993).

167　*L. K. v The Netherlands*, para. 6. 8.

168　*Ibid.*, para. 6. 9；或与所受损害相称的赔偿或抵偿，*Habassi v Denmark*, para. 11. 2；赔偿或抵偿，包括经济补偿——如果歧视没有造成人身损害而是造成羞辱或类似痛苦，*B. J. v Denmark*, CERD/C/56/D/17/1999 (2000), para. 7。

169　*Z. U. B. S. v Australia*, CERD/C55/D/16/1999, para. 11.

170　*Habassi v Denmark*, para. 11. 1.

171　*Lacko v Slovakia*, para. 11.

172　*Sadic v Denmark*, para. 6. 8.

要措施保障行动自由,[173] 移除具有种族冒犯性的标志,[174] 确保权利在将来不受侵犯,[175] 彻底调查种族歧视指控,[176] 宣传委员会的意见,[177] 采取有效措施确保住房机构不采取歧视性做法,[178] 提醒各国注意以前的结论性意见,[179] 等等。L. G. 诉韩国案列出了这类建议中最长的一个,其中(不寻常地)声明"适当补偿"包括申诉人的工资损失。[180] 虽然这些建议是针对具体情况的,但委员会根据其有限的权力,没有采取精确量化的做法。根据第 14 条*作出的认定和建议要服从后续程序,该程序维持委员会与缔约国之间的总体对话关系;相关建议也可与第 9 条规定的报告程序相结合。

虽然在报告程序中往往主要出现诸如恢复原状或道歉等补救形式的救济,[181] 但 L. A. 诉斯洛伐克案广泛考虑了包括道歉在内的赔偿术语。[182] 根据申诉人(斯洛伐克裔罗姆人)提交的事实,他们被拒绝进入一家迪斯科舞厅,理由是这是一个私人俱乐部,跟在他们后面的一群非罗姆人的人权活动者则被允许进入该迪斯科舞厅,而无须出示俱乐部会员证件。[183] 斯洛伐克对拒绝这群罗姆人进入的工作人员提起了刑事诉讼,但诉讼以没有发生犯罪为由中止。提交人要求拥有该舞厅的公司作出书面道歉并进行经济补偿,但地区法院只要求该公司道歉,这一裁决在上诉中得到维持。在上诉一级,补偿被拒绝的理由是,申诉人没有遭受"人格尊严的真正和严重削弱"。[184] 关于第 6 条,申诉人诉称,缔约国没有向他们提供有效的保护与救济,以及除其

421

---

[173] *Koptova v Slovakia*,CERD/C/57/D/13/1998(2000),para. 10. 3.

[174] *Hagan v Australia*,CERD/C/62/D/26/2002(2003),para. 8.

[175] *L. R. v Slovakia*,para. 12.

[176] *Jama v Denmark*,para. 9.

[177] *Murat Er v Denmark*,para. 9;*TBB-Turkish Union v Germany*,para. 14.

[178] *F. A. v Norway*,CERD/C/58/D/18/2000(2001),para. 8.

[179] *P. S. N. v Denmark*,para. 6. 5.

[180] *L. G. v Republic of Korea*,CERD/C/86/D/512012,para. 9.

* 原书此处作"第 4 条",有误,经联系作者核实,予以更正。

[181] 关于申诉者要求国家当局道歉的实例,见 *Kashif Ahmad v Denmark*,para. 3. 1;*Hagan v Australia*,para. 3. 5。关于土著民族的第 23 号一般性建议提到了恢复原状问题。

[182] *L. A. v Slovakia*,CERD/C/85/D/49/2011(2014).

[183] 根据申诉人所述事实,在俱乐部入口处没有显示其私人性质的标志;*L. A. v Slovakia*,para. 2. 1。

[184] *Ibid*.,para. 2. 5.

他外，

> 民事法院未能认识到种族歧视损害人的尊严，而且表面上就构成损害……受害者在心理上或情感上主观地感受到了这种损害，［但］其无法必然地客观化为可以证明或衡量的损害。[185]

另一方面，缔约国斯洛伐克辩称，申诉人并没有证明"他们的尊严、社会地位或社会功能受到了极大损害，而且也没有证明被告有严重诋毁他们的意图"，[186] 因此没有达到对精神损害予以经济补偿的严格标准；此外，法院下令发出的单独道歉信驳斥了国家当局未能确保普遍消除歧视的说法。[187]

对这一事件，消除种族歧视委员会认定，斯洛伐克法院的裁决是合理的，而且是以立法为依据的。[188] 关于道歉信是否构成第 6 条规定的有效救济，委员会回顾了联合国的《基本原则和导则》，包括"赔偿应与侵权行为和所遭受的损害的严重程度在比例上相称"的原则，决定其作用不是决定应给予何种救济，而是"评估这一救济根据国际原则是否可以被视为有效救济，以及它不是明显武断的或……不构成拒绝司法公正"。[189] 因此，第 6 条没有被违反，虽然委员会表示遗憾的是，有关法律没有规定本可以起到预防或威慑作用的制裁措施。[190] 在这种情况下，鉴于管辖问题的复杂性和主要是为了回应申诉者的上诉而作出裁决的事实，裁决该案的司法程序持续了 5 年并不构成不当拖延。[191]

（十一）个人和集体维度

消除种族歧视委员会建议的赔偿方案包括个人和群体受害者，在有些情况下对集体权利的归属作出回应。就罗姆人的一般情况而言，第 27 号一般性建议[192]主张采取一系列救济措施，以防止种族歧视和暴力，涉及的事项包

185　Ibid., para. 3. 3. 见第五章对"尊严"概念的讨论。
186　Ibid., para. 4. 4.
187　Ibid., para. 4. 5.
188　Ibid., para. 7. 2.
189　Ibid., para. 7. 4.
190　Ibid.
191　Ibid., para. 7. 5.
192　A/55/18, Annex V. C.

括诸如警察和司法机关迅速采取行动调查和惩罚种族主义暴力行为，拒绝种
族主义行为的实施者有罪不罚的现象，承认历史上对罗姆人的不公正情况并
考虑如何补偿，采取坚决行动反对住房领域中的歧视性做法，惩罚在进入和
获得供公众使用的场所和服务方面对罗姆人的歧视。对于强迫绝育的个别罗
姆妇女受害者，委员会建议缔约国：

> 促进全面赔偿和补偿……考虑特惠补偿程序，提高患者、医生和公
> 众对《国际妇产科联合会指导方针》的认识，并制定防止类似事件的保
> 障措施……。委员会建议该缔约国考虑立法，永久放弃对因非法绝育而
> 获得补偿的所有案件的时效限制。[193]

消除种族歧视委员会建议制定一项救济措施的总体纲领，以解决斯洛文
尼亚的"被抹除者"（the erased）的问题，包括准予"所有受到'抹除措
施'影响的人得到充分赔偿，包括恢复原状、抵偿、补偿、复原和保证不再
犯"。[194] 委员会在不同时候，还曾建议缔约国保证恢复原状[195]、救援和复原[196]、
道歉[197]、不再犯以及其他救济模式。委员会积极评价了采用诸如宪法保护令
（Amparo）和人身保护令（Habeas Corpus）的特定救济。[198] 真相委员会的和
解作用也得到承认，[199] 未能按照其建议采取行动则受到了批评。[200]

193　委员会的结论性意见：捷克共和国，CERD/C/CZE/CO/8-9，para. 19。

194　委员会的结论性意见：斯洛文尼亚，CERD/C/SVN/CO/6-7，para. 13。

195　关于恢复原状的建议的对象不限于土著民族，而是包括它们在内。例如见委员会的结论性
意见：爱沙尼亚，CERD/C/EST/CO/8-9，para. 18；希腊，CERD/C/GRC/CO/16-19，para. 10；塞
尔维亚，CERD/C/SRB/CO/1，para 18。以上都涉及对种族歧视行为的一般性救济。关于对土著民族
特定的恢复原状——归还其祖传土地，见委员会的结论性意见：智利，CERD/C/CHL/CO/19-21，
para. 13；哥伦比亚，CERD/C/COL/CO/14，para. 19；巴拉圭，CERD/C/PRY/CO/1-3，para. 15。

196　委员会的结论性意见：塞内加尔，CERD/C/SEN/16-18，para. 14，有关儿童乞丐问题；斯
洛伐克，CERD/C/SVK/CO/9-10，para. 12，有关罗姆人住房权领域的复原。

197　委员会的结论性意见：斯洛伐克，CERD/C/65/CO/7，para. 12，建议确保对强迫绝育的受
害者（罗姆妇女）给予有效的救济，"包括补偿和道歉"。

198　关于宪法保护令，见委员会的结论性意见：多米尼加共和国，CERD/C/DOM/CO/13-14，
para. 4（a）；墨西哥，CERD/C/MEX/CO/16-17，para. 4。关于人身保护令，见委员会的结论性意
见：乌兹别克斯坦，CERD/C/UZB/CO/6-7，para. 4。

199　委员会的结论性意见：肯尼亚，CERD/C/KEN/CO/1-4，para. 14。

200　委员会的结论性意见：巴拉圭，CERD/C/PRY/CO/1-3，para. 12。

对于赔偿方式的集体方面，最丰富的叙述来自消除种族歧视委员会关于土著民族的实践，[201] 即调整赔偿形式以照顾他们的特殊要求和权利的实践。[202] 第 23 号一般性建议申明，"对土著民族的歧视属于《公约》管辖范围"，并包括了有关权利和赔偿的原则。该建议第 3 段指出，委员会意识到过去和现在对这些民族的歧视，"尤其是他们的土地和资源落入殖民主义者、商业公司和国家企业之手"；因此，维护他们的文化和历史身份"一直并且仍然"迫在眉睫。第 4 段呼吁各缔约国采取一系列措施，包括承认和尊重独特的土著文化和历史；确保其不受歧视，并为"符合其文化特色"的可持续发展提供条件；确保其在有效参与公共生活方面的平等权利；并确保其能够行使"躬行和振兴"文化传统和习俗以及"使用自己的语言"的权利。第 5 段中，对于未经有关民族"自由和知情的同意"而剥夺土地的情况，赔偿的说法变得更加明确，要求各缔约国：

> 必须采取步骤归还这些土地和领地。只有在由于事实上的理由不可能做到这一点时，才能以获得公正、公平和迅速补偿的权利取代恢复原状的权利。此种补偿应尽可能采取土地和领地的形式。

与该段的表述有密切关联的，是上文已经讨论过的、该建议通过时（1997 年）已经生效的国际劳工组织第 169 号公约，以及《联合国土著人民权利宣言》——委员会获得了其初步草案。[203] 关于第 6 条所规定的赔偿的适用，国际法协会的一份报告指出，对土著民族的赔偿"从这些民族的生活的整体观点来看"，达到了特别高的复杂程度，这是赔偿方案中应考虑的一个首要因素：在这种赔偿方案中，有必要超越传统的西方式语言，即将赔偿视为个体性的而非集体性的，而且货币补偿是首要目标。在土著土地被剥夺的

423

---

[201]　See F. Lenzerini（ed.）, *Reparations for Indigenous Peoples：International and Comparative Perspectives*（Oxford University Press, 2008）; F. MacKay, 'Indigenous Peoples' Rights and the UN Committee on the Elimination of Racial Discrimination', in S. Dersso（ed.）, *Perspectives on the Rights of Minorities and Indigenous Peoples in Africa*（Pretoria University Law Press, 2010）, pp. 155-204.

[202]　本节中的批评性内容也适用于某些非洲裔民族，见委员会关于针对非洲人后裔的种族歧视的第 34 号一般性建议第 8 部分（司法）。

[203]　关于《联合国土著人民权利宣言》的早期草案的情况，见 P. Thornberry, *Indigenous Peoples and HumanRights*（Manchester University Press, 2002）, Chapter 15。

情况下，所寻求的赔偿形式是整体恢复原状（restitutio in integrum），即除非这在客观上不可行，否则应将归还土地和领地作为提供补救的唯一手段：

在其他情况下……由于案件的具体情况，即使是整体恢复原状可能也不是最佳的可行赔偿手段，当发生以下情况时，它甚至可能是不充分的：有关的侵犯人权行为发生在以社会不平等为特征的背景或其他不符合土著民族的个人和集体尊严的结构性情况中。在这种情况下……整体恢复原状……只会重建先前存在的不可接受的社会结构……。因此，至关重要的是纠正先前存在的状况，即目的在于消除有利于侵犯人权的情况长久存在的社会和文化根源。[204]

因此，在《公约》的语境内，"救济"就是充分实施《公约》的方案，这要根据有关土著权利的国际法的最佳做法来解释和适用。[205]

第6条和第23号一般性建议中的赔偿概念，连同与赔偿法的"抵偿"一极有关的更广泛的表述，已通过消除种族歧视委员会的多项结论性意见和决定多次循环利用。土著民族无法利用个人可用的有效救济来维护其集体权利的情况一直受到委员会的批评；在这种情况下，承认这些民族的土地保有权的集体性存在和形式，在赔偿方面可能具有更独特的显著意义。[206] 委员会在对苏里南的结论性意见中注意到，土著民族根据《采矿法》草案没有司法救济可用，其只能被迫依靠向行政当局上诉；[207] 由于缺乏对土著民族的法律意义上的承认，其传统（社群）权利无法在法院得到维护。所传达的信息是，社群和个人权利诉求之间的待遇差别可能构成歧视：社群土地保有权原

424

---

[204] Interim Report of ILA Conference on Indigenous Peoples（2010），pp. 39–40.

[205] 评论见 T. van Boven，'Common Problems linked to all Remedies available to Victims of Racial Discrimination'，background paper for the Expert seminar on Remedies in preparation for the World conference against Racism，HR/GVA/WCR/SEM. 1/2000/BP. 5。

[206] S. J. Anaya，'Reparations for Neglect of Indigenous Land Rights at the Intersection of International and Domestic Law：The Maya Cases in the Supreme Court of Belize'，in F. Lenzerini（ed.），*Reparations for Indigenous Peoples：International and Comparative Perspectives*（Oxford University Press，2008），pp. 567–603，at p. 567.

[207] CERD/C/64/CO/9，para. 14.

则上应该得到与个人土地保有权同等的保护水平。[208]

考虑到消除种族歧视委员会的理解是，在衡量歧视时应考虑群体的族裔和文化特性，因此不承认土著民族具有独特性以及他们接受与其他权利诉求者相同的程序，可能构成歧视。一些国家在确立土著所有权方面遇到的困难就是一个很好的例子——委员会在对加拿大的结论性意见中向该国提出的建议重申，需要为证明土著所有权提供便利，并批评联邦政府和省政府在这方面采取的"强烈反对立场"；[209] 委员会对澳大利亚[210]和新西兰[211]的结论性意见提出了类似的意见。委员会的评论反映了基础性的关切，即各国一般法律中关于证明所有权的要求或相关的法律程序可能没有充分顾及土著传统，因而可能具有歧视效果。批评还暗示，在法律和法律程序中存在着固有的"结构性"或"制度性"歧视，这些歧视对历史上在制度发展中很少或根本没有发挥作用的群体产生了负面影响。

（十二）权利

在奥斯陆犹太人社团等诉挪威案中，消除种族歧视委员会声明，《公约》中的权利概念并不局限于第5条。因此，第14条规定，委员会可以接受有关"本公约所载任何权利"的申诉。第4条是以国家义务而不是个人固有权利来表述这一事实的：

208　除其他外，见关于2004年新西兰《毛利人渔业、海滨和海床法》的第1（66）号决定，其中委员会认定，该立法存在"歧视性方面"，"特别是排除了确立毛利人对海滨和海床的习惯所有权的可能性，以及未能提供有保障的补救权利，尽管缔约国根据《公约》第5条和第6条承担了义务"：A/60/18，Chapter Ⅱ。进一步讨论载于 C. Charters and A. Erueti（eds），*Māori Property Rights and the Foreshore and Seabed：The Last Frontier*（Victoria University Press，2007）。

209　CERD/C/CAN/CO/18，para. 22："委员会……关切的是，土著土地权利主张主要通过诉讼解决，由于联邦政府和省政府采取了强烈的敌对立场，有关土著社群付出了不成比例的代价"。另见该结论性意见第26段。

210　CERD/C/AUS/CO/15-17，para. 18，其中委员会表示遗憾的是，"承认土著民族与其传统土地之间关系所需的证明标准一直很高，而且尽管土著民族投入了大量时间和资源，但许多民族无法获得对其与土地关系的承认"；另见该结论性意见第19段。关于早些时候，委员会和澳大利亚就该国的《原住民所有权法》的修正案展开的激烈辩论，见 P. Thornberry，*Indigenous Peoples and Human Rights*（Manchester University Press，2002），pp. 218-223。

211　CERD/C/NZL/CO/18-20，para. 13.

425　　　　这并不意味着这些问题是留由缔约国国内管辖的事项，因此可免受根据第 14 条所作的审查……。第 6 条的措辞强化了委员会的结论，其中各国保证……，对于侵犯《公约》规定的"人权"的任何种族歧视行为，能获得有效保护和追索权利。……这证实了《公约》的"权利"并不局限于第 5 条。[212]

声称第 6 条扩大了《公约》中的权利组合范围并不必然令人感到惊讶。第 6 条两次提到权利：受到种族歧视侵犯的人权和基本自由，以及"请求公允充分之赔偿或抵偿的权利"。在一项主要声明义务的公约的语境内，这一主张可能具有澄清的功能。在一些案件中，消除种族歧视委员会认定第 6 条被违反，但没有认定任何实质性条款遭到违反。[213] 在哈甘诉澳大利亚案中，相关缔约国声称，第 6 条是一项附属性权利，"只有在确定对《公约》具体权利的单独侵犯之后（根据第 2、4、5 和 7 条）"，才可以认定第 6 条被违反；[214] 在该案中，澳大利亚曾前后矛盾地附条件声称第 2 条也是一项"附属性权利"规定。[215] 在肯尼斯·莫伊兰诉澳大利亚案中，澳大利亚再一次提出了关于第 6 条的附属性质的主张："如果没有实质性权利受到侵犯，就不能根据第 6 条提出诉求"，[216] 但这被委员会明确拒绝。[217] 根据第 6 条的约文以及委员会的各项意见和建议，在《公约》的语境中适宜得出这样的结论：该条阐述了"一项获得救济的权利"。

四　评论

第 6 条和上述其他国际文书提到国内当局有义务在国内法一级向"在其

212　*Jewish Community of Oslo et al. v Norway*，CERD/C/67/D/30/2003（2005），para. 10. 6. 另见本书第十一章。

213　*Habassi v Denmark*；*Ahmad v Denmark*.

214　*Hagan v Australia*，para. 4. 18.

215　*Ibid.*，para. 4. 4.

216　*Kenneth Moylan v Australia*，CERD/C/83/D/47/2010（2013），para. 4. 16.

217　*Ibid.*，para. 6. 2，citing *Habassi*，*Ahmad*，and *Durmic* cases.

管辖范围内的人人"提供救济。消除种族歧视委员会的参与基本上是对国内权利保护的辅助。从理论上讲，国内补救机制越有效，国际机构的参与就越不迫切。委员会在其几十年的运作中查明的国内机制的一系列缺陷表明，在各缔约国的一般司法基础设施中存在重大缺陷，其运行效率低下，而且缺乏对种族歧视问题的重视和相应调整。并非毫无意义的是，在第 14 条规定的个人来文程序中，有关第 6 条被违反的申诉最多，许多案件都涉及该条的适用，无论是单独适用还是结合其他条款一起适用。

第 6 条的起草过程揭示了这一规定的目前形式如何形成的复杂轨迹，对于实现公正需要较苛刻还是较宽松的方法，各种修正摇摆不定。更强有力的赔偿权概念被"请求"赔偿的权利所取代，尽管如此，这种措辞强调了消除种族障碍对试图获得救济的人的重要性，而关于支付损害赔偿的明确规定则没有被采用。准备工作中关于法庭的公正性、独立性和"主管职权"的讨论揭示了将国内制度向审查开放的敏感性，但这并没有阻碍对司法体系的必要基础设施作出还算明确的规定。削弱性的修正，如仅以"抵偿"取代"赔偿"，并以"酌情"限定救济，都被否决，隐约地将"赔偿"限缩为经济补偿——救济范围的"货币化"——的修正也一样被否决。从准备工作来看，列入模糊的"种族歧视行为"并不意在缩小该条的范围，而是使其在种族歧视由行为而非抽象情况构成的基础上更加精确。值得注意的声明强调，第 6 条并未禁止申诉人诉诸国际法庭来维护其权利。因此，该条呼应了国际法的复杂分类，尽管将这些原则称为"赔偿或抵偿"并没有忠实地反映国际模式。在这方面，可以回顾对第 6 条提出的保留的模式：一些国家认为赔偿或抵偿符合《公约》的标准。[218] 在适用该条时，消除种族歧视委员会将赔偿与抵偿一并视为包括了国际法上建议的各种可能性。

谢尔顿将"救济"的含义概括为，包含"两个独立的概念，一个是程序性的，一个是实质性的。在第一个概念的意义上，救济是指审理对侵犯人权情况的可能申诉的过程，无论是由法院、行政机构还是由其他主管机构审

426

理。第二个概念是指诉讼的结果，即成功的申诉人所获得的补救"。[219] 谢尔顿阐述说：

> 为侵犯人权的情况提供救济的义务首先要求存在受害者可以利用的救济机构和程序。拒绝使用一国的法庭被认为是拒绝司法公正这一概念的首要表现……。诉诸司法意味着程序是有效的，即有能力纠正所造成的伤害。[220]

救济的制度性和实质性配对也有助于描述第6条的特点；对此，丹麦在涉及该国的第14条之下的众多案件的一个中，提供了有益的总结：有关"有效保护与救济"这一部分"施予了各缔约国一项积极义务，即确立可用的、充分的和有效的救济"，这些救济针对种族歧视提供保护，使得有可能确定个人是否遭受了种族歧视，也使得有可能终结歧视行为。[221] 另一方面，"充分之赔偿或抵偿"意味着种族歧视被终结，以及"对受害者造成的后果以尽最大可能恢复到侵权之前状态的方式得到救济"。[222]

在《公约》语境内，赔偿的实质是使那些受到种族歧视损害的人恢复到以前的状态。正如谢尔顿所说，救济的"目的在于将受害方置于和他或她没有发生损害的情况下所处的状态相同的状态"，[223] 在《公约》的语境中，对此还可以加上集体性的"他们"，以便顾及适合于土著民族和其他群体的赔偿的集体方面。[224] 范博文认为："当涉及集体权利时，通过提出个人诉求而采取的补救和赔偿行动似乎效果有限。应作出适当规定，以实现集体诉求和获得集体赔偿。"他补充说，在这种情况下，特别措施可以更好地提供发展和自我进步的机会——这些措施"旨在产生救济效果，并可能在更广泛的结构

427

---

219 Shelton, *Remedies in International Human Rights Law*, p. 7.

220 *Ibid.*, pp. 8-9.

221 *Mostafa v Denmark*, CERD/C/59/D/19/2000（2001），para. 4. 5.

222 *Ibid.*, para. 4. 6.

223 Shelton, *Remedies in International Human Rights Law*, p. 10.

224 委员会认可对权利和救济的集体诉求并不局限于土著民族，因此建议各缔约国采取"一切必要措施保证所有非洲裔的人都能够平等诉诸司法制度，包括提供法律援助、促成个人或群体申诉以及鼓励非政府组织捍卫其权利"：关于针对非洲人后裔的种族歧视的第34号一般性建议第35段（强调为本书作者所加）。

意义上起到有效保护与救济的作用"。[225] 在这个意义上，第 6 条是《公约》作为一个整体的工程中的一部分，特别是在通过特别措施方案和类似手段打击结构性歧视的领域中。

范博文还指出，消除种族歧视委员会力求对处境不利群体的特殊需要和情况进行救济，而第 14 条规定的程序主要是针对受害个人的；这一看法仍然十分中肯。报告程序和来文程序对于个人和社群的复原，不是非此即彼的办法。这两个程序在其各自领域发挥作用。个人来文程序有可能在某个时间"开放"以接受其他赔偿模式，这一发展在很大程度上取决于更多地利用该机制而使不仅"个人"而且"个人联名"运用第 14 条。[226]

第 6 条的第一部分要求有效保护与救济必须得到"保证"，这　术语表明，这些保护与救济必须由能够提供救济性公正的结构来保障。从《公约》之下的反复实践可以明显看出，仅仅制定法律不足以满足其要求：法律还必须通过适合这项任务的机制基础设施得到有效实施。第 2 条和第 5 条——特别是第 5 条（子）项——对司法基础设施的要求由第 6 条的具体要求来补充。[227] 第 6 条的总体部分着眼于通过国家机器，而不限于司法部门为种族歧视提供有效的保护与救济。[228] 在当代社会中，这将至少包括国家人权机构、国家和区域监察专员等机构[229]（其中包括专门的平等监察专员[230]）和社群维权者[231]。

此外，消除种族歧视委员会在土著群体方面的广泛实践表明了对正式以及非正式司法制度的关切，还有对习惯法的作用的考虑。鉴于第 6 条对"国

428

---

[225]　T. van Boven, 'Common Problems linked to all Remedies available to Victims of Racial Discrimination', background paper for the Expert seminar on Remedies in preparation for the World conference against Racism, HR/GVA/WCR/SEM. 1/2000/BP. 5, p. 11；特别措施在本书第九章讨论。

[226]　见本书第四章。

[227]　见本书第八章和第十三章。

[228]　对基本要求的总结，见 *Jewish Community of Oslo et al. v Norway*, para. 10.6，作为"针对任何种族歧视行为的一种有效保护和追索权利"。

[229]　委员会的结论性意见：俄罗斯联邦，CERD/C/RUS/CO/20-22, para. 10。

[230]　委员会的结论性意见：瑞典，CERD/C/SWE/CO/19-21, para. 9；智利，CERD/C/CHL/CO/19-21, para. 7。

[231]　委员会的结论性意见：哥伦比亚，CERD/C/COL/CO/14, para. 15。

内……法庭及其他国家机关"的关注，可以忆及，各项草案曾考虑不同的语言组合，从"独立国内法庭""独立法庭"到"国内主管法庭"，最后增加了"其他国家机关"。鉴于《公约》起草时土著权利尚不发达的情况，而且重点放在从非殖民化进程中产生的不可分割的民族（nations）而不是次国家（sub-State）的族裔群体的情况，简要记录没有显示起草者曾考虑传统司法机制的作用；另一方面，"其他国家机关"不应被狭义地解释，它表明了对多种治理形式的关注，这些治理形式往往包括许多国家承认而且从非歧视的角度来看应当得到承认的传统性、习惯性制度。[232] 土著民族权利专家机制关于恢复性司法的研究指出：

> 土著民族的传统司法制度因殖民法律和政策以及对各国正式司法制度的服从而在很大程度上遭到忽视、削弱或否定。然而，法律是产生于或明示或暗含的理念和做法的一个复杂概念。它所依据的是一个民族的世界观以及其居住的土地，并且与文化和传统息息相关。因此，一种排斥土著民族的传统和习惯的狭隘司法观违背了所有法律制度的文化基础。不适用、不了解传统的土著人司法观，就会出现一种基于不可接受的假设的……不公正。[233]

有效性的标准贯穿整个《公约》：明确出现在第2、6和7条中，也暗含在《公约》的整体工程中。就这一点而言，条约解释中的有效原则延伸到条约在实践中的适用，"有效性"与纠正法律上以及事实上的歧视（着眼于实质性而不仅仅是形式上的平等）的义务有关。"公允充分"赔偿或抵偿的概念在和"有效"保护与救济的概念同等的程度上，蕴含在有效性的标准之中，而"请求"救济的权利虽然比"获得"救济的权利要求低，但这意味着存在诉诸并获益于司法机构的真正可能性。对救济的有效性的评估基本上

---

[232] 关于治理种类和水平与国家义务的评论，见本书第八章；关于法律多元化与许多国家承认土著司法制度和习惯法的评论，见 Expert Mechanism on the Rights of Indigenous Peoples（EMRIP）Study on Restorative Justice, A/HRC/EMRIP/2014/3/Rev. 1, paras 14-19; 对于习惯的更广泛阐述，见 B. Tobin, *Indigenous Peoples, Customary Law and Human Rights: Why Living Law Matters*（Routledge, 2014）。

[233] EMRIP Study on Restorative Justice, para. 8, 其脚注引用了 J. Borrows, *Canada's Indigenous Constitution*（Toronto University Press, 2010）, pp. 6-9。EMRIP 第6号建议第4段规定，根据《联合国土著人民权利宣言》，"各国必须承认土著民族有权维护、发展和加强自己的司法制度，并……重视这些制度能够对促进土著民族诉诸司法作出的贡献"。

与如下标准有关：受害者求助的机构的独立性、当局的可及性以及程序的灵活性和适应性。

有效救济的标准与经济、社会和文化权利委员会率先提出并得到仿效的享受人权的"4A"方案相平行。[234] 根据可调适性标准，衡量有效性必然是取决于情境的，这提出了反歧视法律制度的一般问题：它们不应简单地模仿官僚性的冲动——对各种实际问题提出一刀切的解决办法，而应与被审查情势影响的个人和群体的具体情况相关联。效力与情境之间关系的综合性质牵涉第 6 条的全部范围。就救济而言，如同反歧视法的一般情况一样，它们必须在遭受种族歧视者的现实世界中发挥作用，而不仅仅是在优雅地写就的抽象法律规定的极乐空间中发挥作用。救济的概念和歧视的概念本身一样细致微妙。

第 6 条是《公约》的一个重要组成部分，对其总体构想和有所作为的前景不可或缺。该条暗示，提供救济的司法程序在支持和保障受威胁个人和群体的人权方面，发挥着至关重要的作用，这一作用补充但又有别于直接对抗种族歧视的立法。司法程序还具有教育和表达功能，即表明各国决心将种族歧视当作一种应予谴责的、具有社会破坏性的现象对待，全面予以谴责。在司法基础设施未能阻遏种族歧视和针对种族歧视提供保护的情况下，第 6 条的赔偿方面具有重要意义，因为这象征着对"修复"遭受种族歧视损害的个人和社群的努力、对其尊严的承认、对其有权切实享受人权的重申。

---

234   见本书第十四章和第十五章。

第十七章　第7条：教育在打击种族歧视中的作用

430　第7条

　　缔约国承诺立即采取有效措施，尤其在讲授、教育、文化及新闻方面，以打击导致种族歧视之偏见，并增进国家间及种族或民族团体间之谅解、容恕与睦谊，同时宣扬联合国宪章之宗旨与原则、世界人权宣言、联合国消除一切形式种族歧视宣言及本公约。

一　导言

　　虽然《公约》第7条具体涉及教育、文化和新闻*领域，但使用"尤其"来突出它们作为实现该条目标的手段的重要性，并不排除其他领域中的措施；就这一点而言，第7条的结构在将要采取措施的领域方面，与第5条类似，后者使用"尤得"来表示受保护权利的基本上不受限制的组合。受教育权在国际法中的渊源多种多样，其中包括《公约》序言部分提到的文书，尤其是联合国《世界人权宣言》、联合国教科文组织《取缔教育歧视公约》

---

　　*　在《公约》英文本中，与"新闻"相对应的用词是"information"。从本章的论述来看，第7条中"information"的含义更近似于广义上的"新闻"即"信息""消息"（例如在《公民及政治权利国际公约》第19条的中英文本中，相互对应的用词即为"消息"和"information"），而不仅仅是狭义上的"新闻"即"媒体报道"。因此，本中译本在必要之处，将"information"译为"信息"，将"informed"译为"知情的"，将"right to information"译为"知情权"。

和《消除种族歧视宣言》。[1] 有关文化的权利在来源方面也有复杂的背景,[2] 而且这在第 5 条中表现得尤为突出,[3] 而新闻作为一项权利,除其他外,在国际文书中与主张及表达自由存在联系。通过其各种模式,第 7 条基本上明确了一项义务,即开展以目的为导向的、广义上的公共教育,同时提出了一个"公众"的分类概念,以包括构成所涉社会的各种群体。

国际文书中对受教育权的具体规定的特点是突出其作为促进人权、容恕与社会和平的载体的作用,这一迫切需要是从《世界人权宣言》第 26 条第 2 款中得到启发的:

> 教育之目标在于充分发展人格,加强对人权及基本自由之尊重。教育应谋促进各国、各种族或宗教团体间之谅解、容恕及友好关系,并应促进联合国维系和平之各种工作。[4]

431

1　本书第十四章概述了人权文书中受教育权的法律依据。此外,《联合国宪章》第 13 条提到联大在"促进经济、社会、文化、教育及卫生各部门之国际合作"方面的工作,这是另一个参照点,《联合国宪章》第 55、57、62、73、76 和 83 条对于与联合国其他机构有关的教育方案和目标的进一步阐述也是如此;也可以考虑《殖民地独立宣言》第 2 段中的"教育上之准备"(其缺乏不应成为拖延独立的借口)。

2　见本书第十三章和第十四章;对知情权作为国际人权中的一项权利的有益评价,见 M. McDonagh, 'The Right to Information in International Human Rights Law', *Human Rights Law Review* 13 (2013), 25-55; H. Darbishire, 'Ten Challenges for the Right to Information in the Age of Mega-Leaks', in T. McGonagle and Y. Donders (eds), *The United Nations and Freedom of Expression and Information: Critical Perspectives* (Cambridge University Press, 2015), pp. 271-303 [henceforth *The UN and Freedom of Expression*]。

3　在本书第十四章讨论。

4　在《世界人权宣言》的起草过程中,有一个显著的转变,即从引导教育以打击"对其他国家、种族或宗教群体的不容忍和仇恨精神"(世界犹太人大会的提案,E/CN.4/SR.8,第 4 页)的立场,转向更积极地声明教育是价值观的推动者;在这一过程中,"各民族"(peoples)的提法被国家以及种族和宗教群体的提法所取代,莫辛克对此评论说,"更宽泛的措辞以一种间接方式将打击不容忍和仇恨不同于自己的国家和民族的情况的必要纳入文本": J. Morsink, *The Universal Declaration of Human Rights: Origins, Drafting and Intent* (University of Pennsylvania Press, 1999), p. 217; also Morsink, *ibid.*, pp. 212-217。世界犹太人大会代表提出的观点是,仅仅设想一个制定教育政策的技术框架是不够的;以何种精神开展教育至关重要,对这一精神的忽视在德国成为灾难性战争的起因。(《公约》英文本中与中文本中的"谅解、容恕与睦谊"相对应的用词为"understanding, tolerance and friendship";在其他国际条约的作准中文本或国际文书的正式中文本中,与"understanding"对应的用词还有"了解",与"tolerance"对应的用词还有"宽容""容忍",与"friendship"对应的用词还有"友好关系""良好关系"。以下译文在涉及这些条约或文书时,均使用其各自作准或正式中文本中的用词;其余情况,则基本以《公约》中文本中的"谅解、容恕与睦谊"为"understanding, tolerance and friendship"的对应用词,但"intolerance"译为"不容忍"。——译者注)

　　《世界人权宣言》的语言痕迹，可以在发展其原则的各项公约中找到。《经济社会文化权利国际公约》第 13 条规定，教育除其他外，应"促进各民族间及各种族、人种或宗教团体间之了解、容恕及友好关系"。[5] 教育的目的和目标，包括一般人权教育、特定公约的原则的教育和容恕教育，都在联合国核心人权公约中被提到，其中除了《消除种族歧视公约》外，还包括《消除对妇女歧视公约》[6]《儿童权利公约》[7]《禁止酷刑公约》[8]《移徙工人权利公约》[9]《残疾人权利公约》[10]《免遭强迫失踪公约》[11]。联合国教科文组织《取缔教育歧视公约》包括了一项与《消除种族歧视公约》第 7 条相似的规定，即教育，

> 应以充分发展人的个性与加强对人权和基本自由的尊重为目标；应促进各国、各种族或宗教团体之间的谅解、容恕与睦谊，并应促进联合国维持和平的各项活动。[12]

　　关于新闻在第 7 条范围内的作用，知情权常常被视为普遍的表达自由权的一部分，这种联系除其他外，是由《世界人权宣言》第 19 条和《公民及政治权利国际公约》第 19 条发展出来的，[13] 后者还得到了人权事务委员会有关意见和表达自由的第 34 号一般性意见的进一步阐述和发展。[14] 此外，可以

432

5　见经济、社会和文化权利委员会第 13 号一般性意见（E/C.12/1999/10）第 4 段的阐述。

6　第 10 条。

7　第 29 条。

8　第 10 条。

9　第 33 条。

10　第 4、8 和 24 条。第 8 条专门针对"提高认识"。

11　第 23 条。

12　第 5 条第 1 款（a）项。

13　《世界人权宣言》第 19 条中的意见和表达自由权包括"经由任何方法不分国界以寻求、接收并传播消息意见之自由"，《公民及政治权利国际公约》第 19 条第 2 款增加了"以语言、文字或出版物、艺术或自己选择之其他方式"。另见《儿童权利公约》第 13 条和第 17 条、《非洲人权和民族权宪章》第 9 条第 1 款、《美洲权利公约》第 13 条第 1 款、《阿拉伯人权宪章》第 32 条第 1 款、《欧洲人权公约》第 10 条第 1 款。关于《美洲人权公约》第 13 条，见 *Claude Reyes and Others v Chile*, IACtHR, Ser. C No. 151 (2006), para. 77。

14　特别见人权事务委员会第 34 号一般性意见第 11~16、18~19 段。另见 M. O'Flaherty, 'Freedom of Expression: Article 19 of the International Covenant on Civil and Political Rights and the Human Rights Committee's General Comment No. 34', *Human Rights Law Review* 12 (2012), 627-654; M. O'Flaherty, 'International Covenant on Civil and Political Rights: Interpreting Freedom of Expression and Information Standards for the Present and the Future', in McGonagle and Donders, *The UN and Freedom of Expression*, pp.55-88。

看出，大多数（如果不是所有）人权以及对侵犯人权情况作出反应的能力，都取决于"信息"，因此，除了将信息具体规定为一项人权外，信息也是享受其他权利的一项基本条件，若其缺失，其他权利就会受到损害。知情权的概念在诸如"自由、事先和知情同意"的概念——土著权利景象的一个显著特征，[15] 以及在种族隔离教育和强迫绝育等领域的有争议的同意范围中，都非常明确。[16]

除了国际人权法中普遍式的规定之外，有关消除种族歧视委员会工作范围内特定群体权利的文书适用并完善了第 7 条的规定：通过教育和类似手段消除偏见，鼓励相互尊重和理解。国际劳工组织第 169 号公约与《消除种族歧视公约》第 7 条一致，要求：

> 应在国家社会之各部分中，尤其是在最直接接触有关民族之部分中，采取教育措施，以消除他们对这些民族可能怀有之偏见。为达此目的，应作出努力以确保历史教科书和其他教育资料都能提供对于这些民族之社会与文化之公正、准确并富于见识之描述。[17]

《联合国土著人民权利宣言》规定，土著民族的文化、传统、历史和愿望的多样性应在教育和公共信息中得到"适当体现"，并应与有关土著民族"协商和合作"，"消除偏见和歧视，促进土著人民与社会所有其他阶层之间的宽容、了解和良好关系"。[18] 在新闻领域，在媒体国有的情况下，媒体必须反映土著文化的多样性。[19]

关于少数群体，《联合国少数人权利宣言》采取了明确的对等办法：各国"应酌情在教育领域采取措施，以期鼓励对其领土内的少数群体的历史、传统、语言和文化的了解。属于少数群体的人应有充分机会获得对整个社会

15　就《公民及政治权利国际公约》方面，见 *Poma Poma v Peru*，CCPR/C/95/D/1457/2006（2009），especially paras 7.6 and 7.7。见本书第十三章对第 5 条（寅）项的讨论。

16　见本书第十章、第十三章和第十四章。

17　第 31 条。比较《联合国少数人权利宣言》第 4 条第 4 款。另见欧洲理事会《保护少数民族框架公约》第 6 条第 1 款及其解释性报告第 48 和 49 段。

18　第 15 条。

19　第 16 条。

433 的了解"。²⁰ 欧洲理事会的《保护少数民族框架公约》使用了类似的术语：缔约国"应酌情在教育和研究领域采取措施，促进对其少数民族和多数民族的文化、历史、语言和宗教的了解"。²¹ 对于媒体，该框架公约规定采取适足措施，以"便利属于少数民族的人利用媒体，促进容恕和允许文化多元性"。²² 第一届联合国少数群体问题论坛关于教育的建议总结了《消除种族歧视公约》第 7 条在关键方面的目标，建议教育"应积极地努力消除各民众群体之间的偏见，促进居住在一国的所有人之间的相互尊重、谅解和容恕，不论他们的族裔、宗教或文化背景或性别如何"；²³ 对所有人的人权教育"应该成为国家教育体验的一个部分"。²⁴

　　有关人权教育重要性的一般性声明，也出现在关于人权²⁵和反对种族主义²⁶的世界会议发布的里程碑式文本中；《德班行动纲领》第 136 段表达了一种普遍关切，呼吁各国：

　　　　确保教育和培训，特别是师资培训，促进尊重人权以及反对种族主义、种族歧视、仇外心理和有关不容忍行为，并确保教育机构……在机会均等、反种族主义、性别平等以及文化、宗教和其他多样性的基础上，在教师、家长和学生参与的情况下，实施政策和方案。还敦促一切

20　第 4 条第 4 款。参见 Commentary on the United Nations Declaration on the Rights of Persons belonging to National or Ethnic, Religious and Linguistic Minorities, E/CN. 4/AC. 5/2001/2；P. Thornberry, 'Education', in M. Weller (ed.), *Universal Minority Rights: A Commentary on the Jurisprudence of International Courts and Treaty Bodies* (Oxford University Press, 2007), pp. 325–362。

21　第 12 条第 1 款。参见 P. Thornberry, 'Article 12', in M. Weller (ed.), *The Rights of Minorities in Europe: A Commentary on the European Framework Convention for the Protection of National Minorities* (Oxford University Press, 2005), pp. 365–393 [henceforth *The Rights of Minorities in Europe*]。

22　第 9 条。参见 J. Packer and S. Holt, 'Article 9', in M. Weller (ed.), *The Rights of Minorities in Europe*, pp. 263–300。

23　A/HRC/10/11/Add. 1 (2009), para. 43；also, *ibid.*, paras 13, 57, 64, 66, and 67. 欧洲理事会《保护少数民族框架公约》第 6 条第 1 款是另一个参照点：Commentary by G. Gilbert, in M. Weller (ed.), *The Rights of Minorities in Europe*, pp. 177–191。

24　A/HRC/10/11/Add. 1 (2009), para. 44.

25　《维也纳宣言和行动纲领》第一部分第 33~34 段、第二部分第 78~82 段。

26　《德班宣言》第 95~97 段，《德班行动纲领》第 129~139 段，《德班审查会议文件》第 22、107 段。

教育者，包括一切教育层级的教师、宗教社群以及印刷媒体和电子媒体，在人权教育，包括将其作为反对种族主义、种族歧视、仇外心理和有关不容忍行为的方式中发挥有效作用。

在联合国人权教育十年的基础上，联大启动了世界人权教育方案。[27] 该方案的第一阶段集中在学校内的人权教育上，而就第二阶段而言，联合国人权事务高级专员称，"重点是对教师和教育工作者、公务员、执法官员和军事人员的人权教育"。[28] 在该方案中，人权教育的内容来自主要的国际人权文书，包括《消除种族歧视公约》；人权教育被定义为"旨在建立普遍人权文化的任何学习、教育、培训以及宣传工作"，除其他外，包括"促进所有国家、土著民族和少数群体之间的谅解、容忍、性别平等与睦谊"。[29] 2011 年，联大通过了《联合国人权教育和培训宣言》，[30] 其中除其他外指出，"国家有责任……确保教育以加强对人权和基本自由的尊重为目标"。[31] 根据这一文书，人权教育和培训包括开展人权方面的教育，借助人权开展教育——"包括采用尊重施教者和学习者双方权利的教学方法"，以及为人权而开展教育——包括"使人们具备享受和行使自身权利并尊重和维护他人权利的能力"。[32] 总的来说，联合国在人权教育和培训方面进行了大量投入，除其他外，还提供了有关消除种族歧视委员会等人权条约机构的资料。[33] 本章在不同的地方提到了从联合国教科文组织的实践记录中提取的有关教育文本和原则。

434

27　联大 2004 年 12 月 10 日第 59/113 号决议。

28　<http://www2. ohchr. org/english/issues/education/training/programme. htm >. See also *World Programme of Human Rights Education*, *Plan of Action*, *Second Phase* (UNHCHR and UNESCO, 2012) [henceforth *World Programme Plan of Action*], available at: < http://www. ohchr. org/Documents/Publications/WPHRE_ Phase_ 2_ en. pdf>.

29　*World Programme Plan of Action*, pp. 12-13.

30　联大 2011 年 12 月 19 日第 66/137 号决议附件。

31　《联合国人权教育和培训宣言》序言第 4 段。

32　《联合国人权教育和培训宣言》第 2 条。

33　*The Committee on the Elimination of Racial Discrimination*, Human Rights Fact Sheet No. 12 (United Nations, 1991).

二 准备工作

第 7 条的准备工作很粗略，虽然关于和打击种族歧视的更具强制性的方法相对的教育的作用问题，能启发对整个起草记录档案的思考。[34] 以教育打击种族歧视出现在小组委员会的一些案文中，其想法来自《消除种族歧视宣言》第 8 条：

> 在讲授、教育及新闻各方面，应立即采取一切有效步骤，以消除种族歧视与偏见，增进国家间及种族团体间之了解、容恕与睦谊，并宣扬联合国宪章、世界人权宣言及准许殖民地国家及民族独立宣言所载之宗旨与原则。

阿布拉姆案文提到，立即采取步骤，通过教育或其他手段，"促进或鼓励消除任何形式的种族歧视，增进所有国家及民族间之谅解、容恕与睦谊，[35] 克里什纳斯瓦米提议的修正建议增加了对《联合国宪章》《世界人权宣言》《殖民地独立宣言》的提及。[36] 小组委员会全体一致通过了主席提议的案文，[37] 保留了人权文书的清单，但用《消除种族歧视宣言》取代了《殖民地独立宣言》：

> 缔约国承诺立即采取有效措施，尤其在讲授、教育及新闻方面，以增进国家间及种族或族裔（ethnic）团体间之谅解、容恕与睦谊，同时宣扬联合国宪章之宗旨与原则、世界人权宣言及联合国消除一切形式种族歧视宣言。[38]

人权委员会第 802 次会议审议了该草案。英国的一项修正案——经黎巴嫩口头修订——提出将该条的第一部分改为："缔约国承诺立即采取有效措施，

34　除其他外，见本书第十一章对第 4 条准备工作的讨论。

35　E/CN. 4/Sub. 2/L. 308.

36　E/CN. 4/Sub. 2/L. 310. 另见卡尔沃克雷西和卡波托蒂提交的非常简短的案文，E/CN. 4/Sub. 2/L. 339："缔约国应通过教育立即采取措施，促进和鼓励消除任何形式的种族歧视。"

37　E/CN. 4/Sub. 2/SR. 425.

38　通过决议时将该案文中的"ethnic"改成了"ethnical"。

尤其在讲授、教育及新闻方面，以打击导致种族歧视之偏见，并增进……"[39] 英国代表解释说，小组委员会的案文虽然提到谅解和容恕，但"没有充分关注种族歧视本身"；[40] 因此还有必要明确提及种族偏见，这些偏见是许多歧视形式的根源。[41] 对于为什么第 4 条与拟议的第 7 条的措辞有差异——前者提到"种族仇恨"而后者提到"种族歧视"，英国代表答复说，种族歧视是"公约"草案的主题，而第 4 条是唯一使用"种族仇恨"一词的地方。[42] 这一修正获得一致通过。[43]

联大第三委员会只提出了两项修正：第一项是在"讲授、教育及新闻"中增加了第四个用词"文化"；[44] 第二项是在该条末尾加上了"及本公约"。[45] 这两项修正案都获得了通过。[46] 简要记录没有说明这些修正背后的理由，这些修正扩大了期待各国采取行动的领域的范围，并强调了《公约》整体所表达的各项原则的教育功能。

三　实践

（一）保留和声明

对于第 7 条不存在任何保留。*   436

（二）准则

国际人权条约的《协调报告准则》要求缔约国提供一系列资料，说明通

39　E/CN. 4/L. 700, as revised：E/CN. 4/874, paras 235 and 236.

40　E/CN. 4/SR. 802, p. 6.

41　*Ibid.* 黎巴嫩代表补充说，该条涉及"使人感觉到偏见的心理态度和文化关系领域"（*ibid.*, p. 8）。

42　*Ibid.*, pp. 7-8.

43　E/CN. 4/874, para. 240.

44　由保加利亚提出，A/C. 3/L. 1218。

45　由捷克斯洛伐克提出，A/C. 3/L. 1220。

46　A/6181, para. 94；A/C. 3/SR. 1309, para. 41.

*　实际上，对第 7 条有一项保留，是由美国提出的，原书作者对此予以确认。

过直接基于第 7 条的教育传播人权原则和提高人权意识的情况:

> 报告国应列述为增进国内对人权的尊重所作出的种种努力。此类增进可包括政府官员、立法部门、地方议会、国家人权机构等采取的行动,同时加上民间社会相关行为者发挥的作用。报告国可提供资料,说明诸如资料传播、教育与培训、宣传和预算资源分配的各种措施。……应注意能否获得宣传材料和人权文书,包括是否以一切有关的国家通用文字、方言、少数语言文字或土著文字提供这些资料。[47]

《协调报告准则》包括详细提到提高公职人员和其他专业人员[48](一份包括"政府官员、警察、移民官员、检察官、法官、律师、监狱管理人员、武装部队成员、边境警卫人员以及教师、医生、保健人员和社会工作者"的广泛名单)的人权意识;[49] 还提到通过教育方案和政府主管的宣传运动[50]以及大众传媒[51]来提高对人权的意识。

消除种族歧视委员会的《具体报告准则》重申了第 7 条的措辞,并增加了关于关键要素的指导,建议缔约国的报告将必要资料在不同的标题下分组:(甲)教育和教学,(乙)文化,(丙)信息。[52] 所提供的数据应进一步细分为(1)打击造成种族歧视的偏见的措施,以及(2)促进容恕和谅解的措施,等等。《具体报告准则》提供了大量的细节,说明了所需行动的性质以及推进这些行动的理想制度环境,最后提到了"在尊重所有群体的人权和文化特性的同时,建设一个包容性社会"的重要性,这项声明体现了消除种族歧视委员会实践中解释的《公约》的理想;《具体报告准则》还设想了一种传达"所有人的固有尊严及其平等享受人权的信息"的教育过程。[53]

(三) 总体情况

三项基础广泛的一般性建议即第 5 号、第 13 号和第 35 号一般性建议已

---

47 HRI/GEN/2/Rev.5,para.43.

48 *Ibid.*,para.43(d).

49 *Ibid.*

50 *Ibid.*,para.43(e).

51 *Ibid.*,para.43(f).

52 CERD/C/2007/1,pp.14-15.

53 *Ibid.*,p.14.

经探讨了第 7 条的多个方面；对于特定的群体和类别，教育的方面出现在第 27 号[54]、第 29 号[55]、第 30 号[56]和第 34 号[57]一般性建议中。第 5 号一般性建议[58]是按照决议的模式起草的，带有一份序言和一个执行部分，并就有关报告要求特别提到了第 7 条和第 9 条。该建议的序言部分强调了第 7 条中的规定作为"消除种族歧视的重要和有效手段"的相关性，并批评缔约国以"笼统和敷衍"的方式提出有关该条的报告；还提请缔约国注意，第 7 条规定的义务对所有缔约国具有约束力，它们必须履行，"包括宣布在其管辖领土内没有实行种族歧视的国家"——这是在委员会存在期间，缔约国的一种已经明显减少的否认形式。该建议执行部分要求提供关于第 7 条的资料（如有必要，通过一份不同于第 9 条要求的特别报告），说明落实第 7 条之各项规定的"立即和有效措施"，并粗略地将第 7 条分为几个部分，以便组织必要的资料。值得注意的是，与第 5 号一般性建议中提到"在其管辖领土内"的提法不同，消除种族歧视委员会的《具体报告准则》提到了在教育材料中提供关于"在本国领土上居住"的群体的信息。[59]

关于"培训执法人员保护人权"的第 13 号一般性建议[60]强调了这种培训在履行《公约》第 2 条第 1 款所规定义务方面的重要性：这些义务的履行"在极大程度上取决于行使警察权力，特别是行使拘禁或逮捕权力的国家执法人员，并取决于他们是否适当地了解其国家根据《公约》所承担的义务"。[61]

54　第 17~26 段。

55　第 8 节，其中包括建议"以不歧视和尊重受世系歧视的社群的精神教育全体人民"，并"审查教科书中传达有关世系族群的刻板或贬损之形象、提示、名称或见解的一切表述，而代之以宣扬全人类固有尊严及人权平等之形象、提示、名称和见解的信息"。

56　第 29、30 和 31 段。

57　第 61~66 段。第 61 段重述了第 29 号一般性建议的主题，即审查教科书中的贬损性语言；第 66 段除其他外建议在教科书中列入"关于非洲人后裔历史和文化的章节，并在博物馆和其他论坛为后代保存此种知识"。

58　A/32/18，Chapter Ⅳ. C.

59　CERD/C/2007/1，p. 14. 关于域外管辖权，见本书第八章和第十章的讨论。

60　A/48/18，Chapter Ⅷ. B.

61　第 13 号一般性建议第 2 段还设想对执法人员进行"密集培训"，"以确保他们执行任务时，不分种族、肤色或民族或族裔本源，尊重并保护所有人的尊严，保持和捍卫所有人的人权"——不清楚为什么"世系"的理由被省略。

为了实施第 7 条, 缔约国需要"审查和改进"对官员的培训。[62] 第 13 号一般性建议概述的原则, 在关于防止刑事司法制度中的歧视的第 31 号一般性建议中得到进一步阐述, 其中除反歧视培训方案外, 还鼓励"提高执法人员（警务人员, 在司法机构、监狱、精神病院、社会和医疗服务等机构中工作的人员）对跨文化关系的敏感认识"。[63] 该建议还提到促进警察和司法机构与《公约》第 1 条明示或默示保护的群体代表的对话与合作。该建议第 5 段中建议的策略近似于整体性进路, 因为培训这一因素被设想为要与除其他外的以下两方面同时起作用: 提高属于种族和族裔群体的人在警察和司法机构中的代表性, 以及注意结构性歧视问题。

关于打击种族主义仇恨言论的第 35 号一般性建议涉及第 7 条的一般和具体方面, 其第 31 段强调了基本承诺:

> 根据第 7 条, 缔约国承诺立即采取有效措施, 尤其在讲授、教育、文化及新闻方面, 以打击导致种族歧视之偏见, 并增进国家间及种族或民族团体间之谅解、容恕与睦谊, 宣扬普遍人权原则, 包括《公约》的人权原则。第 7 条与《公约》的其他各条用同样强制性的措辞表述, 而活动领域——"讲授、教育、文化及新闻", 并不是以穷尽所需义务的方式表述的。

第 7 条在第 14 条规定的个人来文程序中很不起眼; E. I. F. 诉荷兰案[64]和哈甘诉澳大利亚案[65]提出了相关问题。在 E. I. F. 诉荷兰案中, 来文提交人是一名苏里南裔荷兰公民, 他援引了据称是员工发表的一系列种族主义言论, 作为他由于种族原因被荷兰警察学院开除的证据。在该案中, 第 7 条被列在据称遭到违反的条款目录——第 2 条、第 5 条、第 6 条和第 7 条上。消除种

62　第 13 号一般性建议第 3 段。这项建议引起了简短的讨论, 核心是文本应提及"拘禁或逮捕的权力", 还是"拘禁和逮捕的权力"; 选择后者是为了明确禁止官员在这两种情况下实行种族歧视: CERD/C/SR. 979, especially para. 77。其中, 委员会委员沃尔夫鲁姆称: "如果委员会删除对拘禁权的提及, 该文本可能会被解释为暗示执法人员可以自由地对被拘禁的个人实行种族歧视, 但对被逮捕的人则不能这样做。"

63　第 31 号一般性建议第 5（b）段。"等"为原文所有。

64　*E. I. F. v The Netherlands*, CERD/C/58/D/15/1999（2001）.

65　*Hagan v Australia*, CERD/C/62/D/26/2002（2003）. See also *Murat Er v Denmark*, CERD/C/71/D/40/2007（2007）.

族歧视委员会认定《公约》没有被违反，[66] 认为虽然提交人提出的一些指控具有严重的种族含义，但没有证据表明，将提交人从警察学院开除的决定是基于种族理由作出的。[67] 该案没有详细说明第7条的具体理由，而这对于政府未能打击警察部门之内据（来文提交人）称存在的体制性种族主义，似乎是核心问题。[68]

哈甘诉澳大利亚案有关澳大利亚昆士兰州一个运动场上的具有种族冒犯性的标志，来文提交人——一名澳大利亚土著居民，强烈反对这一标志。其申诉援引了《公约》的若干条。关于第7条，申诉人声称，这种种族主义语言在澳大利亚的合法性"有违第7条的目标，该条表明各缔约国有义务打击导致种族歧视的偏见"。[69] 缔约国澳大利亚在对申诉中有关第7条的内容的具体答复中回顾说，这些年来该国采取了一系列广泛的措施，"以有效打击种族偏见、促进种族和谐"。[70] 此外，"申诉人在澳大利亚法院提出申诉未能成功，这一事实并没有削弱缔约国政府为打击种族偏见和促进种族和谐而采取的措施的直接性或有效性"。[71] 消除种族歧视委员会尽管没有认定违反情况，但建议，除其他外，该缔约国确保拆除这一冒犯性标志。

（四）立即采取有效措施

法律和其他措施要迅速有效地实施这一《公约》原则通过第7条提到的立即性而得到了贯彻；在这一方面，可以回顾序言提到的迅速消除种族歧视，第2条提到的"立即"实行消除歧视的政策，第4条提到的"立即采取……积极措施"以消除歧视和煽动歧视。[72] 没有理由认为，第7条中的立

439

66　*E. I. F. v The Netherlands*，para. 7.

67　*Ibid.*，para. 6. 2.

68　*Ibid.*，para. 4. 15. 缔约国反驳了这一指控。

69　*Hagan v Australia*，para. 3. 3.

70　*Ibid.*，para. 4. 19.

71　*Ibid.* "政府"的提法涉及联邦、州和地方各级的行政部门。来文提交人对缔约国的论点中的这一要素提出了异议，声称缔约国没有确定任何针对体育设施受托人的歧视性行为或促进和解的"讲授、教育、文化及新闻"措施（*ibid.*，para. 5. 7）；案件报告错误地将申诉的这一方面认定为根据第5条提出的。

72　在本书第五章、第八章和第十一章讨论。另见本书第十五章。

即或"措施"的概念与《公约》其他地方的阐述有所不同。

第 7 条的约文提到在讲授、教育、文化及信息四个指名行动领域中立即采取有效措施,这只是说明性的。促进社会各群体之间更大程度的相互尊重这项任务的规模表明,行动方式多种多样,直到包括《公约》规定的所有可能。尽管在起草《公约》时,对于"教育"和"法律"作为消除歧视的手段的各自优点存在意见分歧,但不应截然区分"法律"和"教育"。[73] 鉴于第 7 条的总体重点,法律措施被暗指为"教育"过程的一部分,而实施方法的典型特点是需要法律基础。法律用来传达对行为形式的赞成或反对的教育功能,即其表示性功能,在制定教育或信息战略以满足《公约》的要求时,不应被忽视;[74] 第 2 条第 1 款(卯)项强化了这一点。

与即时性的要求一样,第 7 条中的"措施"也应被视为与《公约》其他地方的"措施"一致,第 32 号一般性建议将其总结为、第 35 号一般性建议将其重申为包括"立法、执行、行政、预算和管理手段,以及……计划、政策、方案和……制度"。[75] 与第 7 条目标有关的措施已包括第 32 号一般性建议中的整个清单。在某些情况下,所建议的实施措施是泛泛的、不具体的;在大多数情况下,目标是要通过制定针对社会和国家机构的关键部门的方案来实现的,这些部门包括警察和司法部门、媒体、教育专业机构、政治阶层和体育界。消除种族歧视委员会在不同时间建议缔约国开展提高认识运动[76]、制定行为守则、进行不同社群的文化间对话[77]、传播关于群体的文化遗产知识[78]、提供多元文化教育[79]等。所设想的支持族裔间谅解和容恕的活

73　第 2 条的准备工作很好地说明了这一点。另见本书第十一章和第二十章。

74　第 35 号一般性建议第 10 段强调了符合《公约》第 4 条的立法的表示性功能。

75　第 32 号一般性建议第 13 段、第 35 号一般性建议第 10 段。见本书第八章、第九章和第十一章的讨论。

76　在对"普世人权索引"的搜索中,在"提高认识"栏下有 75 个有关消除种族歧视委员会的条目:<http://uhri. ohchr. org/search/results>。

77　在"普世人权索引"的"文化间对话"栏下,有 10 个有关消除种族歧视委员会的条目,主要集中在最近几年。

78　委员会的结论性意见:格鲁吉亚,CERD/C/GEO/CO/4-5, para. 16;老挝,CERD/C/LAO/CO/16-18, para. 21。

79　委员会的结论性意见:马耳他,CERD/C/MLT/CO/15-20, para. 17;挪威,CERD/C/NOR/CO/19-20, para. 9;塞尔维亚,CERD/C/SRB/CO/1, para. 21。

440

动和方法的整体涉及整个《公约》，因此根据第 7 条分组的各项规定对于作为整体的《公约》的方案而言，都是有机组成部分。

（五）教育和讲授

《具体报告准则》有关第 7 条规定的教育和讲授的准则要求，[80] 缔约国除了提供有关一般立法和行政措施的资料，还要提供有关有助于实现第 7 条目标的学校课程、教师培训和其他专业人员培训的资料。与第 7 条所述的其他领域一样，各国有义务在学校系统中提供提倡容恕和反对种族主义的教育。[81] 第 35 号一般性建议勾勒了这　般问题的要点：

> 缔约国的学校制度是传播人权信息和视角的一个重要焦点。学校课程、教科书和教学材料应了解和讨论人权主题，并寻求增进国家间及种族或族裔群体间之尊重与容恕。[82]

一系列相互关联的段落强化了反对种族主义和提倡容恕教育的理由：

> 应在教育领域采取措施，旨在鼓励人们了解缔约国境内的"种族或族裔"群体，包括土著民族和非洲裔人的历史、文化和传统。为增进相互尊重与谅解，教育材料应努力凸显所有群体对民族（national）身份的社会、经济和文化的丰富以及对国家（national）、经济和社会进步的贡献。[83]

> 符合第 7 条要求的适当教育战略包括文化间教育（包括文化间双语教育），这样的教育以平等尊重和真正的相互关系为基础，并得到足够的人力和财力支持。文化间教育方案应代表真正的利益平衡，不应在意图或效果上充当文化同化的工具。[84]

消除种族歧视委员会相当重视义化间教育作为打击不容忍和偏见的手段。虽然对这种教育的提及不胜枚举，但委员会没有对文化间教育的原则，

---

[80]　《具体报告准则》关于第 7 条的准则第 A 节。

[81]　见委员会委员巴斯克斯关于通过共同教育来自不同群体的学生来促进容恕的评论：CERD/C/SR. 2368, para. 51。

[82]　第 35 号一般性建议第 32 段。

[83]　第 35 号一般性建议第 34 段。

[84]　第 35 号一般性建议第 33 段。

441　除了在具体情况下援用的情况，作一般性阐述。在大量可用的定义中，联合国教科文组织阐述了文化间教育的基本原则，即这种教育应：（1）尊重学习者的身份特性；（2）向学习者提供充分参与社会所需的知识和技能；（3）向学习者提供"能够使他们对个人之间，族裔、社会、文化和宗教群体之间以及国家之间的尊重、谅解和团结作出贡献"的知识和技能等。[85] 通过群体接触和参与，真正的文化间教育将有能力挑战"结构性"歧视。

　　虽然消除种族歧视委员会对各种各样的社会都表示了对文化间教育的关切，但在实践中，其重点关注的是土著民族、移民群体和罗姆人。[86] 对土著民族，"文化间教育"的简单提法，也可能通过对"文化间双语教育""双语和文化间教育"或其变体的建议而加以扩展。[87] 文化间的隐喻在实践中延伸至包括文化间对话[88]、文化间共存[89]、"文化间性主义"的促进和"文化间调停者"[90]。在某些情况下，文化间的"平衡"似乎有利于社会参与（联合国教科文组织所阐述的原则二），在其他情况下，学习群体的文化特性则更为突出。"多元文化的"一词最经常被用来描述国家和社会，而文化间教育

85　*UNESCO Guidelines on Intercultural Education*（UNESCO，2006）. 对于联合国教科文组织原则的进一步详细说明除其他外提出，通过文化上适当的教学和语言策略，包括促进尊重文化多样性的学习环境来确立学习者的文化遗产（原则1）；通过消除教育中的歧视以及促进少数群体和多数群体之间的相互了解来保障平等和公平的教育机会（原则2）；培养对以下方面的批判性认识：反对种族主义和种族歧视的斗争，文化多样性，理解和尊重所有民族的价值，以及"不仅要意识到权利，而且要意识到个人、社会团体和国家对彼此负有的责任"（原则3）（*ibid.*, pp.33-38）。

86　关于移民群体，见委员会的结论性意见：冰岛，CERD/C/ISL/CO/19-20；马耳他，CERD/C/MLT/CO/15-20，para.17. 关于罗姆人，见委员会的结论性意见：意大利，CERD/C/ITA/CO/16-18，para.20（罗姆人和辛提人）。关于文化间对话的建议，见委员会的结论性意见：斯洛伐克，CERD/C/SVK/CO/9-10，para.12。

87　委员会的结论性意见：阿根廷，CERD/C/ARG/CO/19-20，para.19；澳大利亚，CERD/C/AUS/CO/15-17，para.21；厄瓜多尔，CERD/C/ECU/CO/19，para.20，CERD/C/ECU/CO/20-22，para.22。

88　委员会的结论性意见：玻利维亚，CERD/C/BOL/CO/17-20，para.11；波斯尼亚和黑塞哥维那，CERD/C/BIH/CO/7-8，para.13；马耳他，CERD/C/MLT/CO/15-20，para.17；斯洛伐克，CERD/C/SVK/CO/9-10，para.12。

89　委员会的结论性意见：危地马拉，CERD/C/GTM/CO/11，para.12。

90　委员会在对卢森堡的结论性意见中，表示乐于看到该国提供促进文化间主义的学校课程，CERD/C/LUX/CO/13，para.11；在对危地马拉的结论性意见中，也表示了同样积极的赞赏，CERD/C/GTM/CO/12-13，para.3。

有时被理解为推进一个多文化国家建设的总体政策。[91] 委员会的做法基本上没有区分文化间教育和多元文化教育——所作建议往往取决于有关国家的使用情况。与贯穿整个《公约》的其他政策要素一样，文化间教育和相关政策必须得到资源的支持，并有效地付诸实施。

虽然没有一项关于教育和种族歧视并详细说明关键术语的一般性建议，但消除种族歧视委员会还是就如何履行义务向缔约国提供了指导意见。近年来，指导意见的深度有所加深，尽管并没有涉及结果的微观管理细节。有些结论性意见较其他意见更全面地阐述了原则和战略的必要组成部分；就其余的意见而言，一种以国家内部的实践为基准的归纳方式有助于根据具体情况拟订标准。委员会在对澳大利亚的结论性意见中，建议该国提供足够的资源来保存土著语言；与土著民族协商，就土著民族的双语教育并展全国调查；以及"采取一切必要措施保存土著语言，并制定和执行振兴土著语言、土著民族的双语和文化间教育的方案，同时尊重文化特性和历史"。[92] 委员会在对波斯尼亚和黑塞哥维那的结论性意见中建议该缔约国继续促进文化间对话、容恕和谅解，同时在国内"适当注意不同族裔群体的文化和历史"。[93] 承认历史真相和弥补受害民众被设想为文化间进程的一部分。[94] 从上述"文化间"与"双语"的频繁结合情况中可以明显看出，文化间教育的语言部分通常被设想为采用双语形式，但委员会也曾建议"以母语"开展文化间教育。[95]

此外，虽然缔约国内土著、少数和其他群体的状况会引起消除种族歧视委员会的关切，但委员会设想文化间教育适合于社会所有组成部分：对于"各族裔群体间"跨文化谅解或对话等说法，最好的理解是涉及整个社会。真正的相互性是关键，否则所谓的文化间性主义只不过是通过教育实现的同化的同义词。在这方面，委员会的结论性意见强调有关群体参与教育举措。[96]

消除种族歧视委员会的《具体报告准则》针对一般性建议中所表达的主

442

91　委员会的结论性意见：阿根廷，CERD/C/ARG/CO/19-20，para. 19。

92　CERD/C/AUS/CO/15-17，para. 21.

93　CERD/C/BIH/CO/7-8，para. 13.

94　委员会的结论性意见：澳大利亚，CERD/C/AUS/CO/15-17，para. 21。另见本书第十六章。

95　委员会的结论性意见：尼加拉瓜，CERD/C/NIC/CO/14，para. 8。

96　另见第 35 号一般性建议第 33 段。

题，要求缔约国提供资料，说明为"审查教科书中所有传达关于受《公约》保护的群体的刻板定型的或贬低性的形象、提法、名称或主张的语言"而采取的措施。[97] 教科书应包括有关"生活在本国境内"的各受保护群体的历史和文化的章节，书籍、电视和广播节目也应该有关于这些群体的历史和文化的内容，"包括他们所说的语言"。[98] 委员会还建议对执法人员强化培训，以尊重和保护人的尊严、无所歧视地维护人权。[99] 第35号一般性建议重复了这种有关历史的主题：

> 为了增进族裔间的谅解，对历史的平衡和客观陈述至关重要，而且，对某些民众群体曾遭受暴行的情况，应酌情指定纪念日并举办其他公共活动，以回顾这种人类悲剧，并为成功地解决冲突举办庆祝活动。真相与和解委员会在打击种族仇恨之持续存在和促进发展一种族裔间容恕的气氛中，也可以发挥关键作用。[100]

443   这一点曾在有关第7条的建议中提出，也响应了第6条。一些国家报告了铭记种族大屠杀（Holocaust）的情况，在某些情况下包括罗姆人大屠杀和犹太人大屠杀的情况。[101] 承认过去跨大西洋奴隶贸易和殖民主义对非洲人后裔的有害影响和侵害及其持续的影响，出现在第34号一般性建议提出的建议中。[102] 关于跨大西洋奴隶贸易的社会后果，消除种族歧视委员会在一项明确提到第7条的简要建议中，请多米尼加共和国设立一个委员会，

> 分析跨大西洋贩运人口和奴隶的影响，以确定其在构建民族身份认同方面的历史意义，其持续存在的后果……包括种族主义、种族歧视、

---

97   《具体报告准则》关于第7条的准则第A.3段。

98   《具体报告准则》关于第7条的准则第A.4段。

99   《具体报告准则》关于第7条的准则第A.5段。

100   第35号一般性建议第35段。

101   委员会最近在结论性意见中，在"积极方面"提到了铭记罗姆人大屠杀：捷克共和国，CERD/C/CZE/CO/8-9，para. 3；摩尔多瓦，CERD/C/MDA/CO/7，para. 6；罗马尼亚，CERD/C/ROU/CO/16-19，para. 4；乌克兰，CERD/C/UKR/CO/19-21，para. 3。对摩尔多瓦，委员会赞赏地指出，"该缔约国在学校课程中，列入了有关1941年至1944年种族大屠杀与犹太人和罗姆人遭受灭绝种族的原因的教育内容，现代历史教科书包含了有关种族大屠杀与犹太人和罗姆人遭受灭绝种族的章节"。

102   第34号一般性建议第17段。另见委员会对多米尼加共和国提出的广泛建议：CERD/C/DOM/CO/13-14，para. 9。

仇外心理和其他相关的不容忍形式的表现，特别是针对来自多米尼加共和国或海地的肤色较深的非洲裔人口，并确定限制这些人口公平发展的障碍。[103]

消除种族歧视委员会在对吉尔吉斯斯坦的结论性意见中，强调了第 7 条对冲突后局势的具体意义，其中表示，在最近的冲突之后，

> 一种充满歧视性态度、种族刻板印象、多数族裔群体和少数族裔群体之间的猜疑、广泛的民族主义言论和排斥的气氛继续存在……。委员会建议该缔约国加强努力，包括通过教育、文化和提高认识运动，打击种族刻板印象、歧视态度、民族主义言论（包括在媒体上），以期促进和解、容忍和谅解，建设一个和平的、包容的社会。[104]

消除种族歧视委员会对格鲁吉亚冲突后情况的各种关切中，就包括对一些少数群体的成员被描述为“敌人”的关切。对此，委员会在结论性意见中建议：

> 除法律和政策层面外，该缔约国应尽一切努力在多数人口和少数人口之间建立互信与和解，并通过政治对话、提高认识运动以及通过删除教科书中对少数群体的贬损性或侮辱性提法，来促进族裔间关系的和平性、容忍性共存。[105]

在对肯尼亚的结论性意见中，委员会呼吁该缔约国“加强教育努力，以促进民族团结与和解，方式包括确保这些努力有效地解决族裔偏见和刻板印象以及族裔间暴力的历史，同时利用触及所有人口阶层的媒体”。[106] 对于塞浦路斯持续存在的冲突，委员会对该国的结论性意见在并未联系《公约》具体条款的一段中，请该缔约国提供资料，说明“通过在学校和其他国家机构中公正无偏地讲授塞浦路斯历史，来恢复互信、改善族裔和/或宗教社群之间的关系并提高认识”的跨社群举措。[107]

444

103　委员会的结论性意见：多米尼加共和国，CERD/C/DOM/CO/13-14，para. 9。该段叙述说，其编写根据是先前的一系列建议，这些建议载于 CERD/C/DOM/CO/12。

104　CERD/C/KGJ/CO/5-7，para. 14.

105　CERD/C/GEO/CO/4-5，para. 14.

106　CERD/C/KEN/CO/1-4，para. 24.

107　CERD/C/CYP/CO/17-22，para. 7.

（六）文化及新闻

消除种族歧视委员会的《具体报告准则》关于"文化"的部分要求缔约国提供资料说明："努力争取发展民族文化和传统，消除种族偏见，促进所有群体的民族内、文化内谅解、容恕与睦谊"的机构和社团的作用；[108] 各缔约国向这些机构和社团提供的支持，以及更广泛地说，为确保尊重和促进文化多样性而采取的在艺术创造等领域的行动；"缔约国采取和执行的语言政策"。[109]

《具体报告准则》中关于"新闻"的段落，与第4条关于从法律上禁止仇恨言论的典型关注形成了对照，特别是在媒体的作用方面。[110] 所要求的资料表明，鉴于媒体具有不鼓励偏见的"特殊责任"，媒体应在传播《公约》理想方面发挥积极作用；责任除其他外包括"对于涉及受《公约》保护的群体中个别成员的事件，避免以指责整个群体的方式报道"，同时媒体机构的自我监督也被提及。在种族主义仇恨言论方面，消除种族歧视委员会第35号一般性建议涉及了第7条，建议：

> 呼吁关注种族仇恨言论所产生危害的宣传运动和教育政策，应该动员以下各方参与：广大公众；民间社会，包括宗教和社群团体；议员和其他政治人物；教育专业人员；公共行政人员；警察和维护公共秩序的其他机构；以及法律部门，包括司法机构的人员。委员会提请各缔约国注意关于培训执法人员保护人权的第13号一般性建议（1993年），[111] 和关于在刑事司法制度的工作和运行中防止种族歧视的第31号一般性建议（2005年）。在这些以及其他情况下，熟悉保护意见和表达自由的国

108　关于参与文化的一般情况，见本书第十四章。

109　关于机构和社团的作用，例如见委员会的结论性意见：以色列，CERD/C/ISR/CO/13，para. 27，其中建议"法律和方案同样致力于发展文化机构和保护犹太及其他宗教社群的圣地"；塞尔维亚，CERD/C/SRB/CO/1，para. 13，其中建议"鼓励和支持反对种族歧视、促进容恕文化以及文化和族裔多样性的非政府组织和机构"。

110　《联合国人权教育和培训宣言》第1条第1款规定："人人有权了解、寻求和得到所有人权和基本自由方面的信息，并可获得人权教育和培训。"

111　*Official Records of the General Assembly, Sixtieth Session, Supplement No. 18* (A/60/18)，chapter Ⅷ，section B.

际规范以及防止种族仇恨言论的规范至为必要。[112]

第 35 号一般性建议中提及第 7 条的其他段落同样不限于仇恨言论现象： 445

> 知情的、合乎道德的和客观的媒体，包括社交媒体和互联网，在促
> 进传播思想和意见的责任方面具有重要作用。除了为媒体规定符合国际
> 标准的适当法律，各缔约国还应鼓励公共和私营媒体采用已纳入尊重
> 《公约》原则和其他基本人权标准之内容的职业伦理和新闻守则。[113]

该建议发展了对多元化媒体的认识，认为：

> 鼓励媒体多元化，包括促进少数群体、土著群体和其他群体在《公
> 约》的范围内利用和拥有媒体，包括其自己语言的媒体，这有助于《公
> 约》原则的实施。媒体多元化赋予地方权力，这促进了能够打击种族仇
> 恨言论的言论的出现。[114]

（七）打击偏见

与第 7 条类似的文书经常提到偏见（单数或复数），其消除被认为对于
打击歧视至关重要。马可南总结说，偏见"是指对一群人形成的不公平或不
合理的消极意见、假设和/或感觉"，他利用社会学研究将这一概念分解为：
（a）消极刻板印象（认知成分）；（b）消极情绪（情感成分）；以及（c）
行为模式（行为成分）。[115] 他指出，虽然个体的个人能动性发挥着重要作

---

112 第 35 号一般性建议第 36 段。

113 第 35 号一般性建议第 39 段。

114 第 35 号一般性建议第 41 段。比较欧洲理事会《保护少数民族框架公约》第 9 条，该条除
了规定利用媒体的机会有助于促进容忍和文化多元性，还规定，"属于少数群体的人应被准予使用自
己的媒体"。相关评论，见 J. Packer and S. Holt, ‘Article 9’, in M. Weller (ed.), *The Rights of Minori-
ties in Europe*, pp. 263–300. 关于土著民族，见《联合国土著人民权利宣言》第 16 条："1. 土著人民
有权建立自己的使用自己语言的媒体，有权不受歧视地利用所有形式的非土著媒体。2. 各国应采取
有效措施，确保国有媒体恰当地反映土著文化多样性。各国应……鼓励私有媒体充分反映土著文化
的多样性。"《拉巴特行动计划》第 26 段规定，各国有责任"确保少数群体有享受其基本权利和自由
的空间，例如通过促进少数群体媒体组织的登记和运作。各国应加强各社群获取和表达各种信息和
观点的能力，并接受其中可能包括的健康对话和辩论"。<http://www.ohchr.org/Documents/Issues/O-
pinion/SeminarRabat/Rabat_draft_outcome.pdf>.

115 T. Makkonen, *Equal in Law, Unequal in Fact: Racial Discrimination and the Legal Response Thereto
in Europe* (Martinus Nijhoff Publishers, 2012), pp. 72–74 [henceforth *Equal in Law, Unequal in Fact*].

用，[116] 但"决定特定群体和社会中的总体偏见水平的，是社会规范，而不是这些个人能动性"，[117] 他还补充说，"偏见往往会产生歧视"——这一观点得到了第 7 条的明确认可。[118]

因此，有关对受《公约》保护的群体有偏见的社会气氛的各种消息，催生了消除种族歧视委员会一系列针对具体国家的建议，其中大多数与第 4 条有关，但也涉及第 7 条。委员会有关偏见表达的大部分评论都与媒体有关。除上述段落外，第 35 号一般性建议提到了煽动偏见：

> 媒体对《公约》第 1 条范围内之族裔、土著和其他群体的呈现应基于尊重、公正和避免成见的原则。媒体应避免以可能助长不容忍的方式不必要地提到种族、族裔、宗教和其他群体性特征。[119]

作为对偏狭表达的部分补救，委员会鼓励"互联网服务提供商自律并遵守伦理准则，就如《德班宣言和行动纲领》所强调的"。[120]

消除种族歧视委员会向许多国家提出了关于媒体状况的基础广泛的、一般性的建议。对于英国，委员会于 2003 年评论的情况是，"媒体所反映的对少数族裔、寻求庇护者和移民的日益加深的种族偏见"以及据报告新闻投诉委员会在处理这一情况方面缺乏有效性。[121] 2011 年，委员会提醒英国注意"媒体上持续发表可能对种族和谐产生不利影响、加深种族歧视的有害言论"；对后一情况的建议与第 4 条有关。[122] 引起委员会注意的媒体偏见可能涉及一系列群体，相当于或几乎相当于普遍的、据称存在于广大民众中的反少数群体或仇外观点，或者可能更强烈地针对某些群体。与本书中确定的种族偏见和歧视的受害者的广泛群体一样，在委员会的档案记录中，少数族裔、土著民族、移民和非洲人后裔——罗姆人也一样，是媒体的负面关注的经常

116　Makkonen, *Equal in Law, Unequal in Fact*, p. 74. 这方面的一份重要参考文献是 T. W. Adorno et al., *The Authoritarian Personality* (Norton, 1982)。

117　Makkonen, *Equal in Law, Unequal in Fact*, p. 75.

118　*Ibid.*, p. 77.

119　第 35 号一般性建议第 40 段；见本书对第 1 条的评注。

120　第 35 号一般性建议第 42 段。

121　A/58/18, para. 532.

122　A/66/18, p. 115, para. 11.

目标。委员会关于媒体的建议经常提到一般意义上的"公共和私营"媒体,[123]或"主流媒体"和"老牌出版社",[124] 而且包括互联网。

就罗姆人而言,第 27 号一般性建议提到了媒体不得传播偏见的责任,以及"对于涉及罗姆群体中个别成员的事件,避免以指责整个社群的方式报道"。[125] 这得到了许多针对具体国家的建议的支持。[126] 关于基于世系的歧视的第 29 号一般性建议是第一个提到互联网的作用的一般性建议,紧随其后的是关于非公民的第 30 号一般性建议和许多后续建议。第 34 号一般性建议建议各缔约国采取措施,"提高媒体专业人员对针对非洲人后裔的歧视的性质和事件的认识,包括媒体有责任不使偏见永久持续";[127] 对于这类人,委员会建议各缔约国除其他外,"采取注重媒体的社会作用的措施,……以消除可能导致种族歧视的种族偏见",[128] 与该段有明确联系的,不仅是第 4 条（了）项,而且有第 7 条。对于政治阶层（包括特定政党）的作用表示的关切,替代或者在某些情况下扩大了对媒体作为偏见态度制造者的关注：大多数此类建议都首先与第 4 条相联系。[129]

虽然在《公约》第 4 条的范围内,可以对散布种族主义仇恨言论予以刑事制裁和其他制裁,但据报告的媒体偏见的普遍情况,也导致消除种族歧视委员会急迫提出制定媒体或新闻职业伦理守则的建议。委员会在对厄瓜多尔的结论性意见中,建议该国制定一项"媒体守则,要求媒体表示尊重土著

447

123　例子包括委员会的结论性意见：厄瓜多尔,CERD/C/ECU/CO/19,para. 22,后得到重申,CERD/C/ECU/CO/20-22,para. 16；墨西哥,CERD/C/MEX/CO/15,para. 18；塞尔维亚,CERD/C/SRB/CO/1,para. 13。

124　委员会的结论性意见：俄罗斯联邦,CERD/C/RUS/CO/19,para. 16。

125　第 27 号一般性建议第 37 段。另见第 36、38、39 和 40 段。

126　后来的例子包括委员会的如下结论性意见：意大利,CERD/C/ITA/CO/16-18,para. 17,其中回顾了第 27 号一般性建议,有关对于涉及个别成员的事件的报道侮辱整个社群；塞尔维亚,CERD/C/SRB/CO/1,para. 16,有关罗姆人、阿什卡利人和埃及人；瑞典,CERD/C/SWE/CO/19-21,para. 20。

127　第 34 号一般性建议第 30 段。

128　委员会的结论性意见：厄瓜多尔,CERD/C/ECU/CO/20-22,para. 16。

129　例如见委员会的结论性意见：比利时,CERD/C/BEL/CO/15,para. 11；日本,CERD/C/JPN/CO/3-6,para. 14,CERD/C/JPN/CO/7-9,para. 11。

民族和非洲裔厄瓜多尔社群的身份特性和文化"。[130] 委员会有关尊重和公平的议程也反映在对于如下方面的要求中，即"媒体充分呈现有关……族裔和宗教少数群体的问题，以期在〔巴基斯坦的〕所有族裔群体、种姓和部落之间达成真正的社会凝聚"。[131] 对于互联网，委员会建议采取（未明确的）措施或加大努力来防止种族主义言论的传播，以及监测媒体、删除其上的歧视性或种族主义材料，并酌情批准欧洲理事会《网络犯罪公约附加议定书》。[132]

（八）增进谅解、容恕与睦谊

呼吁增进谅解、容恕与睦谊补充了序言和第 2 条帽段的规定。与消除偏见相结合，增进谅解和容恕的说法在消除种族歧视委员会的实践中频繁出现。委员会运用的"容恕"概念超越了被动接受在缔约国境内存在各种群体，而扩展到积极对待这些群体的组织、权利和利益。委员会以各种各样的方式描述提倡容恕事业的目标，最起码是增进各群体之间的进一步谅解，更有力地说，则涉及社会凝聚或团结[133]、和平共处[134]、尊重多样性以及促进这些价值观。对不同身份特性和文化的尊重突出地体现在这一矩阵中，并且与委员会的实践相一致，也体现在承认国家人口的多族裔性质是当代现实的一个方面上。增进容恕的建议延伸到创造和发展一种容恕的文化。

对于积极措施的潜在受益者（第 7 条中的国家、种族或族裔团体），也

130　CERD/C/ECU/CO/19，para. 22.

131　委员会的结论性意见：巴基斯坦，CERD/C/PAK/CO/20，para. 24。参见委员会对媒体或新闻职业伦理守则的建议的其他结论性意见：玻利维亚，CERD/C/BOL/CO/17-20，para. 15；危地马拉，CERD/C/GTM/CO/12-13，para. 17；伊朗，CERD/C/IRN/CO/18-19，para. 10；塞尔维亚，CERD/C/SRB/CO/1，para. 13。

132　该议定书致力于将种族主义和仇外行为定为刑事犯罪，主要在本书有关第 4 条的部分讨论。

133　委员会的结论性意见：斐济，CERD/C/FJI/CO/18-20，para. 16；印度，CERD/C/IND/CO/19，para. 27；塞尔维亚，CERD/C/SRB/CO/1，para. 16；塔吉克斯坦，CERD/C/TJK/CO/6-8，para. 13。对塞尔维亚和塔吉克斯坦的建议鼓励开展运动，促进与罗姆人的团结。

134　委员会的结论性意见：波斯尼亚和黑塞哥维那，CERD/C/BIH/CO/7-8，para. 10；喀麦隆，CERD/C/CMR/CO/15-18，para. 20，建议设想传统领导人在建设和平方面发挥作用；格鲁吉亚，CERD/C/GEO/CO/4-5，para. 14。

有不同的描述："不同族裔本源的人"[135]、"族裔群体"、"缔约国内的种族群体"、"具有不同族裔本源或宗教信仰的个人和群体"、"族裔群体、种姓和部落"[136]、"少数群体"以及特定群体，诸如罗姆人、移民、土著民族和非洲人后裔群体、种姓群体，甚或"广大公众"。[137] 将第 7 条的受益者描述为"国家"*的情况较少。对于加拿大和澳大利亚，在"第一民族"（first nations）这样的土著民族（peoples）方面使用"民族"的情况，在涉及《公约》多条规定时反复出现；对于玻利维亚，也使用了"营地人民和民族"（campesino peoples and nations）的表述。[138] 增进"谅解、容恕与睦谊"的实际做法表明，对这些美德的呼吁主要集中在多数人对土著"民族"（nations）的尊重上，其中要考虑许多土著人所承受的压力。

（九）人权宗旨与原则

除了关于一般性的和针对特定群体的人权教育和培训的建议外，[139] 消除种族歧视委员会经常要求各缔约国传播《公约》和对它们提出的结论性意见。关于传播《公约》和结论性意见的要求的格式有一定差异。一个主要问题是语言问题，其中要考虑各国语言复杂程度的巨大差异以及其中的族裔和其他群体的不同情况——本书第八章提到的"本土化"问题。根据有关国家的情况，采用了一些不同表述，包括要求以官方语言或国语、少数语言、土著民族语言、移民和其他族裔群体的语言传播。在有些情况下，委员会指定

---

[135]　委员会的结论性意见：奥地利，CERD/C/AUT/CO/18-20，para. 11；希腊，CERD/C/GRC/CO/16-19，para. 11。

[136]　委员会的结论性意见：巴基斯坦，CERD/C/PAK/CO/20，para. 24。

[137]　委员会的结论性意见：克罗地亚，CERD/C/HRV/CO/8，para. 21；黑山，CERD/C/MNE/CO/1，para. 20。

　*　与第 7 条中文本中的"国家"相对应的，在其英文本中为"nations"，该词也可理解为"民族"或"国族"；在本段的论述中，理解为"民族"或"国族"可能更合适。

[138]　委员会的结论性意见：玻利维亚，CERD/C/BOL/CO/17-20，para. 13。

[139]　见委员会委员迪亚科务的评论，即人权教育是缔约国承担的义务，而不是由个别学校和教师决定的问题：CERD/C/SR. 2368，para. 68；另见《联合国人权教育和培训宣言》，其中回顾了各国有责任确保教育以人权为导向。

了尤其宜于提供译文的特定语言。[140] 标准化（但并非一成不变）的公式涉及缔约国的报告和对报告的结论性意见，例如委员会在对冰岛的结论性意见中建议：

> 缔约国的报告在提交时，即应随时可为公众所获得，委员会对这些报告的意见也应以官方语文并酌情以其他常用语文同样予以公布。[141]

449 　　然而，在特别情况下，可能出现"适当的语言"[142] 等不太精确的表述，而在其他情况下，范围则缩小到"官方语言和国语"[143]——这是一个本质上无法令人满意的公式，除非有信心认为，一国的绝大多数人口，特别是族裔和其他少数群体，能够理解这些语言。还可能补充对少数群体或"主要少数语言"的具体提及，[144] 以及对在国内传播信息方面发挥作用的"国际语言"的提及。[145] 第 35 号一般性建议就宣传委员会的工作提出了详细建议：

> 尤其就本公约而言，各缔约国应传播关于其标准和程序的知识，并提供相关的培训，尤其是对那些与其实施有关的人员，包括公务员、司法和执法人员。在缔约国的报告审查结束后，委员会的结论性意见应以官方和其他常用语文广泛公布；委员会根据第 14 条规定的来文程序提出的意见，同样应广泛公布。[146]

消除种族歧视委员会坚持认为，在人权培训方案中，应充分注意《公约》本身；因此，委员会在对白俄罗斯的结论性意见中建议该国，"除一般人权培训外，执法和司法人员还应接受专门关于《公约》之规定的培训，而且应建立机制来评估这些培训的效果"。[147] 委员会在对吉尔吉斯斯坦的结论性

140　委员会的结论性意见：乌克兰，A/61/18，para. 432，提到了俄语和乌克兰语；土库曼斯坦，A/60/18，para. 332，支持翻译成除土库曼语外的主要少数语言，特别是俄语。

141　A/65/18，p. 67，para. 24。《联合国人权教育和培训宣言》第 3 条第 3 款规定，人权教育和培训"应采用适合目标群体的语言和方法，考虑到他们的特殊需要和条件"。

142　委员会的结论性意见：南非，CERD/C/ZAF/CO/3，para. 29。（原书此注不全，经联系作者核实，予以补充。——译者注）

143　委员会的结论性意见：巴基斯坦，A/64/18，pp. 73-74，para. 29。

144　委员会的结论性意见：多哥，A/63/18，para. 467。

145　委员会的结论性意见：埃塞俄比亚，A/62/18，para. 158。

146　第 35 号一般性建议第 44 段。

147　CERD/C/BLR/CO/18-19，para. 18。

意见中建议"该缔约国加倍努力，确保执法人员接受人权方面特别是《公约》之规定方面的培训。该缔约国还应将人权教育纳入学校课程，并开展关于人权，包括种族歧视的提高认识运动。"[148]

四　评论

虽然第 7 条的起草是一个简短和相对无争议的过程，但关于"法律"和"教育"在打击种族歧视方面的相对优势的生动辩论活跃了许多条的起草会议。"支持法律"的阵营强调反应的快速性和严厉性；法律更快，教育更慢、不那么具有判断性，而刑法尤其会发出明确的、毫不含糊的谴责信息。"支持教育"的发言者强调反应的深刻性和持久性；打击种族歧视需要改变心理和态度，以实现长远的种族间和谐，刑法对此是不够的。彼此对立的阵营被各自的政治和世界观所限定，双方都有恶意和政治动作的明显嫌疑，其中西方国家在某种程度上采取了防御姿态。关于《公约》的政治性，从第 7 条中去掉对《殖民地独立宣言》的明确提及，对于使《公约》摆脱 20 世纪 60 年代那种简单的反殖民的、各国联合立场的模式，转向承认和接受国家内部的社群复杂性，具有重要意义；随着接下来几十年的发展，这些复杂性得到了更好的理解。在这种情况下，《公约》同时强调法律和教育，将两者的作用交织在一起。在消除种族歧视委员会的工作中，法律或刑法范式的主导地位在某种程度上已经减弱，即使在第 4 条的语境内，也是一样。[149]

与（尤其是）给予第 4 条的关注相比，缔约国报告中关于第 7 条的"教育"方面的内容最初很粗略；这一缺陷成为触发消除种族歧视委员会第 5 号一般性建议的具体动机，该建议遗憾地指出，"极少有缔约国"在报告中列入有关第 7 条的资料。尽管第 7 条具有强制性，但据一些权威学者称，第 7

450

148　CERD/C/KGZ/CO/54-57, para. 20；另见委员会的结论性意见：多米尼加共和国，CERD/C/DOM/CO/12，para. 21。

149　见本书第十一章对第 4 条的讨论。如其所述，第 35 号一般性建议试图重新平衡刑法制度和广泛的教育制度对实现《公约》目标的各自贡献。

条似乎仍被委员会忽视。[150] 博伊尔和巴尔达奇尼的评估——表明第 7 条"值得各国政府和消除种族歧视委员会进一步关注",[151] 出现在 2001 年的一份出版物中。截至当时,委员会批准了一份关于第 7 条的研究报告,将其提交给了 1983 年的第二次反对种族主义和种族歧视世界会议,[152] 并通过了关于该条的两项一般性建议,即第 5 号和第 13 号一般性建议。然而,这两项建议的格局都很狭窄:第一项建议只不过对国家报告中提及该条时的敷衍了事表示遗憾,并希望各国有更好的表现;第二项建议则侧重于对执法人员的培训。

如果在目前情况下出现国家报告中敷衍了事地提到第 7 条的情况,消除种族歧视委员会可能会提出一项范围广泛的建议。[153] 关于打击种族主义仇恨言论的第 35 号一般性建议包括了内容广泛的一节,思考了第 7 条的潜在贡献。因此,可以重新评估对于第 7 条被边缘化的看法,在包括并超出了仇恨言论语境的评论中,该一般性建议主张:

> 第 7 条的重要性没有随着时间的推移而减弱:其对消除种族歧视的广泛教育性方法,对于打击种族歧视的其他方法,是一种不可或缺的补充。因为种族主义除其他外,可能是灌输式教育或教育不足的后果,所以矫正种族主义仇恨言论的特别有效手段包括容忍教育和反击言论。[154]

451

第 7 条即使界限模糊,也有助于说明和强调,实现《公约》崇高目标的任何前景都需要注意歧视的"根本原因",以及如果只是关注镇压和制裁而不是注意更多的方面,则刑法程序无论看起来多么有吸引力,甚至将它们的补充性"教育"功能计算在内,也是不够的。博伊尔和巴尔达奇尼很好地表

---

[150] K. Boyle and A. Baldaccini, 'A Critical Evaluation of International Human Rights Approaches to Racism', in S. Fredman (ed.), *Discrimination and Human Rights: The Case of Racism* (Oxford University Press, 2001), pp. 135-191, at pp. 164-165 [henceforth *Discrimination and Human Rights*].

[151] *Ibid.*, p. 165.

[152] *Teaching, Education, Culture and Information as Means of Eliminating Racial Discrimination*, study prepared by Special Rapporteur G. Ténékidès, CERD/3, UN Publication Sales No. E. 85. XIV. 3 (United Nations, 1985) [henceforth Ténékidès Study].

[153] 委员会在对约旦的结论性意见中,敦促该国"对打击种族偏见和歧视的现有措施……进行一种系统性、机构间的评估",以及"使用这种评估的结果指导……该缔约国处理教育、文化和媒体中的歧视以及促进对《公约》之进一步了解的各项政策和方案":CERD/C/JOR/CO/13-17, para. 17。

[154] 第 35 号一般性建议第 30 段。

达了这一点：

> 第 7 条要求各国承担的义务反映了这样一个论点：种族主义思想不是天生的，而是通过其他人，如父母、同龄人、教师、政治家和其他意见领袖传播给年轻人的。除非从源头上解决这些思想，否则它们将继续代代相传。充分落实这些规定对于实现《公约》目标与平等权利的长期成功的重要性，绝不能被低估。[155]

消除种族歧视委员会在种族主义仇恨言论方面有同样的想法：

> 第 4 条关于传播思想的规定试图抑制种族主义思想的上游流动，而关于煽动的规定则要解决其下游影响，第 7 条解决仇恨言论的根本原因，表现了对于第 2 条第 1 款（卯）项所设想的以"适当方法"消除种族歧视的进一步说明。[156]

第 7 条的主要重点是要通过"讲授、教育、文化及新闻"追求的目的和目标，以及实现这些目的和目标的方式。就《公约》的结构而言，虽然第 5 条中针对歧视的保护包括"享受教育与训练之权"[157] 和"平等参加文化活动之权"[158]，从而反映了一系列国际人权文书所承认的基础广泛的权利，但第 7 条规定的义务有一个独特的焦点。突出显示的活动领域和其他相关但未命名的"领域"必须指向打击导致种族歧视的偏见、促进谅解和容忍以及宣传人权（包括《公约》）。有鉴于此，第 7 条对人权教育的世界方案和类似举措作出了自己的贡献。

该条的三重目标"谅解、容忍与睦谊"是相互关联、相互加强的。实现"谅解"的前景首先与知识和信息的可获得情况有关；第 7 条中的"谅解"不太像是一种智力建构，而更近乎引起共鸣，一种更可能与非歧视行为相关的对其他群体的情感反应。单就容忍而言，其作为一种理想的吸引力是有限的。阿姆斯特朗认为，容忍"涉及接受，有时是勉强接受，一个人不同意或不赞成的信仰、价值和做法，而且可以理解的是，这个人可能感觉它们是没

155　Boyle and Baldaccini, *Discrimination and Human Rights*, p. 165.

156　第 35 号一般性建议第 30 段。

157　第 5 条（辰）项（v）目。

158　第 5 条（辰）项（vi）目。

有达到尊严和尊重所要求的充分承认和平等对待的某种东西"。[159] 用福斯特的话来说：

452

> 容恕是一种非常枯燥的美德。很无聊。与爱情不同的是，它总是造成负面印象。它是消极的。它只意味着忍受人们，以及能够忍受事情。从来没有人为容恕写过颂歌，也没有人给她立过雕像。[160]

尽管如此，福斯特还是支持将容恕视为一种适当的美德，但同时要考虑公共事务不可能以尊重和团结的美德为基础，特别是鉴于他所处时代（第二次世界大战后的重建时期）的条件。尽管福斯特的报道不那么热情洋溢，但容恕被视为一项重要的政治和社会信条，尤其是在族裔、宗教和意识多元化的情况下，这种情况正日益成为当代社会的特征。在消除种族歧视委员会的实践中，容恕表现出个体和群体两个层面，与族裔间对话有关，被视为有利于融混而不是同化，而且不仅仅是有助于维持现状。与第 7 条所述的"谅解"和"睦谊"结合在一起，这些目标比"简单的"容恕更具雄心、更为乐观和更加积极，尤其是在整个《公约》决心维护个人和集体尊严和平等的背景下。

联合国教科文组织 1995 年《宽容原则宣言》（Declaration on Principles of Tolerance）对第 7 条的"容恕"目标有进一步的阐发，其被引介为"对我们这一世界各种文化、各种表达形式和各种为人方式的丰富多彩性的尊重、接纳和欣赏……宽容这一可以促成和平的美德，有助于以和平文化取代战争文化"；[161] 该解释中暗含着一种"和而不同"（harmony in difference）的观念，这一观念也将宽容视为一种道德责任。该宣言接着解释说，"个人、群体和国家"都可以宽容；申明了人权文书中规定的标准，并申明了宽容并不意味着容忍社会不公，而是接受"这样的事实，即在相貌、处境、言论、行为和

159　P. B. Armstrong, 'Two Cheers for Tolerance: E. M. Forster's Ironic Liberalism and the Indirections of Style', *Modernism/Modernity* 14 (2009), 281-299, from 'excerpt of the content'.

160　E. M. Forster, 'The Unsung Virtue of Tolerance: It is Very Easy to See Fanaticism in Other People', BBC Radio, July, 1941 *Vital Speeches of the Day*, Vol. Ⅷ, pp. 12-14.

161　第 1 条第 1 款。该宣言载于<http://www. unesco. org/webworld/peace_library/UNESCO/HRIGHTS/124-129. HTM>。（该宣言中文本见<https://unesdoc. unesco. org/ark: /48223/pf0000101803_chi. page=82>，但本段所用内容译自其英文本。——译者注）

价值观念上天生各有不同的所有人，均有权按其本来之方式和平生活"。[162] 在国家一级，宽容尤其需要"公正无偏的立法、执法、司法和行政程序"。该宣言发展了《公约》第7条的主题，将教育描述为"防止不宽容的最有效手段。宽容教育的第一步是教育人们他们的共同权利和自由是什么……并促进保护他人的权利和自由的意愿"；[163] 教育战略包括特别注意教师培训和课程设置，"以期培养能接受其他文化的有关爱和负责任的公民"。[164] 该宣言的群体维度——个人和群体都可以实行宽容——接近于第7条中适用于国家和种族或"民族"群体的赞同提法。

关于这三项要素中的第三个即增进睦谊的理想，在实践中几乎没有单独体现。关于睦谊的哲学论述常常与亚里士多德相联系，[165] 而瓦特尔（Vattel）则属于曾思考过睦谊对国家间关系的重要性的法律界权威人物之一，[166] 源于《联合国宪章》以及友好条约的关于友好关系的当代法律论述[167]在国家间关

453

---

[162]　第1条第3款、第4款。该《宣言》第2条第4款引用了联合国教科文组织《种族和种族偏见宣言》第1条第2款："所有个人和群体都有权与众不同。"一名评论者将《宽容原则宣言》第1条中对宽容的解释描述为"相当杂乱无章"，也没有"阐明宽容的性质"：T. McGonagle, *Minority Rights, Freedom of Expression and of the Media: Dynamics and Dilemmas*（Intersentia, 2011）, pp. 238 - 255, p. 242. 不过，该评论者承认了该宣言的用处，"因为它以一种在有法律约束力文书的束缚中几乎行不通的方式，探寻了宽容和多元主义的不同枝蔓。该宣言通过追寻宽容和多元主义的各种脉络，对其阐明作出了贡献"。

[163]　第4条第1款。

[164]　第4条第4款

[165]　*Nicomachean Ethics*, Book Ⅷ, translation by W. D. Ross, available at:<http://classics. mit. edu/ Aristotle/nicomachaen. 8. viii. html>. 参见 *Stanford Encyclopaedia of Philosophy*, available at:<http://stanford. edu/entries/friendship>。其中从相互关爱、亲密和共享活动的角度讨论了睦谊——对于最后一个方面的背景直觉是："永远不要与某人分享活动……是不要具有那种可以称为友谊的关系……。朋友们参与共同追求，部分是出于友谊本身。"第7条对互惠、对等和跨文化学习的强调与有关"共享活动"的直觉产生共鸣。

[166]　"每一个国家都有义务培养其他国家的友谊，并小心避免任何可能引起它们对其敌意之事。"B. Kapossy and R. Whitmore（eds）, Emer de Vattel, *The Law of Nations, Or, Principles of the Law of Nature, Applied to the Conduct and Affairs of Nations and Sovereigns*, Book Ⅱ, Chapter Ⅰ, para. 12（Liberty Fund, 2008）:< http://oll. libertyfund. org/titles/2246 >. See also S. Koschut and A. Oel-sner（eds）, *Friendship and International Relations*（Palgrave Macmillan, 2014）.

[167]　特别是在自决方面。第1条第2款和第55条，以及《联合国宪章》对确保国际和平的总体信念。

系层面上完善了这一概念，其中也包括"不友好行为"的概念。[168] 第 7 条中提到的睦谊是一个崇高的理想，涉及相互性以及同时尊重同一性和差异性。在消除种族歧视委员会的工作中，关于睦谊主题的变体包括"所有种族、族裔和民族群体之间"的睦谊，[169] "民族、文明和宗教之间"的睦谊，[170] "不论其出身如何的个人之间"的睦谊，[171] 或只是"族裔间"的睦谊和团结。[172]《公约》设想构建一种法律的、规范性的秩序，这种秩序产生对宽容行为和相互尊重行为的期望，并天然地"不容忍"不公正和歧视。

在消除种族歧视委员会没有全面说明第 7 条的含义的情况下，《公约》整体为解释该条的要求提供了指针。《公约》序言的内容，如阐述消除种族歧视的基本愿望（《公约》存在的理由）、嫉恶种族壁垒和憧憬各国人民和谐的声明，以及《公约》防止和打击种族主义理论和做法"促进种族间之谅解"的决心，想来都可以作为对第 7 条的补充；在联合国教科文组织《取缔教育歧视公约》序言部分中列入这一点，是另一个明显的参照点。《消除种族歧视公约》第 2 条第 1 款帽段规定的基本义务——"立即以一切适当方法"实行消除种族歧视并"促进所有种族间之谅解"的政策，是另一个标志，就如第 2 条第 1 款（辰）项一样（其中含有对种族混合主义的多种族组织与运动的鼓励），以及对采取有效措施以实现《公约》目标的一般性劝告。实际上，正如委员会的一项研究所指出的那样，"根据第 7 条，教师、教育工作者和负责大众媒体的人应遵循的准则可在《公约》作为一个整体所阐明的基本原则中找到"。[173] 这种方法并没有减少分析第 7 条对《公约》所作具体贡献的重要性：嵌入人权教育的更大背景的这一条规定，与《公约》

454

168　D. Richter, 'Unfriendly Act', *Max Planck Encyclopedia of Public International Law*, available at: <http://opil. ouplaw. com/view/10. 1093/law: epil/9780199231690/law-9780199231690-e423>.

169　委员会的结论性意见：韩国，CERD/C/KOR/CO/14，para. 12。

170　委员会的结论性意见：突尼斯，CERD/C/TUN/CO/19，para. 7，赞扬了该国在这方面的努力。

171　委员会的结论性意见：以色列，CERD/C/ISR/CO/14-16，para. 23。

172　委员会的结论性意见：斐济，CERD/C/FJI/CO/18-20，para. 16。《联合国人权教育和培训宣言》反映了《公约》第 7 条规定的基本要求，其第 5 条第 3 款规定，这种教育和培训"应该兼收并蓄、丰富发扬不同国家多种多样的文明、宗教、文化和传统，并从中汲取灵感"。

173　Ténékidès Study, para. 26.

的其他各条"用同样强制性的措辞表述"，因此具有丝毫不差的强制力。[174]

容恕教育、消除偏见和歧视的工作以及一般而言的人权教育的交叉界面表现了背景标准的特点，也同样表现了第 7 条的特点。在这两种情况下，教育标准和各种努力的多元化潜力也很明显。第 7 条提出了一项具有法律约束力的、巩固了国际义务体系的原则声明。

目前，国家报告经常对第 7 条加以说明，第 5 号一般性建议注意到的缺少报告的情况已在很大程度上得到补救。缔约国的报告和消除种族歧视委员会的结论性意见并不总是将第 7 条同与其有重叠的第 5 条中关于教育和文化的各款项区分开来。从 2014~2015 年的国家报告中选取的样本显示，在第 7 条之下提到的条目变化多端，其涵盖：

在公职部门中的族裔招募策略和社会研究教育；[175]

对共和国和世俗主义价值观的教育、提高认识和纪念种族大屠杀；[176]

打击右翼极端主义，开展防止种族主义思想的教育、公民教育、尊重人的尊严和避免刻板印象的教育、有关受《公约》保护的群体的历史和文化的教育，打击互联网上的种族主义；[177]

加强土著语言，增进土著权利和文化，认可精神向导，保障进入圣地的机会，开展传播土著权利知识的媒体运动；[178]

融混计划，通过媒体介绍人权原则；[179]

将人权、跨文化主义和两性平等主流化，为青年人组织"塑造跨文化公民"的旅行；[180]

---

[174]　J. Bengoa, I. Garvalov, M. Mehedi, and S. Sadiq Ali, *Joint Working Paper on Article 7 of the International Convention on the Elimination of All Forms of Racial Discrimination*, E/CN. 4/Sub. 2/1998/4, para. 7. 作者对第 7 条强制性质的评估在有关打击种族主义仇恨言论的第 35 号一般性建议第 31 段中得到了重申："第 7 条与《公约》的其他各条用同样强制性的措辞表述，而活动领域——'讲授、教育、文化及新闻'，并不是以穷尽所需义务的方式表述的。"

[175]　国家报告：丹麦，CERD/C/DNK/20-21, paras 195-206。

[176]　国家报告：法国，CERD/C/FRA/20-21, paras 256-308。

[177]　国家报告：德国，CERD/C/DEU/19-22, paras 152-166。

[178]　国家报告：危地马拉，CERD/C/GTM/14-15, paras 271-300。

[179]　国家报告：爱沙尼亚，CERD/C/EST/10-11, paras 314-330。

[180]　国家报告：秘鲁，CERD/C/PER/18-21, paras 241-246。

建设社群文化发展中心，消除教科书中的贬低性语言，将联合国和其他人权文件翻译成土著语言，促进传统手工艺，扩大与民间社会的对话；[181]

展开与国家、部落和人权组织的外联，展开与履行《公约》义务的国内保护行动的外联。[182]

455 这些样本表明，对这些规定哪怕不能作出完全不同的解释，也可以有不同的实践，而且当地情境在这些标准的应用中很重要。尽管所要求的义务具有相对开放的性质，但消除种族歧视委员会一直能够批评国家反应的不足或其他方面，包括在语言和文化、对融混或同化的贡献、教育课程设置、人员培训、媒体表现和传播国际标准等领域。委员会使用"增进""打击""宣传"等动词来判断缔约国是否遵守了其义务。

正如随着时间推移而变化的"容恕"的概念和对《公约》的解释方向一样，消除种族歧视委员会对第7条的适用已彻底"多元化"，其方式也力求尊重少数群体和多数人口之间关切的相互性和共同性。[183] 诸如跨文化和双语教育等概念已经调整适用于《公约》，并被理解为可适用于所有学生，而不仅仅是那些属于少数群体的学生。清除教科书中对族裔情况的贬损性提法被认为是一个关键的教育举措。纪念历史涉及整个国家，但同样涉及其组成部分，这些部分对国家生活的贡献应得到承认。少数群体和土著民族对教育和媒体的积极贡献经常得到强调，同样得到强调的还有尊重各群体的尊严和平等的必要性，以及其对社会上其他人的对等尊重的必要性。"立即采取有效措施"的适用按照《公约》第1条提出的标准群体分类，这针对所有有关群体，而不仅仅是第7条提到的"种族或民族"群体。各种各样的族裔间对话进程是委员会的建议的经常性关注点。

总而言之，第7条的适用像《公约》中的其他情况一样，受到承认受害

---

181 国家报告：斯洛文尼亚，CERD/C/SLV/16-17，paras 174-206。

182 国家报告：美国，CERD/C/USA/7-9，paras 210-216。

183 《联合国人权教育和培训宣言》第5条第4款没有明确指明特定社群或群体的名称，而是规定人权教育"应考虑到不同的经济、社会和文化环境，提倡地方采取主动行动，以鼓励实现人人享有一切人权的共同目标"。

者和诉求者的多样类型的国际人权法的发展的规范性影响。所有这些情况都表明，讲授人权原则（包括"《公约》原则"）也应根据规范和制度变革的现实作出调整。多元化和相互性实际上给教育、文化和信息领域的举措提供了基本起点。认识不到多元文化复杂性的文化、教育和信息项目，就无法对该条的要求作出适足回应。因此，《公约》反对单一的、同化主义的教育方法，并承认受《公约》保护的群体在决定自己未来方面的地位（*locus standi*）。

第十八章　第 20 条：保留

第 20 条

一、秘书长应收受各国于批准或加入时所作之保留并分别通知本公约所有缔约国或可成为缔约国之国家。凡反对此项保留之国家应于从此项通知书日期起算之九十日内，通知秘书长不接受此项保留。

二、凡与本公约之目标及宗旨抵触之保留不得容许，其效果足以阻碍本公约所设任何机关之业务者，亦不得准许。凡经至少三分之二之本公约缔约国反对者，应视为抵触性或阻碍性之保留。

三、前项保留得随时通知秘书长撤销。此项通知自收到之日起生效。

一　导言

提具保留是一种来自国家主权特权的权力，即拒绝同意某一条约中的特定条款。《维也纳条约法公约》将保留一般性地定义为"签署、批准、接受、赞同或加入条约时所作之片面声明，不论措辞或名称为何，其目的在摒除或更改条约中若干规定对该国适用时之法律效果"。[1] 保留应与并非旨在摒除或更改条约的法律规定的解释性声明和理解区分开来：对此，所用术语不是决定性的，一项被描述为"解释"或类似的说明如果摒除或更改了《公

---

[1]　《维也纳条约法公约》，1969 UNTS 1155, p. 331，第 2 条第 1 款（丁）项。《维也纳条约法公约》于 1969 年 5 月 23 日开放供签署，于 1980 年 1 月 27 日生效。

约》的规定，就可能构成保留。² 联合国国际法委员会《有关对条约的保留
实践指南》（下称《实践指南》）指出，一项说明作为保留或解释性声明的
性质是由"其提出者意在形成的法律效果"决定的，而为了确定一项说明的
性质，应当"根据其用语的通常含义善意地解释，以期确定……其提出者的
意图"。³ 一些国家也提出了一些不属于保留或单方面声明类别的单方面说
明，包括基本上体现政治意图的说明，例如，对于《消除种族歧视公约》，
一些国家声明，它们加入该公约并不意味着承认以色列或就其所涉事项与以
色列发生关系。⁴

　　从国际法的一般"契约性"规则的角度看，保留需要得到一项条约的所
有其他缔约国的同意；如果没有得到这样的同意，一个意在提出保留的国家
的选项是，或者以其原本的纯粹状态成为条约的缔约国，或者根本不成为缔
约国。国际法院有关对《防止及惩治灭绝种族罪公约》的保留的咨询意见表
明了从"所有方都同意"这一做法的游离，认为提具保留的国家若遭到某些
缔约国反对，但另一些缔约国没有反对，则其仍可被视为缔约国，但条件是
保留符合所涉公约的"目的及宗旨"。⁵ 虽然国际法院这一有关保留的咨询
意见在提出其立场时，考虑到了《防止及惩治灭绝种族罪公约》的特殊性，
但"目的及宗旨"的概念被《维也纳条约法公约》用作"对所有条约的默
认做法"：⁶ 其第19条规定，各国可以提具保留，除非条约禁止或与条约的

457

2　《维也纳条约法公约》没有提到解释性声明。国际法委员会《有关对条约的保留实践指南》
（*Guide to Practice on Reservations to Treaties*）第1.2段将解释性声明定义为"一国或一国际组织为了阐
明或澄清条约或者其中某些规定的含义或范围所作之单方面声明，不论其措辞或名称为何"：<
http://legal.un.org/ilc/texts/instruments/english/draft%20articles/1_8_2011.pdf>。《实践指南》第1.4
段将一国同意受某一条约约束与对该条约的具体解释联系起来的"有条件解释性声明"称为保留。

3　第1.3段和第1.3.1段。

4　巴林、伊拉克、科威特、利比亚、叙利亚、阿联酋、叙利亚和也门：<https://treaties.un.org/
pages/ViewDetails.aspx?src=TREATY&mtdsg_no=IV-2&chapter=4&lang=en>。

5　*Reservations to the Convention on the Prevention and Punishment of the Crime of Genocide*（Advisory
Opinion）[1951] ICJ Rep 15, 23.（与《维也纳条约法公约》中文本中的"目的及宗旨"和《消除
种族歧视公约》中文本中的"目标及宗旨"相对应的英文用词，在各该公约的英文本中均为"the
object and purpose"。本中译文视情况采用"目标及宗旨"或"目的及宗旨"作为"the object and
purpose"的对应用词。——译者注）

6　E. T. Swaine, 'Treaty Reservations', in D. B. Hollis（ed.）, *The Oxford Guide to Treaties*（Oxford
University Press, 2014）, pp. 277-301, p. 297 [henceforth 'Treaty Reservations']。

目的及宗旨不符。[7] 对于保留的接受和法律效力，《维也纳条约法公约》概述了一种互动制度，除其他外规定，除非反对国明确表示相反的意图，否则反对一项保留并不妨碍该条约在保留国和反对国之间生效。[8] 反对国和保留国之间因保留而改变法律关系，并不影响其他缔约国之间的立场。

关于《维也纳条约法公约》保留制度的影响，一些思想流派将其他缔约国反对保留的制度当作确定保留法律效力的主要方式，而另一些流派则认为，"保留是否违背条约的目的及宗旨的问题，在词法上就成为一个先于各国是否可以反对某一缔约国的说明的问题"。[9] 国际法委员会的《实践指南》将《维也纳条约法公约》第 19 条解读为，它确立了对于保留是否可予允许的客观标准，将违背目的及宗旨的保留视为不具有法律效力。[10] 国际法委员会的立场表明，对待保留的进路从一种协商取得一致（接受或拒绝）的进路转变为一种"价值论"（有效或无效）的进路，后一进路一般性地适用于条约，而不具体针对人权条约。[11]

《防止及惩治灭绝种族罪公约》和《维也纳条约法公约》的保留制度除其他外，对作为效力决定因素的目的及宗旨的含义，以及对有权确定法律效力的机构或机制提出了疑问。对于评估保留，《维也纳条约法公约》没有提供对于一项条约之"目的及宗旨"的解释。斯韦恩在列举一系列权威观点，包括那些对目的及宗旨的检验标准持怀疑态度的观点之后评论说，"目的及

7　第 20 条第 2 款保留了一项特别规则，即"倘自谈判国之有限数目及条约之目的与宗旨来看，该条约在全体当事国之间全部适用是每一当事国同意受该条约约束的必要条件，则保留就须经全体当事国接受"。

8　第 20 条第 4 款。

9　B. Çali, 'Specialized Rules of Interpretation: Human Rights', in *The Oxford Guide to Treaties*, pp. 525–548, pp. 534–537, p. 535.

10　《实践指南》第 4.5.1 段。"一缔约国或一缔约组织接受一项不允许的保留并不影响保留的不可允许性"：《实践指南》第 3.3.3 段。"无效保留的无效性质不取决于一缔约国或一缔约组织的反对或接受"：《实践指南》第 4.5.2 段。米拉诺维奇（Milanovic）和西西利亚诺斯在评论《实践指南》时写道，"《维也纳条约法公约》第 20~23 条只处理根据第 19 条客观上有效的保留；它们不涉及实际上无效的保留……而各国可能反对它们认为无效的保留，这只是保留无效的有说服力证据"：<http://www.ejiltalk.org/the-ilcs-clever-compromise-on-the-validity-of-reservations-to-treaties/>。

11　F. Mégret, 'Nature of Obligations', in D. Moeckli, S. Shah, and S. Sivakumaran (eds), *International Human Rights Law* (2nd edn, Oxford University Press, 2014), pp. 96–108, p. 118.

宗旨的检验难以捉摸这一点得到广泛承认"。[12] 国际法委员会的《实践指南》提供了一种抽象的判定标准：如果某项保留影响条约的一个基本要素，而该要素"为条约主旨所必需，以至于保留损害该条约的存在理由"，则该保留与条约的目的及宗旨不符，[13]《实践指南》将这一点与《维也纳条约法公约》解释条约的一般方式联系起来，提出在确定目的及宗旨时，应考虑条约用语在其上下文（尤其是名称和序言）中的含义；还可以参考"条约之准备工作及缔约之情况，并酌情参考缔约方的嗣后实践"。[14] 关于确定保留之效果的权力，《维也纳条约法公约》没有涉及条约监督机构的作用，其中人权领域的许多机构，在该公约于 1980 年生效后才出现。《实践指南》概述了监督机构在评估保留方面的作用，同时指出，这种机构在行使这一职权时所作的评估，并不具有比载有该评估意见的文件所具有的法律效力更大的效力：[15] 换言之，它没有授权各机构做超出其组织文书允许其做的事情。

虽然《维也纳条约法公约》规定的保留制度所推崇的目的及宗旨原则在原则上适用于整个国际条约法，但人权文书及其附属条约机构的增加引起了争议，即对人权公约的保留是由《维也纳条约法公约》的一般制度所规范，还是代表着一种背离该制度的特殊情况。对条约保留的契约式进路，由于可能造成的支离破碎和法律混乱的情况，对大型多边条约的吸引力极为有限；对于人权条约，这一问题更加严重，以保留架空这些条约不仅影响各国利益，而且直接关系到人的生活。就联合国的人权框架而言，人权事务委员会第 24 号一般性意见对于人权背景中相互关联的问题——目的及宗旨、确定

12　Swaine,‘Treaty Reservations’, p. 286, n. 43.

13　《实践指南》第 3.1.5 段。见《维也纳条约法公约》第 31 条和第 32 条，在本书第二十章讨论。

14　《实践指南》第 3.1.5.1 段。参见《维也纳条约法公约》第 31 条（通常意义、目的及宗旨、上下文、嗣后实践）和第 32 条（补充资料，包括准备工作）。简明扼要的回顾，见 R. Gardiner,‘The Vienna Convention Rules on Treaty Interpretation’, in *The Oxford Guide to Treaties*, pp. 475 – 506; R. Gardiner, *Treaty Interpretation* (Oxford University Press, 2008); U. Linderfalk, *On the Interpretation of Treaties: The Modern International Law as Expressed in the 1969 Vienna Convention on the Law of Treaties* (Springer, 2007).

15　《实践指南》第 3.2.1 段。

保留效果的权力以及法律后果，代表着一个经典篇章。[16] 与《消除种族歧视

459 公约》不同，《公民及政治权利国际公约》既不禁止保留，也没有提及任何
允许的保留类型，因此对该公约及其第一项任择议定书提出保留的问题，由
国际法规范。

人权事务委员会回顾说，《维也纳条约法公约》第 19 条（丙）项提供
了"有关的指示"，而目的及宗旨的标准"规范对保留的解释和保留的可接
受性"。[17] 在该意见中，《公民及政治权利国际公约》的目的及宗旨被广泛地
定义为"通过界定某些公民权利和政治权利，并将这些权利放在一种义务架
构中，构建有法律约束力的人权标准；……提供一种高效率的监督机制"。[18]
贯彻这一方针的含义的结果是，对强制性规范和习惯国际法、自决权、在不
歧视的基础上尊重和确保权利的义务以及《公民及政治权利国际公约》的不
可克减条款的保留，[19] 都被认为是不得允许的。[20] 第 24 号一般性意见在若干
段落中讨论了决定保留是否可予允许的权力问题，主张《维也纳条约法公
约》的方案太有限，无法解决对人权条约的保留问题，因为这样的条约"并
不是国家之间交换彼此义务的一个网络"，而是"有关赋予个人权利"。[21] 该
一般性意见指出了"互动式的"《维也纳条约法公约》进路的不确定结果，
得出的结论是，"必然要由［人权事务］委员会来决定某项保留是否符合
《［公民及政治权利国际］公约》的目的及宗旨"——这些目的及宗旨"必

16　人权事务委员会第 24 号一般性意见："关于批准或加入《［公民及政治权利国际］公约》
或其任择议定书时提具的保留或者有关根据《公约》第 41 条作出的声明的问题"，HRI/GEN/1/
Rev. 9（Vol. I），pp. 210-217。

17　人权事务委员会第 24 号一般性意见第 6 段。第 13 段和第 14 段阐述了有关《第一任择议定
书》的目的及宗旨的原则，第 5 段评论了《第二任择议定书》的保留条款。

18　人权事务委员会第 24 号一般性意见第 7 段。由此，第 11 段称，"一项保留，若旨在拒绝
委员会解释《［公民及政治权利国际］公约》任何条款之要求的职权，……即违反该条约之目的
及宗旨"。

19　人权事务委员会第 24 号一般性意见第 19 段。第 10 段补充说，"对不可克减条款的保留与
有违《公约》目的及宗旨的保留之间，没有当然的联系，但是，国家负有重大责任来证明对不可克
减条款的保留有正当合理的原因"。

20　人权事务委员会第 24 号一般性意见第 8、9 和 10 段。第 11 段声明了对《公民及政治权利
国际公约》的支持性基础设施即保障权利的制度性框架的保留具有不可允许之性质。

21　人权事务委员会第 24 号一般性意见第 17 段。

须参照法律原则，客观地加以确立"。此外，不可接受之保留"通常是可以分割的，其含义即是说，《［公民及政治权利国际］公约》将对保留国生效，保留国不能从该保留中受益"。[22]

虽然人权事务委员会的通常实践很谨慎，[23] 但其第 24 号一般性意见所表达的观点引起了一些国家的强烈反对，[24] 消除种族歧视委员会在其对保留辩论的反思（见下文）中所提到的"法律斗争"范式因此应该避免。关于强行法，美国评论说，虽然很明显，一国无法通过提具保留而使自己免受国际法强制性规范的约束，但是，"不完全清楚的是，国家能否通过作出保留，反对将某些特定规范纳入其在《［公民及政治权利国际］公约》下的义务中，从而选择排除这些规范的一种执行手段"；关于保留和习惯国际法，人权事务委员会的意见"完全不受国际法支持，事实上有违国际法"；"一种目的及宗旨的分析就其性质而言，需要考虑特定的条约、权利以及所涉及的保留"。英国不同意得对习惯国际法提出保留，但接受这样一种观点，即允许对习惯国际法提出保留的条件是，有关权利的基本宗旨不被否认。[25] 法国认为，不应将遵守习惯国际法的义务与同意受一项条约所表明的原则的约束相混淆，不同意《维也纳条约法公约》的保留制度是不适当的，并反对可分割性的想法。美国还质疑，人权事务委员会是否真的打算让任何保留都不

460

22　人权事务委员会第 24 号一般性意见第 18 段。关于保留的可分割性，人权事务委员会在以下案件中确认了第 24 号一般性意见表达的观点：*Kennedy v Trinidad and Tobago*，CCPR/C/74/D/845/1998（2002）；人权事务委员会委员安藤（Ando）、巴格瓦蒂（Bhagwati）、克莱因（Klein）和克雷茨梅尔（Kretzmer）发表了异议意见，认为可分割性方法仅"一般性地"适用，在"非常清楚"保留国同意成为缔约方"取决于保留的可接受性"时，则不能适用。如何处理对《欧洲人权公约》的保留，见欧洲人权法院的案例：*Belilos v Switzerland*，App. No. 10328/83（1988）；*Loizidou v Turkey* (*Preliminary Objections*)，20 EHRR 99（1995）。

23　人权事务委员会涉及土著群体的有关实践包括：*T. K. v France*，CCPR/C/37/D/220/1987（1989）；*Hopu and Bessert v France*，CCPR/C/60/D/549/1993/Rev. 1（1997）。（这两件来文都涉及法国有关《公民及政治权利国际公约》第 27 条的声明是否属于保留的问题，人权事务委员会认定该声明属于保留。——译者注）

24　见法国的评论，A/51/40（Vol. Ⅰ，1996），104-106；美国的评论，A/50/40（Vol. Ⅰ，1995），Annex Ⅵ，126-129；英国的评论，A/50/40（Vol. Ⅰ，1995），Annex Ⅵ，130-134。（原书此注不全，经联系作者核实，予以补充。——译者注）

25　英国的评论，第 7 段。《实践指南》第 3.1.5.3 段指出，"一项条约规定反映了一项习惯国际法规则，这一事实本身并不妨碍对该项规定可提出保留"。

被允许，还是仅仅不允许完全损害所涉权利的保留。在可分割性问题上，美国不同意人权事务委员会的意见，认为美国的保留是"其同意受约束的有机组成部分"。[26]

这些争论引发了国际法"通才"和专门从事"人权"工作者的进路之间的二分法主张。[27] 《实践指南》形成了被米拉诺维奇和西西利亚诺斯描述为通才和专才之间的一种"巧妙妥协"，[28] 方式是将一般条约制度解释为，它能够容纳人权法律工作者的关切、对保留的有效性提出客观标准以及支持监督机构评估保留是否可予允许的权限。[29]

二 准备工作

在关于备选最后条款的工作文件中，[30] 联合国秘书长提出了关于保留的三份备选案文，[31] "其中最'极端'的一个排除了对《公约》提出保留的可能性"。[32] 联大第三委员会主席团成员提出了一份有关适用于《公约》所有

461

---

[26] 斯韦恩注意到这样的情况，有些国家，主要是北欧国家，"主张一种具有'超级最大效果'的反对权——实际上分割了保留，而主张各国之间根据整个条约，包括与保留有关的规定，具有一种有约束力的关系"：Swaine, 'Treaty Reservations', p. 294, and pp. 294-296, particularly footnotes 85-87。

[27] 国际法委员会有关保留问题的报告员佩莱（Pellet）的评论，*Droits-de-L'Hommisme at Droit International*, <http://www.droits-fondamentaux.org/IMG/pdf/df1peldhd.pdf>；将人权法律工作者定性为一群要求对人权公约给予特殊待遇的同质群体，被认为是一种误导：Elíbol and Çali, <http://www.ejiltalk.org/the-ilcs-clever-compromise-on-the-validity-of-reservations-to-treaties-a-rejoinder-to-marko-milanovic-and-linos-alexandre-sicilianos/#more-10610>。

[28] <http://www.ejiltalk.org/the-ilcs-clever-compromise-on-the-validity-of-reservations-to-treaties/>；他们将国际法委员会的进路称为"维也纳+"。

[29] 《实践指南》第3.2.1段规定，条约监督机构可以评估保留是否可予允许，但这种评估的"法律效力不超过载有该评估意见的文件"，换言之，它并不打算赋予条约机构新的权力。此外，第3.2.4段规定，条约机构的权力"不影响缔约国……评估对条约之保留是否可予允许的权限"。斯韦恩对国际法委员会的思路提出了简短的基于有益参考资料的批评：Swaine, 'Treaty Reservations', pp. 298-301。

[30] E/CN.4/L.679.

[31] *Ibid.*, pp. 12-13.

[32] N. Lerner, *The International Convention on the Elimination of All Forms of Racial Discrimination* (Sijthoff and Noordhoff, 1980), p. 95.

条款的保留的案文，其第 1 款规定，"在签署、批准或加入时，任何国家均可对《公约》之任何条款提具保留"。[33] 在联大第三委员会中，加拿大提议删除整个保留条款，因为要考虑《公约》的篇幅和有争议的性质，而且需要"获得尽可能多的签署、批准或加入"。[34] 加纳反对删除，其代表主张，如果没有保留条款，"将为可能提出最终会破坏《公约》的保留的某些缔约国开路"。[35] 加拿大的修正以 25 票赞成、19 票反对、大量弃权——34 票——获得通过。[36] 乌拉圭批评删除保留条款，认为结果是"大大弱化了《公约》"。[37]

在联大全体会议上，一项由 33 个国家提出的修正案推翻了第三委员会的决定，重新添加了一项保留条款，[38] 加纳代表以戏剧性的措辞对这一条款作了介绍和辩护："《公约》草案中没有保留条款是一个重大缺陷，可以想象，这可能从一开始就使《公约》失去效力。保留条款在第三委员会被删除……本身就是一件惨事。"[39] 该代表在引入三分之二规则时——当至少三分之二缔约国反对时保留与《公约》抵触*，评论说，虽然这背离了传统的一致同意概念，但"这不是一项创新，而是联大作为其产业的主人可以采用的、使《公约》免遭破坏和大量关于解释的法律纷争的一项条款"。[40] 此外，

> 任何关于国际法院在这一问题上取代国家的提议都是站不住脚的，因为进行谈判并将通过《公约》的是各个国家。它们的意图对有关解释的任何司法构建都至关重要，它们必须承担保证《公约》完整性的首要责任。它们的行动，即使是政治性的，也将基于它们对通过《公约》所

33　A/C. 3/L. 1237.

34　A/C. 3/SR. 1368, paras 81 and 90 (Canada)；also *ibid*., para. 82 (Greece).

35　*Ibid*., para. 83；Hungary, *ibid*., para. 84.

36　*Ibid*., para. 92. 波兰根据其被否决的提议争辩说，在没有具体条款的情况下，国际法的规定将适用，而且"不能对已被接受的条款的实质内容提出任何保留"（*ibid*., para. 94）。

37　*Ibid*., para. 93.

38　A/C. 3/L. 479.

39　A/PV. 1406, para. 7.

*　与第 20 条第 2 款中文本中的"抵触"相对应的英文本中的用词为"incompatible"。下文在引用《公约》约文之外，也视情况将该词翻译为"不符"或"不符合"。

40　A/PV. 1406, para. 37. 值得注意的是，赫希·劳特派特爵士在 1953 年关于条约法的初次报告中提出的《维也纳条约法公约》的"备选草案"中，设想了一种由三分之二的有关国家共同控制保留有效性的制度：Sir Hersch Lauterpacht, *YBILC* 1953, Vol. Ⅱ, A/CN. 4/63, pp. 124-133.

达成的协商一致的理解，以及对它们在规定各条时共同考虑的宗旨及目的的理解。[41]

该代表接下来进一步强调，各缔约国有责任确保《公约》的完整性，将《公约》描述为——在后现代颇有讽刺意味——"君子之间非凡妥协的结果"。[42] 阿根廷代表在反对第 20 条中的三分之二规则时回顾说，"即使没有保留条款，保留也不得妨碍《公约》的目标和宗旨"，[43] 同时预见了消除种族歧视委员会的一种作用："与有关国家开展谈判，以期促使它们重新考虑其态度……甚至是向联大提出建议。这种方式可能不如要求三分之二多数赞同那么令人惊叹，但实践中有可能更有效。"[44]

有关保留的整个一条以压倒性的多数赞成获得通过。[45]

三　实践

针对《公约》具体条款的保留和声明已经在本书的有关章节中分析。只有不到三分之一的缔约国提出了保留和声明，而且许多说明被撤回；目前有 24 个国家对保留提出反对。[46] 保留和声明的范围有限，即大多数说明涉及第 4 条和第 22 条以及第 17 条和第 18 条；较小的一组说明涉及第 2 条和第 5 条。沙特阿拉伯、泰国、土耳其、美国和也门提出了性质更广泛的保留；反对意见主要集中在沙特阿拉伯、泰国和也门提出的保留/声明上。沙特阿拉

41　A/PV. 1406, para. 38.

42　*Ibid.*, para. 40："因此，我们无法设想一个国家希望挫败它的目的及宗旨，一个已经受到《［联合国］宪章》约束的目的及宗旨……。但如果一国希望这样做，那么其他志同道合的国家……就有义务确保《公约》的完整性，并防止它变成七零八碎的一堆公约。"

43　*Ibid.*, para. 46.

44　*Ibid.* 希腊代表在解释投票时称，保留问题最好由"一个法律性机构，例如联合国秘书处法律事务厅"决定：*Ibid.*, para. 129。

45　82 票赞成、4 票反对、21 票弃权：A/PV. 1406, paras 55–57。

46　<https://treaties. un. org/pages/ViewDetails. aspx? src = TREATY&mtdsg _ no = IV – 2&chapter = 4&lang=en>. 对于保留的范围、提前撤回等情况的讨论，见 E. Lijnzaad, *Reservations to UN Human Rights Treaties：Ratify and Ruin？* (Martinus Nijhoff, 1995)［henceforth *Reservations to UN Human Rights Treaties*］. 有关第 14 条和其他解决争端的国际机构的声明，见本书第四章。

伯声明，其有意实施《公约》的规定，条件是它们不与"伊斯兰教法的规条相冲突"；泰国将《公约》解释为不得施加超出其宪法和法律的范围的义务；也门于 1989 年加入《公约》时，对第 5 条规定的多项权利提出了保留。[47] 许多保留在相当长一段时间内一直留在"记录上"，尽管一些新近批准《公约》的国家，例如土耳其、泰国和美国，试图通过提具保留、声明和解释来澄清它们在原则问题上的立场。虽然对《消除种族歧视公约》的保留的数目和范围引起的关切，无法与对于对另一主要反歧视文书即《消除对妇女歧视公约》的保留所表达的关切相比，[48] 但撤销这些保留的呼吁也不绝于耳，包括来自 2001 年德班反对种族主义世界会议和 2009 年德班审查会议的呼吁。[49]

　　关于消除种族歧视委员会在保留方面的权力，委员会于 1976 年要求编写一份备忘录，说明委员会关于某项保留不符合《公约》的目的及宗旨的一致决定的法律效果（在该项保留已被接受时）以及这种情况在第 20 条第 2 款之下的效果。联合国秘书处的法律意见称，即使委员会就某一保留不可接受达成的一致决定也不具有法律效力。[50] 在 1978 年委员会关于保留问题的一般性讨论中，委员们同意委员会必须考虑保留问题，但同意秘书处的意见，即即使委员会一致决定某一保留不得允许，这也不具有法律效力。另一方面，声明对声明国的义务没有影响，否则它们就必须被视为保留。[51]

　　消除种族歧视委员会委员在 2003 年的第六十二届会议上，编写了一份"关于对人权条约的保留问题"的意见。[52] 虽然该文件没有作为委员会的决定正式通过，但可以认为它与实践大体上一致，而且后来并没有任何一般性

463

47　见本书第十二章。

48　除其他外，见消除对妇女歧视委员会关于对《消除对妇女歧视公约》的保留的声明，A/53/38，Rev. 1（1998），pp. 47-50。

49　《德班行动纲领》第 68 段、第 77 段，《德班审查会议成果文件》第 39 段。另见消除种族歧视委员会关于反对种族主义世界会议的第 28 号一般性建议第 4 段。

50　*United Nations Juridical Yearbook 1976*，pp. 219-221.

51　A/33/18，Chapter Ⅵ，paras 370-377.

52　CERD/C/62/Misc. 20/rev. 3，13 March 2003. 该意见的撰稿人是委员会委员迪亚科努、雷舍托夫和西西利亚诺斯；迪亚科努和雷舍托夫早先的意见（CERD/C/53/Misc. 23），曾在委员会 1999 年年度报告（A/54/18）第 575 段之后的注解中提到。

说明对其予以补充。[53] 该意见回顾说，对人权条约的保留是一个现实情况，[54] 如果不允许保留，许多缔约国就不会批准《公约》，这一评论呼应了起草过程中的讨论。该意见原则上称，《消除种族歧视公约》与《维也纳条约法公约》的保留制度并行不悖，坚持其"目标及宗旨"条款作为评估保留可否接受的标准，[55] 同时增加了保留是否阻碍《公约》所设机关的运行的标准。[56] 第 20 条中三分之二的"合议"（collegiate）程序被说成代表了一项特别规则，也许是一种"特别法"（lex specialis），[57] 它在确定保留是否具有相符性的程序方面，偏离了《维也纳条约法公约》的保留制度。该意见认为，合议程序尚未起作用，所有保留国"都被视为《公约》缔约国"。该意见评论了保留的性质，其中包括各国在自我评估本国法律是否符合《公约》方面将本国法律置于特别优越地位这一难题。该意见否定了一种批评，即这些国家实际上拒绝接受与《公约》有关的国际义务，"因为它们的立法可能已经对……其规定作出了回应，至少在部分程度上"。[58] 鉴于某些保留年头已久，加之多年来国家立法不断发展，该意见对保留究竟还剩下什么意义表示了疑问，并补充说：

> 似乎保留剩下的，更多的是限制……国与国之间关系和承诺，而不是限制各国为履行《公约》而采取的措施。众所周知，没有一个国家根据第 11 条启动程序，或根据第 22 条向国际法院提起争端，[59] 以便审议另一缔约国提出的保留是否可以接受以及这种保留对实施《公约》的影响。[60]

464

53　委员会 2004 年年度报告提及并部分概述了该工作文件：A/59/18，para. 11。

54　CERD/C/62/Misc. 20/rev. 3，para. 1。

55　在《消除种族歧视公约》中纳入"目标及宗旨"的标准（1965 年）早于《维也纳条约法公约》（1969 年）。

56　CERD/C/62/Misc. 20/rev. 3，para. 1。

57　*Ibid.* 该意见没有使用这一术语，而是提到了"要适用一项特别规则，而非《维也纳条约法公约》所述的程序"。

58　*Ibid.* 比较人权事务委员会对美国保留意见的反应，对此的回顾，载于 O. de Schutter, *International Human Rights Law* (Cambridge University Press, 2010)，p. 118。

59　此后，在提交国际法院的格鲁吉亚诉俄罗斯联邦案（*Georgia v Russian Federation*）中，第 22 条得到援用，见本书第十九章。

60　CERD/C/62/Misc. 20/rev. 3，para. 1. 见下文有关国际法院审理的武装活动案。

该意见第 2 段提出了两个相辅相成的主张：

> 诚然，人权条约并不是国家间交换相互义务的网络，它们涉及赋予个人权利：[61]《公约》的实施……不是一个对等问题。但同时，人权条约仍然是条约，具有来自条约法和一般国际法的一切后果……。要通过条约实现的国家意志的表达，才是条约所载个人权利的起源，而保留是该国同意成为某一条约缔约国的组成部分。[62]

该意见指出，消除种族歧视委员会可以对某些保留是否符合《公约》的目标及宗旨提出批评看法并建议更改或撤销保留，这种做法"比以下做法更有益：与所有保留国展开一场法律斗争，坚持某些……保留没有法律效力，坚持……不管这些国家在批准《公约》时的意志如何，它们都受其整体文本的约束"。[63] 委员会青睐的进路是"富有成效的对话"，而不是"法律斗争"。

自 2003 年起，委员会不时回到保留问题上来。2006 年 8 月的一次简短讨论引起了委员们的各种意见，包括一项有力的断言，即"委员会没有权力对缔约国的保留的有效性发表声明"。[64] 鉴于委员会的一般做法及其公认的局限性，最后一项关于"权力"的声明可以解释为，虽然委员会可以而且已经对保留发表"声明"，但根据第 20 条的文字，这种声明对保留的法律效果并不具有决定性。

国际法院在"刚果领土上的武装活动案"（刚果民主共和国诉卢旺达，2002 年的新申请）中处理了对《公约》的保留问题。[65] 刚果民主共和国试图根据除其他外的《公约》第 22 条来援用国际法院的管辖权。卢旺达则辩称，

61　该用语忆及人权事务委员会第 24 号一般性意见第 17 段。另见 *Reservations to the Convention on the Prevention and Punishment of the Crime of Genocide*, Advisory Opinion, ICJ Rep. 1951 15, 23–24; European Commission on Human Rights, *Austria v Italy*, App. No. 788/60, *European Convention on Human Rights Yearbook*, 4 (1961), 116, 140; Inter-American Court of Human Rights, *The Effect of Reservations on the Entry into Force of the…Convention*, Advisory Opinion OC-2/82 (1982).

62　本书作者校订了此处引证和整篇意见的英文，但没有校订其实质内容。

63　CERD/C/62/Misc. 20/rev. 3, para. 4.

64　Aboul-Nasr, CERD/C/SR. 1785, para. 6.

65　*Armed Activities on the Territory of the Congo* (New application: 2002) (Democratic Republic of the Congo v Rwanda), Jurisdiction and Admissibility, Judgment, ICJ reports 2006, p. 6 [henceforth *Armed Activities*]. 关于保留情况的简短摘要，见 HRI/MC/2005/5/Add. 1, paras 2–5。

它对第 22 条的保留排除了这种管辖权,指出刚果民主共和国没有对这项保留或其他国家提具的任何类似保留提出任何反对意见。[66] 另一方面,刚果民主共和国认为卢旺达的保留是不可接受的,"理由是它不符合条约的目的及宗旨";再者,禁止种族歧视是一项强制性规范,而且从《维也纳条约法公约》第 53 条的精神来看,[67] 该保留应被视为"违反强行法且无效",因此没有对保留的反对"无关紧要"。[68] 刚果民主共和国提出了进一步的论点,即该保留"已经归于失效或废弃不用",理由是《卢旺达基本法》中载有撤回对人权条约的保留的承诺。[69] 对这一点,国际法院注意到《公约》第 20 条第 3 款中关于撤回保留的规定,但卢旺达并没有启用这项规定。[70] 国际法院在得出它对该争端没有管辖权的结论时,回顾了第 20 条第 2 款,指出卢旺达的保留没有遭到至少三分之二《公约》缔约国的反对,总结认为,该保留"因此不能被视为与《公约》之目标及宗旨抵触";法院还忆及,刚果民主共和国没有对该保留提出反对意见。[71] 对于刚果民主共和国提出的有关《公约》具有强行法性质的论点,国际法院称:

> 争端涉及不遵守一般国际法之某项强制性规范这一事实,不足以确立法院受理此等争端的管辖权,而且不存在要求各国同意这种管辖权以解决与《消除种族歧视公约》有关之争端的强制性规范。[72]

一项五名法官[73]联合提出的单独意见说明了自 1951 年国际法院就《防止及惩治灭绝种族罪公约》的保留问题发表咨询意见以后的事态发展,其中特

66　*Armed Activities*，para. 72.

67　该第 53 条规定:"如果条约在缔结时与一般国际法之强制性规范相冲突……强制性规范……是国家之国际社会全体接受并公认为不许损抑的规范,则该条约无效。"

68　*Armed Activities*，para. 73.

69　*Ibid.*

70　*Ibid.*，para. 75.

71　*Ibid.*，para. 77.

72　*Ibid.*，para. 78. 对另一种情况——豁免主张与强行法之间的关系,克拉伯斯评论说,实体法和程序规则(有关国家不能被起诉的情况)之间的严格区分并不能减损它们可能的罪行,而且被违反的规则的基本性质(强行法)"似乎巧妙过头了":J. Klabbers, 'The Validity and Invalidity of Treaties', in *The Oxford Guide to Treaties*，pp. 551–575，p. 572.

73　法官希金斯(Higgins)、埃拉拉比(Elaraby)、寇艾曼斯(Kooijmans)、小和田(Owada)和希玛(Simma)。

别包括"在评估与目的及宗旨的相符性方面，是否要给根据联合国多边人权条约设立的监督机构分配某种角色"。[74] 该联合意见补充说，这些机构的做法"不应被视为对1951年确定的法律'形成例外'……我们认为，更确切地说，这是一个发展，以涵盖法院当时未被要求解决的问题，并解决后来出现的新问题"。[75] 此外，从发展的角度来看，

> 各种人权法院和法庭并没有认为，本法院1951年的咨询意见使它们除了指出某一特定国家是否反对某项保留外，别无作为。这一发展并没有在1951年的……意见所代表的一般国际法之中造成"分裂"，以及这些不同的法院和法庭对之的"背离"。相反，这一发展要被视为发展法律以适应当代现实，而且在本法院1951年的具体认定中并无对其予以禁止之处。事实很明显，国际法院的做法本身就反映了这样一种法庭和法院……在有必要时可以宣布保留是否符合目的及宗旨的趋势。[76]

关于保留与各项公约的"目的及宗旨"相符或不符，该联合意见指出：

> 这在很大程度上取决于具体公约……和具体保留。在某些条约中，并非所有对具体实质性条款的保留都必然违背条约的目的及宗旨……。相反，对某一特定"程序性"规定的保留……可能违背条约的目的及宗旨。例如，根据某些联合国公约设立的条约机构很可能对这些文书的整体效力具有核心作用。正如人权事务委员会指出的那样，缔约国定期提交报告和审查报告是《[公民及政治权利国际]公约》制度的核心。如果一个国家声称接受实质性义务……但拒绝就这些义务提出报告或参加对国家报告的审查，这可能违反该公约的目的及宗旨。同样的情况也可能发生于其他文书中的监督机构，这些文书的全部效力取决于国家报告制度。[77]

466

74　*Armed Activities*, Joint Separate Opinion, para. 12.

75　*Ibid.*, para. 16.

76　*Ibid.*, paras 22 and 23.

77　*Ibid.*, para. 21.

四 评论

如前所述，在《公约》中纳入任何形式的保留条款，都是起草机构的争论和相互矛盾的立场的主题，其中心问题是某种可能阻碍批准该文书的条款的后果，以及《公约》的整体完整性。该条款的支持者将其视为对《公约》的拯救，其使《公约》不会因为可能损害实质内容的保留而遭破坏；反对者则主张删除该条款，并鼓励尽可能多的国家批准一项"有争议的"公约，保留问题则留待根据一般国际法处理。三分之二的"合议"规则作为一种"天外救星"（*deus ex machina*）出现了，它是一个断头台，用以遏止未来关于《公约》解释和适用的争议，并将保留置于各国的总体控制之下。看起来同样清楚的是，在起草《公约》时，各国并不打算赋予消除种族歧视委员会关于保留的决定权。结果，与《消除对妇女歧视公约》和《儿童权利公约》不同，《消除种族歧视公约》的实质并没有在多大程度上因保留而褪色；同样看不出的是，纳入保留条款对鼓励或阻止缔约国加入《公约》有可察觉的影响。

在其自我管理范围内，《公约》第20条与有关保留的更广泛国际标准只是部分脱节，该条除其他外，代表着参考国际法院在有关对《防止及惩治灭绝种族罪公约》的保留的咨询案中发展出来的标准，在多边条约中列入"目的及宗旨"的检验标准以判断保留有效性的一种较早做法。[78] 后来被纳入《维也纳条约法公约》的这一标准被广泛认为代表了习惯国际法。因此，正如上文摘引的消除种族歧视委员会关于保留的意见所承认的那样，对保留的更广泛讨论仍然与第20条的适用有关。将第20条定性为一项特别规则，不应模糊《消除种族歧视公约》与《维也纳条约法公约》之间的关联。

目的及宗旨的标准似乎只规范第20条第2款的一个方面；有关禁止根

---

[78] Advisory Opinion ICJ Rep. 1951, 15. 因此，《维也纳条约法公约》和《消除种族歧视公约》都有"相同的实质标准"（目的及宗旨）：I Diaconu, *Racial Discrimination* (Eleven International Publishing, 2011), p. 259。

据《公约》设立的机关审查保留的规定是作单独处理的，这显然表明，禁止标准不受"目的及宗旨"的规制——这种情况有些偏离人权事务委员会的思路。[79] 鉴于一种可能，即对监督程序的反对可能会阻碍《公约》的有效实施，目前尚不清楚的是，"目标及宗旨"与对《公约》机构的禁止之间的二分法是否代表了一个原则问题。正如莱恩扎德所指出的，乍一瞧，第 20 条似乎提供了一个透明的制度，但再一看，并不一定一切都很清楚。[80] 禁止标准大概涉及消除种族歧视委员会本身和第 12 条所设想的专设和解委员会，也可能涉及《公约》第二部分设立的任何机构。[81] 第 22 条所指的国际法院乃是基于独立于《公约》的程序而不是由《公约》"设立"的。"本公约所设任何机关"大概会包括消除种族歧视委员会为改善其整体表现而利用其委托权设立的机构，只要任何此类机构是在委员会的总体权力下运作（委员会本身则是"公约所设机关"）。

关于"三分之二"规则，针对判断保留可否接受的"合议"办法——消除种族歧视委员会的意见认为其不起作用，所设想的对抵触性或阻碍作用的"判断"，随着缔约国数目的增加，离现实越来越远。[82] 考虑到目前《公约》缔约国的数目——177 个，不太可能有任何保留能根据第 20 条第 2 款的程序性规定被判断为具有抵触性。国际法院在武装活动案中认为，一项保留如果没有被缔约国的"合议"宣布为如此，即"不能被视为不符合"《公约》，但这种观点不应被当作任何保留在实质上都符合《公约》。在赋予"合议"的判断权与委员会实践中不时作出的抵触性评估之间，存在差异，即使后者并不具有硬性法律效力。此外，从字面上解读第 20 条第 2 款，虽然强调三分之二规则具有判断保留是否具有抵触性的作用，但该规定并未明确排除其他可能的"判断因素"。判断保留的法律性质的方法所声称具有的

79　人权事务委员会第 24 号一般性意见第 11 段。

80　Lijnzaad, *Reservations to UN Human Rights Treaties*, p. 133.

81　在起草过程中，加纳、毛里塔尼亚和菲律宾设想了禁止对规定监督制度的第 8~14 条作出保留：A/C. 3/L. 1314；A/6181, para. 192；评论载于 Lijnzaad, *Reservations to UN Human Rights Treaties*, p. 137. 对第 15 条仍有保留，某些国家如汤加和英国认为该条构建了一种歧视性程序；参见本书第四章。

82　Lijnzaad, *Reservations to UN Human Rights Treaties*, p. 136.

独特性，取决于将该规定解读为"明示其一即排除其他"（*expressio unius, exclusio alterius*）规则的一种表现，再加上对于准备工作的一种排除了其他可能性的限制性解读。

在国家间和消除种族歧视委员会的层级上，能继续听到关于保留的议论。对沙特阿拉伯声明的反对提到了《公约》的目标及宗旨，以及保留没有具体说明哪些条款受保留的影响，这两者的结合将造成破坏国际条约法；因此，奥地利反对沙特阿拉伯的保留的"泛泛的和不具体的"性质，认为这引起了质疑，即保留国对其根据《公约》所承担的、"对实现其目标及宗旨至关重要"的义务的承诺究竟为何。[83] 对泰国的声明的反对指出这些声明的作用模糊，一些反对国声称该解释性声明实际上是一项保留，例如法国的说法就是，对于"具有如此广泛和不确定的范围的保留……不可能查证该保留打算提出……对义务的哪些改变"。[84] 针对也门提出的保留，有大量反对。加拿大的评论称，也门的保留与《公约》的目标及宗旨相抵触；加拿大同时也暗示了习惯法，因为根据习惯法，"不歧视原则在国际法中得到普遍接受和承认，因此对所有国家都具有约束力"。对芬兰来说，也门的保留"涉及《公约》中具有根本重要性的事项……在保证诸如参加公共生活、结婚和择偶、继承、具有思想、良心和宗教自由的基本政治权利和公民自由方面禁止种族歧视的规定，是反对种族歧视的公约的核心"。对墨西哥来说，这一保留"将导致损害一部分民众的歧视，而且……将违反《世界人权宣言》第2、16和18条"。

在大多数情况下，对保留的反对以如下主张的某种变体结束，即保留"不应排除"《公约》在保留国和反对国之间生效或不构成生效的障碍。在少数情况下，反对国采取了更有力的方法。斯韦恩曾将一些北欧国家对保留的反对定性为具有"超级最大效果"，[85] 使人回想起这一定性的是奥地利对沙特阿拉伯的保留的反对，其坚称《公约》应作为"整体"在奥地利和沙

---

[83]　从联合国关于对《公约》的保留的网页上收集的资料：<https：//treaties. un. org/Pages/ViewD-etails. aspx？ src＝treaty&mtdsg_ no＝iv-2&chapter＝4&lang＝en>。

[84]　参见《欧洲人权公约》第57条第1款："一般性质的保留不得允许。"

[85]　Swaine, 'Treaty Reservations', p. 294.

特阿拉伯之间适用，沙特阿拉伯不得从保留中受益。瑞典在谈到土耳其的声明时——它将只对与它有外交关系的国家履行《公约》，有力地断言，《公约》"作为整体在两国间生效，土耳其不得从保留中受益"。

起草过程中的一些参与者构想的国家与消除种族歧视委员会就保留开展对话——作为国家合议程序的一种替代办法，继续定期运作。保留问题经常在对定期报告的讨论中反复出现，虽然在来文程序中很罕见。[86] 委员会对保留采取批评态度，建议将其删除，质疑其必要性，建议立法符合《公约》。[87] 在有些情况下，委员会直截了当地声明，有关保留不符合缔约国的义务。[88] 委员会在对也门的结论性意见中表达的想法是，对第 5 条的保留具有"否定《公约》核心宗旨和目标的效果"。[89] 委员会在对泰国的结论性意见中表示关切的是，"该缔约国所作的……解释性声明——该国据其不承认任何超出其宪法和法律范围的义务，不符合缔约国……利用一切方法……禁止和消除种族歧视的义务"。[90] 对于沙特阿拉伯，委员会评论说，"该缔约国的一般性保留的广泛性和不精确性"，引起了"对其是否符合《公约》的目标及宗旨的关切"。[91] 委员会建议牙买加"重新审查其对《公约》的广泛而模糊的保留，并考虑予以撤销，以确保《公约》的规定可在该缔约国充分适用"。[92] 对于

469

---

[86] 在一起案件即哈甘诉澳大利亚案中，澳大利亚援引了其对第 4 条的保留：*Stephen Hagan v Australia*，Communication No. 26/2003，A/58/18，Annex Ⅲ. A，para. 4. 7。委员会在分析这一申诉的实质案情时没有提及这一问题，尽管申诉人评论说："这项保留因为不符合《公约》的目标及宗旨而'很可能无效'。即使有效……保留也是有时间限制的……因为缔约国辩称其通过立法履行了其根据该条承担的义务，保留现在必然已经失效。"（*ibid.*，para. 5. 5）

[87] A/48/18，Chapter Ⅷ. B。

[88] 委员会在 2001 年对日本的结论性意见中表示关切的是，日本对第 4 条的解释（委员会称为"保留"）"与缔约国的义务相冲突"：CERD/C/304/Add. 114，para. 11。关于委员会对各种国家的保留所采取的办法的概述，见 HRI/MC/2005/Annex 1。

[89] CERD/C/YEM/CO/17-18，para. 13。

[90] CERD/C/THA/CO/1-3，para. 8。另见 *ibid.*，para. 8，有关该缔约国对第 4 条的做法。国际法委员会的《实践指南》指出，"只有在有关保留不影响条约的基本内容或主旨的情况下"，才可以提出关于国内法的保留（第 3. 1. 5. 5 段），这种做法比消除种族歧视委员会对提出保留的缔约国的做法更为宽厚。

[91] 委员会的结论性意见：沙特阿拉伯，CERD/C/62/CO/8，para. 9。

[92] 委员会的结论性意见：牙买加，CERD/C/JAM/CO/16-20，para. 6。该保留称，"牙买加批准《公约》并不意味着接受超出其宪法限度的义务，也不意味着接受任何在其宪法之规定的范围之外引入司法程序的义务"。

对特别措施提出但更普遍地适用的保留，第 32 号一般性建议向各缔约国发出了一项具有挑战性的邀请，要求缔约国提供资料，说明"此类保留被认为必要的理由，保留的性质和范围，其对国家法律和政策的确切影响，以及在具体时限内撤销保留的任何计划"。[93] 与其和缔约国接触的总体对话方式相一致，委员会在遇到似乎挑战缔约国对《公约》原则之承诺的深度的保留之情况时，直言不讳。第 20 条没有规定委员会的明确的判断作用，这并没有诱使委员会在规范方面陷入沉默。

这些保留和反对，再加上消除种族歧视委员会对保留的频繁评论，带来了一个问题，即哪些保留可以被恰当地认为与《公约》的目标及宗旨相抵触。与人权领域的其他地方一样，"目的及宗旨"规则的轮廓也是一个存在争议的事项。考虑到人权事务委员会认为对习惯国际法的保留是不可允许的，而禁止种族歧视通常被理解为代表这样一项原则，那么该如何处理对体现这一基本原则的《公约》的保留？《公约》正式承认保留，习惯法和条约法的双重方面也没有妨碍各国对其提具保留。各缔约国和委员会迄今为止对目标及宗旨规则所作的断言并没有充分地阐明其重要性。《公约》的宗旨是消除种族歧视；其方法是将规范的具体化与监督机制结合起来。因此，目标及宗旨的标准可能同时涉及规范和制度（程序）两个方面，尽管第 20 条对目标及宗旨以及对《公约》所设机关的禁止采取了二分法态度。反对国认为也门的保留通过剥夺民众本应受到的大量的基本保护损害了目标及宗旨。某些保留的含糊、不具体性质——这使得对《公约》的承诺程度不明——提示，目标及宗旨规则有进一步的规范维度。另外，美国的根本性保留没有引起其他缔约国的正式评论，尽管委员会对这些保留采取了坚决而批评性的立场。

在像《公约》一样重点突出、简短、在规范方面相互关联的公约的语境中，以完全抽象的方式提炼哪些保留会损害目标及宗旨的检测标准——所依据的是完整性、基本要素、存在理由、约文的核心宗旨、不歧视原则与习惯国际法的关系等标准，可能得出提示性但非结论性的结果，此时要记住，抽

93　第 32 号一般性建议第 38 段。第 35 号一般性建议第 23 段经必要调整重申了这一做法。

象而言，"目的及宗旨"并不是一种非常精确的检测标准。[94] 另一方面，从抽象到具体，《公约》复杂的序言和执行部分的约文揭示了在保留方面什么应被视为不可允许的。正如对保留的反对所表明的那样，旨在通过目的或效果上的歧视，或者通过排他性的分隔式结构和拒绝群体参与国家与民族生活而将特定群体排除在《公约》保护之外的保留，将表现为对原则的违反，这一考虑贯穿《公约》纳入的一系列保护。目标及宗旨的标准也不是一成不变的，特别是考虑到身份类别在《公约》的整个生命周期内的发展，因此致力于否定群体身份、致力于群体同化——或更糟糕的——特别是大规模的同化的保留，将违反第 20 条。《公约》的"活生生的历史"以及与其相伴随的消除种族歧视委员会实践的变化，影响了对保留可否允许的标准的理解，正如它影响对歧视的规范性基础的理解一样。

现在就断定第 20 条未起作用还为时过早。对《公约》的保留，并没有在对联合国其他核心人权公约的保留困扰其监督机构的同等程度上，困扰消除种族歧视委员会。与可比较的人权公约的情况相比，保留、声明、解释和政治原则声明的混合体只在很小程度上引致委员会的实践。支持《公约》消除种族歧视目标的一致意见，使得对《公约》或委员会的方法产生的原则性异议相对较少。同样，在某些方面，《公约》没有像人权领域的类似文书那样深入地参与社会变革进程。委员会十分注意国家主权、群体自决和地方做法，同时也指出了它们的局限性，在后来更具批评性的做法中更是这样。对委员会解释和适用《公约》的挑战，往往是通过缔约国根据"正规"程序可用的对话和评论的媒介，而不是通过保留的媒介作出的。

471

94　国际法委员会《实践指南》称，对载有众多相互依赖的权利和义务的条约的保留，在评估目的及宗旨时，"应考虑这一相互依赖性和保留所针对的规定在条约的主旨中所具有的重要性，以及保留对条约产生的影响的严重程度"（第 3.1.5.6 段）。

第十九章　第 22 条：国际法院的作用

472
第 22 条

两个或两个以上缔约国间关于本公约之解释或适用之任何争端不能以谈判或以本公约所明定之程序解决者，除争端各方商定其他解决方式外，应于争端任何一方请求时提请国际法院裁决。

一　导言

联合国的一些核心人权条约设想诉诸国际法院（ICJ）来解决有关所涉公约的解释或适用方面的争端；这些公约包括《免遭强迫失踪公约》[1]《消除对妇女歧视公约》[2]《禁止酷刑公约》[3]《移徙工人权利公约》[4]。《联合国打击跨国有组织犯罪公约关于预防、禁止和惩治贩运人口特别是妇女和儿童行为的补充议定书》[5]《关于难民地位的公约》[6]《防止及惩治灭绝种族罪公约》[7]也载有此类规定。虽然《消除种族歧视公约》将谈判或其明确规定的

1　第 42 条。
2　第 29 条。
3　第 30 条。
4　第 92 条。
5　第 15 条。（原书此处对该议定书的名称表述有误，经联系作者核实，予以更正。——译者注）
6　第 38 条。
7　第 9 条。

程序作为解决争端的替代手段，[8] 但后来的文书更接近《消除对妇女歧视公约》的模式：

> 两个或两个以上的缔约国之间关于本公约的解释或适用方面的任何争端，如不能谈判解决，经缔约国一方要求，应交付仲裁。如果自要求仲裁之日起六个月内，当事各方不能就仲裁的组成达成协议，任何一方得依照《国际法院规约》提出请求，将争端提交国际法院审理。[9]

《禁止酷刑公约》第 30 条中的同等提法——"各方不能就仲裁之组织达成一致意见"——被国际法院在比利时诉塞内加尔的有关起诉或引渡义务问题案中，用于管辖权问题的裁决。[10]

二　准备工作

473

关于国际法院的作用，联合国秘书长的工作文件提出了一系列关于解决争端的示范条款，[11] 并由联大第三委员会的主席团成员审议。一项与《妇女参政权公约》第 9 条密切相关的规定被提交给第三委员会：

> 两个或两个以上缔约国间关于本公约之解释或适用之任何争端不能以谈判解决者，除争端各方商定其他解决方式外，应于争端任何一方请求时提请国际法院裁决。

波兰提议将"争端任何一方"改为"争端所有当事方"，这一修正案得

8　见下文有关在诉诸国际法院之前是否必须运用这些手段的讨论。

9　第 29 条第 1 款；该条第 2 款规定，缔约国可声明"本国不受本条第 1 款的约束"。争端解决条款的例证，包括通过国际法院解决，见 D. B. Hollis（ed.），*The Oxford Guide to Treaties*（Oxford University Press，2012），pp. 734–740。

10　*Questions Relating to the Obligation to Prosecute or Extradite*（*Belgium v Senegal*），Judgment of 20 July 2012，<http://www.icj-cij.org/docket/index.php? p1 = 3&p2 = 3&case = 144>；《禁止酷刑公约》第 30 条。另见 *Armed Activities on the Territory of the Congo*（*DRC v Rwanda*），*Jurisdiction and Admissibility*，ICJ Rep. 2006，p. 6。

11　E/CN. 4/L. 679，pp. 15–16.

到一些国家的支持，[12] 但受到其他国家的强烈质疑，[13] 并最终被投票否决。[14] 主要问题是通过《公约》的一项规定预先商定同意国际法院管辖权的适当性：一名代表认为，消除种族歧视委员会必须决定什么是"符合《公约》的精神并确保争端得到最令人满意之解决"的情况。[15] 在解决争端的谈判选项中增加"或以本公约所明定之程序"是加纳、毛里塔尼亚和菲律宾提出的修正的结果。[16] 该修正没有引起重大讨论，获得一致通过。[17]

　　加纳代表向联大第三委员会声明——国际法院在格鲁吉亚诉俄罗斯联邦案（初步反对）中依据了这样的评论，[18] 即在第22条中，"公约草案中已规定了在诉诸国际法院之前就应用来解决争端的机制"。[19] 国际法院将该声明解释为确认了其结论，即诉诸这一机制构成该法院接受案件的前提条件。加拿大代表认为，该条款允许相当大的自由度，因为没有对诉诸谈判或其他解决方式设定时间限制："因此，在诉诸法院之前，争议几乎可以无限期地拖延下去。"[20] 比利时代表将该条款解释为，"给诉诸法院之前达成协议提供了充分机会"。[21]

474

12　以下国家代表的发言：乌克兰苏维埃社会主义共和国，A/C.3/SR.1367，para.27；苏联，*ibid.*，paras 33-35；坦桑尼亚，*ibid.*，paras 36-37。

13　加拿大主张，"如果某一争端的所有争端当事方都必须同意将争端提交国际法院，就没有必要对此事项作特别规定，因为任何国家间争端均可依据各方的普遍同意提交国际法院"：*Ibid.*，para.24。美国代表回顾称，尽管国际法院的管辖权的确依赖同意，但《国际法院规约》第36条中的"任择条款"并非表明同意的唯一方式，《国际法院规约》规定的表示同意的方式还包括来自有效条约和公约中特别规定的同意（*ibid.*，para.32）。另见以下国家的评论：哥伦比亚，*ibid.*，para.31；法国，*ibid.*，para.38；特立尼达和多巴哥，*ibid.*，para.41。

14　该修正案以26票赞成、37票反对和26票弃权被否决：A/6181，para.200。

15　意大利代表的评论，A/C.3/SR.1367，para.39。

16　A/C.3/L.1313.

17　A/6181，para.200.

18　*Georgia v Russian Federation*（*Preliminary Objections*），见本章中的讨论。

19　加纳代表的评论，A/C.3/SR.1367，para.29。

20　*Ibid.*，para.25.

21　*Ibid.*，para.40.

三　保留和声明

对于第 22 条，有大量的保留，[22] 起草过程中提出的评论已经预示了这种情况。这些保留的大意是，在争端提交给国际法院之前，争端各方必须明确同意。古巴的保留与标准公式不同，即它明确主张第 22 条所设想的争端"应完全通过外交渠道以《公约》明确规定的程序解决"，而以色列则简洁地表示，它"不受《公约》第 22 条的约束"。如前所述，涉及消除种族歧视委员会的国家间程序尚未正式启用。[23] 第 22 条没有赋予委员会利用国际法院的作用；第 22 条只是与"谈判"一道，提到了委员会的程序。格鲁吉亚诉俄罗斯联邦案没有牵扯委员会，尽管国际法院注意到了其做法的某些方面。

四　实践

在国际法院审理的一些关键案件中，第 22 条被援引作为法院行使管辖权的根据。如前所述，[24] 在刚果民主共和国诉卢旺达的武装活动案中，刚果民主共和国指控卢旺达在刚果领土上大规模违反人权和人道法，并将《公约》列为被违反的公约之一。卢旺达则提到它对《公约》第 22 条的保留——包括刚果民主共和国在内的任何国家都没有反对，认为其排除了国际

22　仍维持保留的国家有：阿富汗、巴林、中国、古巴、埃及、赤道几内亚、印度、印度尼西亚、伊拉克、以色列、科威特、黎巴嫩、利比亚、马达加斯加、摩洛哥、莫桑比克、尼泊尔、沙特阿拉伯、叙利亚、泰国、土耳其、美国和也门。没有国家对这些保留提出反对：< https://trea-ties. un. org/pages/ViewDetails. aspx？src＝TREATY&mtdsg_ no＝IV－2&chapter＝4&lang＝en 0>。

23　见本书第四章。

24　见本书第十八章。

法院的管辖权。[25] 同时考虑到并没有三分之二的缔约国"合议"反对这项保留，国际法院根据第 22 条无法认定其有管辖权。

国际法院在武装活动案中拒绝其具有管辖权导致在格鲁吉亚诉俄罗斯联邦案[26]之前，国际法院再没有对第 22 条作进一步分析。后一案件起因于 2008 年 8 月南奥塞梯和阿布哈兹的武装冲突。格鲁吉亚几乎立即开始了对俄罗斯联邦的诉讼，[27] 指控俄罗斯联邦支持种族歧视（甚至包括大规模驱逐格鲁吉亚族人）违反了《公约》；格鲁吉亚寻求根据《公约》第 22 条确定国际法院的管辖权，[28] 请求法院根据"极其紧迫的不可弥补的损害的威胁"，指示临时措施。[29] 当事双方对《公约》的领土适用范围意见不一：格鲁吉亚声称《公约》没有包括任何领土限制，[30] 而俄罗斯联邦对此提出异议，辩称除其他外，《公约》第 2 条和第 5 条不能管辖一国在其境外的行为。[31] 对此，国际法院认为，《公约》中没有关于领土适用的一般性限制，第 2 条或第 5 条中也没有具体的领土限制。[32] 鉴于对以下方面存在分歧，包括《公约》的适用

475

---

25 *Case Concerning Armed Activities on the Territory of the Congo* (*New Application：2002*) (*Democratic Republic of the Congo v Rwanda*)，*Jurisdiction of the Court and Admissibility*，Judgment of 3 February 2006，paras 71－79.

26 *Application of the International Convention on the Elimination of All Forms of Racial Discrimination* (*Georgia v Russian Federation*)，*Provisional Measures*，Order of 15 October 2008，ICJ Rep. 2008，p. 353；*Preliminary Objections*，1 April 2011，ICJ Rep. 2011，p.70. 对临时措施案件的评论，见 P. Okowa，'The Georgia v Russia Case：A Commentary'，< http://www. haguejusticeportal. net/Docs/Commentaries% 20PDF/Okowa_ Georgia_ ICJ_ EN. pdf>；有关初步反对的案件，见 P. Okowa，'The International Court of Justice and the Georgia/Russia Dispute'，*Human Rights Law Review* 11/4 (2011)，739－757〔henceforth 'Georgia/Russia Dispute'〕；N. Lucak，'Georgia v Russian Federation：A Question of the Jurisdiction of the International Court of Justice'，*Maryland Journal of International Law* 27 (2012)，323－354。格鲁吉亚和俄罗斯联邦之间的争端已经造成了向欧洲人权法院提起诉讼的情况，例如见 *Georgia v Russian Federation* (Ⅰ)，App. No. 13255/07 (2014)；*Georgia v Russian Federation* (Ⅱ)，App. No. 38263/08；*Georgia v Russian Federation* (Ⅲ)，App. No. 61186/09。

27 2008 年 8 月 12 日。

28 格鲁吉亚于 1999 年加入《公约》，未提具任何保留；苏联于 1969 年对第 22 条提出的保留于 1989 年被继承了苏联的国际法律人格的俄罗斯联邦撤回。

29 2008 年 8 月 14 日。

30 *Provisional Measures*，paras 92 and 108. 参见本书第八章、第十章对《公约》域外效力的讨论。

31 *Ibid.*，paras 72，100，108.

32 *Ibid.*，para. 109.

范围，以及这是一个与《公约》有关的问题——格鲁吉亚主张的，[33] 还是一个与使用武力、不干涉、自决和人道法有关的问题——俄罗斯联邦主张的，[34] 国际法院认定，存在一项在第 22 条范围之内的、关于《公约》之解释和适用的争端。[35] 在国际法院看来，格鲁吉亚指控的行为似乎有可能侵犯《公约》所规定的权利，"即使其中某些行为也可能受到包括人道法在内的其他国际法规则的调整"。[36]

关于第 22 条规定的程序性条件，格鲁吉亚认为，第 22 条提到未通过谈判或诉诸《公约》明定之程序解决的争端，并不意味着谈判或诉诸这样的程序构成提交国际法院的先决条件；[37] 俄罗斯联邦则辩称，第 22 条确实规定了先决条件。[38] 国际法院同意格鲁吉亚的意见，将第 22 条的"通常含义"解释为，在《公约》框架内的正式谈判不构成提交国际法院的先决条件；另外，申诉方本应作出某些努力就属于《公约》范围内的问题展开讨论，并指出这些问题已经在双边接触中提出，但显然没有得到解决。[39] 在双边或多边的情况中没有具体提及《公约》这一事实，并不妨碍根据第 22 条诉诸国际法院。国际法院在下令采取临时措施时指出，对它的要求并不是对违反《公约》的行为作出判决，而是判定有关权利，特别是《公约》第 5 条（丑）项和（卯）项（i）目是否具有受到损害即不可弥补的性质。[40] 鉴于人口中族裔群体的脆弱状况，包括格鲁吉亚族人以及奥塞梯族人和阿布哈兹族人，还有目前的不稳定和紧张局势，国际法院得出结论认为，存在有关权利可能遭受不可弥补的损害的紧迫风险。[41]

476

33　*Ibid.*, para. 20, 引用《公约》第 2 条至第 6 条。

34　*Provisional Measures*, para. 83.

35　*Ibid.*, para. 112.

36　*Ibid.*

37　*Ibid.*, paras 88, 94, 113.

38　*Ibid.*, paras 83, 101, 102, 113.

39　*Ibid.*, para. 114.

40　《公约》第 5 条（丑）项提到人身安全和免受强暴之保护，而（卯）项（i）目涉及在国境内迁徙及居住的自由（在本书第十三章讨论）。（原书正文此句中还有一个脚注，但其内容与本注重复，经联系作者，予以删除。——译者注）

41　*Provisional Measures*, paras 142-146, 149.

七名法官的一项联合反对意见认为，格鲁吉亚归咎于俄罗斯联邦的行为不太可能属于《公约》的规定的范围。[42] 该联合意见作了狭义推理，即除非证明武装活动的"目的在于确立'基于种族、肤色、世系或原属国或民族本源之任何区别、排斥、限制或优惠'"[43] ——一种比委员会的实践所采取的观点更狭隘的歧视观点，否则这些武装活动无法构成第 1 条所指的种族歧视行为。[44] 该联合意见将问题概括为：（1）是否存在对《公约》的解释或适用的争端，以及（2）争端未能以谈判或《公约》所明定之程序解决的先决条件是否已得到满足。[45] 这些持异议的法官辩称，国际法院之所以认为存在争端，仅仅是因为当事方看起来对《公约》第 2 条和第 5 条可否适用存在分歧，[46] 以及"在向法院提出诉求之前，当事方从未就《消除种族歧视公约》的实质内容进行过辩论"。[47] 因此，"当事方之间曾有过接洽"是不够的，这种接洽"必须有关争端的主题，无论是关于《公约》之解释还是适用"。[48] 关于先决条件，持异议的法官声称，多数法官的意见既没有确认第 22 条的通常含义，也没有确认其目的及宗旨，即鼓励尽可能多的国家接受国际法院的管辖，但保证首先要用尽《公约》规定的程序。[49] 这群持异议的法官还声称，国际法院的临时措施命令未能证明不可弥补的损害的可能性或紧急情势的存在。[50]

477　　国际法院在其 2011 年的判决中回应了俄罗斯联邦的初步反对意见，即格鲁吉亚提交申请时，并不存在关于《公约》之解释或适用的争端，而且第 22 条的"先决条件"未得到满足。结果是，国际法院对第 22 条的全面解读

42　副院长哈苏奈（Al-Khasawneh）以及法官兰杰瓦（Ranjeva）、史久镛、科罗马（Koroma）、通卡（Tomka）、本努纳（Bennouna）和斯科特尼科夫（Skotnikov）。

43　*Provisional Measures*, Joint Dissenting Opinion, para. 9.

44　见本书讨论第 1 条中歧视概念的第六章。

45　*Provisional Measures*, Joint Dissenting Opinion, para. 6.

46　*Ibid.*, para. 10. 因此，"在口头诉讼中阐述的论点已演变成存在争议的证据"。

47　*Ibid.*, para. 12.

48　*Ibid.*, para. 15.

49　*Ibid.*, para. 18. 在一个有意思的补充中，该反对意见指出，法院本可以考虑到，情况的严重性不允许诉诸第 22 条规定的程序，"但这意味着不重视消除种族歧视委员会 1993 年确立的紧急和快速警戒程序"（*Ibid.*）。

50　*Ibid.*, paras 21 and 22.

大转变。俄罗斯联邦利用《公约》中"事项""申诉""争端"等术语的泛滥情况，主张"争端"具有比一般国际公法中的含义更狭窄、更难满足的特殊含义，[51] 这一论点遭到格鲁吉亚的拒绝。[52] 国际法院也否定了对第 22 条中的"争端"应适用特别的、较狭窄含义的主张；并不清楚的是，在特定情况下，这种狭义解释可能采取何种形式。国际法院回顾其既定案例法，[53] 表示将"争端"理解为：

> 对于法律或事实的分歧，法律意见或利益的冲突……。在特定情况中是否存在争端是一个要由本法院"客观判断"的问题……。必须证明，一方的主张遭到另一方的积极反对……。本法院的判断必须取决于对事实的审查。这是实质问题，而非形式问题……。虽然作为原则，存在争端和进行谈判截然不同，但谈判可能有助于表明存在争端并确定主题。这一争端原则上必须在向本法院提出申请时就存在……。就主题而言…… ［根据］ ……第 22 条的规定……争端必须关于《公约》之解释或适用。[54]

国际法院在审查存在争端的证据时注意到，格鲁吉亚已于 1999 年成为《公约》缔约国，且它声称在成为《公约》缔约国之前，争端就已经存在。[55] 然而，格鲁吉亚提交的文件中的要素提示国际法院，当时的主要问题是阿布哈兹的地位——提到国内流离失所者和难民返回是一项更大诉求中的附带要素，而且无论如何，这些因素不可能基于对《公约》的解释或适用，除非这类争端与在国际法院的诉讼相关。[56] 国际法院指出，《公约》在当事国之间

51　*Preliminary Objections*，paras 23，26，27。

52　*Ibid.*，paras 24 and 28。

53　"争端是两方之间对法律或事实的分歧、法律意见或利益的冲突"，*Mavrommatis Palestine Concessions*，［1924］PCIJ，Ser. A，No. 2，p. 11；而且是要由法院客观判断的事项，*Interpretation of Peace Treaties with Bulgaria*，*Hungary and Romania*，First Phase，Advisory Opinion，ICJ Rep. 1950，p. 65；"必须表明，一方的主张遭到另一方的积极反对"，*South West Africa*（*Ethiopia v South Africa*；*Liberia v South Africa*），*Preliminary Objections*，ICJ Rep. 1962，p. 328；*Armed Activities*，*Jurisdiction and Admissibility*，p. 40，para. 90；是否存在争端是一个实质问题，不是形式问题，*Land and Maritime Boundary between Cameroon and Nigeria*（*Cameroon v Nigeria*），Judgment，ICJ Rep. 1998，p. 275，para. 89。

54　*Preliminary Objections*，para. 30。

55　*Ibid.*，paras 34 and 50。

56　*Ibid.*，paras 63，64。

生效后，提交给消除种族歧视委员会的报告是在缔约国和委员会之间的对话过程中处理的，这一过程并不旨在涉及其他国家；[57] 提交给联合国秘书长和安全理事会的关于格鲁吉亚和俄罗斯联邦持续紧张关系的其他文件并没有关注《公约》或一般性的人权。[58]

478　　国际法院认定，在 2008 年以前，没有足够证据表明当事双方之间存在关于《公约》之争端，而且这种行为是由上述领土上的分离主义势力造成的；国际法院将俄罗斯联邦在这一时期的行为解释为，它是维和者。[59] 这一情况在 2008 年发生了变化，当时双方就《公约》规定的事项产生了争端。关于俄罗斯军队对格鲁吉亚人实施种族清洗的指控，以及格鲁吉亚领导层对阿布哈兹人和奥塞梯人实施种族清洗的指控，使这一问题进入了《公约》的范畴，由此格鲁吉亚直接指控俄罗斯联邦。国际法院的结论是，在格鲁吉亚提出申请的 8 月 12 日，双方之间存在争端。[60] 因此，俄罗斯联邦关于格鲁吉亚和俄罗斯联邦在申请提出之日不存在争端的第一项初步反对意见被驳回。[61]

　　多数法官的判决对争端的理解的关注面很窄，有意强调争端必须关于《公约》之解释或适用。某些持少数意见的法官对存在争端持更宽泛的看法，哪怕没有争端的具体开始日期也一样。[62] 小和田法官指出，国际法院的做法过于严格，要记住格鲁吉亚曾一次又一次地明确表示其对种族清洗和难民返回的关切。[63] 希玛法官认为，有关争端早在 2008 年的武装敌对行动之前就已经存在；[64] 亚伯拉罕法官根据国际法院早先的判例，持类似观点，认为判决

57　*Ibid.*, para. 69.

58　*Ibid.*, paras 73, 74, 76, 81, 91, 92, 93, 95, 96, 99, 103, 104.

59　*Ibid.*, para. 103.

60　*Ibid.*, para. 113.

61　*Ibid.*, para. 103. 赞成：院长小和田，法官哈苏奈、希玛（Simma）、亚伯拉罕（Abraham）、基思（Keith）、塞普尔韦达－阿莫尔（Sepúlveda-Amor）、本努纳、坎卡多－特林达德（Cançado Trindade）、优素福（Yusuf）、格林伍德（Greenwood）、多诺霍（Donoghue），专案法官加亚（Gaja）。反对：副院长通卡，法官科罗马、斯科特尼科夫、薛捍勤。

62　院长小和田，法官希玛、亚伯拉罕、多诺霍和专案法官加亚的联合反对意见；法官小和田、通卡、科罗马、希玛、亚伯拉罕、斯科特尼科夫、坎卡多-特林达德、格林伍德和多诺霍的单独意见。

63　*Preliminary Objections*, Owada Opinion, paras 10-14. 另一方面，通卡法官认为格鲁吉亚提到种族清洗只不过是战时话语的一个特征。

64　*Preliminary Objections*, Simma Opinion, paras 23-57.

采取了形式主义的做法，而不是将确定争端作为一项现实和实际的任务。[65]
坎卡多-特林达德法官在谈到人权条约解释的伦理和过程的冗长发言中，认
为国际法院经过一种形式主义的推理过程，费力地认定在格鲁吉亚和俄罗斯
联邦之间爆发了公开的、宣明的战争之后，争端才成形。[66] 多诺霍法官批评
了国际法院在对争端的理解中的提法——一方的主张应受到另一方的积极反
对，认为只应将这视作国际法院对是否存在争端的总体判断的一部分。[67] 相
反，科罗马法官强调了争端必须有关《公约》之解释和适用的条件；而有关
领土完整、武装冲突等问题的争端，不属于《公约》争端解决条款的范
围。[68] 斯科特尼科夫法官采取了类似的立场，认为在武装冲突期间的互相指
责不足以用来断定是否存在关于《公约》之适用或解释的争端。[69]

对于俄罗斯联邦提出的第二项初步反对意见，即格鲁吉亚未能满足程序 479
先决条件——谈判或诉诸《公约》中的程序，格鲁吉亚回应说，这两种方式
不构成先决条件，不存在谈判或利用消除种族歧视委员会程序的义务；格鲁
吉亚认为，第 22 条只是将存在争端作为一个事实问题，而不是启用国际法
院的条件。[70] 国际法院运用"通常含义"的检测标准（包括第 22 条的措辞
必须有效的原则）裁定，谈判和消除种族歧视委员会程序的提法构成先决条
件；提及这两种解决方式表明一种在启用法院之前诉诸这些方式的明确责
任。[71] 通过比较英文本中使用的一般现在时和法文本中使用的将来完成时，
这一结论得到了强化：后者的表述——"任何争端……未能以谈判或以本公
约所明定之程序解决者"（*Tout différend… qui n'aura pas été réglé par voie de
négociation ou au doyen des procédures expressément prévues par la Convention*）——
表明，在采取另一行动（提交国际法院）之前，必须先采取某种行动。[72]

---

65 *Preliminary Objections*, Abraham Opinion, paras 14, 22, 24, 25.
66 *Preliminary Objections*, Cançado Trindade Opinion, paras 88–118.
67 *Preliminary Objections*, Donoghue Opinion, paras 7–12, 18–20.
68 *Preliminary Objections*, Koroma Opinion, para. 7.
69 *Preliminary Objections*, Skotnikov Opinion, paras 10 and 12.
70 *Preliminary Objections*, Judgement, para. 126.
71 *Ibid.*, para. 141.
72 *Ibid.*, para. 135. 其他作准文本——中文本、西班牙文本和俄文本——被认为不抵触这一解释。

　　"通常含义"这种解释通过参考准备工作得到了进一步支持。国际法院认为，这些资料是在一些国家无法轻易接受国际法院强制解决争端的想法之时形成的；因此，有理由假定，要适用这些先决条件以促进对《公约》的更广泛接受。[73] 判决引用了上文引述的加纳代表在《公约》起草期间的发言——《公约》草案中已经规定了"在诉诸国际法院之前就应用来解决争端的机制"，[74] 以确证法院的结论，即第 22 条的规定"确立了在启用法院之前应满足的先决条件"。[75] 国际法院多数法官的判决认为，尽管对于谈判或《公约》规定的程序是不是先决条件，"从起草历史中无法得出确切的推论"，但是，"准备工作并没有表明与本法院通过通常含义解释的主要方法已经得出的结论任何不同的结论"。[76] 国际法院对于这两项先决条件是选择性的还是累加性的问题，搁置未答。

　　至于先决条件是否得到了遵守，国际法院指出，格鲁吉亚没有试图采用《公约》规定的程序。国际法院的理解还有，"谈判"不同于抗议或争端，作为一种最低限度，要求争议一方真正尝试与另一方展开讨论，以期解决争端；[77] 如果已经尝试或开始谈判，那么前提条件只有在谈判失败、无效或陷入僵局时才得到满足。[78] 此外，谈判的主题必须与争端的主题有关，而争端的主题又必须涉及有关条约中的实质性义务。[79] 国际法院声称，它对什么构成谈判的理解已不再那么拘泥于形式。[80] 在该案中，国际法院转向这样一个问题，即格鲁吉亚是否曾真诚地试图开展涉及《公约》条款的谈判。

　　由于国际法院认定争端就在格鲁吉亚提交申请之前的时间段内才发生，因此只需审查一小段时间，以评估是否开展了谈判。国际法院的结论是，虽然关于种族清洗和"灭绝"的指控和反指控证明存在有关《公约》的争端，但格鲁吉亚和俄罗斯联邦并没有表现出就这些问题开展谈判的意图；它们没

480

73　*Ibid.*, para. 147.

74　A/C. 3/SR. 1367, para. 29.

75　*Preliminary Objections*, Judgment, para. 141.

76　*Ibid.*, para. 147.

77　*Ibid.*, para. 157.

78　*Ibid.*, para. 159.

79　*Ibid.*, para. 161.

80　*Ibid.*, para. 160.

有就俄罗斯联邦根据《公约》承担的义务开展谈判。[81] 因此，第22条规定的先决条件没有一项得到满足，国际法院以10票对6票作出裁决，[82] 它对案件的实质问题没有管辖权。

五名法官[83]的联合反对意见将"不能以……解决"的措辞解读为只不过是事实陈述，即争端尚未解决，而不是先决条件，还认为多数法官鉴于俄罗斯联邦的顽固态度，对谈判采取了形式主义而非讲究实际的方式。[84] 此外，即使第22条规定了先决条件，它们也是择一即可，而非要逐一满足。[85] 这一联合反对意见批评国际法院使用有效性原则，结果是不利于集中注意约文的字面意思，该约文从表面上看，既不要求也不提示要在启用国际法院前试图解决争端，尽管该意见也认为第22条的约文模棱两可。[86] 总之，联合反对意见直截了当地探讨了解释问题：

81　*Ibid.*，paras 180–182.

82　赞成：副院长通卡，法官科罗马、哈苏奈、基思、塞普尔韦达-阿莫尔、本努纳、斯科特尼科夫、优素福、格林伍德和薛捍勤；反对：院长小和田，法官希玛、亚伯拉罕、坎卡多-特林达德，专案法官加亚。

83　院长小和田，法官希玛、亚伯拉罕、多诺霍和专案法官加亚。另外，以下法官提出了单独或反对意见等：院长小和田（单独意见）、副院长通卡（声明），法官科罗马（单独意见）、斯科特尼科夫（声明）、希玛（单独意见）、亚伯拉罕（单独意见）、坎卡多-特林达德（反对意见）、格林伍德（单独意见）和多诺霍（单独意见）。

84　*Preliminary Objections*，Judgment，paras 83 and 84.

85　*Preliminary Objections*，Joint Dissenting Opinion，para. 12. 联合反对意见第43段赞成将第22条（谈判或消除种族歧视委员会程序）中提到的方式视为选择性而不是累加性的，举出的例子是，"一个国家已经试图和与其有争端的另一个国家直接谈判，但没有成功"，在这种情况下，"要求它遵循第二部分中的特别程序毫无意义……要求一个没有成功地寻得第二部分规定的复杂程序的国家在选择法院之前进行注定要失败的直接谈判，就更没有意义"。联合反对意见第45~47段还援引了《公约》准备工作中的举动，即在只提到"谈判"的早先草案中增加"本公约所明定之程序"，作为证据说明，通过该项增加"不是为了使其更具限制性而修改案文，而是作为一种自然的……澄清"，这巩固了这样的观点，即第22条中提到的程序模式是选择性的，而不是累加性的。

86　解释的一般规则——考虑到目的及宗旨的通常含义——"在判决中的适用方式无非是等于适用'有效性'原则"；Joint Dissenting Opinion，para. 21；该联合反对意见补充说，关于法院对英文本（一般现在时）和法文本（将来完成时）使用的不同时态的思考，结论"很难是可靠的，因为无论使用什么时态，解释问题都存在"（para. 21）；此外，持有这一意见的法官断言，有效性原则"从来不像国际法院在本案中所认为的那样具有确定性；它本身是不够的"（para. 22），以及"任何争端不能……解决者""既不意味着也不要求必须在提交法院之前，试图解决争端……《公约》的起草者有意或无意地选择了最不可能从字面上解释为能够要求事先试图通过谈判解决争端的'先决条件'的措辞"（para. 23）。

481　　　　因此，没有任何无懈可击的论点支持法院所持的对第 22 条的解释……即，该条款确立了"先决条件"……。无论是对含糊不清的用语，或者似乎飘忽不定的先前判例的文本分析，还是对并非定论性的准备工作的审查，都无法必然导致法院在本案中决定采取的立场——与其三年前在同一案件中根据表面证据所采取的立场不一致。[87]

关于谈判，联合反对意见主张，评估必须在个案的基础上进行，不是在正式或程序意义上，而是作为一个实质性问题，[88] 还主张格鲁吉亚已经满足了谈判的标准。[89] 判决所附的九项单独意见对联合反对意见的各个方面，也有详细阐述、缜密辨析以及某种程度上的重复。大多数意见根据当事方向国际法院提交的证据，进一步评论了第 22 条本身所用的术语即"争端"[90]"谈判""关于本公约之解释或适用"的含义。虽然这些意见力求赋予所争论的该条更大的准确性，但它们同样关注国际法院判例档案中的一致和不一致情况，这同关注《公约》的约文和起草情况一样。

五　评论

格鲁吉亚诉俄罗斯联邦案是国际法院审理的第一个专门关注《公约》解释的案件。就算争论点涉及《公约》的一项程序性规定而不是实质性规定，国际法院和部分法官的单独意见仍然提出了不仅有关程序而且有关实质的重要问题。

就第 22 条的文字谜团而言，对于"争端"这一概念的分歧——考虑到这一概念在国际法院及其前身的生命中的历史——没有造成与俄罗斯联邦的第二项初步反对意见所造成的异议同等程度的异议，而无论该条是否意味着

87　*Preliminary Objections*, Joint Opinion, para. 34.

88　*Ibid.*, para. 57.

89　*Ibid.*, para. 38.

90　见上文的讨论。

在启用国际法院之前谈判或利用消除种族歧视委员会的程序的先决条件。[91]
很明显，对第 22 条约文的字面解读并不能解决相对的"先决条件"与"只
是事实陈述"（争议事项尚未通过谈判或委员会的程序解决）的选择题。[92]
不可避免地，国际法院和持异议的法官都利用了起草过程和环境的情况和影
响，以便以这种或那种方式决定论点的倾向。国际法院关于第 22 条规定了
先决条件的最终判决确立了一个严格的标准，同时要记住"谈判"也受到法
院的严格对待（根据反对意见，是在形式上），这可能会减少今后的案件流
入。另外，法院没有处理条件是可选择的还是累加的这一问题，这一事实在
一定程度上增加了启用国际法院的可能性；在该案中，联合反对意见和个别
法官详细阐述的意见可能对今后的案件产生重大的说服作用。

482

关于《公约》与其他法律体系之间的关系——关于什么才是《公约》
的问题以及如何将其单独化，有启发性的是，格鲁吉亚关于"族裔清洗"的
指控很有影响，使国际法院能够得出结论，在解释或适用《公约》方面存在
争端。如本书第八章所述，消除种族歧视委员会的做法表明，《公约》和人
道法规则可以同时适用；国际法院的上述意见也具有类似的效果。在任何冲
突场景中赋予"族裔"问题的突出程度，对于是否牵扯《公约》的规范，
是一个强有力的指标。斯科特尼科夫法官将这种理解扩展到有关《公约》之
解释或适用的争端，争辩说，国际法院必须使自己确信，所指控的争端与
《公约》第 1 条所述的区分等有关，他还区分了战时宣传与表明《公约》下
的争端出现和固化的声明。关注第 1 条是有启发性的，但也应铭记第 4 条对
种族主义宣传的谴责。在这种情况下也不清楚的是，将某一问题定性为
"《公约》的问题"是否始终取决于蓄意行为。虽然奥科瓦怀疑，向国际法
院提出的俄罗斯联邦和格鲁吉亚之间冲突的要素是否真的"关于"《公约》，

91　联合反对意见认为，国际法院在这方面的立场与最近的判例不符，援引了 2008 年关于克罗
地亚诉塞尔维亚的案件，该案允许在提起诉讼时未满足的一个条件可以在以后但在国际法院就管辖
权作出裁决之前得到满足：*Application of the Convention on the Prevention and Punishment of the Crime of
Genocide*，（*Croatia v Serbia*），*Preliminary Objections*，Judgment，ICJ Rep. 2008，p. 441，para. 85，cited
in *Joint Opinion*，para. 35。

92　可以比较国际法院对《公约》的准备工作的解读与联合反对意见书第 45～47 段中对其的
解读。

是否真的"关于"国际法的其他领域，例如使用武力，[93] 但定性为一个或另一个并不相互排斥。如果争议当事方可以以工具性的方式援引基于《公约》的论点，[94] 这并不否定利用种族歧视原则的这样一种效用，即据其对包括族裔清洗和灭绝种族在内的行为作法律和道德评估。国际法院和持异议的法官都没有对该案提出会使《公约》的相关性边缘化的定性。[95]

国际法院在格鲁吉亚诉俄罗斯联邦案中对赋予第 22 条的含义的考问值得注意，因其罗列了对包括人权文书在内的国际文书的一系列解释方法，以及多数法官和少数法官援用的、往往具有相互抵触效果的各种解释准则。包容和超越《维也纳条约法公约》的最广泛进路是坎卡多-特林达德法官采取的进路，他将自己的具体评论纳入对人权文书的解释以及国际法结构的性质和意义的更大视角中。就这一进路而言，关键问题是通过解释《消除种族歧视公约》的内在性质，实现具有历史重要性的《消除种族歧视公约》所规定的公正。从这一角度看，对《消除种族歧视公约》的解释必然是以受害者为导向的，坎卡多-特林达德法官认为这是法院推理中缺少的一个方面。因此，按照《维也纳条约法公约》的话来说，关键的解释步骤是将《消除种族歧视公约》的目的及宗旨工具化，这一考虑既适用于实质，也适用于程序。他认为，国际法院在准入方面的严格性没有充分考虑在其作为一项活的人权文书的情境中的《消除种族歧视公约》。

坎卡多-特林达德法官概述的进路与消除种族歧视委员会的总体做法有很大的共同点。除了主要有关第 4 条的例外情况外，委员会对国家报告的结论性意见为了促进《公约》目的的实现，一般都超越了狭隘的文本字面主义：文书的性质决定了解释方法，而受压迫民众的困境是最主要的关切事项。"活的文书"的概念是坎卡多-特林达德法官和委员会之间的另一个接

93　"难以想象，有任何国际法律工作者会把这一争端定性为主要涉及违反《消除种族歧视公约》的争端……种族歧视问题只是国际法另一个领域中更大争端的一个小方面……被仔细地重新定性以赋予国际法院管辖权。"Okowa, 'Georgia/Russia Dispute', 755.

94　在对案件当事方的行为表示保留态度时，奥科瓦认为，"即使表面上援引的规定赋予了国际法院管辖权，该法院也应准备好通过诉诸适当性的考虑而拒绝申请"(ibid., 756)。

95　Ibid., 757, 对这一立场持批评态度，认为国际法院和持反对意见的法官"没有准备好解决关键问题，这一争端的中心与种族歧视关系不大：这是一个附带问题"。

合点。如果说格鲁吉亚诉俄罗斯联邦案对于《公约》的含义有什么说明，那就是以约文和准备工作指示解释方向不太可能是完全确定的，特别是在按照有规划谈判和时间的纪律迅速汇编起来的约文中。文书的目的论——其目标、目的、存在理由和在人权圣殿中的地位——有助于进一步填充解释框架，即便这是一项总也完不成的任务。对于无论是国际法院还是消除种族歧视委员会，意义最终都是通过有权作出决定的机构的决定来确定的，这些决定的有效性不断受到逻辑性、连贯性、一致性、专业性方面的考验，也受到外交反应的考验。对文本精神的忠诚也提出了其原生性的主张。

第二十章　对《公约》的总结与反思

一　概述

　　2015 年 11 月 26 日，消除种族歧视委员会举办了纪念《公约》通过 50 周年的活动，这是许多可能标志着时间流逝的活动之一。[1] 安排的讨论会有关经验教训和良好做法、当前挑战和前进方向。受邀的发言人作了发言，并与缔约国和其他利益攸关方开展了当场对话。与会者表示支持《公约》的原则和委员会的工作。正如该届会议标题所示，这次活动回顾了《公约》的历史以及委员会 45 年的运作历程，并试图了解 21 世纪初的环境带来的挑战，将此作为未来发展的主要指南。《公约》传达并进一步界定了《联合国宪章》和《世界人权宣言》中的人道信息，并在联合国人权文书的空间中站稳了脚跟。《公约》原则的禁止对象被广泛接受为习惯国际法所禁止的行为，甚至是被强行法所禁止的行为——至少是其粗暴或系统的形式。[2]

　　1　See 'Celebrating the 50th Anniversary of CERD', <http://www2. ohchr. org/english/> (November/ December 2015).

　　2　见田中法官的意见，*South-West Africa Cases*，ICJ Rep. 1966，pp. 3，293："不得有基于种族的歧视或分离的规范已经成为一项习惯国际法规则。" 种族歧视在《联合国宪章》和《世界人权宣言》时代的整个人权体系中受到的对待，包括前者的第 55 条、第 56 条和后者的第 2 条、第 7 条，以及其禁止在国际人权两公约中的地位，被认为巩固了这一主张。根据《美国对外关系法重述》，当 "作为政策，一国施行、鼓励或纵容以下任何情况……（ f ）系统性的种族歧视" 时，即违反了国际法，参见 *Restatement of Foreign Relations Law of the United States*，para. 702 (1987)。学术界支持将禁止种族歧视——并不一定只是系统性种族歧视——当作习惯国际法之内容的情况，见 W. A. McKean，*Equality and Discrimination under International Law* (Clarendon Press, 1983), Chapters XIV and XV （转下页注）

除了谴责种族歧视和支持消除种族歧视委员会工作的一般性发言外，不 485
止一名与会者将《公约》描述为一项"活的文书"，[3] 这是委员会实践中赞
同的一种认识。"活的文书"这种生物学基调是指有机体对其所处生态系统
的变化作出反应性的调整，并对这些变化作出贡献。正如本研究工作在许多
方面所表明的那样，20 世纪 60 年代的环境在关键方面与现在不同，而《公
约》仍然保持原样，没有得到修正。[4] 结果是其在委员会解释和适用约文中
的演变，方式是采取在很大程度上没有引起缔约国的反应的立场。然而，委

（接上页注 2）［henceforth *Equality and Discrimination*］；在梅隆看来，"尊重和遵守所有人的人权和基
本自由，不分种族……现在已经被接受为习惯国际法的一部分"：T. Meron, 'The Meaning and Reach
of the International Convention on the Elimination of All Forms of Racial Discrimination', *American Journal of
International Law* 79（1985），283-318，283。另见 E. Schwelb, 'The International Court of Justice and the
Human Rights Clauses of the Charter', *American Journal of International Law* 66（1971），337-351，351；
P. Thornberry, *International Law and the Rights of Minorities*（Clarendon Press, 1991），Chapters 35 - 37
［henceforth *Rights of Minorities*］。就强行法——《维也纳条约法公约》第 53 条、第 64 条规定的国际
法的强制规范，国际法委员会将禁止种族歧视和种族隔离列为最经常被援引的强行法的候选者：*ILC
Report of the Study Group on the Fragmentation of International Law*, A/CN. 4/L. 682（2006），para. 374；
布朗利主张，强行法的"争议最少的例证"是由禁止灭绝种族以及基于种族、宗教和性别的歧视提
供的：I. Brownlie, *Principles of Public International Law*（4th edn, Oxford University Press, 1990），
p. 513。另见 McKean, *Equality and Discrimination*, p. 283。批评意见见 Thornberry, *Rights of Minorities*,
pp. 326-328。消除种族歧视委员会的评判是，禁止种族歧视"是一项国际法的强制规范，不得予以
减免"：*Statement on Racial Discrimination and Measures to Combat Terrorism*, A/57/18, pp. 106 - 107,
para. 4。另见 *Barcelona Traction*, *Light and Power Company*（*Belgium v Spain*）ICJ Rep. 1970, 3, 其中提
到了当代国际法中的对世义务（obligations *erga omnes*），包括免受奴隶制和种族歧视的保护。一般性
分析见 E. de Wet, 'Jus Cogens and Obligations Erga Omnes', in D. Shelton（ed.），*The Oxford Handbook of
International Human Rights Law*（Oxford University Press, 2015），pp. 541 - 561；A. Bianchi, 'Human
Rights and the Magic of Jus Cogens', *European Journal of International Law* 19（2008），491-508。

3　　*Hagan v Australia*, CERD/C/62/D/26/2002（2003），para. 7. 3. 进一步的评论见本书第五章
以及 G. Letsas, 'The ECHR as a Living Instrument: Its Meaning and Its Legitimacy', <http://papers. ssrn.
com/sol3/papers. cfm？abstract_id = 2021836>（2012）。

4　　具体见本书第三章、第五章和第十章。拟订补充国际标准特设委员会（The Ad Hoc
Committee on the Elaboration of Complementary Standards）成立于 2006 年，以推动实施《德班宣言和行
动纲领》，其任务是"作为优先和必要事项，以一项公约或《消除种族歧视公约》附加议定书的形
式，拟订补充标准"：人权理事会第 3/103 号决定，2006 年 12 月 8 日。尽管对种族、宗教、仇外心
理等问题有过大量讨论，但没有出现任何附加议定书或其他类似的案文，见特设委员会主席兼报告
员编写的对所收到意见的摘要：A/HRC/AC. 1/2/2, 26 August 2009；对上述工作的简要说明载于
S. Berry, 'Bringing Muslim Minorities within the International Convention on the Elimination of All Forms of
Racial Discrimination—Square Peg in a Round Hole？', *Human Rights Law Review* 11（2011），433-450,
436-439。

员会意见和缔约国意见之间的"趋同"并不是既定的，反倒是鉴于委员会有限的"权力"，这只是经过不断的、持续的和耐心的对话才可能实现的一种理想情况。[5] 国家与委员会的对话的内容和形式已经经历了一系列阶段，这些阶段虽未经明确界定，但其结果已经在前几章中分析，这里只作简要回顾。

二 《公约》的通过

《公约》通过后，空气中充满了对里程碑、巨大胜利与"和解圣歌"的谈论，[6] 但也有谨慎的评估。第二章引述的海地代表弗雷特激动人心的讲话，包括了一个不那么激动人心的提法，即初出茅庐的《公约》只是"合理地使人宽慰"。[7] 加纳代表兰普泰（Lamptey）在其发表的涵盖了从《大宪章》到法国和美国革命的人权文件再到《世界人权宣言》的演讲中，表达了对于《公约》的出现所怀有的幻灭与满足交织的情感，声称许多代表曾希望情况能更好，"但现实主义指令我们迈出蹒跚一步"，还补充说："桑塔亚纳（Santayana）曾指出，不了解过去的人注定要重蹈覆辙。随着迈出向世界各国提供一项……能够执行的多边条约的第一步，我们展示了我们不会遗忘的能力。"[8] 代表们必然会表达各种各样的感情，其中有些代表犹豫不决——是不是要对所通过的文书及其未来前景得出乐观的结论，这并不完全令人惊讶。《公约》是在冲突不断的非殖民化进程中出现的。新独立国家对刚赢得的主权的敏感度正处于最高的时候，同时仍有民族在努力争取自由。到 20

486

---

5 关于缔约国在委员会对"世系"标准的解释等方面提出的疑问，见本书第六章；对《公约》关键规范（如第 4 条）维持保留是"不一致"的又一个例子，见本书第十八章；委员会不断敦促缩小或撤回这种保留。

6 海地代表弗雷特：A/PV/1406，paras 79—87。

7 *Ibid.*

8 *Ibid.*, paras 93 and 94.（引文中提到的桑塔亚纳应指乔治·桑塔亚纳，西班牙哲学家和诗人，曾任哈佛大学哲学教授。——译者注）

世纪 60 年代中期，联大第 1514（ⅩⅤ）号决议的全部影响仍未完全显现，[9] 种族隔离似乎根深蒂固。一些代表将《公约》视为非殖民化和反种族隔离斗争的持久战，而另一些代表则将其视为冷战的持久战。[10]

起草中提出的许多内容的反殖民立场是显而易见的，而且随着起草工作负责者从防止歧视和保护少数小组委员会的专家机构转移到联合国的政治机构——人权委员会和（主要是）联大第三委员会以及联大全体会议，情况变得更加明显。反殖民立场的核心是自决原则，新独立国家和殖民地领土的统一，以及种族歧视、殖民主义和种族隔离之间的内在联系。[11] 两个方面之间的脱节——对自决原则等"外部性"的关注[12]与有关族裔和种族群体待遇的"内向"规范的发展，对许多代表来说，是通过想象种族歧视只发生在或主要发生在（西方）殖民制度和种族隔离制度下来解决的。[13]

紧张情况的任何此等"解决"都与《公约》的措辞格格不入。第 1 条对歧视的定义和《公约》引入的实质性条款，都呈现了一种在政治方面不受限制的规程。一些参与起草《公约》的人的言辞表明，对《公约》范围的政治或地理限制与他们所同意的事实不符。对限制的自信断言并没有导致强调种族歧视可能随处可见的其他起草意见的消失，而包括对种族隔离

487

9　1965 年，联合国有 122 个会员国，2015 年则有 193 个会员国；关于会员国的增长年表和西方帝国非殖民化、苏联和南斯拉夫解体所引起的国家"激增浪潮"，见 <http://www.un.org/en/members/growth.shtml/>；另见，除其他外，联大 1965 年 12 月 20 日即通过《消除种族歧视公约》前一天通过的第 2105（ⅩⅩ）号决议：《准许殖民地国家及民族独立宣言之实施》。

10　具体见本书第三章、第五章和第十一章。

11　见本书关于《公约》标题和序言的第五章。

12　20 世纪 60 年代中期自决的范例是摆脱殖民强权的枷锁实现独立，就如联大 1960 年第 1514（ⅩⅤ）号《殖民地独立宣言》所述：见本书第五章和第十三章的讨论。经典的论述见 A. Cassese, *Self-Determination of Peoples: A Legal Reappraisal* (Cambridge University Press, 1995); 另见 N. Ghanea and A. Xanthaki (eds), *Minorities, Peoples and Self-Determination: Essays in Honour of Patrick Thornberry* (Martinus Nijhoff, 2005); C. Tomuschat (ed.), *Modern Law of Self-Determination* (Martinus Nijhoff, 1993)。"内部"自决的概念至多处于新生状态；土著民族的自决是一个非常遥远的未来：国际劳工组织 1957 年第 107 号公约没有设想这类"居民"的自决，也不可以增加；后来的第 169 号公约也没有涉及这个问题，而是把它留由更广泛的联合国框架处理。消除种族歧视委员会关于自决的立场，特别见本书第五章和第十三章。

13　或者是因为美国的分隔政策。

的明确提及，却排除了对反犹太主义的等同提及，并没有从前景上将《公约》限制在单向的反殖民道路上。专门起草一条针对种族隔离——一项实时国家政策——备受期待，而反犹太主义显然处于种族歧视的范围之内，仍是种族歧视的一个范式例证、[14] 一个"容易惊醒的人"，很容易被唤醒并投入行动。[15]

三 外部发展

任何意欲将种族歧视与特定政治制度相绑定的做法都没有通过消除种族歧视委员会的认真审查，而且在《公约》的整个生命周期内都支离破碎，而《公约》在随后的半个世纪里，见证了地缘政治的变化和人权框架内各种改换游戏的突变。总体权利矩阵中的发展包括国际人权两公约、《消除种族歧视公约》的姐妹文书《消除对妇女歧视公约》以及一系列联合国"核心"条约的出现，与之相伴的是主要的区域人权发展，特别是在非洲、美洲、阿拉伯世界，其中美洲和欧洲在早些时候分别以《美洲人的权利和义务宣言》和《欧洲人权公约》为这些发展铺平了道路。举行关于人权和种族歧视及有关形式的不容忍问题的世界会议，也影响了委员会的工作，委员会目前的结论性意见不断地重复人权不可分割、相互依存的口号，并建议各缔约国落实

14　委员会的结论性意见继续唤起反犹太主义的幽灵：比利时，CERD/C/BEL/CO/16-19，para.10；摩尔多瓦，CERD/C/MDA/CO/8-9，para.10；摩纳哥，CERD/C/MCO/CO/6，para.10；波兰，CERD/C/POL/CO/19，para.7，and CERD/C/POL/CO/20-21，para.14。最后一项意见回顾了"犹太社群在波兰的悲惨经历"以及其在第二次世界大战期间的"实际灭绝"，波兰激烈地驳斥了这一意见，强调这"既不是波兰当局策划的，也不是波兰当局实施的"，"1939年至1945年波兰被外国，即纳粹德国和苏联占领"：A/69/18，Annex Ⅶ.B。另见委员会的结论性意见：斯洛伐克，CERD/C/SVK/CO/6-8，para 12；也门，CERD/VC/YEM/CO/17-18，para.16。另见委员会第35号一般性建议第6段，包括种族主义仇恨言论标题下的反犹太主义和仇视伊斯兰教性质的仇恨言论。

15　*A Very Light Sleeper: The Persistence and Dangers of Anti-Semitism*（Runnymede Trust，1994），<http://www.runnymedetrust.org/uploads/publications/pdfs/AVeryLightSleeper-1994.PDF>。"容易惊醒的人"（a light sleeper）的说法出现于 C.C.O'Brien，*The Siege: The Saga of Israel and Anti-Semitism*（Faber and Faber，1986）。

2001 年《德班宣言和行动纲领》以及 2009 年德班审查会议的成果文件。[16]
委员会的工作越来越多地与联合国和区域人权机制和程序相结合。特别是在
报告和预警程序中，委员会委员系统地获知了有关人权机构和机制的发展情
况，包括人权理事会的普遍定期审议，这有助于审议缔约国的报告。[17]

随着西方帝国的崩溃，非殖民化阶段逐渐结束。种族隔离制度的废除花
了更长时间，最终南非成为联合国大家庭中的一个"正常"成员，并成为
《公约》的缔约国——消除种族歧视委员会 2006 年审议了该国的第一份报
告。[18] 苏联的终结和南斯拉夫的解体是进一步的重要"外部"事件，与之相
联系的是"身份政治"阶段的开始，以及出现基于群体的文书或文书中的个
别条款，包括《公民及政治权利国际公约》第 27 条、《儿童权利公约》第
30 条、国际劳工组织 1989 年第 169 号公约、1992 年《联合国少数人权利宣
言》、2007 年《联合国土著人民权利宣言》以及欧洲理事会 1995 年的《保
护少数民族框架公约》，确认少数群体和土著民族权利的情况，这些文书的
原则都有助于确定《公约》的适用。[19]《消除种族歧视公约》的适用还通过
关于非公民和难民的各种结论性意见和一般性建议对移民领域的发展作出了
反应，委员会越来越意识到移徙情况带来的人权问题。

地缘政治事件的发生和补充性人权标准的增加继续影响《公约》的适
用。这些事件和标准对解释人权公约的影响并不仅仅限于消除种族歧视委员
会的情况。人权机构的典型做法是借用并非源自其组成文书的概念，并将其
从接受活动中获得的见解纳入其规范框架；人权机构还将概念输出到更广泛
的人权领域。另一方面，正如本书第十五章特别指出的，《公约》在界定受
保护的权利方面是一个相对容易渗透的文书，除了少数例外情况外，《公约》

16　委员会对德班进程的认可——通过许多结论性意见以及在提交联大的年度报告中列入关于
德班会议和德班审查"后续行动"的一章回顾，在关于反对种族主义、种族歧视、仇外心理和相关
不容忍现象世界会议后续行动的第 28 号一般性建议中得到初步体现，A/57/18, Chapter XI. E；另见
第 33 号一般性建议：德班审查会议的后续行动，A/64/18, Annex Ⅷ；《关于纪念〈德班宣言和行动
纲领〉通过十周年的声明》，A/66/18, Annex Ⅹ。

17　见本书第六章。

18　CERD/C/461/Add. 3；本书第十章曾提到。

19　具体见本书第六章、第十三章、第十四章和第十五章。

并没有准确地定义其术语。[20] 第 5 条的结构最好地展示了《公约》文本的开放性特点，因为它明确寻求保护的许多权利都是主要源于《世界人权宣言》的规范性草图，这些权利结合在一起，没有明确的限制或克减的规定，而且在实践中可以接受未列举权利的输入。《公约》的解释在使用解释技术和被视为独立实体的一项人权文书分配边界方面，提出了困难的问题；"交叉性"的发展有能力进一步扩大边界。

四　《公约》生命周期中的标志性发展

（一）解释方法

正如辛克莱尔指出的，"在国际法中，很少有话题会像条约解释一样引起如此广泛的理论争议"，[21] 这一警告同样或更有理由适用于人权条约的解释，[22] 这种解释"在许多人看来是一个无法解决的难题"。[23] 《维也纳条约法公约》有关条约解释的基本方案是众所周知的：其第 31~33 条在一种通常被认为代表了习惯国际法的综合体中，结合了分析性的字面主义、当事方的意图和目的论。[24] 第 31 条第 1 款所述的基本规则是，条约应"依其用语按其

20　第 2 条和第 4 条的规定构成某种例外，也可以说，第 1 条对种族歧视的定义也相对准确。这种"疏松性"主要与第 5 条中的权利列举以及第 6 条和第 7 条的一般规定有关。

21　I. Sinclair, *The Vienna Convention on the Law of Treaties* (Manchester University Press, 1973), p. 69. 他还引用了朱利叶斯·斯通的提法，即解释是对基于其他理由得出的结论所作的事后合理化，或者是对司法创造活动的一种掩饰：Julius Stone, 'Fictional Elements in Treaty Interpretation', *Sydney Law Review* 1 (1955), 344-368。

22　关于人权条约的解释，见 G. Letsas, *A Theory of Interpretation of the European Convention on Human Rights* (Oxford University Press, 2007); B. Schütter, 'Aspects of Human Rights Interpretation by Treaty Bodies' [henceforth 'Aspects of Human Rights Interpretation'], in H. Keller and G. Ulfstein (eds), *UN Human Rights Treaty Bodies: Law and Legitimacy* (Cambridge University Press, 2012), pp. 261 - 319; J. Tobin, 'Seeking to Persuade: A Constructive Approach to Human Rights Treaty Interpretation', *Harvard Human Rights Journal* 23 (2010), 1-50。

23　Schütter, 'Aspects of Human Rights Interpretation', p. 263.

24　对一般国际法中解释原则的简要概述，见 M. Shaw, *International Law* (6th edn, Cambridge University Press, 2008), pp. 932-938。

上下文并参照条约之目的及宗旨所具有之通常意义"善意地解释。"上下文"
除其他外包括序言和附件，[25]并说明了嗣后实践的作用；[26]在得出结论的其
他途径只会产生意义不明或者显属荒谬或不合理的结论时，准备工作被视为
具有补充作用。[27]还有大量意见鉴于人权的保护性、纵向性和挑战主权的性
质及道德维度，强调了其解释的特殊性质。[28]广泛使用抽象术语是人权公约
的另一个特点。对于人权的这些一般性质，还可以加上权利"类别"的复杂
增加、人权话语的日益严肃和普遍化，[29]其组成部分融入相互依存和不可分
割的网络，能够触及社会的毛细血管。[30]所有这些对人权条约的运行情境的
特性、实质和背景的反思都表明，对其解释采取一体适用的办法不太可能有
助于预测结果或作追溯性解释的过程。

关于《公约》，虽然从文本的表面价值解释是解释的第一原则，但这没 490
法让解释者走太远。《公约》的起草很迅速，部分原因是专家意见以外的政
治和外交妥协，《公约》的整个文本并没有一贯地表现出连贯性和一致性的
优点。[31]为了在当代背景下解读《公约》，整个"种族"的词语，与"歧视"
"分隔""尊严""平等""公共"等广泛的能指，以及"取消或损害""适
当""有效""充分"等限定性的词语一道，都需要被审视、解释和付诸实
效。技术性的分析——词源、句法、术语解析、将条款项并置——的重要性
和必要性不可否认，即使这种分析可能没有立即给所有问题提供答案，也是

25　第 31 条第 2 款。

26　第 31 条第 3 款规定："应与上下文一并考虑者尚有：（甲）当事国嗣后所订关于条约之解释
或其规定之适用之任何协定；（乙）嗣后在条约适用方面确定各当事国对条约解释之协定之任何惯
例；（丙）适用于当事国间关系之任何有关国际法规则。"

27　第 32 条。

28　Schütter, 'Aspects of Human Rights Interpretation', pp. 263–266.

29　参见 S. Moyn, *The Last Utopia*: *Human Rights in History* (Harvard University Press, 2010)。（该
书已有中译本。〔美〕塞缪尔·莫恩：《最后的乌托邦：历史中的人权》，汪少卿、陶力行译，商务
印书馆，2016。——译者注）

30　就《公约》而言，它引起了对"日常歧视"的关注：T. Makkonen, *Equal in Law*, *Unequal
in Fact*: *Racial and Ethnic Discrimination and the Response Thereto in Europe* (Martinus Nijhoff Publishers,
2012), Chapter 8。

31　特别见本书第五章、第六章、第十三章和第十六章。

如此：理性的翅膀很短。[32] 针对以色列关于其根据《公约》承担的义务不延及被占领土的论点，消除种族歧视委员会在应答中以简明的形式表达了其思路："委员会建议该缔约国审查其做法，并依《公约》用语按其上下文并参照《公约》之目的及宗旨善意解释其根据《公约》承担的义务。"[33] 委员会所采用的解释方法的最广泛特征体现在关于特别措施的第 32 号一般性建议中：

> 《公约》是一项活的文书，其解释和适用必须考虑到当代社会的各种情况。这一方法要求以对背景保持敏感的方式解读其文本。这一背景，除《公约》全文（包括其标题、序言和执行条款）外，还包括一系列……普遍人权标准。对背景保持敏感的解释还包括考虑缔约国的具体情况，但不损害《公约》规范的普遍性质。《公约》的性质及其条款的广泛性意味着，虽然有意识地适用《公约》原则将在缔约国之间造成不同结果，但这些不同情况参照《公约》原则必须完全正当合理。[34]

在解释技术方面，为了不"将形式提升到实质之上"，[35] 消除种族歧视委员会利用条约解释中的有效性原则和对不断发展的实践的强调，再加上对准备工作文件的重视程度明显降低[36]（这与国际法院在格鲁吉亚诉俄罗斯联邦案中就解释第 22 条给予准备工作的重视形成了立场上的对比），达成了偏重于《公约》目的和目标的独特立场。[37]

《公约》代表着对《联合国宪章》中的人权的含义的一种关键表述，在核心国际人权公约中占有一席之地，是人权体系的一个主要推动者。解释实践不应被理解为仅仅是从"外部"输入概念的问题，就好像《公约》只是

491

---

[32] From Dante, Paradiso, Canto Ⅱ：'poi dietro ai sensi, vedi che la ragione ha corte l'ali'；English translation by H. W. Longfellow, available online at：<https://en.wikisource.org/wiki/The_Divine_Comedy/Paradiso/Canto_II>. （语出但丁《神曲·天堂篇》。原句为："在感官背后，你会发现理性的翅膀很短。"——译者注）

[33] 委员会的结论性意见：以色列，CERD/C/ISR/CO/13，para. 32。

[34] 第 32 号一般性建议第 5 段。

[35] *L. R. v Slovakia*，CERD/C/66/D/31/2003（2005），para. 10. 7。

[36] 尽管如此，仍会偶尔出现参考准备工作的情况。例如，关于特别措施的第 32 号一般性建议第 24 段；*P. S. N. v Denmark*，CERD/C/71/D/36/2006（2007），para. 6. 3（在本书第十一章讨论）。

[37] 在本书第十九章讨论。

寄生于其他地方的系统发展或从中直接衍生出来的。根据人权不可分割和相互依存的原则，依据《公约》的实践扩大了对其范围内所涉人权的理解。[38]

（二）程序

主要在本书第四章中讨论的消除种族歧视委员会程序的发展导致了其工作范围显著扩大。如前所述，委员会程序的起起落落与《公约》外部环境的变化并行。虽然第 15 条规定的非殖民化程序有段时间在很大程度上被视为程式性的，国家间程序不起作用或处于休眠状态，但第 9 条规定的程序（包括预警和紧急行动程序）则取得了重大发展，成为《公约》的支柱。最后提到的程序也显示了身份政治的影响，即几十年来，关注点已明显转向在《公约》实践中保护特定的民族群体，尽管委员会仍继续处理影响整个国家的大规模事件。非洲和南斯拉夫的大规模族裔冲突，促使委员会以发表声明和建议等方式[39]以及通过《防止灭绝种族罪行宣言》来应对。[40] 第 9 条的程序得到了来自民间社会不断增加的贡献，在冷战时期采取谨慎态度之后，委员会对这些贡献的接受度稳步提高。

另外，尽管委员会不断敦促，但第 14 条规定的任择性来文程序并没有对"选择加入"的缔约国数目产生可能期望的影响。起草阶段所显示的对一种边角锋利的超国家监督机构的不情愿态度的残余，仍然可能妨碍对来文程序的接受。也许，特别是对于处于非殖民化运动前列的国家来说，这一程序可能导致对违反《公约》的认定，而不是第 9 条所规定的更具对话性的做法和关切表示，是影响其被接受的另一个可能因素，就像全球和区域层面上都

38　见本书第十五章。

39　例子包括 1999 年关于非洲的声明，它吸收了早先关于布隆迪、刚果民主共和国、卢旺达和苏丹的声明：A/54/18, Chapter Ⅱ；该报告引人注目的是其对危机的大量声明，包括关于南斯拉夫的第 1（54）号决定、关于卢旺达的第 3（54）号决定、关于刚果民主共和国的第 4（54）号和第 3（55）号决定、关于苏丹的第 5（54）号决定以及关于科索沃的第 1（55）号决定。其他例子还有关于科特迪瓦的第 1（62）号决定，A/58/18, Chapter Ⅱ；关于达尔富尔的第 2（66）号决定，A/60/18, Chapter Ⅱ；关于尼日利亚的第 1（76）号决定，A/65/18, Chapter Ⅱ；关于吉尔吉斯斯坦的第 1（77）号决定，A/65/18, Chapter Ⅱ。另见关于伊拉克问题的第 1（85）号决定，A/70/18, Chapter Ⅱ。

40　A/60/18, Chapter Ⅷ.

存在的替代性的"司法化"申诉程序一样。[41] 第 14 条程序是否会获得更大
的冲劲，还有待观察。[42]

（三）歧视

关于种族歧视的概念，《公约》第 1 条中的基本定义声明经历了一种独
特的现实演变。非歧视标准的适用已从反殖民范式、从"这里没有歧视"的
主张和消极平等的做法，向外扩展到以其理解应予以不受歧视的保护的一系
列人权，这种理解接受并承认各国的多民族和多文化特性。[43] 将歧视模式从
《公约》第 1 条中的意图/效果耦合扩展到直接和间接歧视以及结构性或制度
性歧视等，是一个显著的发展。[44] 加上将《公约》当作一项表达不限于"特
别措施"的"积极"义务的文书，反歧视政策模式的扩大给各缔约国带来
了沉重的立法和政策负担，迫使它们朝着实行越来越多干涉的方向前进。批
评者还指出了"概念膨胀"的诱惑，例如，教育或就业成就或结果的差异据
此被典型性地归因于歧视[45]（尽管这种规定不一定不公平），[46] 这种诱惑可能
特别集中在间接的和结构性的歧视上，其中歧视的事实与动机脱离开来。

另一方面，扩大的歧视范围鼓励各缔约国采取更多积极主动的办法，以
新的活力处理种族歧视问题。消除种族歧视委员会对许多歧视模式的探索和

41　See S. M. García and B. Çali (eds), *The Legalization of International Law: Multidisciplinary Perspectives on Human Rights and Human Rights Law* (Routledge, 2006), R. Hirschl, 'The Judicialization of Mega-Politics and the Rise of Political Courts', <http://papers.ssrn.com/sol3/papers.cfm? abstract_id=1138008>; P. Sands, 'Developments in Geopolitics—The End(s) of Judicialization', <http://www.jus.uio.no/pluricourts/english/newsand-events/events/2015/esil-2015-en/video-and-streaming/final-lecture.html>.

42　T. Van Boven, 'CERD and Article 14: The Unfulfilled Promise', in G. Alfredsson, J. Grimheden, B. Ramcharan, and A. de Zayas, *International Human Rights Monitoring Mechanisms: Essays in Honour of Jakob Th. Möller* (Martinus Nijhoff Publishers, 2001), pp. 153-166.

43　尤其见本书第十三章和第十四章。关于委员会对多元文化主义的立场的简短评论，见 P. Thornberry, 'Multiculturalism, Minority Rights, and the Committee on the Elimination of Racial Discrimination (CERD)', in D. Thurer and Z. Kędzia (eds), *Managing Diversity, Protection of Minorities in International Law* (Schulthess, 2009), pp. 79-94。

44　见本书第六章。

45　M. Bell, *Racism and Equality in the European Union* (Oxford University Press, 2008), p. 12, citing R. Miles and M. Brown, *Racism* (2nd edn, Routledge, 2003), p. 58.

46　在政府、警察或就业中缺乏族裔群体的适当比例的代表，可能是某些情况出了问题、需要调查的标志：S. Fredman, *Discrimination Law* (2nd edn, Oxford University Press, 2011), p. 181。

复杂的建议，促使人们认真思考在对其潜在歧视可能认识有限的情况下制定的法律性和体制性措施导致的消极可能性。从本书第六章的分析中可以看出，委员会没有充分阐述它对目前使用的歧视术语的理解，也没有详尽地细化歧视的范围和限制。尽管如此，歧视和平等的概念在委员会的实践中得到了延伸和扩大，消除事实上的歧视和在享受人权方面事实上的平等在《公约》的崇高目标中被赋予了重要地位。

对歧视的讨论典型地集中在使用"比较仪"来衡量优势和劣势上。同样，消除种族歧视委员会对歧视的分析，可能是在比较仪的语境中发挥作用的，这些比较仪在实际情况中得到运用或迂回运用，尤其是通过第 14 条规定的来文程序。然而，将《公约》作为一个整体——包括其全部程序的范围和实质性规范的广度——来看，委员会一般不太关心群体的待遇比较，而更关心群体所受的压迫。当《公约》适用范围内的族裔和其他群体成为目标、被忽视、被强行分隔，它们的语言和文化受到压制、它们的经济被边缘化、它们的保卫者被监禁或杀害、它们的土地和水域被掠夺、它们在国家中的地位被"抹去"直到身体流离失所甚至被消灭的地步时，比较的概念对分析它们的困境几乎或根本没有什么帮助：平等关系到享有权利的平等，而不是剥夺中的平等。许多《公约》实践都有关这种深刻的、更广泛意义上的"歧视"。这是一种表现为以群体为导向的压迫或暴力的歧视，其所针对的情况超越了个人或群体与其他个人或群体之间的亲缘差别。[47] 虽然甚至"种族歧视"都可能不足以描述这种对人权的更严重侵犯，但消除种族歧视委员会在实践中注意到的针对群体的情况，在种族歧视的范畴之下被恰当地提出，以作为一种必要的基线描述。剥离种族背景而将压迫行为解读为一种侵犯人权的简化物，是对活动性质的误读，也是对必要救济的误读。[48]《公约》中的

---

[47] "暴力的压迫不仅包括直接受害，而且包括被压迫群体的所有成员的日常认识，即他们很容易受到侵犯，纯粹是因为他们的群体身份特征"：I. M. Young, *Justice and the Politics of Difference* (Princeton University Press, 1990), Chapter 2 'Five Faces of Oppression', p. 62.

[48] 欧洲人权法院有时通过援引《欧洲人权公约》第 14 条表现出不愿意介入歧视问题，而更倾向于将个别实体规范作为其判决的根据：简短的评论，见 J. Goldston, 'The Struggle for Roma Rights: Arguments that have Worked', *Human Rights Quarterly* 32/2 (2010), 311-325, at 321-325. 本章的分析并不意在赞同这种做法，而仅仅是为了强调基于种族的"歧视"作用于严重侵犯人权的程度，即使其他法律术语也有助于形成歧视行为的法律分类，同样如此。

种族歧视既针对个人——基于他们实际或据称属于族裔和其他群体的情况，也针对这样的群体本身；它包括大规模的压迫和较小规模的不利情况，以及两者之间的所有层级。

（四）歧视的理由

关于歧视的理由，值得注意的是，许多《公约》起草者广泛接受并深深植根于整个《公约》中的"种族"概念正受到（一些）缔约国的质疑，同时消除种族歧视委员会对"世系"理由的适用遭到其他国家，尤其是印度和日本的强烈抵制。[49] 另一方面，在起草过程中存在激烈争议的"民族本源"（national origin）的理由，被更普遍地接受为族裔本源（ethnic origin）的一个伙伴概念。尽管"民族的"一词带有模糊性，但在理由中列出民族和族裔本源促进了将重点从种族和肤色转向族裔性和少数族裔。范登霍尔认为，委员会将歧视少数群体作为一个特别主题，而"不论涉及哪些禁止的理由"。[50] 这种将歧视族裔化（ethnicization）的实质性《公约》基础很广泛：序言和第1、4、5条提到了"族裔本源"，而第7条提到了"族裔群体"，对此可以忆及，在《公约》中"民族本源"的主要适用涉及族裔情况而不是公民身份。鉴于对自我认同的实际强调，对族裔情况的关注不一定意味着文化的物化，而且反对文化决定论，即不管个人是否同意，他们都被指定为某个族裔群体的成员。[51] 如前所述，[52] 转换成种族主义词汇，《公约》对可以称作"文

494

49　见本书第六章的讨论。

50　W. Vandenhole, *Non-Discrimination and Equality in the View of the UN Human Rights Treaty Bodies* (Intersentia, 2005), p. 95.

51　在这最后一方面，委员会使《公约》符合《联合国少数人权利宣言》第3条第2款所述的非强制性原则："不得因行使或不行使本宣言规定的权利而对属于少数人群体的任何人造成不利"。对此的评论见 P. Thornberry, 'The UN Declaration on the Rights of Persons Belonging to National or Ethnic, Religious and Linguistic Minorities: Background, Analysis, Observations, and an Update', in A. Rosas and A. Phillips (eds), *Universal Minority Rights* (Abo Akademi, 1995), pp. 13-76; 以及欧洲理事会《保护少数民族框架公约》："属于少数民族的每一个人均有权自由选择是否受到如此对待，作出这种选择或行使与这种选择有关的权利不会造成不利。" 评论见 H.-J. Heintze, in M. Weller (ed.), *The Rights of Minorities in Europe*, *A Commentary on the European Framework Convention for the Protection of National Minorities* (Oxford University Press, 2005), pp. 107-137.

52　本书第五章。

化"或"差异"种族主义的情况予以重大的甚至主要的关注："种族歧视"吸收并超越了基于"种族"的歧视。[53]

消除种族歧视委员会对于歧视理由的认真对待，表明不能将《公约》视为一项直截了当的平等文书，也就是说，将两种理想类型之间的概念差异视为，虽然一种反歧视范式暗指不被禁止即为允许，但一种平等文本却要求平等，不过也有例外。对歧视理由的持续关注的分量足以反对将《公约》简单地描述为一份基于平等的文本，即使在间接的、结构性或制度性歧视的情况下，当提到基于群体的歧视但没有具体说明任何理由，以及《公约》所表达的平等规范的范围不断扩大时，这些理由会失去一些针对性，也是如此。另一方面，任何将不歧视与形式上的平等相联系、将一份平等文本与积极行动相联系的假设，对于《公约》都是行不通的：对积极行动的要求贯穿整个约文，并在委员会的既定做法中得到体现。

（五）受到挑战的交叉性

如本书若干章所述，通过使用"交叉性"这一理解手段，对歧视理由的理解得到了扩展。[54] 这一概念在性别方面得到了有力表达，而在宗教方面则较少，而其他潜在的身份"交叉点"也已经被注意到，但几乎没有被阐发。就宗教而言，除了对"宗教"和"族裔"在很大程度上毗邻近似的情况质

53　"虽然生物种族主义是指基于人的外貌或其他可归因的身体差异而对人的反感、排斥和不平等待遇……但文化种族主义在生物种族主义的基础上建立了一种进一步的话语，该话语唤起文化差异和所谓的……'文明'规范，来诽谤、将人边缘化或要求文化同化"：T. Modood, '"Difference": Cultural Racism and Anti-Racism', in B. Boxill (ed.), *Race and Racism* (Oxford University Press, 2001), pp. 238–256, p. 239。另见 E. Balibar, 'Is there a Neo-Racism?', in E. Balibar and I. Wallerstein, *Race, Nation, Class: Ambiguous Identities* (Verso, 1991), pp. 17–28; J. Blaut, 'The Theory of Cultural Racism', *Antipode* 23 (1992), 289–299; R. Miles and M. Brown, *Racism*; A. Giddens and P. Sutton, *Sociology* (7th edn, Polity Press, 2013), Chapter 16 'Race, Ethnicity and Migration'。贝尔评论说，"种族主义的文化主义观的局限之一是它强调个人偏见（一种应该随着时间的推移而消失的行为失范）是种族主义的一个原因"：Bell, *Racism and Equality in the European Union*, pp. 10–11。考虑到委员会对种族主义和种族歧视的"结构性"和其他表现形式的关注，这不是此处所要表达的意思，见本书第六章。另见本书第五章。

54　尤其见本书第六章和第十三章。

495   疑交叉隐喻的恰当性,[55] 联合国"劈分"了有关宗教歧视的工作和有关种族的工作仍然具有影响力。[56] 虽然有证据表明,消除种族歧视委员会通过在第 35 号一般性建议和其他地方中承认"族裔—宗教"等混合术语,在发展过程中采取了某种更为宽松的做法,但有关种族/宗教交叉的实践反映了对《公约》的边界和委员会任务的谨慎态度。关于交叉性,对委员会在这方面的运作模式的一个根本性挑战来自罗马教廷的评论。罗马教廷以"原创"的精神、明确的方式向委员会报告了其对条约解释的意见,重点放在起草时对《公约》的理解上。这些意见表示:

> 委员会的增加新术语或创设新义务的建议背离了《消除种族歧视公约》的最初精神,并会构成一种无法预见的、根本性的情势变更,这又会造成"根本性地"改变罗马教廷根据该条约、在《维也纳条约法公约》第 62 条第 1 款(乙)项的含义之内仍需履行的义务的范围……。因此,罗马教廷可以援引这种情势的根本变更作为"终止或退出"该条约……"暂停实施条约"的理由。[57]

乍一看,罗马教廷对《公约》的解释似乎从根本上背离了消除种族歧视委员会采取的演进式进路,这种进路致力于根据作为《公约》标题和序言之特色的宏伟目标使《公约》成为一种有效存在。在缔约国看到"情势发生根本变更"之处,委员会看到的则是有必要作出调整,以应对并没有呈现在

---

55   见本书第十三章。

56   联合国工作中的分歧见本书第三章。另见其他评论,包括 N. Lerner, 'Freedom of Expression and Advocacy of Group Hatred: Incitement to Hate Crimes and Religious Hatred', *Religion and Human Rights* 5 (2010), 137-145。

57   CERD/C/VAT/16-23, para. 3.《维也纳条约法公约》第 62 条第 1 款以否定的方式规定:"条约缔结时存在之情况发生基本改变而非当事国所预料者,不得援引为终止或退出条约之理由,除非:(甲)此等情况之存在构成当事国同意承受条约拘束之必要根据;及(乙)该项改变之影响将根本变动依约尚待履行之义务之范围。"在某些情况下,终止的选择可能丧失,见《维也纳条约法公约》第 45 条。在渔业管辖权案中,国际法院表示,如果将情势变更作为终止的理由,它应该"已经导致要履行义务的范围的根本性变化"。《维也纳条约法公约》第 65 条的原则是指《联合国宪章》第 33 条规定的向其他当事方发出有关反对和解决争端的通知,但这不影响与解决争端有关的现行义务,《消除种族歧视公约》第 22 条和第 11 条是主要的参照点;菲茨莫里斯在评论《维也纳条约法公约》第 65 条时指出,它标志着从"主观的自动解释向一种更客观的法律裁决的可能"的转变:M. Fitzmaurice, 'Exceptional Circumstances and Treaty Commitments', in D. Hollis (ed.), *The Oxford Guide to Treaties* (Oxford University Press, 2012), pp. 605-633, p. 623。

起草者面前的情况。[58]　然而，罗马教廷的声明的要点可能更狭隘，因为它主要涉及将性别交叉性纳入委员会的论述，而不是一般意义上的"交叉性"；[59] 这似乎是唯一一个有关的"创新"，这一立场在某种程度上削弱了反对意见的普遍性。罗马教廷并没有对《公约》提具保留。[60]

当代对交叉性的强调也导致了主要关注个人的人权文书在处理个人和群体身份的复杂性方面的局限的问题。从某种角度来看，歧视理由的应用往往倾向于将身份分裂为"本质化"（essentialized）的范畴。然而，国际人权法相当强调自我认定，以减弱假定的"本质化"并避免文化决定论。虽然利用权利类别可能有助于"构建"具体的身份认同，但这些类别也通过文化敏感的视角关注受压迫和被忽视群体的特殊不满，为它们赋权。对于消除种族歧视委员会和其他人权机构，理由清单中暗含的特征在实践中已经转变为一系列可识别的群体，这揭示了抽象的"受害者"的鲜活面孔；[61] 由此，"普遍

496

---

[58]　在人权领域，使用"情况的根本变化"的最突出例证被联合国秘书处于1950年开展的"对有关少数群体的承诺的法律效力的研究"（*Study of the Legal Validity of the Undertakings Concerning Minorities*，UN Doc E/CN. 4/367）应用于第一次世界大战后如何对待少数群体的制度的情况，其得出的结论是，在1939年至1947年，整个情况发生了如此大的变化，以至于总的说来，这一制度应被视为已经不复存在；这种观点并不是基于诸如隐性取消或人口转移和流动的一般的灭绝原因，而是事实上基于情势变更规定（*clausula rebus sic stantibus*）：情势的根本变化。对该研究的评论见 P. Thornberry，*International Law and the Rights of Minorities*（Clarendon Press，1991），Chapters 4 and 9；N. Feinberg，'The Legal Validity of the Undertakings regarding Minorities and the *Clausula Rebus Sic Stantibus*'，*Studies in Law*，*Scripta Hierosolymitana* 5（1958），95-131；S. Rosenne，'*Rebus Sic Stantibus* and the Minority Treaties：An Afterword'，*Israel Yearbook of Human Rights* 12（1982），330-333。即使面对研究报告中指出的重大变化，联合国秘书处使用情势变更的概念仍然受到上述作者的强烈批评。在此处所述情况中，罗马教廷的立场很难与这样的事实相协调，即消除种族歧视委员会根据第9条第2款只能提出"不具约束力的建议"，而"不能创设新义务"：委员会委员巴斯克斯的评论，CERD/C/SR. 2394，para. 10；还有委员博苏伊特·科马尔（Kemal）和迪亚科努的评论，*ibid.*，paras 34，37，and 40。委员会对罗马教廷的结论性意见也提到了这几点，CERD/C/VAT/CO/16-23，paras 6 and 7。

[59]　CERD/C/VAT/16-23，para 5（a）在与委员会的讨论中，罗马教廷解释说，它"对交叉性概念本身的关注，不如它对这样一种可能性的关注：承认这一概念可能为……它认为不可接受的……其他概念铺平道路"（CERD/C/SR. 2395，para. 5）。关于种族和宗教之间的交叉性情况，罗马教廷认为，这一问题"可能应在个案基础上解决，以便宗教成为一种促进……平等的力量"（CERD/C/SR. 2395，para. 40）。

[60]　罗马教廷"关切的是，扩大《公约》的范围可能会干扰……根据其他国际人权文书开展的工作，或增加……缔约国尚未接受的……实质性义务"（CERD/C/SR. 2395，para. 5）。罗马教廷的代表团相当重视这样一个"交叉情况"：种族主义和贫困之间的交叉。

[61]　见本书第十五章。

的"变成了特定化的。

（六）非公民的"差距"

将其纳入《公约》对歧视的一般理解来看，关于公民和非公民的并不宽宏的第1条第2款基于消除种族歧视委员会的断言式解释，在很大程度上被剥夺了将享有平等和不受歧视的自由限于缔约国公民的决定性作用。在并非最狭窄的政治领域中将公民的人权与非公民的人权截然区别开来的宪法和其他法律规定，被委员会当作关注事项，委员会还免不了建议纠正受到审查的法律状况。[62] 虽然新获主权的国家的代表在起草《公约》期间表达的必要性——确立忠诚的、以公民为基础的官僚机构——可能已经随着时间的推移而减弱，[63] 但公职制度中公民/非公民的区分在国家实践中一直有体现，尤其与之相伴随的，是在公民身份和就业领域中的区分，这两个领域也有明显的性别层面。公民与非公民在人权保护方面的差距已明显缩小，但仍未弥合。如果把目前的移民危机作为未来可能发展的指南，委员会对移民和非公民的关注在可预见的将来似乎注定会增多。[64]

（七）关于法律基础设施

消除种族歧视委员会坚持种族歧视可能普遍存在，这意味着其毫无例外地期望所有提交报告的国家都具备必要的立法和政策结构。委员会回顾说，反对种族歧视的立法必须尽可能具体和全面，贯穿法律的各个分支——刑法、民法和行政法，并调整民事案件的举证责任，以提升使申诉获得圆满结局的可能性。[65] 如同主要在本书有关第2条和第6条的评注中所指出的那样，委员会规定了对必要基础设施的要求，以支持在各个立法部门适用首要规则，包括关于"赔偿或补偿"的规则。[66]

62　尤其见本书第七章和第十三章。
63　见本书第三章、第六章、第七章和第十三章。
64　委员会关于当前移民危机的声明，A/70/18，Chapter Ⅱ。
65　见本书第八章和第十六章。
66　见本书第十六章。

此外，没有种族歧视案件并不被视为有关缔约国的情况令人羡慕的证据，而是作为以下情况的证据：必要规则的执行有缺陷，无论是因为对司法机构缺乏信心，还是因为对案件的公开不够充分，抑或因为公众对歧视以及打击歧视的认识有限。消除种族歧视委员会一直呼吁调整立法，而且在这方面，国家有意的或直接的歧视性立法看起来要比起草时少得多。[67] 因此，对于大多数国家，歧视性活动的重点很可能涉及个人行为的责任，就像涉及国家机关行为的责任一样。对于适用第 2 条，集中关注私人机构，包括在域外行事的私人机构是实践的一个显著特征。[68] 从公共到私人（种族歧视的"私化"［privatization］）的关注的最激烈变化涉及第 3 条——如第 19 号一般性建议所述，对于第 3 条，与私人机构的行为导致的分隔情况相比，国家支持的分隔情况已经不再像以前那样被视为一项挑战。[69] 同时，委员会对指控"种族隔离"这种国家指令的最恶劣的种族分隔形式，则以保留态度对待。[70]

（八）关于刑法

在消除种族歧视委员会提倡的立法和司法结构中，偶尔出现的情况是，好像将种族歧视当作刑法问题处理代表了规范性法律领域中的某种最高价值目标（summum bonum）。倾向于使用刑法作为种族歧视领域中的理想矫正工具，在委员会对待第 4 条的态度中达到了某种程度的顶点，就如第 15 号一般性建议所表现的。[71] 该条要求的"依法惩处"罪行的声明几乎完全被解释为宣布（设立）刑事罪行，并在实践中予以有效应用。对于涉及煽动或暴力的严重问题的仇恨言论，通过刑法媒介来处理当然是完全适当的；但是，将第 4 条的模式提升到处理各种种族歧视问题的典范地位，是夸张的。第 35 号一般性建议中新思维的特点是，虽然刑事模式牢牢地扎根于《公约》的规范性武器库中，并且得到了适当精确的阐述，但反击言论和教育在打击种族主义仇恨言论

498

67　毫无疑问，这一变化是由委员会就反歧视立法这一基本问题对各缔约国不断施压，以及许多人权机构在其组成文书的范围内将"种族"作为歧视理由讨论的努力所激发的。

68　见本书第八章和第十章。

69　在本书第十章讨论。另见本书第五章。

70　见本书第十章。

71　曾在本书第十一章讨论。

的方法论储备方面，也被赋予突出作用，而只针对更严重的案件才主张使用刑法。与仇恨言论的情况一样，整个《公约》的适用情况也是如此，它见证了一个逐步的趋势，即认识到教育在反歧视战略中，对于《公约》和人权，以及对于族裔间谅解、容恕和睦谊的必要性具有更强有力的作用。如本书第十七章所述，第 7 条在打击仇恨言论方面的作用以外的其他潜力，仍有待开发。

（九）文化与集体权利

正如本书第十四章和第十五章特别指出的，消除种族歧视委员会实践中对权利的理解越来越深入文化理解中，人权法的这一特点促使一名学者论述了人权的"文化化"（culturalization），这除其他外表明，这一做法不限于委员会，而且涉及所有人权机构以及其他机构，包括那些负责人道法、环境法和贸易法适用的机构。[72]

消除种族歧视委员会的实践对文化的敏感性延伸到其工作的多个方面：首先是种族歧视的定义——被理解为对文化背景和人的尊严的概念开放；然后是在特别措施的文化理解方面，在分隔和分离的概念方面，在司法程序和赔偿方面，就种族主义仇恨言论问题在文化和其他背景方面，在公民、政治、经济、社会和文化权利的解释和适用方面，在自决领域方面，以及在人权教育的基本概念和在第 7 条的启发下传播《公约》的信息方面。在适用权利方面的文化视野代表着从起草《公约》的阶段开始走过的距离，以及许多代表所理解的保护少数群体和防止歧视之间的距离。[73] 委员会一直接受来自为保护可识别群体而设计的平行文书的潮流，也一直是"文化主义"话语潮流的一个显著贡献者。委员会对《公约》的文化适用包括但不限于对土著民族的关切，而且延及《公约》如何对待族裔和其他少数群体、非洲裔人和非公民的权利，原则上也延及可能处于《公约》保护范围之内的任何群体。

499　　虽然对《公约》原则的文化解释并不只是涉及集体权利和个人权利问题，但在实践中出现了有关这些人权呼唤之间的关系的问题。消除种族歧视

---

[72]　F. Lenzerini, *The Culturalization of Human Rights Law* (Oxford University Press, 2008). 另见本书第五章。

[73]　尤其见本书第二章、第三章、第五章和第六章。

委员会在探讨《公约》规定的权利和义务中存在的细微文化差异的同时，为拓展《公约》关于集体权利的视野作出了自己的贡献。[74] "集体权利"一词含糊不清，因为它掩盖了以下两类权利的区分：需要集体行使的个人权利，如语言、宗教和"文化"方面的权利，以及赋予社群本身的权利。委员会除了通过一系列结论性意见来呼吁尊重和保护土著民族的集体权利外，[75] 还在其第 23 号一般性建议中清楚地确认，《公约》的规定适用于各民族，[76] 包括其"控制、使用其共同土地、领地和资源"的权利。[77] 该建议的用语将个人权利——成员的权利——与土著民族的集体权利区分开来，两者都应得到尊重。委员会在其他地方提到了"社群所有权"或某一指名民族的权利，包括"萨米人的权利"。[78] 总体上可以说，除了个人间平等的问题外，《公约》的一个特色关切，是麦克诺顿所说的"集团"平等（'bloc'equality）[79] 或集团歧视，其含义是，对歧视和平等的援引不仅是个人之间的，而且是与特定群体密切相关的。

　　《公约》情境中以及其他地方的权利冲突不一定局限于个人权利和集体权利之间的紧张关系，对此，可以回顾《公约》对"仇恨言论"的禁止（第 4 条）与对见解和言论自由的确认（第 5 条）之间的紧张关系。[80] 不过，

74　大量文献见 P. Jones, 'Human Rights, Group Rights, and Peoples' Rights', *Human Rights Quarterly* 21 (1999), 80 - 107; M. Jovanovic, *Collective Rights*: *A Legal Theory* (Cambridge University Press, 2012), and 'Recognizing Minority Identities Through Collective Rights', *Human Rights Quarterly* 27 (2005), 625-651; W. Kymlicka, *Multicultural Citizenship*: *A Liberal Theory of Minority Rights* (Clarendon Press, 1995), Chapter 3; W. Kymlicka (ed.), *The Rights of Minority Cultures* (Oxford University Press, 2005); C. Tavani, *Collective Rights and the Cultural Identity of the Roma*: *A Case Study of Italy* (Martinus Nijhoff Publishers, 2012), esp. Chapter 4 'Individual v Collective Rights'; P. Thornberry, *Indigenous Peoples and Human Rights* (Manchester University Press, 2002).

75　尤其见本书第十三章和第十四章。

76　第 23 号一般性建议第 1 段和第 2 段。

77　第 23 号一般性建议第 5 段。

78　P. Thornberry, 'Integrating the UN Declaration on the Rights of Indigenous Peoples into CERD Practice' [henceforth 'Indigenous Peoples in CERD Practice'], in S. Allen and A. Xanthaki (eds), *Reflections on the UN Declaration on the Rights of Indigenous Peoples* (Hart Publishing, 2011), pp. 61 - 91, p. 88.

79　G. MacNaughton, 'Untangling Equality and Non-Discrimination to Promote the Right to Health Care for All', *Health and Human Rights* 11. 2 (2009), 47-63.

80　见本书第十一章和第十三章。

与更具一般性的"文化"主张一样，认可集体权利，特别是在群体作为权利的主要持有者的"更硬"意义上，显然有可能在保护个人权利方面提出挑战。对于斐济，消除种族歧视委员会请该缔约国解释享受土著权利如何影响该国其他人享受权利，此时要铭记土著人在人口中占多数并享有主导地位。斐济代表提到了国际劳工组织第 169 号公约——委员会一些委员的问题以该公约为根据，表示认识到，解释该公约中的"各民族"一词的方式不应损害个人的权利。[81] 赞同《联合国土著人民权利宣言》对个人权利与集体权利的关系提出了自己的问题，包括来自其第 35 条（该条规定"土著人民有权决定个人对其社区应负的责任"）的问题；这一问题和其他谜题补充了有关自决、集体权利和个人权利之间关系的更大问题。[82]

500

（十）文化实践

阿多就消除种族歧视委员会写道，委员会对维护而不是挑战少数群体的文化习俗的明显偏向可能导致的情况是，"解决少数群体文化中的伤害的机会很容易被忽视或错过"。[83] 另外，过度关注群体之内的"内部"歧视的缺点是，与强调少数人社群之内的消极做法相并行的，可能是忽视广大人口中的类似做法，并可能招致对受《公约》保护的群体的诋毁。对文化习俗的挑战是委员会标准工作的一部分，其特点是试图在以下两方面之间画出一条界线，即在拒绝伤害的同时避免对整个社群的污名化。[84] 在这方面，委员会根

81　CERD/C/SR. 1850, para. 3.

82　有关讨论见 Thornberry, 'Indigenous Peoples in CERD Practice', pp. 86–88。

83　M. Addo, 'Practice of United Nations Human Rights Treaty Bodies in the Reconciliation of Cultural Diversity with Universal Respect for Human Rights', *Human Rights Quarterly* 32 (2010), 601–664; at 654, 658.

84　为区分文化干预措施的局限性而提出的概念工具包括族裔群体的外部保护和内部保护：群体需要外部保护以免受外部世界的压迫，但这些群体中的个人需要内部保护。W. Kymlicka, *Multicultural Citizenship: A Liberal Theory of Minority Rights* (Clarendon Press, 1995). 人权干预应保护社群的"核心价值"，而不是试图输出"完整的生活方式或善的概念"：A. Hurrell, 'Power, Principles and Prudence: Protecting Human Rights in a Deeply Divided World', in T. Dunne and N. J. Wheeler (eds), *Human Rights in Global Politics* (Cambridge University Press, 1999), pp. 277–302, pp. 281–282. 权利是"根据与所涉社群无关的文化计划"呈现给许多社群的，"因此，他们无法正确地理解它们并将其转化为实践"，从而导致"人为地强加规则，而这些规则在许多人类社会中无法得到具体应用"，因此权利必须"根据多样的人类社群的不同需要，在文化上是可调整的"：Lenzerini, *The Culturalization of Human Rights Law*, pp. 245–246. 另见 Thornberry, 'Indigenous Peoples and Human Rights', Chapter 17.

据第 9 条采取的对话式、教育式办法可能比第 14 条规定的"准司法"办法更好地服务于调解或和解的目的。在一个例子中,"在某些族裔群体中,特别是在继承和早婚方面"的做法促成了一项建议,即在公共政策中考虑"主要通过教育和其他文化上敏感的战略来解决歧视性习俗的必要性"。[85]

在规范方面,经常提及的参与权和社群自决权也应在试图解决原则矛盾方面发挥作用。为了应对来自同时认可个人权利和集体权利的潜在紧张情况的挑战,消除种族歧视委员会可能需要通过一项一般性建议或其他手段来打磨其概念工具。[86] 特别是,消除种族歧视委员会关于妇女权利的大量实践,与消除对妇女歧视委员会等姐妹机构的实践一道,可以实质协助拟订这样一项建议,尽管涉及的问题更广泛并涉及人权事业的核心。[87]

《公约》约文同时符合对特别主义和普遍主义、对权利的集体观和个人观的认可。在赞同个人权利和赞同集体权利之间的摇摆并非消除种族歧视委员会所独有的。一种普遍的权利观必然是多元的,对各种文化贡献开放。从这个意义上讲,不歧视原则可以作为一种反碎片化手段,将缔约国之内的各个社群当作在尊严上平等的、不分等级或尊卑的。委员会和各缔约国的任务应该是在《公约》的文本和目的论的指导下,在两极之间寻求一种富有成效的综合。

五 尾声

《消除种族歧视公约》在 1965 年通过代表了自《联合国宪章》通过以来一系列相互关联的事态发展的结果,这些事态发展为人道性质的规范提供了明确的法律基础,加速了殖民主义及作为其组成要素的种族表现的消失。《公约》以作为一项具有法律约束力的文书成就《消除种族歧视宣言》的伦理的方式,提供了一种崭新的规范和体制的综合,并将普遍人权与反对种族

---

85 委员会的结论性意见:老挝,CERD/C/LAO/CO/16-18, para. 15。

86 Thornberry, 'Indigenous Peoples in CERD Practice', p. 85.

87 见本书第十四章的讨论,有关委员会处理特别影响妇女的习俗的进路。

优越理论结合起来，即使其没有完全反对这些理论的种族区分的基础建构——代表们对联合国教科文组织在"解构"种族问题上的工作有不同的解释。[88]《宣言》和《公约》当时并一直作为像两面神雅努斯（Janus）一样具有两面的声明而矗立：一面回顾种族歧视时代有望消亡，另一面展望反对种族歧视的协调一致国际行动。[89] 联合国通过《公约》重振了它的人权使命。《公约》是联合国"核心"人权条约中的第一个，并创建了一个国际监督机构即消除种族歧视委员会，旨在使该文书从自鸣得意的"释放美德信号"（virtue signalling）转向服务于人类的实际应用。[90]

　　本章和前几章努力评价半个世纪以来，《公约》在概念和实践方面的主要发展。主要关注点是国际社会责成承担监督《公约》进展情况的机构即消除种族歧视委员会开展的工作，但也阐述了缔约国的批评，包括对委员会立场的抵制，以及对"趋同"其观点的坚决拒绝。本书严格说来并不是阐述《公约》的历史，而且，虽然解说了对《公约》的理解和适用中的转变，但重点放在了最近的事态发展上，以之为今后各国与委员会对话的形式和内容的主要指南。委员会随着时间的流逝形成的独特的权利文化激励了许多人，并为巩固将种族歧视列为不可接受的国家做法的原则作出了巨大贡献。蓄意实行种族歧视现在被认为是站不住脚的，而由意外或疏忽造成的歧视则被视为难辞其咎。得到认定的种族歧视值得国际社会给予最充分的道德谴责。委员会的工作，与其他人权组织以及各国和民间社会的工作一道，以令人印象深刻的原则清晰地概述了有关的法律和道德基线，虽然更微妙的细节有待商榷和重构。

　　本书这些章节还根据对《公约》主要标准的逐条分析，概述了种族歧视领域中的一系列概念性和实践性挑战。《公约》赋予各缔约国的任务是艰巨

88　见本书第三章的讨论。

89　雅努斯式的脸，不是伪善或欺骗，而是一个同时看向两个方向——未来和过去，看到开始、经过和结束的神（雅努斯）的形象。

90　释放美德信号是指旨在向观众展示一个人的高洁德性的活动，<http://www.collinsdictionary.com/submission/16361/virtue%20signalling>，这是一个可以合适地扩展到国家和政府的概念。

的。尽管当前危机的重点已从族裔性问题转向文明冲突和宗教不容忍以及更糟糕的情况,[91] 但本书各章中提炼的实践记录应足以呈现族裔认同,族裔间对立、竞争,人类事务中敌对情况的持续力量以及基于族裔归属的压迫。从这个意义上说,《公约》似乎使葛兰西式意志上的乐观主义与理智上的悲观情绪主义相互对抗,[92] 对此可以忆及,班顿将《公约》消除种族歧视的承诺定性为一个高尚的谎言。[93] 然而,历史也证明了人类在容恕和睦谊、相互尊重和族裔间和谐的基础上共同生活的可能。将禁止种族歧视扎根于国家的宪法、法律、计划和政策进一步提升了和平的可能性,即使法律和规划等是第一步,只比兰普泰就《公约》通过所瞥见的"蹒跚学步"多一点,也是如此。

"世界是事实的总和。"*

即使种族歧视不可能对所有人消除,也能够对某些人消除;禁止种族歧视可以在以下方面有所作为:触及人类存在的细枝末节、承认和恢复尊严、帮助受到损害的人恢复。[94] 禁止应受谴责的行为形式是重要的,但还不够,反歧视也不是一项完成了的政策,而无论其多么广泛。除了有效落实本书所阐述的规范性承诺外,反歧视只是一种策略,而且在很大程度上是一种消极模式的策略——"否认说"(*via negativa*),这种模式构建受害者和加害者的二元结构,甚至在某些情况下构建一种无益的指责文化。在一个理想的人权舞台上,对所有人都要维护这些权利,这些权利要在平等的基础上享有,而不必有受害者和各种各样的压迫者。从这个意义上说,反歧视是一个开始,

---

91　S. P. Huntington, *The Clash of Civilizations and the Remaking of World Order* (Simon and Schuster, 1996); P. Thornberry, 'Minority and Indigenous Rights at "the End of History"', *Ethnicities* 2 (2002), 515-537.

92　A. Gramsci, Letter from Prison, 19 December 1929; see W. J. Morgan, 'The Pedagogical Politics of Antonio Gramsci—"Pessimism of the Intellect, Optimism of the Will"', *International Journal of Lifelong Education* 6 (2006), 295-308.

93　M. Banton, *International Action against Racial Discrimination* (Clarendon Press, 1996), pp. 50 and 305.

＊　语出维特根斯坦《逻辑哲学论》,是其开篇第一句话。原书中,此句是一个单独标题。

94　Derek Mahon, 'Tractatus', in *New Collected Poems* (The Gallery Press, 2012), after Wittgenstein.

是在方法论上朝着多元文化的自我确证的平等未来迈出的一步，而这一未来就是要努力消除对充分享受权利的各种障碍。虽然反歧视伦理本身算不上救星，但它却探寻了世上所发生事情的真相，并为人类事务的更美好、更有尊严的安排寻找了一条上行之路。

消除一切形式种族歧视国际公约

本公约缔约国，

鉴于联合国宪章系以全体人类天赋尊严与平等之原则为基础，所有会员国均担允采取共同及个别行动与本组织合作，以达成联合国宗旨之一，即不分种族、性别、语言或宗教，增进并激励对于全体人类之人权及基本自由之普遍尊重与遵守，

鉴于世界人权宣言宣示人皆生而自由，在尊严及权利上均各平等，人人有权享受该宣言所载之一切权利与自由，无分轩轾，尤其不因种族、肤色、或原属国而分轩轾，

鉴于人人在法律上悉属平等并有权享受法律之平等保护，以防止任何歧视及任何煽动歧视之行为，

鉴于联合国已谴责殖民主义及与之并行之所有隔离及歧视习例，不论其所采形式或所在地区为何，又一九六〇年十二月十四日准许殖民地国家及民族独立宣言（大会决议案一五一四（十五））已确认并郑重宣示有迅速无条件终止此类习例之必要，

鉴于一九六三年十一月二十日联合国消除一切形式种族歧视宣言（大会决议案一九〇四（十八））郑重宣告迅速消除全世界一切种族歧视形式及现象及确保对人格尊严之了解与尊重，实属必要，

深信任何基于种族差别之种族优越学说，在科学上均属错误，在道德上应予谴责，在社会上均属失平而招险，无论何地，理论上或实践上之种族歧视均无可辩解，

重申人与人间基于种族、肤色、或民族本源之歧视，为对国际友好和平

关系之障碍，足以扰乱民族间之和平与安全，甚至共处于同一国内之人与人间之和谐关系，

深信种族壁垒之存在为任何人类社会理想所嫉恶，

怵于世界若干地区仍有种族歧视之现象，并怵于基于种族优越或种族仇恨之政府政策，诸如阿柏特黑特（*apartheid*），隔离或分离政策，

决心采取一切必要措施迅速消除一切种族歧视形式及现象，防止并打击种族学说及习例，以期促进种族间之谅解，建立毫无任何形式之种族隔离与种族歧视之国际社会，

念及一九五八年国际劳工组织所通过关于就业及职业之歧视公约与一九六〇年联合国教育科学文化组织所通过取缔教育歧视公约，

亟欲实施联合国消除一切形式种族歧视宣言所载之原则并确保为此目的尽早采取实际措施，

爰议定条款如下：

第一部分

第一条

一、本公约称"种族歧视"者，谓基于种族、肤色、世系或原属国或民族本源之任何区别、排斥、限制或优惠，其目的或效果为取消或损害政治、经济、社会、文化或公共生活任何其他方面人权及基本自由在平等地位上之承认、享受或行使。

二、本公约不适用于缔约国对公民与非公民间所作之区别、排斥、限制或优惠。

三、本公约不得解释为对缔约国关于国籍、公民身份或归化之法律规定有任何影响，但以此种规定不歧视任一籍民为限。

四、专为使若干须予必要保护之种族或民族团体或个人获得充分进展而采取之特别措施，以期确保此等团体或个人同等享受或行使人权及基本自由

者，不得视为种族歧视，但此等措施之后果须不致在不同种族团体间保持隔别行使之权利，且此等措施不得于所定目的达成后继续实行。

第二条

一、缔约国谴责种族歧视并承诺立即以一切适当方法实行消除一切形式种族歧视与促进所有种族间之谅解之政策，又为此目的：

（子）缔约国承诺不对人、人群或机关实施种族歧视行为或习例，并确保所有全国性及地方性之公共当局及公共机关均遵守此项义务行事；

（丑）缔约国承诺对任何人或组织所施行之种族歧视不予提倡、维护或赞助；

（寅）缔约国应采取有效措施对政府及全国性与地方性之政策加以检讨，并对任何法律规章之足以造成或持续不论存在于何地之种族歧视者，予以修正、废止或宣告无效；

（卯）缔约国应以一切适当方法，包括依情况需要制订法律，禁止并终止任何人、任何团体或任何组织所施行之种族歧视；

（辰）缔约国承诺于适当情形下鼓励种族混合主义之多种族组织与运动以及其他消除种族壁垒之方法，并劝阻有加深种族分野趋向之任何事物。

二、缔约国应于情况需要时在社会、经济、文化及其他方面，采取特别具体措施，确保属于各该国之若干种族团体或个人获得充分发展与保护，以期保证此等团体与个人完全并同等享受人权及基本自由。此等措施于所定目的达成后，决不得产生在不同种族团体间保持不平等或隔别行使权利之后果。

第三条

缔约国特别谴责种族隔离及阿柏特黑特并承诺在其所辖领土内防止、禁止并根除具有此种性质之一切习例。

第四条

缔约国对于一切宣传及一切组织，凡以某一种族或属于某一肤色或民族本源之人群具有优越性之思想或理论为根据者，或试图辩护或提倡任何形式之种族仇恨及歧视者，概予谴责，并承诺立即采取旨在根除对此种歧视之一切煽动或歧视行为之积极措施，又为此目的，在充分顾及世界人权宣言所载原则及本公约第五条明文规定之权利之条件下，除其他事项外：

（子）应宣告凡传播以种族优越或仇恨为根据之思想，煽动种族歧视，以及对任何种族或属于另一肤色或民族本源之人群实施强暴行为或煽动此种行为者，又凡对种族主义者之活动给予任何协助者，包括筹供经费在内，概为犯罪行为，依法惩处；

（丑）应宣告凡组织及有组织之宣传活动与所有其他宣传活动之提倡与煽动种族歧视者，概为非法，加以禁止，并确认参加此等组织或活动为犯罪行为，依法惩处；

（寅）应不准全国性或地方性公共当局或公共机关提倡或煽动种族歧视。

第五条

缔约国依本公约第二条所规定之基本义务承诺禁止并消除一切形式种族歧视，保证人人有不分种族、肤色、或原属国或民族本源在法律上一律平等之权，尤得享受下列权利：

（子）在法庭上及其他一切司法裁判机关中平等待遇之权；

（丑）人身安全及国家保护之权以防强暴或身体上之伤害，不问其为政府官员所加抑为任何私人、团体或机关所加；

（寅）政治权利，其尤著者为依据普遍平等投票权参与选举——选举与竞选——参加政府以及参加处理任何等级之公务与同等服公务之权利；

（卯）其他公民权利，其尤著者为：

（i）在国境内自由迁徙及居住之权；

（ii）有权离去任何国家，连其本国在内，并有权归返其本国；

（iii）享有国籍之权；

（iv）缔结婚姻及选择配偶之权；

（v）单独占有及与他人合有财产之权；

（vi）继承权；

　　（vii）思想、良心与宗教自由之权；

　　（viii）主张及表达自由之权；

　　（ix）和平集会及结社自由之权；

（辰）经济、社会及文化权利，其尤著者为：

　　（i）工作、自由选择职业、享受公平优裕之工作条件、免于失业之保障、同工同酬、获得公平优裕报酬之权；

　　（ii）组织与参加工会之权；

　　（iii）住宅权；

　　（iv）享受公共卫生、医药照顾、社会保障及社会服务之权；

　　（v）享受教育与训练之权；

　　（vi）平等参加文化活动之权；

（巳）进入或利用任何供公众使用之地方或服务之权，如交通工具、旅馆、餐馆、咖啡馆、戏院、公园等。

第六条

缔约国应保证在其管辖范围内，人人均能经由国内主管法庭及其他国家机关对违反本公约侵害其人权及基本自由之任何种族歧视行为，获得有效保护与救济，并有权就因此种歧视而遭受之任何损失，向此等法庭请求公允充分之赔偿或补偿。

第七条

缔约国承诺立即采取有效措施，尤其在讲授、教育、文化及新闻方面，以打击导致种族歧视之偏见，并增进国家间及种族或民族团体间之谅解、容恕与睦谊，同时宣扬联合国宪章之宗旨与原则、世界人权宣言、联合国消除一切形式种族歧视宣言及本公约。

第二部分

第八条

一、兹设立消除种族歧视委员会（以下简称"委员会"）由德高望重、公认公正之专家十八人组成，由本公约缔约国自其国民中选举之，以个人资格任职；选举时须顾及公匀地域分配及各种不同文明与各主要法系之代表性。

二、委员会委员应以无记名投票自缔约国推荐之人员名单中选举之。缔约国得各自本国国民中推荐一人。

三、第一次选举应自本公约生效之日起六个月后举行。联合国秘书长应于每次选举日前至少三个月时函请缔约国于两个月内提出其所推荐之姓名。秘书长应将所有如此推荐之人员依英文字母次序，编成名单，注明推荐此等人员之缔约国，分送各缔约国。

四、委员会委员之选举，应在秘书长于联合国会所召开之缔约国会议中举行。该会议以三分之二缔约国为法定人数，凡得票最多，且占出席及投票缔约国代表绝对多数票者当选为委员会委员。

五、（子）委员会委员任期四年。但第一次选举产生之委员中，九人之任期应于两年终了时届满，第一次选举后，此九人之姓名应即由委员会主席抽签决定。

（丑）临时出缺时，其专家不复担任委员会委员之缔约国，应自其国民中指派另一专家，经委员会核准后，填补遗缺。

六、缔约国应负责支付委员会委员履行委员会职务时之费用。*

---

* 联合国秘书长作为《公约》保存人所发 C. N. 419. 1992. TREATIES-5 通知记载：

《公约》第十四次缔约国大会于 1992 年 1 月 15 日决定如下：

1. 将《公约》第 8 条第 6 款更改为："联合国秘书长应为委员会的有效履行《公约》规定的职务提供必要的人员和便利。"

2. 新增一款，即第 8 条第 7 款，内容为："本《公约》所设委员会的成员在大会核可下得根据大会决定的规则和条件从联合国资源领取酬劳。"（转下页注）

第九条

一、缔约国承诺于（子）本公约对其本国开始生效后一年内及（丑）其后每两年，并凡遇委员会请求时，就其所采用之实施本公约各项规定之立法、司法、行政或其他措施，向联合国秘书长提出报告，供委员会审议。委员会得请缔约国递送进一步之情报。

二、委员会应按年将工作报告送请秘书长转送联合国大会，并得根据审查缔约国所送报告及情报之结果，拟具意见与一般建议。此项意见与一般建议应连同缔约国核具之意见，一并提送入会。

第十条

一、委员会应自行制订其议事规则。

二、委员会应自行选举职员，任期两年。

三、委员会之秘书人员应由联合国秘书长供给之。

四、委员会会议通常应在联合国会所举行。

第十一条

一、本公约一缔约国如认为另一缔约国未实施本公约之规定，得将此事通知委员会注意。委员会应将此项通知转知关系缔约国。收文国应于三个月内，向委员会提出书面说明或声明，以解释此事，如已采取补救办法并说明所采办法。

二、如此事于收文国收到第一次通知后六个月内，当事双方未能由双边谈判或双方可以采取之其他程序，达成双方满意之解决，双方均有权以分别通知委员会及对方之方法，再将此事提出委员会。

三、委员会对于根据本条第二项规定提出委员会之事项，应先确实查明依照公认之国际法原则，凡对此事可以运用之内国补救办法皆已用尽后，始

（接上页注＊）这些修正将在联大核可并有三分之二的缔约国通知联合国秘书长其接受后生效。但截至 2022 年 7 月，仅有 52 个缔约国接受这些修正，因此这些修正尚未生效，不能被纳入《公约》文本。

得处理之。但补救办法之实施拖延过久时不在此例。

四、委员会对于收受之任何事项，得请关系缔约国供给任何其他有关资料。

五、本条引起之任何事项正由委员会审议时，关系缔约国有权遣派代表一人于该事项审议期间参加委员会之讨论，但无投票权。

第十二条

一、（子）委员会主席应于委员会搜集整理认为必需之一切情报后，指派一专设和解委员会（以下简称"和解会"），由五人组成，此五人为委员会委员或非委员会委员均可。和解会委员之指派，须征得争端当事各方之一致充分同意，和解会应为关系各国斡旋，俾根据尊重公约之精神，和睦解决问题。

（丑）遇争端各当事国于三个月内对和解会之组成之全部或一部未能达成协议时，争端各当事国未能同意之和解会委员，应由委员会用无记名投票法以三分之二多数票从其本身之委员中选举之。

二、和解会委员以私人资格任职。和解会委员不得为争端当事各国之国民，亦不得为非本公约缔约国之国民。

三、和解会应自行选举主席，制订议事规则。

四、和解会会议通常应在联合国会所举行、或和解会决定之方便地点举行。

五、依本公约第十条第三项供给之秘书人员，于缔约国间发生争端，致成立和解会时，应亦为和解会办理事务。

六、争端各当事国依照联合国秘书长所提概算，平均负担和解会委员之一切费用。

七、秘书长于必要时，有权在争端各当事国依本条第六项偿付之前，支付和解会委员之费用。

八、委员会所搜集整理之情报应送交和解会，和解会得请关系国家供给任何其他有关情报。

第十三条

一、和解会应于详尽审议上称事项后，编撰报告书，提交委员会主席，内载其对于与当事国间争执有关之一切事实问题之意见，并列述其认为适当之和睦解决争端之建议。

二、委员会主席应将和解会报告书分送争端各当事国。各当事国应于三个月内通知委员会主席是否接受和解会报告书所载之建议。

三、委员会主席应于本条第二项规定之期限届满后将和解会报告书及关系缔约国之宣告，分送本公约其他缔约国。

第十四条

一、缔约国得随时声明承认委员会有权接受并审查在其管辖下自称为该缔约国侵犯本公约所载任何权利行为受害者之个人或个人联名提出之来文。本文所指为未曾发表此种声明之缔约国时，委员会不得接受之。

二、凡发表本条第一项所规定之声明之缔约国得在其本国法律制度内设立或指定一主管机关，负责接受并审查在其管辖下自称为侵犯本公约所载任何权利行为受害者并已用尽其他可用之地方补救办法之个人或个人联名提出之请愿书。

三、依照本条第一项所发表之声明及依照本条第二项所设立或指定之任何机关名称应由关系缔约国交存联合国秘书长，再由秘书长将其副本分送本公约其他缔约国。上述声明得随时通知秘书长撤回，但此项撤回不得影响正待委员会处理之来文。

四、依照本条第二项设立或指定之机关应置备请愿书登记册，此项登记册之正式副本应经适当途径每年转送秘书长存档，但以不得公开揭露其内容为条件。

五、遇未能从依本条第二项所设立或指定之机关取得补偿时，请愿人有权于六个月内将此事通知委员会。

六、（子）委员会应将其所收到之任何来文秘密提请据称违反本公约任何条款之缔约国注意，但非经关系个人或联名个人明白表示同意，不得透露其姓名。委员会不得接受匿名来文。

（丑）收文国应于三个月内向委员会提出书面说明或声明，解释此事，如已采取补救办法，并说明所采办法。

七、（子）委员会应参照关系缔约国及请愿人所提供之全部资料，审议来文。非经查实请愿人确已用尽所有可用之内国补救办法，委员会不得审议请愿人之任何来文。但补救办法之实施拖延过久时，不在此例。

（丑）委员会倘有任何意见或建议，应通知关系缔约国及请愿人。

八、委员会应于其常年报告书中列入此种来文之摘要，并斟酌情形列入关系缔约国之说明与声明及委员会之意见与建议之摘要。

九、委员会应于本公约至少已有十缔约国受依照本条第一项所发表声明之拘束后，始得行使本条所规定之职权。

第十五条

一、在大会一九六〇年十二月十四日决议案一五一四（十五）所载准许殖民地国家及民族独立宣言之目标获致实现前，本公约各项规定绝不限制其他国际文书或联合国及其各专门机关授予此等民族之请愿权。

二、（子）依本公约第八条第一项设立之委员会应自处理与本公约原则目标直接有关事项而审理托管及非自治领土居民或适用大会决议案一五一四（十五）之一切其他领土居民所递请愿书之各联合国机关，收受与本公约事项有关之请愿书副本，并就各该请愿书向各该机关表示意见及提具建议。

（丑）委员会应收受联合国主管机关所递关于各管理国家在本条（子）款所称领土内所实施与本公约原则目标直接有关之立法、司法、行政或其他措施之报告书，表示意见并提具建议。

三、委员会应在其提送大会之报告书内列入其自各联合国机关所收到请愿书与报告书之摘要及委员会对各该请愿书及报告书之意见与建议。

四、委员会应请联合国秘书长提供关于本条第二项（子）款所称领土之一切与本公约目标有关并经秘书长接获之情报。

第十六条

本公约关于解决争端或控诉之各项条款之适用，应不妨碍联合国及其专门机关组织法或所通过公约内关于解决歧视方面争端或控诉规定之其他程序，亦不阻止本公约缔约国依照彼此间现行一般或特殊国际协定，采用其他程序以解决争端。

第三部分

第十七条

一、本公约听由联合国会员国或其任何专门机关之会员国、国际法院规约当事国及经联合国大会邀请成为本公约缔约国之任何其他国家签署。

二、本公约须经批准。批准书应送交联合国秘书长存放。

第十八条

一、本公约应听由本公约第十七条第一项所称之任何国家加入。

二、加入应以加入书交存联合国秘书长为之。

第十九条

一、本公约应自第二十七件批准书或加入书送交联合国秘书长存放之日后第三十日起发生效力。

二、本公约对于在第二十七件批准书或加入书交存后批准或加入公约之国家，应自该国交存批准书或加入书之日后第三十日起发生效力。

第二十条

一、秘书长应收受各国于批准或加入时所作之保留并分别通知本公约所有缔约国或可成为缔约国之国家。凡反对此项保留之国家应于从此项通知书日期起算之九十日内，通知秘书长不接受此项保留。

二、凡与本公约之目标及宗旨抵触之保留不得容许，其效果足以阻碍本公约所设任何机关之业务者，亦不得准许。凡经至少三分之二之本公约缔约国反对者，应视为抵触性或阻碍性之保留。

三、前项保留得随时通知秘书长撤销。此项通知自收到之日起生效。

第二十一条

缔约国得以书面通知联合国秘书长退出本公约。退约应于秘书长接获通知之日起一年后发生效力。

第二十二条

两个或两个以上缔约国间关于本公约之解释或适用之任何争端不能以谈判或以本公约所明定之程序解决者，除争端各方商定其他解决方式外，应于争端任何一方请求时提请国际法院裁决。

第二十三条

一、任何缔约国得随时以书面向联合国秘书长提出修改本公约之请求。

二、联合国大会应决定对此项请求采取之步骤。

第二十四条

秘书长应将下列事项通知本公约第十七条第一项所称之一切国家：

（子）依第十七条及第十八条所为之签署、批准及加入；

（丑）依第十九条本公约发生效力之日期；

（寅）依第十四条及第二十条及第二十三条接获之来文及声明；

（卯）依第二十一条所为之退约。

第二十五条

一、本公约应交存联合国档库，其中文、英文、法文、俄文及西班牙文各本同一作准。

二、联合国秘书长应将本公约之正式副本分送所有属于本公约第十七条第一项所称各类之一之国家。

为此，下列各代表秉其本国政府正式授予之权，谨签字于一九六六年三月七日起得由各国在纽约签署之本公约，以昭信守。

International Convention on the Elimination of All Forms of Racial Discrimination

The States Parties to this Convention,

Considering that the Charter of the United Nations is based on the principles of the dignity and equality inherent in all human beings, and that all Member States have pledged themselves to take joint and separate action, in co-operation with the Organization, for the achievement of one of the purposes of the United Nations which is to promote and encourage universal respect for and observance of human rights and fundamental freedoms for all, without distinction as to race, sex, language or religion,

Considering that the Universal Declaration of Human Rights proclaims that all human beings are born free and equal in dignity and rights and that everyone is entitled to all the rights and freedoms set out therein, without distinction of any kind, in particular as to race, colour or national origin,

Considering that all human beings are equal before the law and are entitled to equal protection of the law against any discrimination and against any incitement to discrimination,

Considering that the United Nations has condemned colonialism and all practices of segregation and discrimination associated therewith, in whatever form and wherever they exist, and that the Declaration on the Granting of Independence to Colonial Countries and Peoples of 14 December 1960 (General Assembly resolution 1514 [XV]) has affirmed and solemnly proclaimed the necessity of bringing them to a speedy and unconditional end,

Considering that the United Nations Declaration on the Elimination of All Forms of Racial Discrimination of 20 November 1963 (General Assembly resolution 1904 [XVIII]) solemnly affirms the necessity of speedily eliminating racial discrimination throughout the world in all its forms and manifestations and of securing understanding of and respect for the dignity of the human person,

Convinced that any doctrine of superiority based on racial differentiation is scientifically false, morally condemnable, socially unjust and dangerous, and that there is no justification for racial discrimination, in theory or in practice, anywhere,

Reaffirming that discrimination between human beings on the grounds of race, colour or ethnic origin is an obstacle to friendly and peaceful relations among nations and is capable of disturbing peace and security among peoples and the harmony of persons living side by side even within one and the same State,

Convinced that the existence of racial barriers is repugnant to the ideals of any human society,

Alarmed by manifestations of racial discrimination still in evidence in some areas of the world and by governmental policies based on racial superiority or hatred, such as policies of *apartheid*, segregation or separation,

Resolved to adopt all necessary measures for speedily eliminating racial discrimination in all its forms and manifestations, and to prevent and combat racist doctrines and practices in order to promote understanding between races and to build an international community free from all forms of racial segregation and racial discrimination,

Bearing in mind the Convention concerning Discrimination in respect of Employment and Occupation adopted by the International Labour Organisation in 1958, and the Convention against Discrimination in Education adopted by the United Nations Educational, Scientific and Cultural Organization in 1960,

Desiring to implement the principles embodied in the United Nations Declaration on the Elimination of All Forms of Racial Discrimination and to secure the earliest adoption of practical measures to that end,

Have agreed as follows:

PART Ⅰ

Article 1

1. In this Convention, the term "racial discrimination" shall mean any distinction, exclusion, restriction or preference based on race, colour, descent, or national or ethnic origin which has the purpose or effect of nullifying or impairing the recognition, enjoyment or exercise, on an equal footing, of human rights and fundamental freedoms in the political, economic, social, cultural or any other field of public life.

2. This Convention shall not apply to distinctions, exclusions, restrictions or preferences made by a State Party to this Convention between citizens and non-citizens.

3. Nothing in this Convention may be interpreted as affecting in any way the legal provisions of States Parties concerning nationality, citizenship or naturalization, provided that such provisions do not discriminate against any particular nationality.

4. Special measures taken for the sole purpose of securing adequate advancement of certain racial or ethnic groups or individuals requiring such protection as may be necessary in order to ensure such groups or individuals equal enjoyment or exercise of human rights and fundamental freedoms shall not be deemed racial discrimination, provided, however, that such measures do not, as a consequence, lead to the maintenance of separate rights for different racial groups and that they shall not be continued after the objectives for which they were taken have been achieved.

Article 2

1. States Parties condemn racial discrimination and undertake to pursue by all

appropriate means and without delay a policy of eliminating racial discrimination in all its forms and promoting understanding among all races, and, to this end:

(a) Each State Party undertakes to engage in no act or practice of racial discrimination against persons, groups of persons or institutions and to en sure that all public authorities and public institutions, national and local, shall act in conformity with this obligation;

(b) Each State Party undertakes not to sponsor, defend or support racial discrimination by any persons or organizations;

(c) Each State Party shall take effective measures to review governmental, national and local policies, and to amend, rescind or nullify any laws and regulations which have the effect of creating or perpetuating racial discrimination wherever it exists;

(d) Each State Party shall prohibit and bring to an end, by all appropriate means, including legislation as required by circumstances, racial discrimination by any persons, group or organization;

(e) Each State Party undertakes to encourage, where appropriate, integrationist multiracial organizations and movements and other means of eliminating barriers between races, and to discourage anything which tends to strengthen racial division.

2. States Parties shall, when the circumstances so warrant, take, in the social, economic, cultural and other fields, special and concrete measures to ensure the adequate development and protection of certain racial groups or individuals belonging to them, for the purpose of guaranteeing them the full and equal enjoyment of human rights and fundamental freedoms. These measures shall in no case en tail as a con sequence the maintenance of unequal or separate rights for different racial groups after the objectives for which they were taken have been achieved.

Article **3**

States Parties particularly condemn racial segregation and*apartheid* and undertake to prevent, prohibit and eradicate all practices of this nature in territories under their jurisdiction.

Article 4

States Parties condemn all propaganda and all organizations which are based on ideas or theories of superiority of one race or group of persons of one colour or ethnic origin, or which attempt to justify or promote racial hatred and discrimination in any form, and undertake to adopt immediate and positive measures designed to eradicate all incitement to, or acts of, such discrimination and, to this end, with due regard to the principles embodied in the Universal Declaration of Human Rights and the rights expressly set forth in article 5 of this Convention, *inter alia*:

(a) Shall declare an offence punishable by law all dissemination of ideas based on racial superiority or hatred, incitement to racial discrimination, as well as all acts of violence or incitement to such acts against any race or group of persons of another colour or ethnic origin, and also the provision of any assistance to racist activities, including the financing thereof;

(b) Shall declare illegal and prohibit organizations, and also organized and all other propaganda activities, which promote and incite racial discrimination, and shall recognize participation in such organizations or activities as an offence punishable by law;

(c) Shall not permit public authorities or public institutions, national or local, to promote or incite racial discrimination.

Article 5

In compliance with the fundamental obligations laid down in article 2 of this Convention, States Parties undertake to prohibit and to eliminate racial discrimination in all its forms and to guarantee the right of everyone, without distinction as to race, colour, or national or ethnic origin, to equality before the law, notably in the enjoyment of the following rights:

(a) The right to equal treatment before the tribunals and all other organs administering justice;

(b) The right to security of person and protection by the State against violence or bodily harm, whether inflicted by government officials or by any individual group or institution;

(c) Political rights, in particular the right to participate in elections-to vote and to stand for election-on the basis of universal and equal suffrage, to take part in the Government as well as in the conduct of public affairs at any level and to have equal access to public service;

(d) Other civil rights, in particular:

(i) The right to freedom of movement and residence within the border of the State;

(ii) The right to leave any country, including one's own, and to return to one's country;

(iii) The right to nationality;

(iv) The right to marriage and choice of spouse;

(v) The right to own property alone as well as in association with others;

(vi) The right to inherit;

(vii) The right to freedom of thought, conscience and religion;

(viii) The right to freedom of opinion and expression;

(ix) The right to freedom of peaceful assembly and association;

(e) Economic, social and cultural rights, in particular:

(i) The rights to work, to free choice of employment, to just and favourable conditions of work, to protection against unemployment, to equal pay for equal work, to just and favourable remuneration;

(ii) The right to form and join trade unions;

(iii) The right to housing;

(iv) The right to public health, medical care, social security and social services;

　　（ⅴ）The right to education and training;

　　（ⅵ）The right to equal participation in cultural activities;

　　（f）The right of access to any place or service intended for use by the general public, such as transport hotels, restaurants, cafes, theatres and parks.

Article 6

States Parties shall assure to everyone within their jurisdiction effective protection and remedies, through the competent national tribunals and other State institutions, against any acts of racial discrimination which violate his human rights and fundamental freedoms contrary to this Convention, as well as the right to seek from such tribunals just and adequate reparation or satisfaction for any damage suffered as a result of such discrimination.

Article 7

States Parties undertake to adopt immediate and effective measures, particularly in the fields of teaching, education, culture and information, with a view to combating prejudices which lead to racial discrimination and to promoting understanding, tolerance and friendship among nations and racial or ethnical groups, as well as to propagating the purposes and principles of the Charter of the United Nations, the Universal Declaration of Human Rights, the United Nations Declaration on the Elimination of All Forms of Racial Discrimination, and this Convention.

PART Ⅱ

Article 8

1. There shall be established a Committee on the Elimination of Racial Discrimination (hereinafter referred to as the Committee) consisting of eighteen experts

of high moral standing and acknowledged impartiality elected by States Parties from among their nationals, who shall serve in their personal capacity, consideration being given to equitable geographical distribution and to the representation of the different forms of civilization as well as of the principal legal systems.

2. The members of the Committee shall be elected by secret ballot from a list of persons nominated by the States Parties. Each State Party may nominate one person from among its own nationals.

3. The initial election shall be held six months after the date of the entry into force of this Convention. At least three months before the date of each election the Secretary-General of the United Nations shall address a letter to the States Parties inviting them to submit their nominations within two months. The Secretary-General shall prepare a list in alphabetical order of all persons thus nominated, indicating the States Parties which have nominated them, and shall submit it to the States Parties.

4. Elections of the members of the Committee shall be held at a meeting of States Parties convened by the Secretary-General at United Nations Headquarters. At that meeting, for which two thirds of the States Parties shall constitute a quorum, the persons elected to the Committee shall be nominees who obtain the largest number of votes and an absolute majority of the votes of the representatives of States Parties present and voting.

5. (a) The members of the Committee shall be elected for a term of four years. However, the terms of nine of the members elected at the first election shall expire at the end of two years; immediately after the first election the names of these nine members shall be chosen by lot by the Chairman of the Committee;

(b) For the filling of casual vacancies, the State Party whose expert has ceased to function as a member of the Committee shall appoint another expert from among its nationals, subject to the approval of the Committee.

6. States Parties shall be responsible for the expenses of the members of the Committee while they are in performance of Committee duties.

Article 9

1. States Parties undertake to submit to the Secretary-General of the United Nations, for consideration by the Committee, a report on the legislative, judicial, administrative or other measures which they have adopted and which give effect to the provisions of this Convention:

(a) within one year after the entry into force of the Convention for the State concerned; and

(b) thereafter every two years and whenever the Committee so requests. The Committee may request further information from the States Parties.

2. The Committee shall report annually, through the Secretary General, to the General Assembly of the United Nations on its activities and may make suggestions and general recommendations based on the examination of the reports and information received from the States Parties. Such suggestions and general recommendations shall be reported to the General Assembly together with comments, if any, from States Parties.

Article 10

1. The Committee shall adopt its own rules of procedure.

2. The Committee shall elect its officers for a term of two years.

3. The secretariat of the Committee shall be provided by the Secretary General of the United Nations.

4. The meetings of the Committee shall normally be held at United Nations Headquarters.

Article 11

1. If a State Party considers that another State Party is not giving effect to the provisions of this Convention, it may bring the matter to the attention of the Committee. The Committee shall then transmit the communication to the State Party

concerned. Within three months, the receiving State shall submit to the Committee written explanations or statements clarifying the matter and the remedy, if any, that may have been taken by that State.

2. If the matter is not adjusted to the satisfaction of both parties, either by bilateral negotiations or by any other procedure open to them, within six months after the receipt by the receiving State of the initial communication, either State shall have the right to refer the matter again to the Committee by notifying the Committee and also the other State.

3. The Committee shall deal with a matter referred to it in accordance with paragraph 2 of this article after it has ascertained that all available domestic remedies have been invoked and exhausted in the case, in conformity with the generally recognized principles of international law. This shall not be the rule where the application of the remedies is unreasonably prolonged.

4. In any matter referred to it, the Committee may call upon the States Parties concerned to supply any other relevant information.

5. When any matter arising out of this article is being considered by the Committee, the States Parties concerned shall be entitled to send a representative to take part in the proceedings of the Committee, without voting rights, while the matter is under consideration.

Article 12

1. (a) After the Committee has obtained and collated all the information it deems necessary, the Chairman shall appoint an *ad hoc* Conciliation Commission (hereinafter referred to as the Commission) comprising five persons who may or may not be members of the Committee. The members of the Commission shall be appointed with the unanimous consent of the parties to the dispute, and its good offices shall be made available to the States concerned with a view to an amicable solution of the matter on the basis of respect for this Convention;

(b) If the States parties to the dispute fail to reach agreement within three months on all or part of the composition of the Commission, the members of the Commission not agreed upon by the States parties to the dispute shall be elected by secret ballot by a two-thirds majority vote of the Committee from among its own members.

2. The members of the Commission shall serve in their personal capacity. They shall not be nationals of the States parties to the dispute or of a State not Party to this Convention.

3. The Commission shall elect its own Chairman and adopt its own rules of procedure.

4. The meetings of the Commission shall normally be held at United Nations Headquarters or at any other convenient place as determined by the Commission.

5. The secretariat provided in accordance with article 10, paragraph 3, of this Convention shall also service the Commission whenever a dispute among States Parties brings the Commission into being.

6. The States parties to the dispute shall share equally all the expenses of the members of the Commission in accordance with estimates to be provided by the Secretary-General of the United Nations.

7. The Secretary-General shall be empowered to pay the expenses of the members of the Commission, if necessary, before reimbursement by the States parties to the dispute in accordance with paragraph 6 of this article.

8. The information obtained and collated by the Committee shall be made available to the Commission, and the Commission may call upon the States concerned to supply any other relevant information.

Article 13

1. When the Commission has fully considered the matter, it shall prepare and submit to the Chairman of the Committee a report embodying its findings on all questions of fact relevant to the issue between the parties and containing such recommendations as it may think proper for the amicable solution of the dispute.

2. The Chairman of the Committee shall communicate the report of the Commission to each of the States parties to the dispute. These States shall, within three months, inform the Chairman of the Committee whether or not they accept the recommendations contained in the report of the Commission.

3. After the period provided for in paragraph 2 of this article, the Chairman of the Committee shall communicate the report of the Commission and the declarations of the States Parties concerned to the other States Parties to this Convention.

Article 14

1. A State Party may at any time declare that it recognizes the competence of the Committee to receive and consider communications from individuals or groups of individuals within its jurisdiction claiming to be victims of a violation by that State Party of any of the rights set forth in this Convention. No communication shall be received by the Committee if it concerns a State Party which has not made such a declaration.

2. Any State Party which makes a declaration as provided for in paragraph I of this article may establish or indicate a body within its national legal order which shall be competent to receive and consider petitions from individuals and groups of individuals within its jurisdiction who claim to be victims of a violation of any of the rights set forth in this Convention and who have exhausted other available local remedies.

3. A declaration made in accordance with paragraph 1 of this article and the name of any body established or indicated in accordance with paragraph 2 of this article shall be deposited by the State Party concerned with the Secretary-General of the United Nations, who shall transmit copies thereof to the other States Parties. A declaration may be withdrawn at any time by notification to the Secretary-General, but such a withdrawal shall not affect communications pending before the Committee.

4. A register of petitions shall be kept by the body established or indicated in

accordance with paragraph 2 of this article, and certified copies of the register shall be filed annually through appropriate channels with the Secretary-General on the understanding that the contents shall not be publicly disclosed.

5. In the event of failure to obtain satisfaction from the body established or indicated in accordance with paragraph 2 of this article, the petitioner shall have the right to communicate the matter to the Committee within six months.

6. (a) The Committee shall confidentially bring any communication referred to it to the attention of the State Party alleged to be violating any provision of this Convention, but the identity of the individual or groups of individuals concerned shall not be revealed without his or their express consent. The Committee shall not receive anonymous communications;

(b) Within three months, the receiving State shall submit to the Committee written explanations or statements clarifying the matter and the remedy, if any, that may have been taken by that State.

7. (a) The Committee shall consider communications in the light of all information made available to it by the State Party concerned and by the petitioner. The Committee shall not consider any communication from a petitioner unless it has ascertained that the petitioner has exhausted all available domestic remedies. However, this shall not be the rule where the application of the remedies is unreasonably prolonged;

(b) The Committee shall forward its suggestions and recommendations, if any, to the State Party concerned and to the petitioner.

8. The Committee shall include in its annual report a summary of such communications and, where appropriate, a summary of the explanations and statements of the States Parties concerned and of its own suggestions and recommendations.

9. The Committee shall be competent to exercise the functions provided for in this article only when at least ten States Parties to this Convention are bound by declarations in accordance with paragraph I of this article.

Article 15

1. Pending the achievement of the objectives of the Declaration on the Granting of Independence to Colonial Countries and Peoples, contained in General Assembly resolution 1514 (XV) of 14 December 1960, the provisions of this Convention shall in no way limit the right of petition granted to these peoples by other international instruments or by the United Nations and its specialized agencies.

2. (a) The Committee established under article 8, paragraph 1, of this Convention shall receive copies of the petitions from, and submit expressions of o-pinion and recommendations on these petitions to, the bodies of the United Nations which deal with matters directly related to the principles and objectives of this Convention in their consideration of petitions from the inhabitants of Trust and Non-Self-Governing Territories and all other territories to which General Assembly resolution 1514 (XV) applies, relating to matters covered by this Convention which are before these bodies;

(b) The Committee shall receive from the competent bodies of the United Nations copies of the reports concerning the legislative, judicial, administrative or other measures directly related to the principles and objectives of this Convention applied by the administering Powers within the Territories mentioned in subparagraph (a) of this paragraph, and shall express opinions and make recommendations to these bodies.

3. The Committee shall include in its report to the General Assembly a summary of the petitions and reports it has received from United Nations bodies, and the expressions of opinion and recommendations of the Committee relating to the said petitions and reports.

4. The Committee shall request from the Secretary-General of the United Nations all information relevant to the objectives of this Convention and available to him regarding the Territories mentioned in paragraph 2 (a) of this article.

Article 16

The provisions of this Convention concerning the settlement of disputes or complaints shall be applied without prejudice to other procedures for settling disputes or complaints in the field of discrimination laid down in the constituent instruments of, or conventions adopted by, the United Nations and its specialized agencies, and shall not prevent the States Parties from having recourse to other procedures for settling a dispute in accordance with general or special international agreements in force between them.

PART III

Article 17

1. This Convention is open for signature by any State Member of the United Nations or member of any of its specialized agencies, by any State Party to the Statute of the International Court of Justice, and by any other State which has been invited by the General Assembly of the United Nations to become a Party to this Convention.

2. This Convention is subject to ratification. Instruments of ratification shall be deposited with the Secretary-General of the United Nations.

Article 18

1. This Convention shall be open to accession by any State referred to in article 17, paragraph 1, of the Convention.

2. Accession shall be effected by the deposit of an instrument of accession with the Secretary-General of the United Nations.

Article **19**

1. This Convention shall enter into force on the thirtieth day after the date of the deposit with the Secretary-General of the United Nations of the twenty-seventh instrument of ratification or instrument of accession.

2. For each State ratifying this Convention or acceding to it after the deposit of the twenty-seventh instrument of ratification or instrument of accession, the Convention shall enter into force on the thirtieth day after the date of the deposit of its own instrument of ratification or instrument of accession.

Article **20**

1. The Secretary-General of the United Nations shall receive and circulate to all States which are or may become Parties to this Convention reservations made by States at the time of ratification or accession. Any State which objects to the reservation shall, within a period of ninety days from the date of the said communication, notify the Secretary-General that it does not accept it.

2. A reservation incompatible with the object and purpose of this Convention shall not be permitted, nor shall a reservation the effect of which would inhibit the operation of any of the bodies established by this Convention be allowed. A reservation shall be considered incompatible or inhibitive if at least two thirds of the States Parties to this Convention object to it.

3. Reservations may be withdrawn at any time by notification to this effect addressed to the Secretary-General. Such notification shall take effect on the date on which it is received.

Article **21**

A State Party may denounce this Convention by written notification to the Secretary-General of the United Nations. Denunciation shall take effect one year after the date of receipt of the notification by the Secretary General.

Article 22

Any dispute between two or more States Parties with respect to the interpretation or application of this Convention, which is not settled by negotiation or by the procedures expressly provided for in this Convention, shall, at the request of any of the parties to the dispute, be referred to the International Court of Justice for decision, unless the disputants agree to another mode of settlement.

Article 23

1. A request for the revision of this Convention may be made at any time by any State Party by means of a notification in writing addressed to the Secretary-General of the United Nations.

2. The General Assembly of the United Nations shall decide upon the steps, if any, to be taken in respect of such a request.

Article 24

The Secretary-General of the United Nations shall inform all States referred to in article 17, paragraph 1, of this Convention of the following particulars:

(a) Signatures, ratifications and accessions under articles 17 and 18;

(b) The date of entry into force of this Convention under article 19;

(c) Communications and declarations received under articles 14, 20 and 23;

(d) Denunciations under article 21.

Article 25

1. This Convention, of which the Chinese, English, French, Russian and Spanish texts are equally authentic, shall be deposited in the archives of the United Nations.

2. The Secretary-General of the United Nations shall transmit certified copies of this Convention to all States belonging to any of the categories mentioned in article

17, paragraph 1, of the Convention.

IH FAITH WHEREOF the undersigned, being duly authorized thereto by their respective Governments, have signed the present Convention, opened for signature atNew York, on the seventh day of March, one thousand nine hundred and sixty-six.

缩略语

ACHR	American Convention on Human Rights
	《美洲人权公约》
ACHPR	African Charter on Human and Peoples' Rights
	《非洲人权和民族权宪章》
BIOT	British Indian Ocean Territory
	英属印度洋领土
CAT	Convention against Torture
	禁止酷刑委员会
CEDAW	Convention on the Elimination of Discrimination against Women
	消除对妇女歧视委员会
CERD	Committee on the Elimination of Racial Discrimination
	消除种族歧视委员会
CESCR	Committee on Economic, Social and Cultural Rights
	经济、社会和文化权利委员会
CMW	International Convention on the Protection of the Rights of All Migrant Workers and their Families
	《保护移徙工人及其家庭成员权利国际公约》
CPED	International Convention for the Protection of All Persons from Enforced Disappearance
	《保护所有人免遭强迫失踪国际公约》
CPRD	Convention on the Rights of Persons with Disabilities

	《残疾人权利公约》
CRC	Convention on the Rights of the Child
	《儿童权利公约》
DRC	Democratic Republic of the Congo
	刚果民主共和国
DRC	Documentation and Research Centre
	文献和研究中心
ECHR	European Convention on Human Rights
	《欧洲人权公约》
ECRI	European Commission against Racism and Intolerance
	欧洲反对种族主义和不容忍委员会
EMRIP	Expert Mechanism on the Rights of Indigenous Peoples
	土著民族权利专家机制
EW	early warning
	预警
FCNM	Framework Convention for the Protection of National Minorities
	《保护少数民族框架公约》
FGM	female genital mutilation
	女性生殖器残割
FPIC	free, prior and informed consent
	自由、事先和知情的同意
GC	General comment
	一般性意见
GR	General recommendation
	一般性建议
ICC	International Criminal Court
	国际刑事法院
ICCPR	International Covenant on Civil and Political Rights
	《公民及政治权利国际公约》

ICERD   International Convention on the Elimination of All Forms of Racial Discrimination

《消除一切形式种族歧视国际公约》（简称《消除种族歧视公约》）

ICESCR   International Covenant on Economic，Social and Cultural Rights

《经济社会文化权利国际公约》

ICJ   International Court of Justice

（联合国）国际法院

IDP   Internally displaced persons

国内流离失所者

ILC   International Law Commission

国际法委员会

ILO   International Labor Organization

国际劳工组织

KCAB   Korean Commercial Arbitration Board

韩国商业仲裁委员会

LOIPR   List of issues prior to reporting procedure

报告程序前问题清单

NGO   Non-governmental organization

非政府组织

NHRCK   National Human Rights Commission of Korea

韩国国家人权委员会

NHRI   National human rights institution

国家人权机构

OHCHR   Office of the United Nations High Commissioner for Human Rights

联合国人权事务高级专员办事处（联合国人权高专办）

OPCAT   Optional Protocol to the Convention against Torture

《禁止酷刑公约任择议定书》

OSCE   Organization for Security and Co-operation in Europe

	欧洲安全与合作组织
POA	Programme of Action
	行动计划
RDA	Racial Discrimination Act
	《种族歧视法》
UA	Urgent action
	紧急行动
UDHR	Universal Declaration of Human Rights
	《世界人权宣言》
UN	United Nations
	联合国
UNDM	United Nations Declaration on Minorities
	《联合国少数人权利宣言》
UNDRIP	UN Declaration on the Rights of Indigenous Peoples
	《联合国土著人民权利宣言》
UNESCO	United Nations Educational, Scientific and Cultural Organization
	联合国教育、科学和文化组织（联合国教科文组织）
UNHCR	United Nations High Commissioner for Refugees
	联合国难民事务高级专员
UPR	Universal periodic review
	普遍定期审议
VCLT	Vienna Convention on the Law of Treaties
	《维也纳条约法公约》

消除种族歧视委员会一般性建议

第 1 号一般性建议：缔约国的义务（《公约》第 4 条），1972 年

第 2 号一般性建议：缔约国的义务，1972 年

第 3 号一般性建议：缔约国的报告，1972 年

第 4 号一般性建议：缔约国的报告（《公约》第 1 条），1973 年

第 5 号一般性建议：缔约国的报告（《公约》第 7 条），1977 年

第 6 号一般性建议：逾期报告，1982 年

第 7 号一般性建议：实施第 4 条，1985 年

第 8 号一般性建议：《公约》第 1 条第 1 款和第 4 款的解释和适用，1990 年

第 9 号一般性建议：《公约》第 8 条第 1 款的适用，1990 年

第 10 号一般性建议：技术援助，1991 年

第 11 号一般性建议：非公民，1992 年

第 12 号一般性建议：继承国，1993 年

第 13 号一般性建议：培训执法人员保护人权，1993 年

第 14 号一般性建议：《公约》第 1 条第 1 款，1993 年

第 15 号一般性建议：《公约》第 4 条，1993 年

第 16 号一般性建议：《公约》第 9 条的适用，1993 年

第 17 号一般性建议：设立国家机构推动落实《公约》，1993 年

第 18 号一般性建议：建立国际法庭起诉危害人类罪，1994 年

第 19 号一般性建议：《公约》第 3 条，1995 年

第 20 号一般性建议：《公约》第 5 条，1996 年

第 21 号一般性建议：自决权，1996 年

第 22 号一般性建议：《公约》关于难民和流离失所者的第 5 条，1996 年

第 23 号一般性建议：土著民族的权利，1997 年

第 24 号一般性建议：《公约》第 1 条，1999 年

第 25 号一般性建议：种族歧视与性别有关的方面，2000 年

第 26 号一般性建议：《公约》第 6 条，2000 年

第 27 号一般性建议：对罗姆人的歧视，2000 年

第 28 号一般性建议：反对种族主义、种族歧视、仇外心理和相关的不容忍现象世界会议的后续行动，2002 年

第 29 号一般性建议：《公约》第 1 条第 1 款（世系），2002 年

第 30 号一般性建议：对非公民的歧视，2005 年

第 31 号一般性建议：在刑事司法制度的工作和运行中防止种族歧视，2005 年

第 32 号一般性建议：《公约》中特别措施的含义和范围，2009 年，CERD/C/GC/32

第 33 号一般性建议：德班审查会议的后续行动，2009 年，CERD/C/GC/33

第 34 号一般性建议：针对非洲人后裔的种族歧视，2011 年，CERD/C/GC/34

第 35 号一般性建议：打击种族主义仇恨言论，2013 年，CERD/C/GC/35

第 36 号一般性建议：防止和打击执法人员的种族定性行为，2020 年，CERD/C/GC/36

第 1 号至第 31 号一般性建议无单独编号，被统一收入联合国《国际人权文书：各人权条约机构通过的一般性意见和一般性建议汇编》第 1 号至第 9 号（HRI/GEN/1/Rev.1-9）；第 32 号至第 36 号一般性建议的文件编号为各该一般性建议本身的文号。

主要参考文献

Addo, Michael, 'Practice of United Nations Human Rights Treaty Bodies in the Reconciliation of Cultural Diversity with Universal Respect for Human Rights', *Human Rights Quarterly* 32. 3 (2010), 601–664.

Alfredsson, Gudmundur and Eide, Asbjørn (eds), *The Universal Declaration of Human Rights: A Common Standard of Achievement* (Martinus Nijhoff Publishers, 1999).

Allen, Stephen, *The Chagos Islanders and International Law* (Hart Publishing, 2014).

Allen, Stephen and Xanthaki, Alexandra, *Reflections on the UN Declaration on the Rights of Indigenous Peoples* (Hart Publishing, 2011).

Alston, Philip and Crawford, James, *The Future of UN Human Rights Treaty Monitoring* (Cambridge University Press, 2000).

Anghie, Antony, *Imperialism, Sovereignty and the Making of International Law* (Cambridge University Press, 2004).

Anghie, Antony, 'The Evolution of International Law: Colonial and Postcolonial Realities', *Third World Quarterly* 27. 5 (2006), 739–753.

Angst, Doris, 'La Convention Internationale sur L'Elimination de Toutes les Formes de Discrimination Raciale', in Randall, Maya and Hottelier, Michel (eds), *Introductionaux Droits de L'Homme* (Schulthess, 2014), pp. 268–280.

Antkowiak, Thomas, 'A Dark Side of Virtue: The Inter-American Court and Reparations for Indigenous Peoples', *Duke Journal of Comparative and Interna-*

tional Law 25. 1 （2014）, 1–80.

Appiah, Kwame, *The Ethics of Identity* （Princeton University Press, 2005）.

Armstrong, David, 'Law, Justice and the Idea of a World Society', *International Affairs* 75. 3 （1999）, 547–561.

Article 19, *The Camden Principles on Freedom of Expressionand Equality* （London: Article 19, 2009）, available at, <https://www. article19. org/data/files/pdfs/standards/the-camden-principles-on-freedom-of-expression-and-equ-ality. pdf>.

Assefa, Getachew, 'Human and Group Rights Issues in Ethiopia: A Reply to Kjetil Tronvoll', *International Journal on Minority and Group Rights* 16. 2 （2009）, 245–259.

Augenstein, Daniel and Kinley, David, 'When Human Rights "Responsibilities" become "Duties": The Extra-Territorial Obligations of States that Bind Corporations', *University of Sydney Law School, Legal Studies Research Paper* （September 2012）, available at, <http://ssrn. com/abstract=21499211>.

Aust, Anthony, *Handbook of International Law* （2nd edn, Cambridge University Press, 2010）.

Baderin, Mashood and McCorquodale, Robert （eds）, *Economic, Social and Cultural Rights in Action* （Oxford University Press, 2007）.

Balibar, Etienne and Wallerstein, Immanuel, *Race, Nation, Class: Ambiguous Identities* （Verso, 1991）.

Bamforth, Nicholas, Malik, Maleiha, and O'Cinneide, Colm, *Discrimination Law: Theory and Context* （Sweet and Maxwell, 2008）.

Banton, Michael, *Racial Theories* （Cambridge University Press, 1987）.

Banton, Michael, *Discrimination* （Open University Press, 1994）.

Banton, Michael, *International Action against Racial Discrimination* （Clarendon Press, 1996）.

Banton, Michael, *The International Politics of Race* （Polity Press, 2002）.

Banton, Michael, 'States and Civil Society in the Campaign against Racial Discrimination', *Nationalism and Ethnic Politics* 18 （2012）, 385–405.

Barelli, Mauro, 'Free, Prior and Informed Consent in the Aftermath of the UN Declaration on the Rights of Indigenous Peoples: Developments and Challenges Ahead', *International Journal of Human Rights* 16. 1 (2012), 1-24.

Barkan, Elazar, *The Retreat of Scientific Racism* (Cambridge University Press, 1992).

Bashford, Alison and Levine, Philippa (eds), *The Oxford Handbook of the History of Eugenics* (Oxford University Press, 2010).

Bayefsky, Anne, *The UN Human Rights Treaty System: Universality at the Crossroads* (Kluwer Law International, 2001).

Bell, Mark, *Racism and Equality in the European Union* (Oxford University Press, 2008).

Bell, Mark, *Anti-Discrimination Law and the European Union* (Oxford University Press, 2002).

Benedict, Ruth, *Race, Science and Politics* (Viking Press, 1940).

Berry, Stephanie, 'Bringing Muslim Minorities within the International Convention on the Elimination of All Forms of Racial Discrimination—Square Peg in a Round Hole?', *Human Rights Law Review* 11. 3 (2011), 433-450.

Bianchi, Andrea, 'Human Rights and the Magic of Jus Cogens', *European Journal of International Law* 19. 3 (2008), 491-508.

Bidault, Mylène, *La Protection Internationale des Droits Culturels* (Bruylant, 2009).

Bjorge, Eirik, *The Evolutionary Interpretation of Treaties* (Oxford University Press, 2014).

Boas, Franz, *Race, Language and Culture* (University of Chicago Press, 1940).

Boas, Franz, *Race and Democratic Society* (J. J. Augustin, 1945).

Bob, Clifford, '"Dalit Rights are Human Rights": Caste Discrimination, International Activism, and the Construction of a New Human Rights Issue', *Human Rights Quarterly* 29. 1 (2007), 167-193.

Boxill, Bernard (ed.), *Race and Racism* (Oxford University Press, 2001).

Brown, Chris, 'World Society and the English School: An "International Society"

Perspective on World Society', London: LSE Research online, available at, <http://eprints.lse.ac.uk/archive/00000743>.

Buergenthal, Thomas, 'Implementing the UN Racial Convention', *Texas International Law Journal* 12 (1977), 187-222.

Buys, Cindy, 'Application of the International Convention on the Elimination of All Forms of Racial Discrimination', *American Journal of International Law* 103 (2009), 294-299.

Cassese, Antonio, *Self-Determination of Peoples* (Cambridge University Press, 1995).

Charters, Claire and Erueti, Andrew (eds), *Maori Property Rights and the Foreshore and Seabed: The Last Frontier* (Victoria University Press, 2007).

Castellino, Joshua, 'The Protection of Minorities and Indigenous Peoples in International Law: A Comparative Temporal Analysis', *International Journal on Minority and Group Rights* 17.3 (2010), 393-422.

Claeys, Gregory, '"The Survival of the Fittest" and the Origins of Social Darwinism', *Journal of the History of Ideas* 61.2 (2000), 223-240.

Cismas, Ioana, *Religious Actors and International Law* (Oxford University Press, 2014).

Coliver, Sandra (ed.), *Striking a Balance: Hate Speech, Freedom of Expression and Non-Discrimination* (Article 19, 1992).

Committee on the Elimination of Racial Discrimination, *Positive Measures Designed to Eradicate All Incitement to, or Acts of, Racial Discrimination: Implementation of the International Convention on the Elimination of All Forms of Racial Discrimination, Article 4* (United Nations, 1986).

Connelly, John, 'Nazis and Slavs: From Race Theory to Racist Practice', *Central European History* 32.1 (1999), 1-33.

Connor, Walker, 'A Nation is a Nation, is a State, is an Ethnic Group, is a…', in Hutchinson, John and Smith, Anthony (eds), *Nationalism* (Oxford University Press, 1994), pp.36-46.

Crenshaw, Kimberlé, 'Gender-related aspects of race discrimination', background paper for the Expert Meeting on Gender and Racial Discrimination, 21-24 November 2000, Zagreb, Croatia, EM/GRD/2000/W. P. 1.

Crenshaw, Kimberlé, Gotanda, Neil, Peller, Gary, and Kendall, Thomas (eds), *Critical Race Theory: The Key Writings that Formed the Movement* (New Press, 1995).

Cruft, Rowan, Liao, Matthew, and Renzo, Massimo (eds), *Philosophical Foundations of Human Rights* (Oxford University Press, 2015).

De Feyter, Koen, Parmentier, Stephan, Bossuyt, Marc, and Lemmens, Paul (eds), *Out of the Ashes: Reparation for Victims of Gross and Systematic Human Rights Violations* (Intersentia, 2006).

De Schutter, Olivier, *International Human Rights Law* (Cambridge University Press, 2010).

De Schutter, Olivier, Eide, Asbjørn, Khalfan, Ashfaq, Orellana, Marcos, Salomon, Margot, and Seiderman, Ian, 'Commentary to the Maastricht Principles on Extraterritorial Obligations of States in the Area of Economic, Social and Cultural Rights', *Human Rights Quarterly* 34. 4 (2012), 1084-1169.

Diaconu, Ion, *The definitions of racial discrimination*, background paper for the World Conference against Racism, E/CN. 4/1999/WG. 1/BP. 10 (1999).

Diaconu, Ion, *Racial Discrimination* (Eleven International Publishing, 2011).

Diaconu, Ion, *Speaking Different, Living Together: Linguistic Rights* (Editions Offre Joie, 2015).

Du Plessis, Max, 'Historical Justice and International Law: An Exploratory Discussion of Reparation for Slavery', *Human Rights Quarterly* 25. 3 (2003), 624-659.

Egan, Suzanne, *The UN Human Rights Treaty System: Law and Procedure* (Bloomsbury, 2011).

Egan, Suzanne, 'Strengthening the United Nations Human Rights Treaty Body System', *Human Rights Law Review* 13. 2 (2013), 209-243.

Evans, Malcolm, *Manual on the Wearing of Religious Symbols in Public Areas* (Martinus Nijhoff, 2008).

Farrior, Stephanie, *Equality and Non-Discrimination under International Law*, Vol. Ⅱ (Ashgate, 2015).

Fassbender, Bardo and Peters, Anne, *The Oxford Handbook of the History of International Law* (Oxford University Press, 2012).

Feinberg, Nathan, 'The Legal Validity of the Undertakings regarding Minorities and the *Clausula Rebus Sic Stantibus*', *Studies in Law, Scripta Hierosolymitana* 5 (1958), 95–131.

Felice, William, 'The UN Committee on the Elimination of All Forms of Racial Discrimination: Race, and Economic and Social Human Rights', *Human Rights Quarterly* 24. 1 (2002), 205–236.

Fish, Stanley, *There's No Such Thing as Free Speech, and It's a Good Thing Too* (Oxford University Press, 1994).

Fiss, Owen, *The Irony of Free Speech* (Harvard University Press, 1996).

Fitzmaurice, Malgosia and Sarooshi, Dad (eds), *Issues of State Responsibility before International Judicial Institutions* (Hart Publishing, 2004).

Fredman, Sandra, *Discrimination Law* (2nd edn, Oxford University Press, 2011).

Frostell, Katarina, 'Gender Difference and the Non-Discrimination Principle in the CCPR and the CEDAW', in Hannikainen, Lauri and Nykänen, Eeva (eds), *New Trends in Discrimination Law; International Perspectives* (Turku Law School, 1999), pp. 29–57.

Gallagher, Anne, *The International Law of Human Trafficking* (Cambridge University Press, 2010).

Gardiner, Richard, *Treaty Interpretation* (Oxford University Press, 2008).

Gearty, Conor and Mantouvalou, Virginia, *Debating Social Rights* (Hart Publishing, 2011).

Ghanea, Nazila, 'Are Religious Minorities Really Minorities?' *Oxford Journal of Lawand Religion* 1. 1 (2012), 57–79.

Ghanea, Nazila and Xanthaki, Alexandra (eds), *Minorities, Peoples and Self-Determination: Essays in Honour of Patrick Thornberry* (Martinus Nijhoff Publishers, 2005).

Ghanea, Nazila, ' "Phobias" and "Isms": Recognition of Difference or the Slippery Slope of Particularisms?', in Ghanea, Nazila, Stephens, Alan, and Walden, Raphael (eds), *Does God Believe in Human Rights?* (Martinus Nijhoff Publishers, 2007), pp. 211–232.

Gibney, Mark, Howard-Hassmann, Rhoda, Coicaud, Jean-Marc, and Steiner, Niklaus, *The Age of Apology: Facing up to the Past* (University of Pennsylvania Press, 2008).

Gutmann, Amy (ed.), *Multiculturalism: Examining the Politics of Recognition* (Princeton University Press, 1994).

Hakimi, Monica, 'State Bystander Responsibility', *European Journal of International Law* 21.2 (2010), 341–385.

Hannikainen, Lauri and Nykänen, Eva (eds), *New Trends in Discrimination Law—International Perspectives* (Turku Law School, 1999).

Hare, Ivan and Weinstein, James (eds), *Extreme Speech and Democracy* (Oxford University Press, 2009).

Hennebel, Ludovic and Hochmann, Thomas, *Genocide Denials and the Law* (Oxford University Press, 2011).

Henrard, Kristen, 'Non-Discrimination and Full and Effective Equality', in M. Weller (ed.), *Universal Minority Rights: A Commentary on the Jurisprudence of International Courts and Treaty Bodies* (Oxford University Press, 2007), pp. 75–147.

Henrard, Kristin, 'The Protection of Minorities through the Equality Provisions in the UN Human Rights Treaties: The UN Treaty Bodies', *International Journal on Minorityand Group Rights* 14.2–3 (2007), 141–180.

Heyns, Christoph and Viljoen, Frans, *The Impact of the United Nations Human Rights Treaties at the Domestic Level* (Kluwer Law International, 2002).

Hollis, Duncan (ed.), *The Oxford Guide to Treaties* (Oxford University Press, 2012).

Holmström, Leif (ed.), *Concluding Observations of the UN Committee on the Elimination of Racial Discrimination* (Kluwer Law International, 2002).

Jones, Peter, 'Human Rights, Group Rights, and Peoples' Rights', *Human Rights Quarterly* 21.1 (1999), 80–107.

Jørgensen, Rikke and Slavensky, Klaus (eds), *Implementing Human Rights— Essays in Honour of Morten Kjaerum* (Danish Institute for Human Rights, 2007).

Joseph, Sarah, 'The Right to Housing, Discrimination, and the Roma in Slovakia', *Human Rights Law Review* 5.2 (2005), 347–349.

Joseph, Sarah, Schultz, Jenny, and Castan, Melissa, *The International Covenant on Civil and Political Rights: Cases, Materials and Commentary* (2nd edn, Oxford University Press, 2011).

Joseph, Sarah and Castan, Melissa, *The International Covenant on Civil and Political Rights: Cases, Materials and Commentary* (3rd edn, Oxford University Press, 2013).

Jovanovic, Miodrag, 'Recognizing Minority Identities Through Collective Rights', *Human Rights Quarterly* 27.2 (2005), 625–651.

Jovanovic, Miodrag, *Collective Rights: A Legal Theory* (Cambridge University Press, 2012).

Kambel, Ellen-Rose and MacKay, Fergus, *The Rights of Indigenous Peoples and Maroons in Suriname* (IWGIA, 1999).

Kastanas, Elias, 'The Preventive Dimension of the Activities of United Nations Treaty Bodies', in Sicilianos, Linos-Alexandre (ed.) and Bourloyannis-Vrailas, Christiane (associate ed.), *The Prevention of Human Rights Violations* (Sakkoulas Publishers, Martinus Nijhoff Publishers, 2001), pp. 57–66.

Kateb, George, *Human Dignity* (Harvard University Press, 2011).

Keane, David, *Caste-based Discrimination in International Human Rights Law* (Ashgate, 2007).

Keane, David, 'Attacking Hate Speech under Article 17 of the European Convention on Human Rights', *Netherlands Quarterly of Human Rights* 25.4 (2007), 641-663.

Keane, David and Waughray, Annapurna (eds), *50 Years of the International Convention on the Elimination of All Forms of Racial Discrimination: A Living Instrument* (Manchester University Press, 2016).

Kędzia, Zdzislaw and Thürer, Daniel (eds), *Managing Diversity: Protection of Minorities in International Law* (Schulthess, 2009).

King, Hugh, 'The Extraterritorial Human Rights Obligations of States', *Human Rights Law Review* 9.4 (2009), 521-556.

Keller, Helen and Ulfstein, Geir, *UN Human Rights Treaty Bodies: Law and Legitimacy* (Cambridge University Press, 2012).

Khaitan, Tarunabh, *A Theory of Discrimination Law* (Oxford University Press, 2015).

Knop, Karen, *Diversity and Self-Determination in International Law* (Cambridge University Press, 2002).

Kowner, Rotem and Demel, Walter (eds), *Race and Racism in Modern East Asia: Western and Eastern Constructions* (Brill, 2012).

Kramnick, Isaac, *The Portable Enlightenment Reader* (Penguin Books, 1995).

Kruckenberg, Lena, *The UNreal World of Human Rights: An Ethnography of the UN Committee on the Elimination of Racial Discrimination* (Nomos Verlagsgesellschaft, 2012).

Kühl, Stefan, *For the Betterment of the Race: The Rise and Fall of the International Movement for Eugenics and Racial Hygiene* (Palgrave Macmillan, 2013).

Kymlicka, Will, *Multicultural Citizenship: A Liberal Theory of Minority Rights* (Clarendon Press, 1995).

Kymlicka, Will (ed.), *The Rights of Minority Cultures* (Oxford University Press,

2005).

Lauren, Paul, 'Human Rights in History: Diplomacy and Racial Equality at the Paris Peace Conference', *Diplomatic History* 2. 3 (1978), 257-278.

Lauren, Paul, 'First Principles of Racial Equality: History and Politics and Diplomacy of Human Rights Provisions in the United Nations Charter', *Human Rights Quarterly* 5. 1 (1983), 1-26.

Leary, Virginia, *International Labour Conventions and National Law* (Martinus Nijhoff Publishers, 1982).

Le Melle, Tilden, 'Race in International Relations', *International Studies Perspectives* 10. 1 (2009), 77-83.

Lempert, David, 'Why We Need a Cultural Red Book for Endangered Cultures NOW: How Social Scientists and Lawyers Need to Join Forces', *International Journal on Minority and Group Rights* 17. 4 (2010), 511-550.

Lenzerini, Federico, *The Culturalization of Human Rights Law* (Oxford University Press, 2014).

Lenzerini, Federico (ed.), *Reparations for Indigenous Peoples: International and Comparative Perspectives* (Oxford University Press, 2008).

Lerner, Natan, *The U. N. Convention on the Elimination of All Forms of Racial Discrimination* (Sijthoff and Noordhoff, 1980).

Lerner, Natan, *Group Rights and Discrimination in International Law* (Martinus Nijhoff, 1991).

Lerner, Natan, 'Freedom of Expression and Advocacy of Group Hatred: Incitement to Hate Crimes and Religious Hatred', *Religion and Human Rights* 5. 2-3 (2010), 137-145.

Lerner, Natan, *The UN Convention on the Elimination of All Forms of Racial Discrimination* (Brill/Nijhoff, reprint revised by Natan Lerner, 2015).

Letsas, George, *A Theory of Interpretation of the European Convention on Human Rights* (Oxford University Press, 2009).

Levitt, Peggy and Merry, Sally, 'Vernacularization on the Ground: Local Uses of

Global Women's Rights in Peru, China, India and the United States', *Global Networks* 9 (2009), 441-461.

Lijnzaad, Liesbeth, *Reservations to UN Human Rights Treaties: Ratify and Ruin?* (Martinus Nijhoff Publishers, 1995).

Linderfalk, Ulf, *On the Interpretation of Treaties: The Modern International Law as Expressed in the 1969 Vienna Convention on the Law of Treaties* (Springer, 2007).

Lindley, Mark, *The Acquisition and Government of Backward Territory in International Law* (Negro Universities Press, reprinted from 1926).

Lindsay, Lisa, *Captives as Commodities: The Transatlantic Slave Trade* (Prentice Hall, 2008); Italian translation by Falcioni, Rinaldo, *Il Commercio degli Schiavi* (Mulino, 2011).

Lobba, Paolo, 'Holocaust Denial before the European Court of Human Rights', *European Journal of International Law* 26. 1 (2015), 237-253.

Lubell, Noam, *Extraterritorial Use of Force against Non-State Actors* (Oxford University Press, 2010).

Lurie, Edward, 'Louis Agassiz and the Races of Man', *Isis* 45. 3 (1954), 227-242.

McColgan, Aileen, *Discrimination Law: Text, Cases and Materials* (2nd edn, HartPublishing, 2005).

McColgan, Aileen, *Discrimination, Equality and the Law* (Hart Publishing, 2014).

McCorquodale, Robert and Simons, Penelope, 'State Responsibility for Extraterritorial Violations by Corporations of International Human Rights Law', *Modern Law Review* 704 (2007), 598-625.

McCrudden, Christopher, 'Human Dignity and Judicial Interpretation of Human Rights', *European Journal of International Law* 19. 4 (2008), 655-724.

McDonagh, Maeve, 'The Right to Information in International Human Rights Law', *Human Rights Law Review* 13. 1 (2013), 25-55.

McGoldrick, Dominic, 'The Limits of Freedom of Expression on Facebook and

Social Networking Sites', *Human Rights Law Review* 13. 1 (2013), 125–151.

McGonagle, Tarlach, *Minority Rights, Freedom of Expression and of the Media: Dynamics and Dilemmas* (Intersentia, 2011).

McGonagle, Tarlach and Donders, Yvonne (eds), *The United Nations and Freedom of Expression and Information: Critical Perspectives* (Cambridge University Press, 2015).

McGonagle, Tarlach, 'The Council of Europe against online hate speech: Conundrums and Challenges: Expert Paper', available at, <http://hub. coe. int/c/document_ library/gct_ file? uuid = 62fab806 – 724e – 435a – b7a5 – 153ce2 b5 / c18&groupId = 10227>.

MacKay, Fergus, 'Indigenous Peoples' Rights and the UN Committee on the Elimination of Racial Discrimination', in Dersso, Solomon (ed.), *Perspectives on the Rights of Minorities and Peoples in Africa* (Pretoria University Law Press, 2010), pp. 155–204.

McKean, Warwick, *Equality and Discrimination under International Law* (Clarendon Press, 1983).

MacNaughton, Gillian, 'Untangling Equality and Non-Discrimination to Promote the Right to Health Care for All', *Health and Human Rights* 11. 2 (2009), 47–63.

Mahalic, Drew and Mahalic, Joan, 'The Limitation Provisions of the International Convention on the Elimination of All Forms of Racial Discrimination', *Human Rights Quarterly* 9. 1 (1987), 74–101.

Makkonen, Timo, *Equal in Law, Unequal in Fact: Racial and Ethnic Discrimination and the Response Thereto in Europe* (Martinus Nijhoff Publishers, 2012).

Malloy, Tove, 'The Title and the Preamble', in Weller, Marc (ed.), *The Rights of Minorities in Europe* (Oxford University Press, 2005), pp. 49–72.

Martinez, Jenny, *The Slave Trade and the Origins of International Human Rights Law* (Oxford University Press, 2012).

Mechlem, Kerstin, 'Treaty Bodies and the Interpretation of Human Rights', *Vanderbilt Journal of Transnational Law* 42 (2009), 905-947.

Meron, T., 'The Meaning and Reach of the International Convention on the Elimination of All Forms of Racial Discrimination', *American Journal of International Law* 79. 2 (1985), 283-318.

Merry, Sally, 'Transnational Human Rights and Local Activism: Mapping the Middle', *American Anthropologist* 108 (2006), 38-51.

Miller, Jon and Kumar, Rahul (eds), *Reparations: Interdisciplinary Perspectives* (Oxford University Press, 2007).

Minette, Sophie (ed.), 'Special Issue: Global, and Local Religious Hatred: International Law and Interdisciplinary Perspectives', *Religion and Human Rights* 9. 2-3 (2014), 101-225.

Minority Rights Group, *State of the World's Minorities and Indigenous Peoples* (Minority Rights Group International, annual publication).

Moeckli, Daniel, Shah, Sangeeta, and Sivakumaran, Sandesh (eds), Harris, David (Consultant editor), *International Human Rights* (2nd edn, Oxford University Press, 2014).

Moyn, Samuel, *The Last Utopia: Human Rights in History* (Belknap Press of Harvard University Press, 2010).

Nakano, Jenji, Yutzis, Mario, and Onoyama (eds), *Descent-Based Discrimination* (International Movement against All Forms of Discrimination and Racism, 2004).

Ndahinda, Felix (ed.), 'Special Issue: Contrasted Perspectives on Recognition and Implementation of Indigenous Rights', *International Journal on Minority and Group Rights*, 18. 4 (2011), essays at 413-540.

O'Flaherty, Michael, 'Freedom of Expression: Article 19 of the International Covenant on Civil and Political Rights and the Human Rights Committee's General Comment No. 34', *Human Rights Law Review* 12. 4 (2012), 627-654.

Okowa, Phoebe, 'The International Court of Justice and the Georgia/Russia Dispute', *Human Rights Law Review* 11.4 (2011), 739–757.

Orakhelashvili, Alexander, 'The Idea of European International Law', *European Journal of International Law* 17.2 (2006), 315–347.

Pagden, Anthony, 'Dispossessing the Barbarian: The Language of Spanish Thomism and the Debate over the Property Rights of the American Indians', in Pagden, Anthony (ed.), *The Languages of Political Theory in Early Modern Europe* (Cambridge University Press, 1990), pp. 79–98.

Partsch, Karl Josef, 'Elimination of Racial Discrimination in the Enjoyment of Civil and Political Rights', *Texas Journal of International Law* 14 (1979), 191–250.

Pentassuglia, Gaetano (ed.), 'Special Issue: Reforming the UN Human Rights Machinery: What does the Future Hold for the Protection of Minorities and Indigenous Peoples?' *International Journal on Minority and Group Rights* 14.2–3 (2007), 127–397.

Pentassuglia, Gaetano, *Minority Groups and Judicial Discourse in International Law: A Comparative Perspective* (Martinus Nijhoff, 2009).

Pritchard, Sarah (ed.), *Indigenous Peoples, the United Nations and Human Rights* (Zed Books and the Federation Press, 1998).

Prouvez, Nathalie, 'Committee on the Elimination of Racial Discrimination: Confronting Racial Discrimination and Inequality in the Enjoyment of Economic, Social and Cultural Rights', in Langford, Malcolm (ed.), *Social Rights Jurisprudence: Emerging Trends in International and Comparative Law* (Cambridge University Press, 2009), pp. 517–539.

Pulitano, Elvira (ed.), *Indigenous Rights in the Age of the UN Declaration* (Cambridge University Press, 2012).

Rattansi, Ali, *Racism: A Very Short Introduction* (Oxford University Press, 2007).

Rex, John, *Race and Ethnicity* (Open University Press, 1986).

Rodríguez-Piñero, Luis, *Indigenous Peoples, Postcolonialism, and International Law: The ILO Regime (1919–1989)* (Oxford University Press, 2005).

Rosen, Michael, *Dignity: Its History and Meaning* (Harvard University Press, 2012).

Ruggie, John, 'Business and Human Rights: The Evolving International Agenda', *American Journal of International Law* 101.4 (2007), 819-840.

Runnymede Trust, *A Very Light Sleeper: The Persistence and Dangers of Anti-Semitism* (Runnymede Trust, 1994), available at, <http://www. runnymedetrust. org/uploads/publications/pdfs/AVeryLightSleeper-1994. PDF>.

Saul, Ben, Kinley, David, and Mowbray, Jacqueline, *The International Covenant on Economic, Social and Cultural Rights: Commentary, Cases, and Materials* (Oxford University Press, 2014).

Scales-Trent, Judy, 'Racial Purity Laws in the United States and Nazi Germany: The Targeting Process', *Human Rights Quarterly* 23.2 (2001), 260-307.

Scheinin, Martin and Toivanen, Reetta (eds), *Rethinking Non-Discrimination and Minority Rights* (Åbo Akademi University, 2004).

Schwelb, Egon, The International Convention on the Elimination of All Forms of Racial Discrimination', *International and Comparative Law Quarterly* 15/4 (1966), 996-1068.

Shahabuddin, Mohammad, '"Ethnicity" in the International Law of Minority Protection: The Post-Cold War Context in Perspective', *Leiden Journal of International Law* 25.4 (2012), 885-907.

Shaw, Malcolm, *International Law* (6th edn, Cambridge University Press, 2008).

Shelton, Dinah, *Remedies in International Human Rights Law* (2nd edn, Oxford University Press, 2005).

Shelton, Dinah (ed.), *The Oxford Handbook of International Human Rights Law* (Oxford University Press, 2013).

Shirane, Daisuke, *ICERD and CERD: A Guide for Civil Society Actors* (International Movement against All Forms of Discrimination and Racism (IMADR), 2011).

Shue, Henry, *Basic Rights, Subsistence, Affluence and U.S. Foreign Policy* (2nd edn, Princeton University Press, 1996).

Sicilianos, Linos-Alexandre, 'L'actualités et les Potentialités de la Convention sur
L'Elimination de la Discrimination Raciale', *Revue Trimestrielle des Droits de
L'Homme* 16 (2005), 869-921.

Stamatopoulou, Elsa, *Cultural Rights in International Law* (Martinus Nijhoff,
2007).

Sweet, James, 'The Iberian Roots of American Racist Thought', *William and
Mary Quarterly* 54. 1 (1977), 143-166.

Szewczyk, Bart, 'Application of the International Convention on the Elimination
of All Forms of Racial Discrimination (Georgia v Russian Federation, Prelimi-
nary Objections)', *American Journal of International Law* 105. 4 (2011),
747-754.

Takezawa, Yasuko (ed.), *Racial Representations in Asia* (Kyoto University Press
and Trans Pacific Press, 2011).

Tanaka, Atsuko and Nagamine, Yoshinobu, *The International Convention on the
Elimination of All Forms of Racial Discrimination: A Guide for NGOs* (Minority
Rights Group International and International Movement against All Forms of
Discrimination and Racism (IMADR), 2001).

Tavani, Claudia, *Collective Rights and the Cultural Identity of the Roma: A Case
Study of Italy* (Martinus Nijhoff Publishers, 2012).

Temperman, Jeroen, 'Laws against the Denial of Historical Atrocities: A Human
Rights Analysis', *Religion and Human Rights* 9. 2-3 (2014), 151-180.

Thornberry, Francesca and Viljoen, Frans, *Overview Study on the Rights of Indi-
genous Peoples in Africa* (ILO and African Commission on Human and Peoples'
Rights, 2009).

Thornberry, Francesca, 'Les Droits Fonciers des Peuples Autochtones dans le
Bassin du Congo—Pour un Meilleur Cadre Legal', in Bellier, Irène (ed.),
*Terres, Territoires, Ressources: Politiques, Pratiques et Droits des Peuples Au-
tochtones* (Paris: Projet SOGIP, Ecole des Hautes Etudes en Sciences So-

ciales, 2015), pp. 141-156.

Thornberry, Patrick, *International Law and the Rights of Minorities* (Clarendon Press, 1991).

Thornberry, Patrick, 'Minority and Indigenous Rights at "The End of History"', *Ethnicities* 2. 4 (2002), 515-537.

Thornberry, Patrick, *Indigenous Peoples and Human Rights* (Manchester University Press, 2002).

Thornberry, Patrick, 'Confronting Racial Discrimination: A CERD Perspective', *Human Rights Law Review* 5. 2 (2005), 239-269.

Thornberry, Patrick, 'Bringing the victims to light under the International Convention on the Elimination of All Forms of Racial Discrimination', in Jovanovic, M. A. and Krsti ć, I. (eds), *Human Rights Today—60 Years of the Universal Declaration* (Eleven International Publishing, 2010), 145 - 170.

Thornberry, Patrick, 'Forms of Hate Speech and the Convention on the Elimination of All Forms of Racial Discrimination (ICERD)', *Religion and Human Rights* 5. 2-3 (2010), 97-117.

Thornberry, Patrick and Martin Estébanez, Maria, *Minority Rights in Europe* (Council of Europe Publishing, 2004).

Thürer, Daniel and Zdzislaw, Kędzia (eds), *Managing Diversity: Protection of Minorities in International Law* (Schulthess, 2009).

Tierney, Brian, *The Idea of Natural Rights: Studies on Natural Rights, Natural Law, and Church Law* 1150-1625 (Eerdmans, 2001).

Tobin, Brendan, *Indigenous Peoples, Customary Law and Human Rights: Why Living Law Matters* (Routledge, 2014).

Tobin, John, 'Seeking to Persuade: A Constructive Approach to Human Rights Treaty Interpretation', *Harvard Human Rights Journal* 23 (2010), 1-50.

Todorov, Tzvetan, *The Conquest of America: The Question of the Other* (Harper and Row, 1992).

Tomuschat, Christian, *Human Rights: Between Idealism and Realism* (Oxford University Press, 2008).

Tronvoll, Kjetil, 'Human Rights Violations in Federal Ethiopia: When Ethnic Identity is a Political Stigma', *International Journal on Minority and Group Rights* 15.1 (2008), 49–79.

Truscan, I., *The Independence of UN Human Rights Treaty Body Members* (Geneva Academy, 2012).

UNESCO, *Four Statements on the Race Question* (UNESCO, 1969).

UNESCO Guidelines on Intercultural Education (UNESCO, 2006).

United Nations, *Protection of Minorities: Special Protective Measures of an International Character for Ethnic, Religious or Linguistic Groups* (United Nations, 1967).

United Nations, *The Effects of Racism and Racial Discrimination on the Social and Economic Relations between Indigenous Peoples and States: Report of a Seminar* (United Nations, 1989).

United Nations, *The First Twenty Years, Progress Report of the Committee on the Elimination of Racial Discrimination* (United Nations, 1991).

United Nations, *Report of the Seminar on the Political, Historical, Economic, Socialand Cultural Factors Contributing to Racism, Racial Discrimination and Apartheid* (United Nations, 1991).

United Nations, *National Human Rights Institutions: History, Principles, Roles and Responsibilities* (United Nations, 2010).

United Nations, *Human Rights Indicators: A Guide to Measurement and Implementation* (Office of the High Commissioner for Human Rights, 2012).

United Nations, *Selected Decisions of the Committee on the Elimination of Racial Discrimination*, Vol. I (United Nations, 2012).

United Nations, *Handbook for Human Rights Treaty Body Members* (United Nations, 2015).

Valencia Rodriguez, Luis, 'The International Convention on the Elimination of

All Forms of Racial Discrimination', in *Manual on Human Rights Reporting* (United Nations, 1997), pp. 267–304.

Van Banning, Theo, *The Human Right to Property* (Intersentia, 2002).

Van Boven, Theo, 'Discrimination and Human Rights Law; Combating Racism', in Fredman, S. (ed.), *Discrimination and Human Rights: The Case of Racism* (Oxford University Press, 2001), pp. 112–133.

Van Boven, Theo, 'CERD and Article 14: The Unfulfilled Promise', in Alfredsson, Gudmundur, Grimheden, Jonas, Ramcharan, Bertrand, and De Zayas, Alfred, *International Human Rights Monitoring Mechanisms: Essays in Honour of Jakob Th. Möller* (Martinus Nijhoff Publishers, 2001), pp. 153–166.

Vandenhole, Wouter, *Non-Discrimination and Equality in the View of the UN Human Rights Treaty Bodies* (Intersentia, 2005).

Waibel, Michael, 'Demystifying the Art of Interpretation', *European Journal of International Law* 22.2 (2011), 571–588.

Waldron, Jeremy, *The Harm in Hate Speech* (Harvard University Press, 2012).

Waughray, Annapurna, 'Caste Discrimination and Minority Rights: The Case of India's Dalits', *International Journal on Minority and Group Rights* 17.2 (2010), 327–353.

Waughray, Annapurna, 'Capturing Caste in Law: Caste Discrimination and the Equality Act 2010', *Human Rights Law Review* 14.2 (2014), 359–379.

Weissbrodt, David, *The Human Rights of Non-Citizens* (Oxford University Press, 2008).

Weissbrodt, David, 'The Approach of the Committee on the Elimination of Racial Discrimination to Interpreting and Applying International Humanitarian Law', *Minnesota Journal of International Law* 19.2 (2010), 327–361.

Weller, Marc (ed.), *The Rights of Minorities in Europe: A Commentary on the European Framework Convention for the Protection of National Minorities* (Oxford University Press, 2005).

Weller, Marc (ed.), *Universal Minority Rights: A Commentary on the Jurispru-*

dence of International Courts and Treaty Bodies (Oxford University Press, 2007).

Weller, Marc (ed.) and Nobbs, Katherine (assistant ed.), *Political Participation of Minorities* (Oxford University Press, 2010).

Wilde, Ralph, 'Triggering State Obligations Extraterritorially: The Spatial Test in Certain Human Rights Treaties', *Israel Law Review* 40. 2 (2007), 503–526.

Williams, Raymond, *Keywords* (Fontana Press, 1988).

Wolfrum, Rüdiger, 'Discrimination, Xenophobia and Racism', in Symonides, Janusz (ed.), *Human Rights: New Dimensions and Challenges* (Ashgate, 1998), pp. 181–197.

Wolfrum, Rüdiger, 'The Committee on the Elimination of Racial Discrimination', in von Bogdandy, Armin, and Wolfrum, Rüdiger (eds), *Max Planck Yearbook of United Nations Law* (Martinus Nijhoff Publishers, 1999), pp. 489–519.

Young, Iris, *Justice and the Politics of Difference* (Princeton University Press, 1990).

文书索引

二　国内文书

案例索引

一 国际和区域案例

非洲人权和民族权委员会

Centre for Minority Rights Development (Kenya) and Minority Rights Group International on Behalf of Endorois Welfare Council, ACHPR Comm. No. 276/2003 (2009): 95、332、347、350、373、397

Gunme (Kevin Mgwanga) et al. v Cameroon, ACHPR, Comm. No. 266/2003 (2009): 86、230

Malawi African Association and Others v Mauritania, ACHPR Comm. Nos. 54/9 (2000), 61/91, 98/93, 164/97, 196/97, 2110/98: 347

Media Rights Agenda and Constitutional Rights Project v Nigeria, ACHPR, Comm. No. 105/93, 128/94, 130/94, 152/96: 356

Social and Economic Rights Action Centre (SERAC) v Nigeria, ACHPR Comm. No. 155/96 (2001): 369、376

Sudan Human Rights Organization on Centre on Housing Rights and Evictions (COHRE) v Sudan, ACHPR Comm. Nos. 279/03-296/05 (2009): 350、373

消除种族歧视委员会

Adan v Denmark, CERD/C/77/D/43/2008 (2010): 59、411、415、419

Ahmad (Kashif) v Denmark, CERD/C/56/D/16/1999 (2000): 160、411、420、425

A. M. M. v Switzerland, CERD/C/84/D/50/2012 (2014): 151、199

A. S. v Russian Federation, CERD/C/79/D/45/2009 (2011): 60

AWRAP v Denmark, CERD/C/71/D/37/2006 (2007): 284、304

Barbaro v Australia, CERD/C/57/D/12/1998 (2000): 367

禁止酷刑委员会

欧洲人权委员会

欧洲法院

人权事务委员会

美洲人权委员会

美洲人权法院

国际法院

卢旺达国际刑事法庭

常设国际法院

主题索引[*]

---

[*] 原书为三级主题交叉索引。中译本仅保留两级索引，将第三级索引纳入第二级索引；仅保留第一级索引所引的原英文用词，删掉了若干不重要的或反复出现的主题词。本索引为主题索引，因此所指向的原书页码中不一定出现主题词本身，而可能是与主题词相关的内容。

身安全及国家保护之权以防强暴或身体上之伤害 321–326；自决 16、20、84–86、95、128、334–336

图书在版编目（CIP）数据

《消除一切形式种族歧视国际公约》评注 / （英）帕
特里克·索恩伯里（Patrick Thornberry）著；孙世彦
译 . --北京：社会科学文献出版社，2025.4.
（国际人权公约评注译丛）. --ISBN 978-7-5228-4502-9

Ⅰ. D998.2

中国国家版本馆 CIP 数据核字第 2024YB3199 号

国际人权公约评注译丛
《消除一切形式种族歧视国际公约》评注

著　　者 / 〔英〕帕特里克·索恩伯里（Patrick Thornberry）
译　　者 / 孙世彦

出 版 人 / 冀祥德
责任编辑 / 芮素平
文稿编辑 / 齐栾玉
责任印制 / 岳　阳

出　　版 / 社会科学文献出版社·法治分社（010）59367161
　　　　　　地址：北京市北三环中路甲 29 号院华龙大厦　邮编：100029
　　　　　　网址：www.ssap.com.cn
发　　行 / 社会科学文献出版社（010）59367028
印　　装 / 三河市东方印刷有限公司

规　　格 / 开　本：787mm×1092mm　1/16
　　　　　　印　张：48.25　字　数：762 千字
版　　次 / 2025 年 4 月第 1 版　2025 年 4 月第 1 次印刷
书　　号 / ISBN 978-7-5228-4502-9
著作权合同
登 记 号 / 图字 01-2023-5835 号
定　　价 / 328.00 元

读者服务电话：4008918866